融合型·新形态教材
复旦学前云平台 fudanxueqian.com

普通高等学校学前教育专业系列教材

视唱练耳

主　编　王　荣
副主编　曾亚平　荆　晶　卢嫣然
　　　　张　兵　朱慧敏

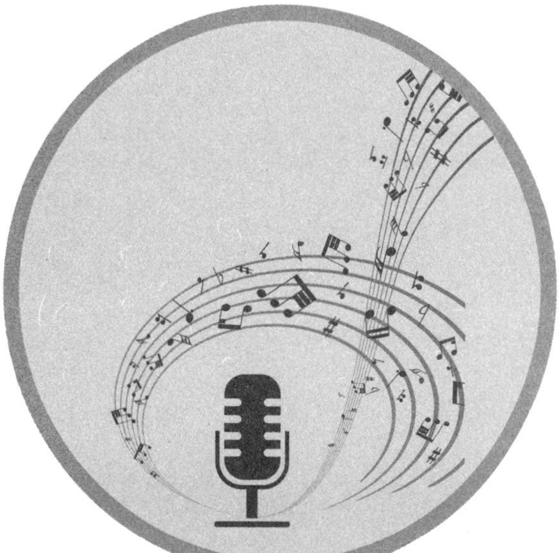

复旦大学出版社

内容提要

本书为普通高等学校学前教育专业系列教材，是针对学前教育专业学生的特点而进行的识谱技能训练。全书分为6个模块，分别为无升降号、一个升降号、两个升降号、三个升降号、简谱的视唱训练，以及节奏、单音、和声、和弦、旋律的模唱和听记训练。本书的特点是：强化基础练习，注重音程训练；设计创编环节，培养学生创造力；从基础乐理入手，灵活运用知识。

本书可作为普通高校学校学前教育专业的教材，也可供音乐教育、艺术教育、早期教育等专业的音乐类课程使用，还可以作为业余爱好者的音乐入门教材。

复旦学前云平台
fudanxueqian.com

复旦学前云平台
数字化教学支持说明

为提高教学服务水平，促进课程立体化建设，复旦大学出版社学前教育分社建设了“复旦学前云平台”，以为师生提供丰富的课程配套资源，可通过电脑端和手机端查看、获取。

【电脑端】

电脑端资源包括 PPT 课件、电子教案、习题答案、课程大纲、音频、视频等内容。可登录“复旦学前云平台”www.fudanxueqian.com 浏览、下载。

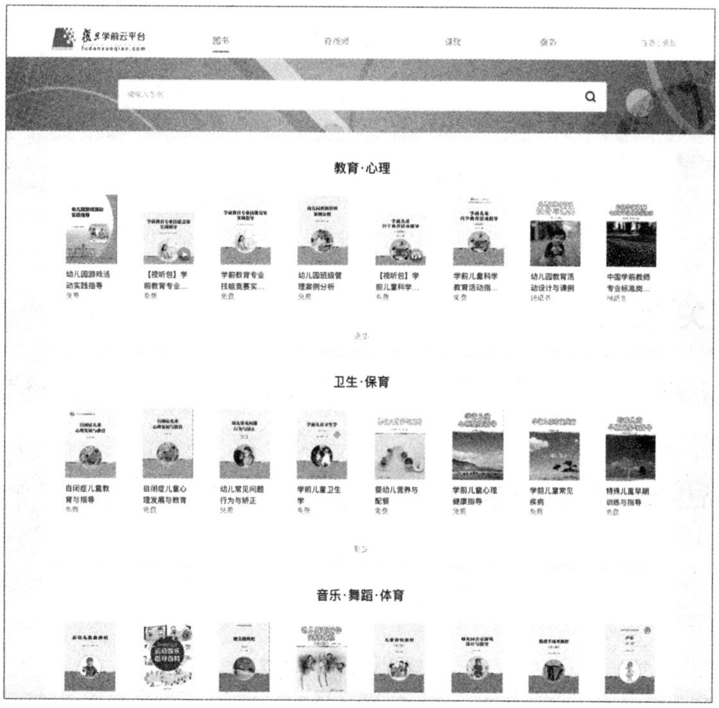

Step 1 登录网站“复旦学前云平台”www.fudanxueqian.com，点击右上角“登录/注册”，使用手机号注册。

Step 2 在“搜索”栏输入相关书名，找到该书，点击进入。

Step 3 点击【配套资源】中的“下载”（首次使用需输入教师信息），即可下载。音频、视频内容可通过搜索该书【视听包】在线浏览。

【手机端】

PPT 课件、音视频、阅读材料：用微信扫描书中二维码即可浏览。

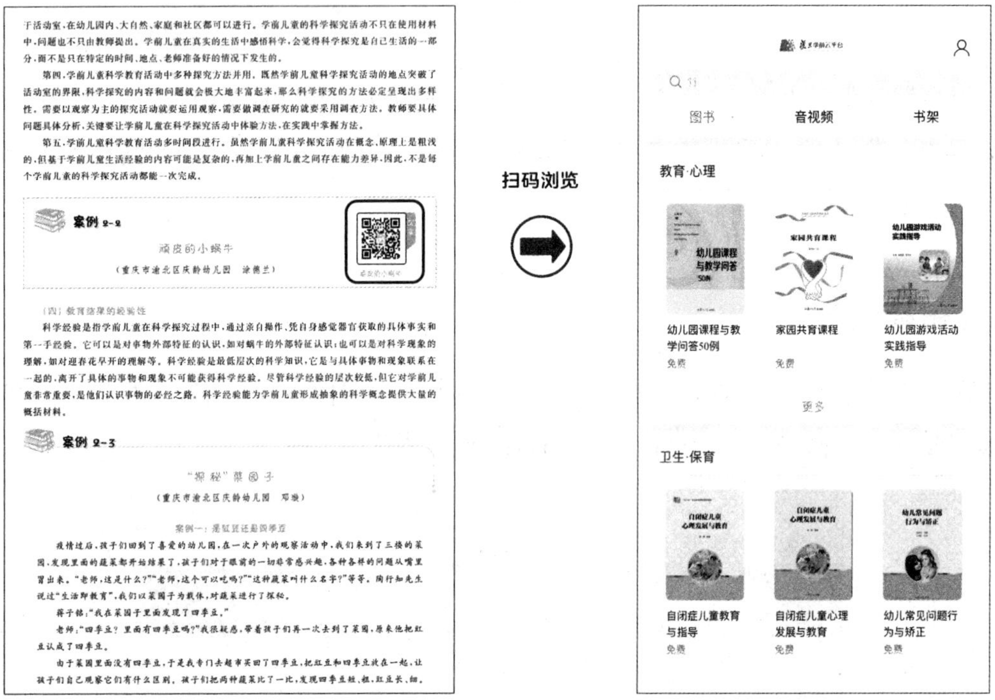

【更多相关资源】

更多资源，如专家文章、活动设计案例、绘本阅读、环境创设、图书信息等，可关注“幼师宝”微信公众号，搜索、查阅。

平台技术支持热线：029-68518879。

“幼师宝”微信公众号

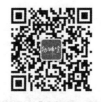

编审委员会

序　言

教材是培养综合型人才及创新型人才的基础，是人才培养首要的、基本的文化资源和“精神食粮”，对人才培养具有十分重要的引领作用。2019年国务院印发的《国家职业教育改革实施方案》（以下简称《方案》）提出了“三教”（教师、教材、教法）改革的任务，这是新时代职业教育改革发展的重中之重。“三教”改革中，教师是根本，教材是基础，教法是途径，它们形成了一个整体的闭环，解决教学系统中“谁来教、教什么、如何教”的问题，其落脚点是培养适应社会发展需求的复合型、创新型高素质技术技能人才，目的是提升学生的综合职业能力。因此，积极推进教材改革，是提升高等院校教育教学质量的重要突破口和有力抓手。学前教育作为高等院校具有鲜明专业特色的教师教育类专业，其教材的改革和编写也面临着新的机遇和挑战。

学前教育是终身学习的开端，是国民教育体系的重要组成部分，是重要的社会公益事业。《中共中央　国务院关于学前教育深化改革规范发展的若干意见》（以下简称《意见》）指出：“办好学前教育、实现幼有所育，是党的十九大作出的重大决策部署，是党和政府为老百姓办实事的重大民生工程，关系亿万儿童健康成长，关系社会和谐稳定，关系党和国家事业的未来。”国家对学前教育日益重视，采取了多项措施，标本兼治，确保学前教育得以长足发展。当前，我国教育规模快速扩大，普惠率稳步提升，但总体看教育事业的短板仍是学前教育。发展学前教育的难点在教师。优质师资是学前教育各项工作的参与者，是学前教育教学质量的保证者，亦是完成保教任务，实现“幼有所育”的核心与关键。

高等院校学前教育专业是幼儿园教师培养的主渠道之一，专业建设和课程教材改革是培养幼儿园教师综合素质和职业能力的核心，对当前丰富幼儿园教师供给、提升高等院校人才培养质量和形成办学特色有重要的支撑作用。为贯彻党中央、国务院关于加强和改进新形势下大中小学教材建设的意见，建立健全大中小学教材管理制度，切实提高教材建设水平，教育部印发《中小学教材管理办法》《职业院校教材管理办法》《普通高等学校教材管理办法》《学校选用境外教材管理办法》，以下统称《办法》，重点解决各级各类教材谁来管、管什么、怎么管的问题，并根据各类型、各领域教材的特点分别提出了有针对性的要求。因此，高等院校学前教育专业必须加大教材改革力度，编写一批具有时代特征和特色的高等教育学前教育专业教材，以支撑课程目标的实现，达到人才培养的要求，为社会培养更多的卓越的幼儿园教师。

为全面贯彻《方案》《意见》和《办法》等文件精神，当前全国各高等院校学前教育专业都在积极探索从教育实践的需要出发，密切结合学生的学习认知特点，理论联系实际，培养适应改革和发展需要的高质量的学前教育师资。为此，我校启动了学前教育专业特色教材的编写工作，并采取校企“双元”合作开发形式，邀请了相关高等院校学前教育专家、行业专家和具有丰富一线教学经验的优秀教师共同编写，希望在引领学前教育发展与改革创新方面能做一点贡献，尽一份微薄之力。

这套教材坚持以马克思列宁主义、毛泽东思想、邓小平理论、“三个代表”重要思想、科学发展观、习近平新时代中国特色社会主义思想为指导，本着育人为本、实践取向、终身学习的教育理念，根据教育部颁发的《教师教育课程标准（试行）》《幼儿园教师专业标准（试行）》和《3—6岁儿童学习与发展指南》等精神和要求，坚持突出师范性、强化教育性、体现发展性等基本原则，结合高等教育发展的新形势和学前教育发展的新特点，编写与高等教育发展相适应，体现高等教育学前教育专业特色的教材，为培养学前教育专业高层次应用型人才提供支持。

这套教材遵循教育规律和学生的身心发展规律，强调技能、知识与价值观的一体化学习，其突出特点表现在三个方面：第一，在体系结构上，力求保持师范本色，体现职教特色，融“教师教育的规范体系”与“职业教育的类型特征”于一体，以幼儿教师岗位的典型工作任务为主线，在学前专业知识体系的逻辑性基础上，推行以项目学习、案例分析、典型工作任务等为主的学习方式，着力培养学生的创新精神和实践能力；第二，在内容上，在强调理论知识适度够用的原则下，注重教师职业技能和职业能力的培养，对接幼儿教育岗位与职业标准的要求，统筹考虑学前教育专业人才培养对学生素质、知识、能力的相关要求，强调理论与实践的统一，保证学科体系的系统性、完整性，体现知识的科学性和先进性，为学生的学习与发展打下良好的基础；第三，在形式上，适应“互联网＋职业教育”发展需求，推行新形态一体化教材，将音频、视频、多媒体课件、网络课程、试题库及数据库等资源配套开发，同步构建配套的立体化课程教材资源，为学生搭建一个全景式的学习平台，实现线上、线下教学畅通无阻，满足数字信息化时代个性化“教”与“学”的需求。总之，这套教材不仅吸收了当前国内外学前教育的最新理论和研究成果，教育理念和教学内容有所创新，而且贴近幼儿园教育教学活动实践，具有较强的理论性、实践性和可操作性。它既能够成为学前教育专业的教材，也能够作为幼儿教育工作者、学前教育研究者的参考用书。

这套教材由郑州幼儿师范高等专科学校牵头，联合相关高等院校及幼儿园共同组织编写。在此，我对各位编者投入的辛勤劳动和奉献表示由衷的感谢和钦佩；感谢参编单位的领导对本套教材编写的大力支持，使教材能够顺利成稿；感谢复旦大学出版社提供的平台，不仅使教材能够顺利出版，而且促进了兄弟院校之间的交流与合作，也构建了多方互动的区域学前教育发展共同体；感谢各位专家为确保教材质量所进行的严谨认真的审稿把关。

一套成熟的教材不仅是作者的劳动成果，更是广大师生的教和学的劳动成果。由于本套教材由来自不同单位的老师共同编写，校情、学情、地域文化和编写人员的专业素养等会有些许差异，错漏之处，敬请各位专家学者及学前教育工作者批评指正，我们将虚心接受，努力改进，不断完善。愿我们共同努力，为幼儿教师教育改革与发展，为中国学前教育事业走向辉煌增色添彩。

郑州幼儿师范高等专科学校　杨俊良校长

前　言

视唱练耳是学前教育专业学生的一门基础课程，也是一门必修课程。视唱是学习音乐的基础学科之一，属于识谱技能训练，一般是在教师指导下，调动学生独立运用视觉、听觉、感觉进行积极思维活动练习识谱。通过视唱大量的音乐旋律片段或音乐主题旋律，使学生获取大量的音乐养料、积累音乐素材与资料，逐步培养和提高学生独立阅读音乐资料及演唱（奏）的水平，提高感受音乐和理解音乐的能力。

练耳，即听觉训练，目的在于培养并发展学生对音乐的听辨能力和记忆能力，从而丰富和提高其内在听觉，加深对乐谱的实际理解和音响效果的想象力。练耳的训练方法有：①听唱（模唱）；②节奏敲击；③听觉分析；④听写等。

课程基础目标：

知识目标：学习理论知识，形成较好的音准与节奏感，能够视谱即唱、看谱唱词；学习听辨，听记出音乐中的旋律、节奏节拍和调式调性等内容。

能力目标：帮助学生掌握视唱乐谱的基本理论与视唱技巧；引导学生培养音乐听觉能力和音乐鉴赏能力。

素质目标：通过理论和实践的结合，提升学生的音乐学科综合素质和水平；培育学生良好的人文素质和道德修养；树立学生健康的音乐审美和高尚的情操。

本教材的编写，努力做到以"学生怎样学"为中心，理论与实践相结合、传统与创新相结合、音乐技能与学前教育专业特点相结合，内容丰富而有序，既有专业性又有趣味性，促进学生打好音乐学习基础，拓宽音乐学习的知识面，提高学生的音乐综合素质。视唱部分：包括单声部视唱、二声部视唱、简谱及五线谱带词视唱。目的是进一步提高学生的视唱能力，为学习音乐打下良好的基础。练耳部分：设计了单音、音程、和弦及旋律的听辨、听唱、听记，以及各种形式的节奏训练，以便为学习音乐特别是今后学习歌曲伴奏编配打下基础。

教材特色：

1. 凸显地域特色，渗透河南传统儿歌。本教材节奏练习中"歌谣中的节奏"选择部分地域的河南传统儿歌，将其改编为节奏练习，拓宽学生的知识面，增强学生的学习趣味性，贴合学前教育专业特点，更好地传承本土文化。

2. 强化基础练习，注重音程训练。本教材增加了音程构唱部分，节奏型设计由易到难，紧密贴合每一章节的节奏型，音程训练与节奏训练相结合，提升教学效果。

3. 以学生为主体，培养创造力。每一条新的节奏练习后面，都设计有节奏创编环节，目的让学生在掌握原有知识的基础上，灵活运用，培养学生的创造力。

4. 教材教学内容新颖，适用面广。从基础乐理知识入手，理论知识循序渐进，知识结构与实践操作融会贯通，促进学生掌握理论知识的同时，能够学以致用、灵活运用。教材融入新的教学理念和训练方法，具有科学性、实效性、前瞻性。幼儿师范高等专科院校以及大中专院校的学前教育专业或音乐专业都可使用本教材。

本教材由郑州幼儿师范高等专科学校王荣任主编，曾亚平、荆晶、卢嫣然、张兵、朱慧敏任副主编。具体分工如下：模块一由曾亚平、荆晶撰写，模块二由朱慧敏撰写，模块三由卢嫣然撰写，模块四由曾亚平撰写，模块五由荆晶撰写，模块六由张兵撰写。

由于编者水平有限，书中难免出现错误或疏漏，欢迎使用本书的师生、音乐界同行指正，以便有机会再版时予以更正，使之更加完善。

编　者

2022 年 7 月

目　录

模块一　无升降号调的视唱训练

项目一　全音符、二分音符、四分音符、八分音符组合练习

任务一　全音符、二分音符及四分音符

一、音符

在记谱法中，记录音的时值长短的符号叫音符。

（一）全音符（简谱 X － － －）

以四分音符为单位拍（一拍）时，一个全音符等于四个四分音符（四拍）。

例 1-1-1

全音符	𝅝			
简　谱	X	－	－	－
击　拍	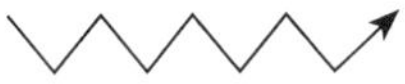			
拍　数	1	2	3	4
口　念	哒	－	－	－

（二）二分音符（简谱 X － ）

以四分音符为单位拍时，一个二分音符等于两个四分音符（两拍）。

例 1-1-2

二分音符	𝅗𝅥	
简　　谱	X	－
击　　拍	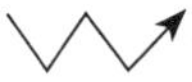	
拍　　数	1	2
口　　念	哒	－

（三）四分音符（简谱 X）

大多数的音乐作品是以四分音符为单位拍的，此时，一个四分音符为一拍。

例 1-1-3

四分音符	♩
简　　谱	X
击　　拍	
拍　　数	1
口　　念	哒

二、节拍

单位拍按照一定的强弱规律组合起来，循环往复就成了节拍。

(一)拍号

记录拍子的记号叫作拍号。拍号在谱号和调号的后面，上面的数字表示每小节以内的拍数，下面的数字表示用什么音符作为单位拍(一拍)。

例 1-1-4

$\frac{2}{4}$或$\frac{3}{4}$或$\frac{4}{4}$ ←—— 每小节的拍数
←—— 以四分音符为一拍(单位拍)

(二)强弱规律

1. 二拍子

二拍子第一拍为强拍，第二拍为弱拍。

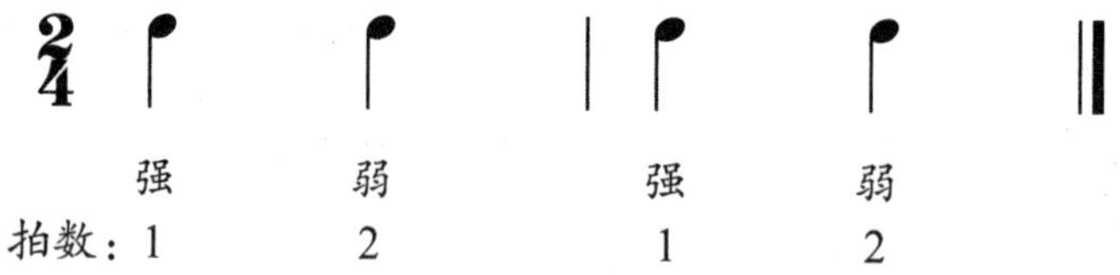

2. 三拍子

三拍子是一个强拍，两个弱拍。第一拍为强拍，第二、三拍为弱拍。

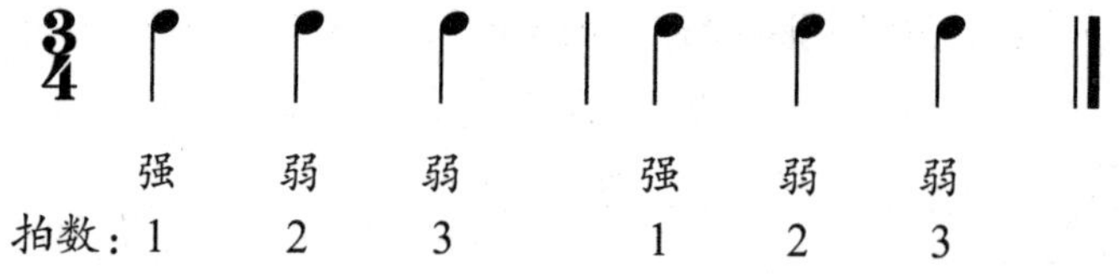

3. 四拍子

四拍子第一拍为强拍，第二拍为弱拍，第三拍为次强拍，第四拍为弱拍。

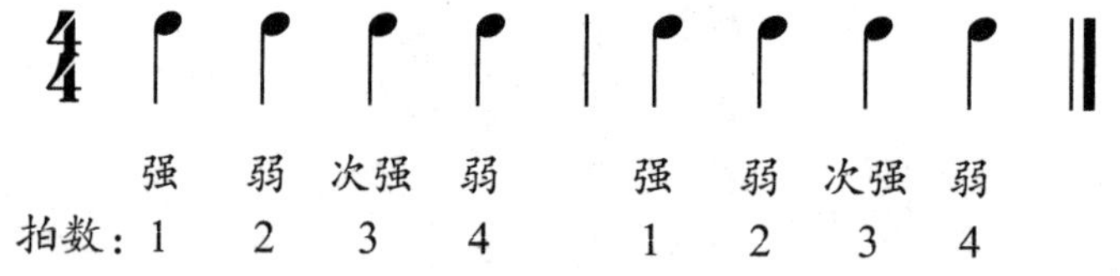

三、节奏

(一)歌谣中的节奏

练习要求：念唱时单手击拍，四分音符击一拍，二分音符击两拍，看音符、打拍子、念歌谣同时进行，培养眼、手、口同步配合的能力。

1.

《小花猫》(封丘县)

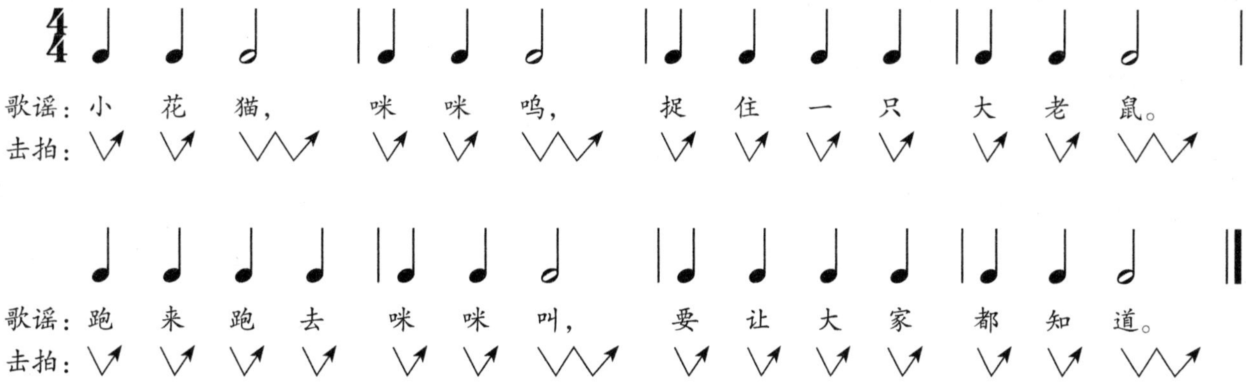

2.

《大公鸡咯咯叫》(叶县)

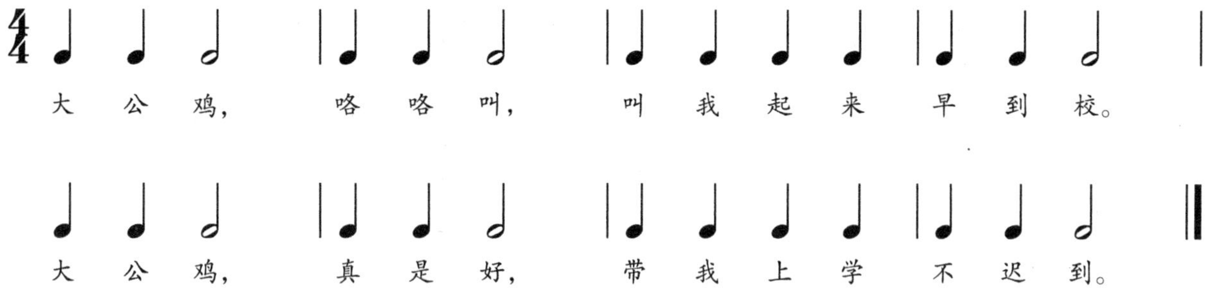

(二)“格子”节奏

念(或)打节奏

1	♩ ♩ ♩ ♩	𝅝	𝅗𝅥 ♩ ♩	𝅗𝅥 ♩ ♩
2	𝅗𝅥 𝅗𝅥	♩ ♩ ♩ ♩	𝅝	𝅗𝅥 𝅗𝅥
3	𝅝	𝅗𝅥 𝅗𝅥	♩ ♩ 𝅗𝅥	♩ ♩ 𝅗𝅥
击拍	V V V V	V V V V	V V V V	V V V V
数拍	1 2 3 4	1 2 3 4	1 2 3 4	1 2 3 4

练习方法：一是按顺序(1、2、3 行)横向念出 12 小节节奏；二是一人(一组)按顺序，另一人(另一组)从第 3 行末小节倒过来念，组合成二声部节奏；三是三人或三组分别念 1、2、3 行，横向念出，组合成三声部节奏；四是可任意变化念或打节奏。

（三）节奏创编

同学们根据幼时学过的歌谣进行节奏创编练习，边击拍边念歌谣，也可以把节奏写下来。

四、击拍练习

1.

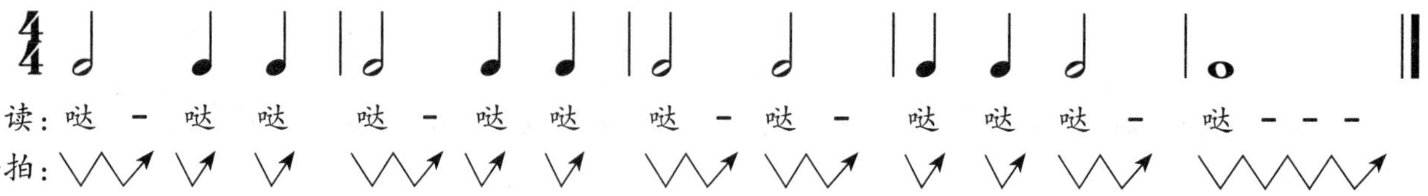

2.

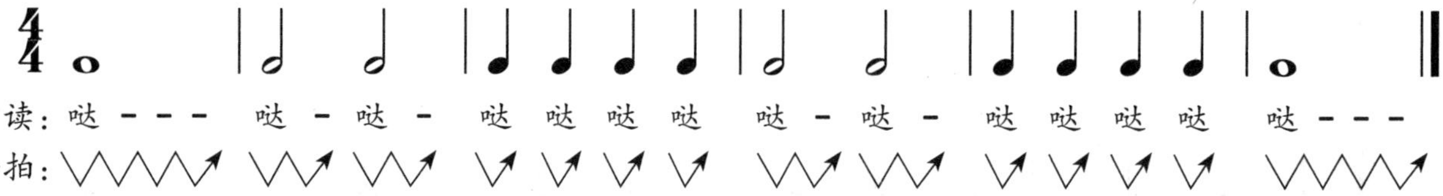

任务二　音准及节奏训练

一、五线谱与谱号

（一）五线谱

用来记录音符的五条平行横线叫作五线谱。

例 1-1-5

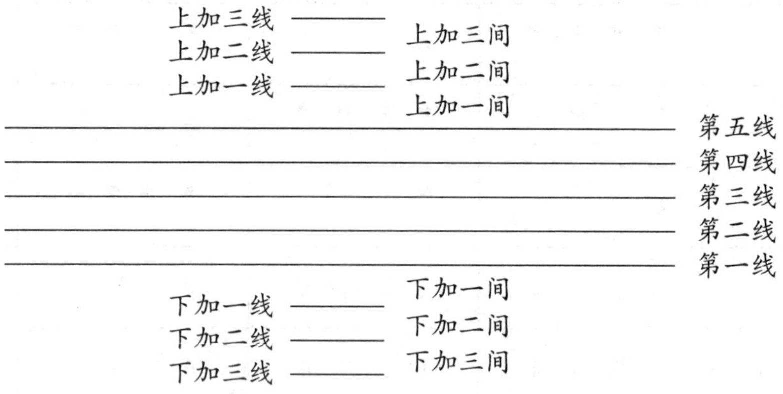

（二）谱号

用来记录五线谱上绝对音高位置的记号称为“谱号”。常用谱号有下列 3 种：

例 1-1-6

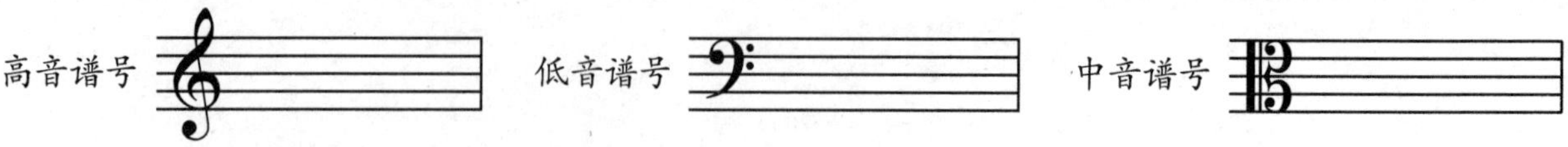

二、音名和唱名

加了谱号的五线谱称为谱表，高音谱表上的音名和唱名如下所示：

例 1-1-7

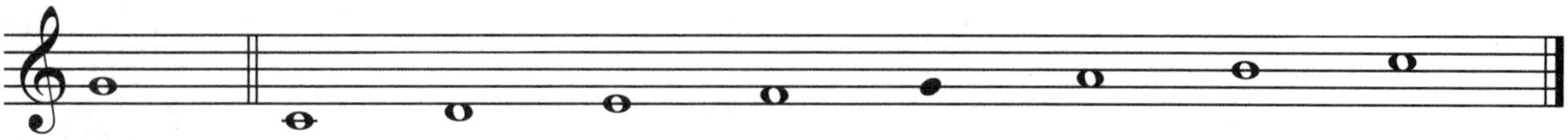

g^1

音名：	C	D	E	F	G	A	B
唱名：	do	re	mi	fa	sol	la	si
简谱：	**1**	**2**	**3**	**4**	**5**	**6**	**7**

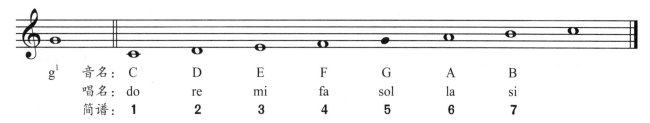

练习要求：第一遍边看谱子边听音高，再跟随老师弹奏的音高，用“啦”模唱出来，第二遍看着谱子唱出唱名。

三、音程

音乐中两个音之间的音高距离叫作音程。两个音中低的音叫下方音，也叫根音，高的音叫上方音，也叫冠音。音程的单位用“度”来表示，两个音之间包含几个音级就叫作几度。

两个音是同一个音的音程，就是纯一度；两个音是由相邻音级之间的全音构成的音程，就是大二度；两个音是由相邻音级之间的半音构成的音程，就是小二度。

例 1-1-8

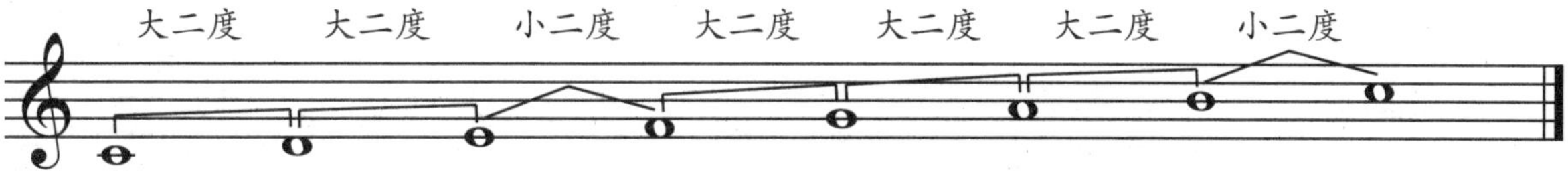

简谱：**1**= C	**1**	**2**	**3**	**4**	**5**	**6**	**7**	**i̇**
	do	re	mi	fa	sol	la	si	do

四、音程练习

（一）纯一度练习

练习提示：纯一度是音准训练的基础，要坚定地把两个音唱得完全一致。

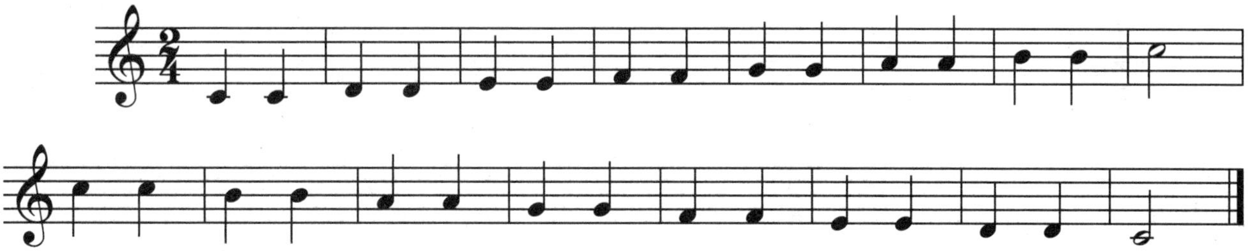

（二）大小二度练习

1. 二度音程认唱

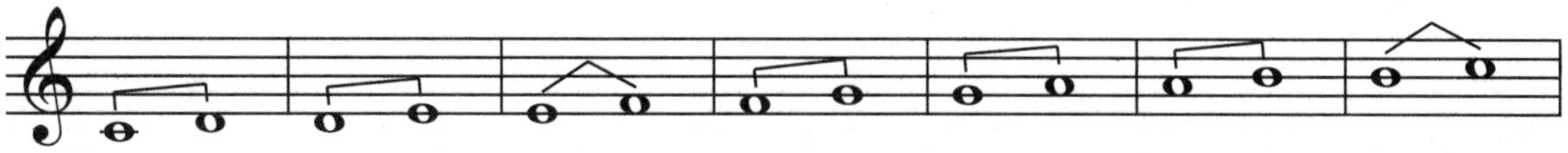

上行：大二度　大二度　小二度　大二度　大二度　大二度　小二度

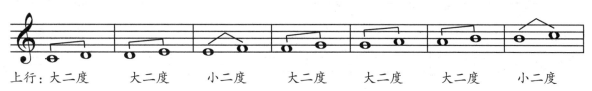

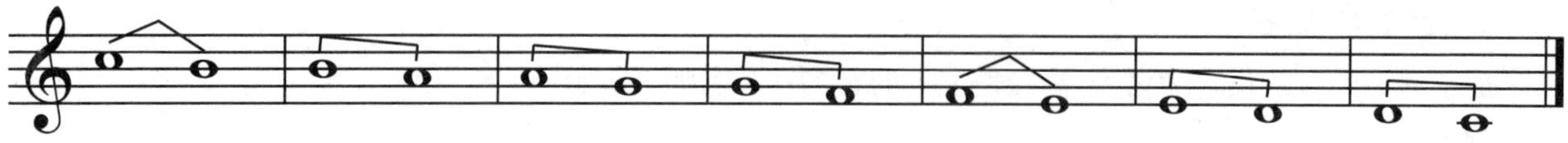

下行：小二度　大二度　大二度　大二度　小二度　大二度　大二度

练习提示：教师钢琴弹奏，学生听、认、唱。

音频

2. 二度音程构唱

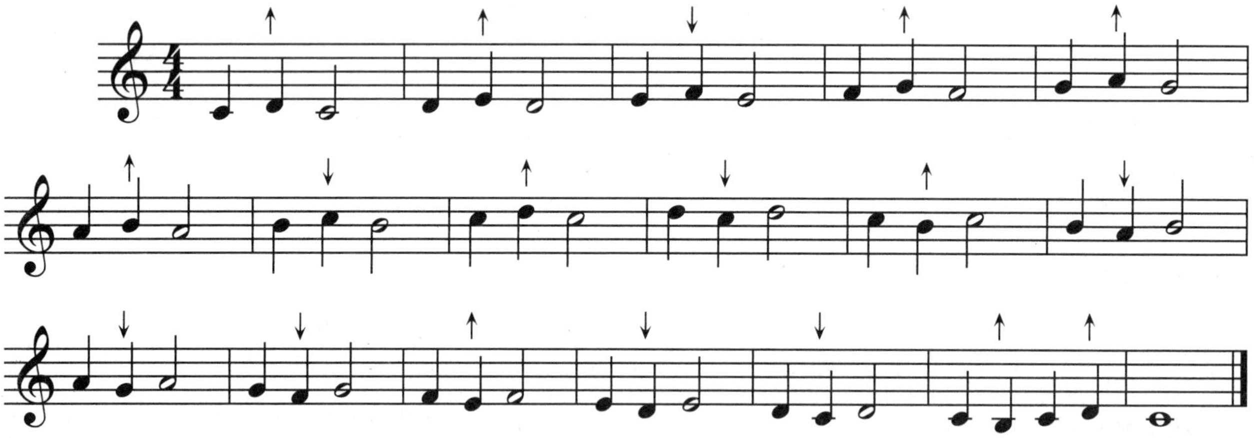

音频

3. 二度音程强化训练

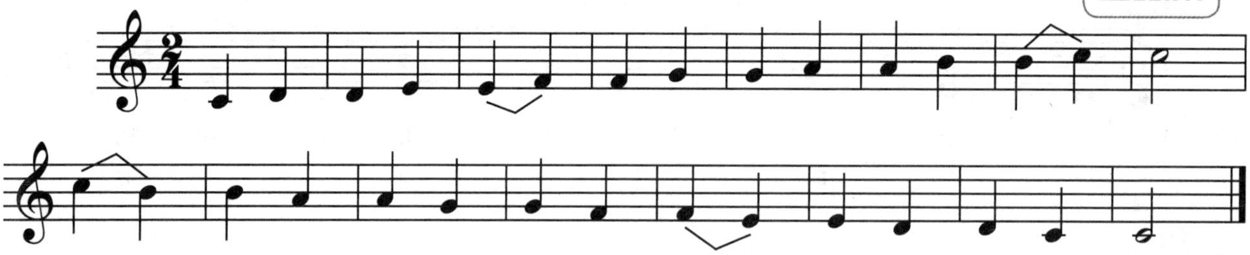

音频

10条

五、视唱练习

新疆民歌

1.

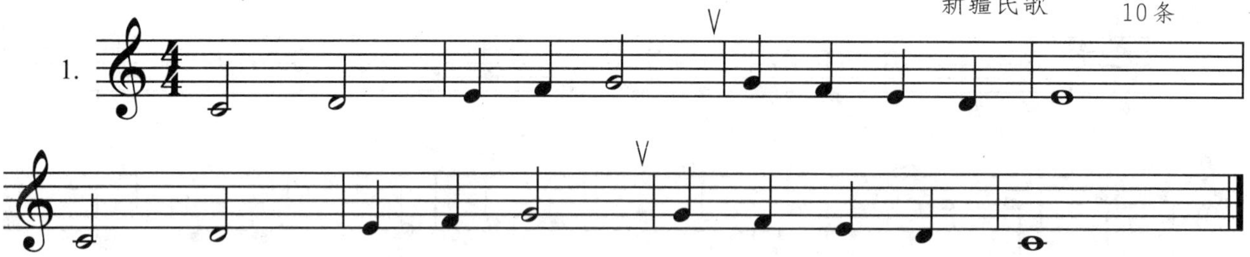

《玛丽有只小羊羔》

2.

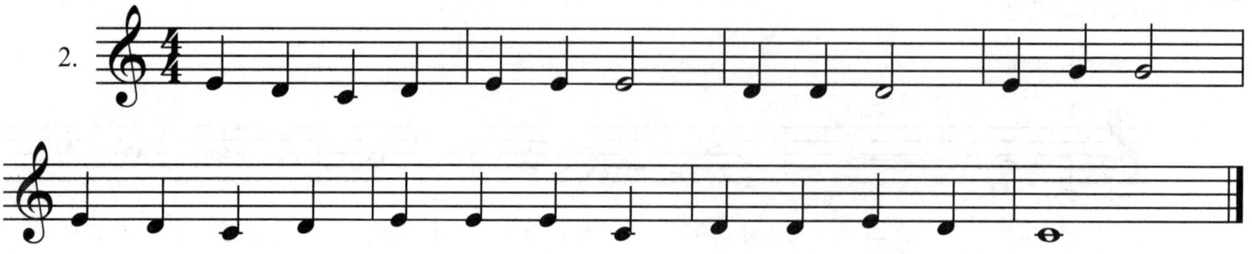

《小朋友》韩德常曲

3. 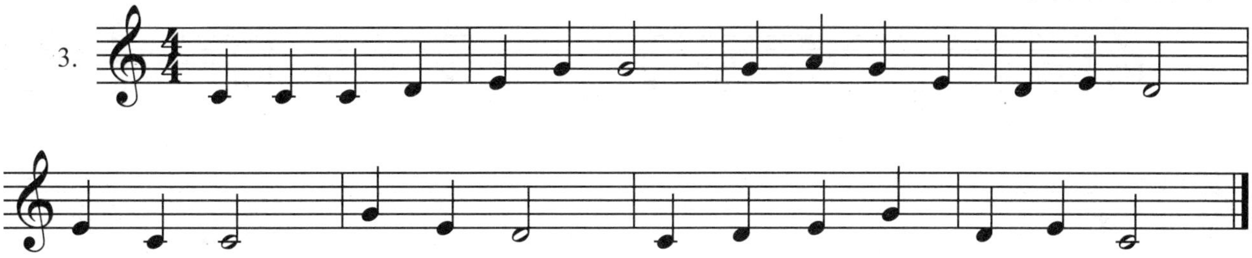

4. 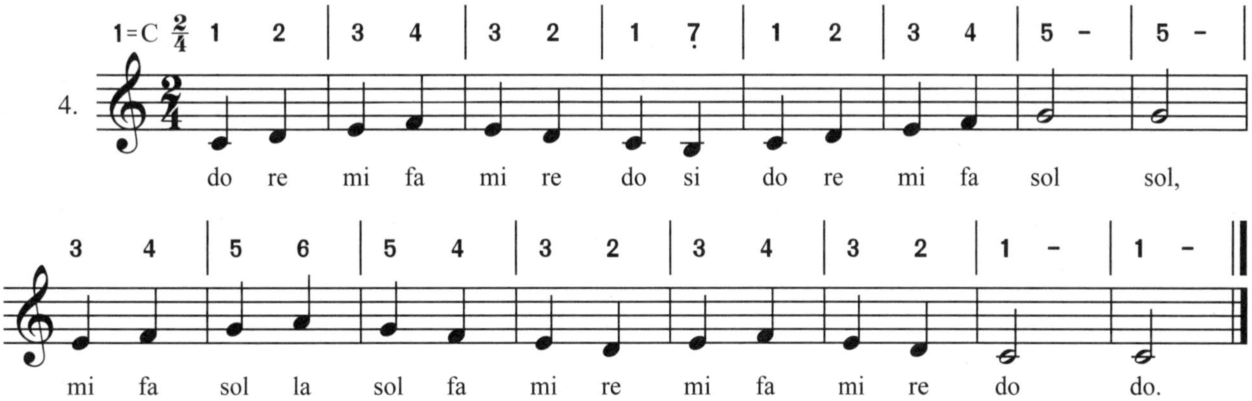

《铃儿响叮当》彼尔彭特曲

5. 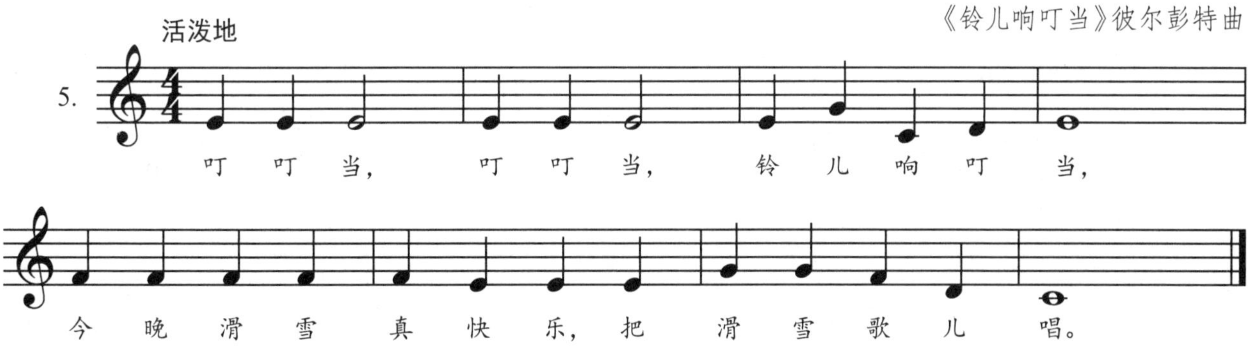

6. 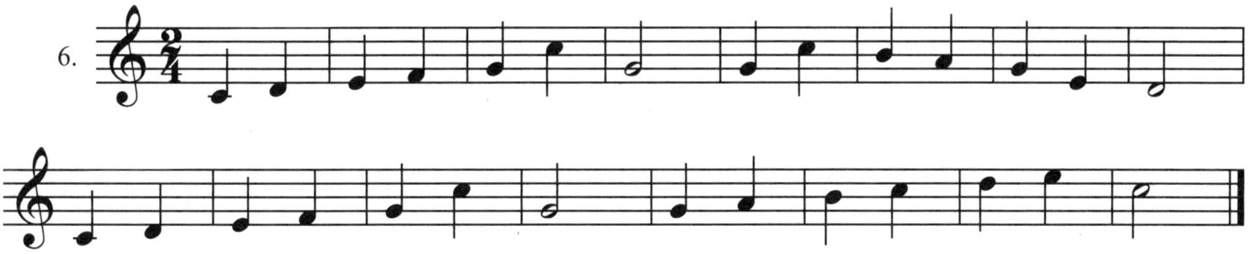

7. 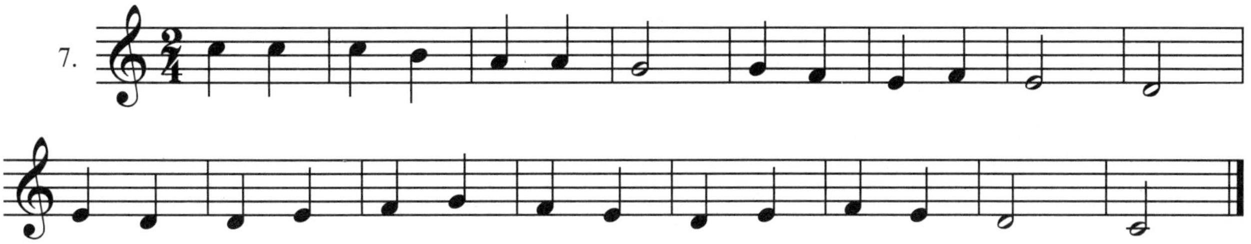

8.

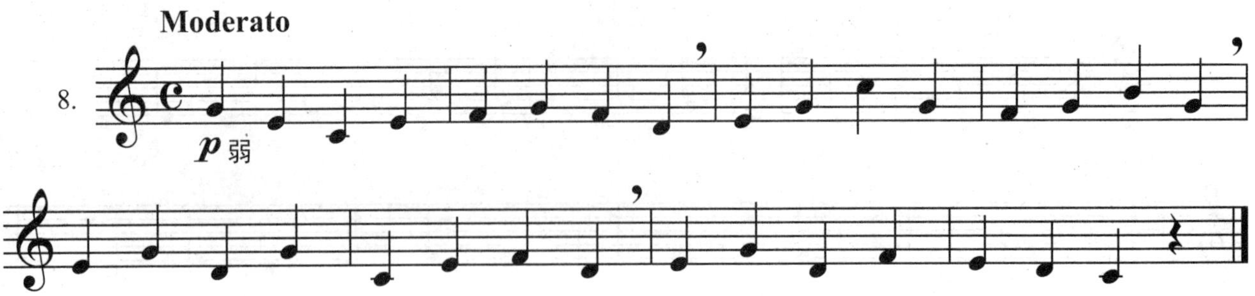

9.

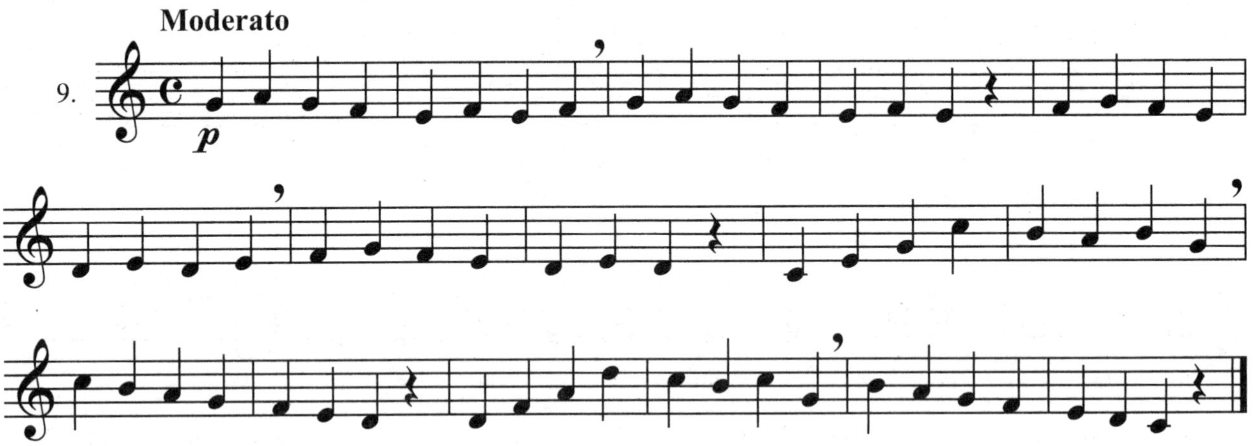

10.

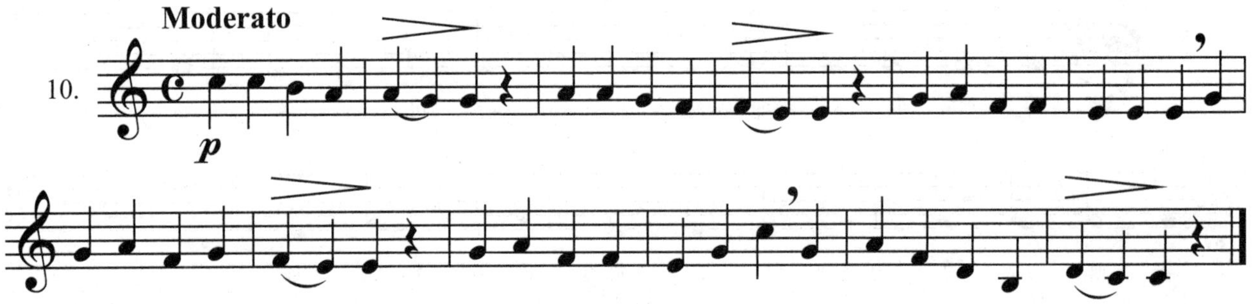

任务三　八 分 音 符

一、八分音符

一个八分音符的时值等于一个四分音符时值的一半，即在以四分音符为单位拍时，八分音符的时值为半拍。

例 1-1-9

两个八分音符

五线谱 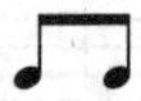

简　谱 X X

击　拍 

口　读 哒 哒

二、节奏练习

（一）歌谣中的节奏

练习要求：念唱时单手击拍，八分音符击半拍，两个八分音符击一拍，看音符、打拍子、念歌谣同时进行，培养眼、手、口同步配合的能力。

1.

《小宝宝》

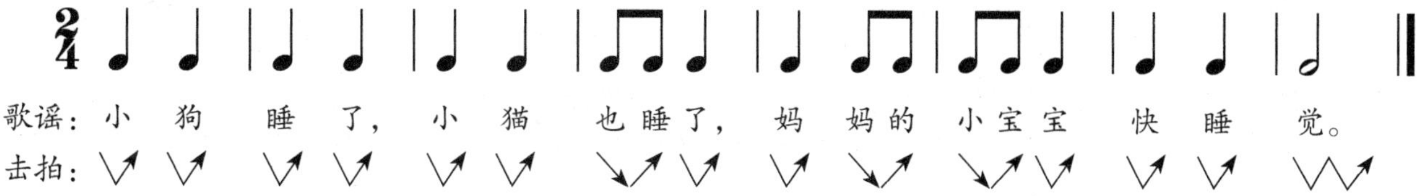

歌谣：小 狗 睡 了，小 猫 也 睡 了，妈 妈 的 小 宝 宝 快 睡 觉。

击拍：

2.

《踢键歌》（焦作市）

一个球， 咱俩踢， 一踢踢到二十一， 二五六， 二五七， 二八二九三十一。

（二）节奏练习

1.

击拍：

2.

击拍：

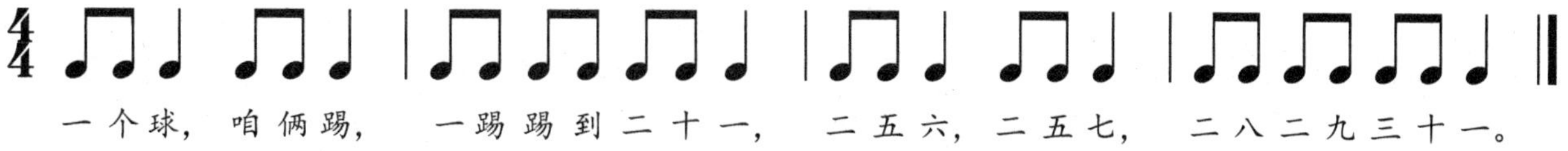

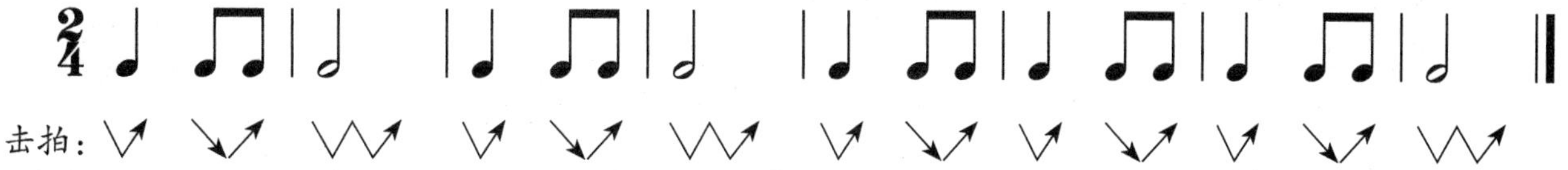

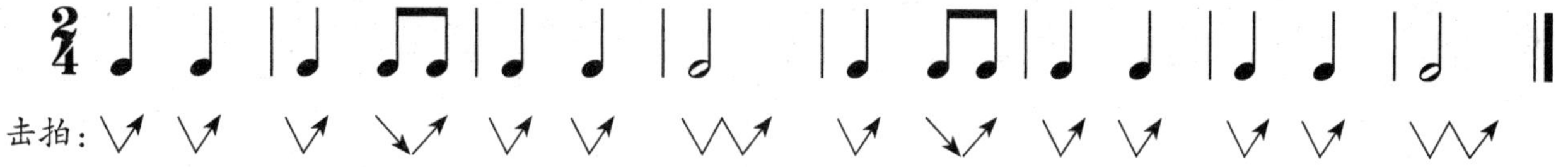

（三）节奏创编

练习要求：每条节奏按 $\frac{2}{4}$ 拍、8 小节的结构创编，要求包含二分音符、四分音符和八分音符。

三、三度音程

（一）大小三度音程

三度音程包含 3 个音级。大三度由 2 个全音（2 个大二度）构成，小三度由 1 个全音和 1 个半音构成。

例 1-1-10

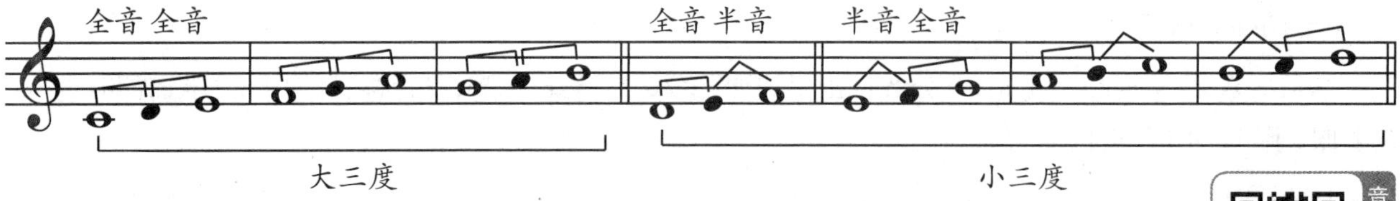

（二）三度音程构唱

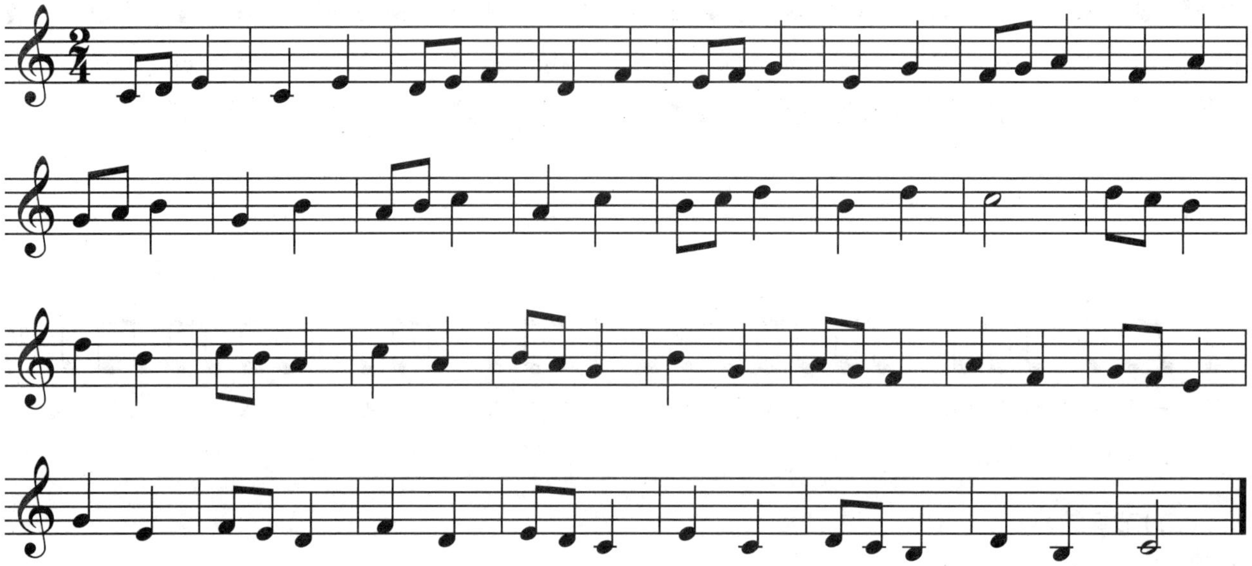

四、视唱练习

西班牙民歌《划船歌》

1.
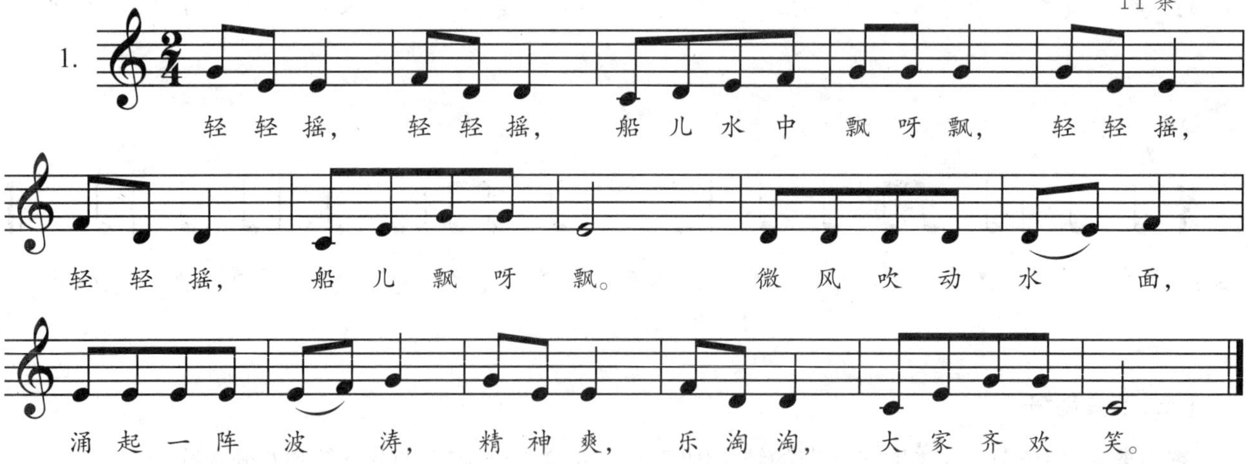

2.
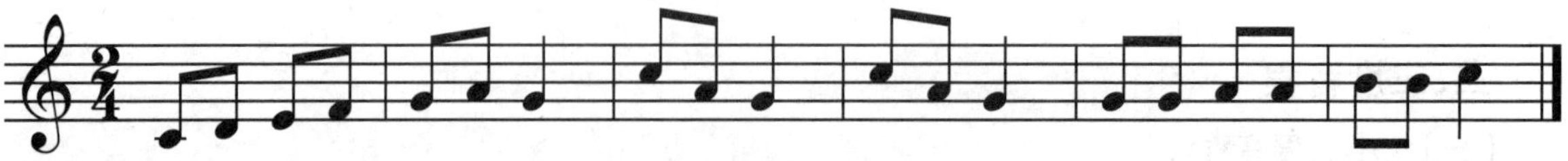

3.
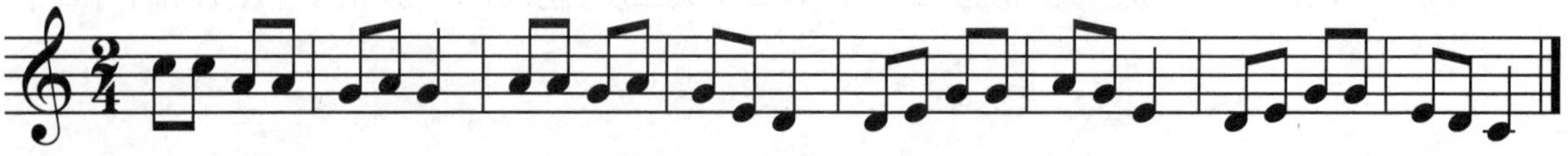

西班牙民歌

4.

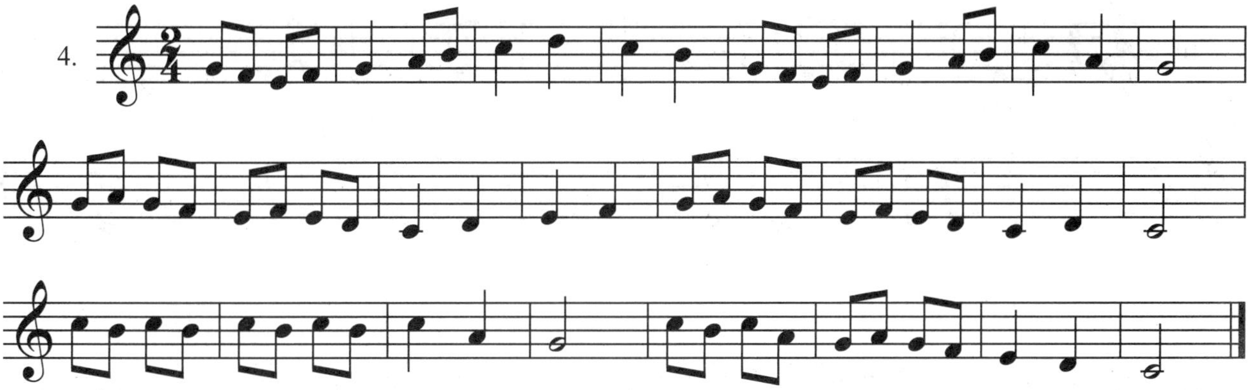

5.

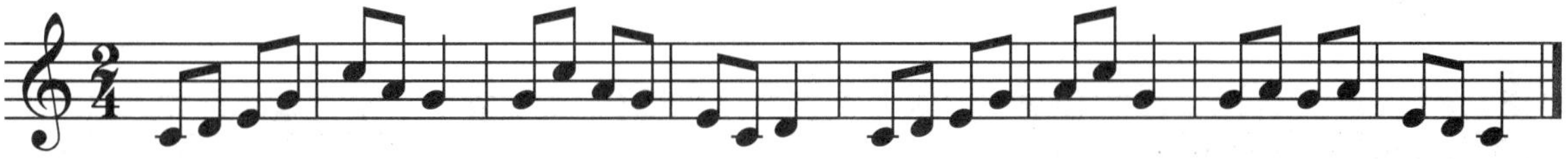

6.

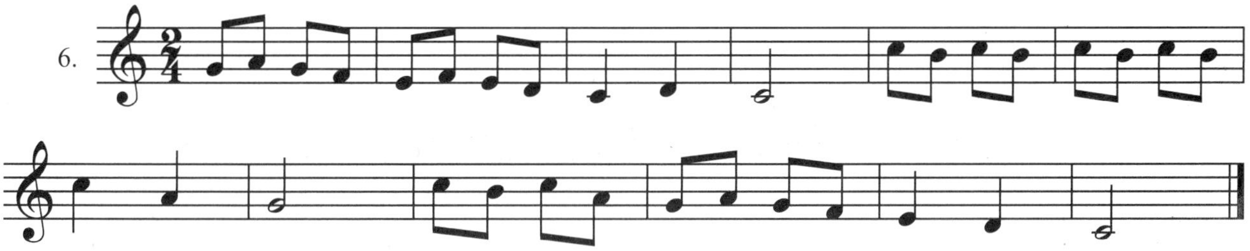

小快板　　　　鸣泉曲

7.

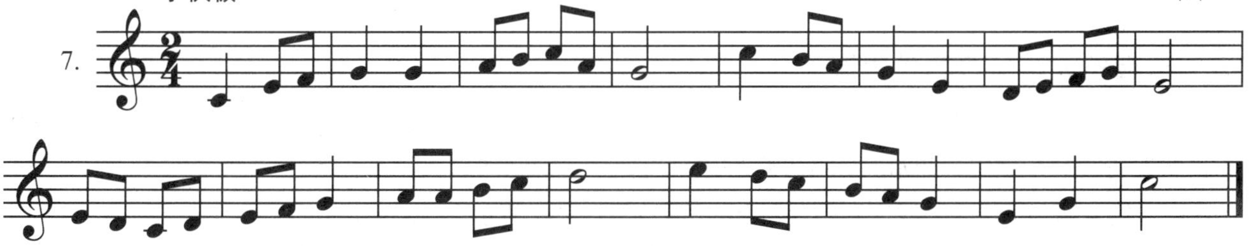

中快板　　　　回族民歌

8.

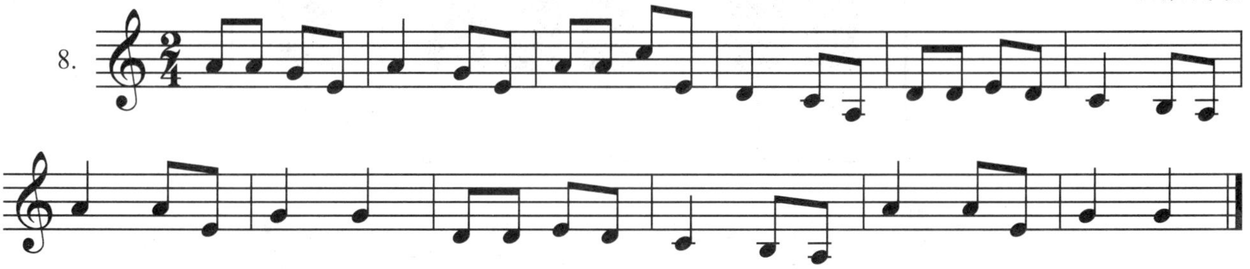

中快板　　　　山东民歌

9.

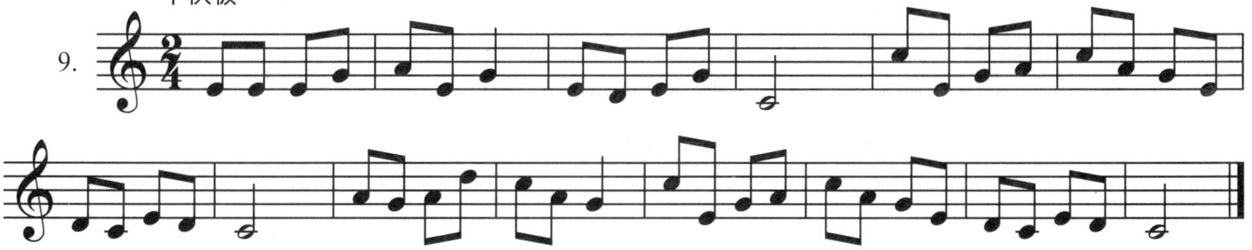

沉重地　　　　美国黑人歌曲《老人河》

10.

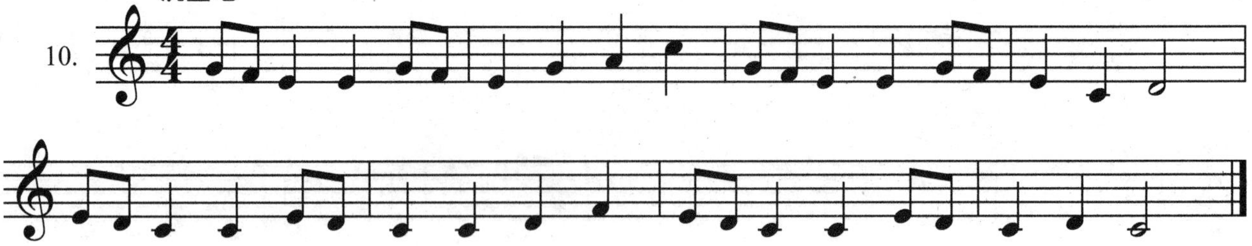

德国儿歌《春天到》

11.

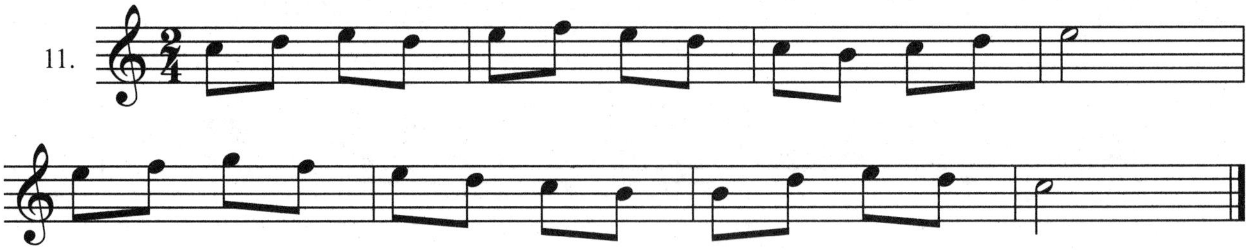

项目二　C大调综合练习

任务一　自然大调与C自然大调

一、自然大调与C自然大调

由一个基本音级做主音，从主音开始，按“全—全—半—全—全—全—半”的结构关系排列起来就构成了自然大调。由C做主音开始的自然大调，叫作C自然大调，简称C大调。

C自然大调各音级在五线谱和键盘图上的位置如图1-2-1所示。

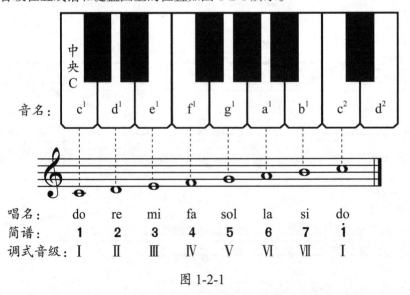

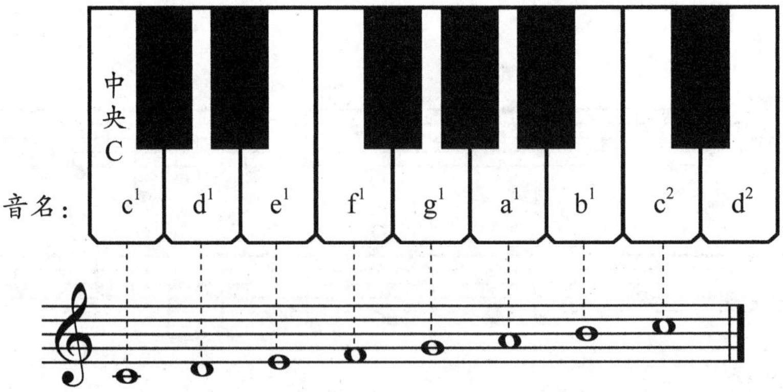

唱名：	do	re	mi	fa	sol	la	si	do
简谱：	1	2	3	4	5	6	7	$\dot{1}$
调式音级：	Ⅰ	Ⅱ	Ⅲ	Ⅳ	Ⅴ	Ⅵ	Ⅶ	Ⅰ

图1-2-1

二、音阶与三度音程练习

(一)C 大调音阶练习

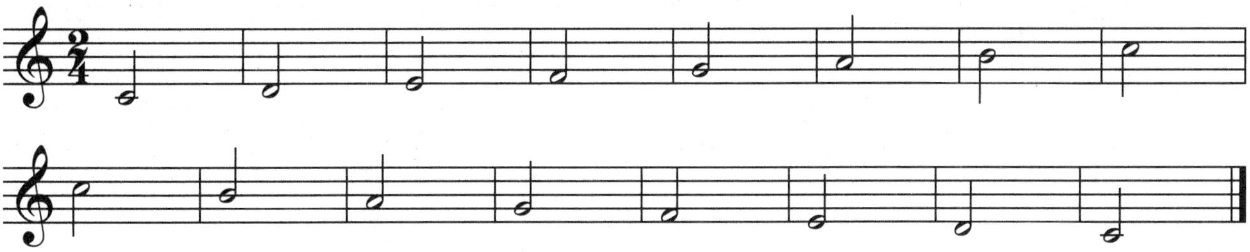

(二)三度音程练习

1. 三度音程认唱

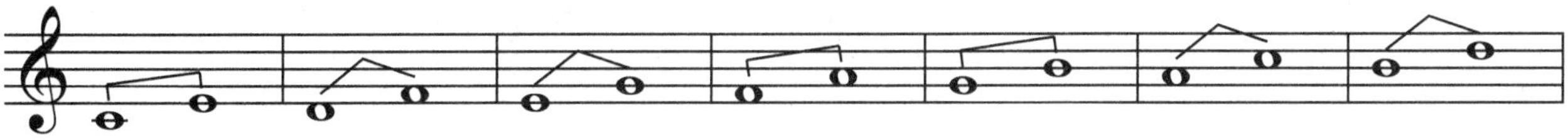

上行：大三度　小三度　小三度　大三度　大三度　小三度　小三度

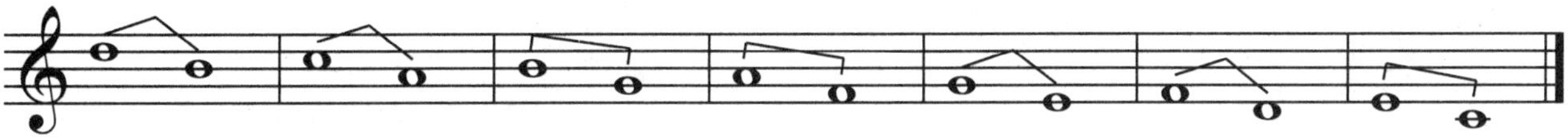

下行：小三度　小三度　大三度　大三度　小三度　小三度　大三度

2. 三度音程构唱

曾亚平曲

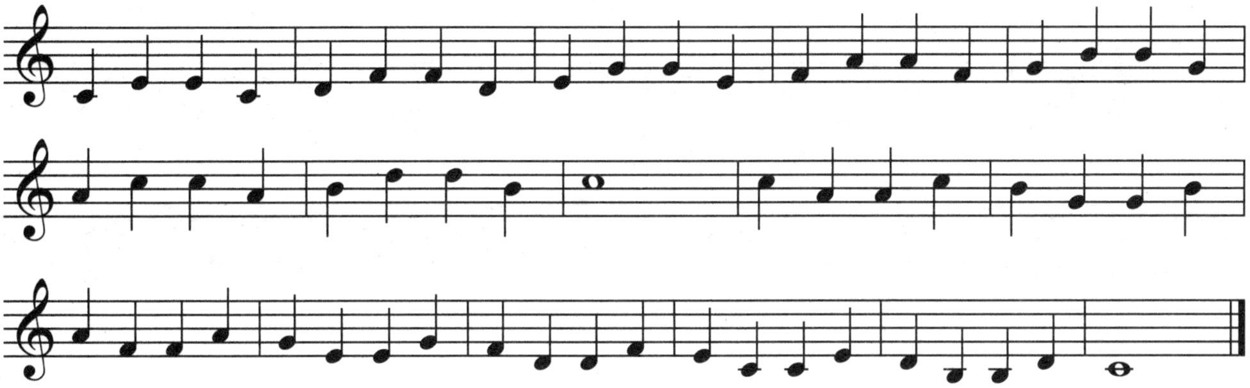

三、视唱练习

《音阶歌》侯孟玲词曲

11条

1.

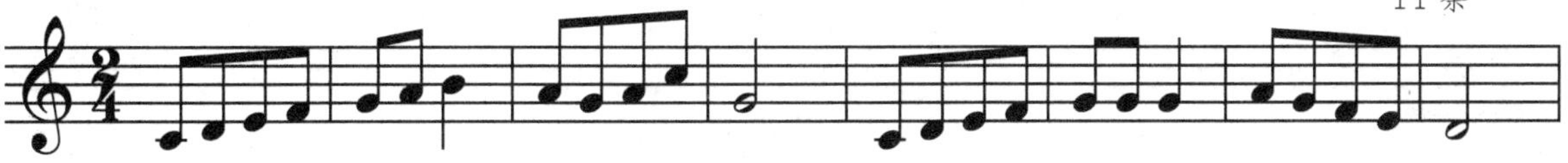
do re mi fa sol la si, 七个好朋友, 楼梯上面排好队, 有高又有低。

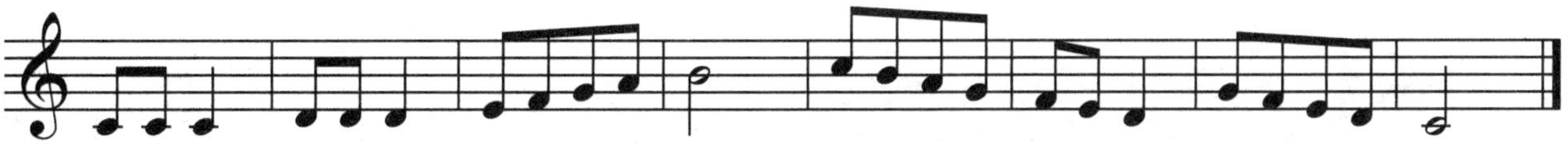
do 排一, re 排二, mi fa sol la si, 高高低低排起来, 唱歌做游戏。

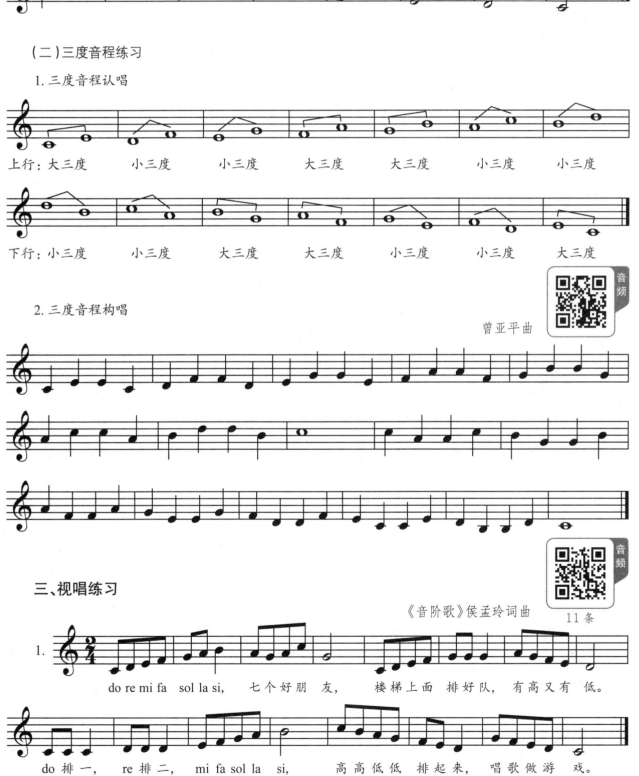

Andante 行板 贝利曲

2.

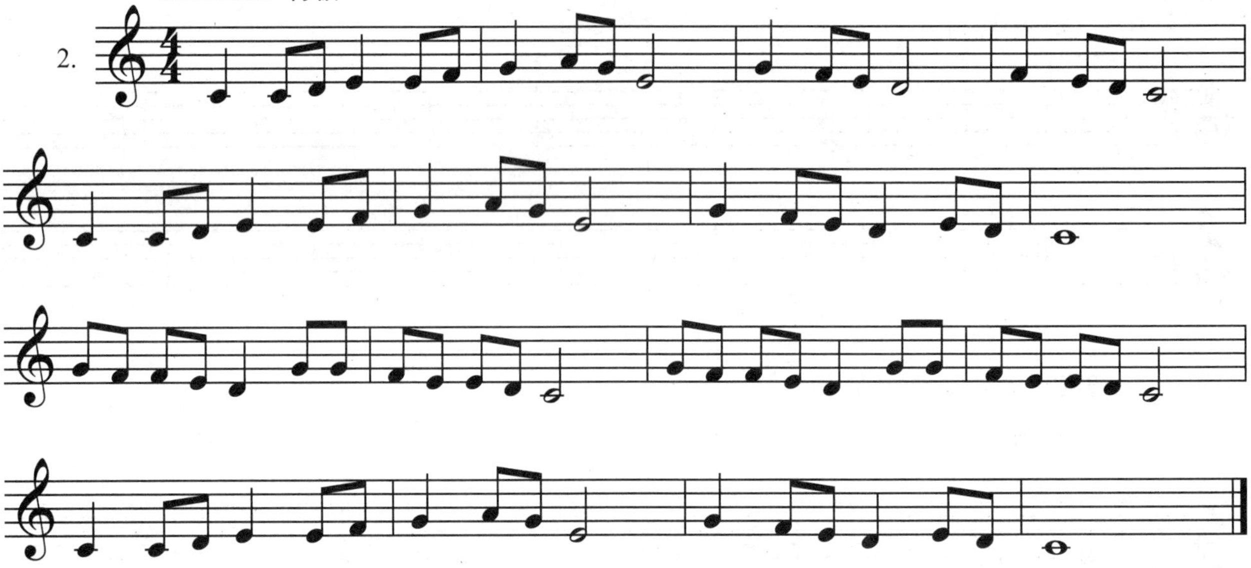

中速 练习曲

3.

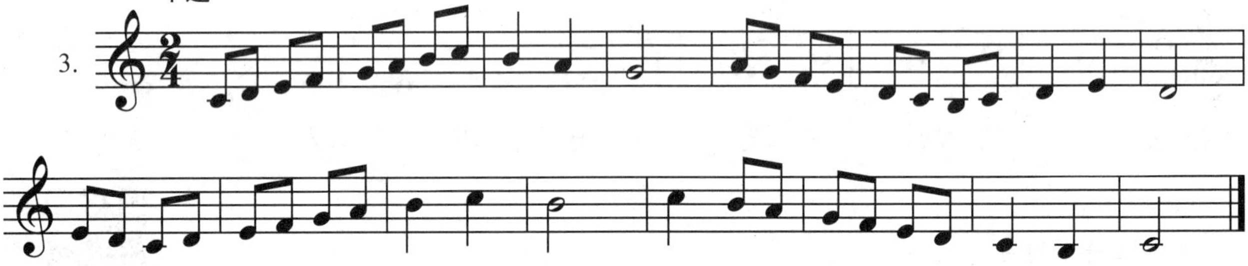

《小夜曲波尔卡》海更斯曲

4.

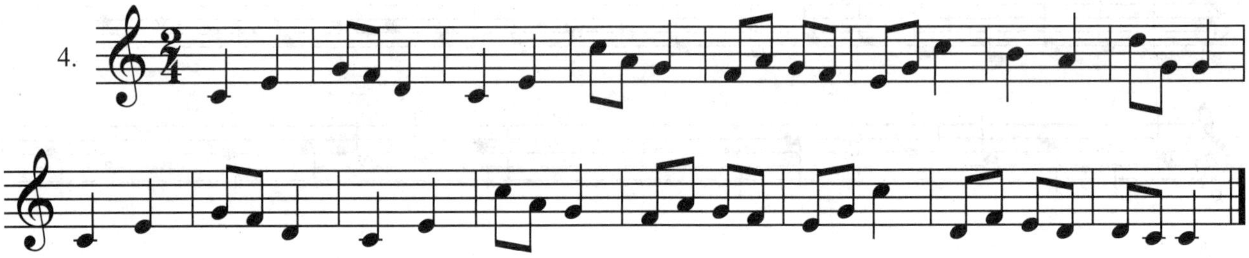

中速 黎锦晖曲

5.

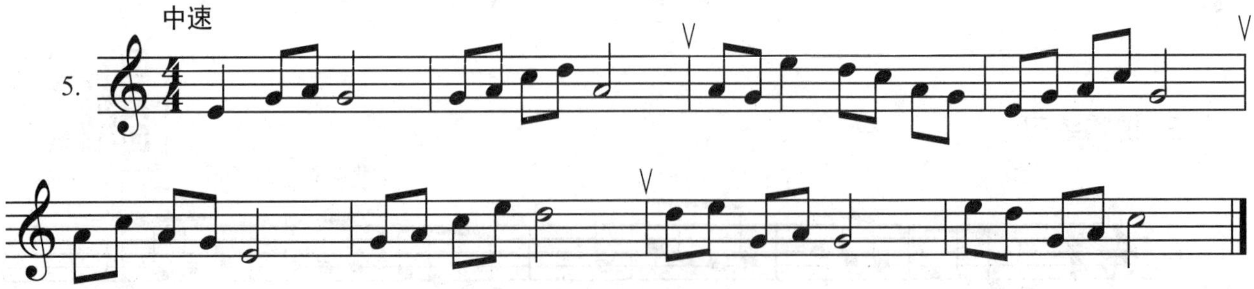

河北民歌

6.

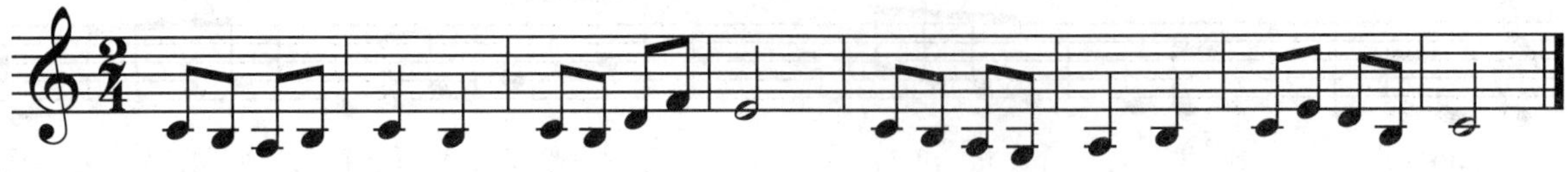

山东民歌

7.

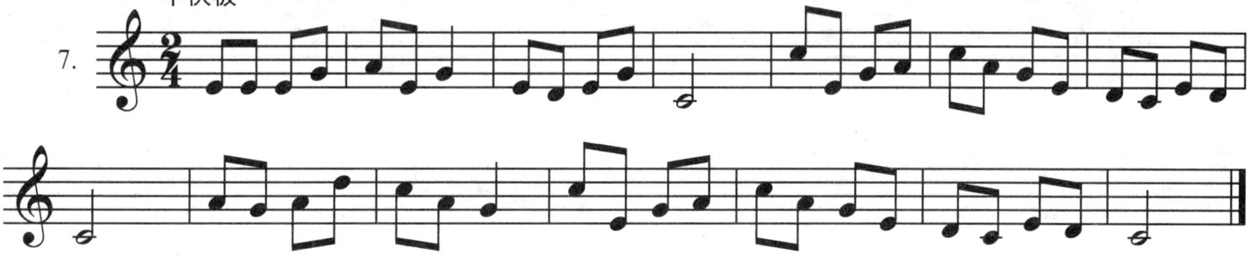

河北民歌

8.

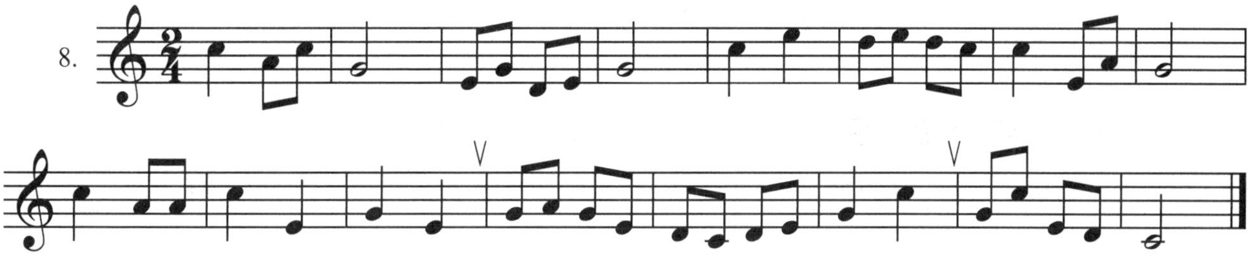

德国民歌

9.

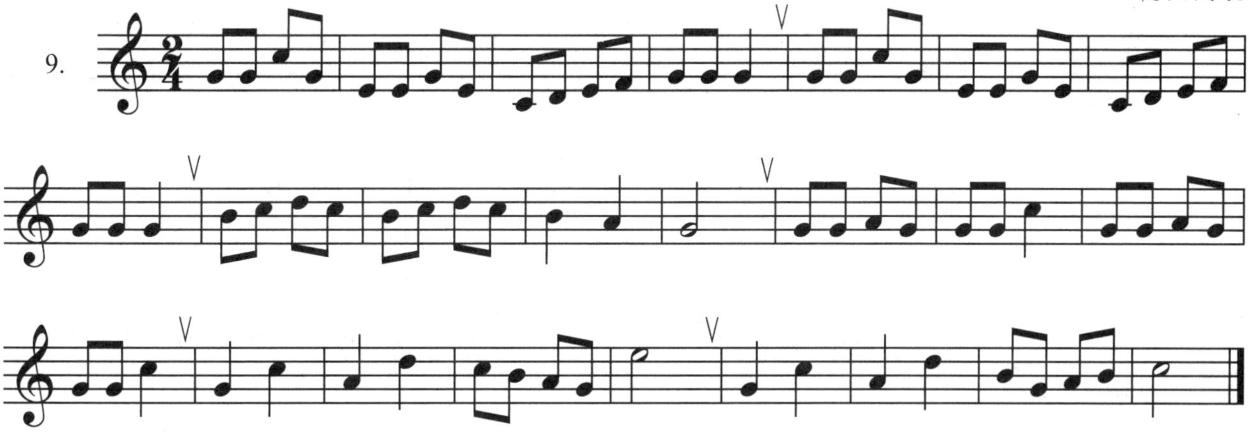

莫扎特曲

10.

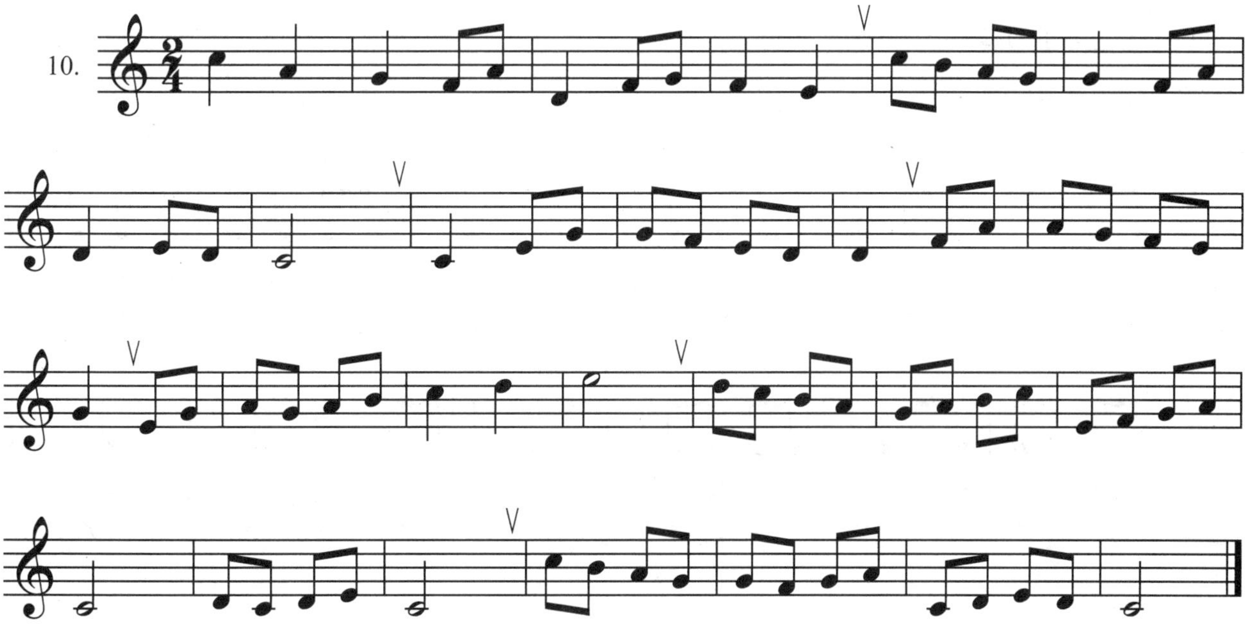

11.

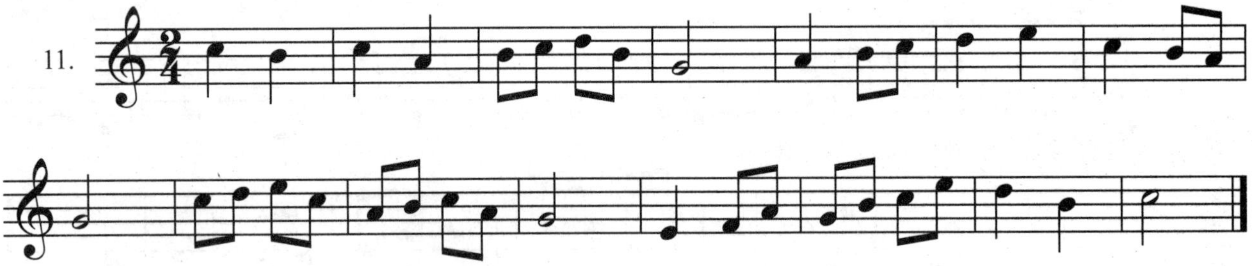

任务二　a 自然小调综合练习

一、自然小调与 a 自然小调

由一个音级做主音，从主音开始按“全—半—全—全—半—全—全”的关系排列起来就构成了自然小调。由 a 做主音开始的这种排列，叫作 a 自然小调，简称 a 小调。

例 1-2-1　小调式与 a 自然小调

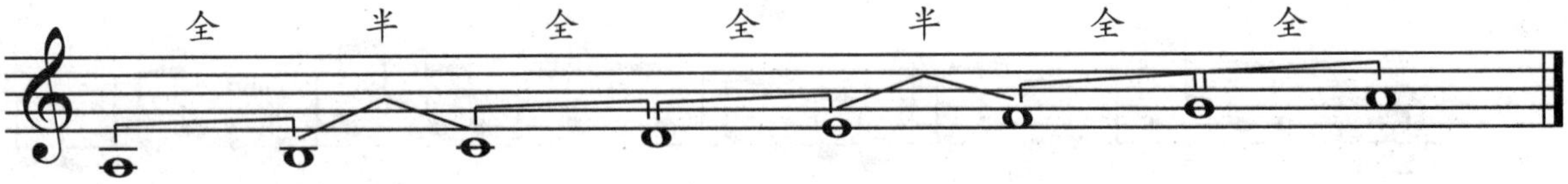
全　半　全　全　半　全　全

唱名：	la	si	do	re	mi	fa	sol	la
简谱：	$\underset{\cdot}{6}$	$\underset{\cdot}{7}$	1	2	3	4	5	6
调式音级：	Ⅰ	Ⅱ	Ⅲ	Ⅳ	Ⅴ	Ⅵ	Ⅶ	Ⅰ

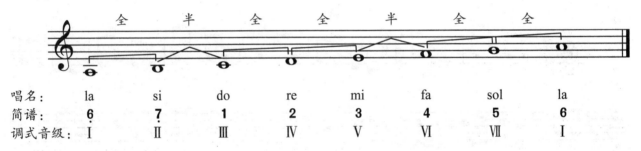

常见的小调式还有与 G、F、D、$^\flat$B、A、$^\flat$E 大调同调号的 e 小调、d 小调、b 小调、g 小调、$^\sharp$f 小调和 c 小调等等。

二、节奏练习

（一）歌谣中的节奏

1.

《小青蛙》（叶县）

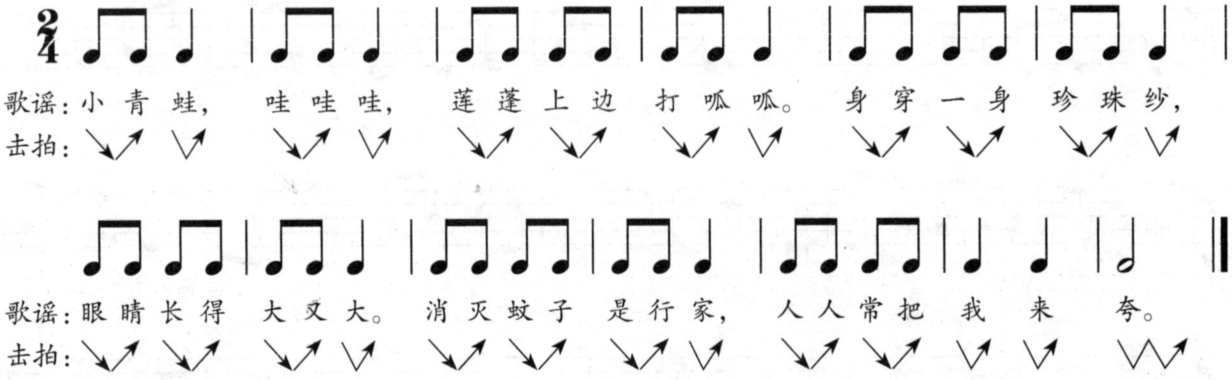
歌谣：小青蛙，　哇哇哇，　莲蓬上边　打呱呱。　身穿一身　珍珠纱，
击拍：
歌谣：眼睛长得　大又大。　消灭蚊子　是行家，　人人常把　我来　夸。
击拍：

2.

《小黄豆》(叶县)

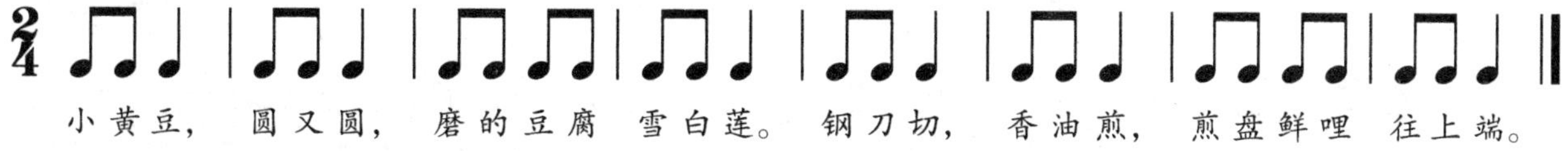

（二）节奏练习

1.

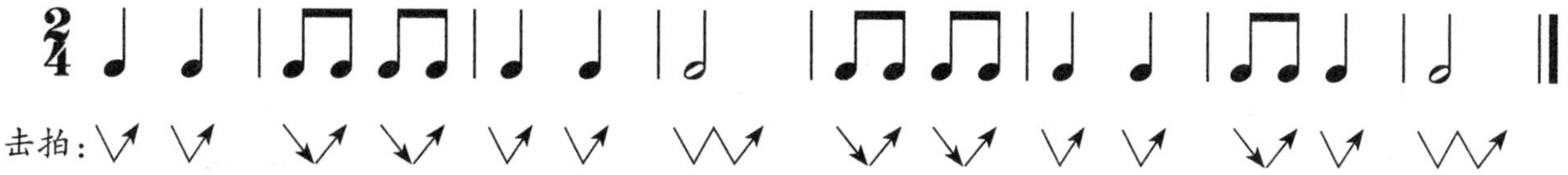

2.

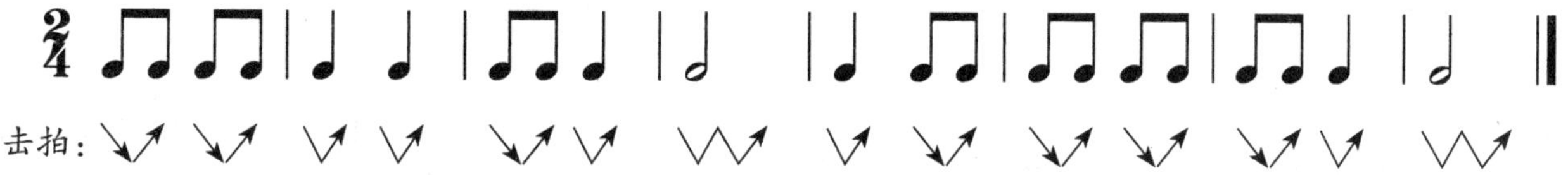

（三）节奏创编

每条节奏按$\frac{4}{4}$拍、4 小节或$\frac{2}{4}$拍、8 小节的结构创编，包含已学的所有音符。

三、音阶与三度音程练习

（一）a 小调音阶练习

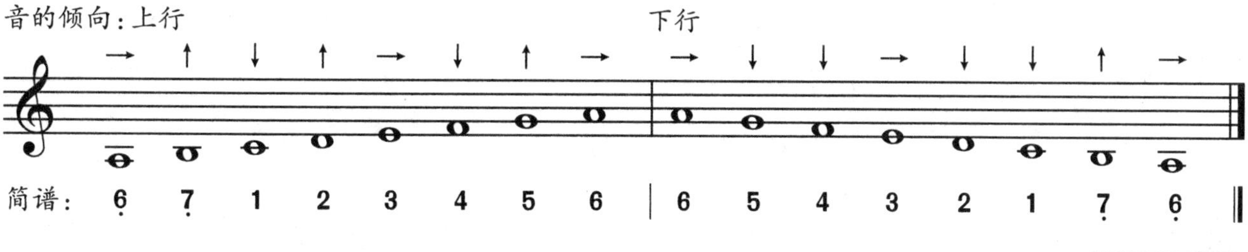

（二）三度音程强化训练

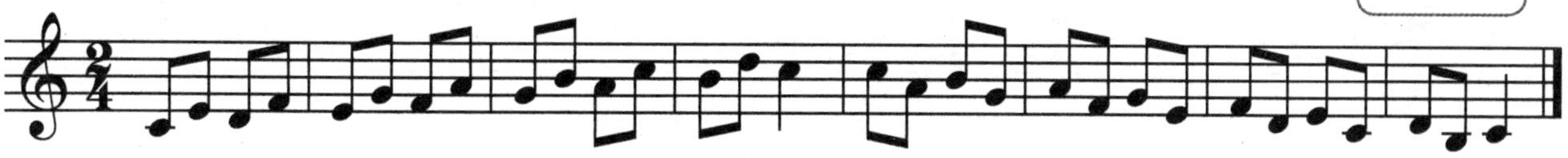

音频

四、视唱练习

亚伟曲 9条

1.

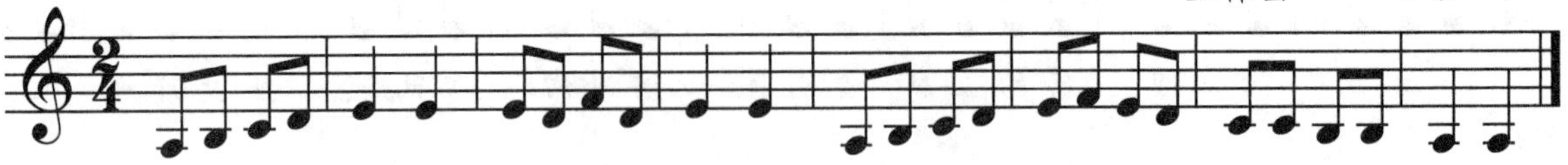

亚伟曲

2.

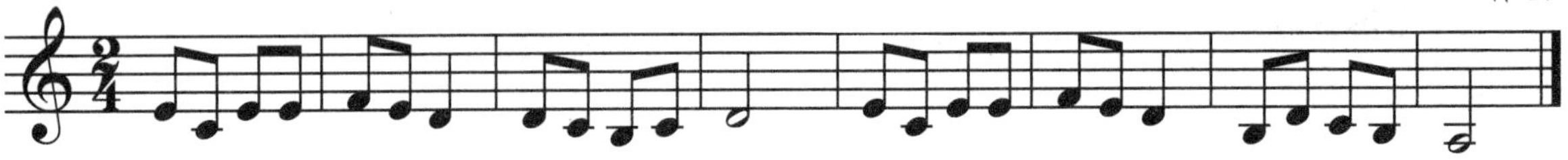

3.

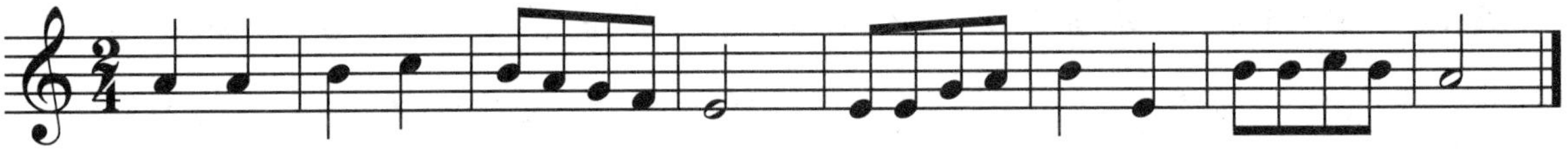

从容地

4.

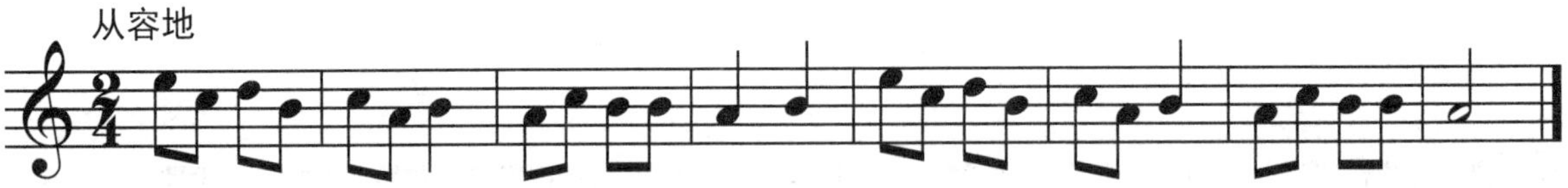

5.

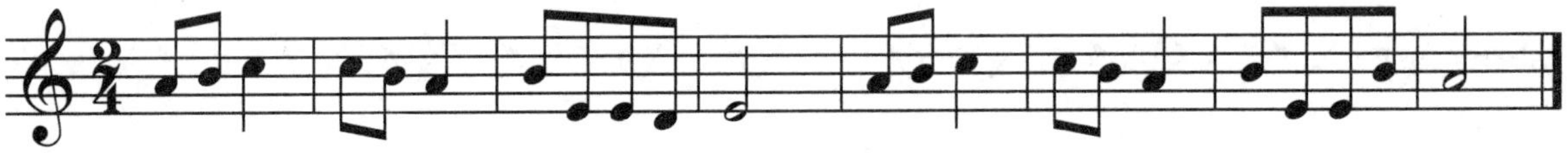

Andante

日本民歌《樱花》

6.

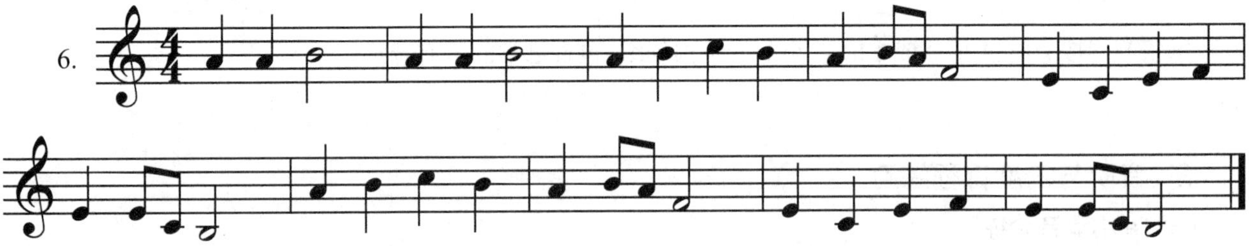

日本民歌《四季歌》荒木丰尚曲

优美、抒情地

7.

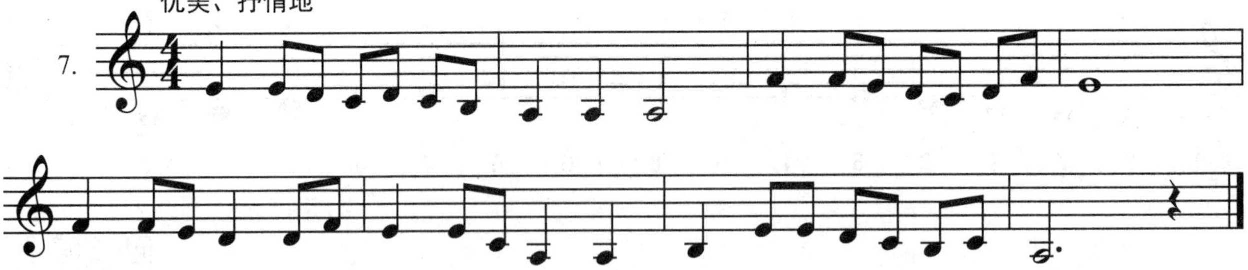

瑞典民歌

8.

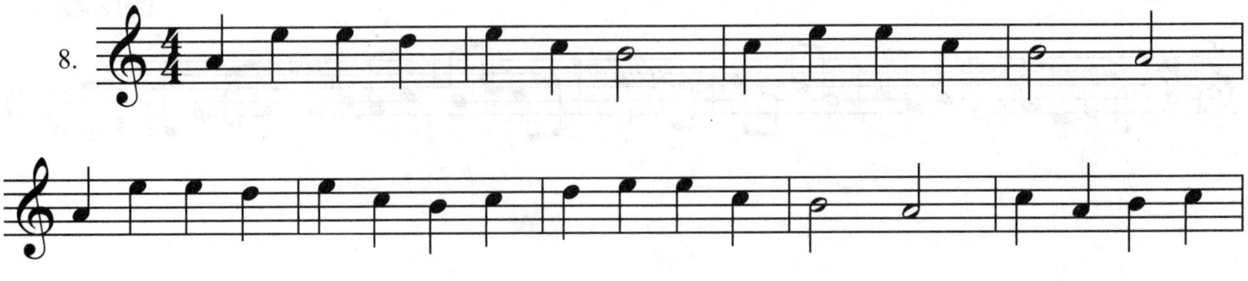

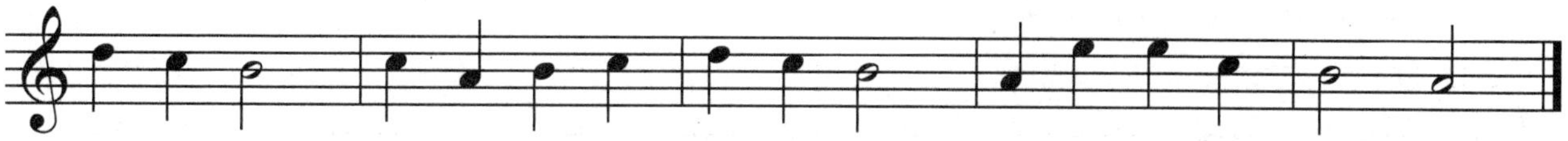

《母猫》娜伊诺娃词 维特林曲

9.

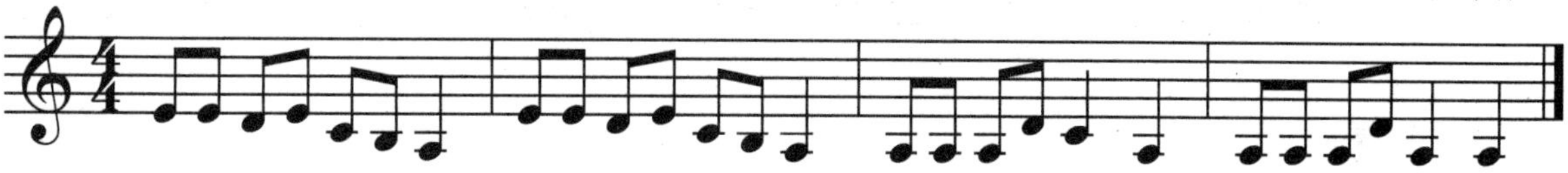
1. 灰色母猫样子好，坐在窗边咪咪叫，它的尾巴摇 摇，等候它的小 猫。
2. 我的灰色小宝宝，你们到哪里去了，时候已经不 早，宝宝快来睡 觉。

任务三 C同宫系统民族调式

一、五声调式

（一）五声音阶

五声音阶是由 5 个按纯五度排列的音构成的调式，依次为“宫、徵、商、羽、角”。

例 1-2-2

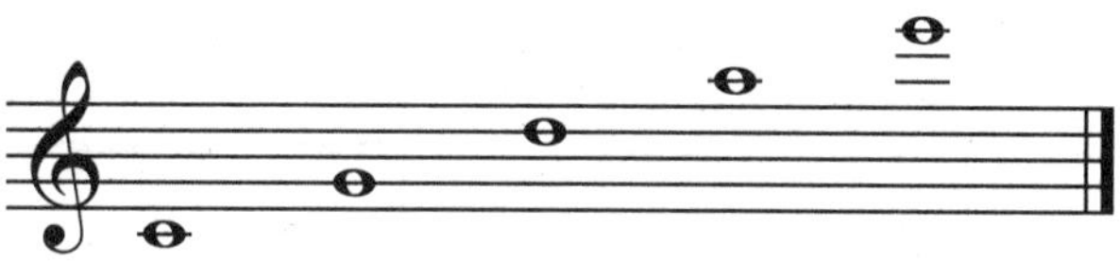

1=C	1	5	$\dot{2}$	$\dot{6}$	$\ddot{3}$
	宫	徵	商	羽	角

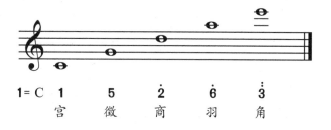

按音高顺序排列，则为宫、商、角、徵、羽。

例 1-2-3

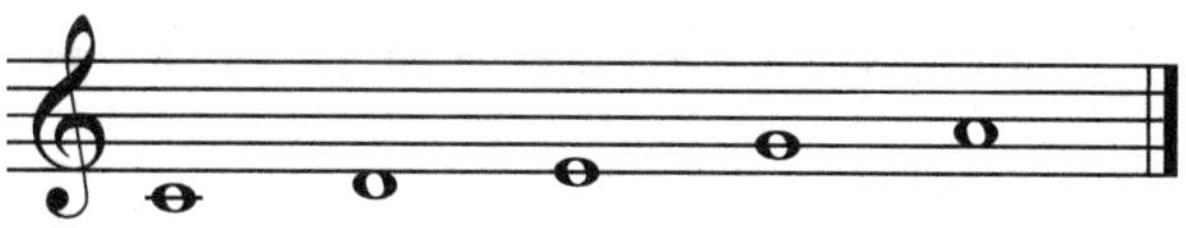

1=C	1	2	3	5	6
音名：	宫	商	角	徵	羽
唱名：	do	re	mi	sol	la

（二）C 宫调式

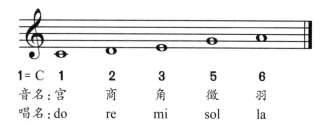

五声调式中的宫、商、角、徵、羽，每一个音都可以作为一个调式的主音。每一个宫音系统都有 5 种调式，即宫调式、商调式、角调式、徵调式、羽调式。以 C 为主音的宫调式，叫作 C 宫调式。以同一个音为宫音的 5 种调式，叫作“同宫系统各调”，如：C 宫系统各调除了 C 宫调式，还有 D 商调式、E 角调式、G 徵调式、A 羽调式。

例 1-2-4　C 同宫系统各调式音阶

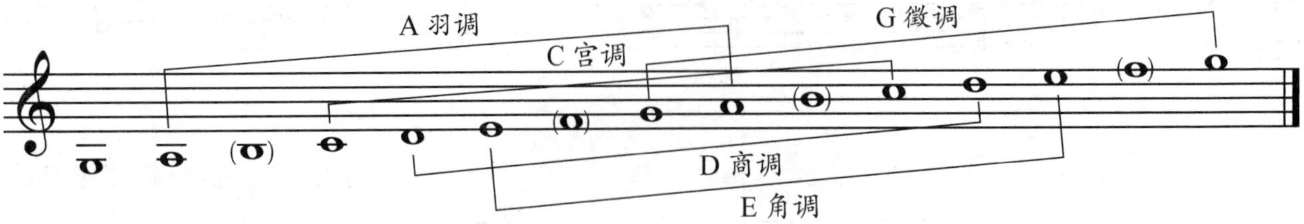

二、节奏练习

（一）歌谣中的节奏（二声部）

《小黄猫》（夏邑县）

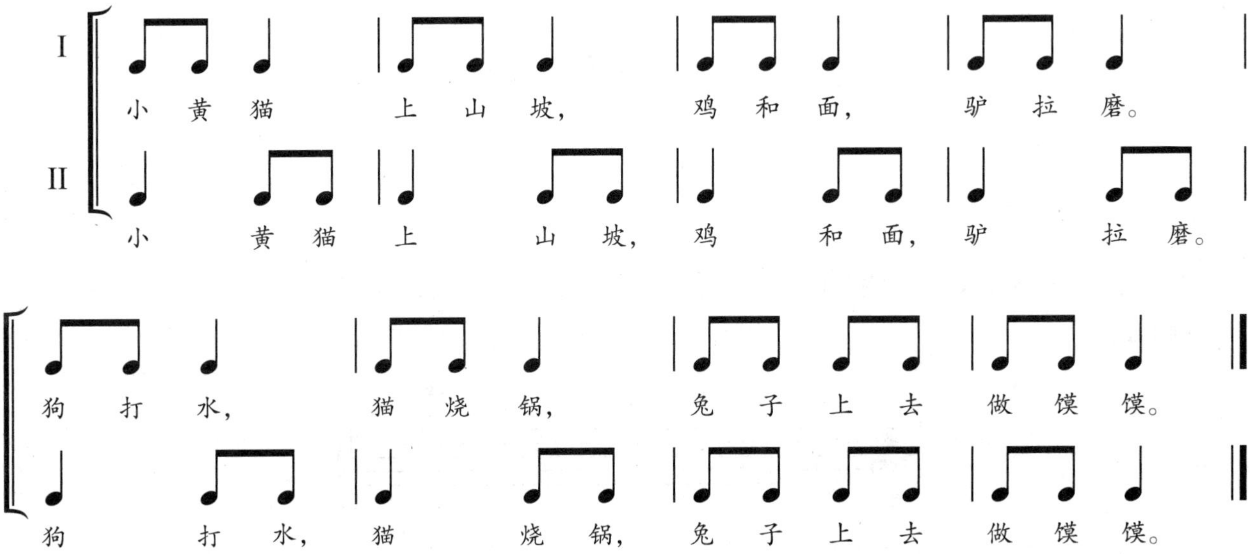

（二）节奏练习

1.

2.

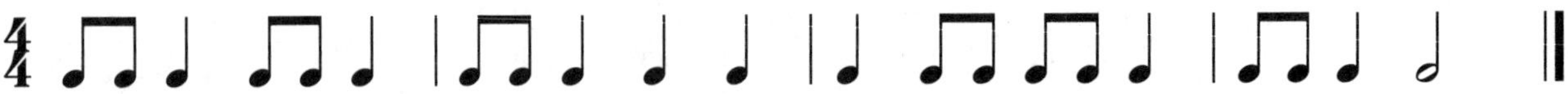

三、四度音程

（一）纯四度

纯四度包含 4 个音级，由 2 个全音和 1 个半音构成。

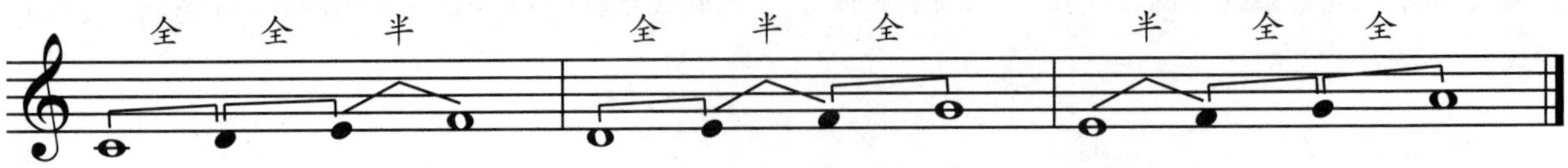

（二）四度音程构唱

音频

董丽丽编曲

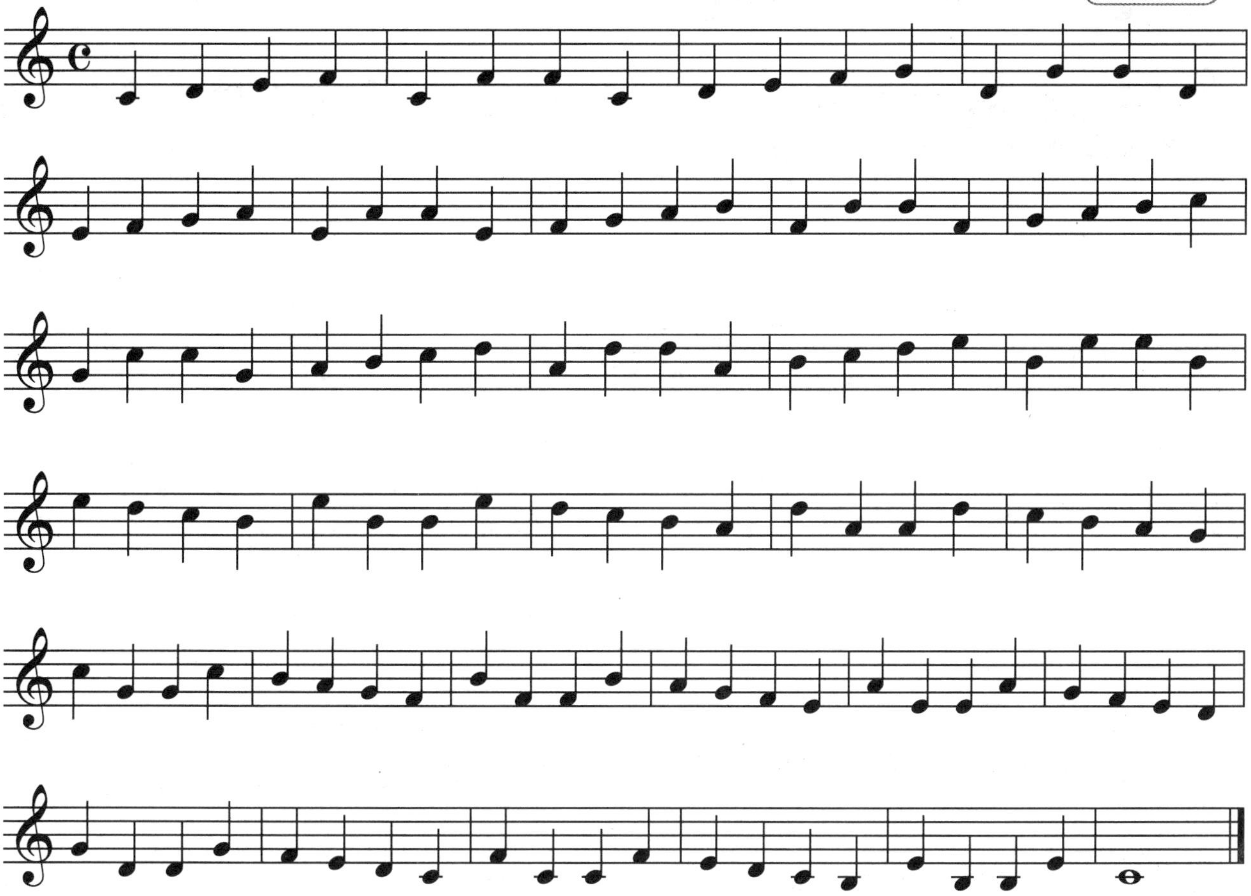

四、视唱练习

音频

7条

中速

1.

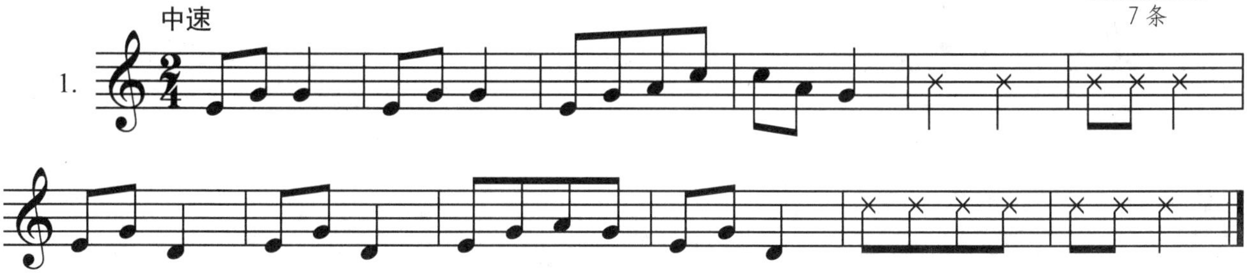

河北民歌

2.

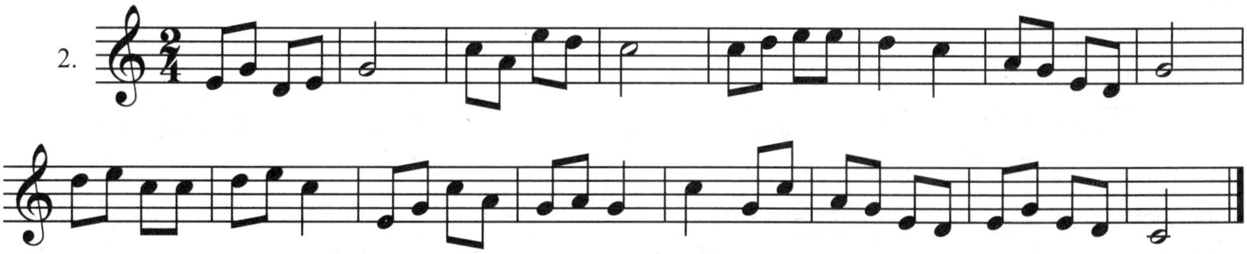

Moderato 江苏民歌

3.

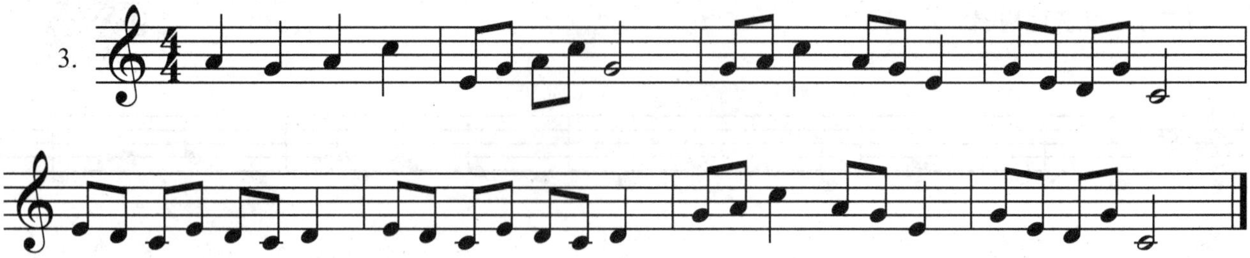

Moderato 山东民歌

4.

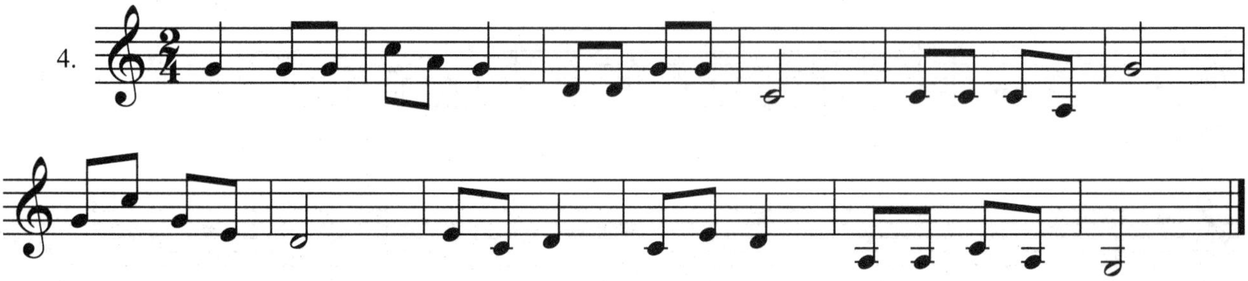

Allegretto 河北民歌

5.

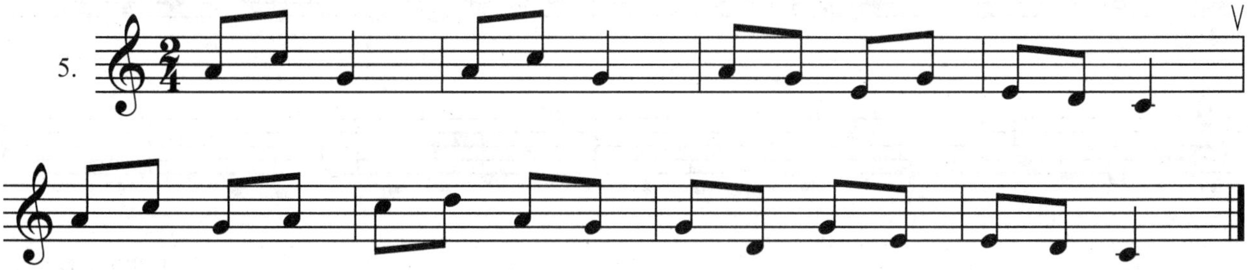

Andante 陕北民歌

6.

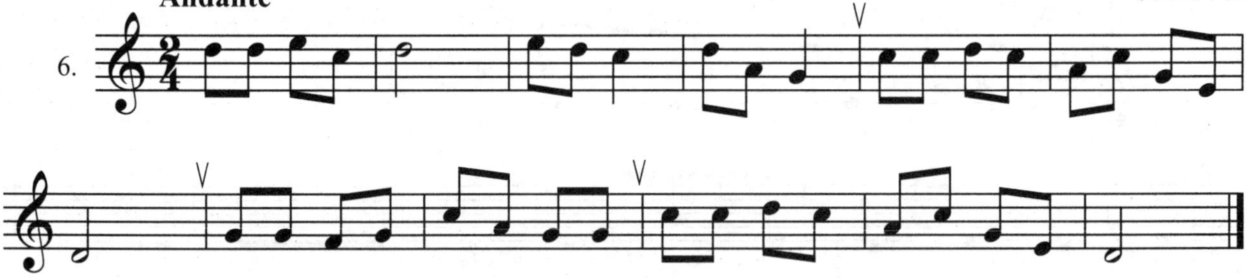

♩=60 慢 刘运理曲

7.

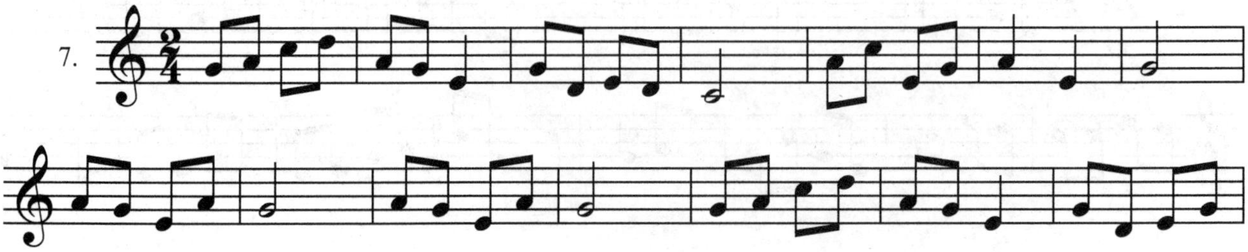

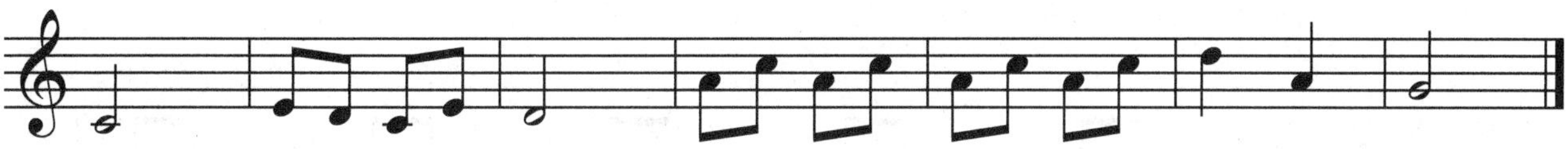

项目三　休止符与十六分音符

任务一　休　止　符

一、休止符

准确记录音乐中乐音停顿时间的符号叫休止符。各种休止符休止的时值，相当于与它名称相同的音符的时值。在以四分音符为一拍的节拍里，全休止符休止 4 拍，二分休止符休止 2 拍，四分休止符休止 1 拍，八分休止符休止半拍。无论在哪种节拍中，整小节的休止符一般都用全休止符。

例 1-3-1

全休止符	𝄻			
简谱	0	0	0	0
击拍	↘↗	↘↗	↘↗	↘↗
拍数	1	2	3	4
口念	空	空	空	空

二分休止符	𝄼	
简谱	0	0
击拍	↘↗	↘↗
拍数	1	2
口念	空	空

四分休止符	𝄽
简谱	0
击拍	↘↗
拍数	1
口念	空

八分休止符	𝄾
简谱	X 0
击拍	↘↗
拍数	$\frac{1}{2}$
口念	哒空

二、节奏练习

(一)歌谣中的节奏

1.

《弹钢琴》

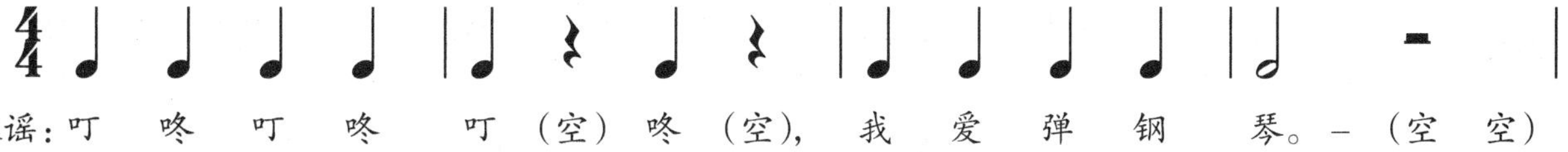

歌谣：叮　咚　叮　咚　叮（空）咚（空），我　爱　弹　钢　琴。－（空　空）

击拍：↘↗　↘↗　↘↗　↘↗　↘↗　↘↗　↘↗　↘↗　↘↗　↘↗　↘↗　↘↗　↘↘↗　↘↘↗

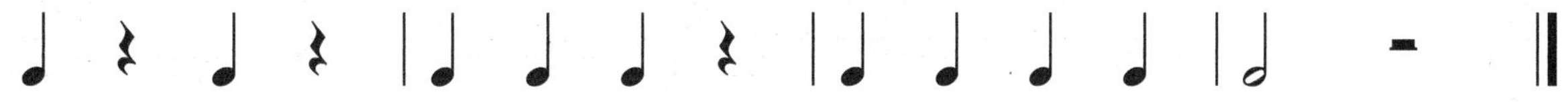

歌谣：叮（空）咚（空）叮　叮　咚（空），弹　得　真　好　听。－（空　空）

击拍：↘↗　↘↗　↘↗　↘↗　↘↗　↘↗　↘↗　↘↗　↘↗　↘↗　↘↗　↘↗　↘↘↗　↘↘↗

2.

《盘脚盘》(安阳市)

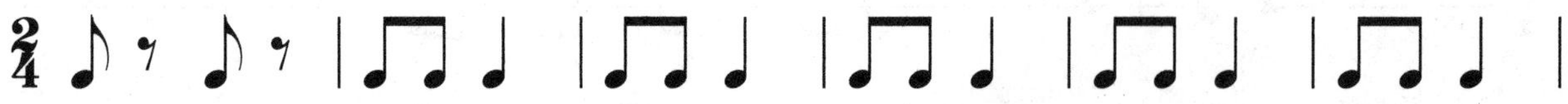

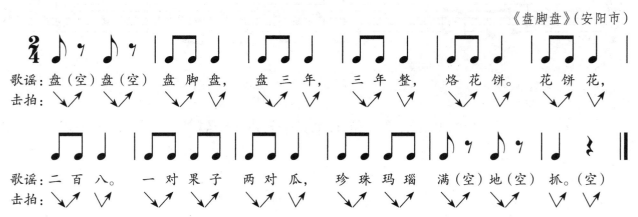

歌谣：盘（空）盘（空） 盘 脚 盘， 盘 三 年， 三 年 整， 烙 花 饼。 花 饼 花，
击拍：↘↗ ↘↗ ↘↗ ╲↗ ↘↗ ╲↗ ↘↗ ╲↗ ↘↗ ╲↗ ↘↗ ╲↗

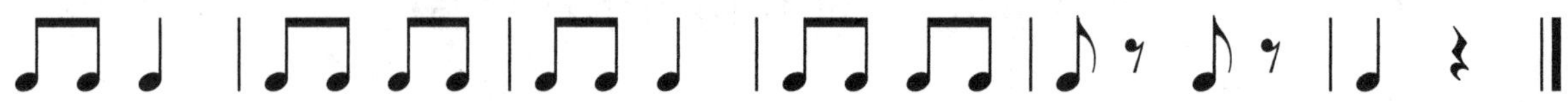

歌谣：二 百 八。 一 对 果 子 两 对 瓜， 珍 珠 玛 瑙 满（空）地（空） 抓。（空）
击拍：↘↗ ╲↗ ↘↗ ↘↗ ↘↗ ╲↗ ↘↗ ↘↗ ↘↗ ↘↗ ╲↗ ╲↗

（二）节奏练习

格子节奏练习，见表 1-3-1。

表 1-3-1 音符与休止符对照表

读（击）节奏	1	♩ 𝄽 ♩ 𝄽	𝅗𝅥 𝄼	♩ 𝄽 ♩ ♩	𝅝
	2	𝄻	♩ ♩ 𝄽 ♩	𝅝	♩ 𝄽 𝄽 ♩
	3	𝅗𝅥 ♩ ♩	𝄼 𝅗𝅥	𝅗𝅥 𝄽 ♩	𝄽 ♩ ♩ 𝄽
击拍		╲↗ ╲↗ ╲↗ ╲↗	╲↗ ╲↗ ╲↗ ╲↗	╲↗ ╲↗ ╲↗ ╲↗	╲↗ ╲↗ ╲↗ ╲↗
数拍		1 2 3 4	1 2 3 4	1 2 3 4	1 2 3 4

（三）节奏创编

练习要求：每条节奏按 $\frac{4}{4}$ 拍、4 小节的结构创编，要求包含二分音符、四分音符和八分音符及其相应的休止符。

三、四度音程练习

（一）四度音程认唱

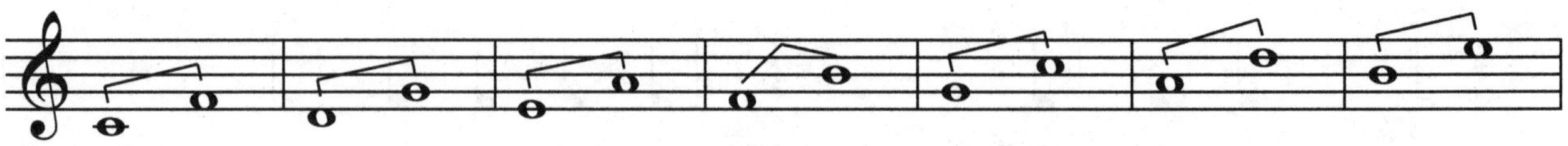

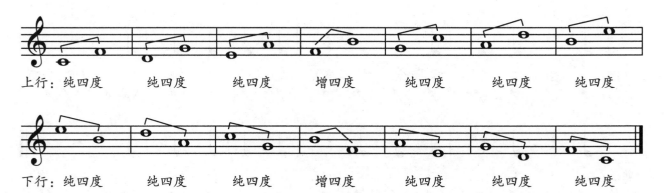

上行：纯四度 纯四度 纯四度 增四度 纯四度 纯四度 纯四度

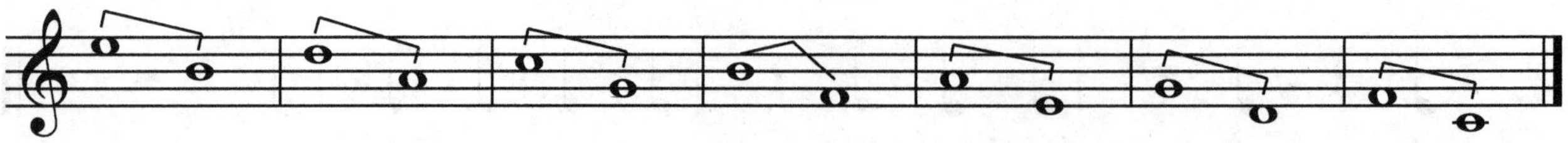

下行：纯四度 纯四度 纯四度 增四度 纯四度 纯四度 纯四度

(二)四度音程构唱

用音阶搭桥的方法构唱四度音程,可师生互动进行练习,注意音高的准确性。

音频

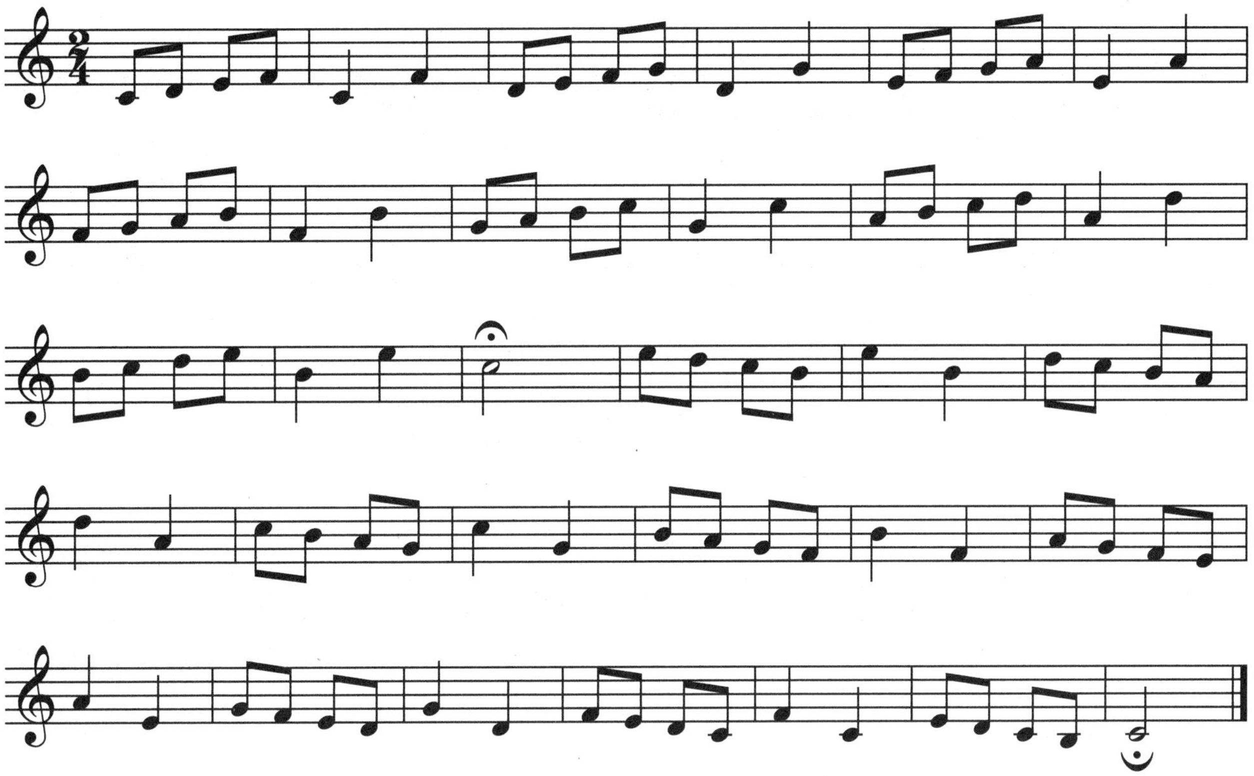

四、视唱练习

音频

8条

1.

奥斯特洛夫斯基曲

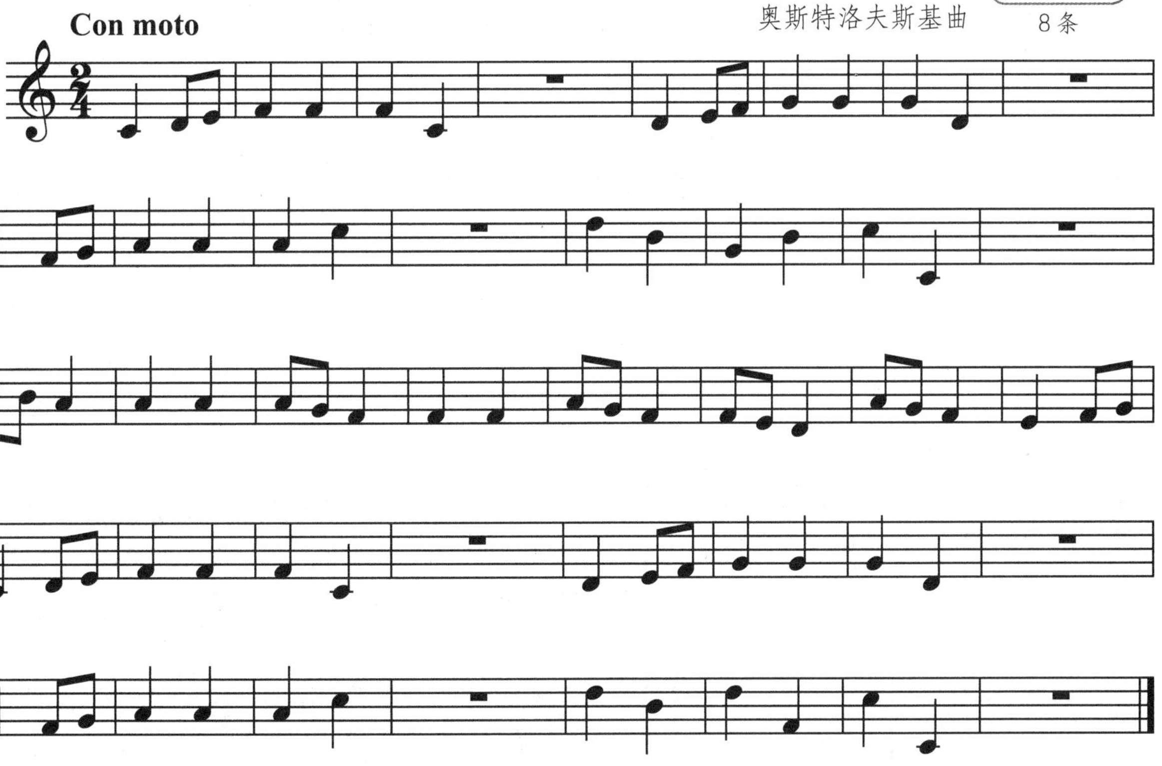

Andantino 雷蒙恩曲

2.

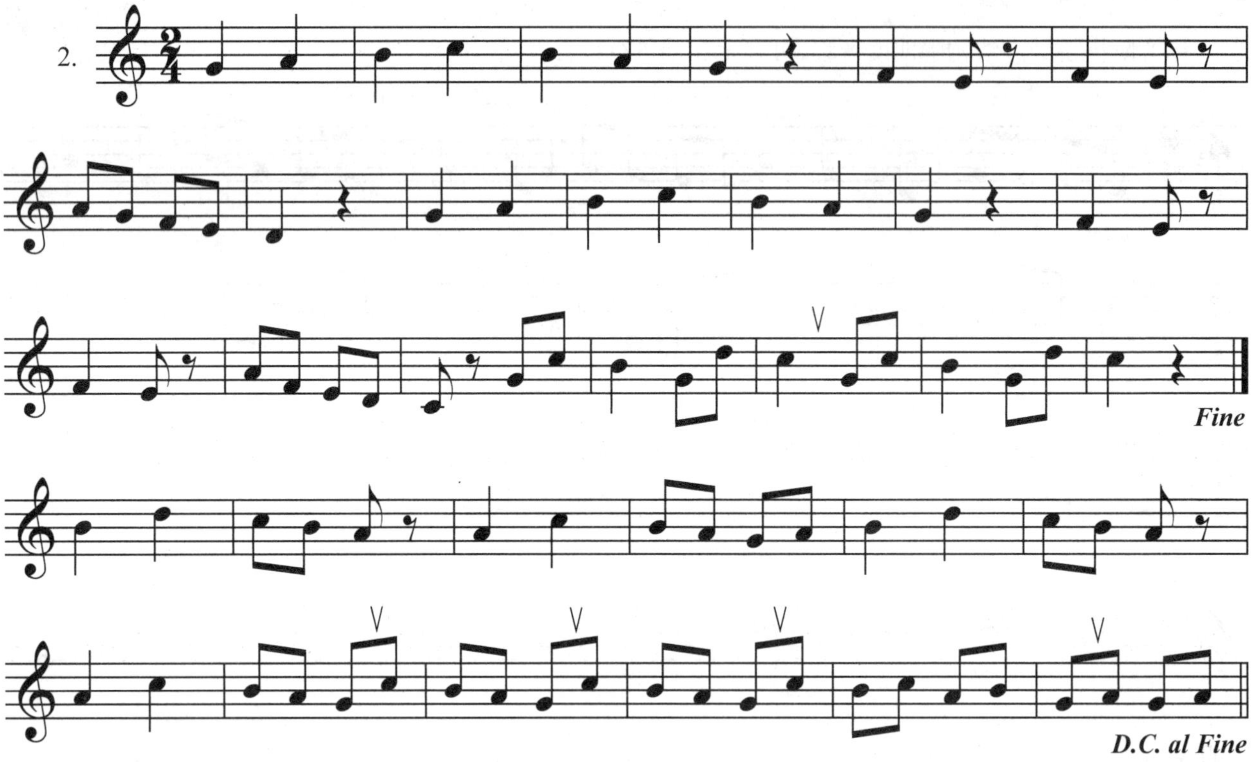

Moderato 罗铎尔夫曲

3.

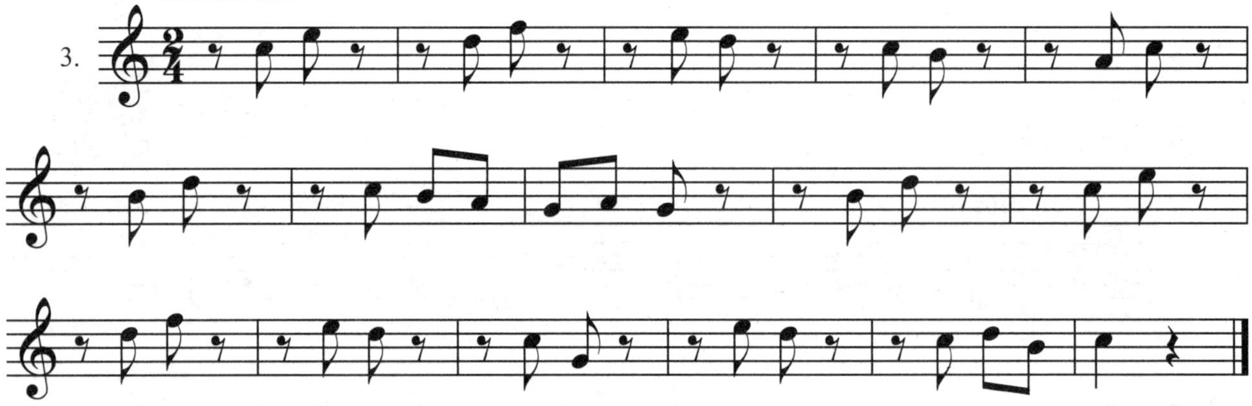

Moderato 奥斯特洛夫斯基曲

4.

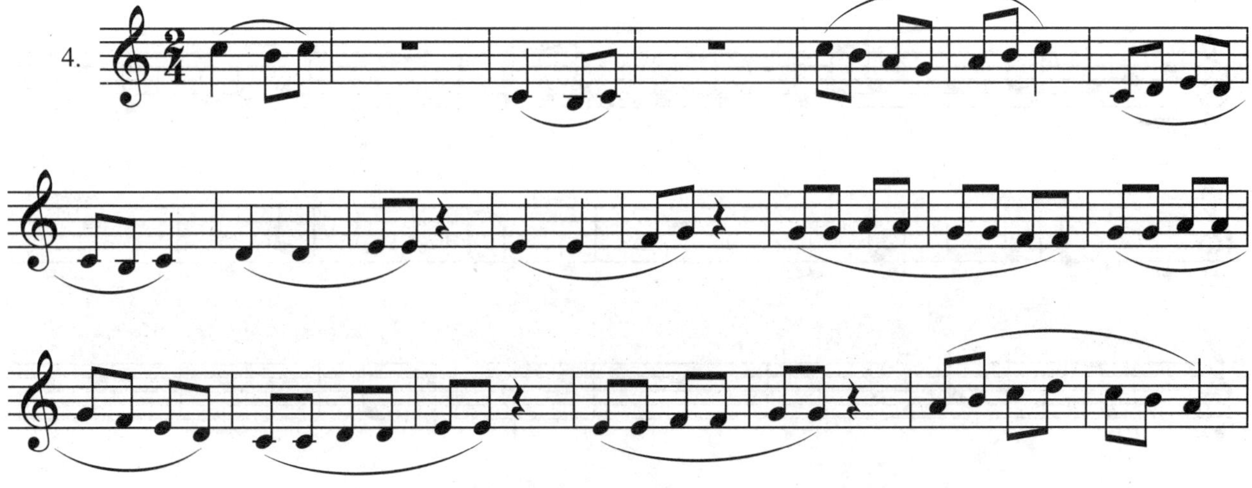

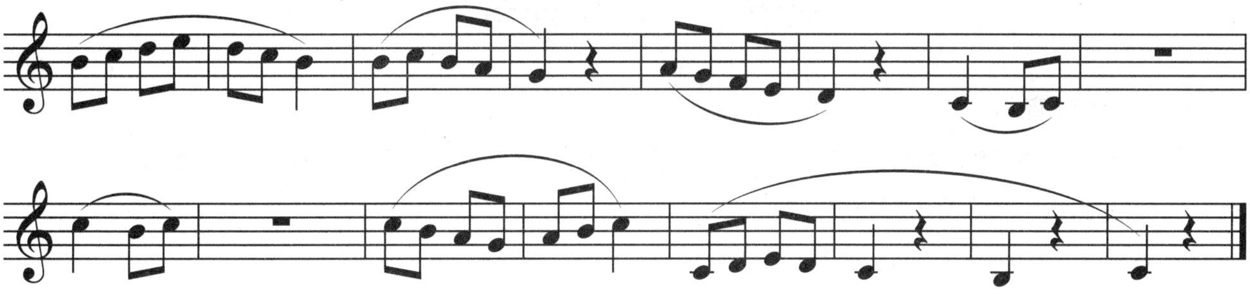

5.

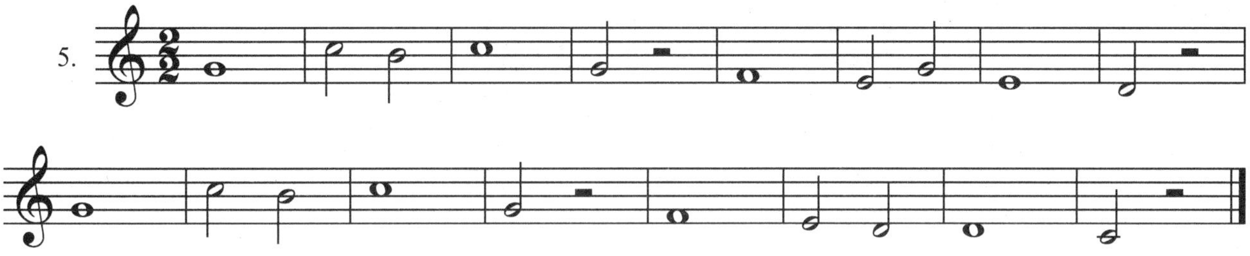

Allegretto 小快板　　　　波希米亚民歌

6.

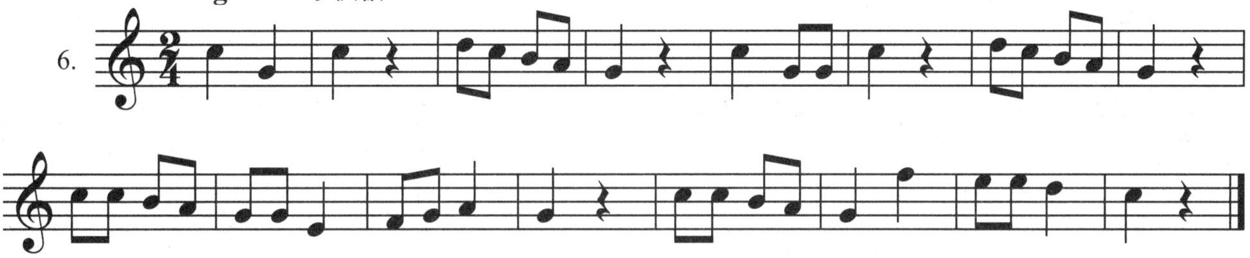

Andante 行板　　　　雷蒙恩曲

7.

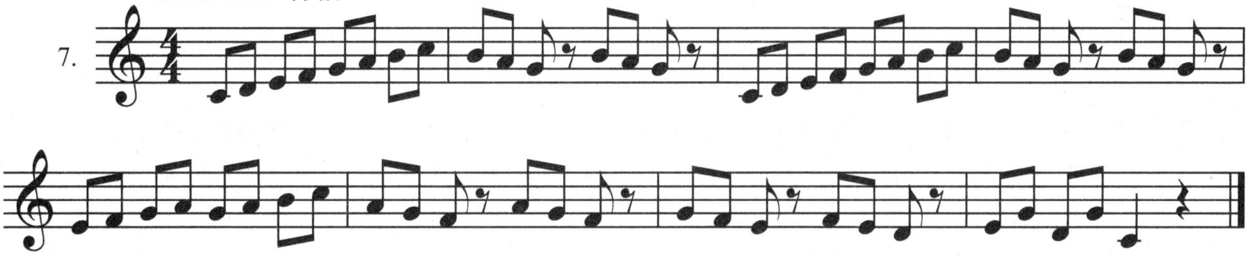

Moderato 中板

8.

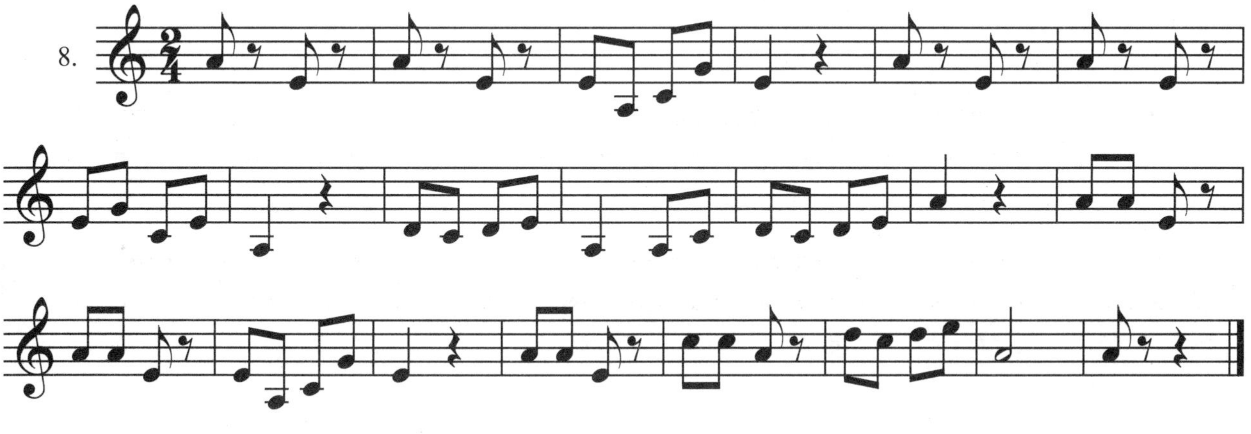

任务二　十六分音符

一、十六分音符

十六分音符的时值是四分音符的四分之一，即 1 个四分音符等于 4 个十六分音符，也就是说以四分音符为单位拍时，十六分音符为四分之一拍。

例 1-3-2

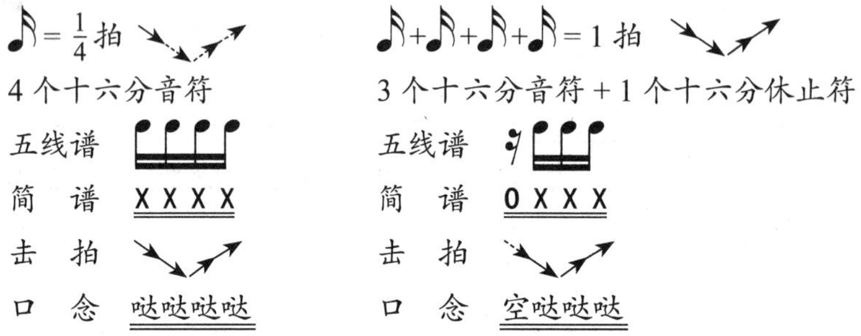

二、节奏练习

(一)歌谣中的节奏

1.

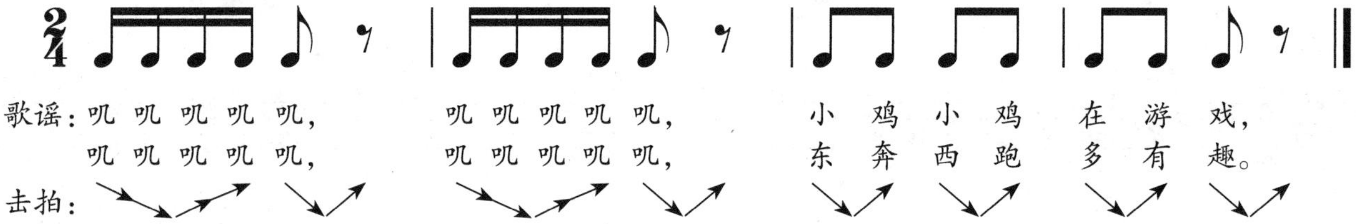

2.

《新年到》(邓州市)

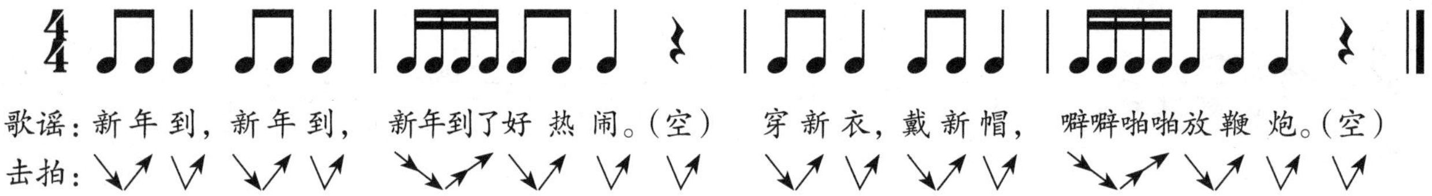

3.

《小红孩》(孟州市)

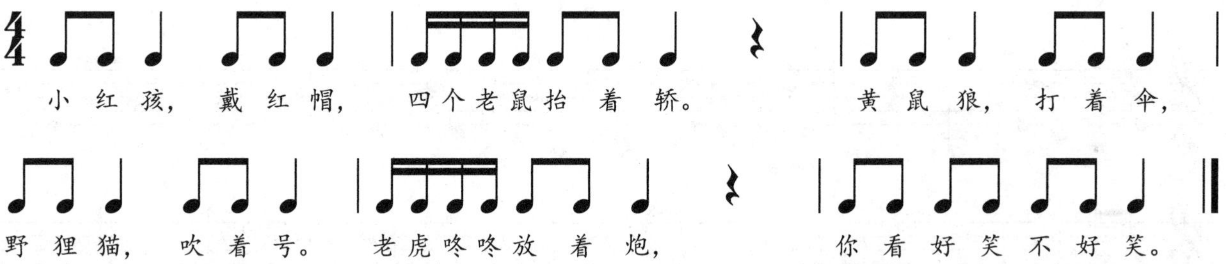

（二）节奏练习

1.

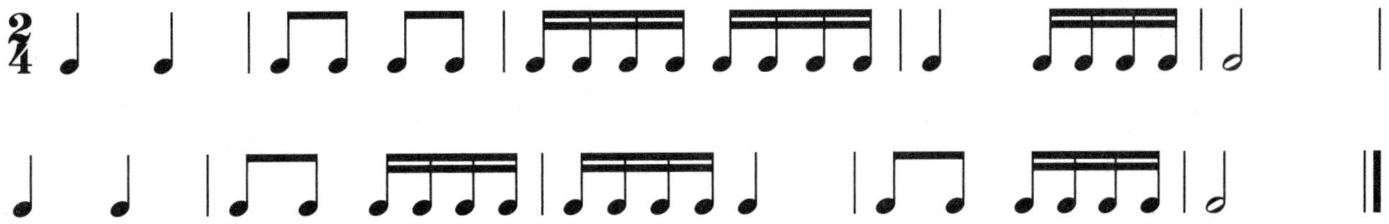

2.

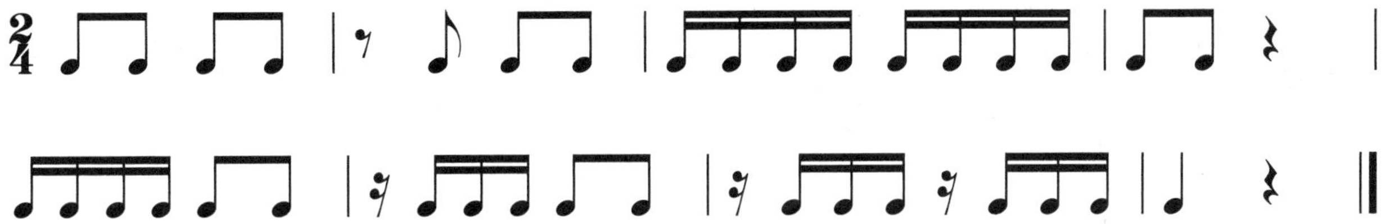

（三）节奏创编

练习要求：每条节奏按$\frac{4}{4}$拍、4 小节的结构创编，要求已学的所有音符及其相应的休止符。

三、四度音程练习

音频

（一）四度音程构唱

董丽丽编曲

匀速

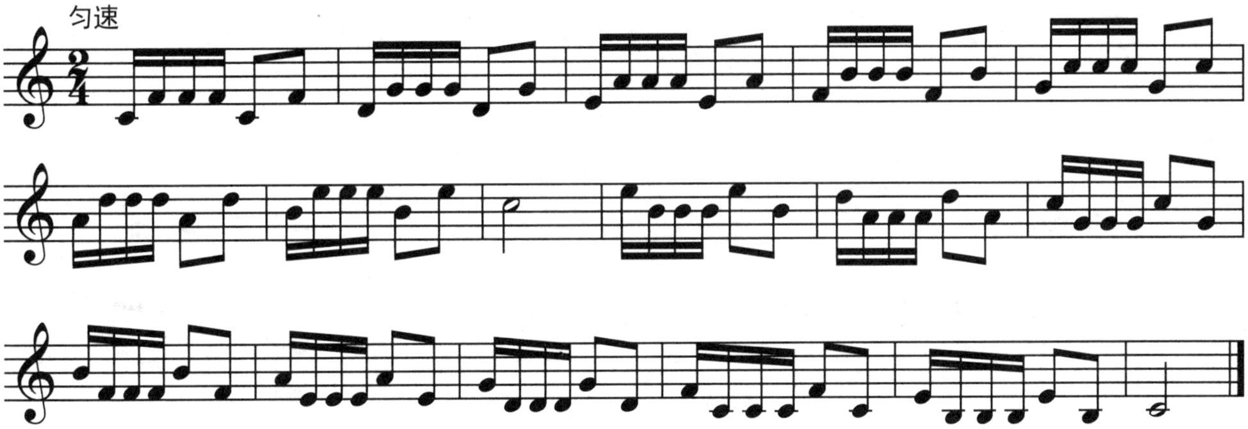

音频

（二）四度音程强化练习

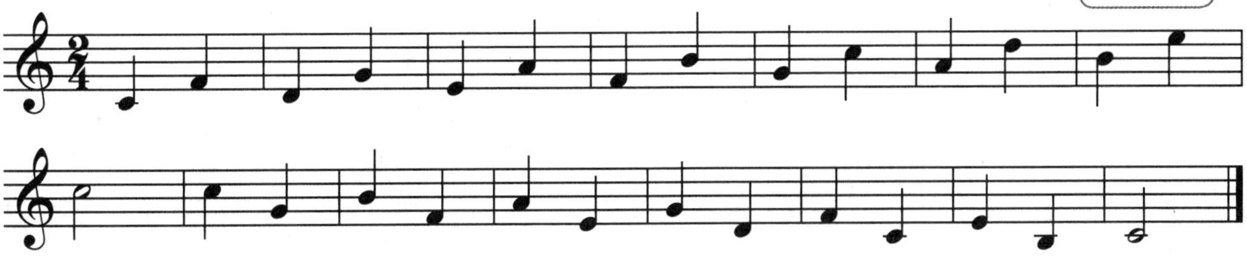

音频

7条

四、视唱练习

Largo 广板

1.

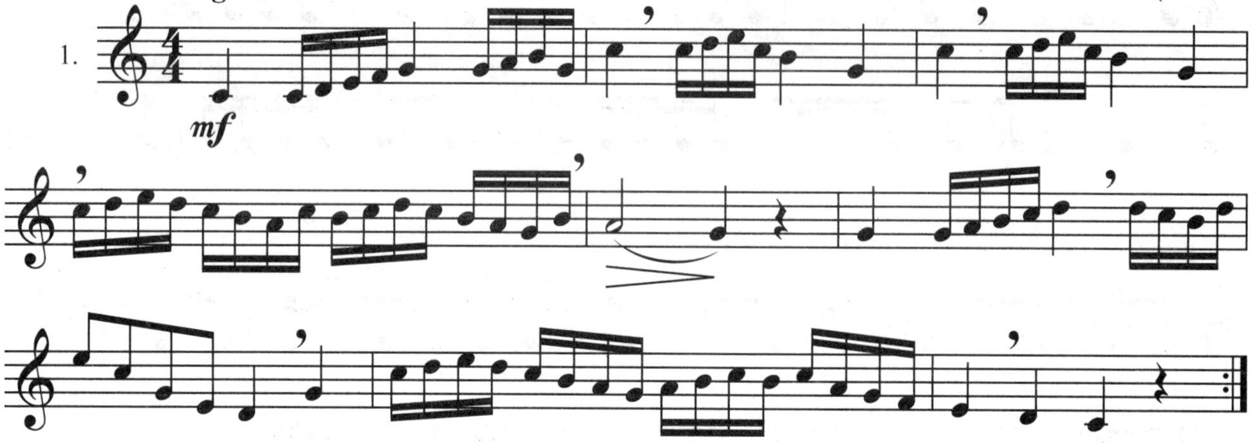

2.

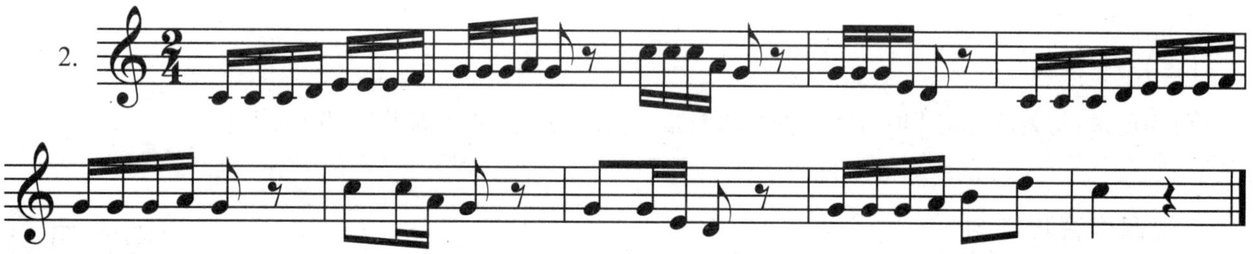

Andante assai

雷蒙恩、卡卢利曲

3.

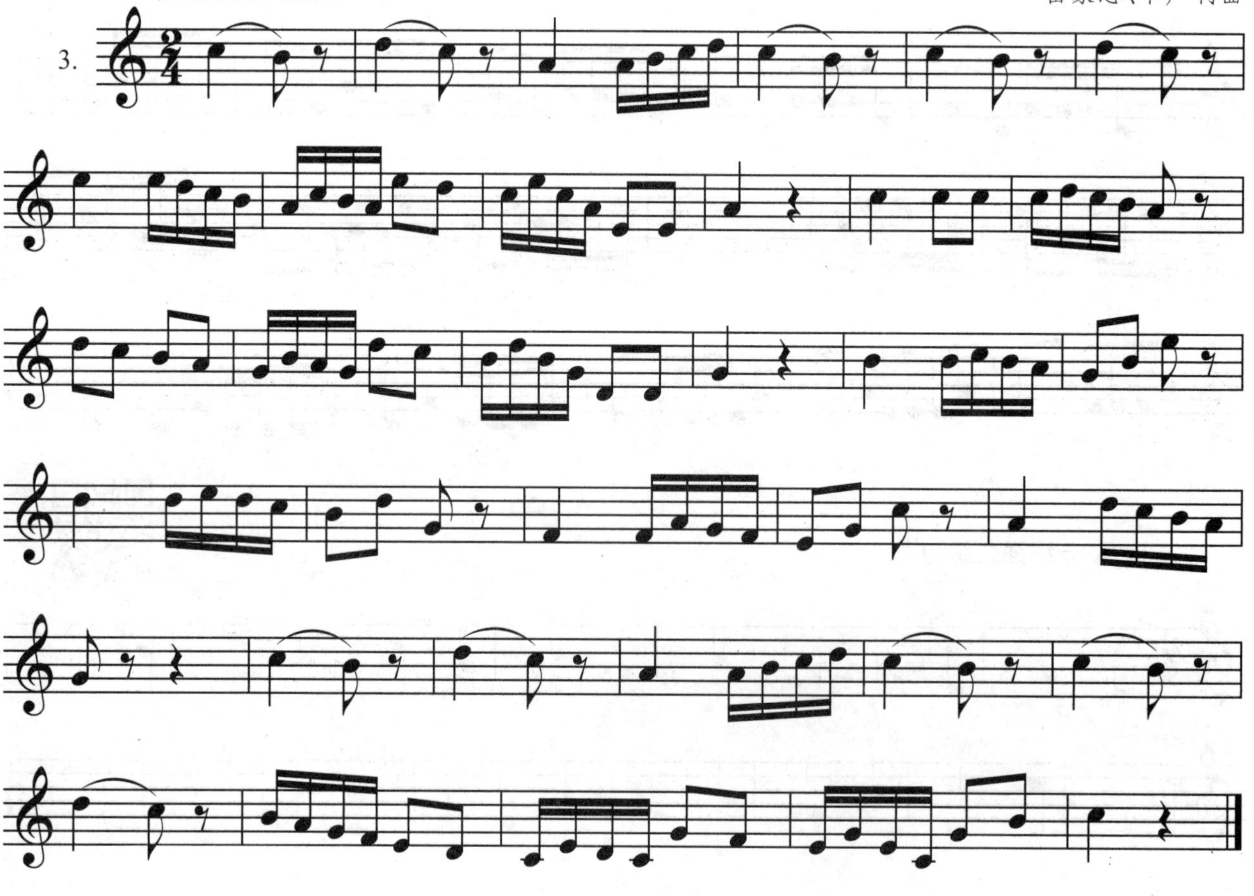

4.

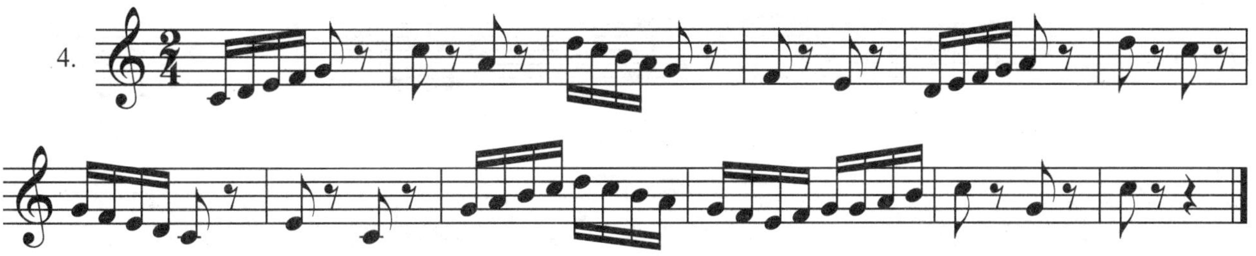

5.

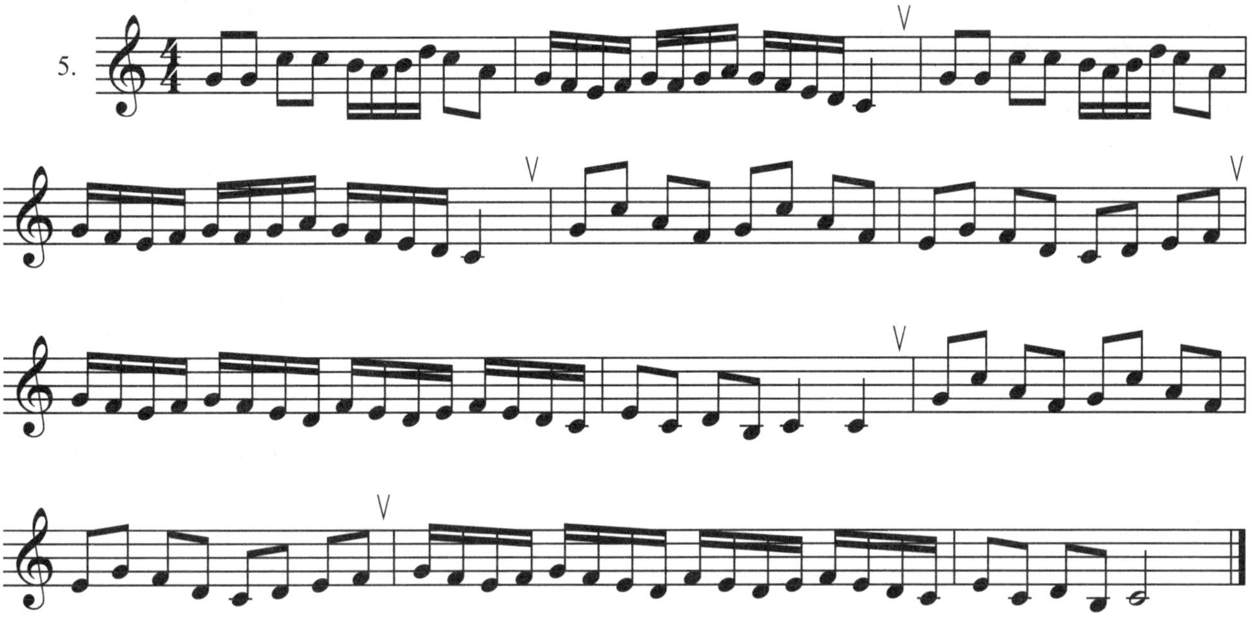

Moderato

6.

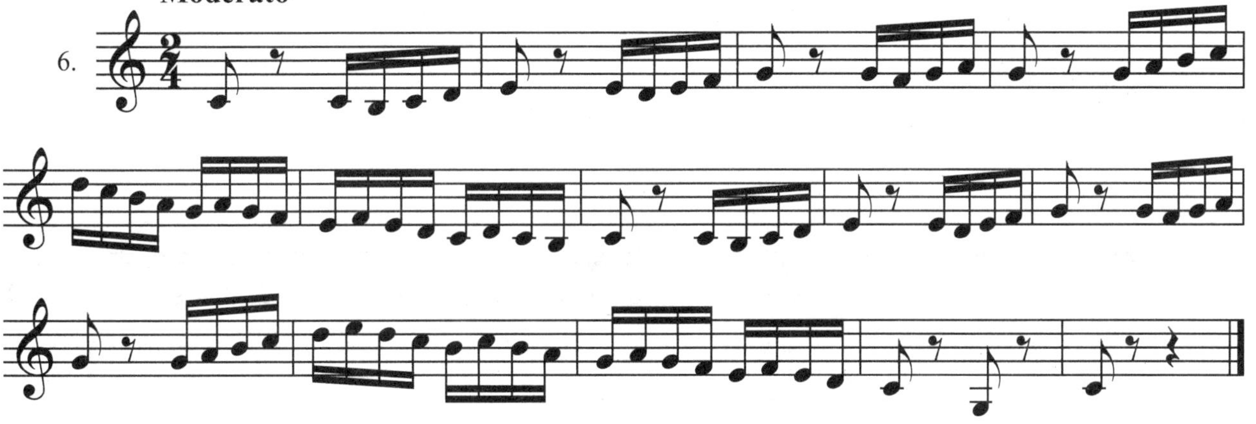

7.

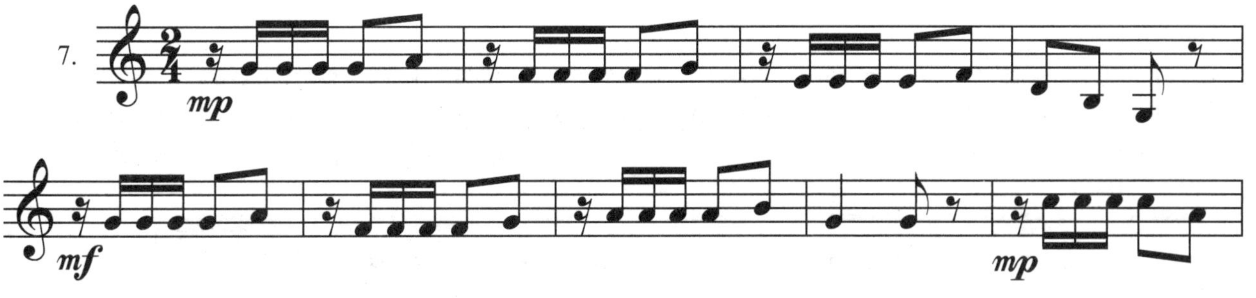

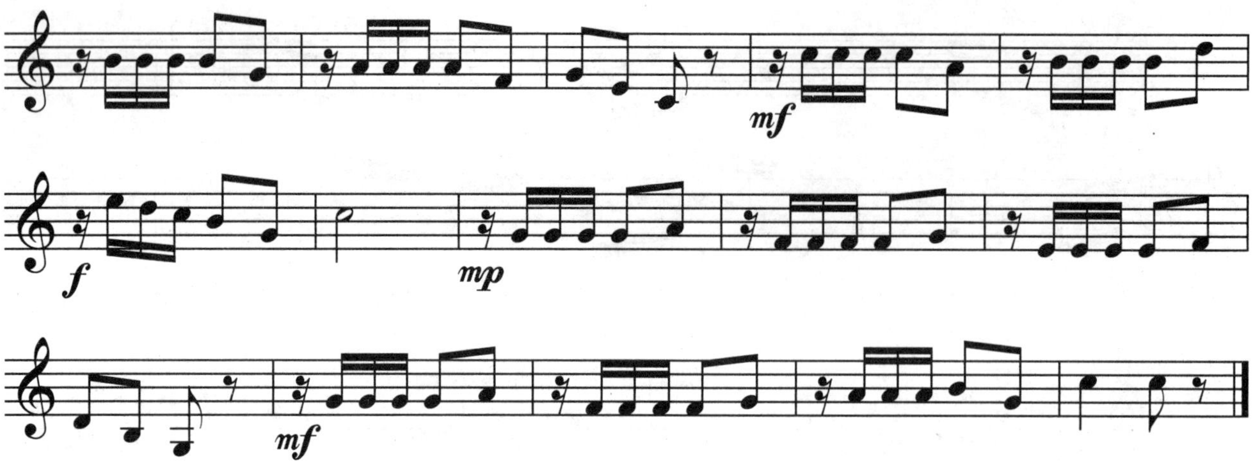

任务三 八分音符与十六分音符组合

一、八分音符与十六分音符组合

以四分音符为单位拍时，常用1个八分音符与2个十六分音符组合成1拍，八分音符在前半拍的称为前八后十六节奏型，八分音符在后半拍的称为前十六后八节奏型。

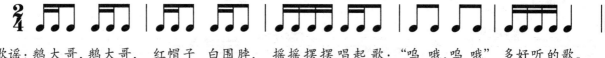

例 1-3-3

前八后十六节奏型		前十六后八节奏型	
五线谱	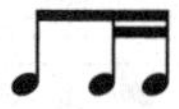	五线谱	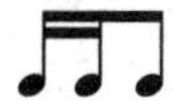
简 谱	X X X	简 谱	X X X
击 拍		击 拍	
口 念	哒哒哒	口 念	哒哒哒

二、节奏练习

(一)歌谣中的节奏

1.

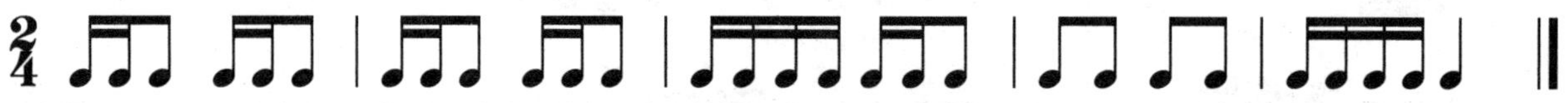

歌谣：鹅大哥，鹅大哥， 红帽子 白围脖， 摇摇摆摆唱起歌："呜 哦，呜 哦" 多好听的歌。

击拍：

2.

《瞎话》汝州市

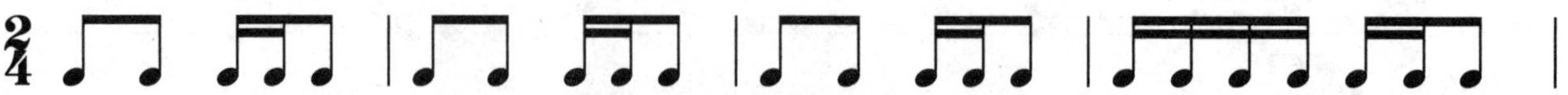

东 山 一棵瓜， 西 山 把根扎。 秧 到 南阳府， 窝 窝 山 上 结 个 瓜。

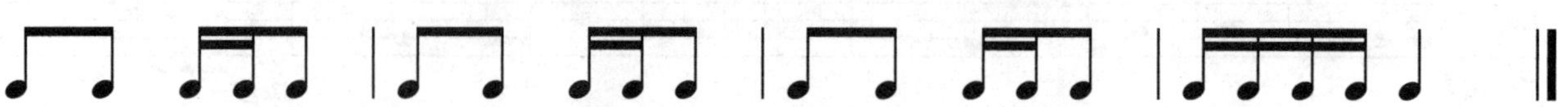

看 见 是甜瓜， 摘 掉 是西瓜。 把 它 抱回家， 一 看 是 倭 瓜。

（二）节奏练习

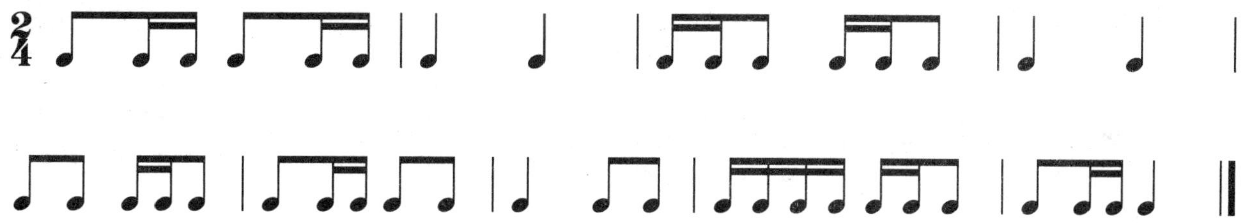

（三）节奏创编

练习要求：每条节奏按$\frac{4}{4}$拍、4 小节或$\frac{2}{4}$拍、8 小节的结构创编，要求用已学的所有音符及其相应的休止符。

三、五度音程

（一）纯五度

纯五度包含 5 个音级，由 3 个全音和 1 个半音构成。

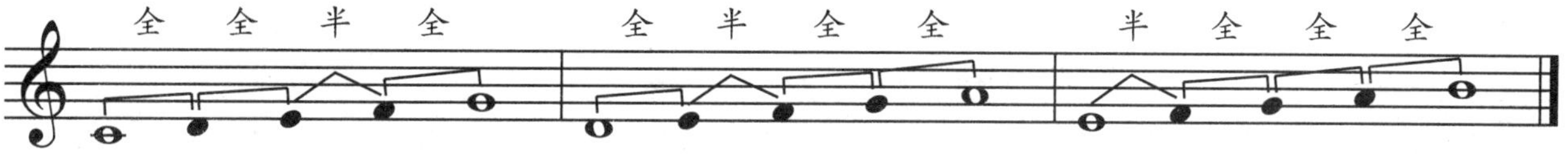

（二）五度音程构唱

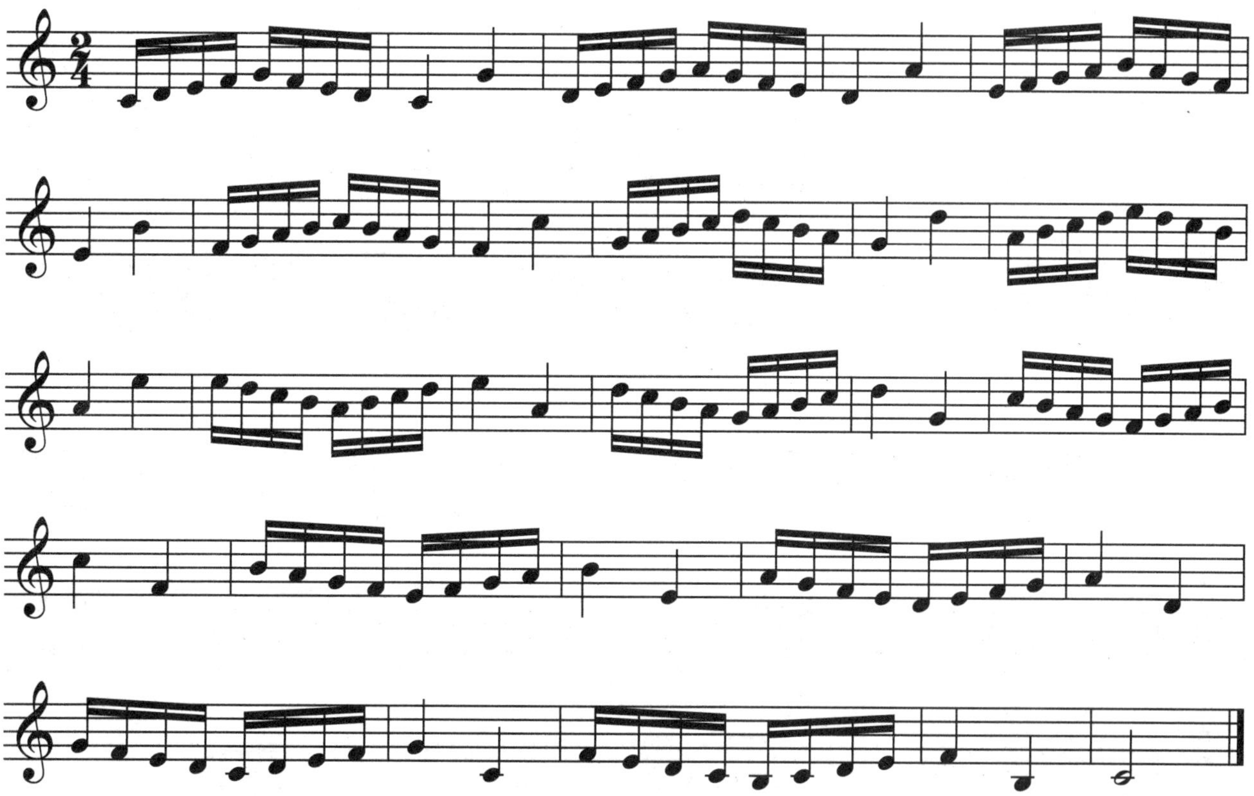

17 条

四、视唱练习

1.

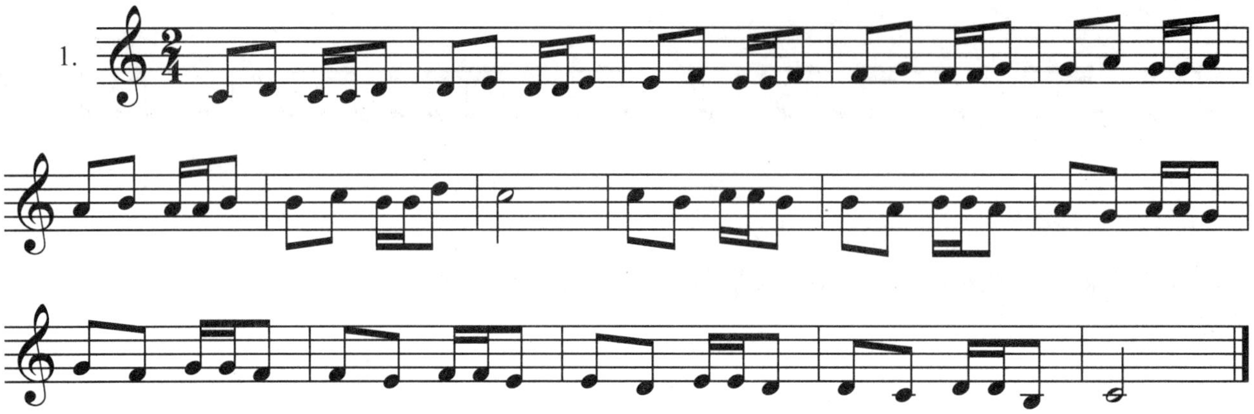

稍快　　维吾尔族民歌

2.

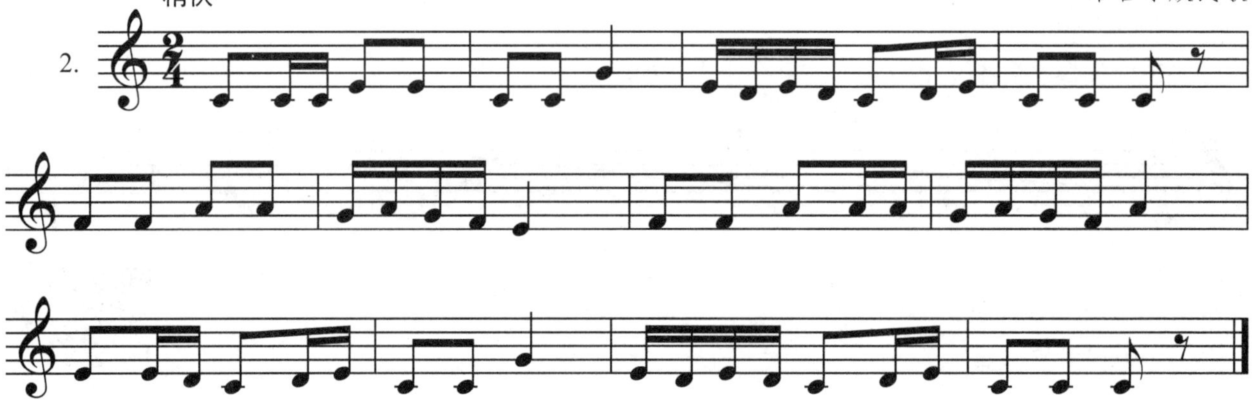

俄罗斯民歌

3.

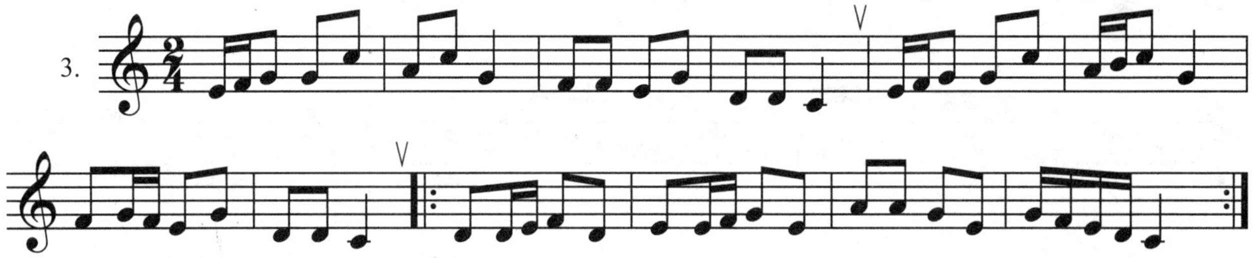

波兰儿童歌曲

4.

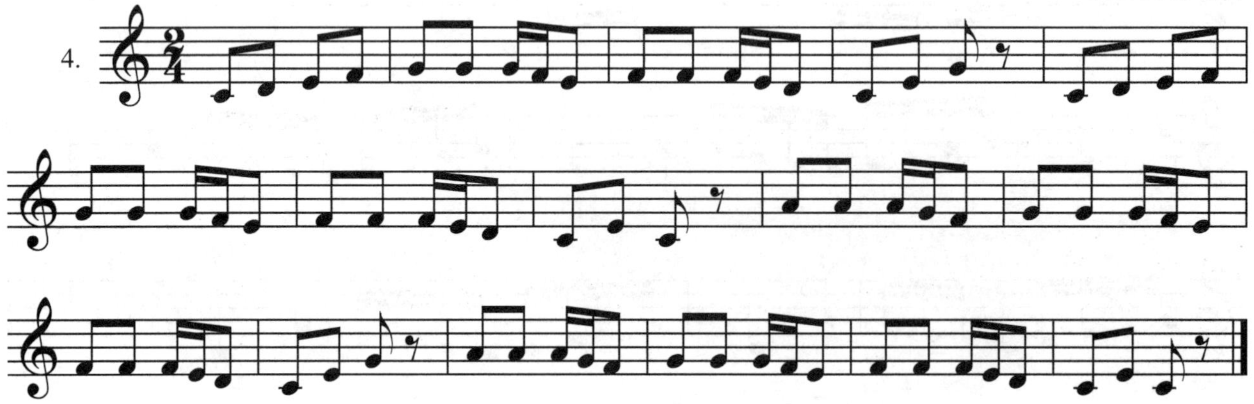

Allegro 莫扎特曲

5.

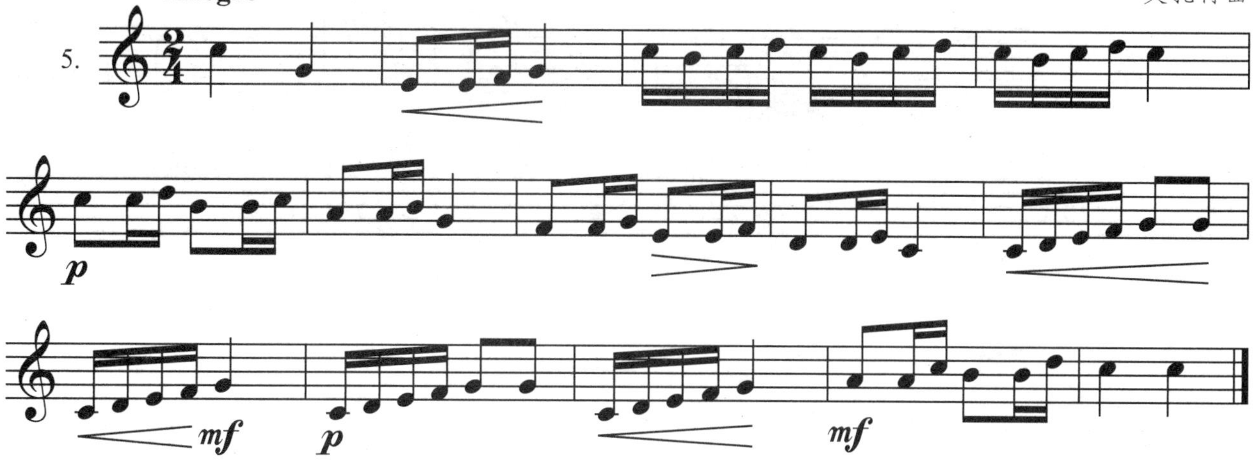

Allegro 奥斯特洛夫斯基曲

6.

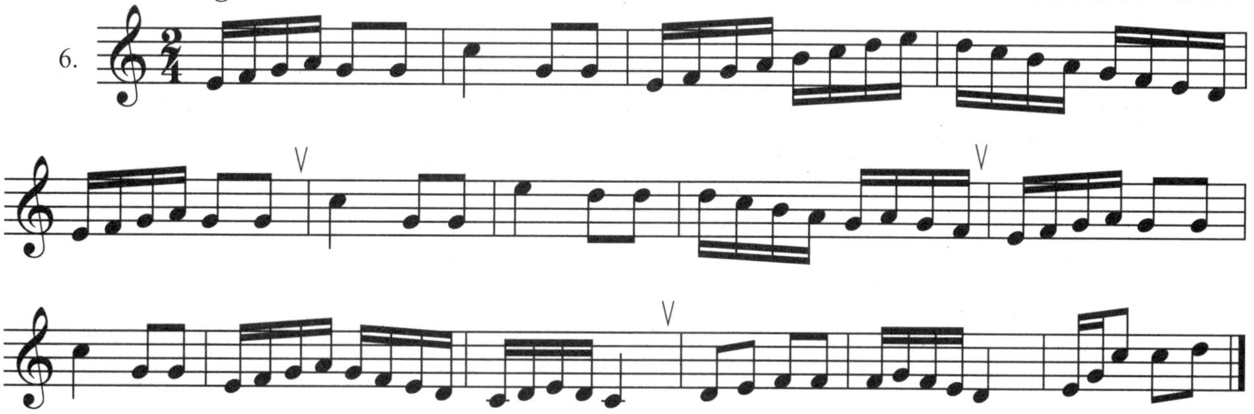

Moderato 陕甘宁民歌

7.

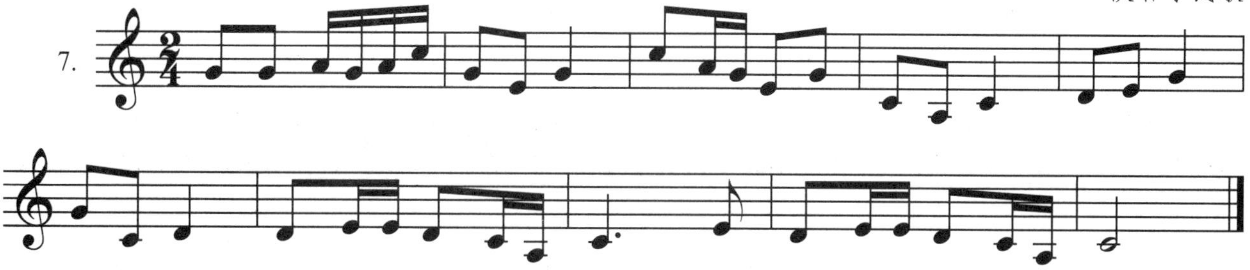

Moderato 泰勒曼曲

8.

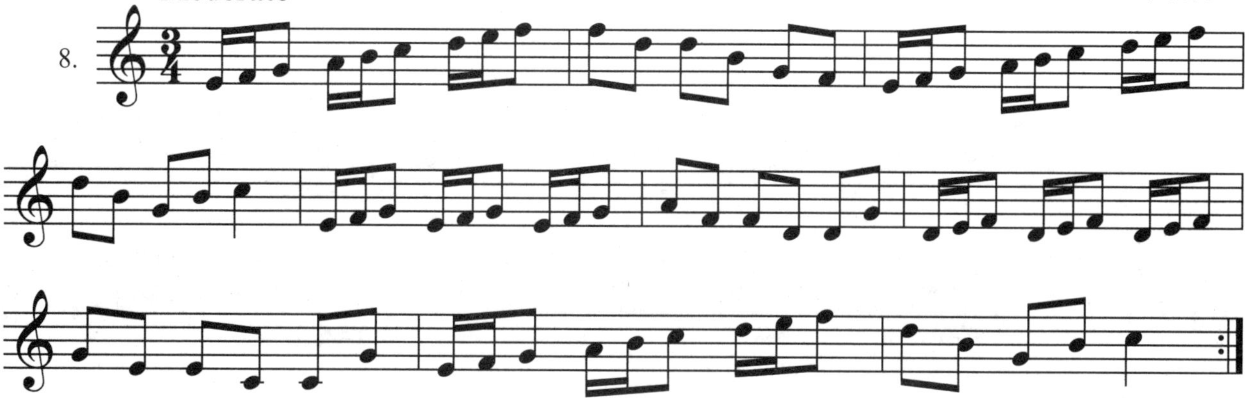

Moderato

金华民歌

9.

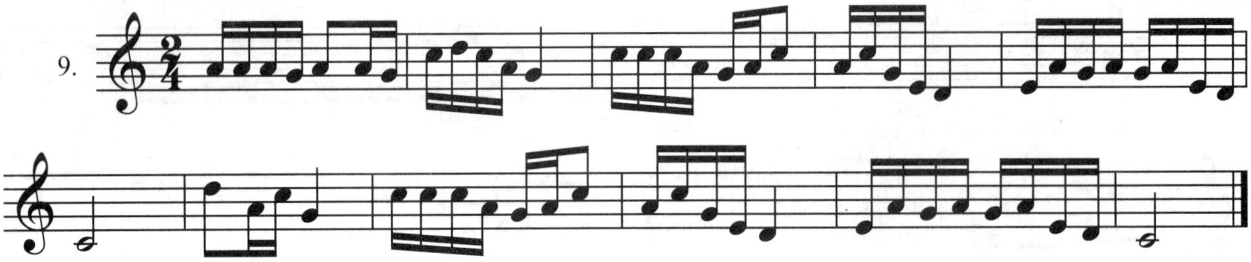

10.

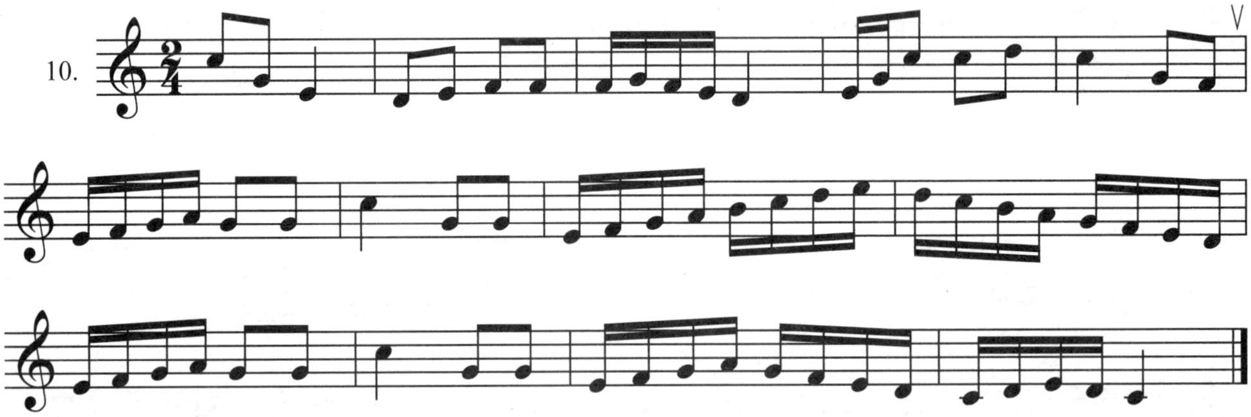

中速

孙虹曲

11.

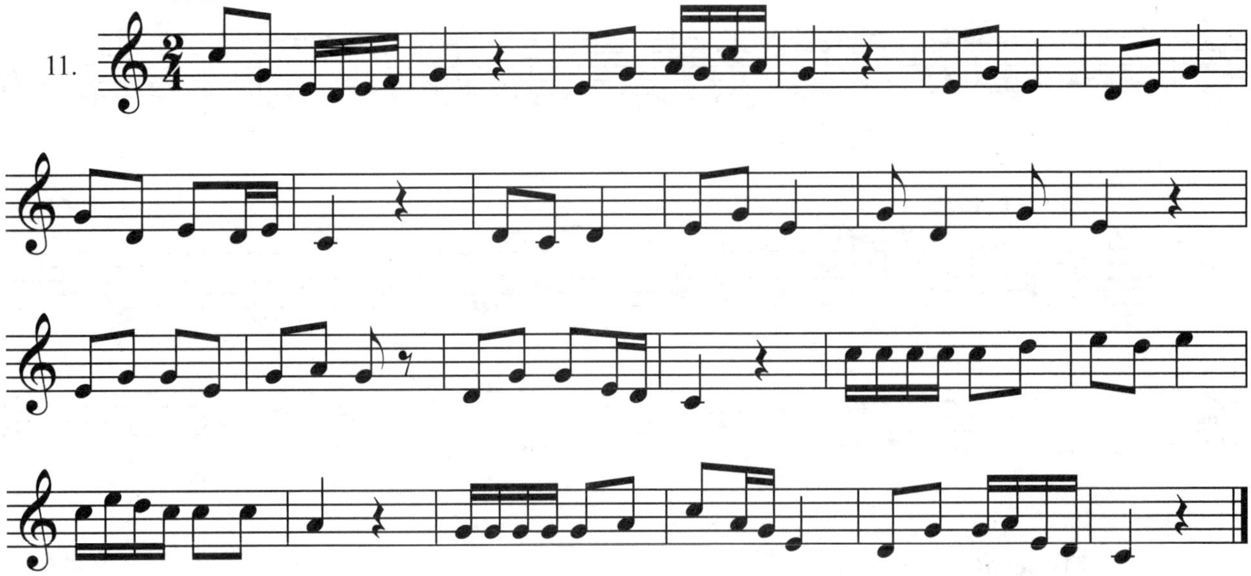

佚名曲

12.

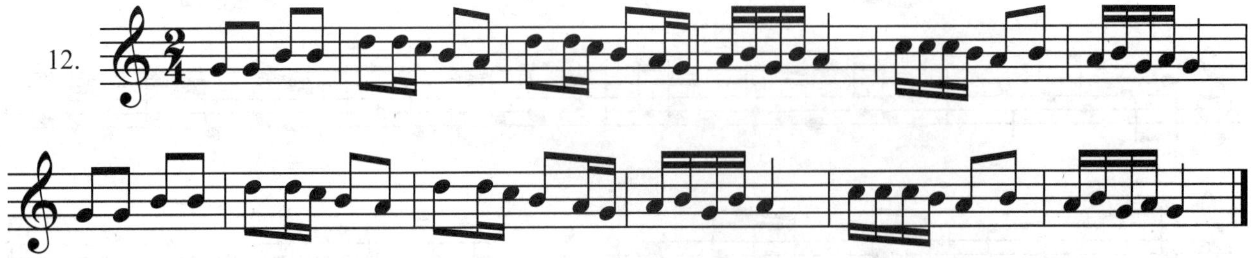

藏族民歌《北京的金山上》

13.

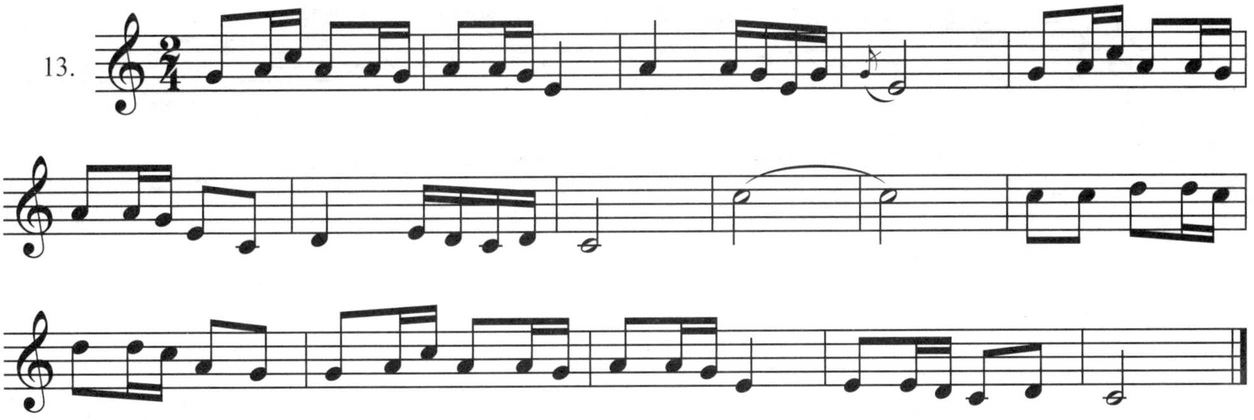

佚名曲

14.

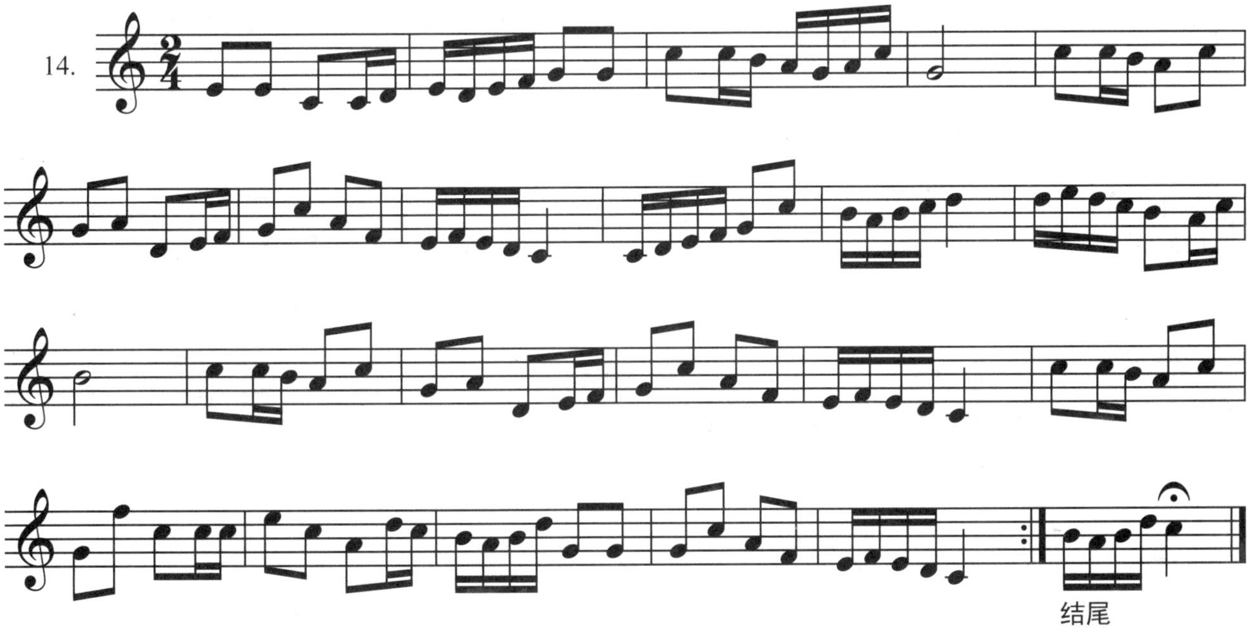

渤海民歌

15.

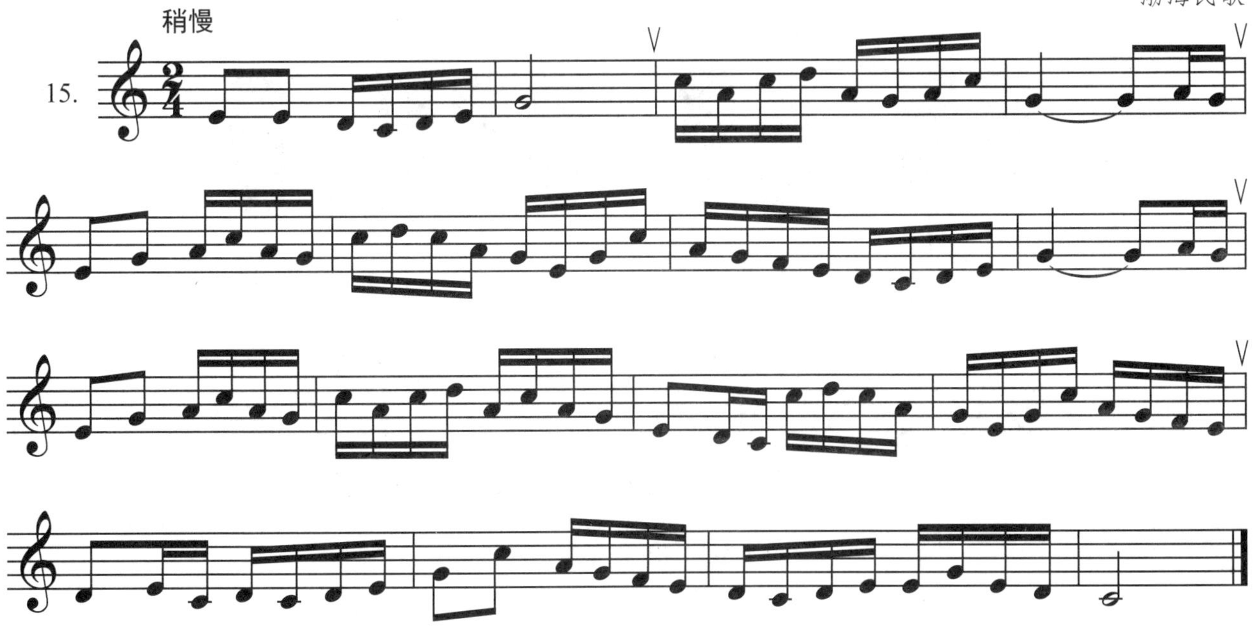

哈萨克族民歌

16.

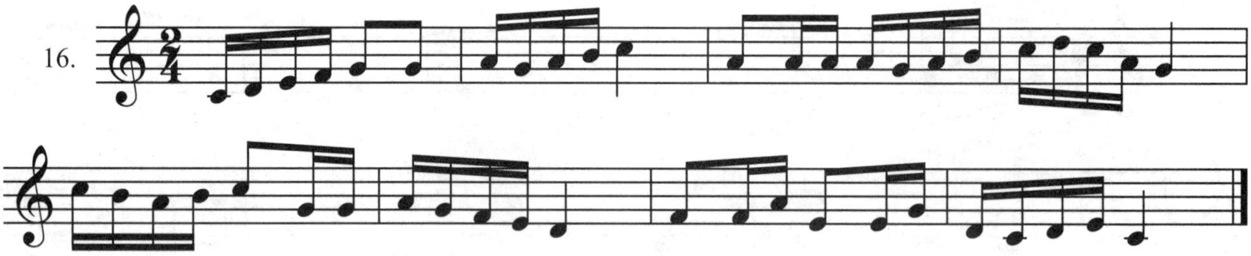

17.

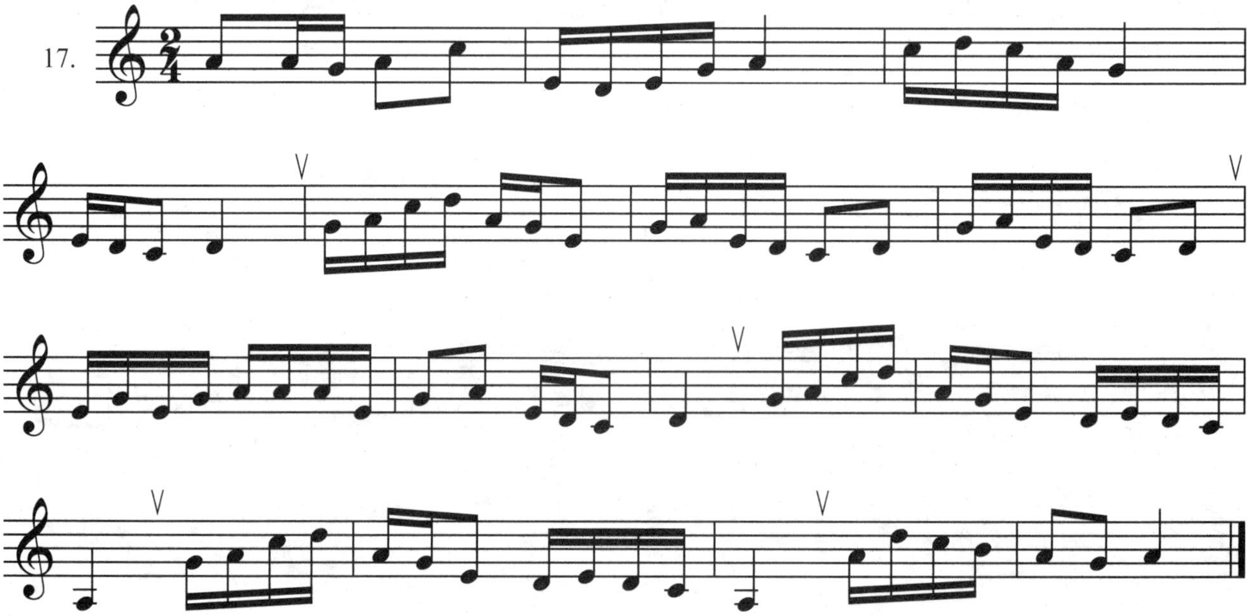

任务四　低音谱表及组合练习

一、低音谱表

低音谱表以第四线为 f，上加一线为 c^1，低音谱表也叫“F 谱表”。（图 1-3-1）

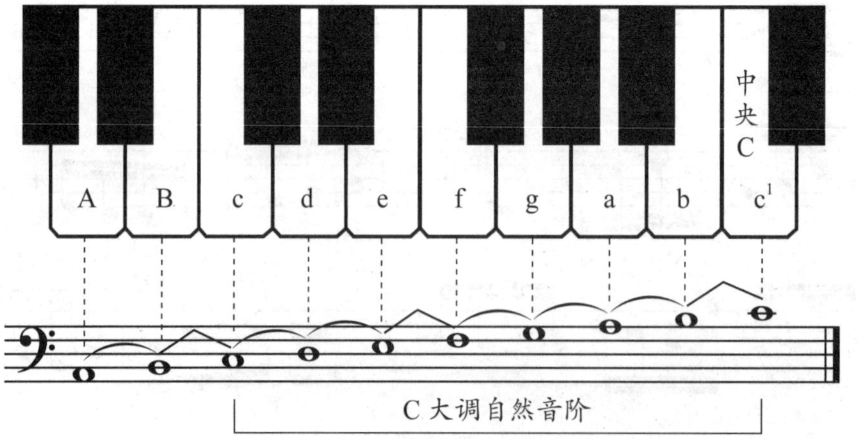

图 1-3-1　低音谱表与键盘

二、节奏练习

（一）歌谣中的节奏

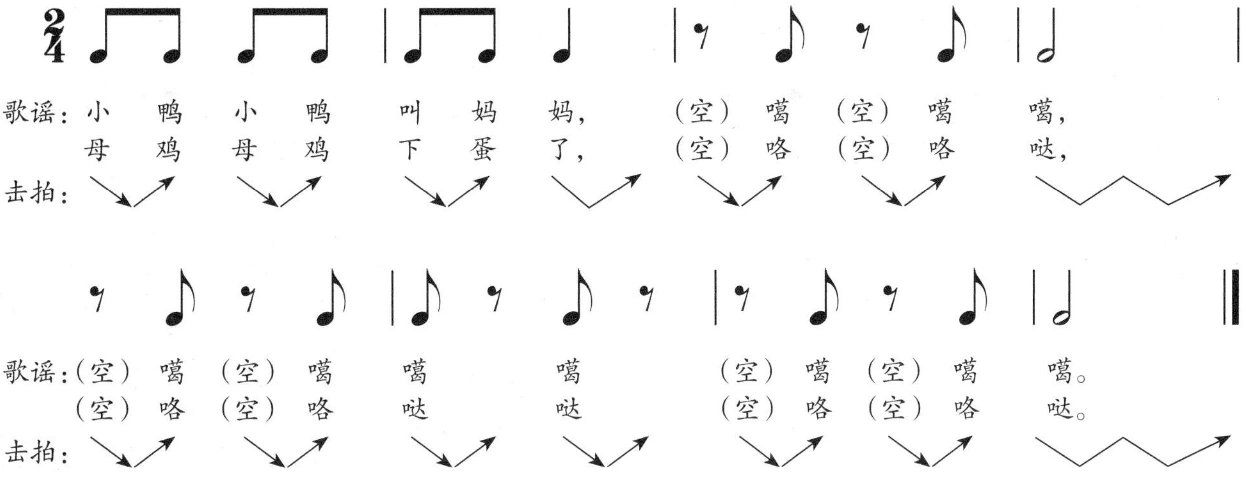

（二）节奏练习

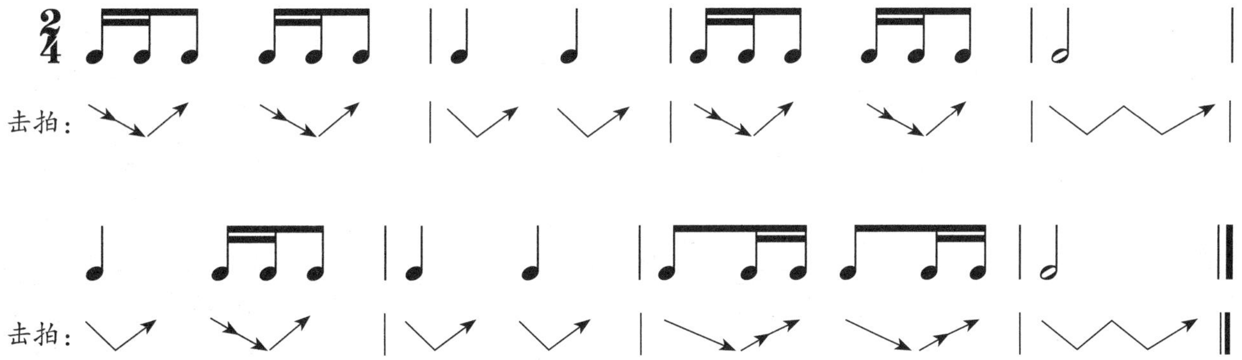

（三）节奏创编

每条节奏按$\frac{4}{4}$拍、4 小节或$\frac{2}{4}$拍、8 小节的结构创编，要求用已学的所有音符及其相应的休止符。

三、低音谱表音准练习

（一）低音谱表音阶练习

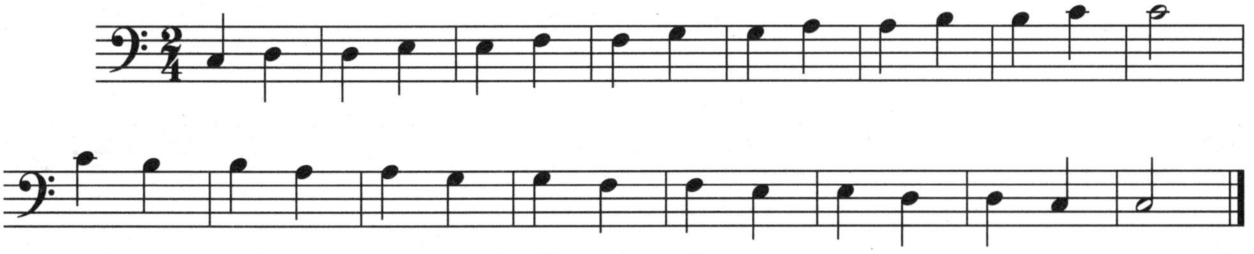

（二）大谱表上的识谱练习

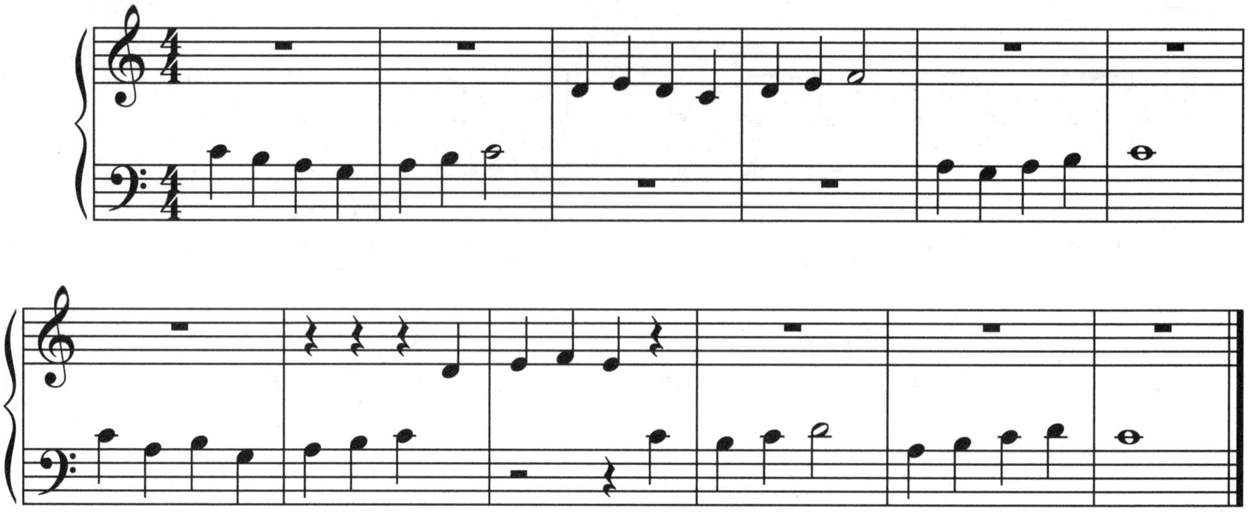

四、五度音程练习

（一）五度音程认唱

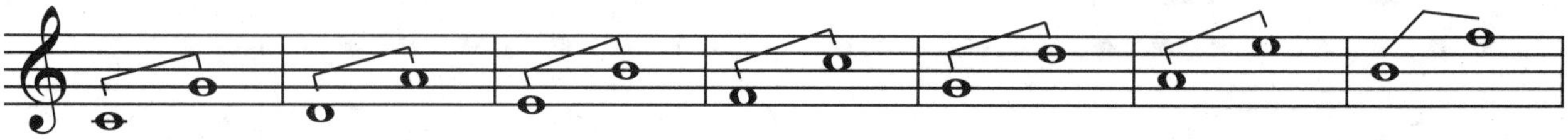

上行：纯五度　纯五度　纯五度　纯五度　纯五度　纯五度　减五度

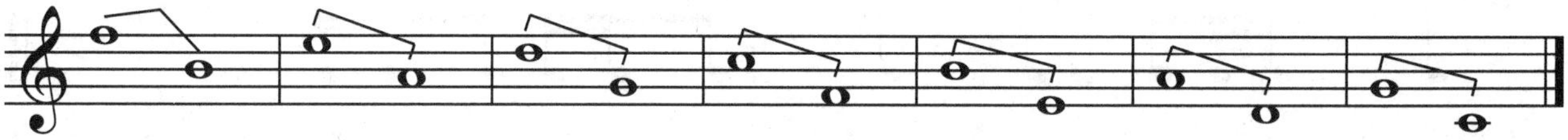

下行：减五度　纯五度　纯五度　纯五度　纯五度　纯五度　纯五度

（二）五度音程构唱

音频

荆晶编曲

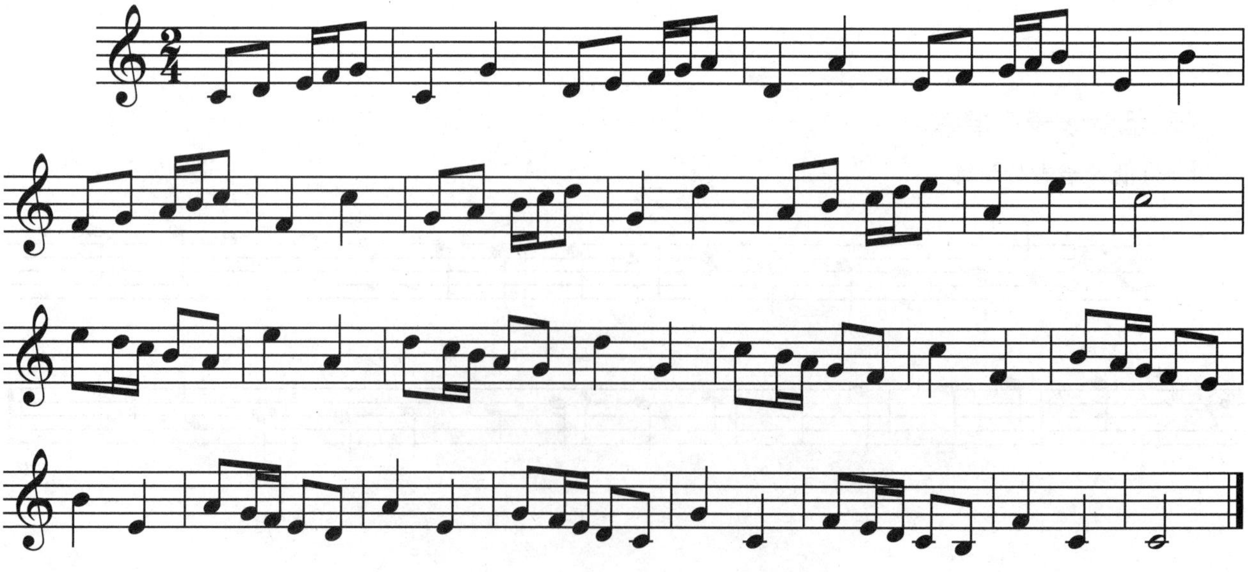

五、视唱练习

音频
11条

莫扎特曲

Moderato 中板

1.

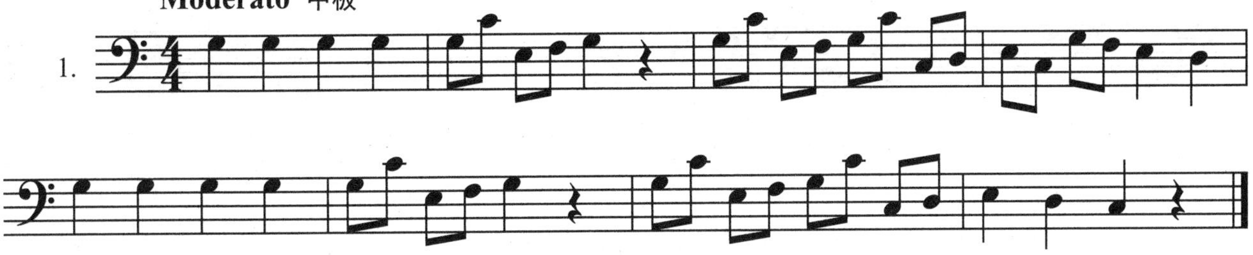

2.

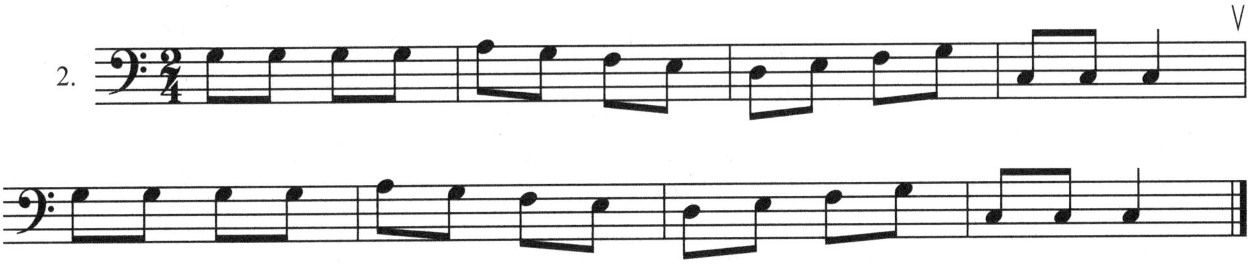

中快板

3.

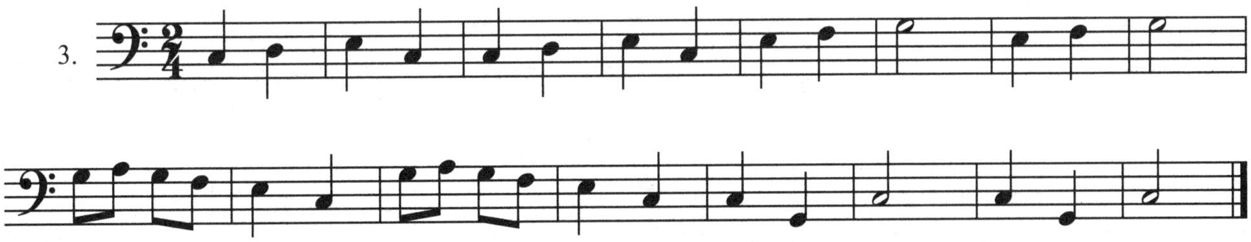

俄罗斯民歌

小快板

4.

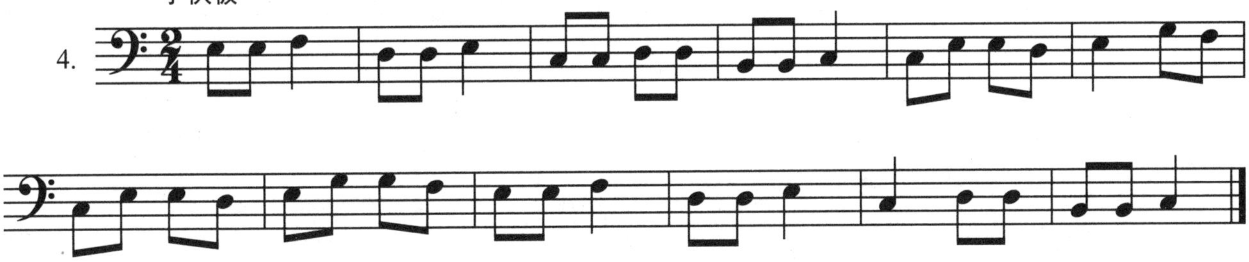

卡巴列夫斯基曲

5.

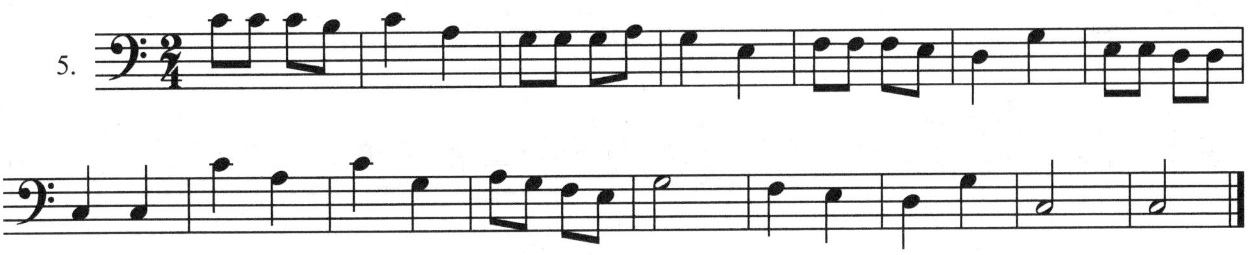

中快板

6.

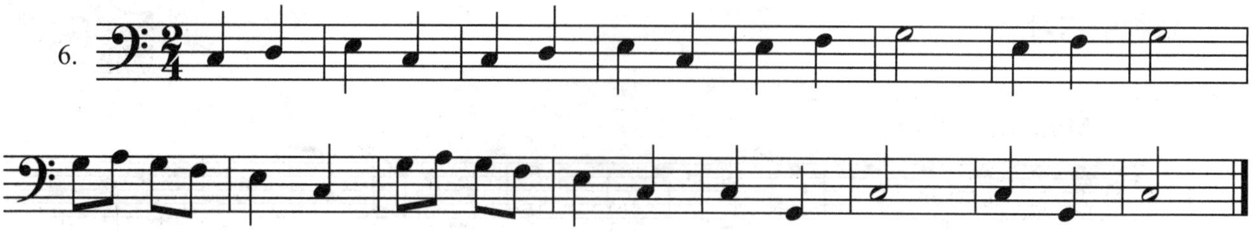

中板

哈萨克族民歌

7.

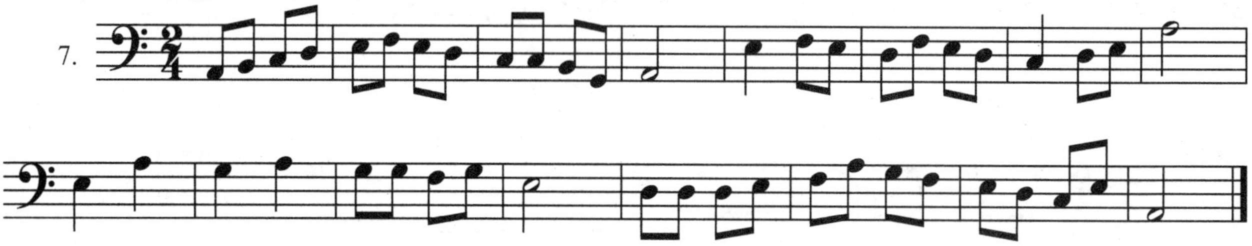

小快板

哈萨克族民歌

8.

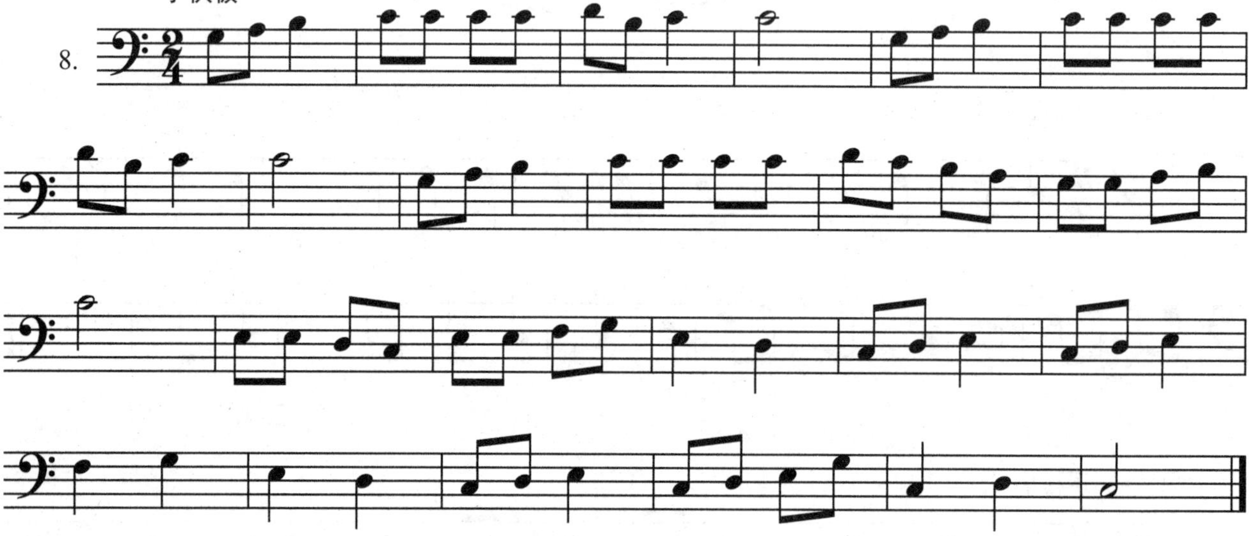

中快板

《香槟》莫扎特曲

9.

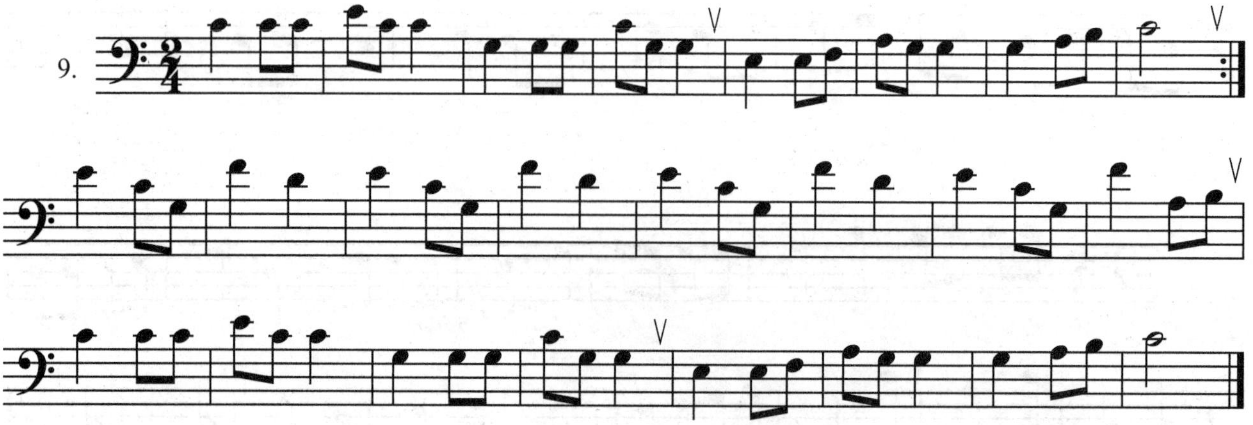

青海民歌

10.
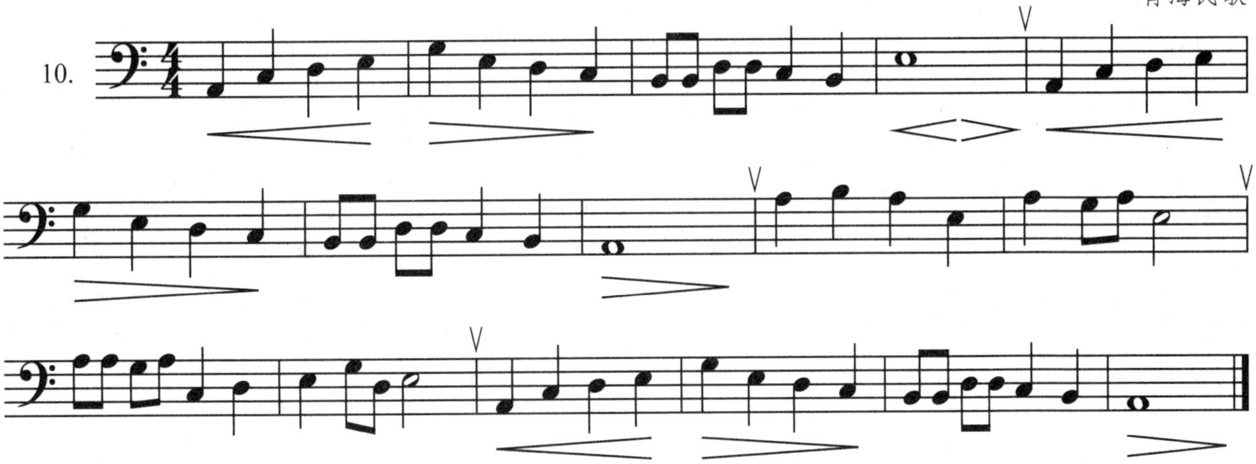

四川民歌

中速

11.
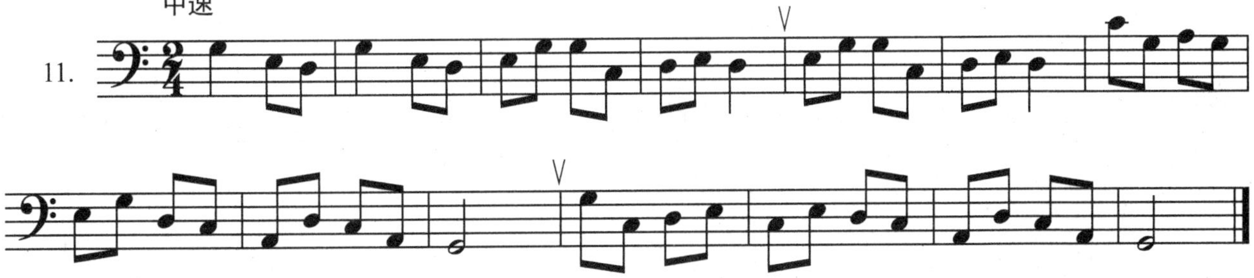

项目四　附点音符

任务一　附点二分音符

一、基础知识

(一)附点音符

记写在音符右面的小圆点,叫作附点,表示增加该音符时值的一半。带有附点的音符,叫作附点音符。

(二)附点二分音符

附点跟在二分音符后面就叫附点二分音符。

例 1-4-1

附点二分音符: 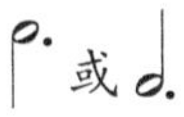

附点二分音符增加二分音符时值的一半,即附点二分音符的时值等于 3 个四分音符的时值。在以四分音符为单位拍的时候,附点二分音符唱 3 拍。

例 1-4-2

二、节奏练习

（一）歌谣中的节奏

1.

《摇篮曲》（虞城县）

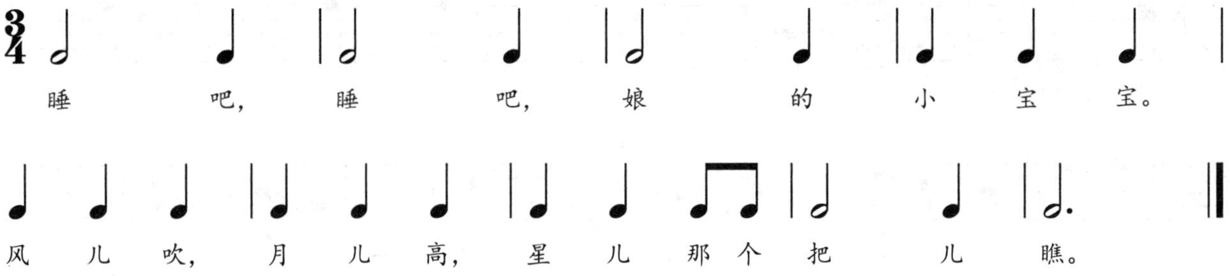

2.

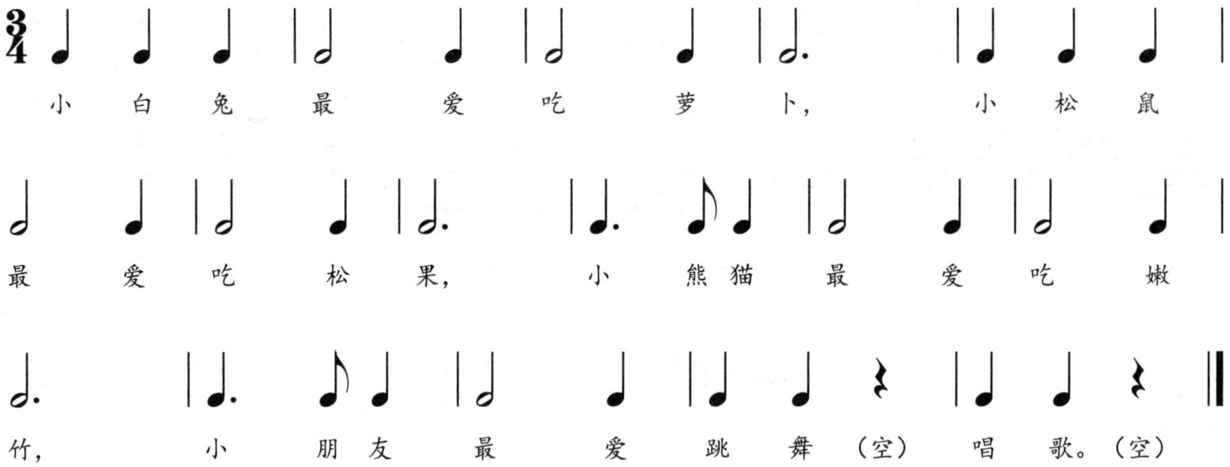

（二）节奏练习

1.

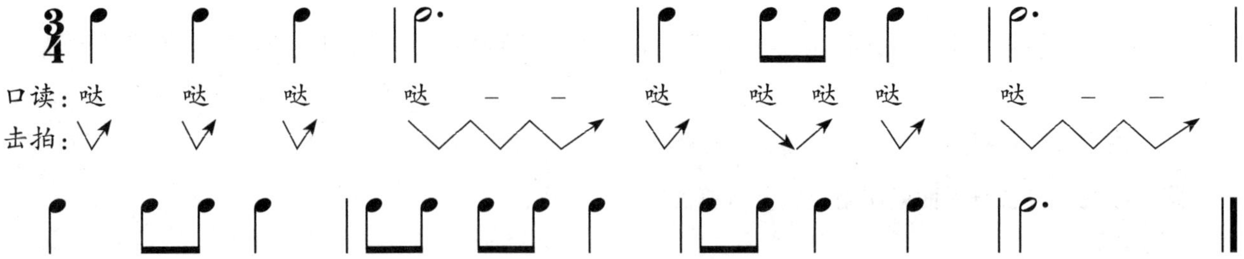

2.

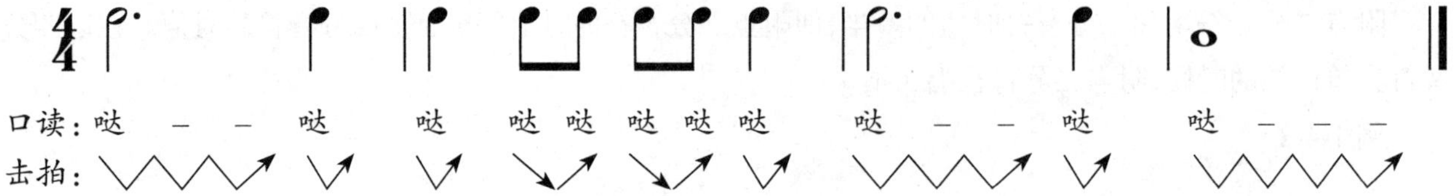

（三）节奏创编

每条节奏按$\frac{3}{4}$拍的结构创编，要求用已学的所有音符及其相应的休止符。

三、五度音程练习

音频

（一）五度音程构唱

荆晶编曲

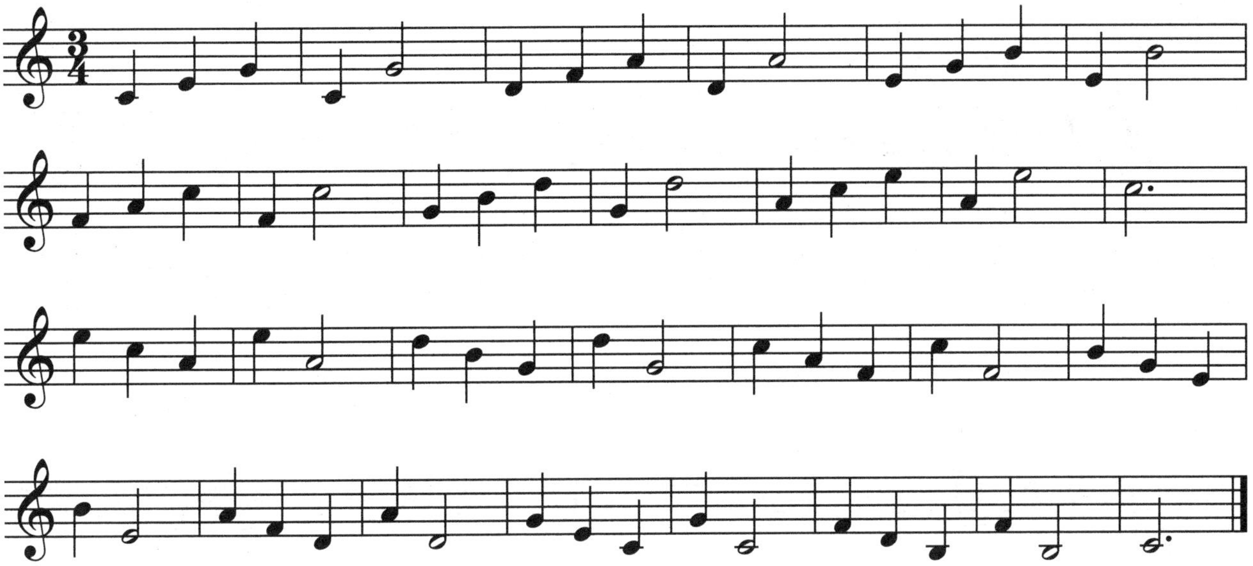

音频

（二）五度音程强化训练

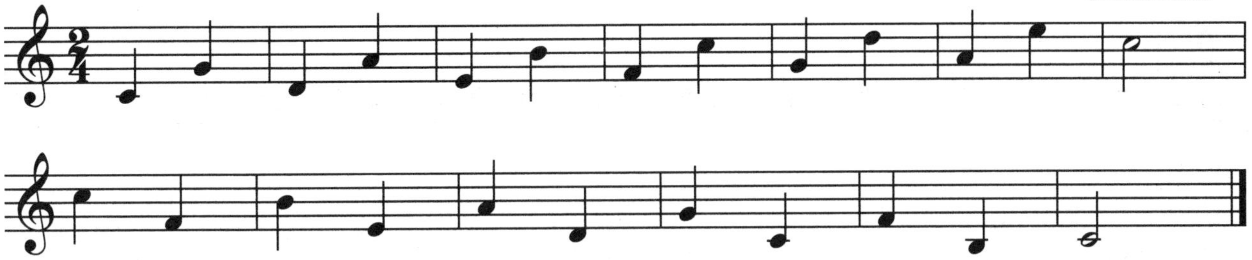

四、视唱练习

音频

德国民歌《布谷鸟》

8条

1.

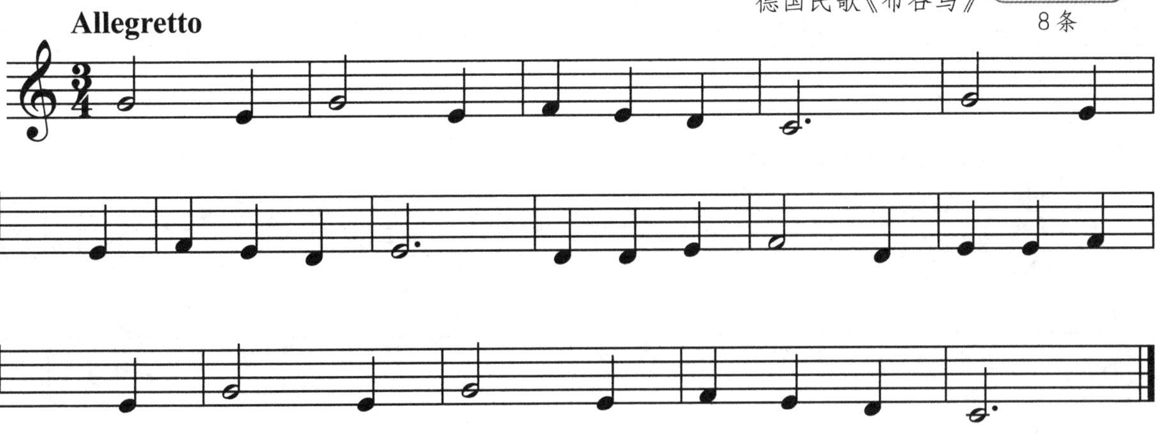

Moderato　　　　《溜冰圆舞曲》瓦尔德退费尔曲

2.

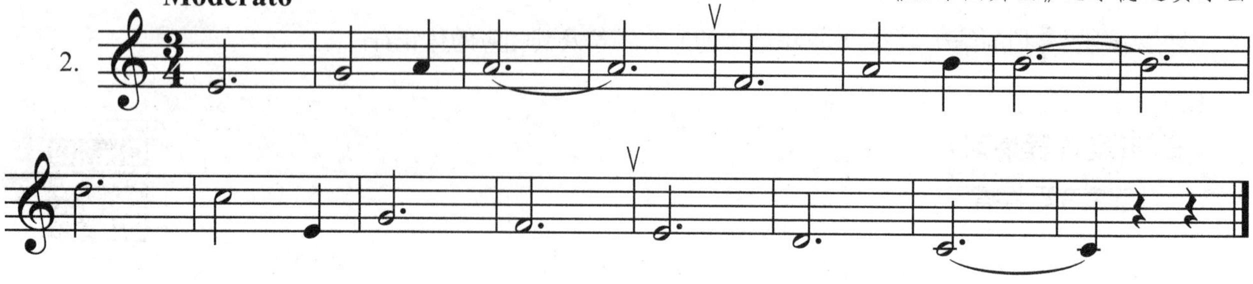

3.

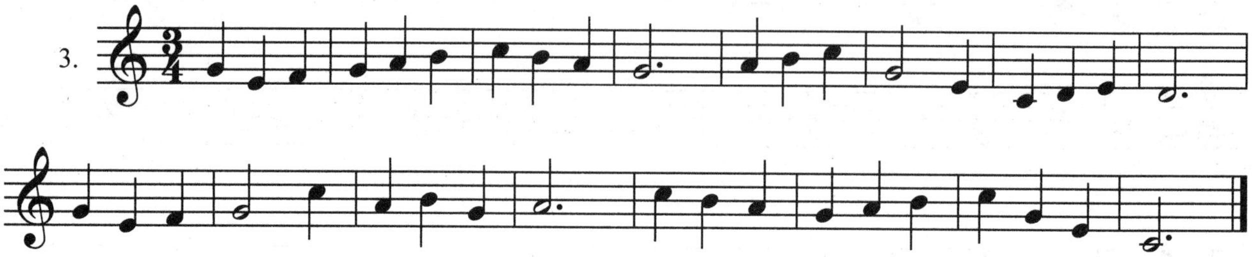

《听响铃铃》柴安宜曲

4.

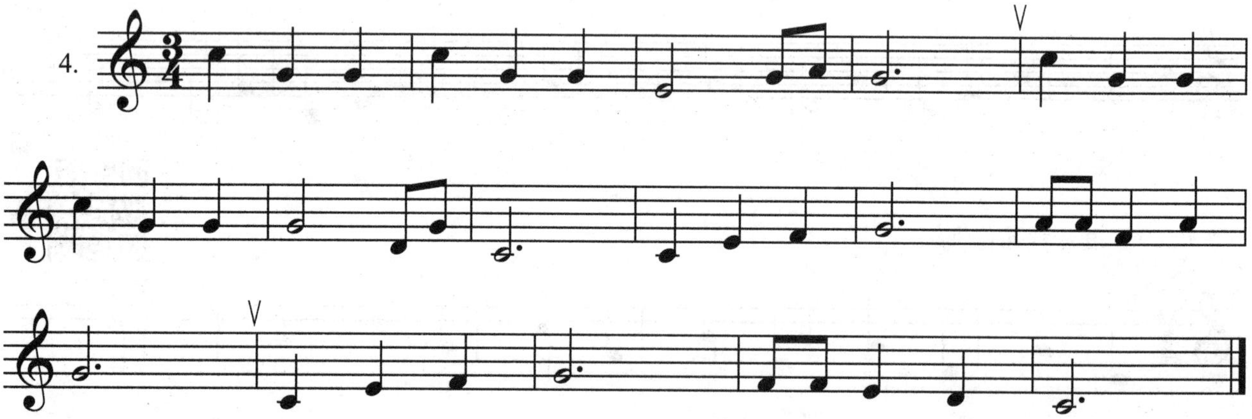

Andante　　　　江西永新山歌

5.

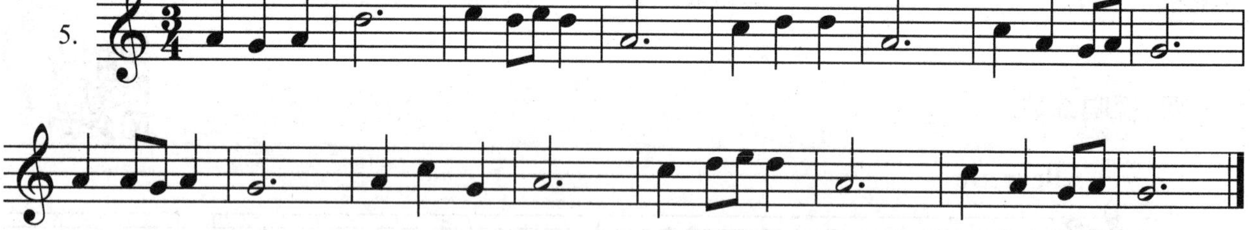

Allegretto moderato 中快板　　　　山西民歌

6.

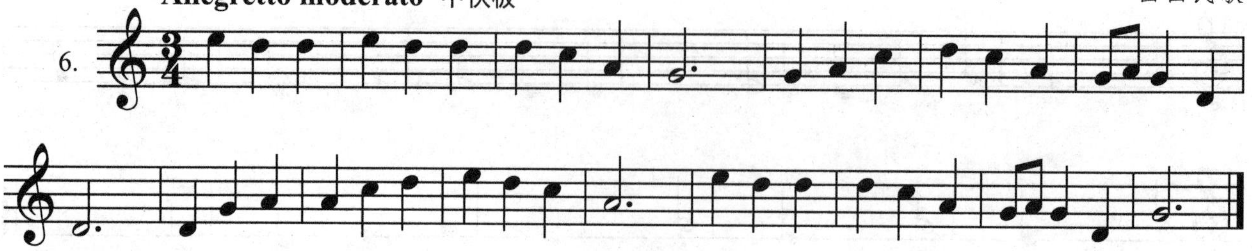

罗马尼亚民歌

7.

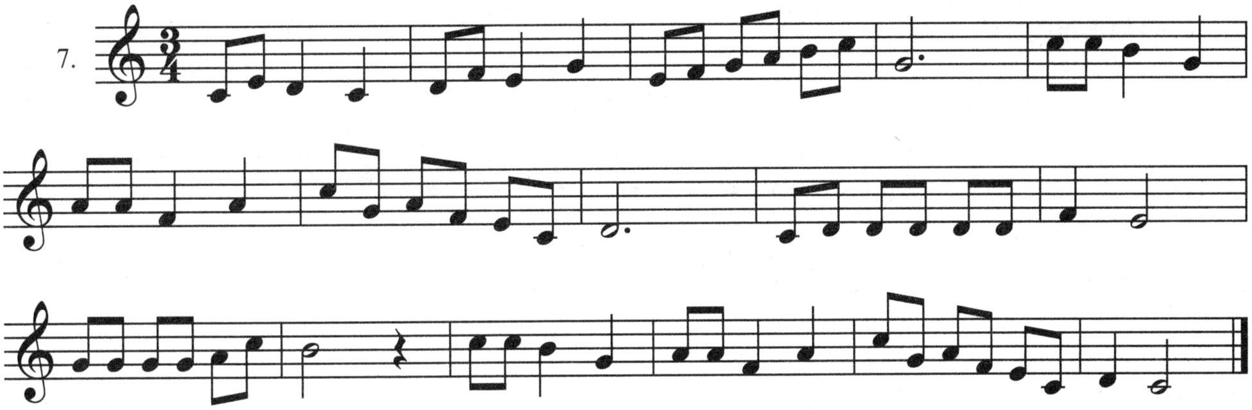

黎族民歌《五指山歌》

Larghetto 小广板

8.

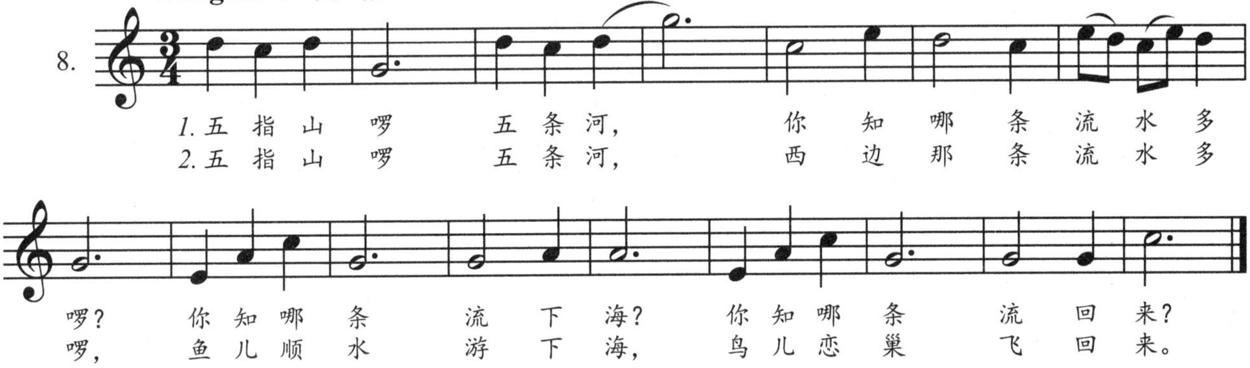

任务二　附点四分音符

一、附点四分音符

四分音符符头的右边加附点，就是附点四分音符。附点四分音符时值为 1 个四分音符加 1 个八分音符的时值，即以四分音符为单位拍时，附点四分音符唱一拍半，常与八分音符组合，形成典型的附点四分音符节奏型。

例 1-4-3

以四分音符为单位拍

𝅘𝅥. 或 ♩. = ♩ + ♪ = 一拍半

简谱 **5·** = **5** + <u>**5**</u> = 一拍半

附点四分音符与八分音符组合，形成典型的附点节奏型。

例 1-4-4

以四分音符为单位拍

五线谱　♩.　♪ = 两拍

简　谱　**5·**　<u>**5**</u> = 两拍

击　拍　

口　读　哒　<u>啊哒</u>

二、节奏练习

（一）歌谣中的节奏

1.

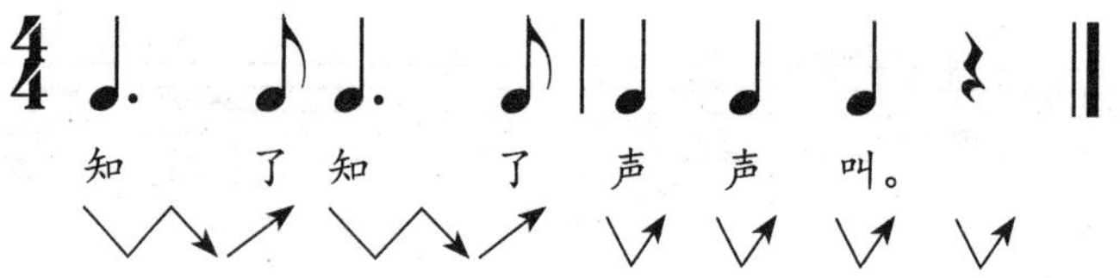

2.

《小猫见了，乐得直跳》

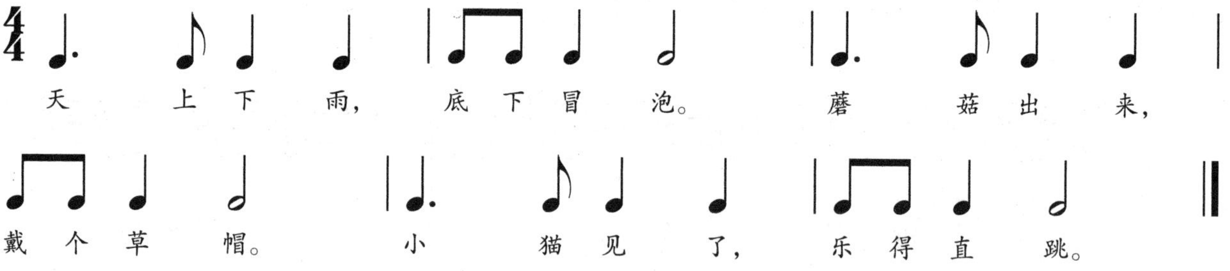

（二）节奏练习

1.

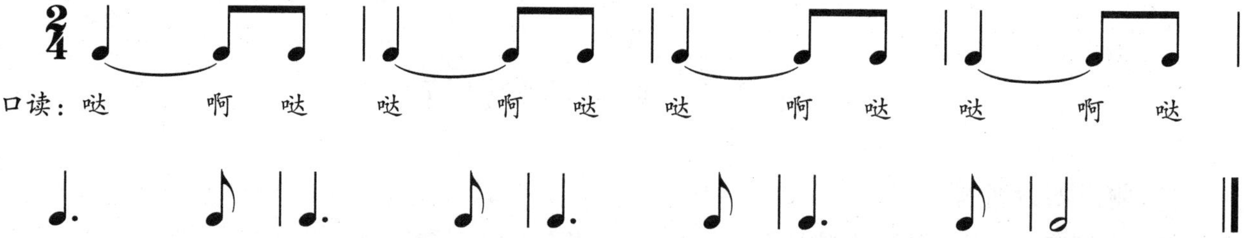

2.

（1）

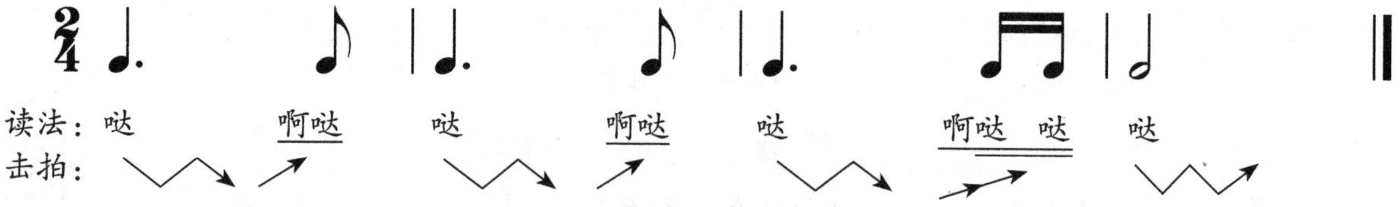

（2）

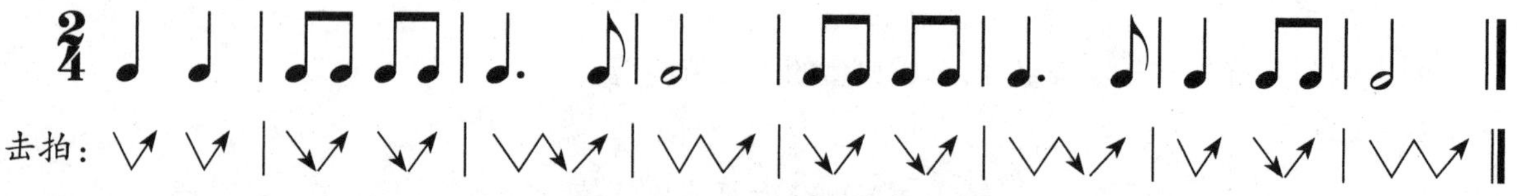

（3）

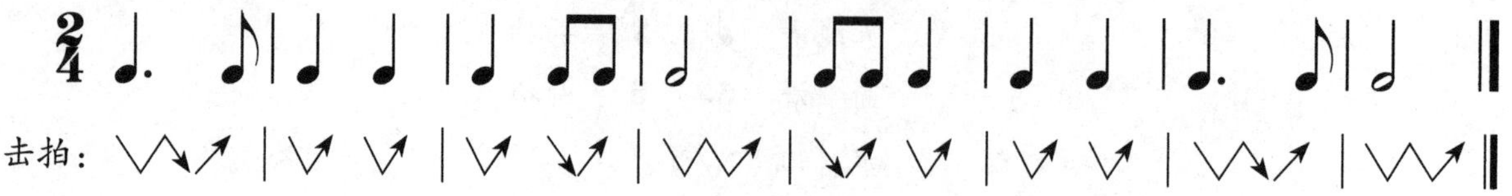

（三）节奏创编

练习要求：节拍任意，包含所学附点音符。

三、六度音程

（一）大小六度音程

六度包含 6 个音级，大六度有 4 个全音和 1 个半音，小六度则有 3 个全音和 2 个半音（共 4 个全音）。

大六度可以看作是大三度与纯四度的叠加：

例 1-4-5

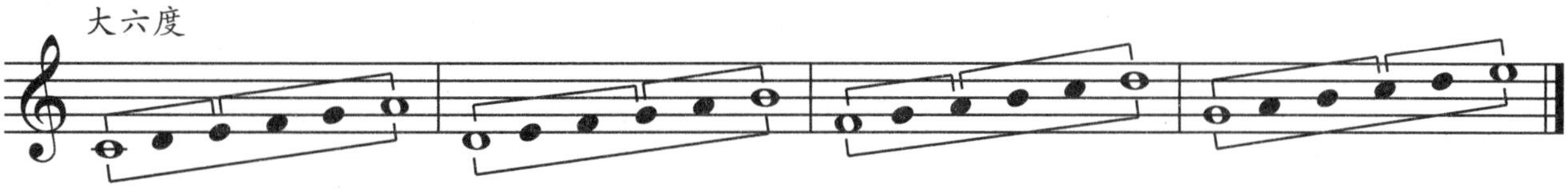

小六度可以看作是小三度与纯四度的叠加：

例 1-4-6

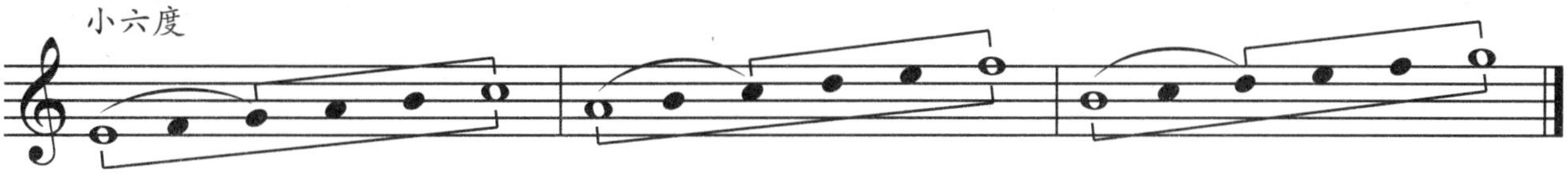

（二）六度音程构唱

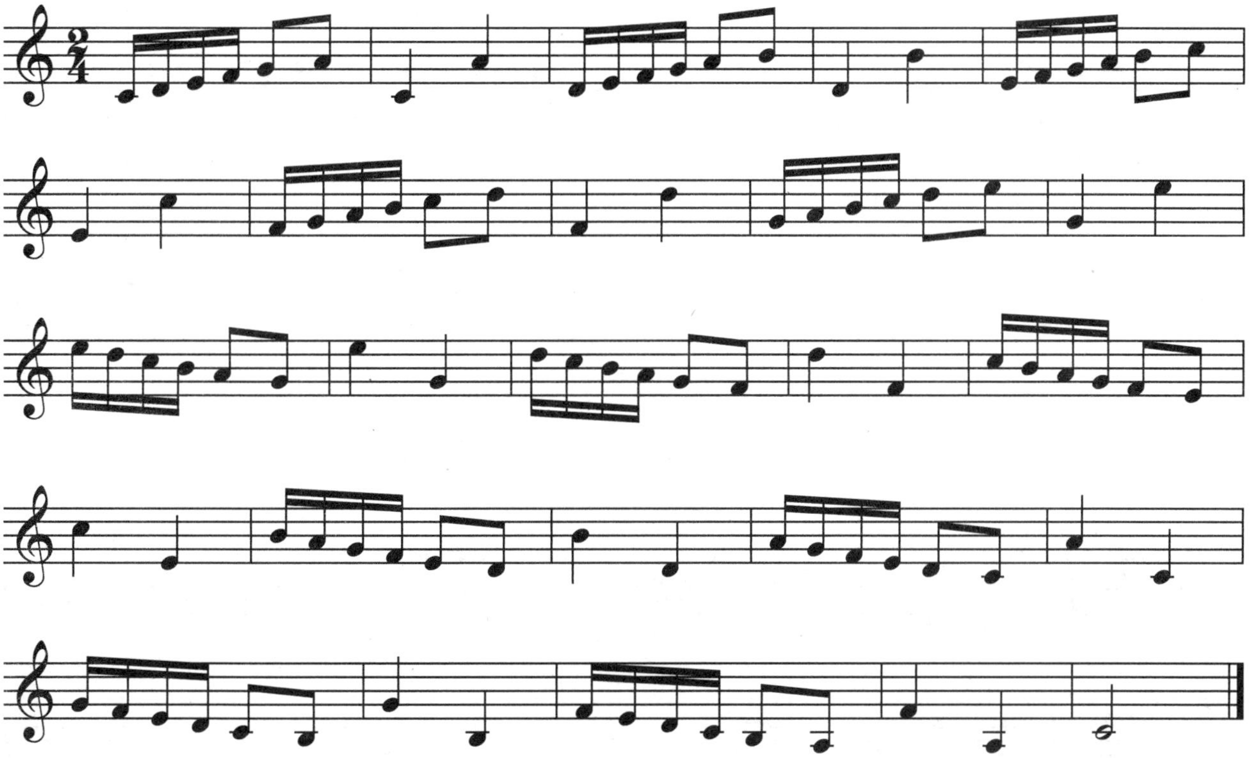

音频

12条

四、视唱练习

《练习曲》蒋绮华曲

Moderato

1.

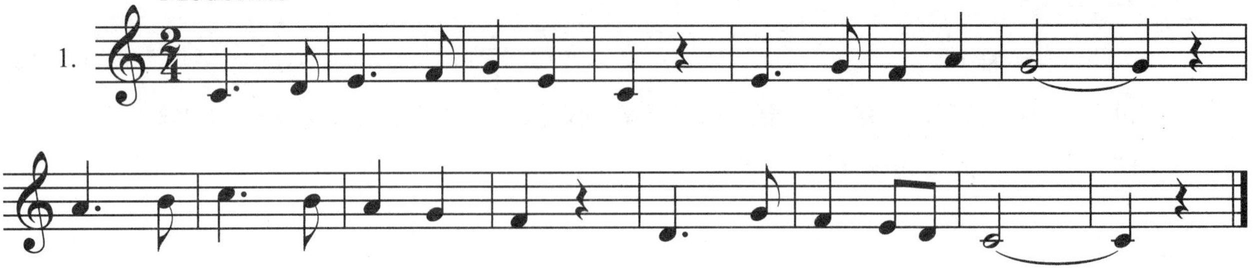

2.

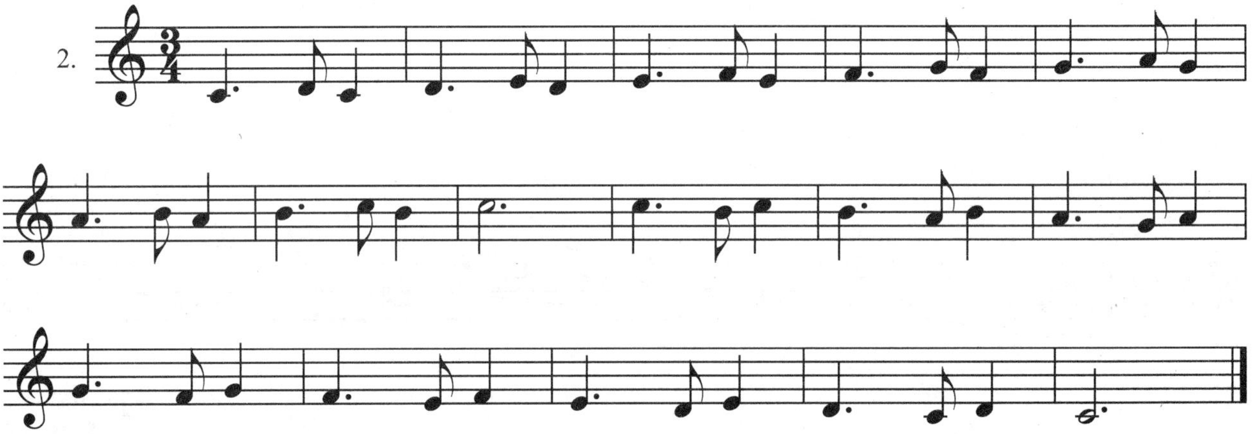

罗道尔夫曲

3.

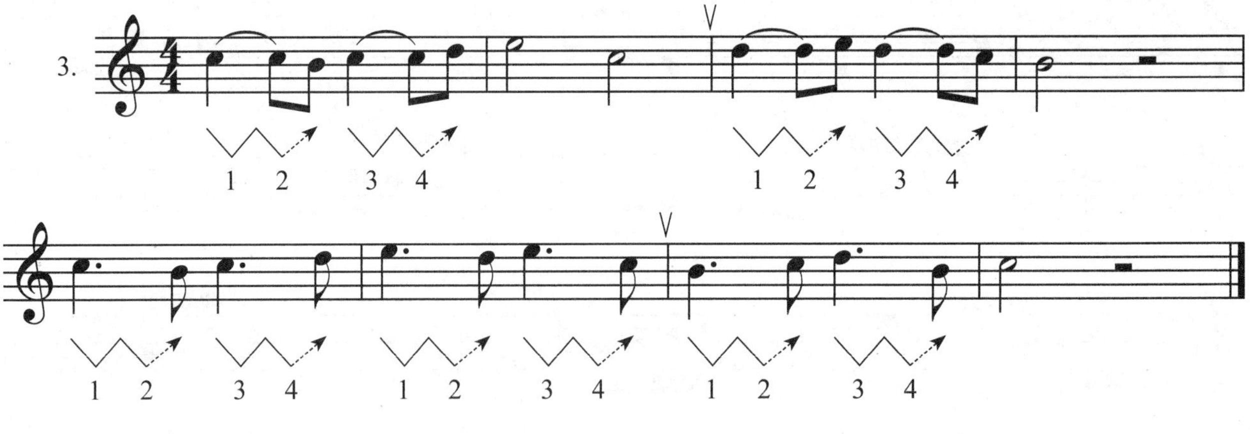

日本歌曲《红蜻蜓》

4.

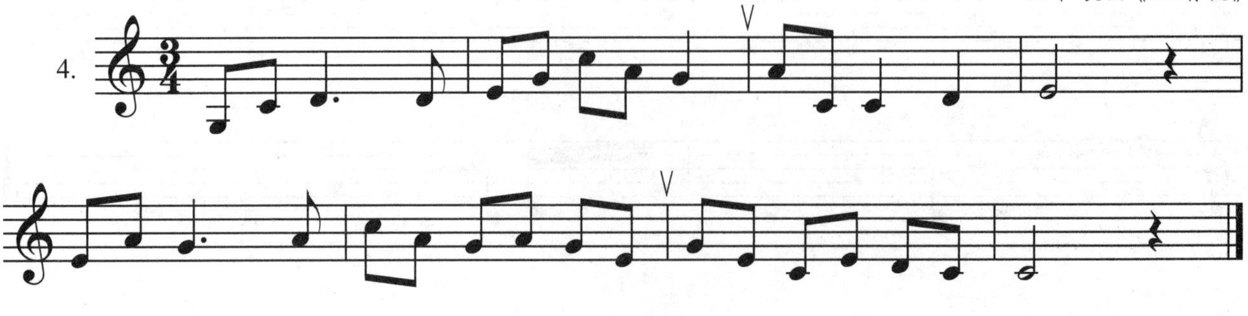

中速　　《牧羊姑娘》金砂曲

5.

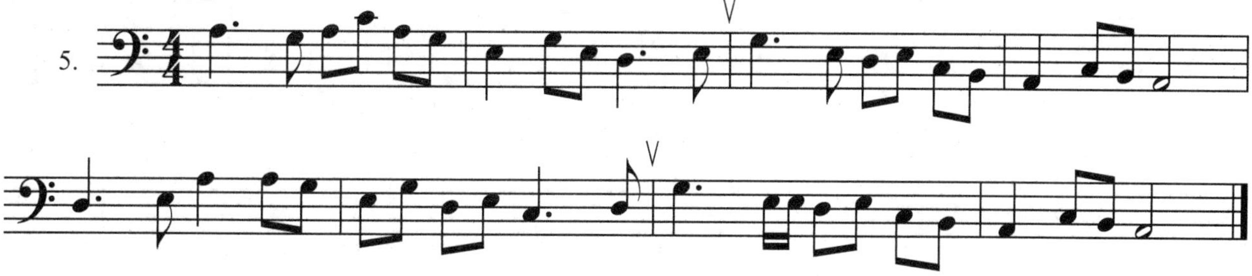

中速、愉快地　　日本歌谣《春天来了》

6.

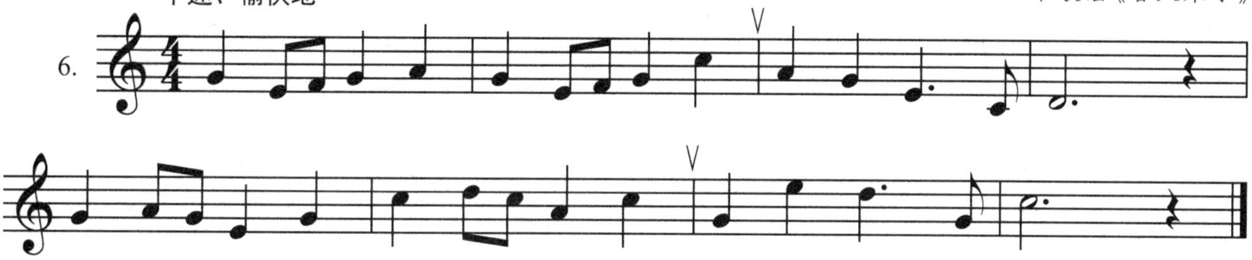

稍快　　《练习曲》蒋绮华曲

7.

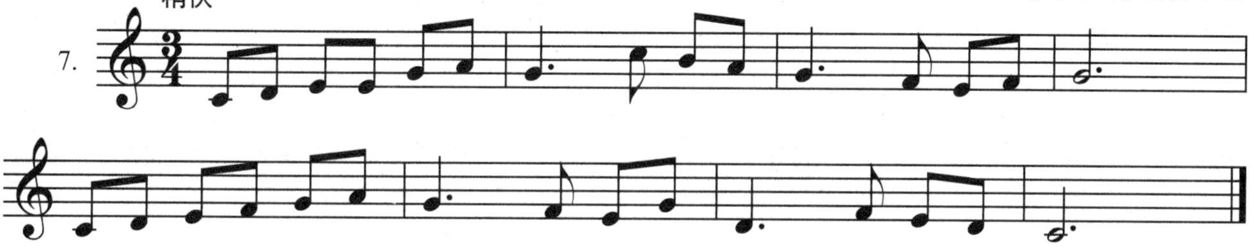

稍慢　　《英雄凯旋》亨德尔曲

8.

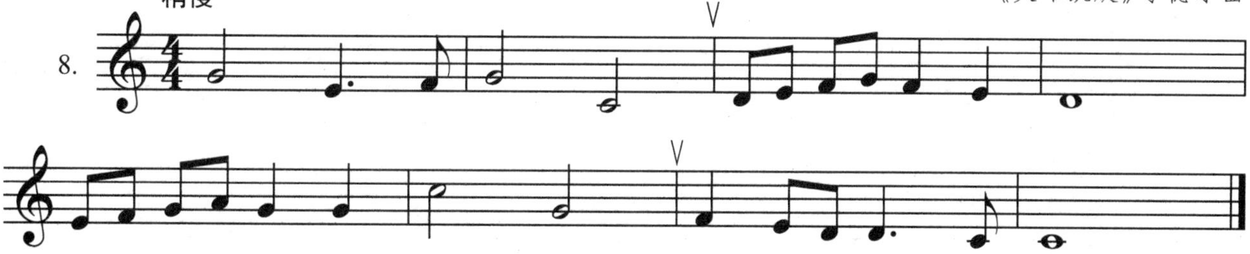

奥地利歌曲《平安夜》格拉伯曲

9.

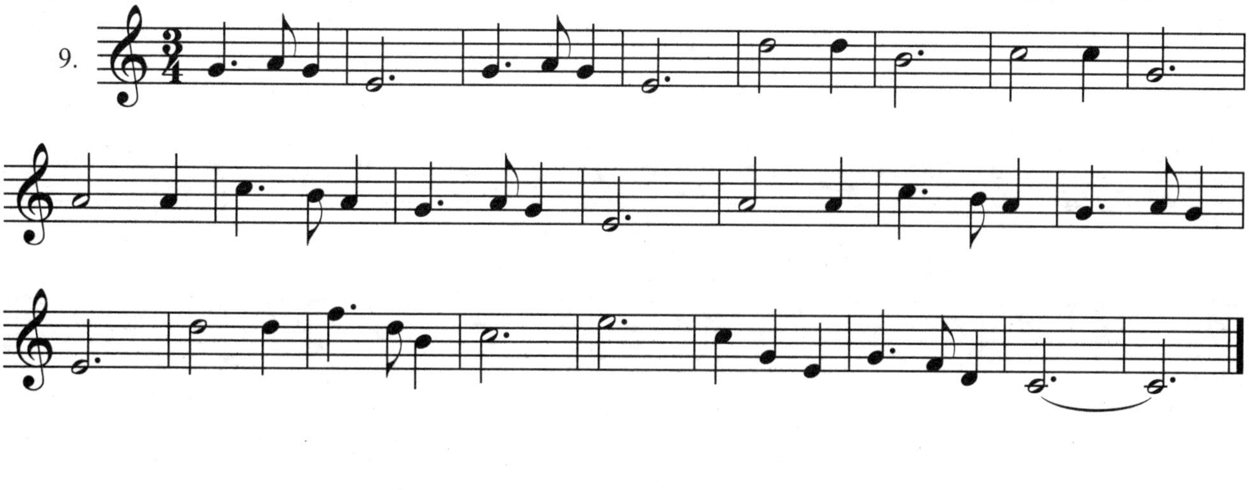

亨利·沃尔法尔特曲

10.

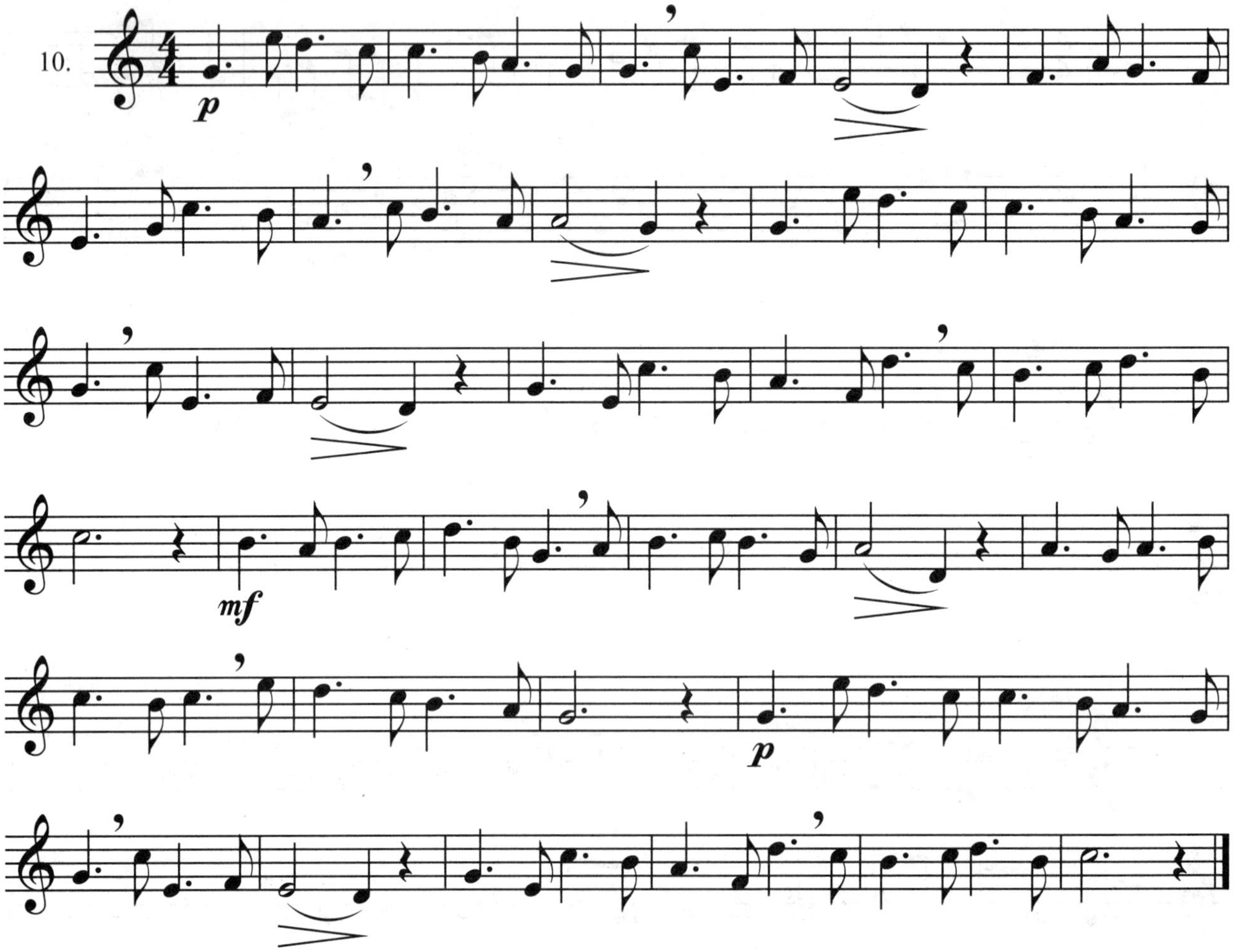

卡卢利曲

11.

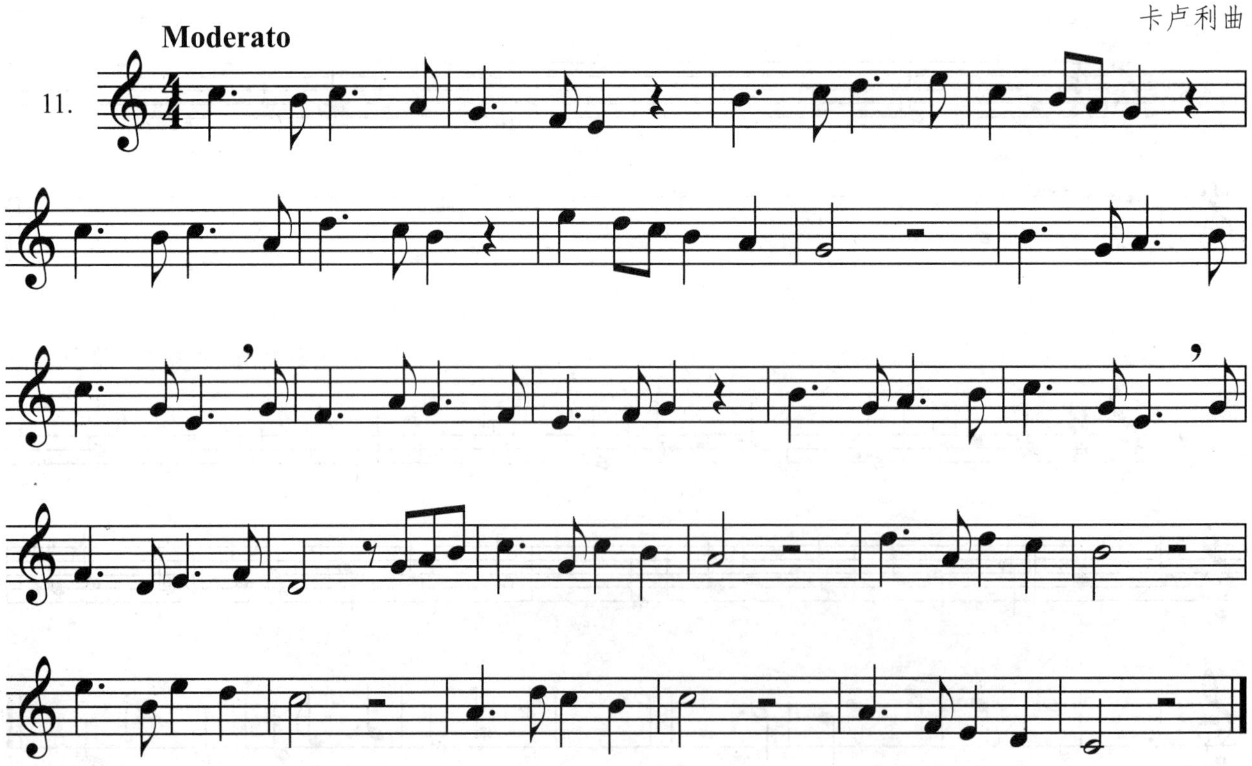

《大海啊，故乡》王立平曲

12.

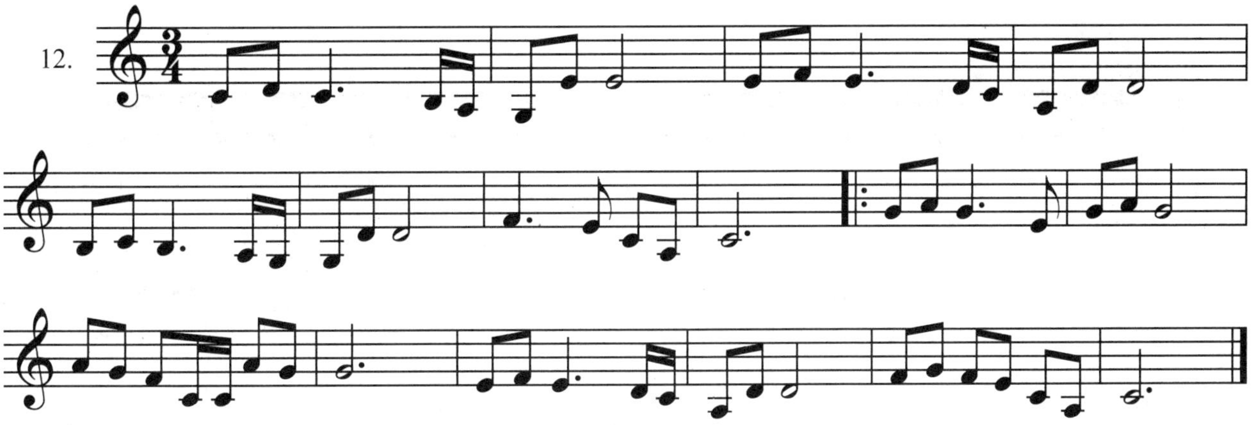

任务三　附点八分音符

一、附点八分音符

附点加在八分音符符头的后面，就是附点八分音符。附点八分音符的时值为一个八分音符加一个十六分音符的时值。

以四分音符为单位拍时，一个附点八分音符要击四分之三拍；以八分音符为单位拍时，一个附点八分音符要击一拍半。

例 1-4-7

	① 以四分音符为单位拍	② 以八分音符为单位拍	③ 以四分音符为单位拍
五线谱			
简　谱	X.	X.	5. 5
击　拍			
口　读	哒.	哒.	哒 啊哒

二、节奏练习

（一）歌谣中的节奏

1.

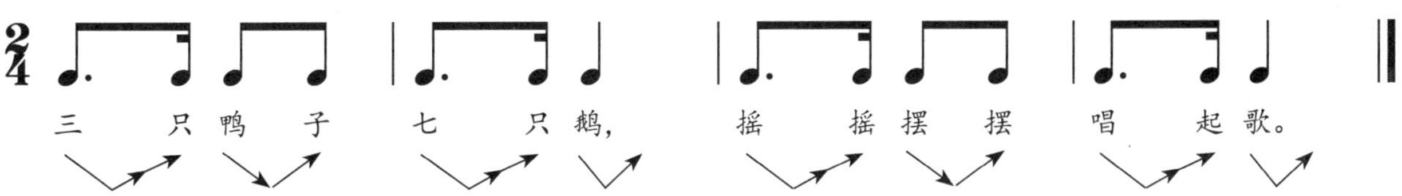

2.

林州市童谣

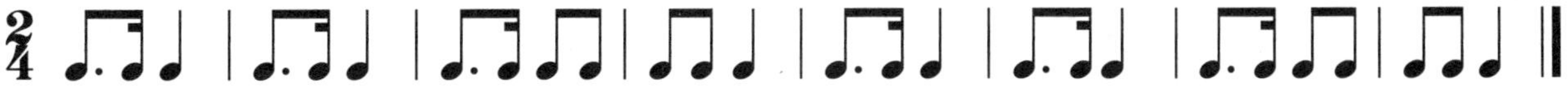

明 明虫，明 明虫，尾 巴后头 挂灯笼。飞 到西，飞 到东，一 飞飞到 我家中。

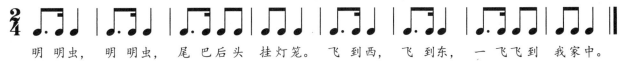

（二）节奏练习

1.

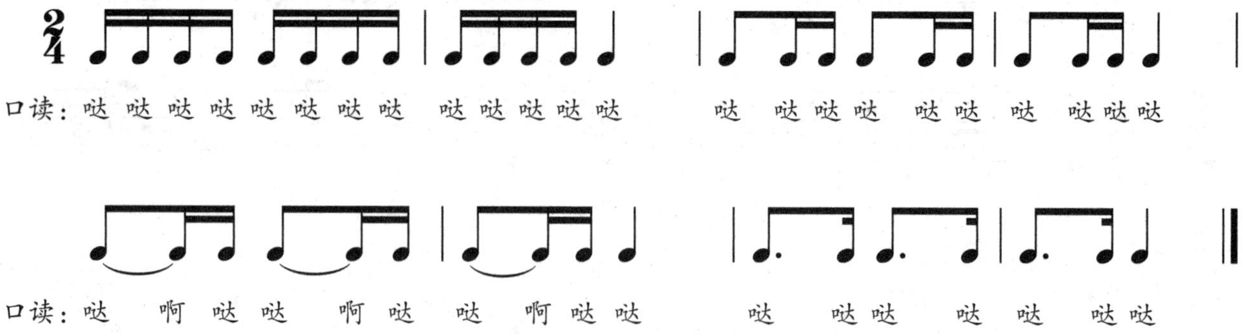

2.

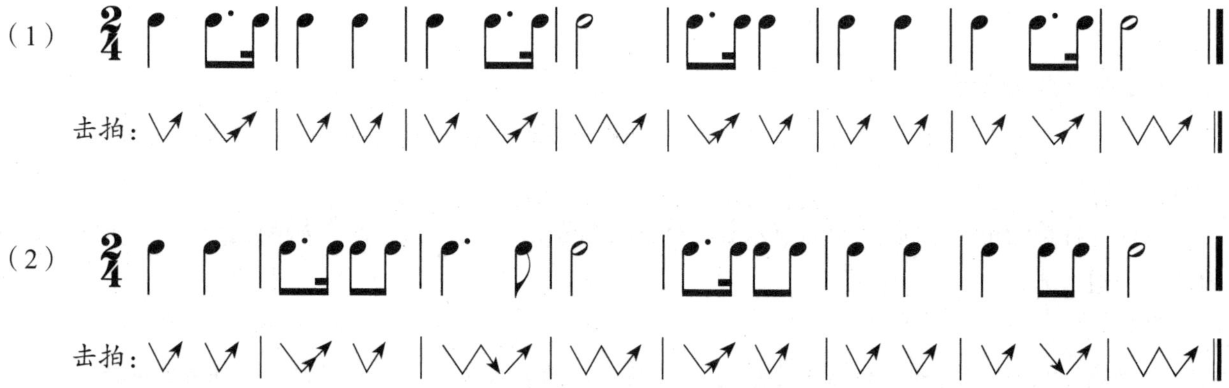

（三）节奏创编

练习要求：节拍任意，包含所学附点音符。

三、六度音程练习

（一）六度音程认唱

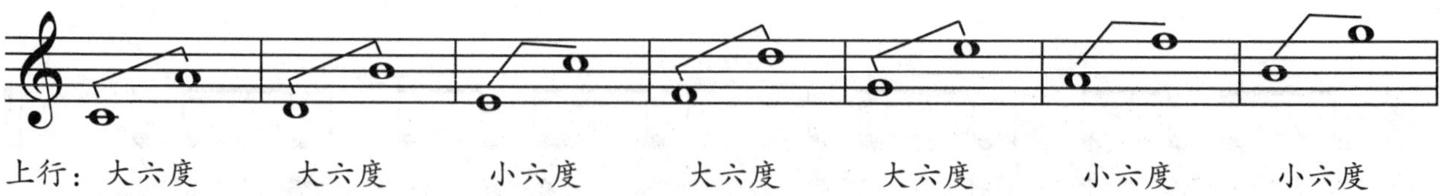

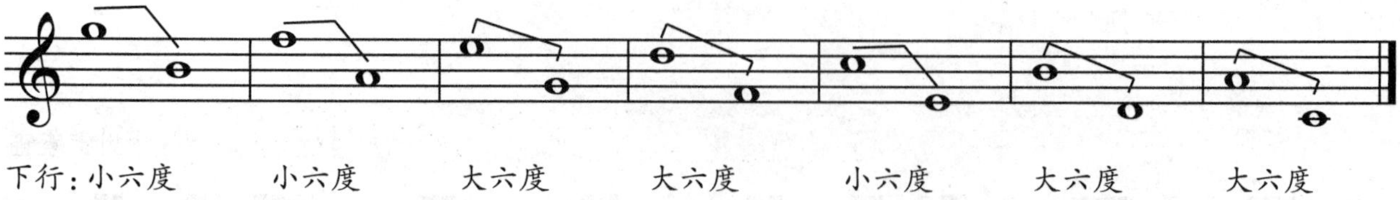

(二)六度音程构唱

音频

荆晶编曲

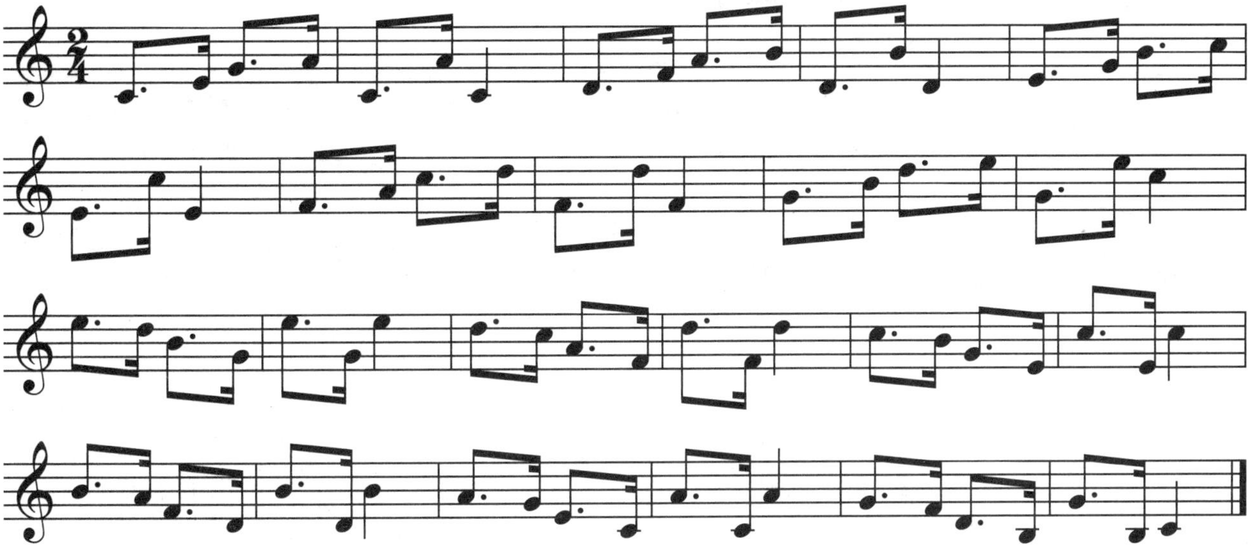

四、视唱练习

音频

王光耀曲　　11 条

Allegro

1.

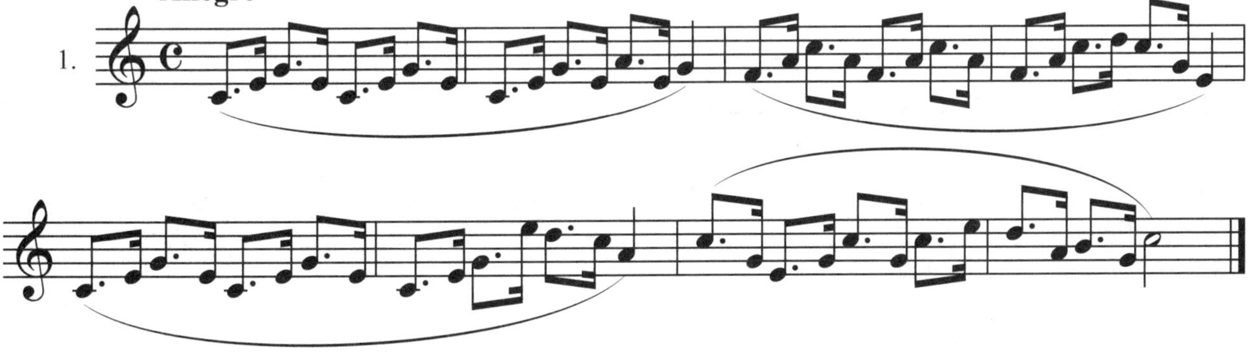

黄明智曲

Andante

2.

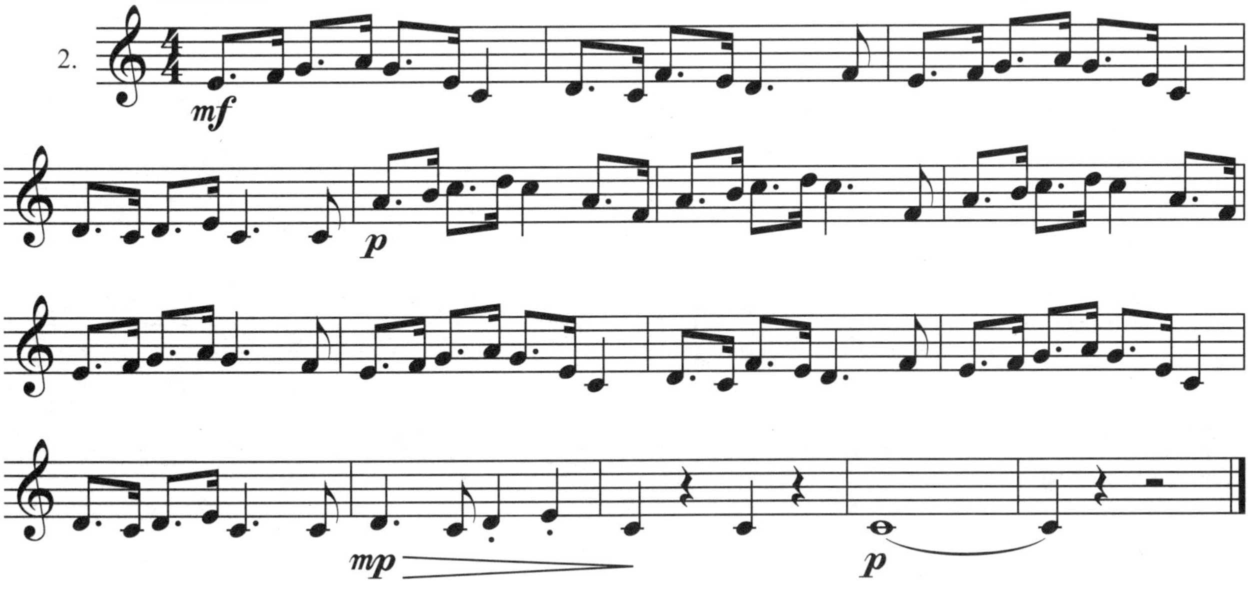

Andante

沃尔法特曲

3.

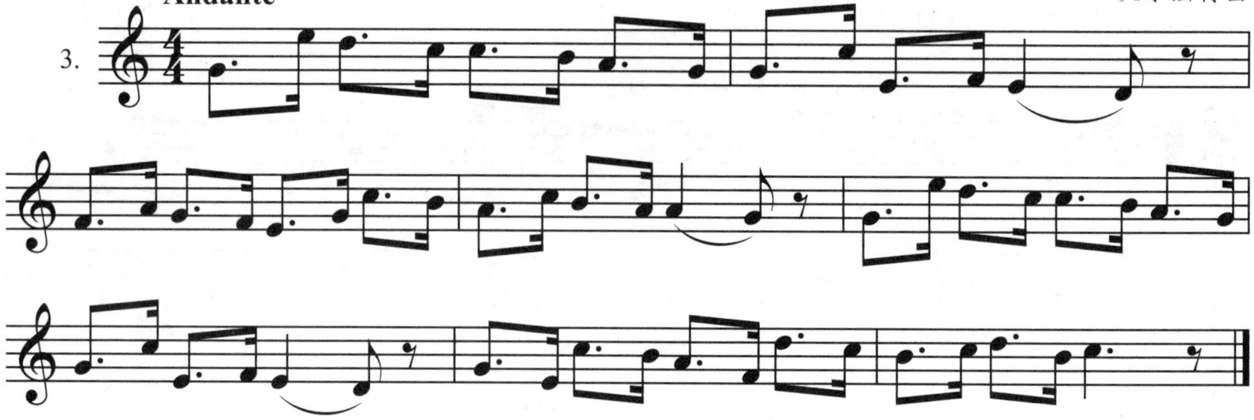

Tempo di marcia

《共产儿童团歌》张棣昌曲

4.

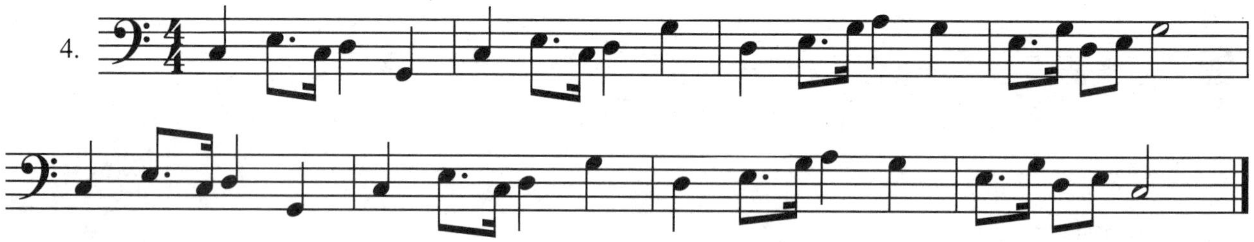

《念故乡》德沃夏克曲

5.

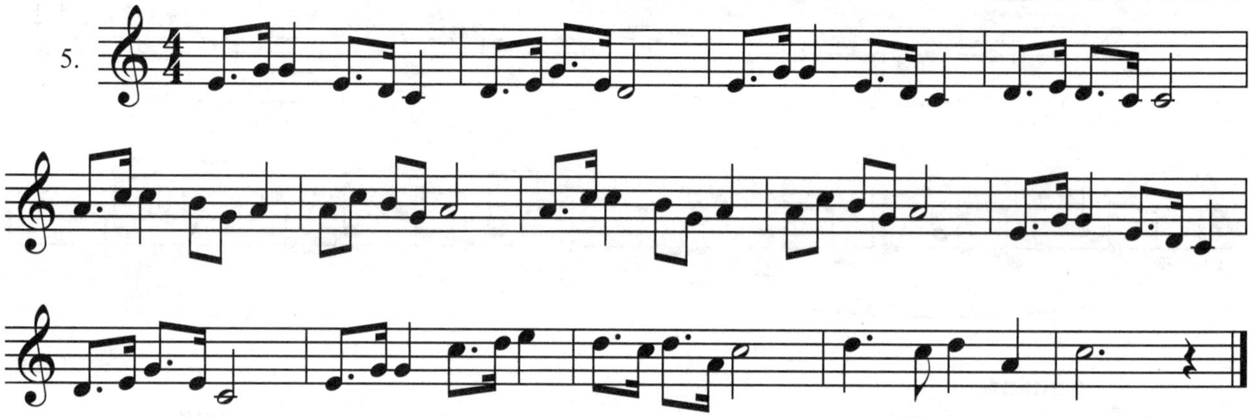

小快板

德国儿童歌曲《请你和我跳舞》

6.

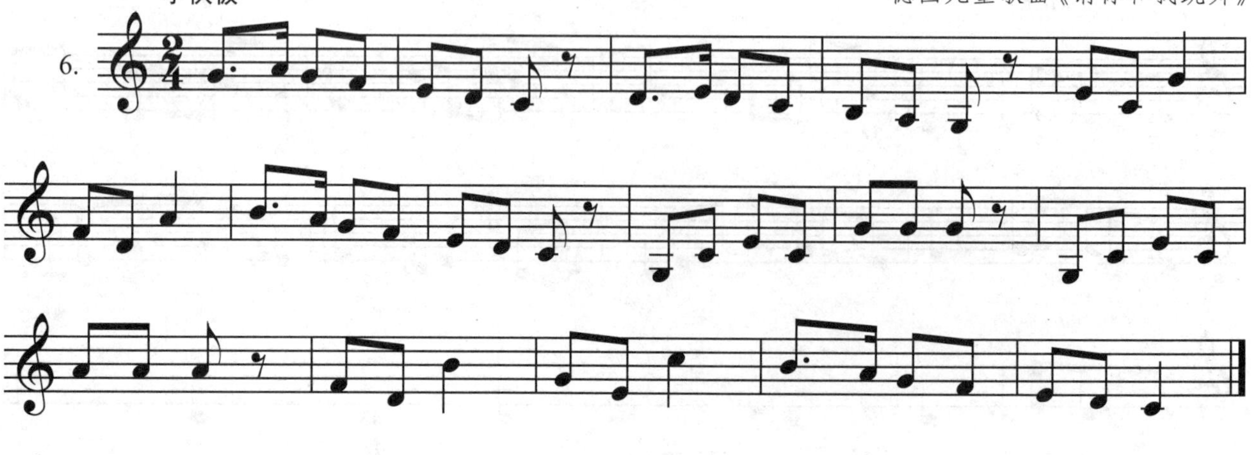

Moderato

7.

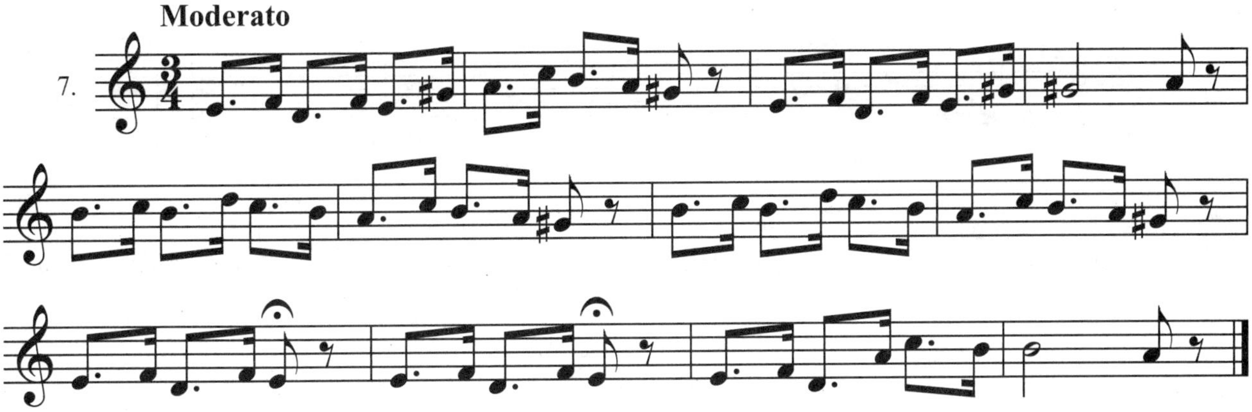

中速 活泼、风趣地　　河南民歌《王大娘钉缸》

8.

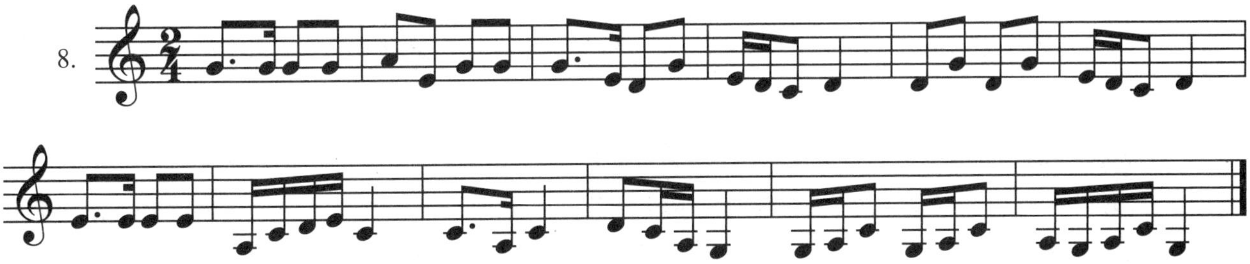

瑶族舞曲

9.

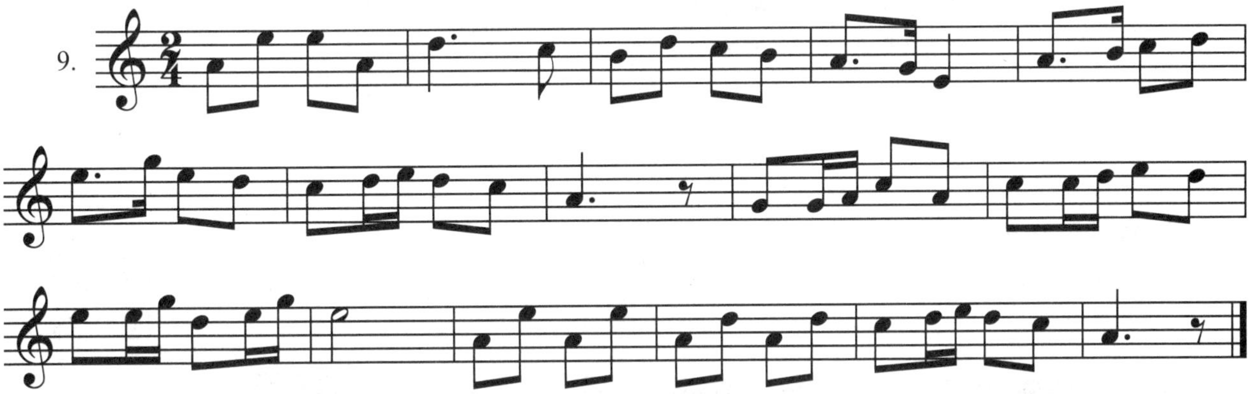

《我爱北京天安门》金月苓曲

10.

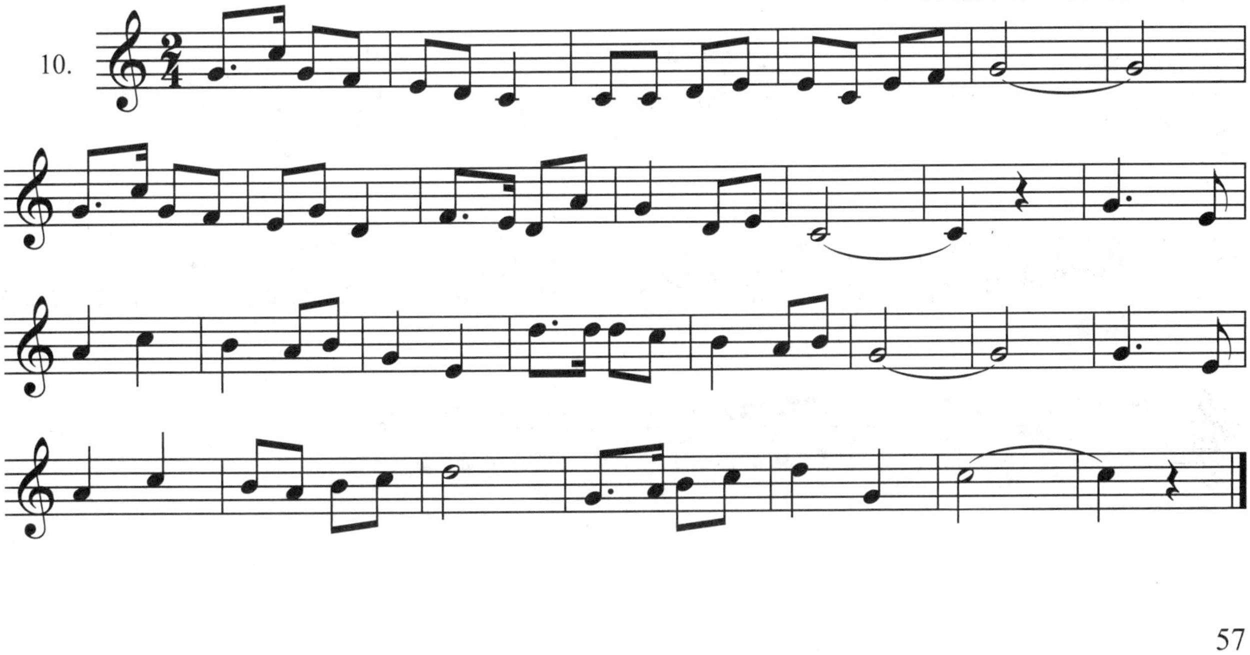

爱尔兰歌曲

11.

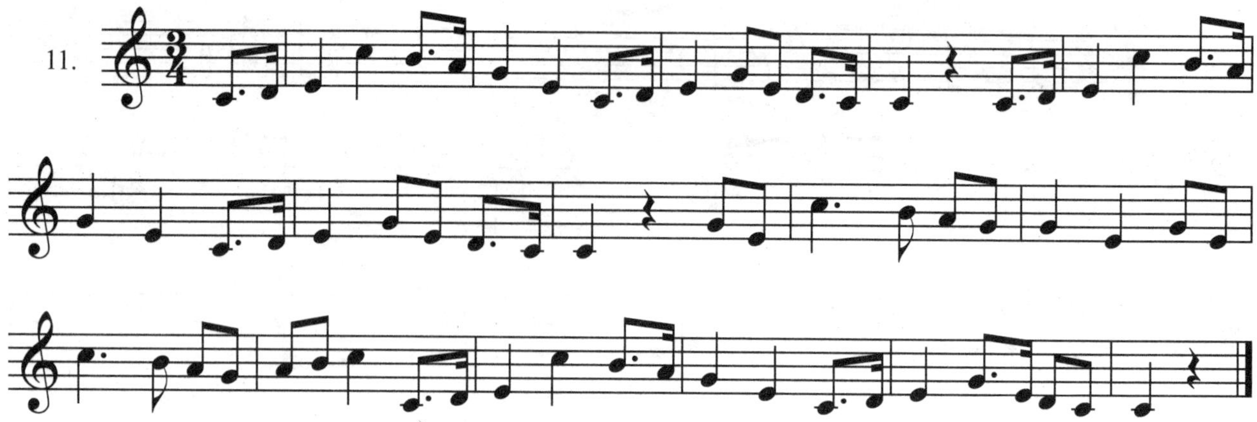

任务四　附点十六分音符和三十二分音符时值组合

一、附点十六分音符和三十二分音符时值组合

一般情况下，以四分音符为单位拍时，附点十六分音符往往与1个三十二分音符和2个十六分音符组合为1拍。此类型节奏在一些民歌、民间音乐，尤其是我国的地方戏曲音乐里比较常见。

例 1-4-8

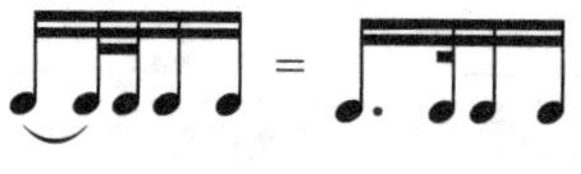

五线谱 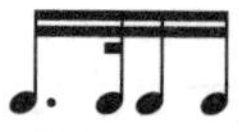

简　谱　X. X X X

口　读　哒啊哒哒哒

二、六度音程练习

（一）六度音程构唱

荆晶编曲

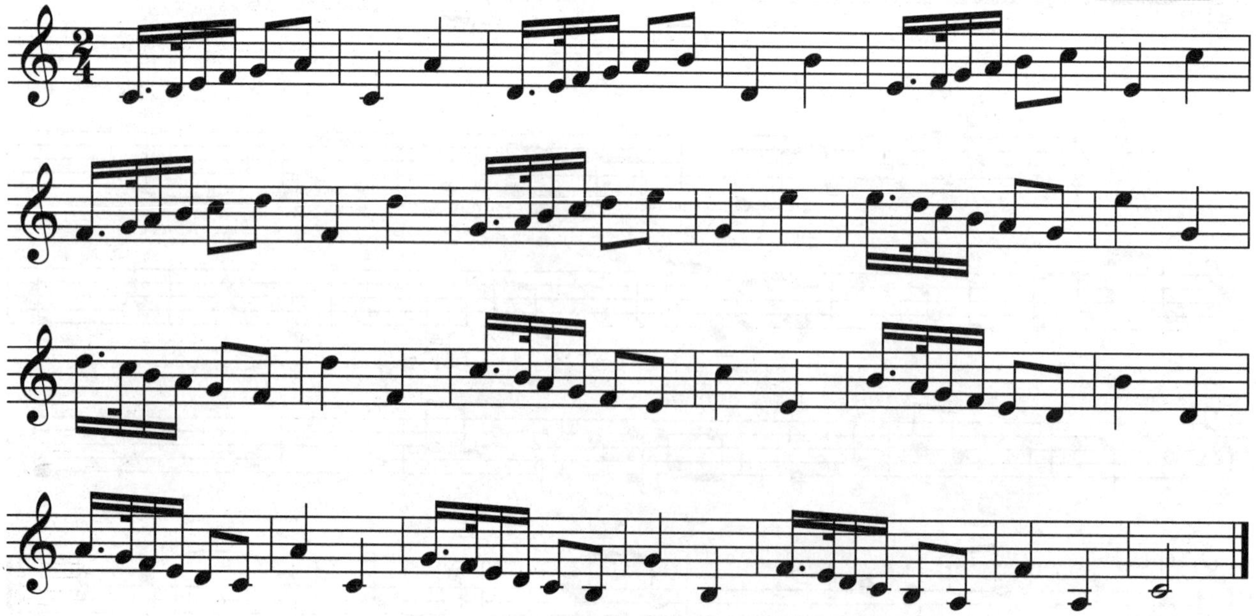

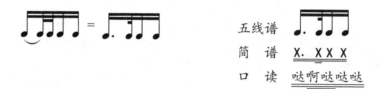

音频

（二）六度音程强化训练

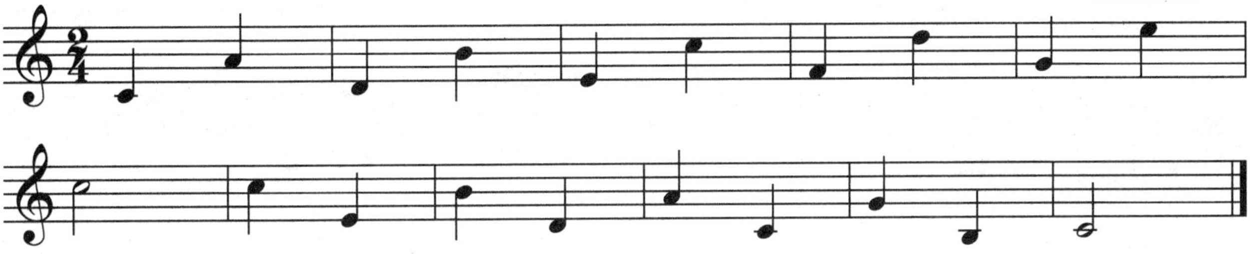

音频

三、视唱练习

中速　抒情地　　　　江苏民歌《无锡景》

5条

1.

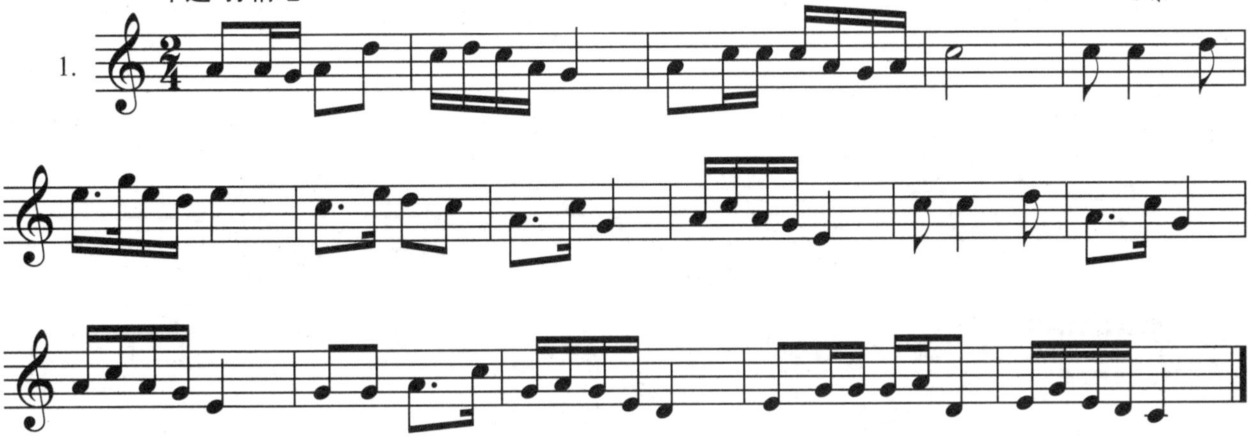

中速稍快　　　　维吾尔族民歌《青春舞曲》

2.

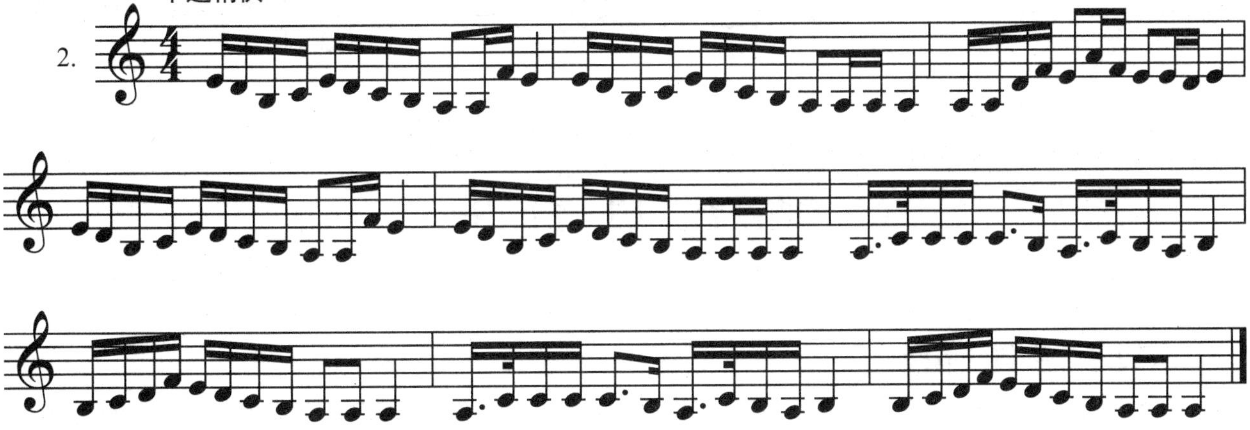

♩=56　深情地　　　　《想家的时候》孟庆云曲

3.

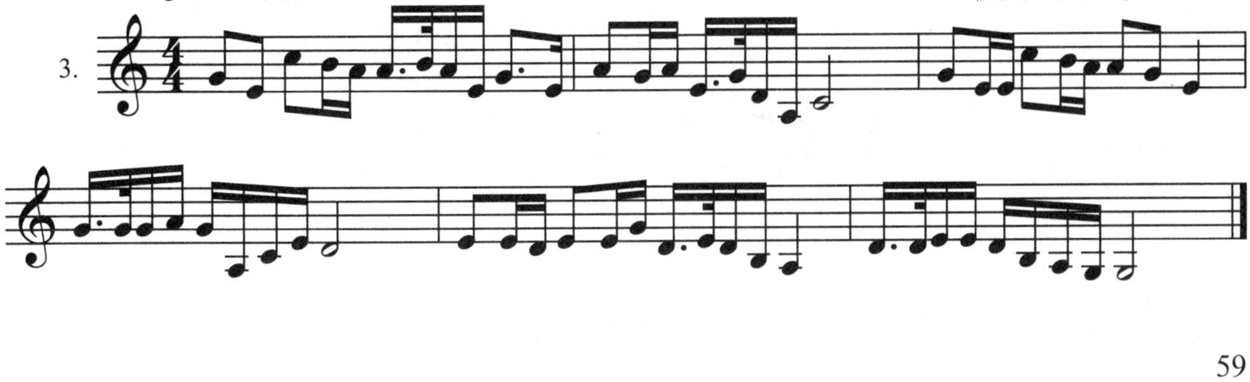

《绣红旗》羊鸣、姜春阳、金砂曲

4.

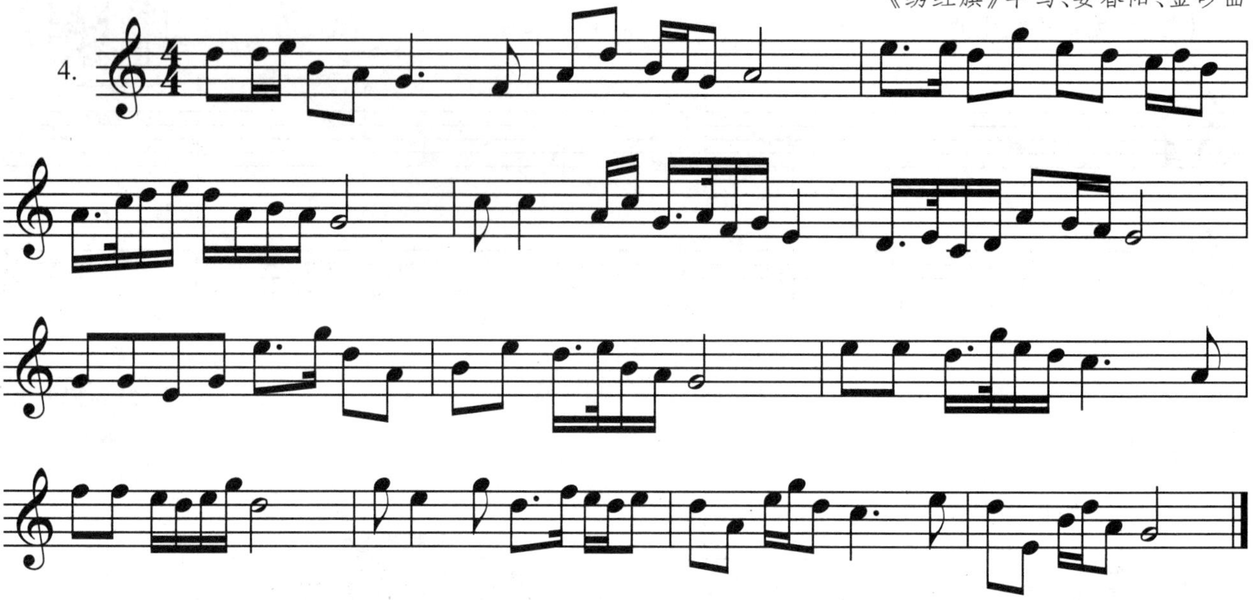

5.

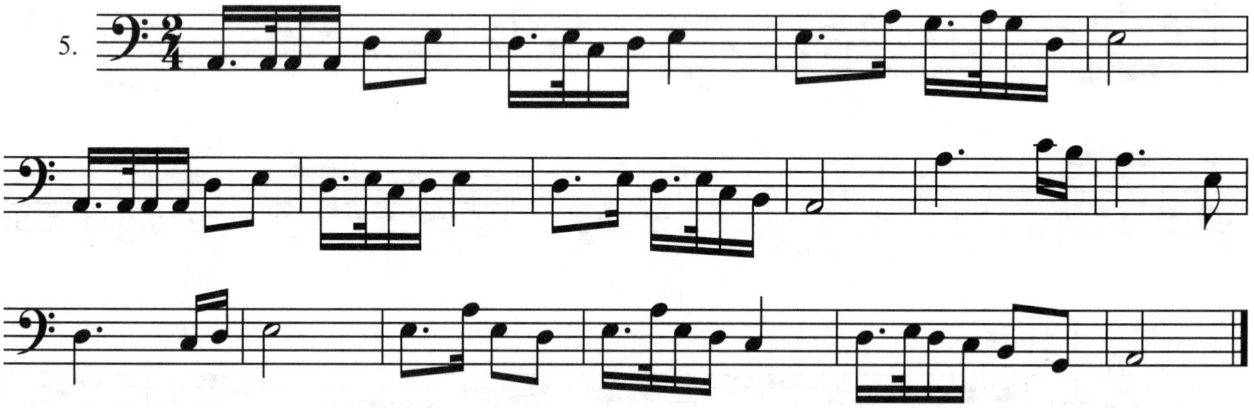

项目五　切　分　音

一、切分音与切分节奏

一个音从弱拍或拍子的弱位置开始，延续到后面的强拍或强位置，因而改变了原来节拍的强弱规律，这种方法称为切分法，这个音称为切分音。

例 1-4-9

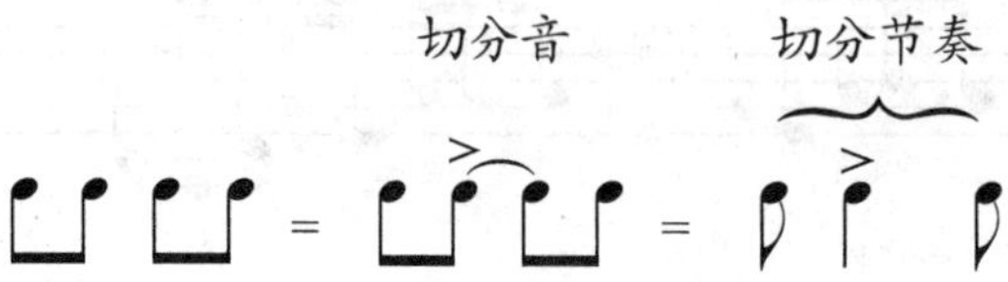

包括切分音的节奏，叫作切分节奏，以下是常见的切分节奏：

1.

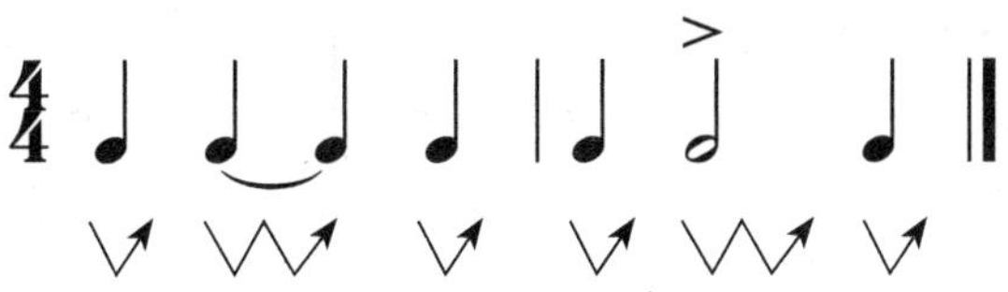

2.

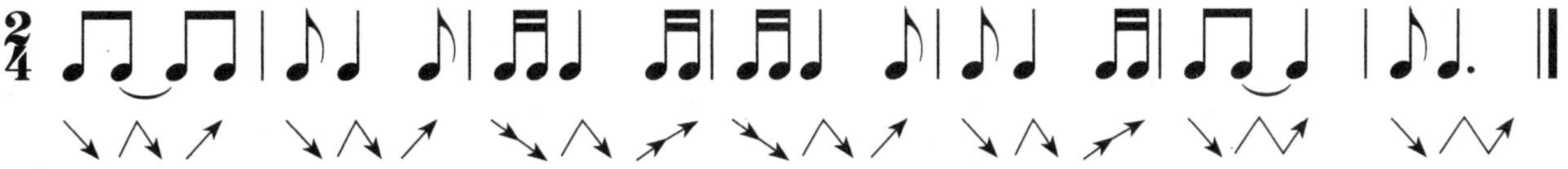

3.

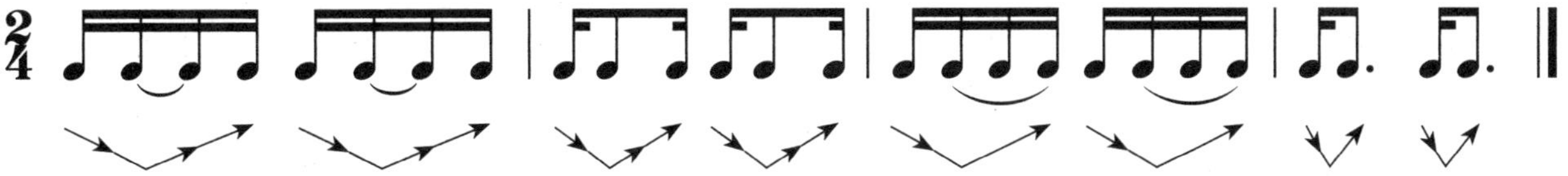

二、节奏练习

（一）歌谣中的节奏

1.

《拉大锯》（洛阳市）

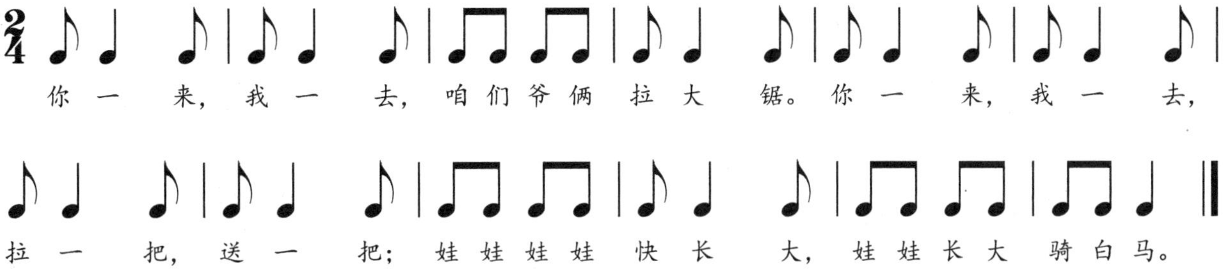

2.

《谜语》（商丘市）

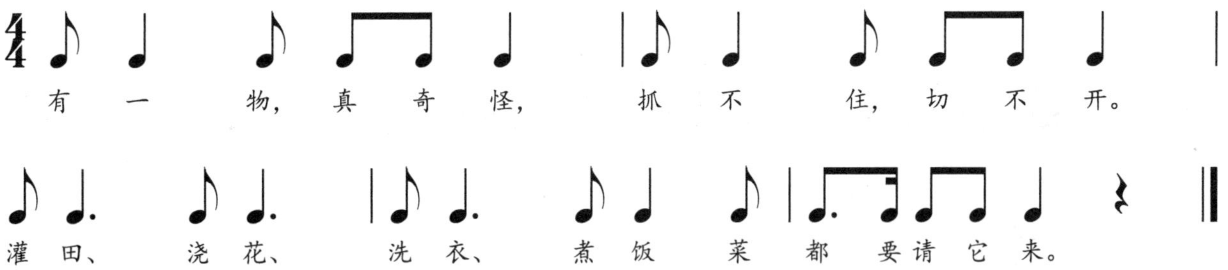

3.

《踢盘盘》(虞城县)

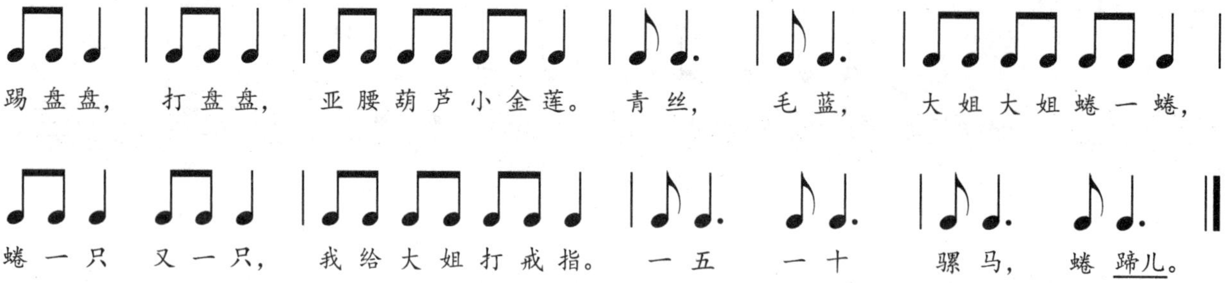

（二）节奏练习

1.

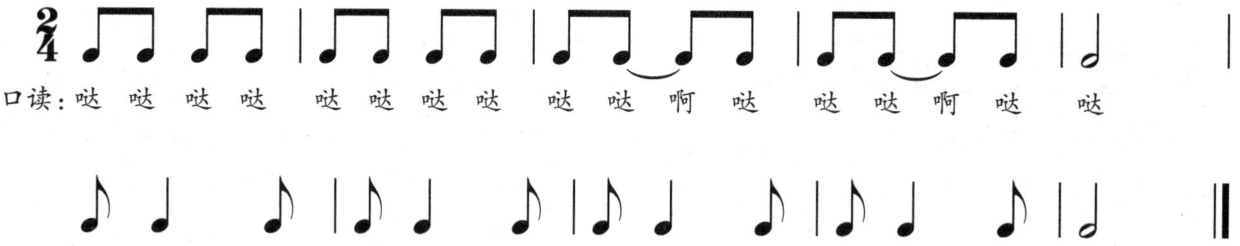

2.

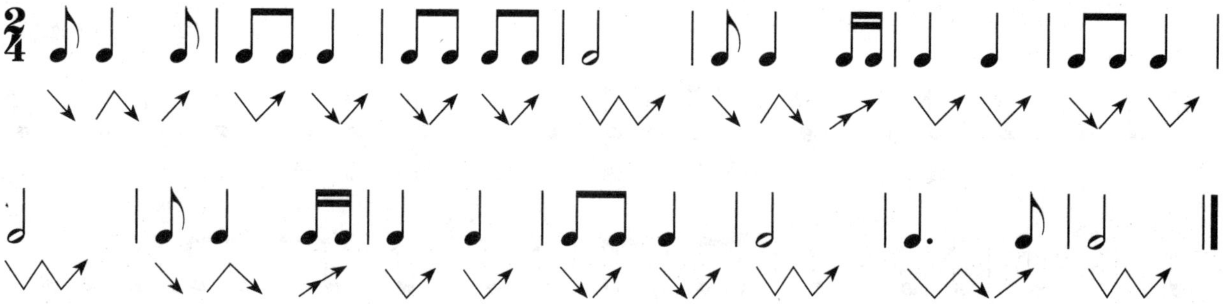

3.

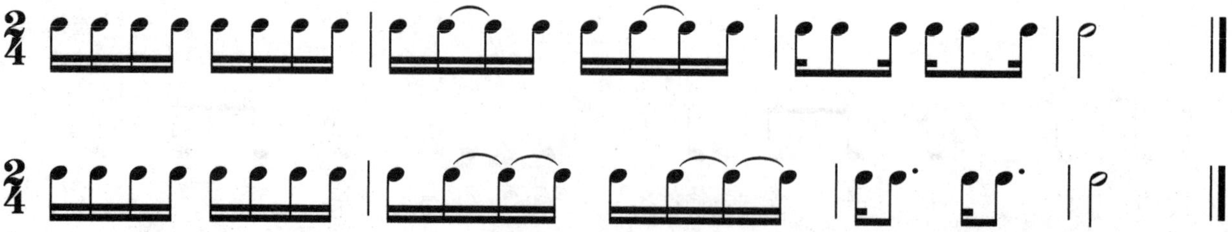

（三）节奏创编

练习要求：根据所学节奏型自行创编节奏。

三、七度音程

（一）大小七度音程

大七度是纯四度和增四度的相互叠加。小七度是两个纯四度的叠加。

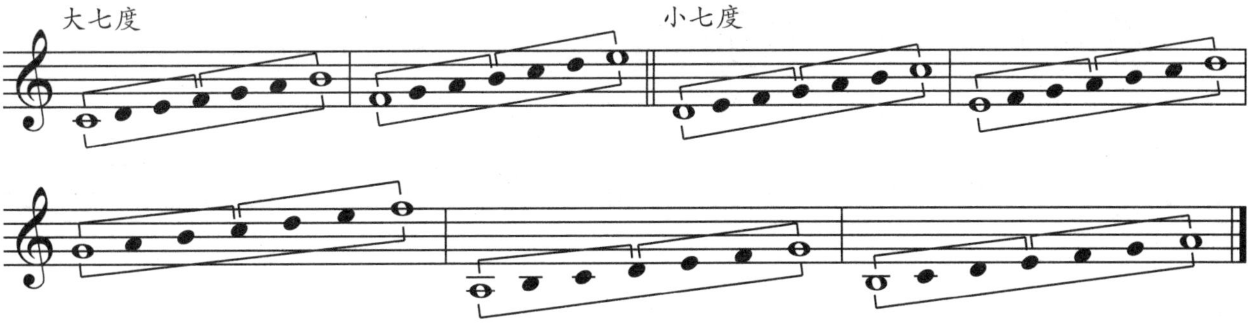

（二）七度音程认唱

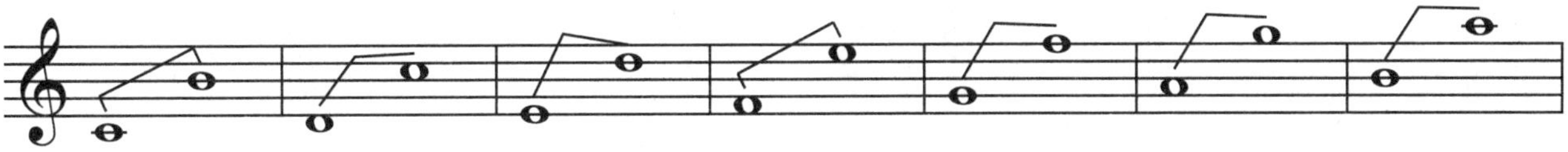

上行：大七度　小七度　小七度　大七度　小七度　小七度　小七度

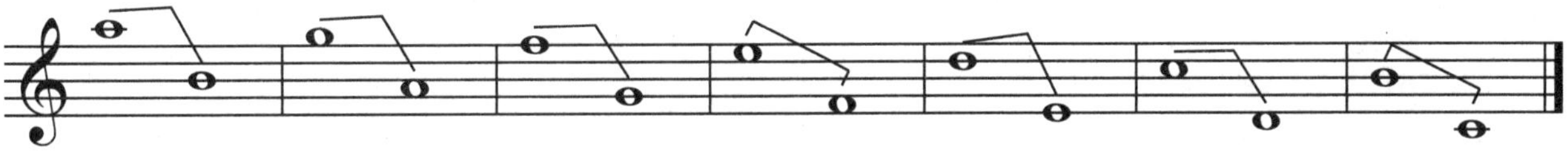

下行：小七度　小七度　小七度　大七度　小七度　小七度　大七度

音频

（三）七度音程构唱

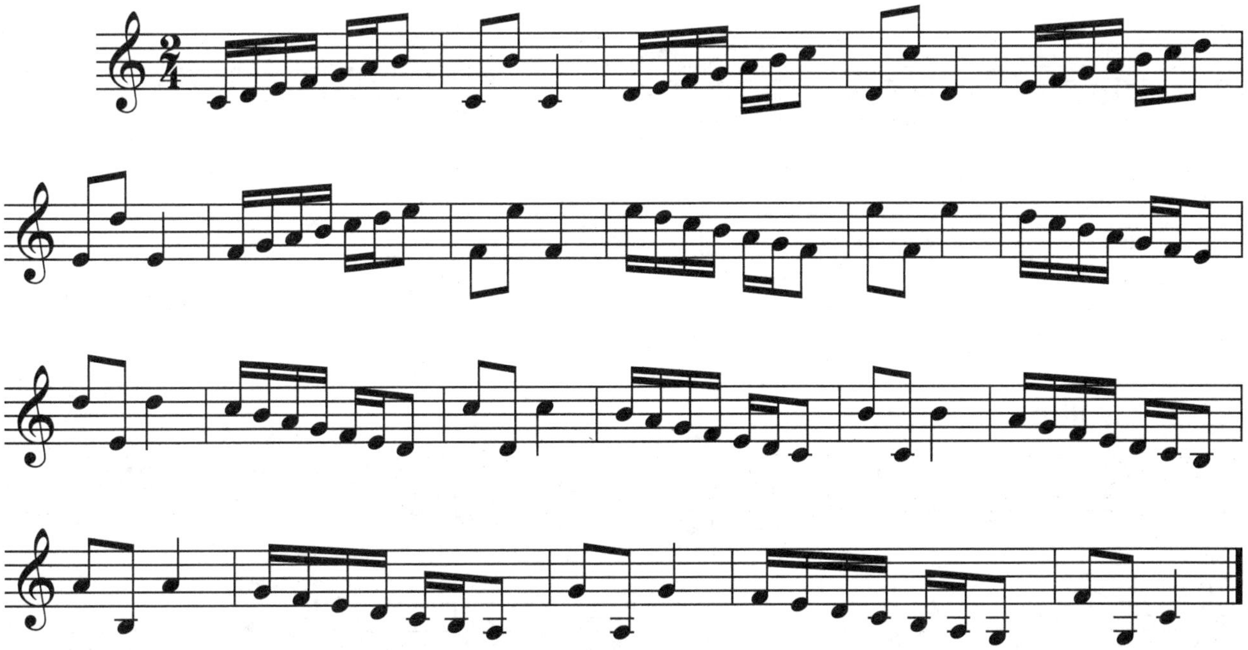

音频

25条

四、视唱练习

1.
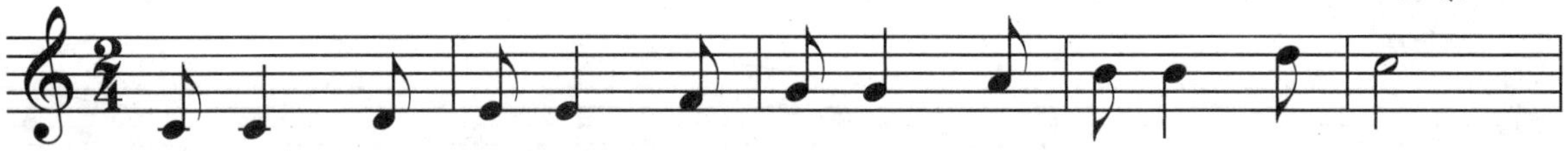
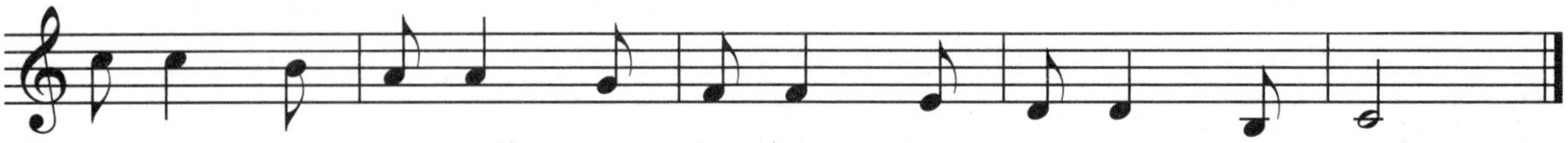

2.
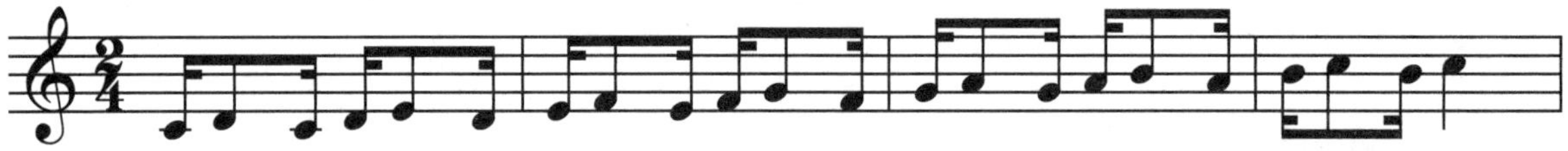
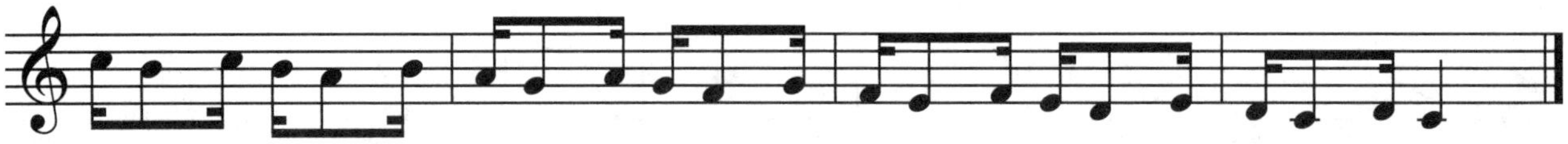

《夏天的雷雨》马革顺曲

中速、愉快地

3.
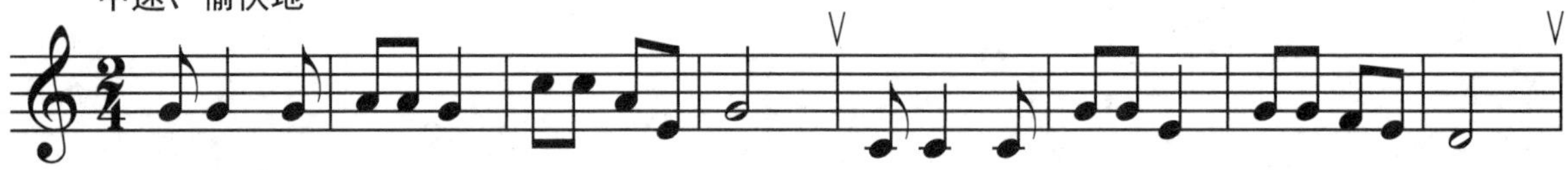
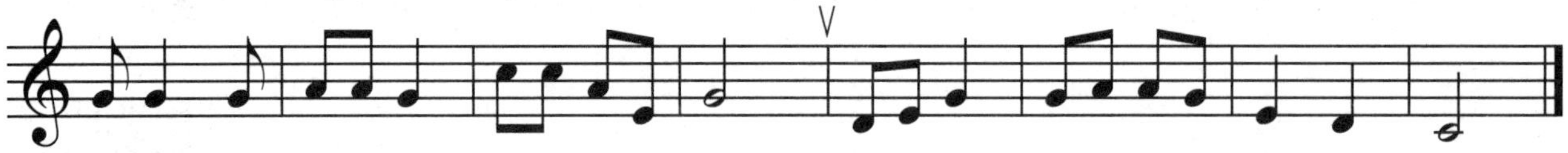

《抱娃娃》佚名曲

中速

4.
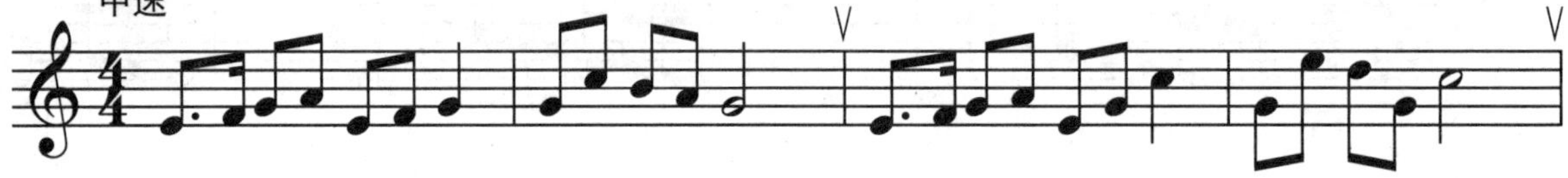
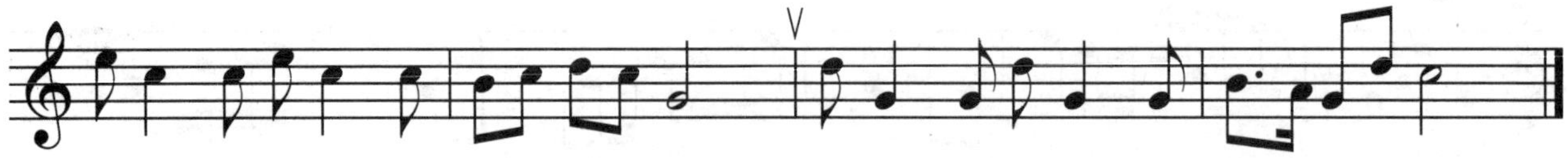

黄自曲

中速

5.
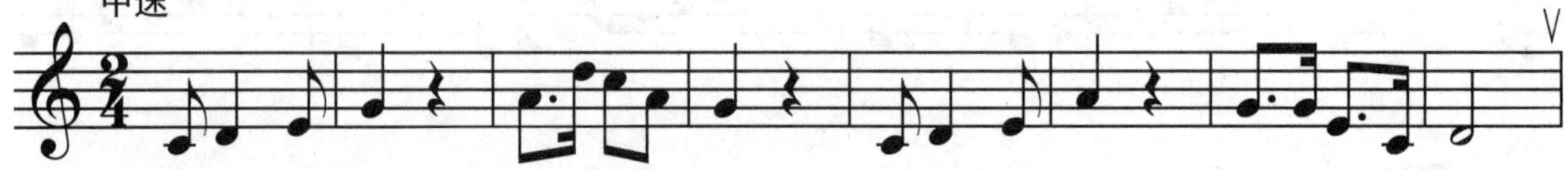
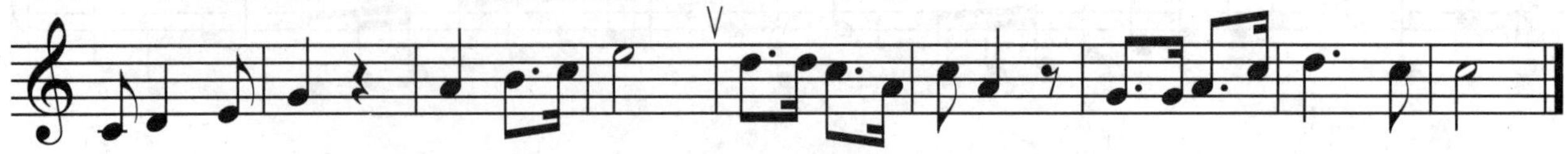

罗道尔夫曲

6.

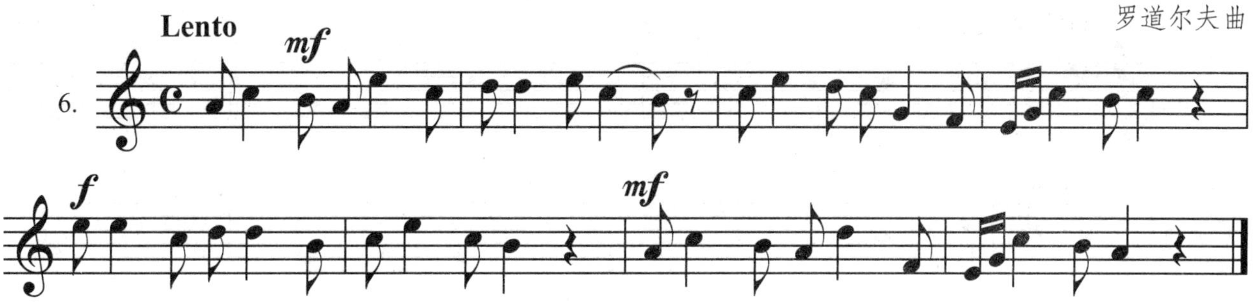

7.

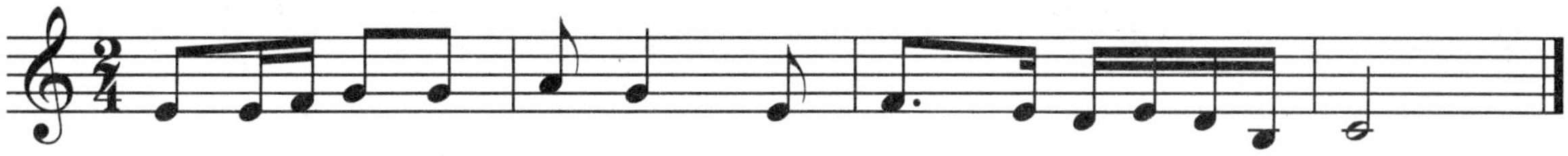

王光耀曲

8.

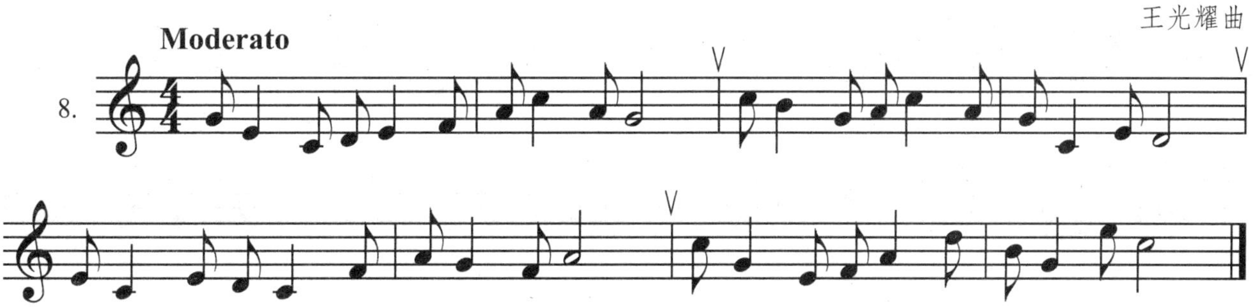

许　梦曲

9.

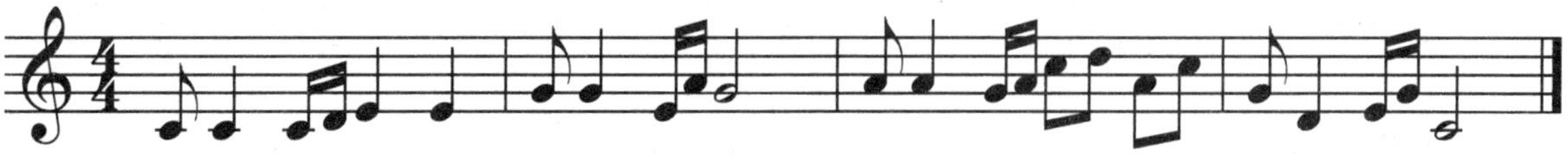

《练习曲》侯孟玲曲

10.

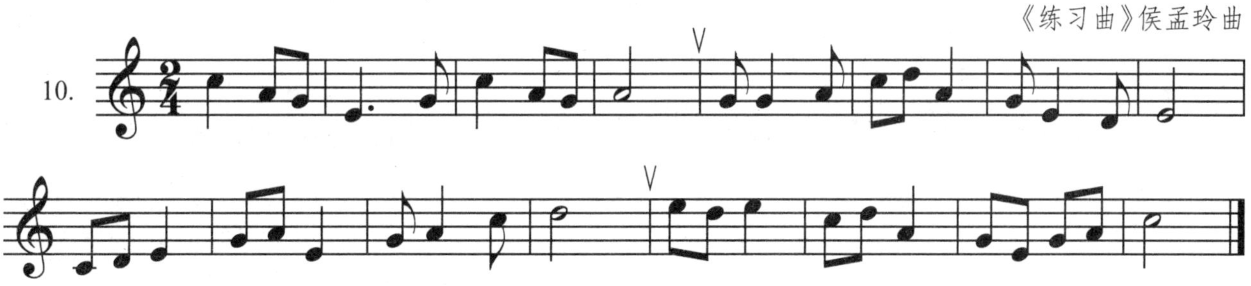

保加利亚民歌

11.

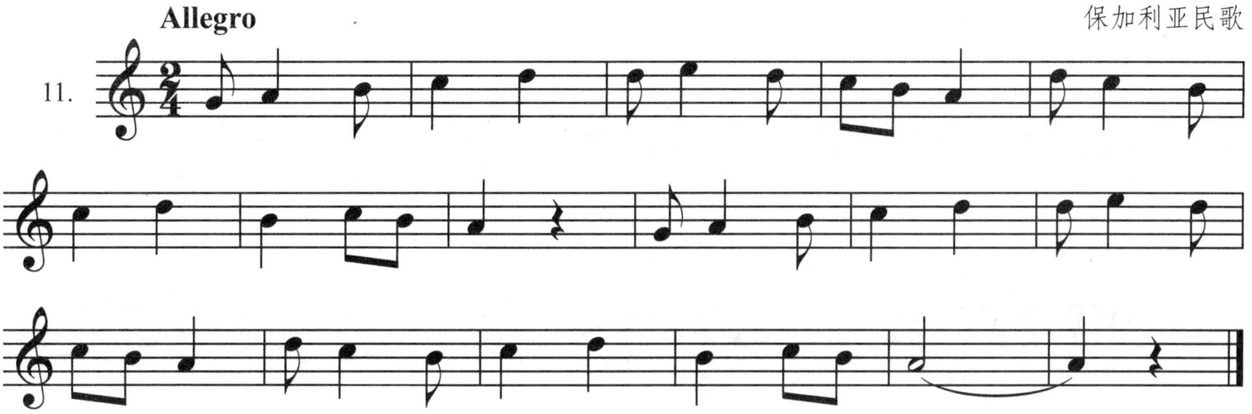

稍快 活泼地

佚名曲

12.

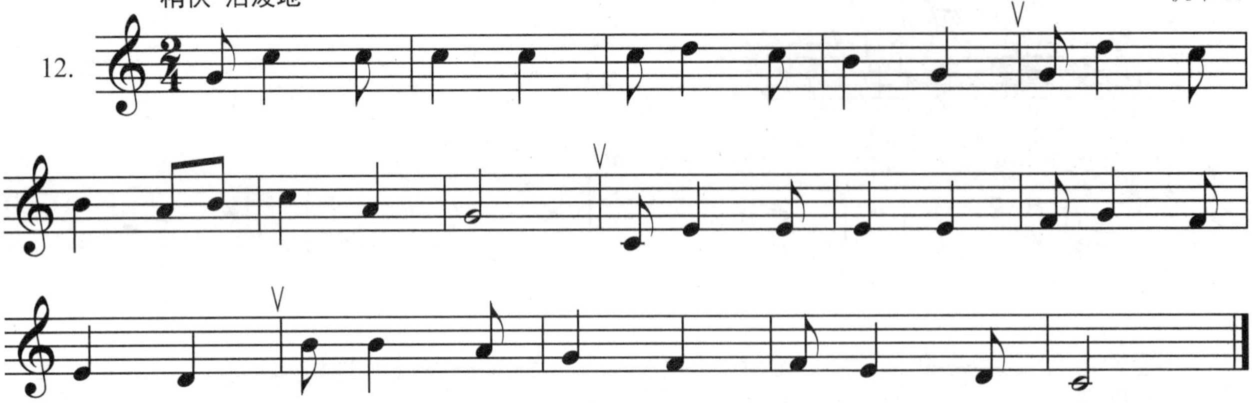

匈牙利民歌

13.

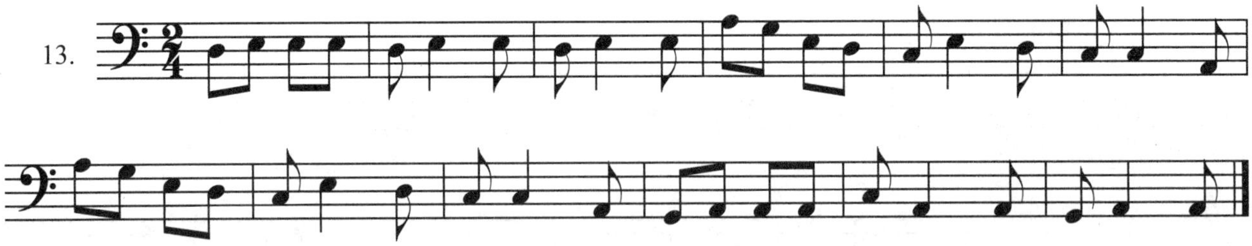

川剧曲调

14.

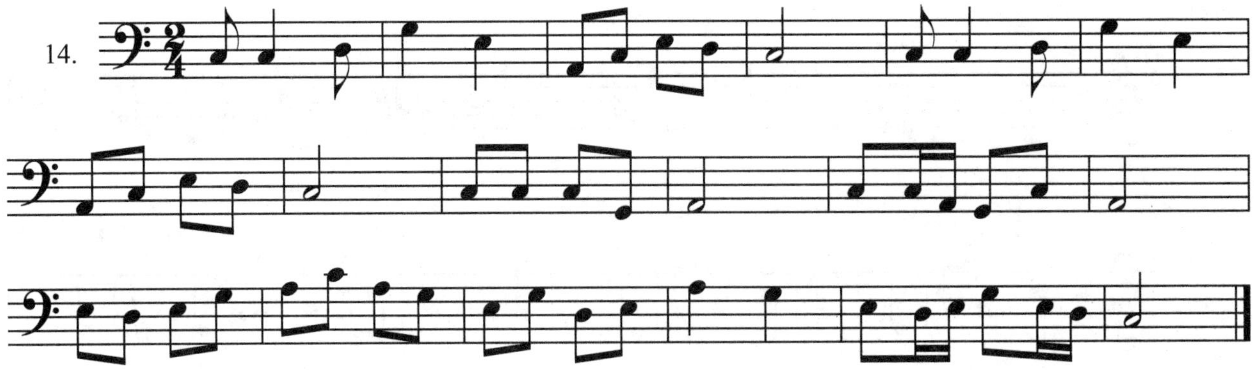

内蒙古民歌《虹彩妹妹》

15.

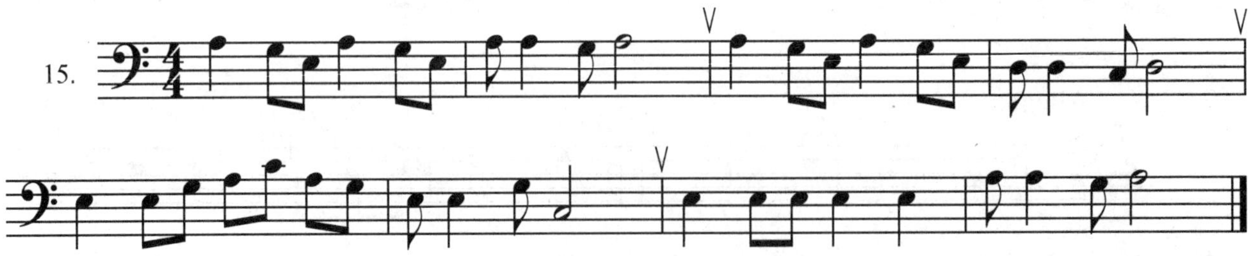

匈牙利民歌

16.

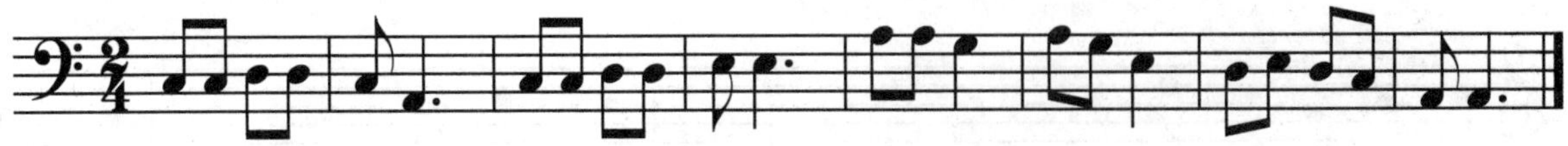

宁夏民歌

17.

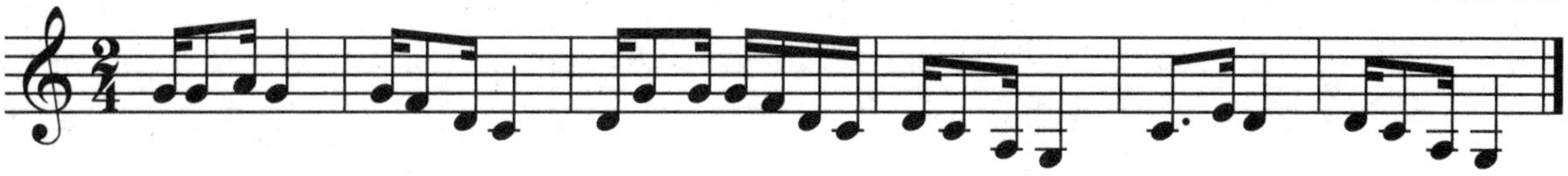

江苏民歌

18.

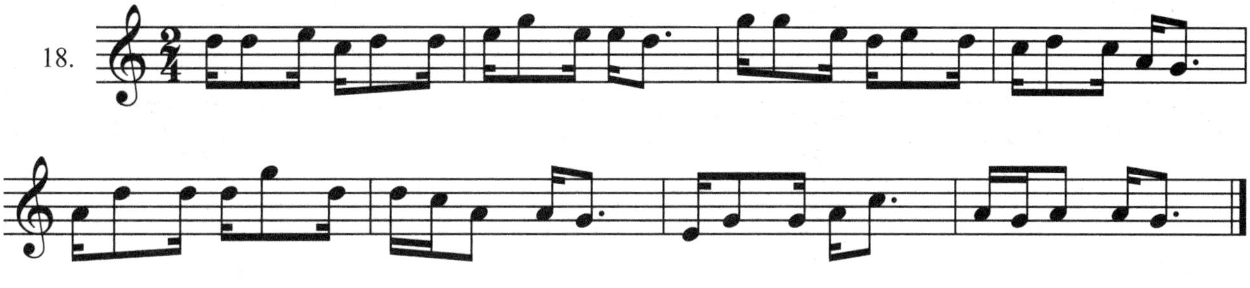

Vivace　　　　捷克斯洛伐克民歌

19.

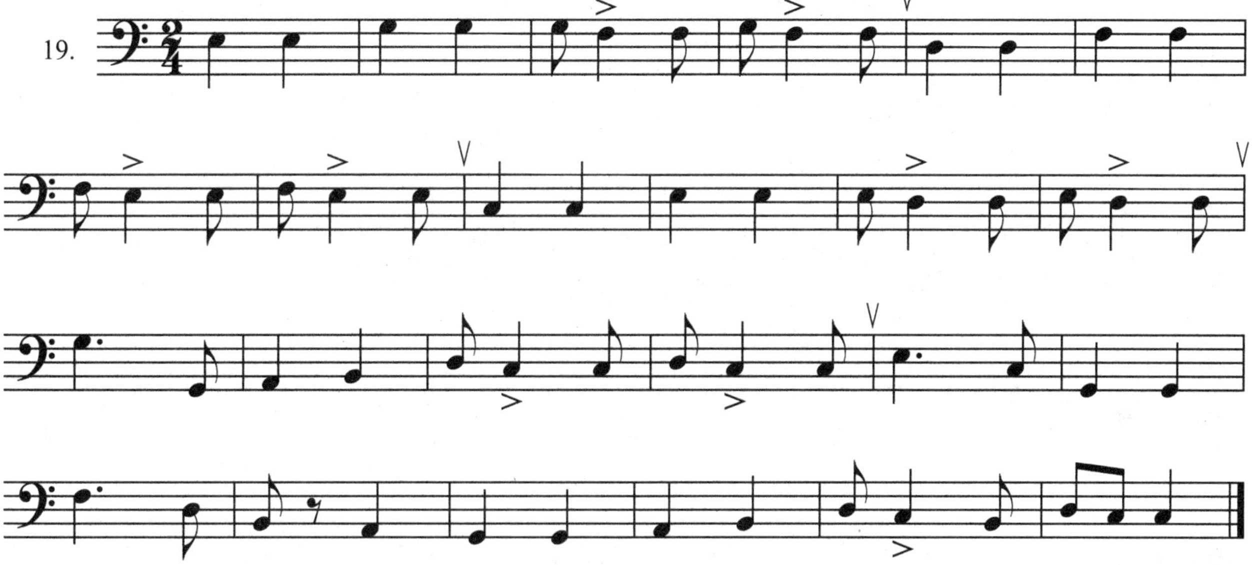

热烈、欢腾地　　　　彭修文、蔡惠泉曲

20.

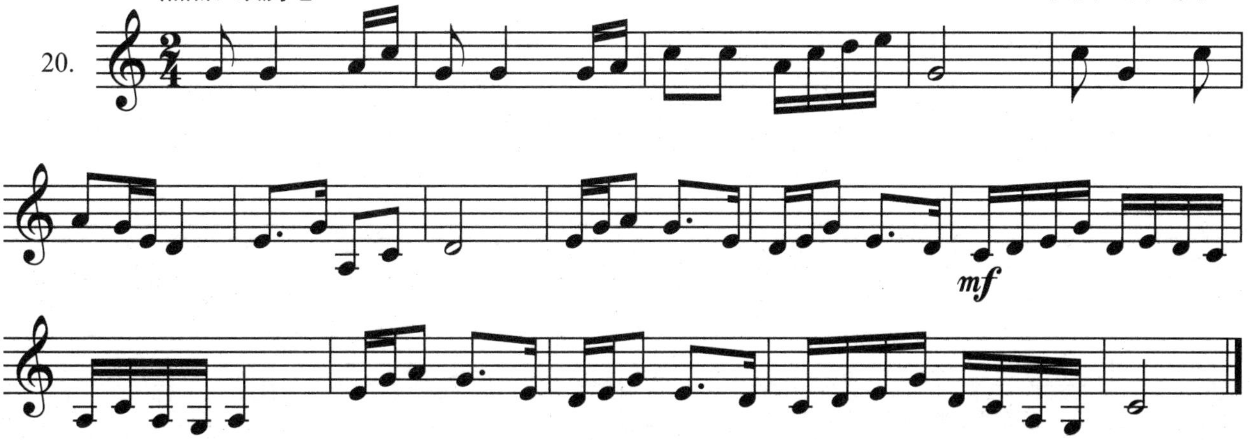

Allegretto 生茂曲

21.

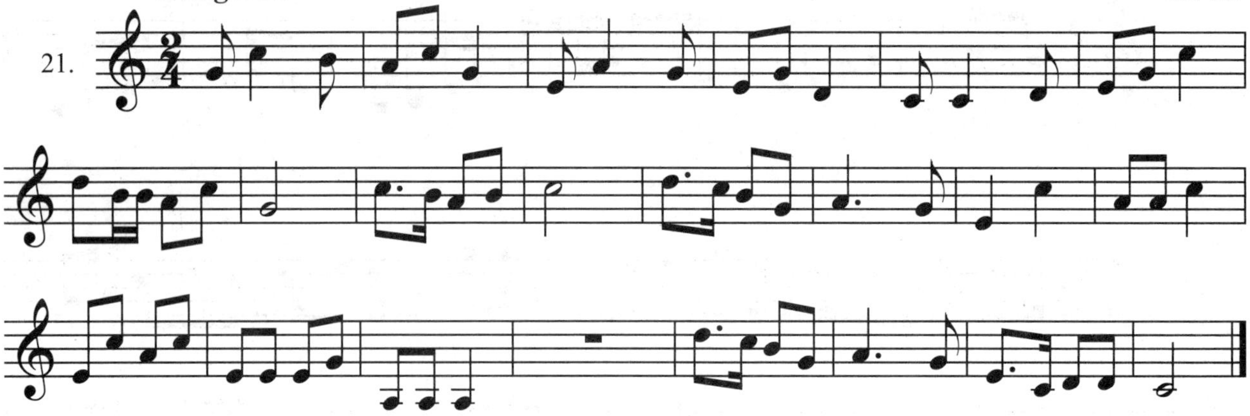

Marcia 《中国人民解放军进行曲》郑律成曲

22.

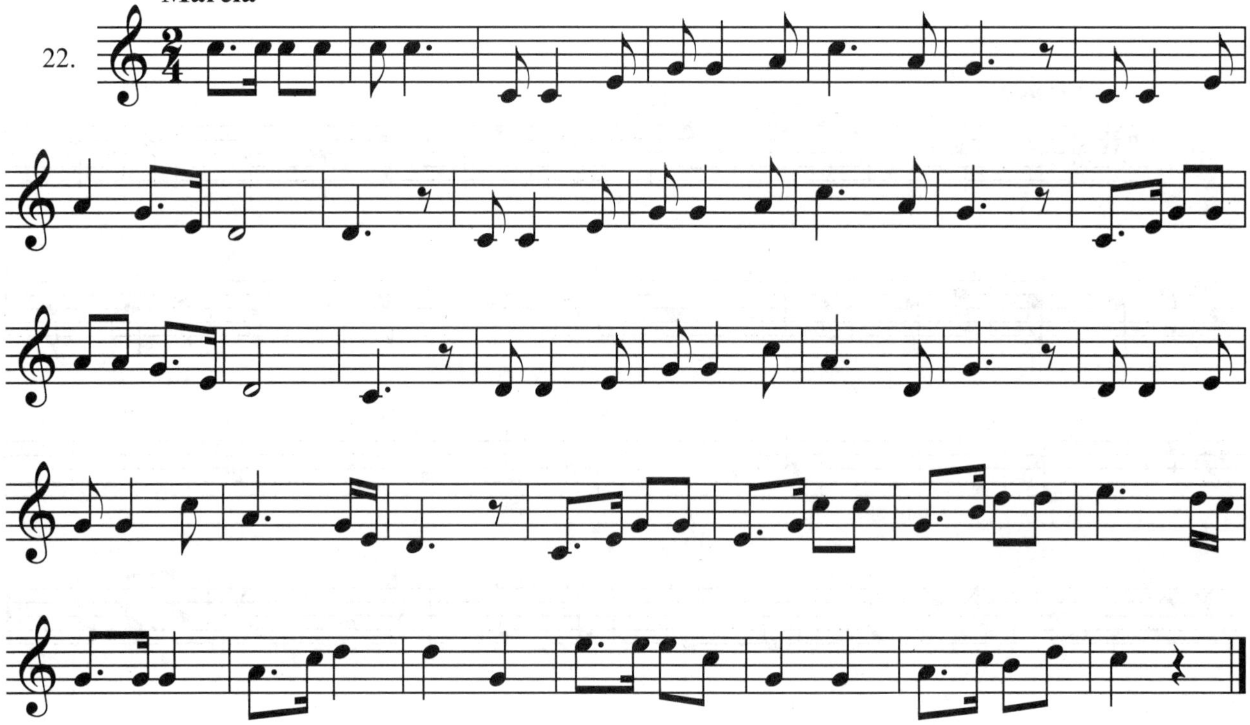

Vivace 斯洛伐克民歌

23.

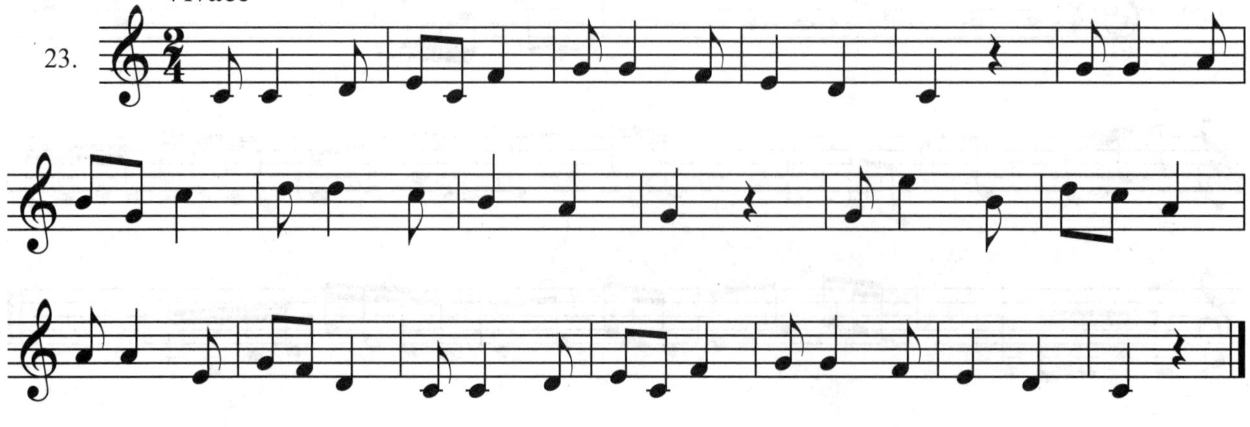

Moderato 亲切、热情、自豪地

吴歌曲

24.

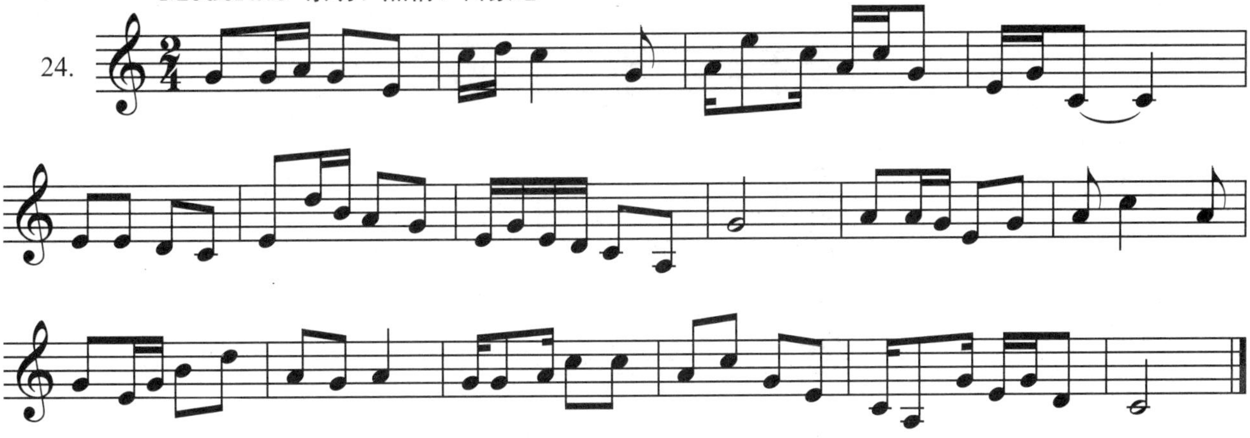

深情地

史掌元曲

25.

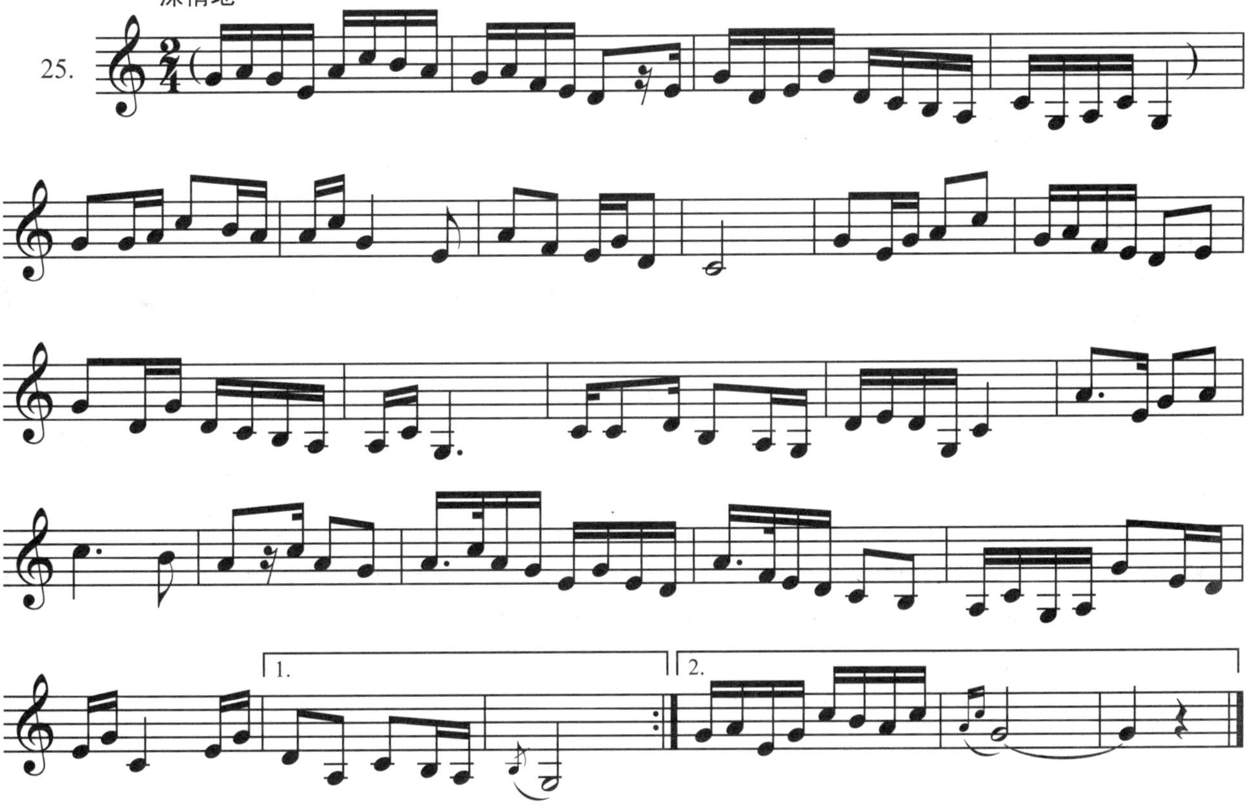

项目六 弱起小节

一、弱起小节

乐曲从弱拍或强拍的弱部分开始，叫作弱起小节，也叫不完全小节。一般乐曲从不完全小节开始，结束于不完全小节。这两个不完全小节内的拍数加起来恰好是一个完整小节的拍数（亦有例外，即乐曲在完全小节结束）。

例 1-4-10

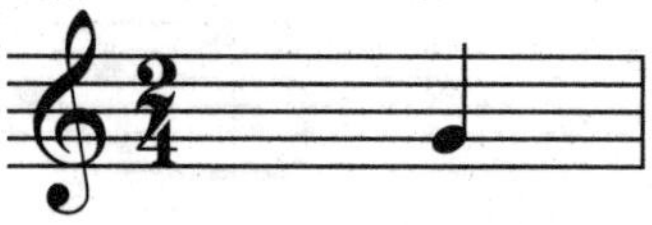

弱拍起

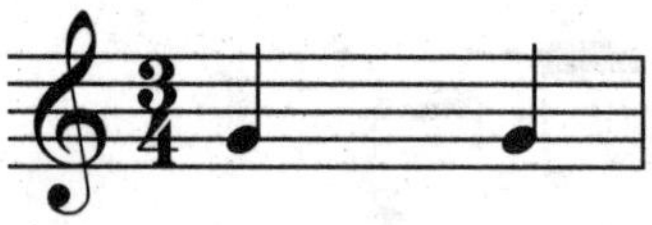

弱拍起

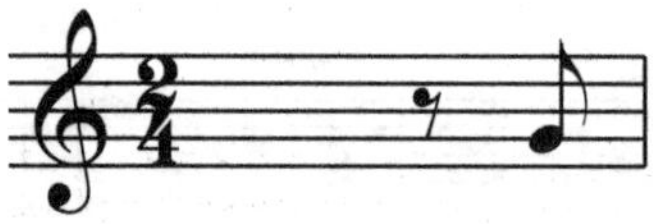

弱拍弱位起

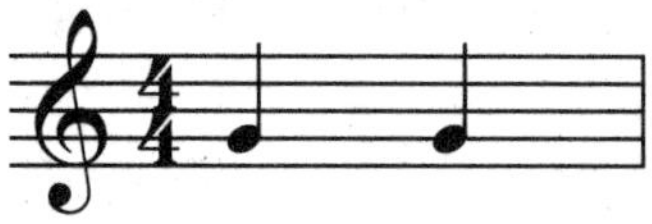

次强拍起

二、节奏练习

(一)歌谣中的节奏

1.

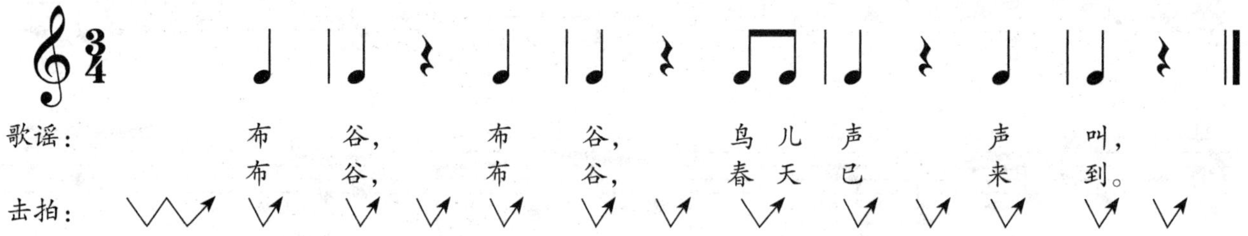

2.

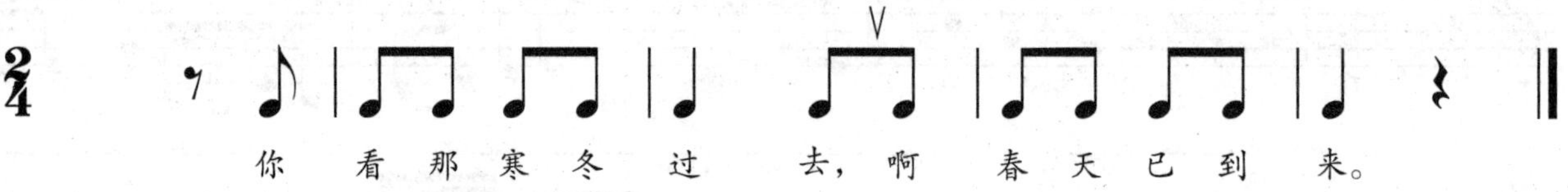

(二)节奏练习

1.

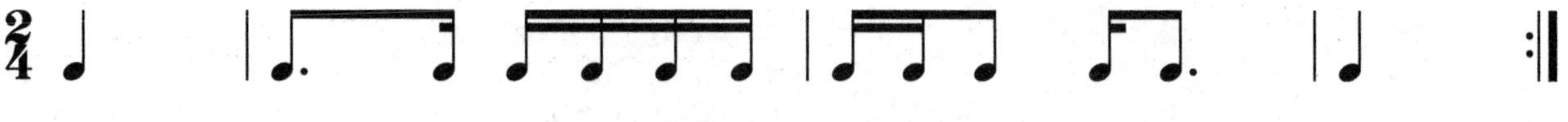

2.

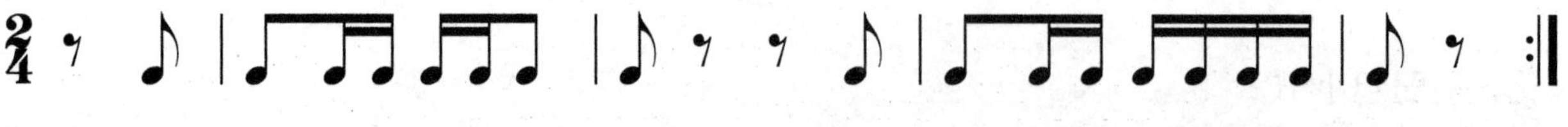

3.

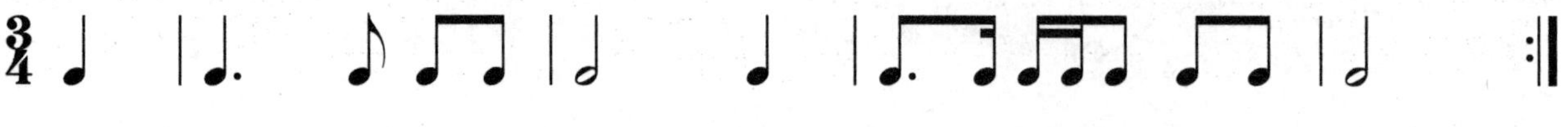

4.

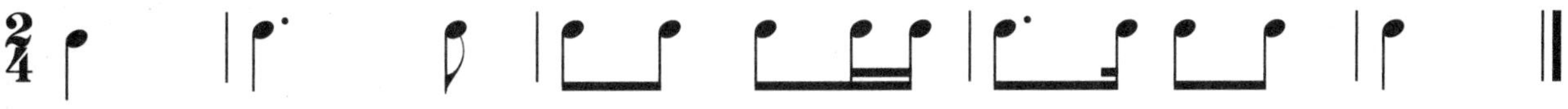

5.

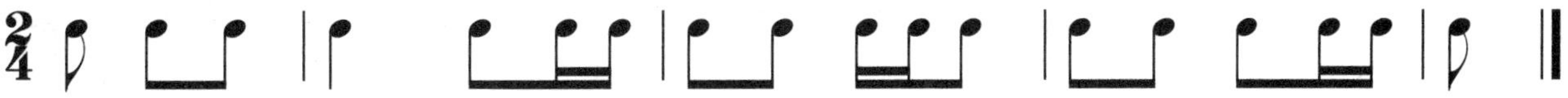

6.

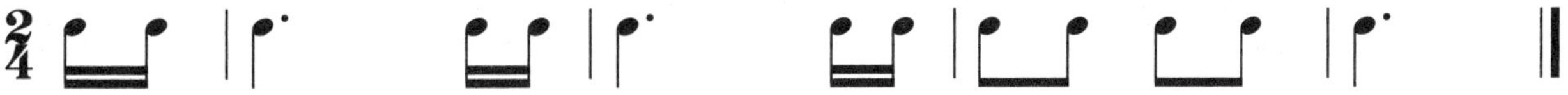

7.

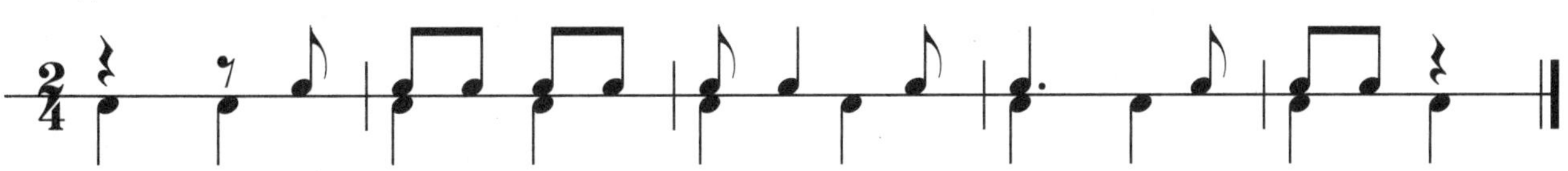

8.

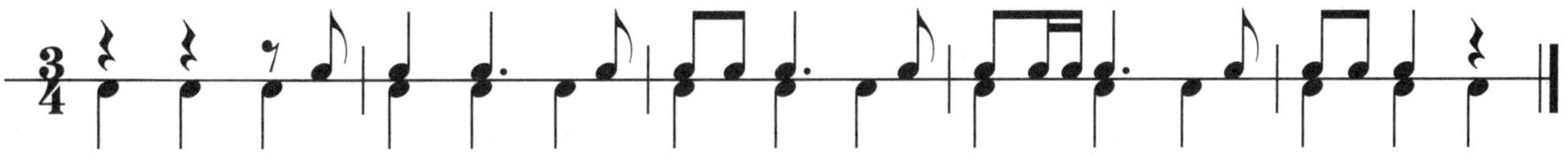

（三）节奏创编

练习要求：根据所学节奏型，自行创编节奏。

三、七度音程强化训练

音频

2条

1.

荆晶编曲

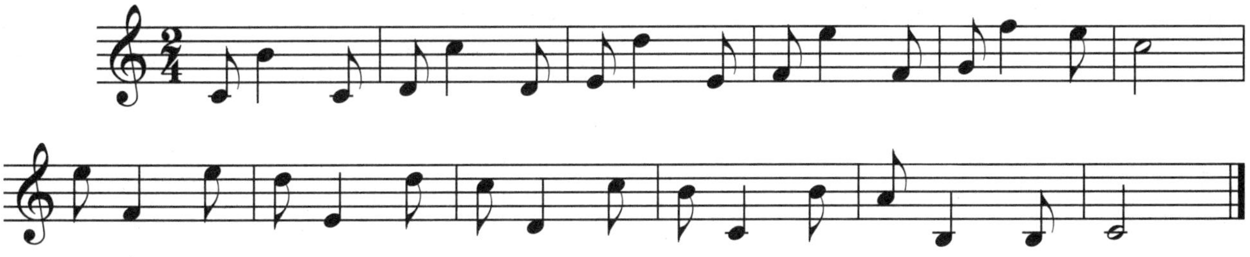

2.

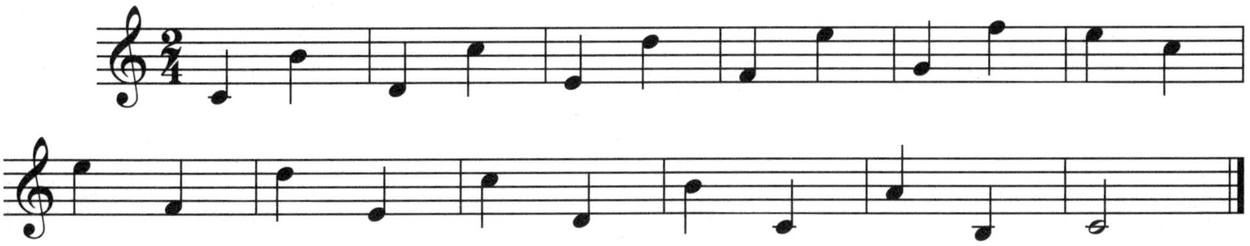

音频

18条

四、视唱练习

1.
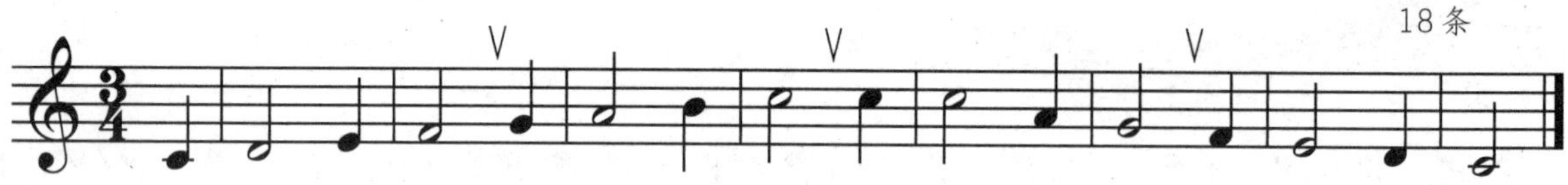

2.
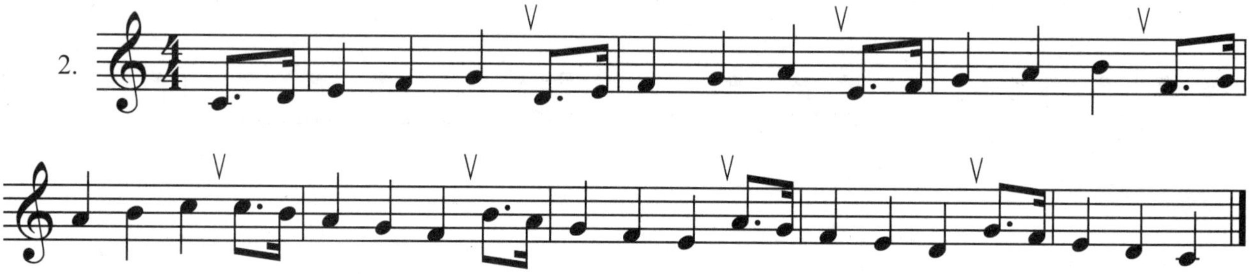

3.
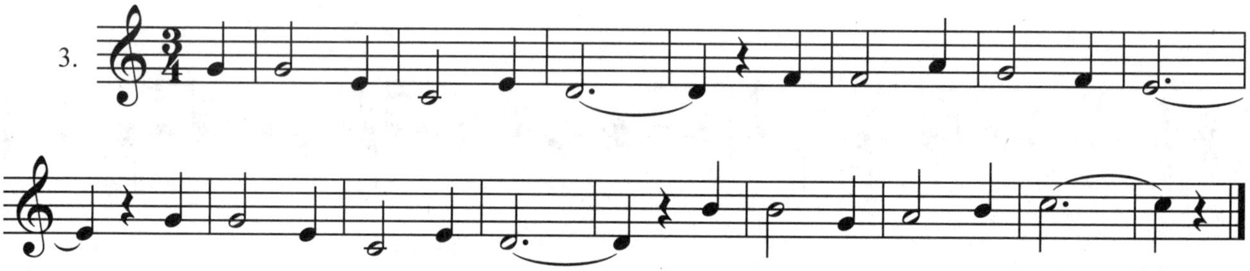

稍快　　　　阿根廷民歌

4.
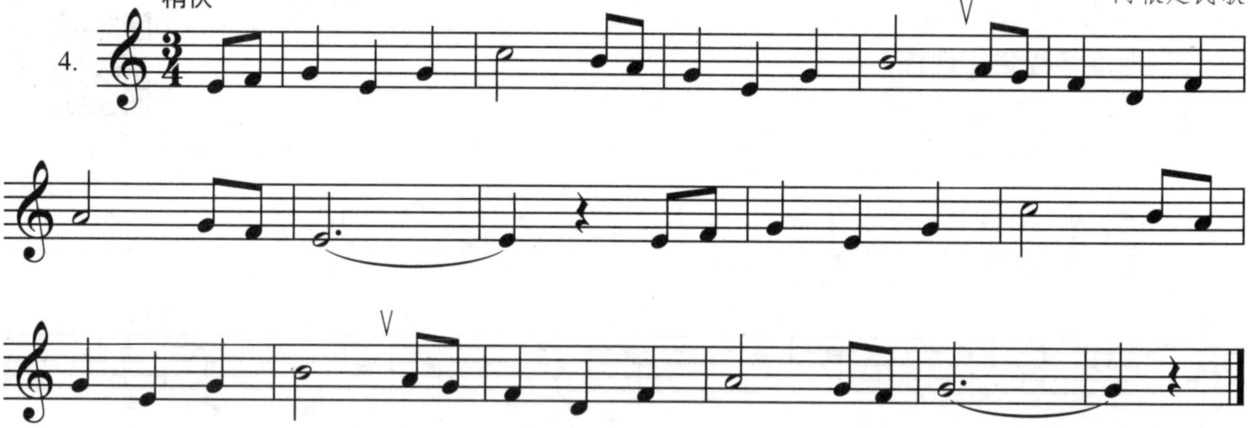

中速　　　　印尼民歌《鹦鹉》

5.
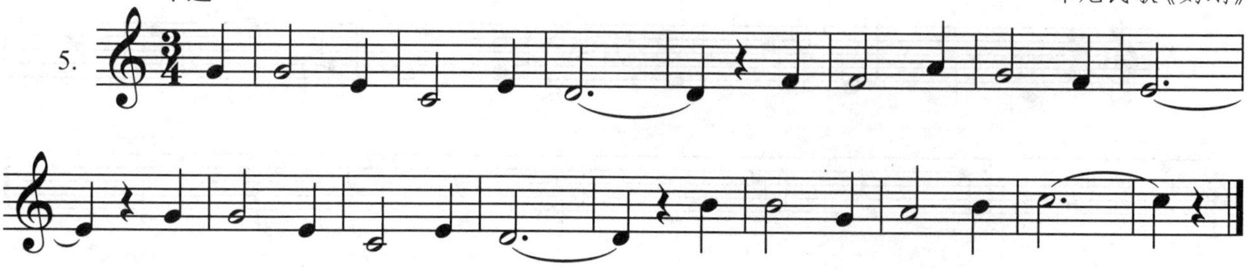

加拿大民歌《红河谷》

中速

6.

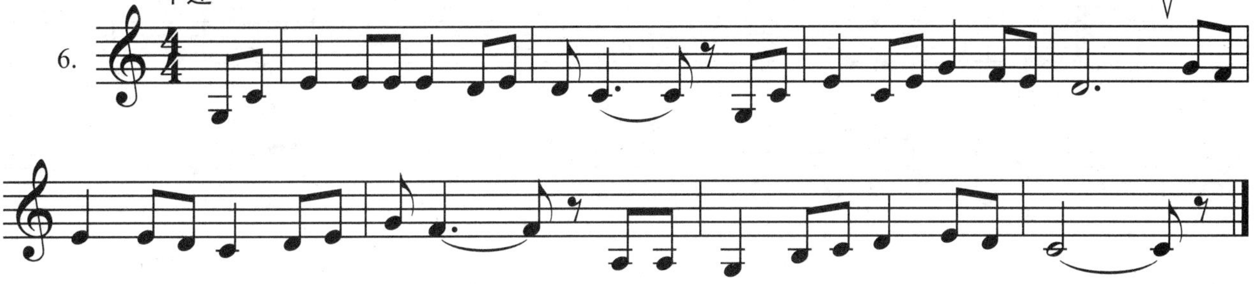

《让我们荡起双桨》刘炽曲

稍快 优美热情

7.

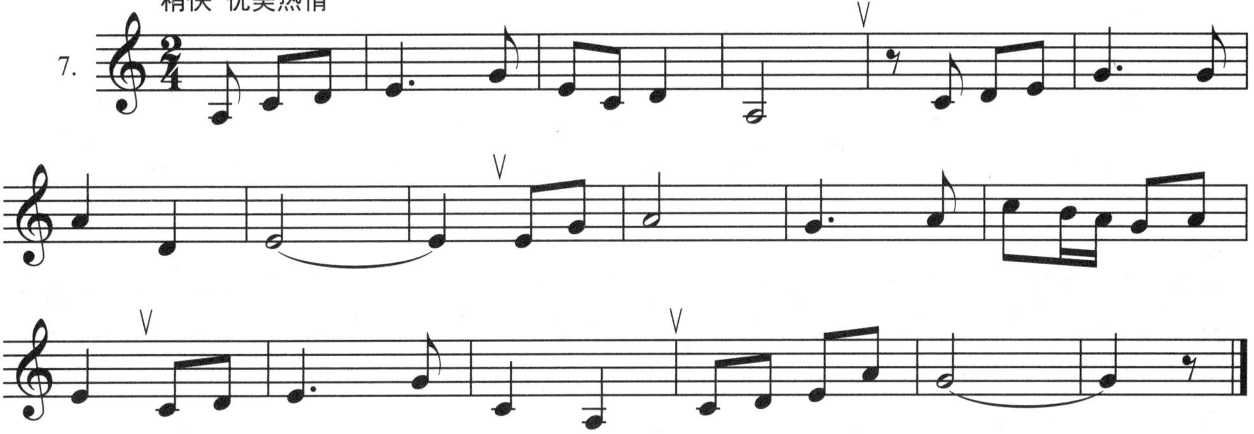

新疆民歌《在银色月光下》

稍慢

8.

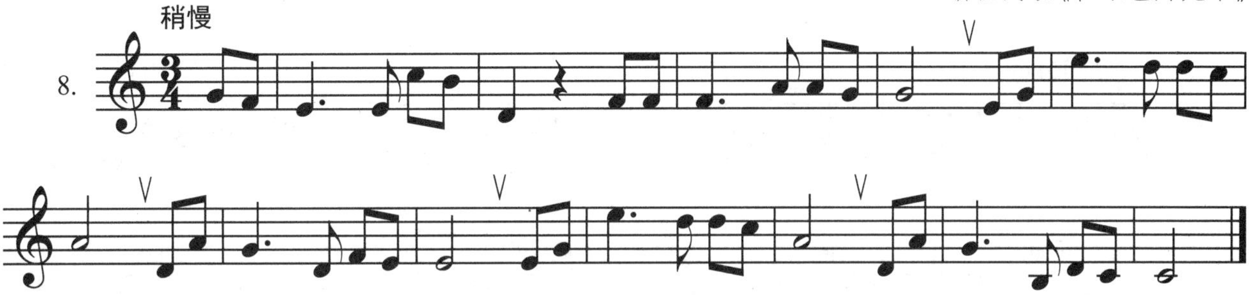

莫扎特曲

稍快

9.

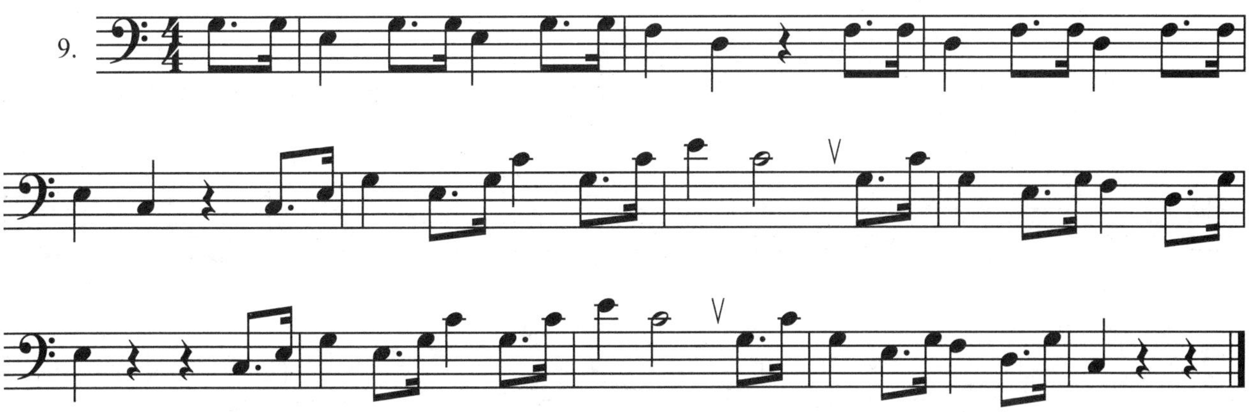

Andantino　　　　勃拉姆斯曲

10.

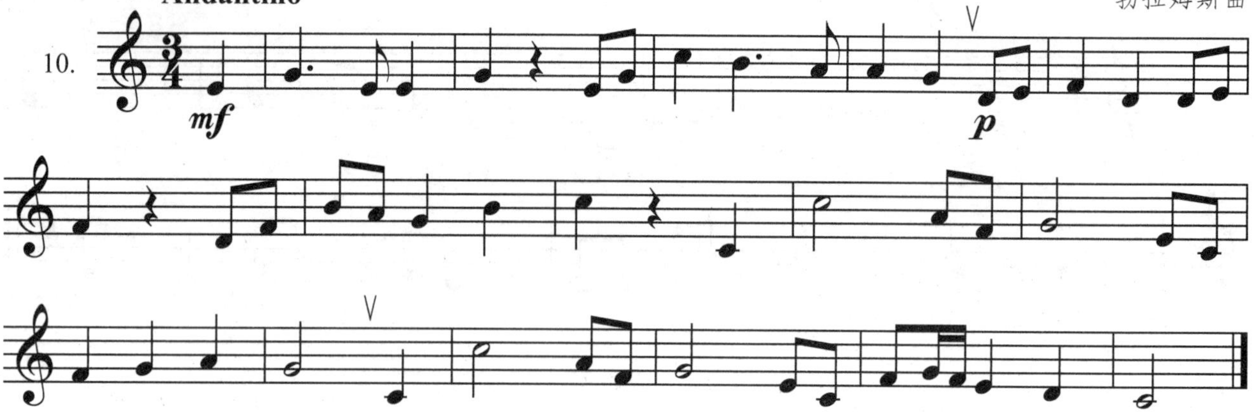

中速 生动活泼　　　　俄罗斯民歌《狗熊为啥要冬眠》

11.

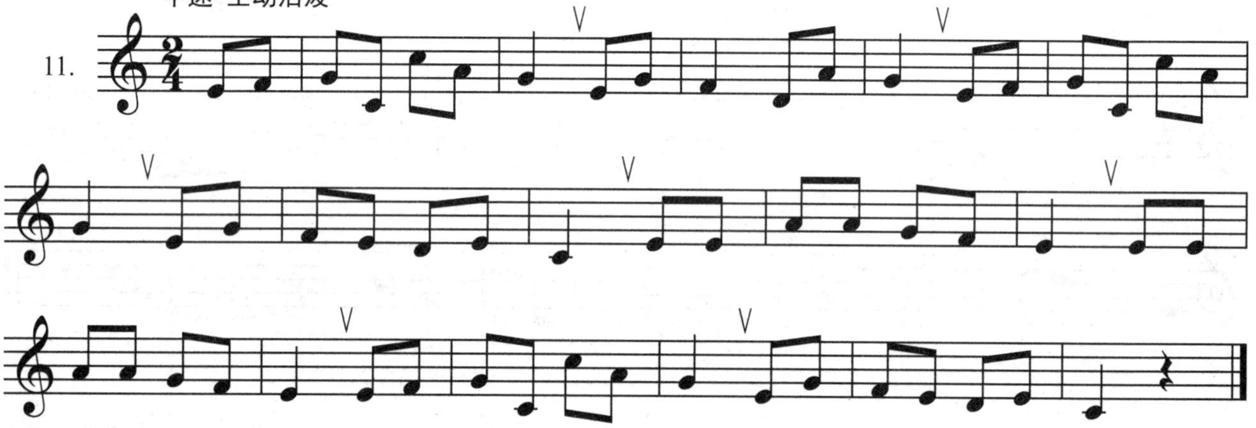

Marcia　　　　冈田和夫曲

12.

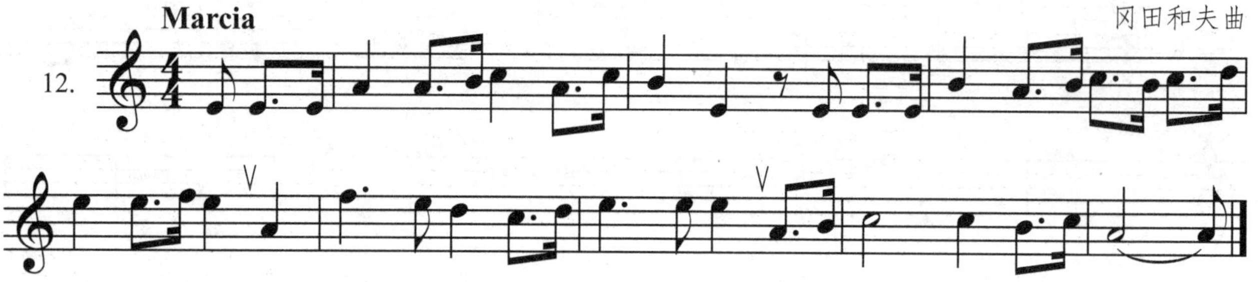

Moderato　　　　加拿大民歌

13.

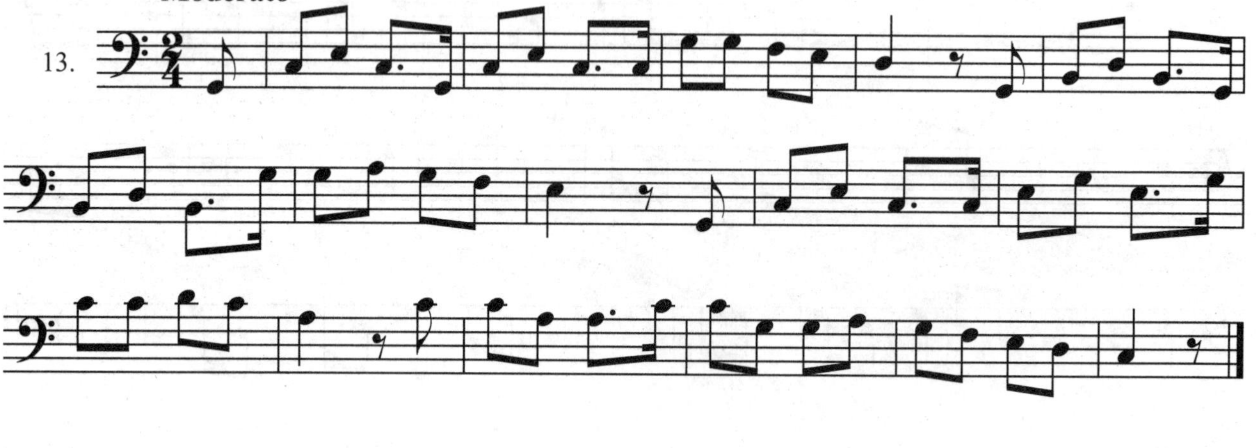

德国民歌

Moderato

14.

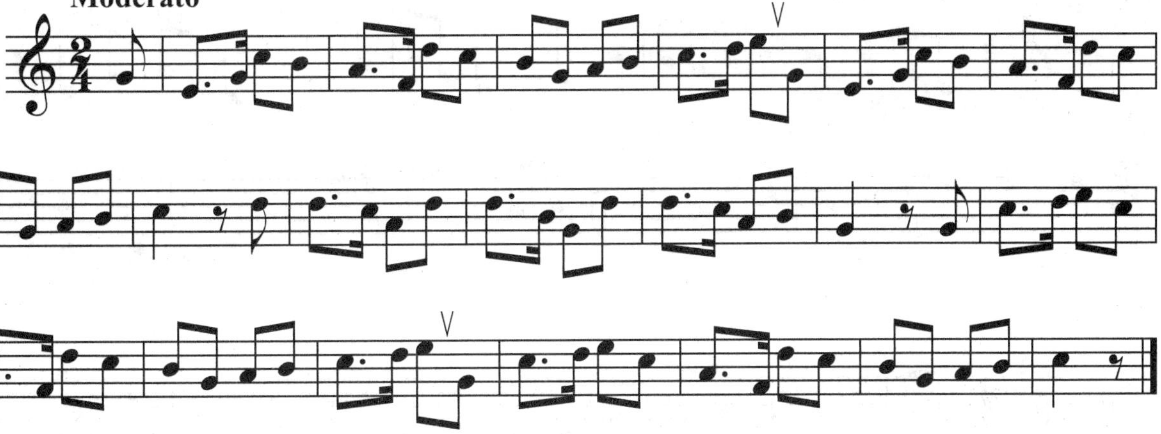

丹德·波克拉斯曲

Tempo di marcia

15.

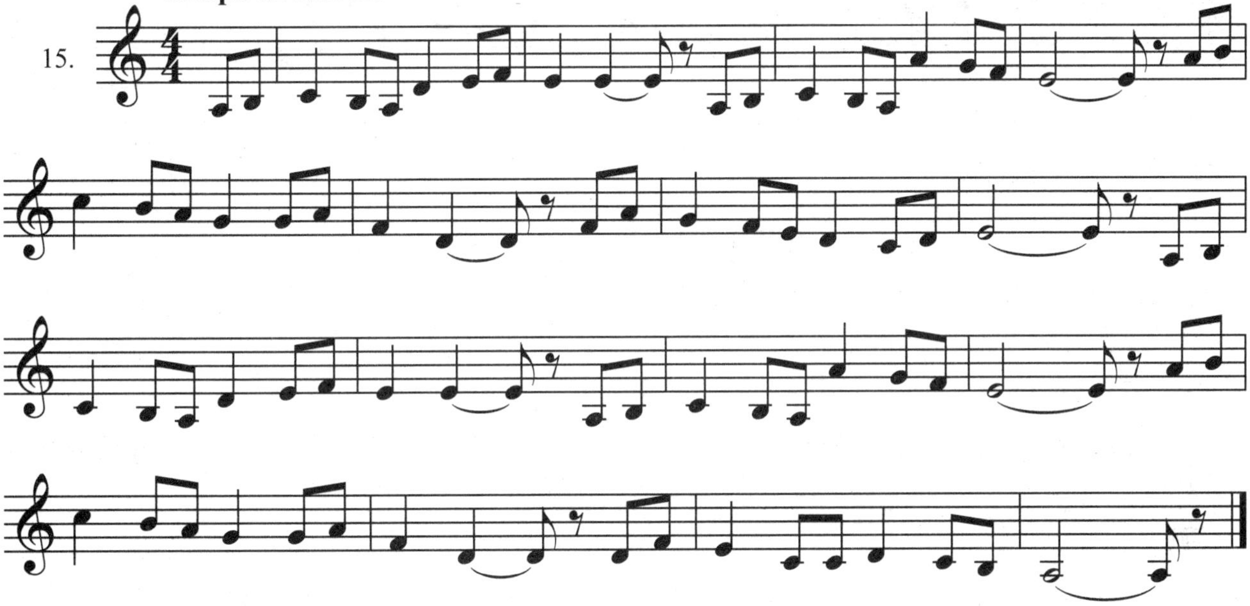

Andante

16.

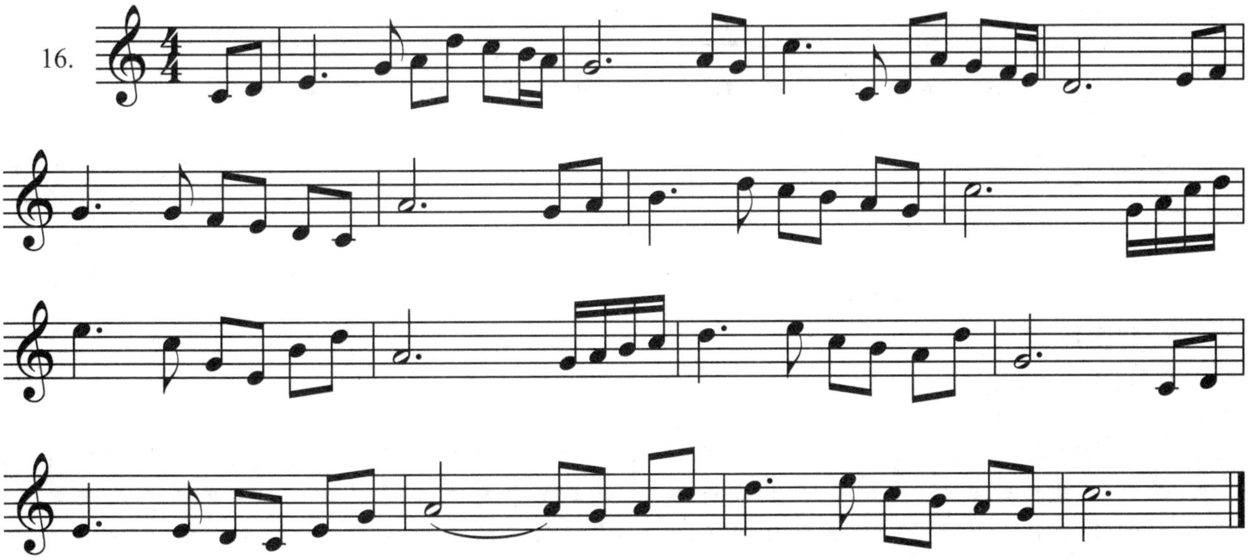

Allegro moderato　　印尼民歌

17.

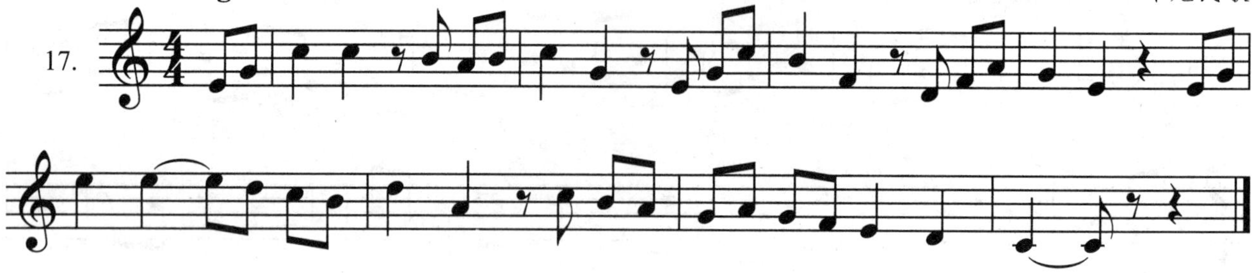

俞成功曲

18.

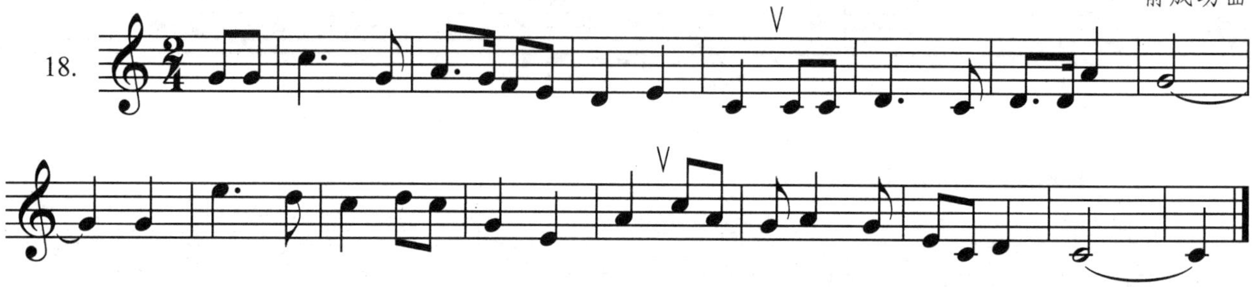

项目七　三　连　音

一、三连音

三连音是音符时值的一种特殊划分形式，是将音符自由均分为三部分来代替基本划分的两部分，用数字“3”表示。

例 1-4-11

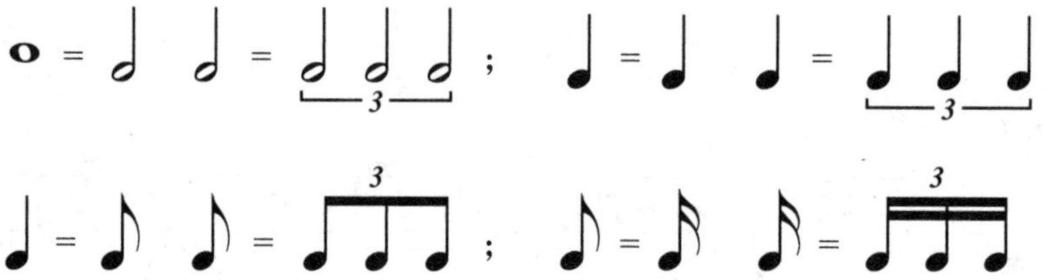

在练习三连音时，一拍中的三个音要均匀唱出，并要有三个音一组的韵律。注意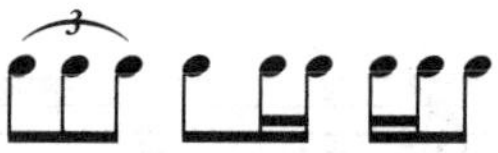
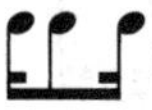的时值比例。

二、节奏练习

（一）歌谣中的节奏

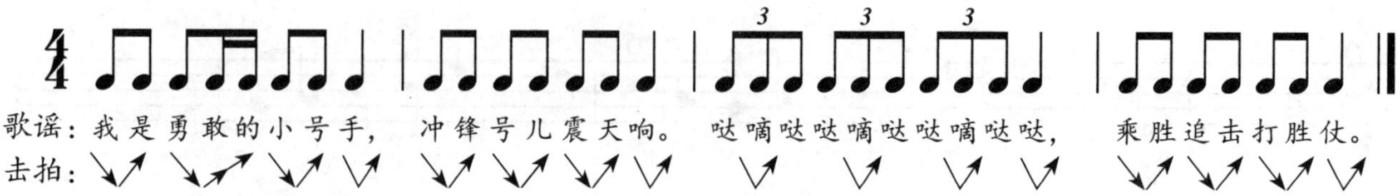

（二）节奏练习

1.

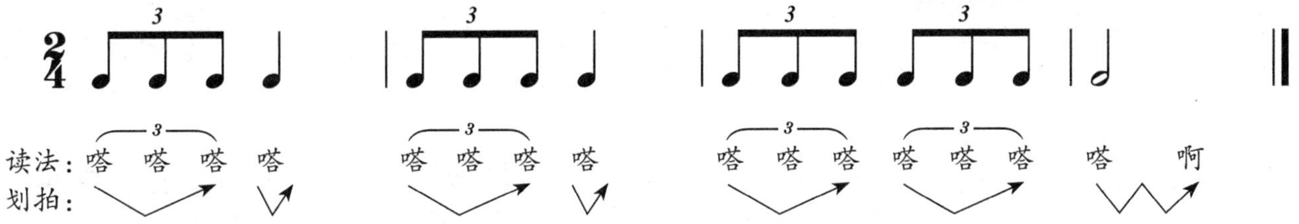

2.

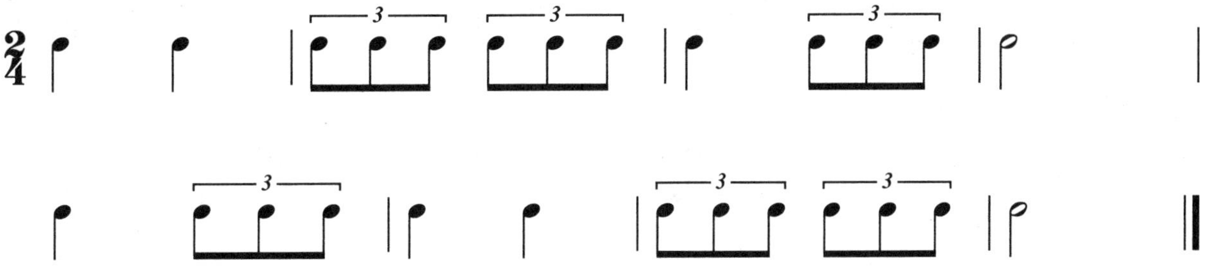

3.

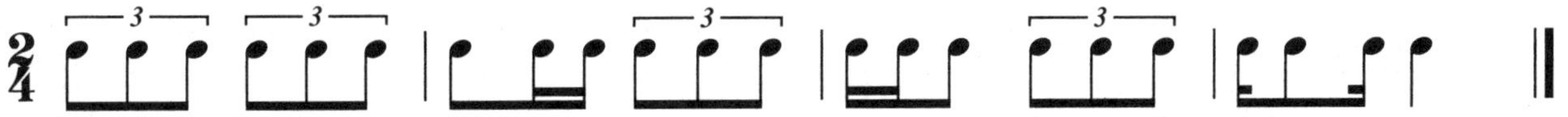

（三）节奏创编

练习要求：根据所学节奏型，自行创编节奏。

三、八度音程

（一）纯八度

纯八度可以看作是纯四度与纯五度的叠加。

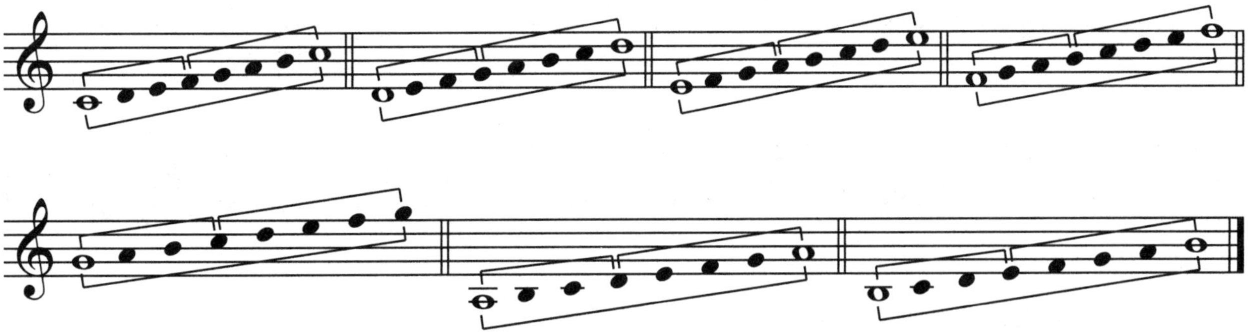

（二）八度音程构唱

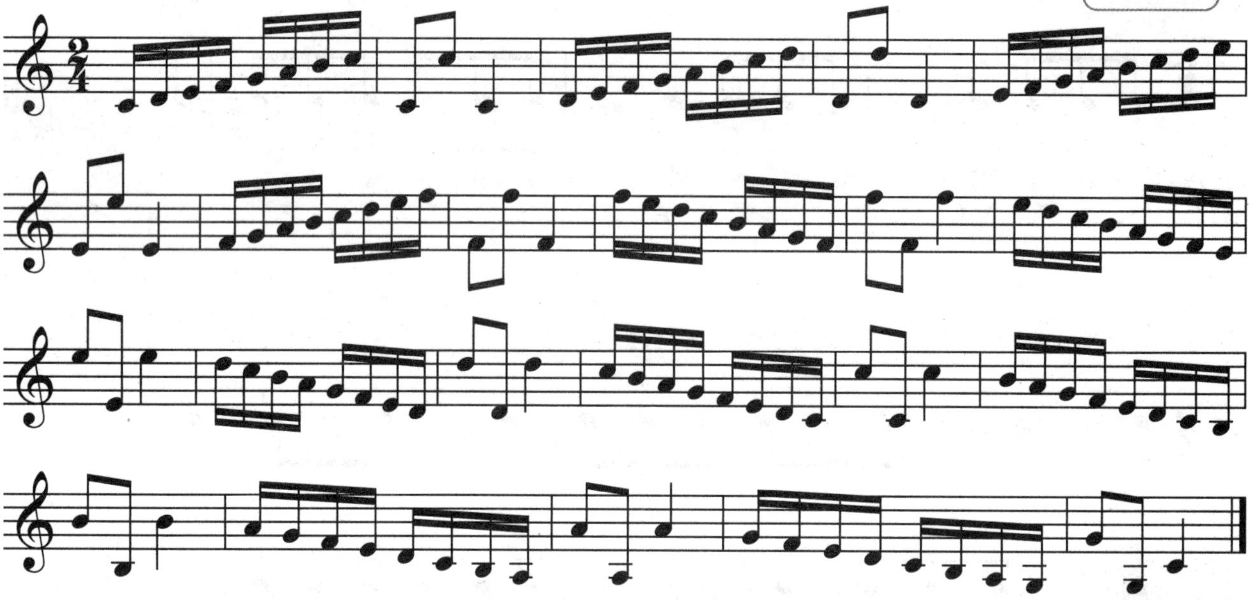

音频

四、视唱练习

音频

14条

1.

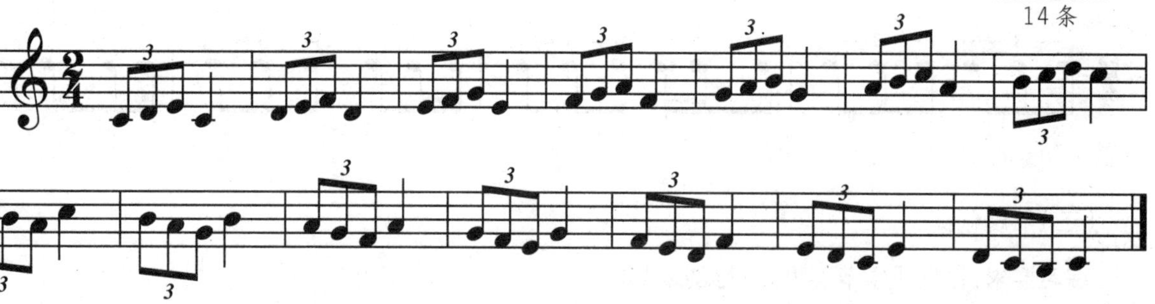

2.

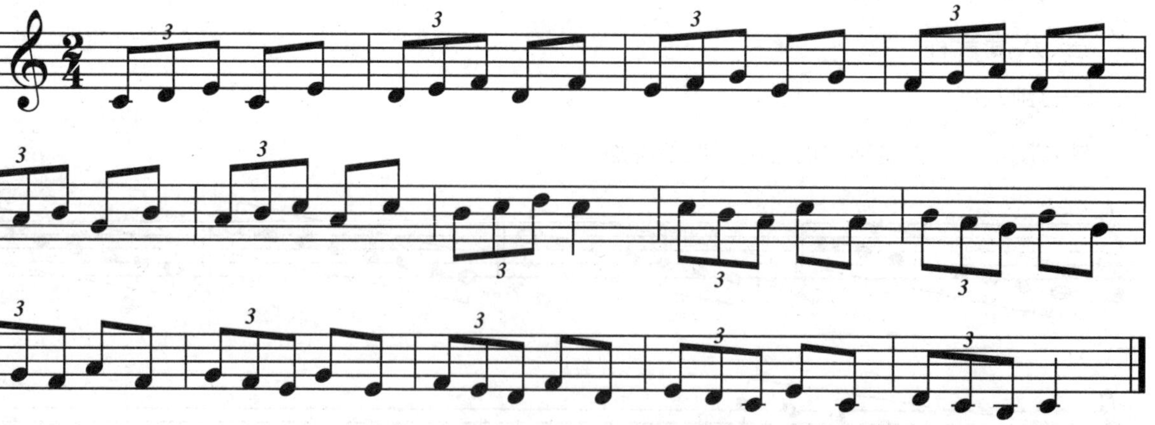

《中华人民共和国国歌》田汉词　聂耳曲

进行曲速度　庄严地

3.

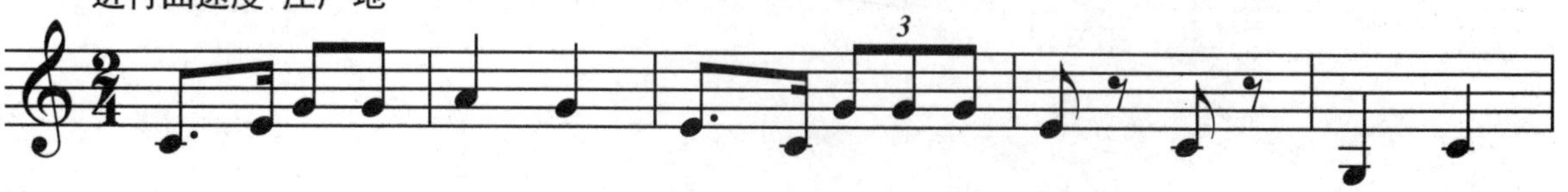

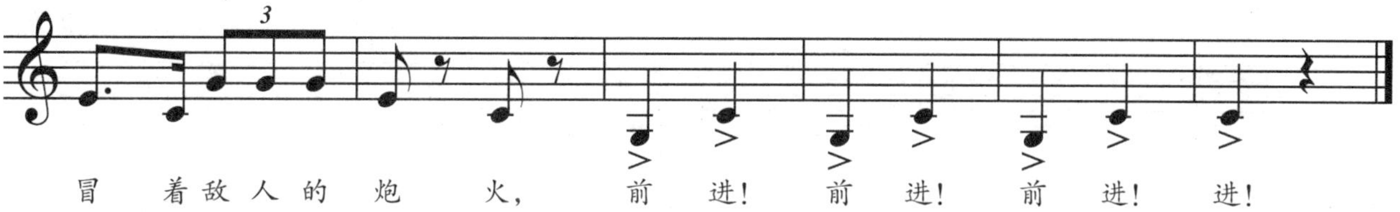

美国歌曲《划小船》

4.

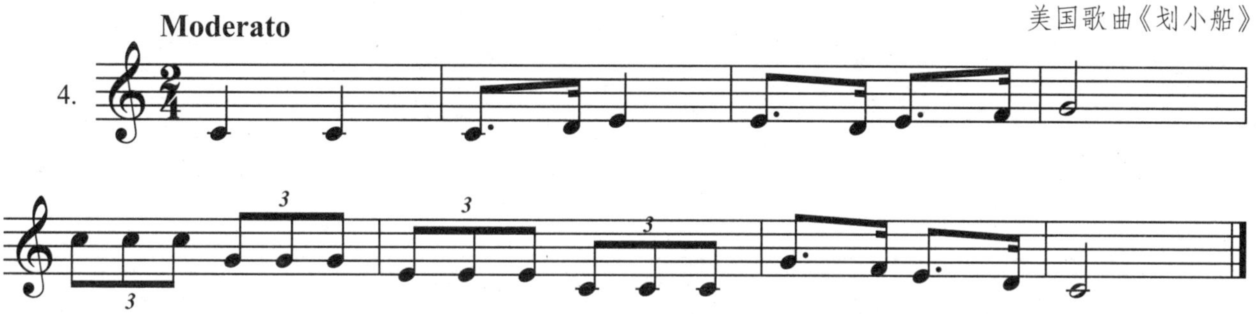

《上课铃声嘀铃铃》

5.

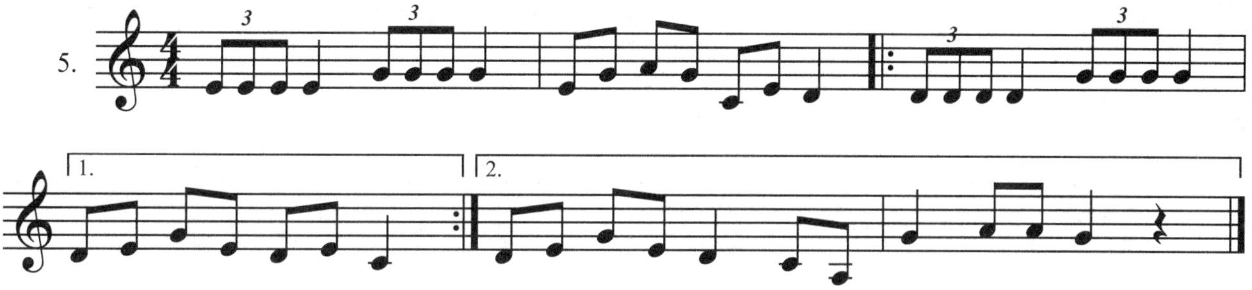

《小军号》

6.

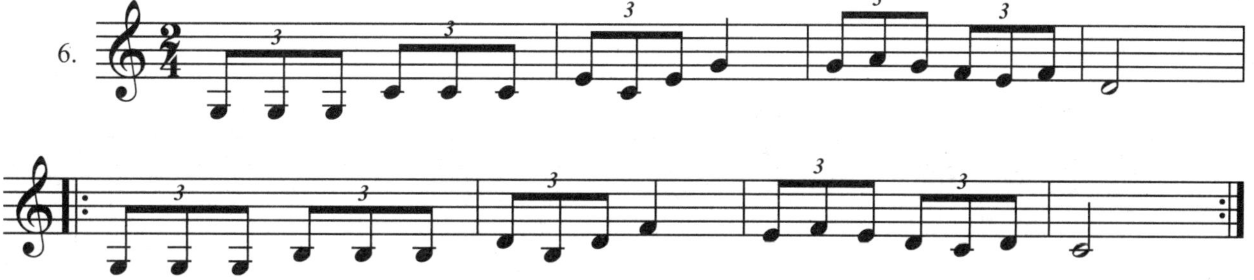

《阿依达》威尔第曲

7.

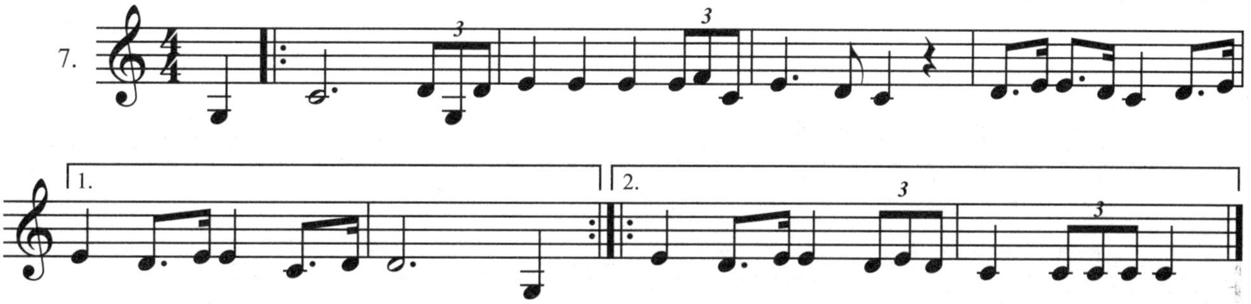

瑞士民歌《卖花》

8.

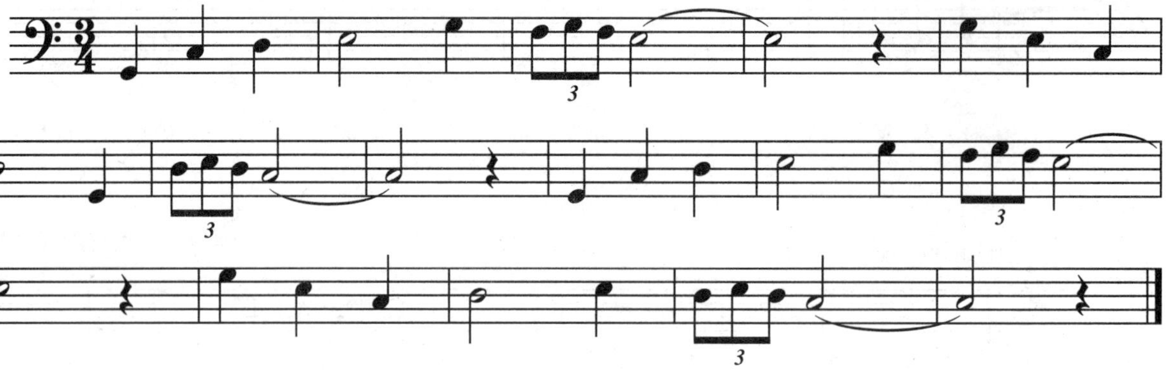

选自上海音乐学院《视唱教材》

9.

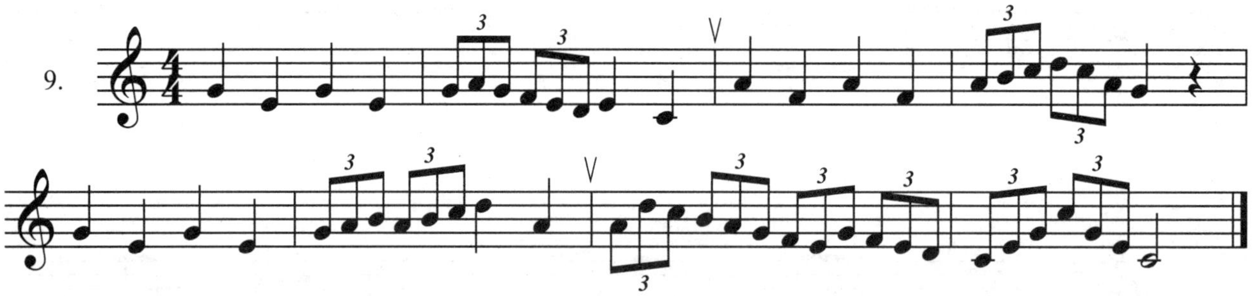

《白毛女》马可、张鲁曲

10.

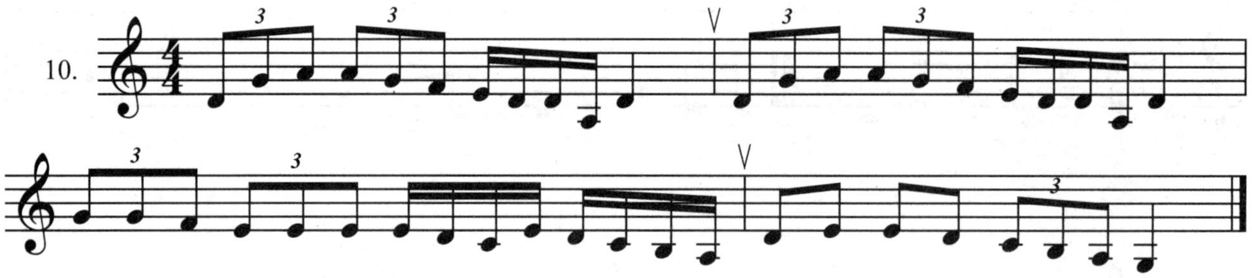

《在水一方》林家庆曲

11.

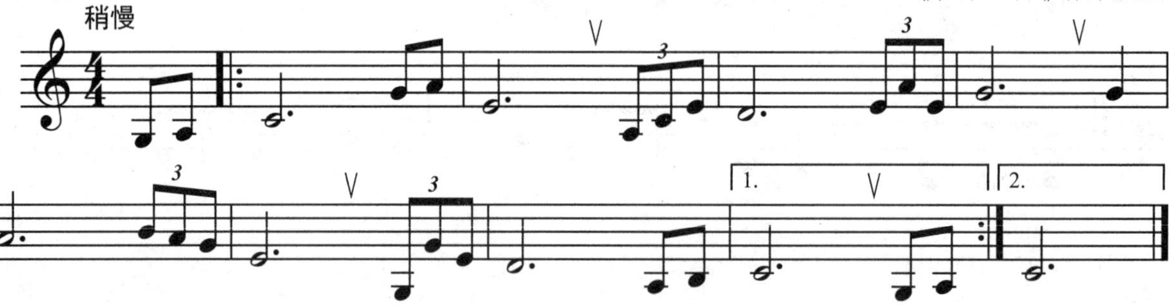

苏北民歌

12.

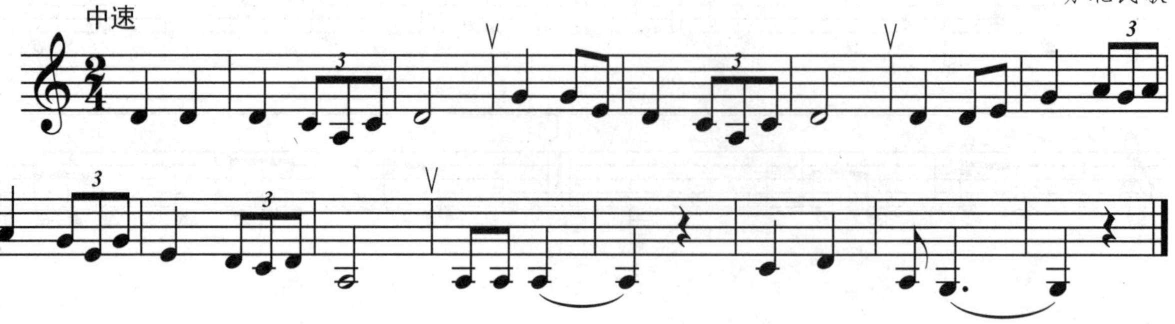

鲁道夫曲

13.

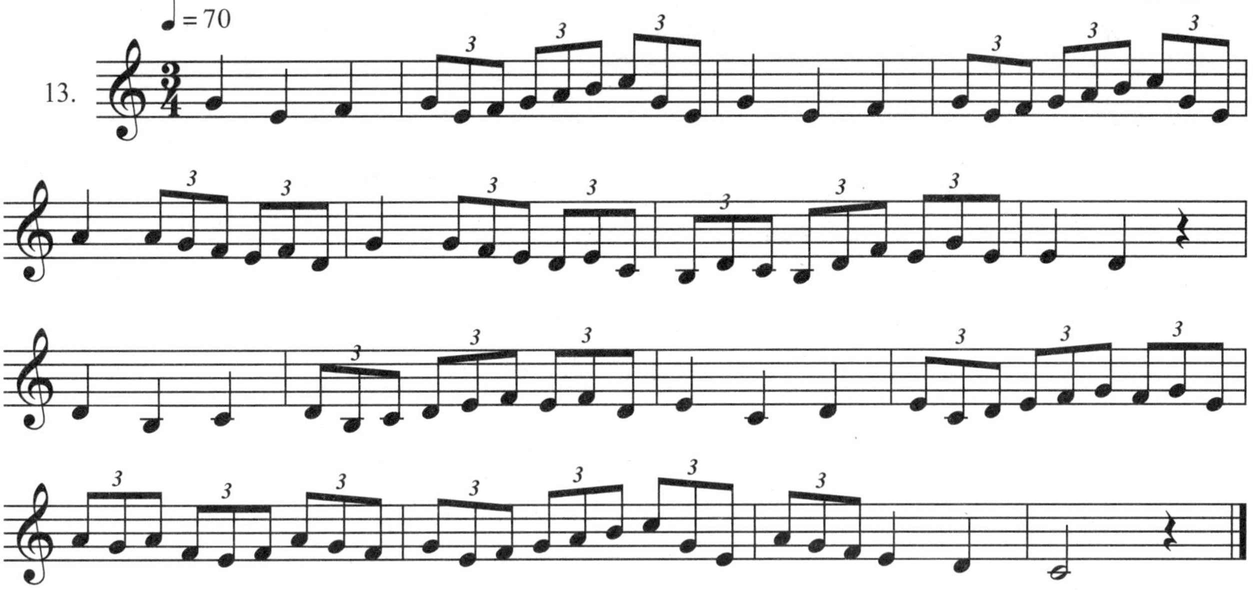

雷蒙恩、卡卢利曲

14.

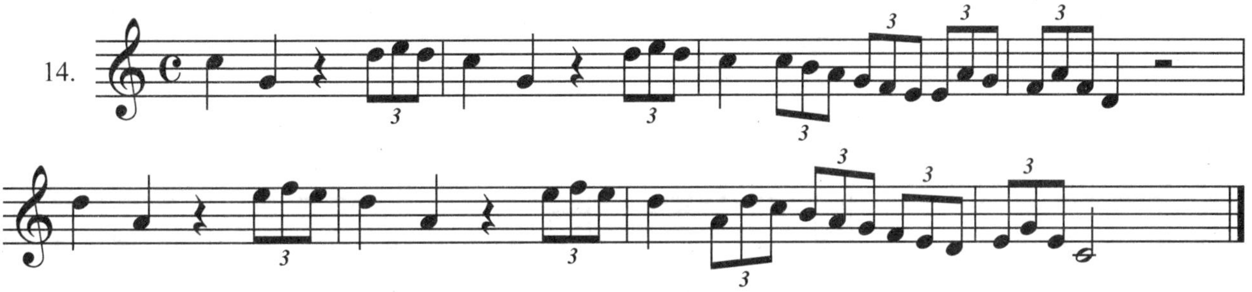

项目八　$\frac{3}{8}$拍和$\frac{6}{8}$拍

一、$\frac{3}{8}$拍

$\frac{3}{8}$拍是以八分音符为 1 拍，每小节有 3 拍。在$\frac{3}{8}$拍的音值组合中，通常把一小节内的 3 个八分音符用一根符杠将符尾连接起来。

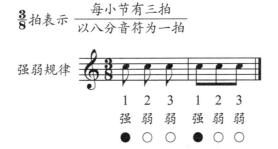

例 1-4-12

$\frac{3}{8}$拍表示 $\frac{\text{每小节有三拍}}{\text{以八分音符为一拍}}$

强弱规律

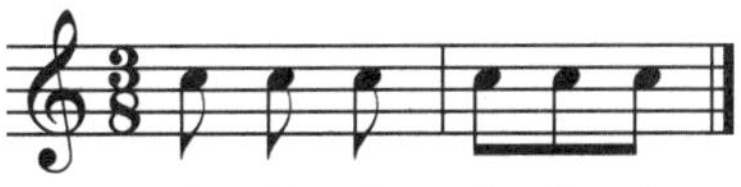

1	2	3	1	2	3
强	弱	弱	强	弱	弱
●	○	○	●	○	○

$\frac{3}{8}$拍与$\frac{3}{4}$拍节奏律动的特点都是“强—弱—弱”，划拍方式也相同，常见的$\frac{3}{8}$拍是比$\frac{3}{4}$拍更加快速、活泼、跳跃的节拍形式，也有抒情、平稳、流畅的$\frac{3}{8}$拍作品。

二、$\frac{6}{8}$拍

$\frac{6}{8}$拍是以八分音符为 1 拍，每小节有 6 拍。强弱规律是“强—弱—弱—次强—弱—弱”，每个小节里有 2 个重音，主重音在第 1 拍，次重音在第 4 拍。

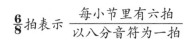

例 1-4-13

$\frac{6}{8}$拍表示 $\frac{\text{每小节里有六拍}}{\text{以八分音符为一拍}}$

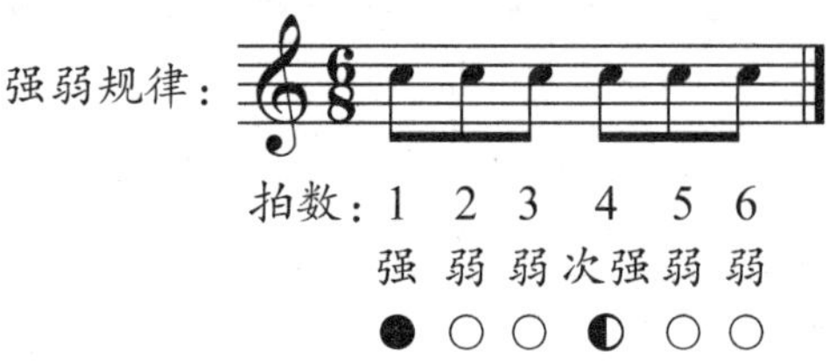

三、节奏练习

（一）歌谣中的节奏

1.

《小板凳歪歪》（西峡县）

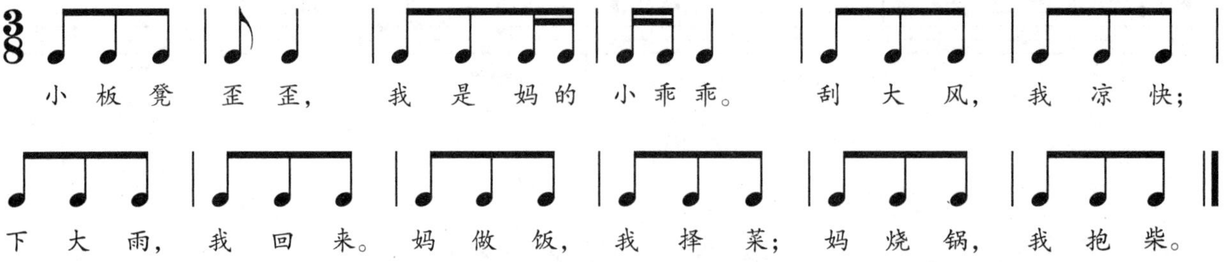

2.

《蹦远远》（邓州市）

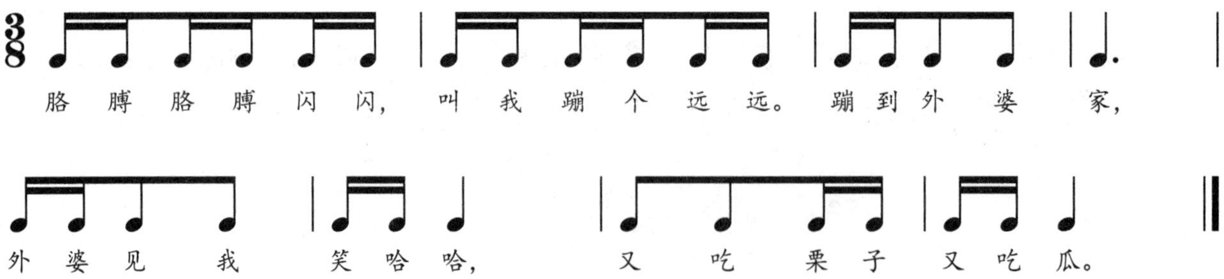

3.

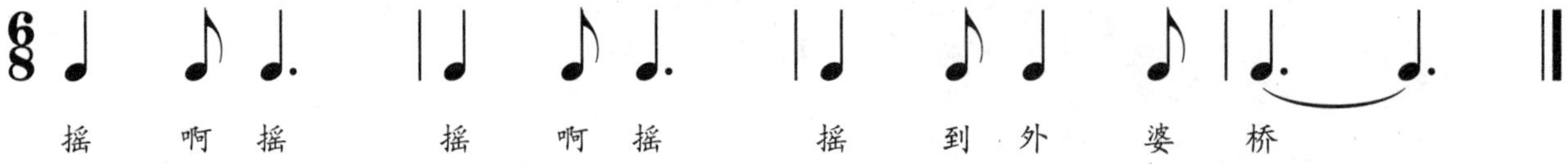

4.

《我唱歌，骑着马》（沁阳市）

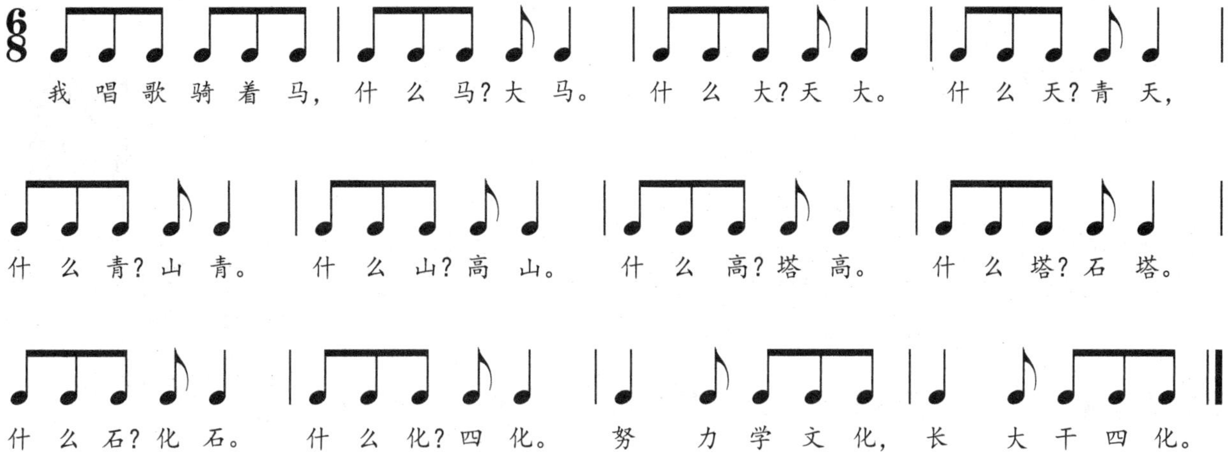
我 唱 歌 骑 着 马， 什 么 马？大 马。 什 么 大？天 大。 什 么 天？青 天，
什 么 青？山 青。 什 么 山？高 山。 什 么 高？塔 高。 什 么 塔？石 塔。
什 么 石？化 石。 什 么 化？四 化。 努 力 学 文 化， 长 大 干 四 化。

（二）节奏练习

1.

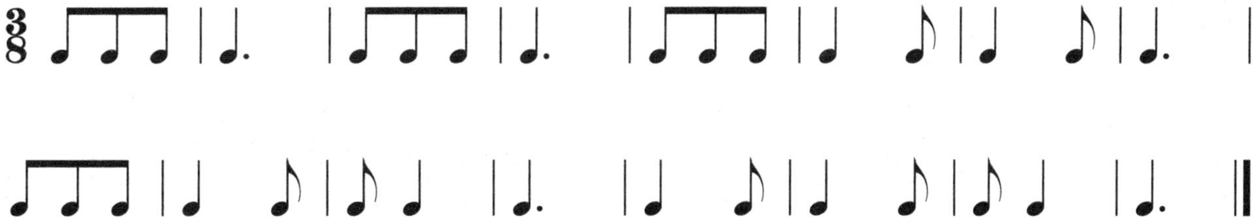

2.

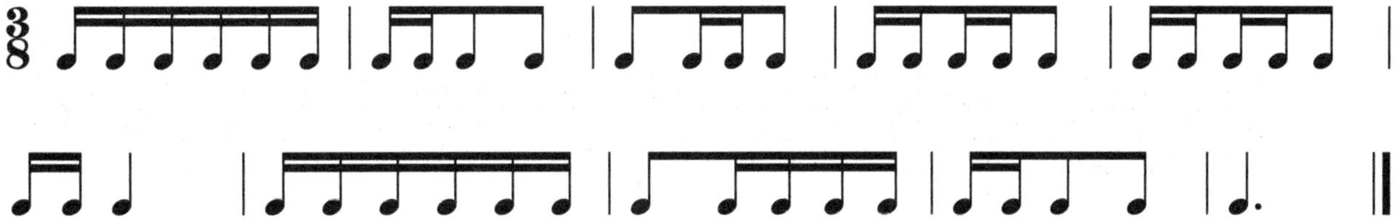

3.

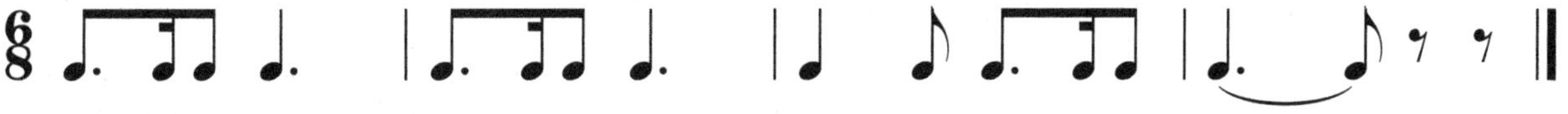

4.

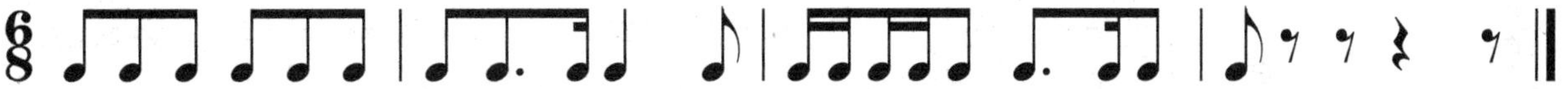

（三）节奏创编

练习要求：根据所学节奏型自行创编节奏。

四、八度音程练习

（一）八度音程构唱

荆晶编曲

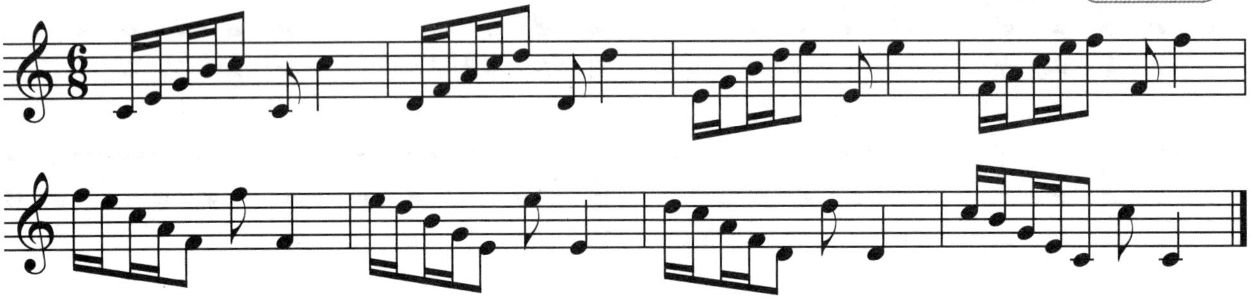

（二）八度音程强化训练

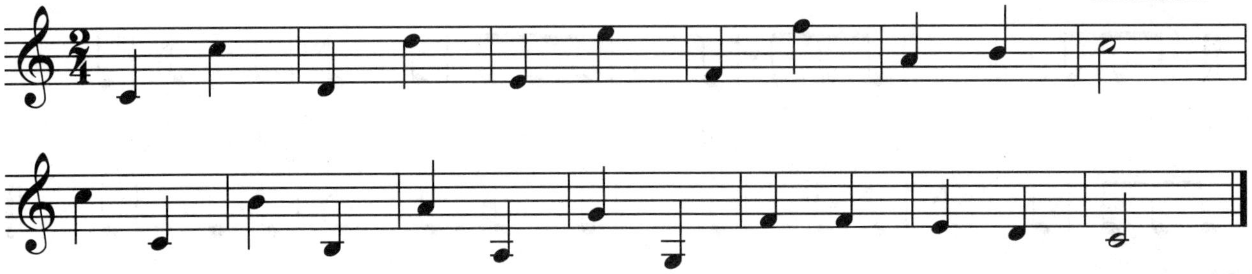

五、视唱练习

22 条

1.

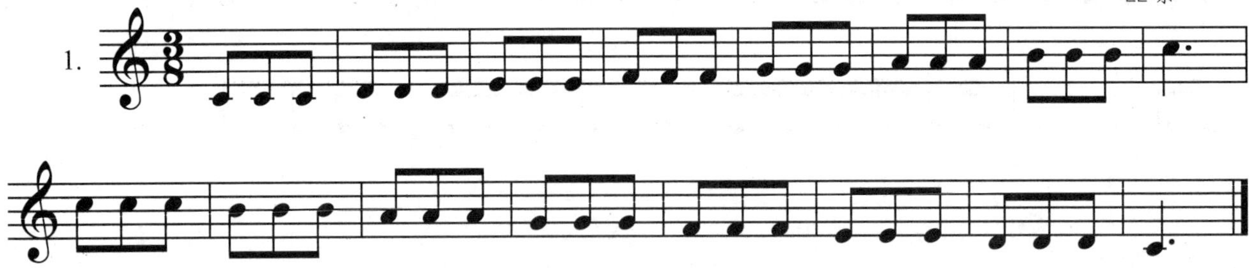

2.

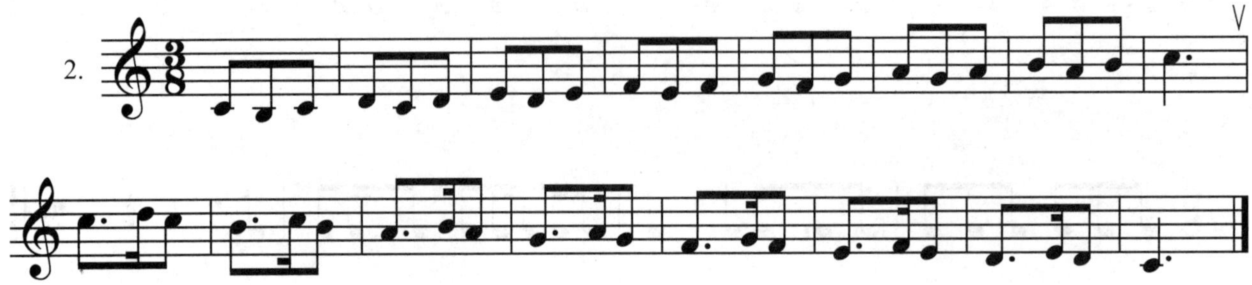

3.

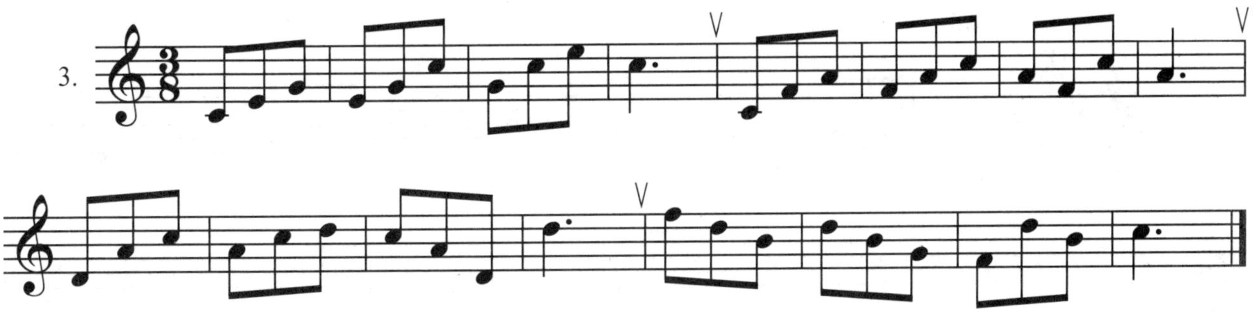

《同桌的你》高晓松曲

4.

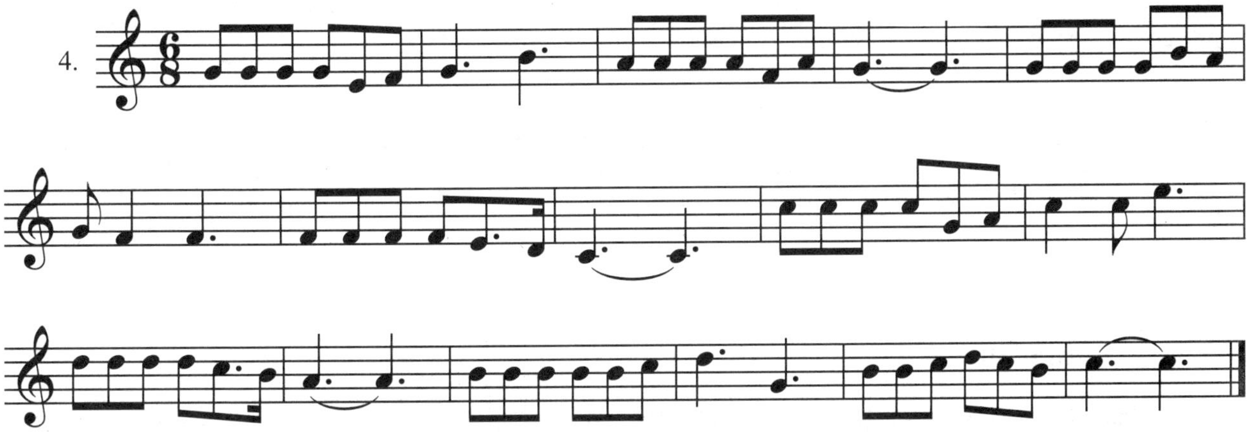

中速

5.

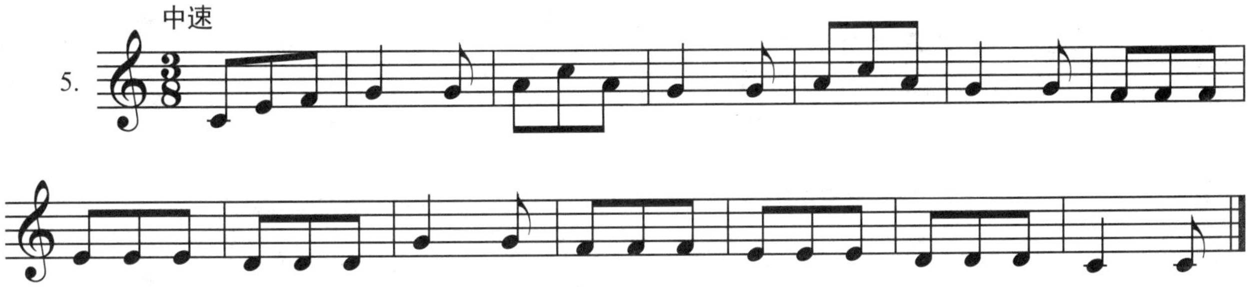

活泼地

6.

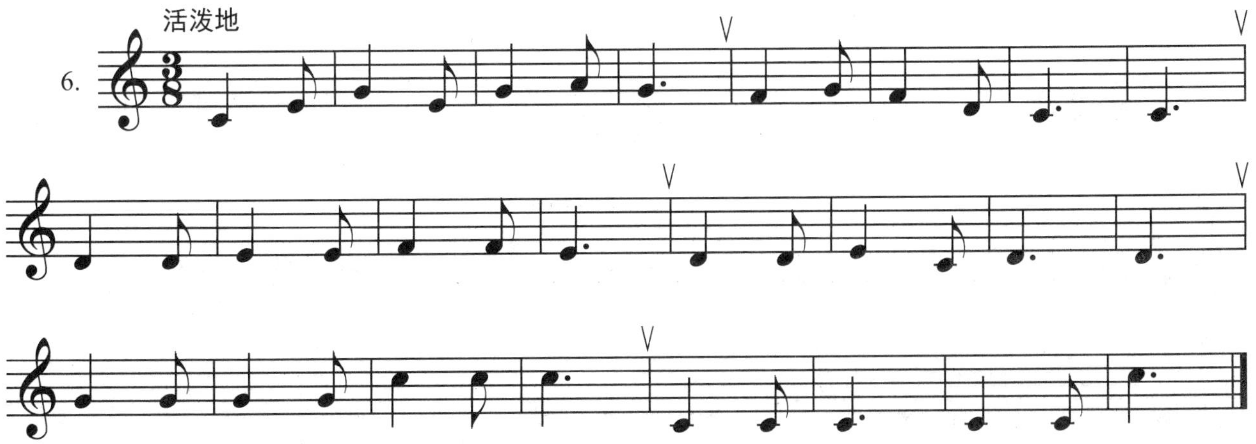

Andantino 雷蒙恩曲

7.

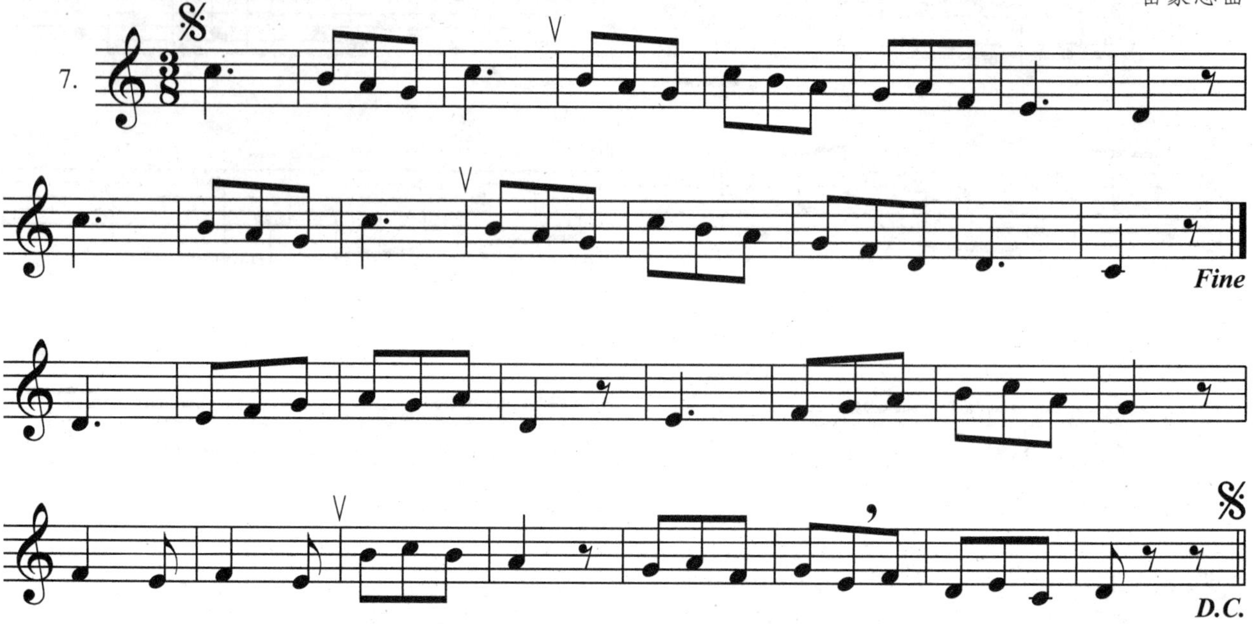

Andante 戈非曲

8.

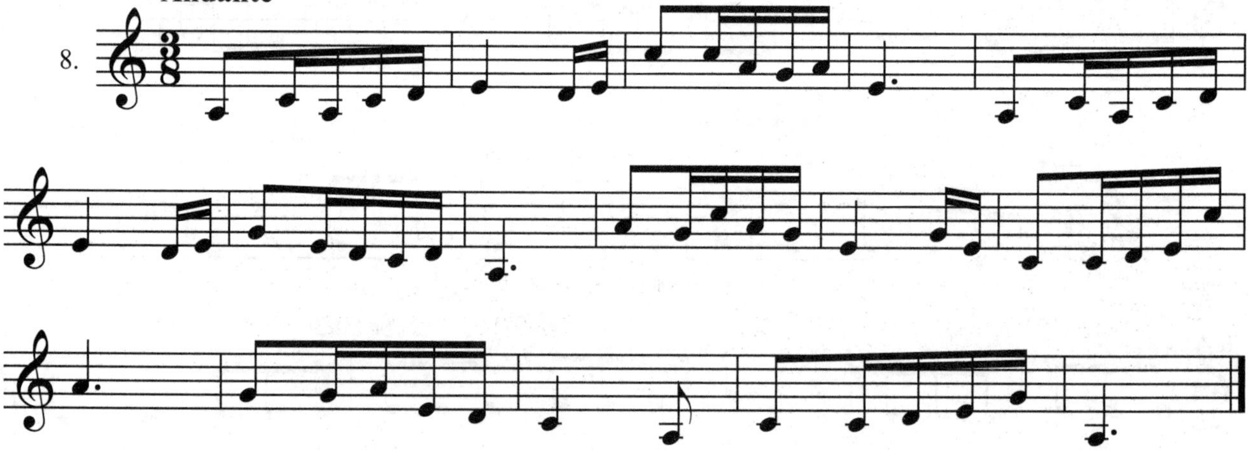

中速 优美地 达斡尔族民歌

9.

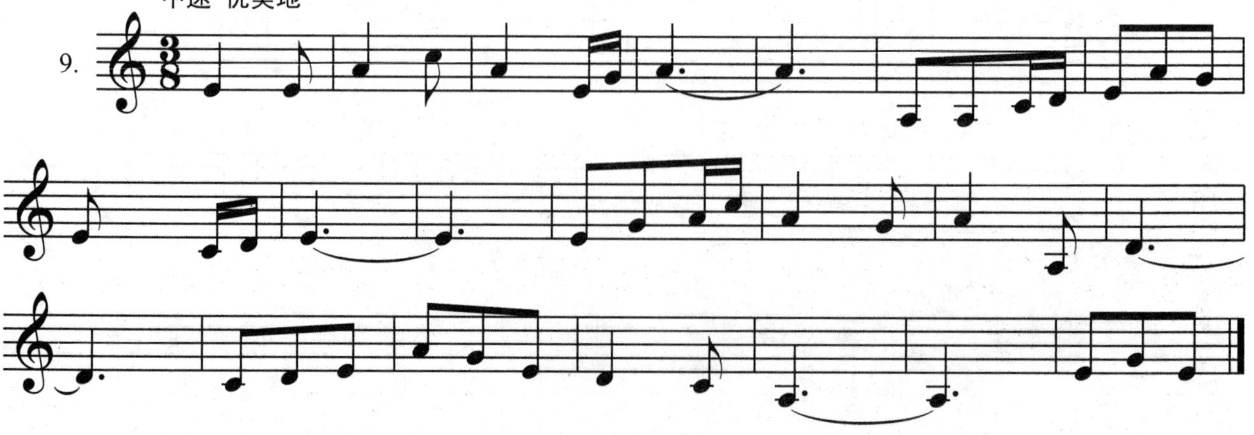

《坐船去》露西尔·佩纳贝克曲

10.
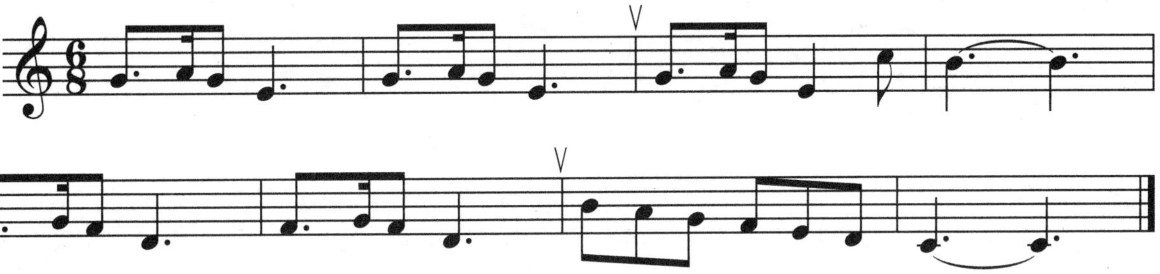

俄罗斯民歌

11.
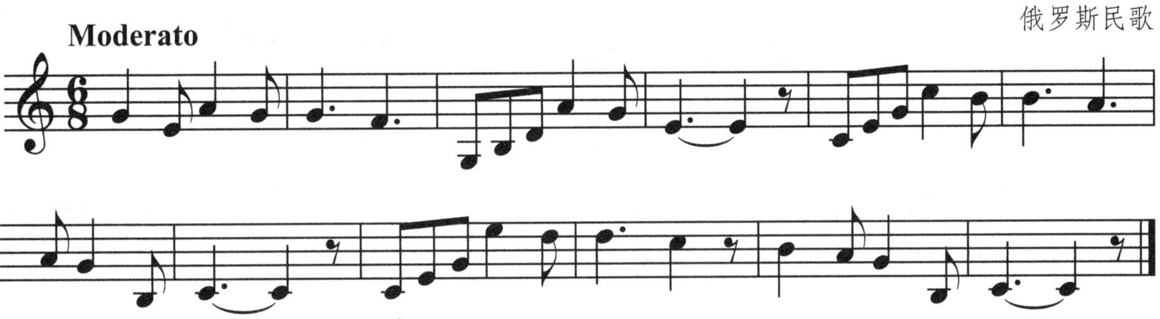

《渴望春天》莫扎特曲

12.
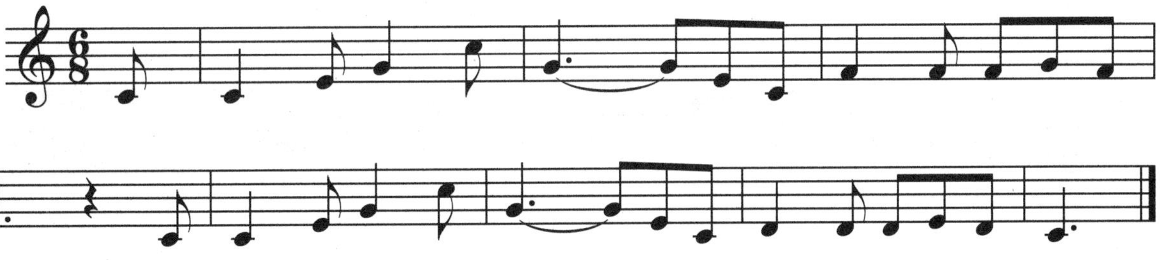

雷蒙恩曲

13.
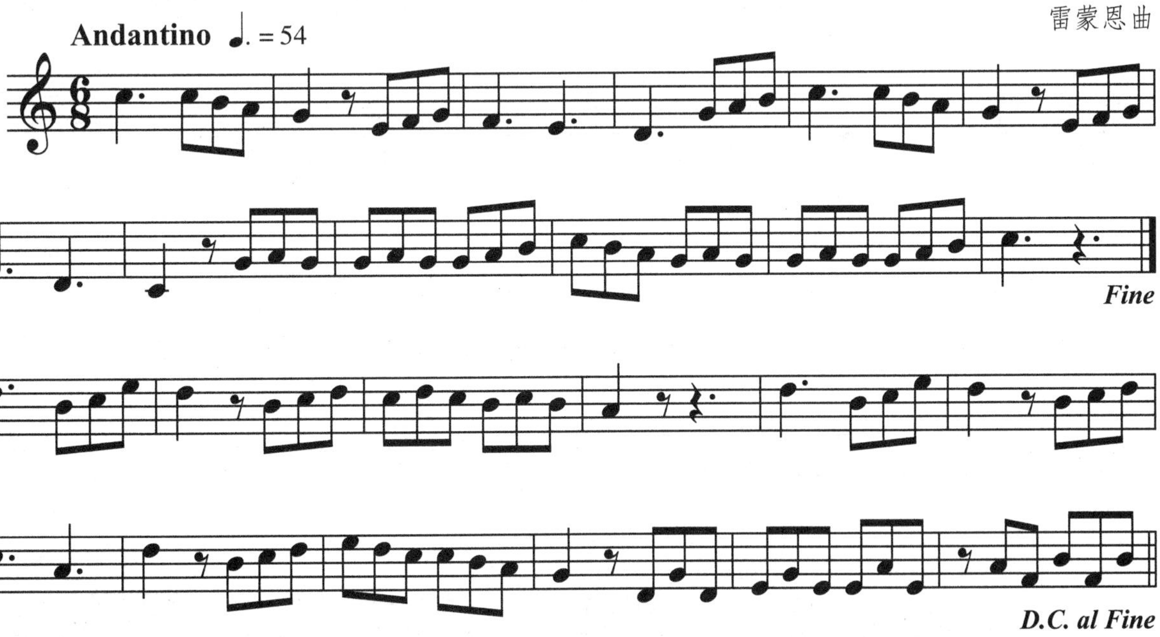

Moderato

李刚曲

14.

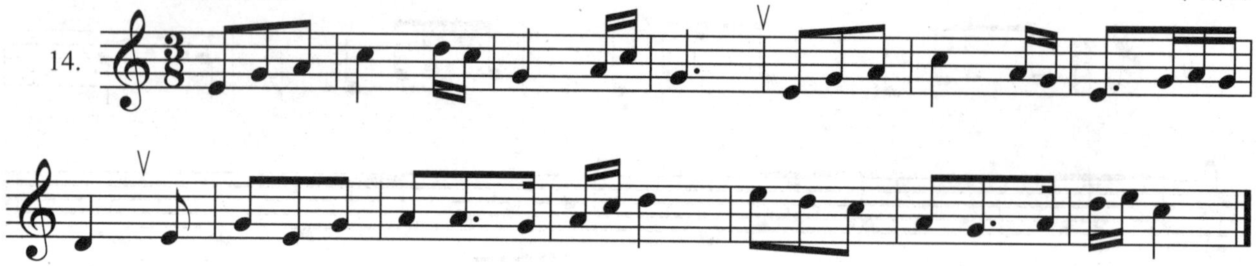

Allegretto

延河曲

15.

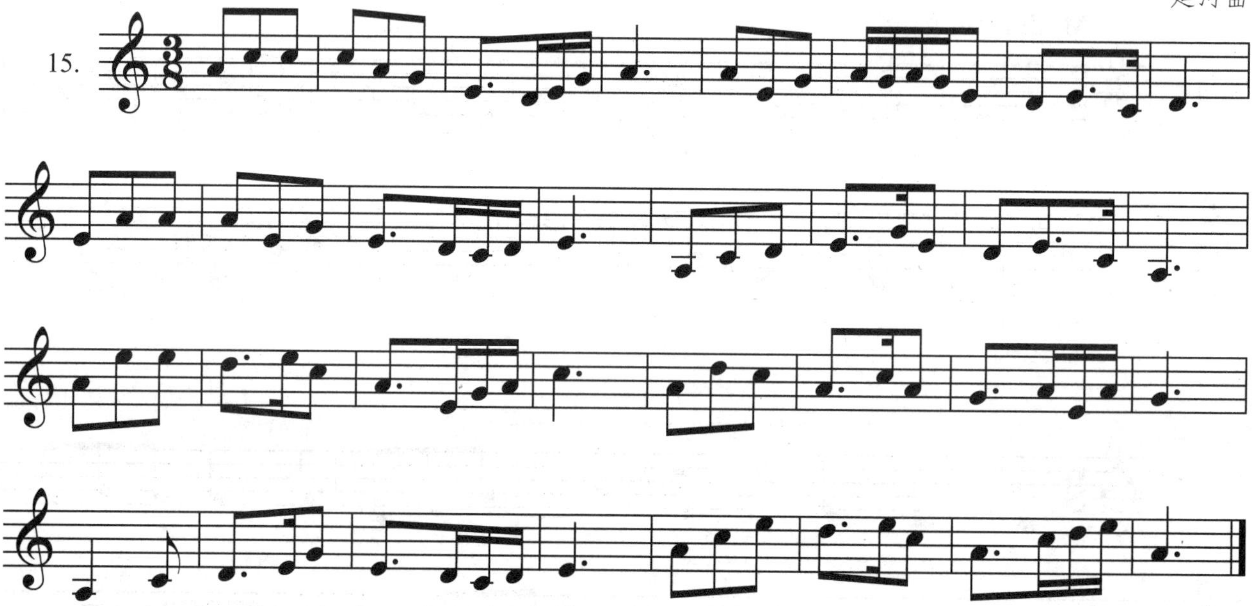

莫扎特曲

16.

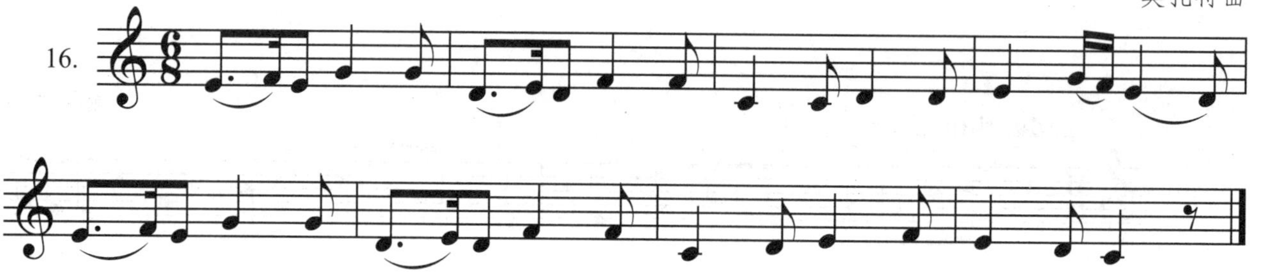

英国童谣

17.

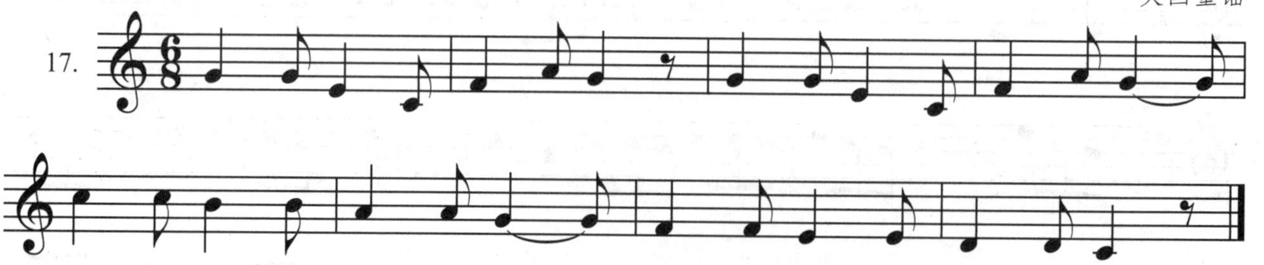

18.

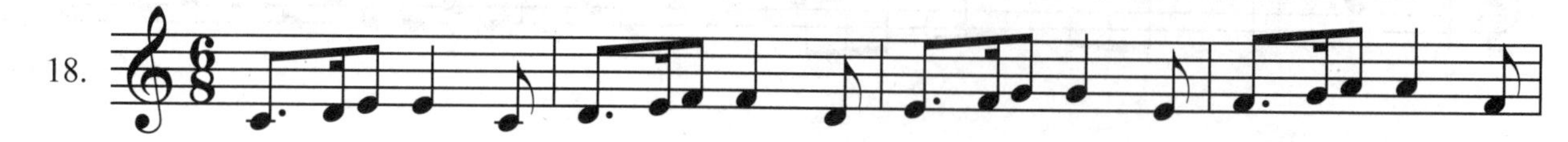

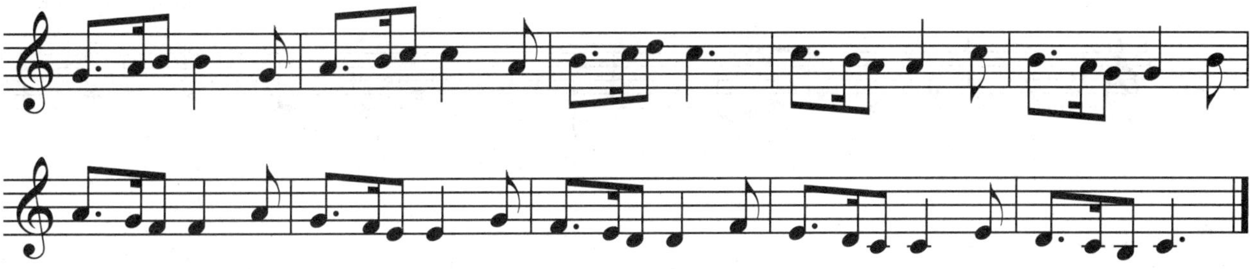

Moderato　　《蝴蝶找花》汪玲曲

19.

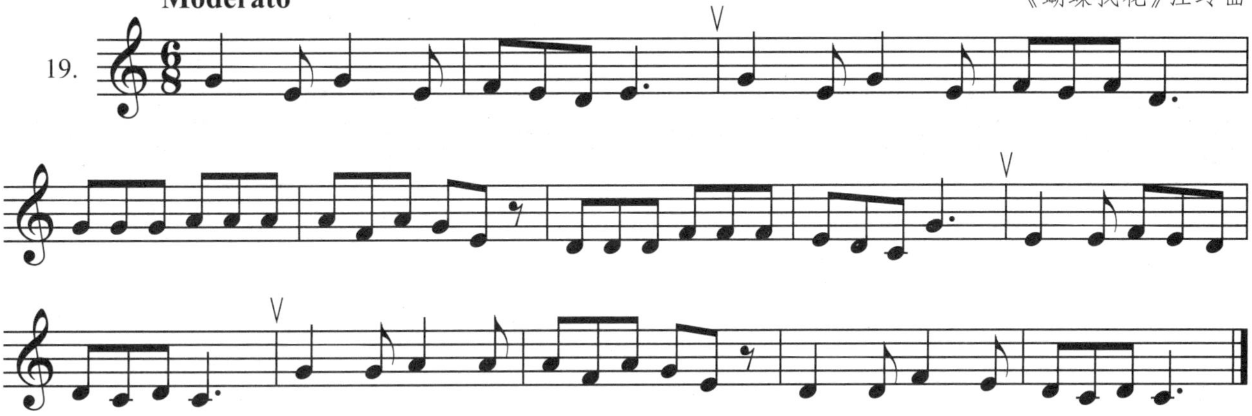

Moderato　　卡卢利曲

20.

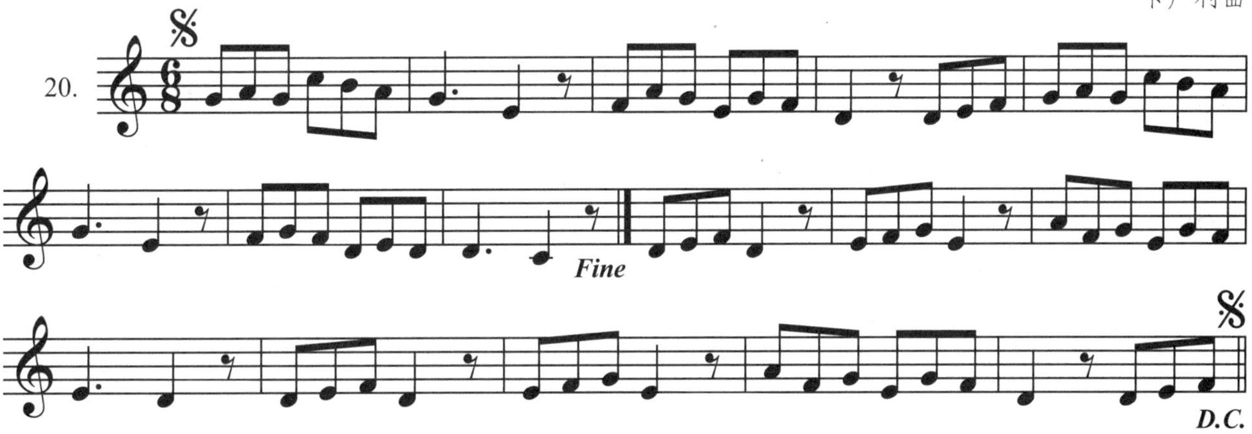

《女人善变》威尔第曲

Allegro

21.

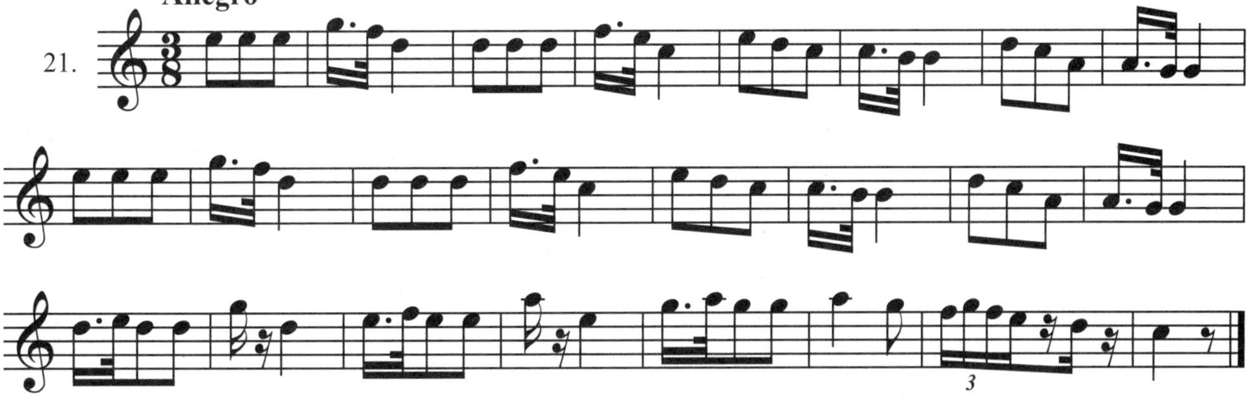

朝鲜童谣《小白船》

22.

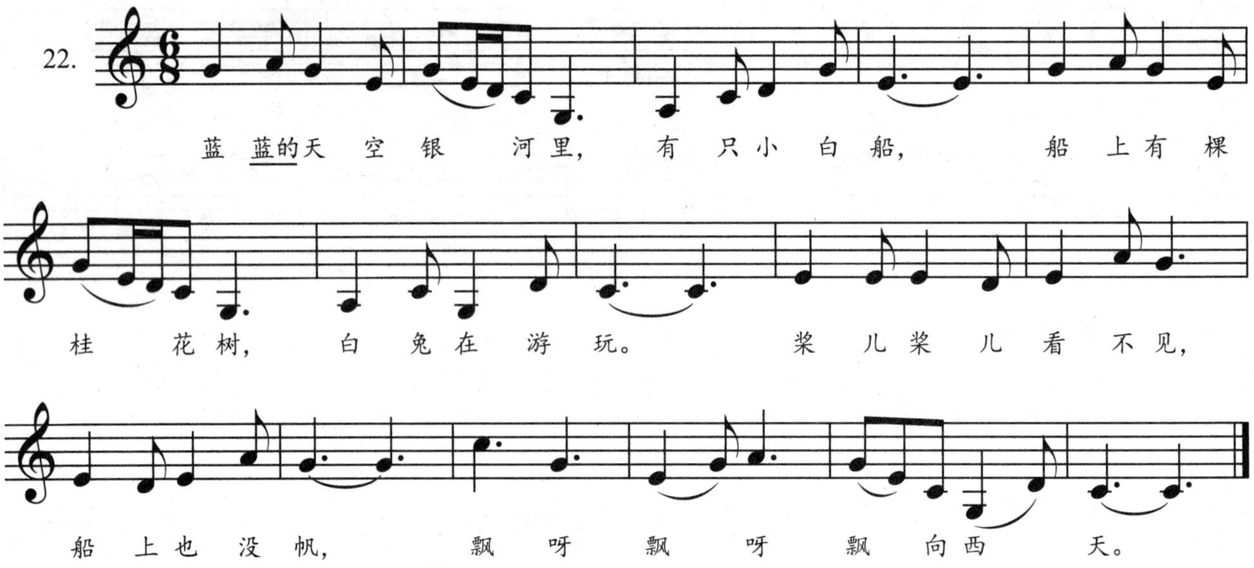

模块二　一个升降号调的视唱训练

项目一　一个升号调视唱

任务一　G 大调

一、乐理知识

（一）G 大调

以 G 为主音的自然大调叫作 G 自然大调，这里简称 G 大调。

（二）G 大调音阶

以 G 为主音，按“全—全—半—全—全—全—半”的关系排列起来的 7 个音就是 G 大调音阶。（图 2-1-1）

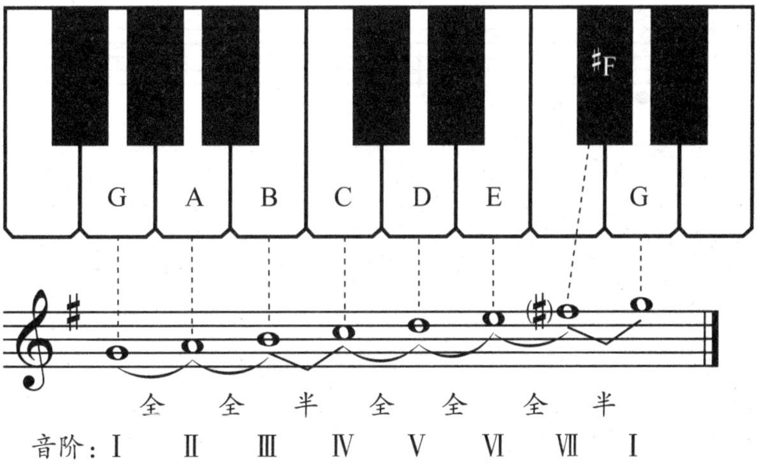

图 2-1-1　G 大调音阶

（三）固定唱名法

固定唱名法，指唱名固定的方法，即不管视唱什么大调（或小调）的谱子，每个音都按 C 大调中的唱名来唱，谱子中的变化音级该升则升，该降则降。

（四）首调唱名法

首调唱名法，指无论视唱什么大调，都把该大调的主音唱“do”，其余各音级依次唱“re，mi，fa，sol，la，si”。例如 G 自然大调就是将 G 唱作“do”。

例 2-1-1

G 大调

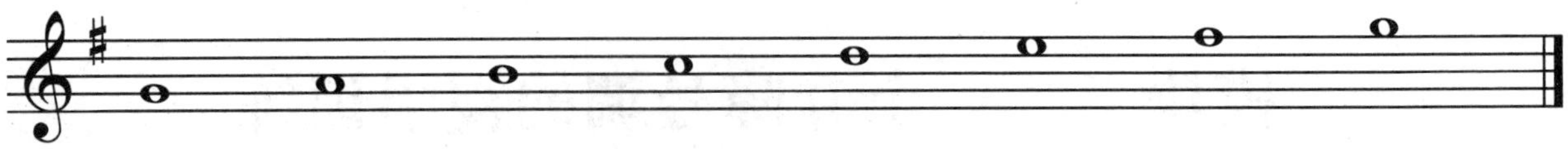

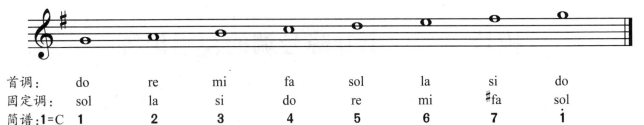

首调：	do	re	mi	fa	sol	la	si	do
固定调：	sol	la	si	do	re	mi	#fa	sol
简谱：1=C	1	2	3	4	5	6	7	$\dot{1}$

二、G 自然大调音阶与音程练习

（一）G 自然大调音阶练习

自然大调音阶

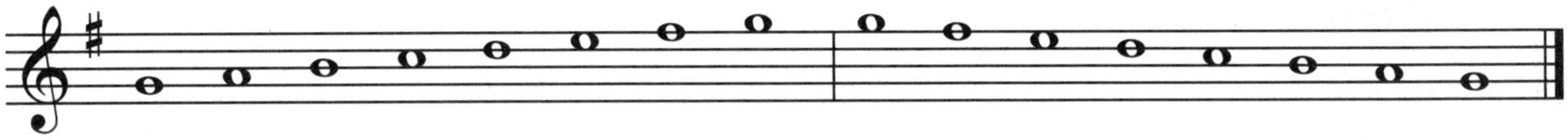

（二）G 自然大调音程练习

音频

1. 三度音程

朱慧敏编曲 5条

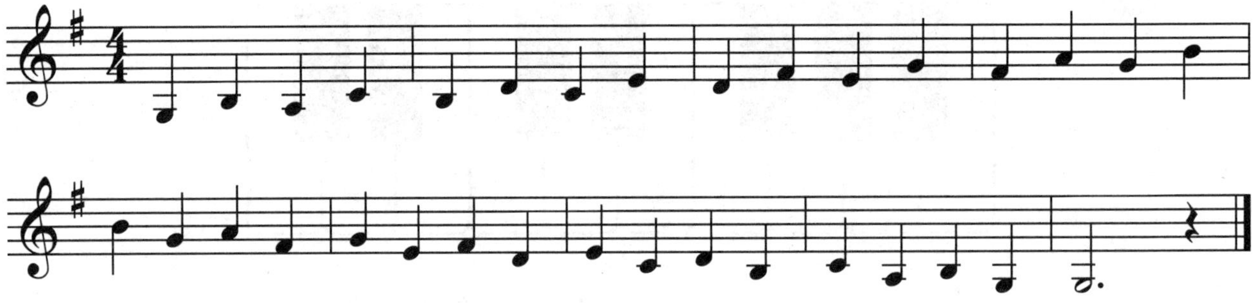

2. 四度音程

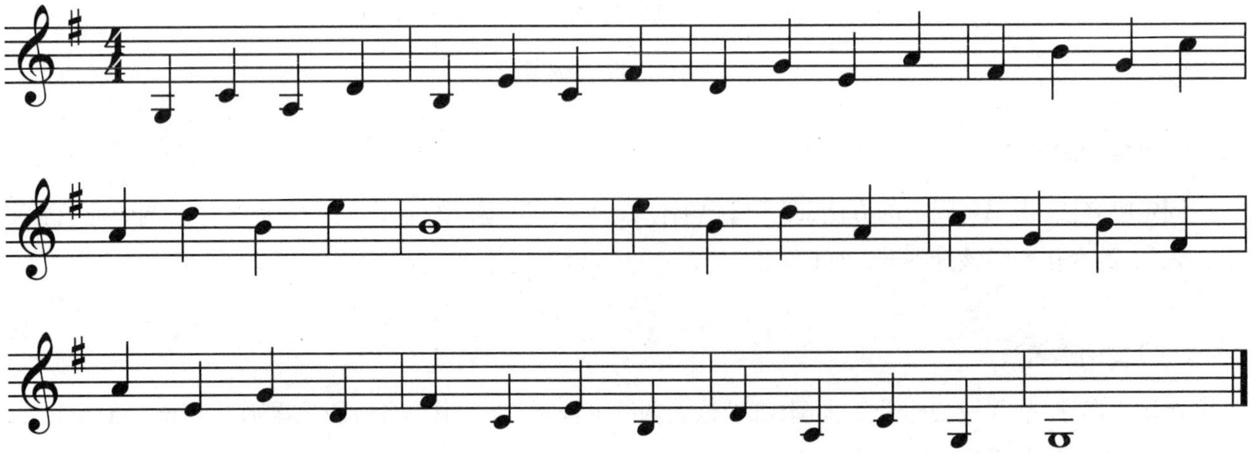

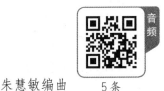

3. 五度音程

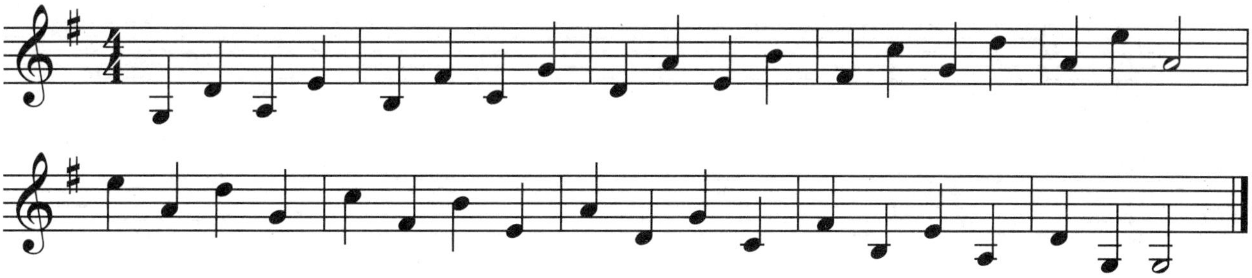

4. 六度音程

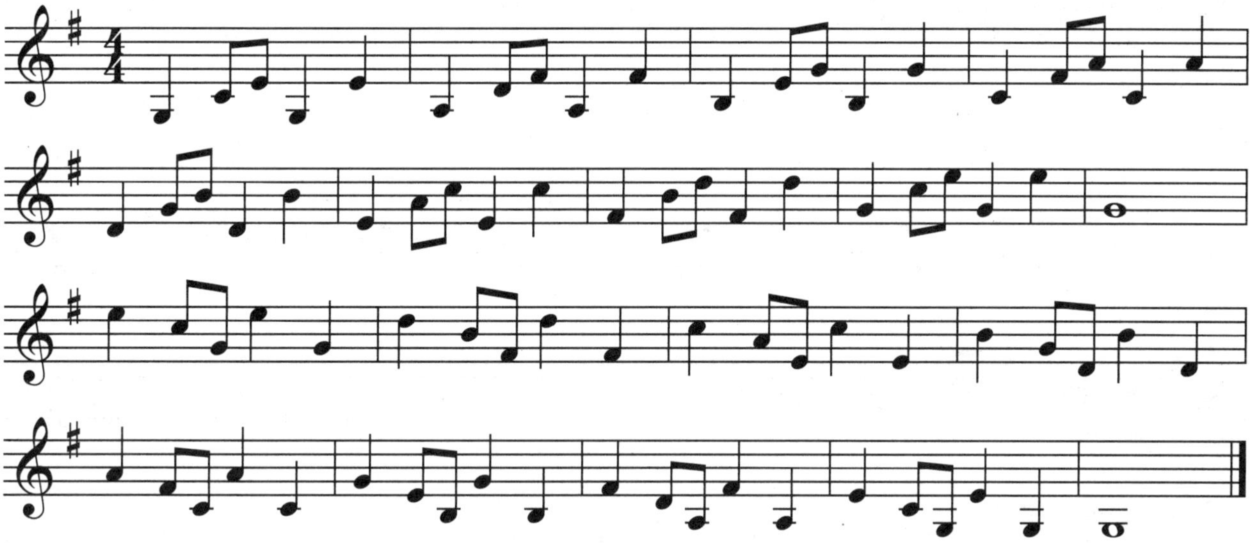

5. 七度音程

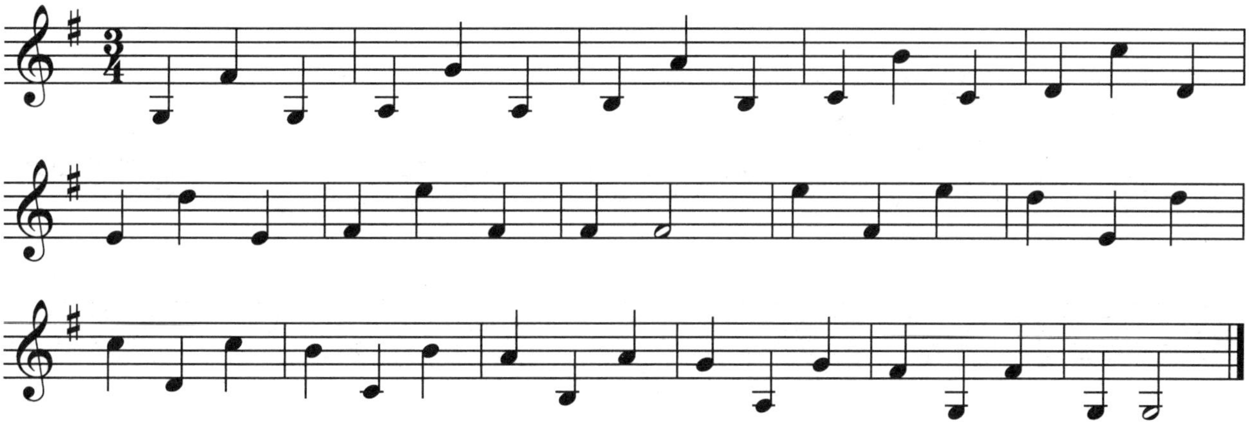

音频

三、视唱练习

Moderato　　　　德国民歌　　14条

1.

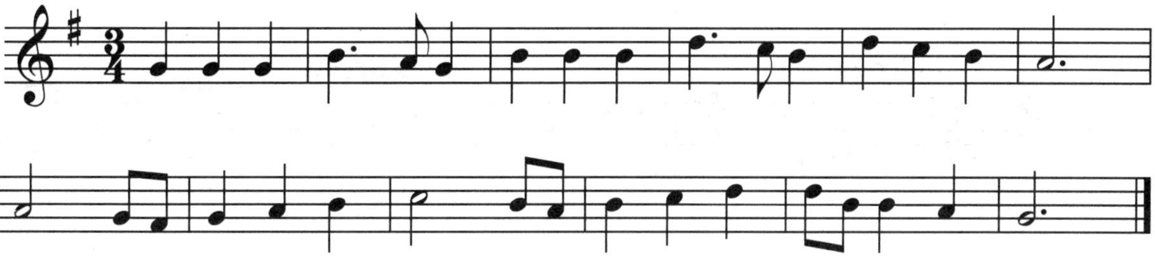

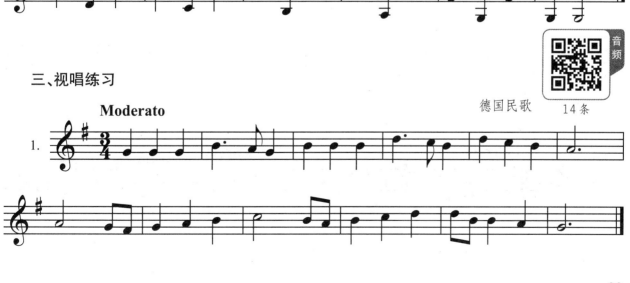

《G自然大调练习曲》侯孟玲曲

Moderato

2.

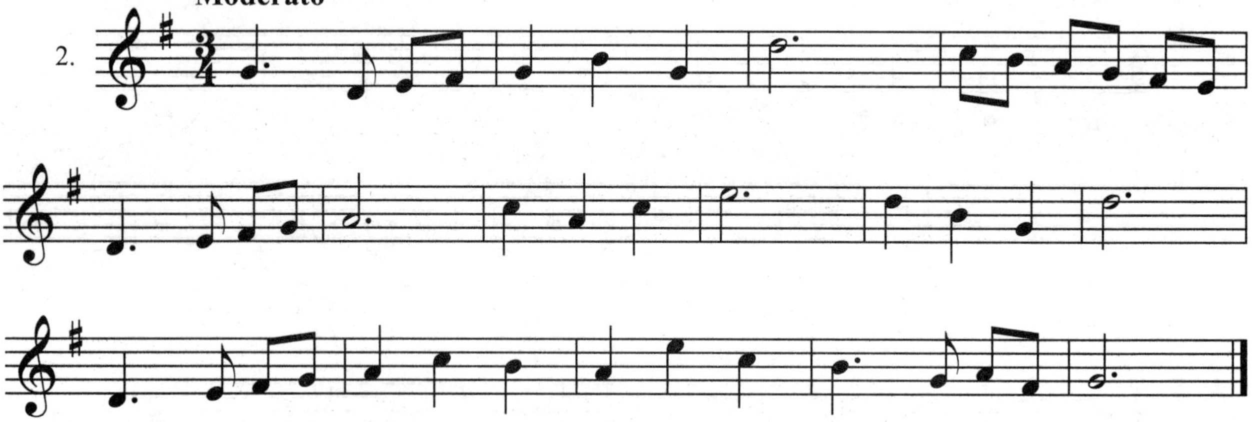

日本儿歌《玩具进行曲》

3.

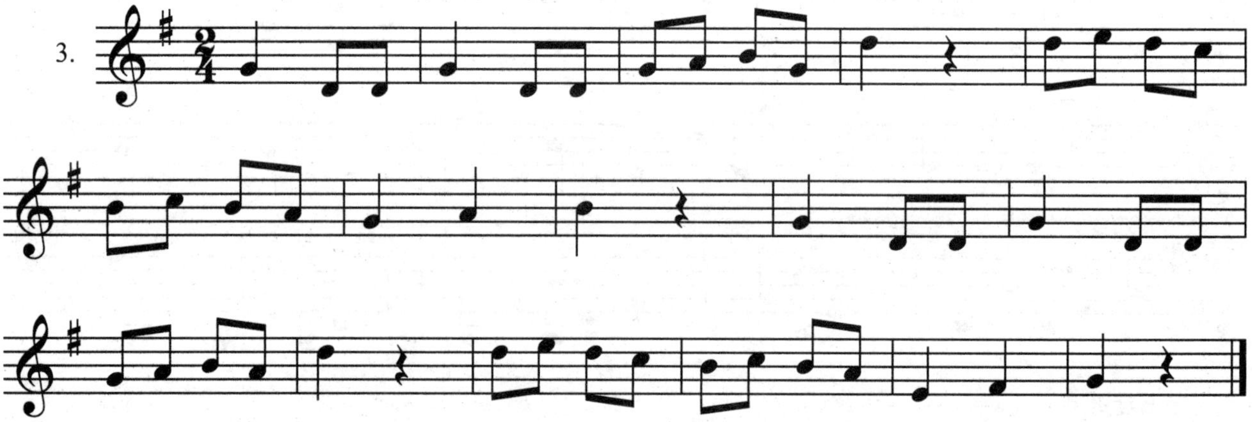

Andantino

4.

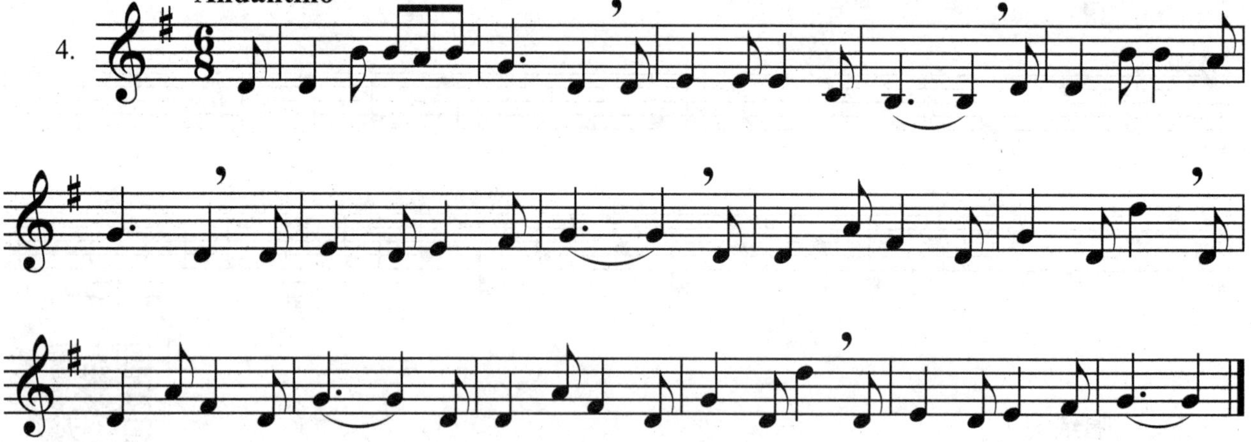

Moderato

5.

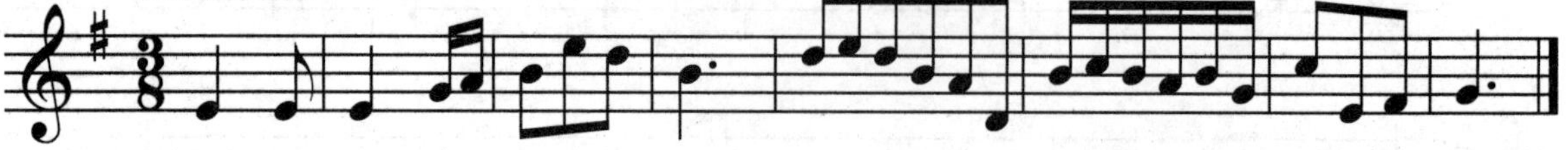

Allegretto

6.

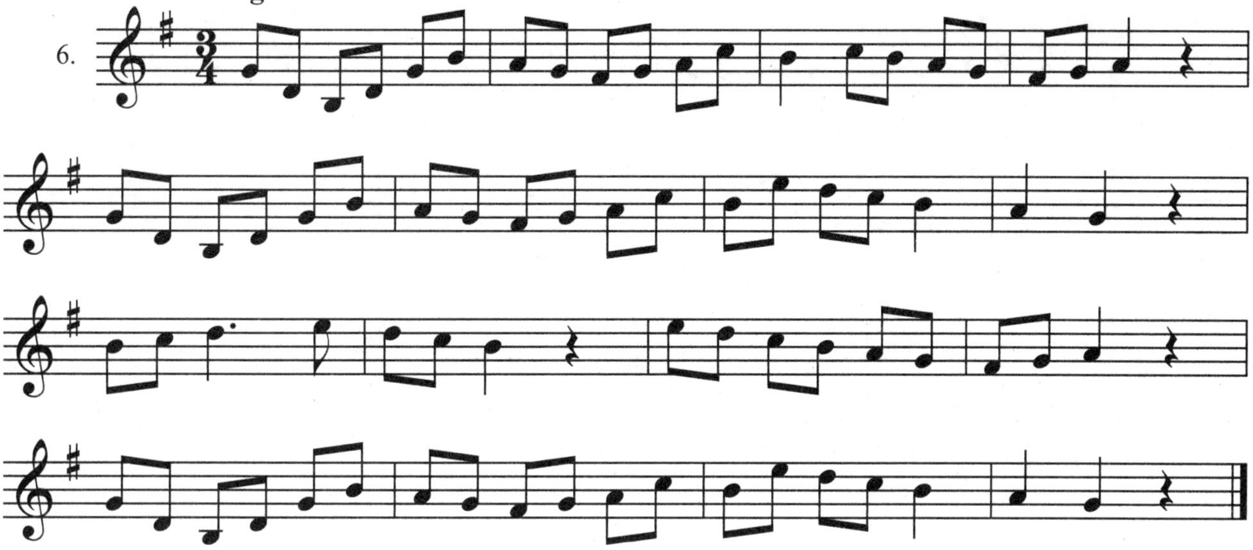

Allegretto

7.

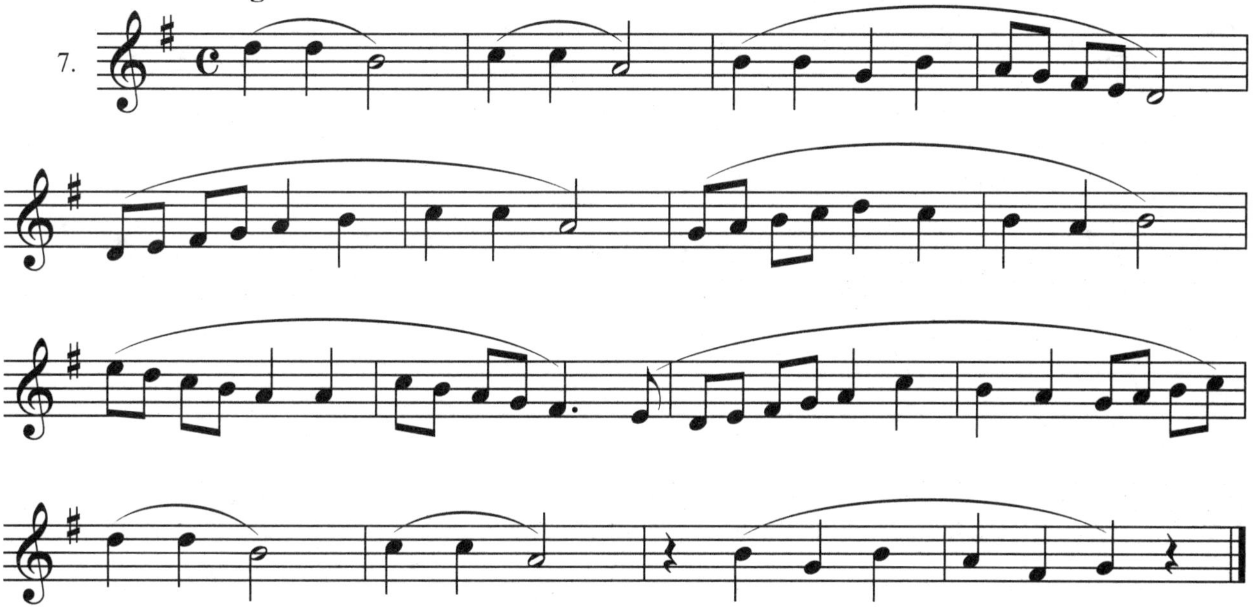

8.

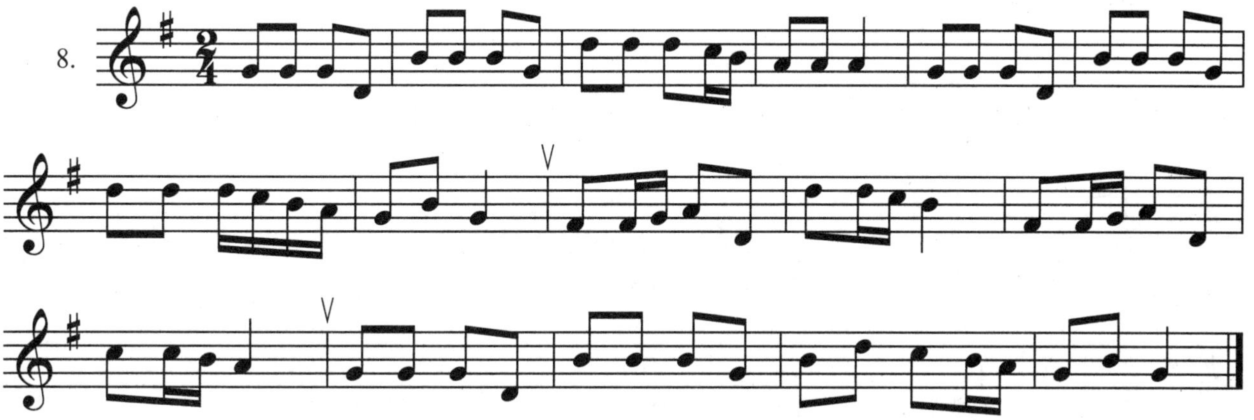

Allegretto　　奥地利民歌

9.

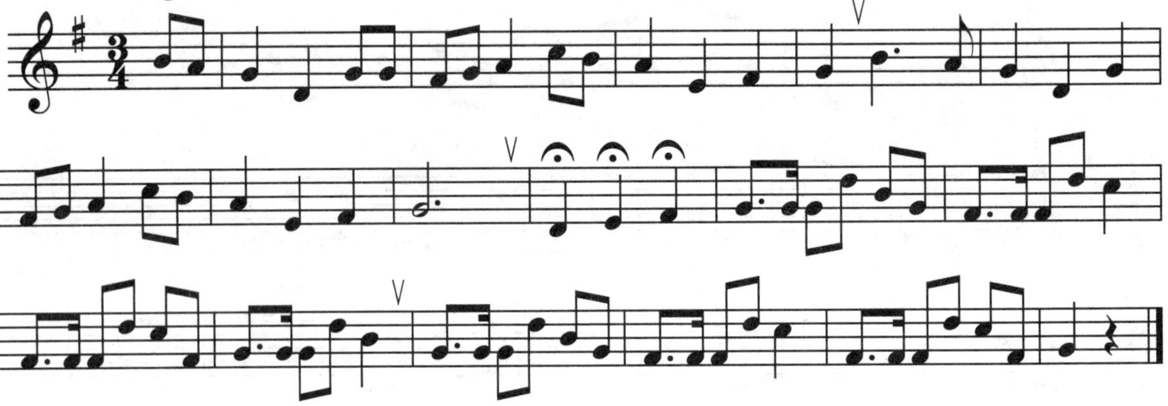

Moderato　　苏格兰民歌

10.

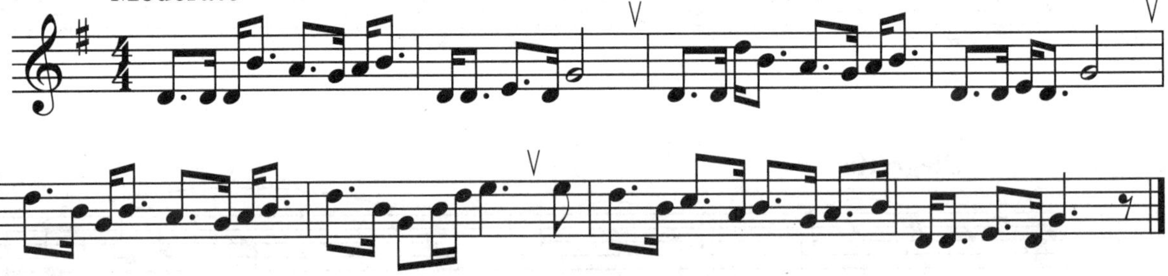

Andante

11.

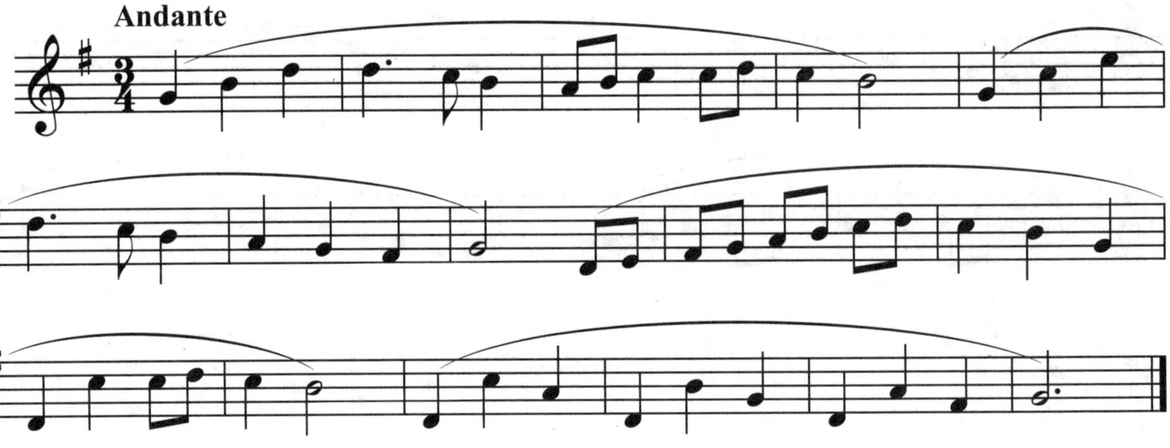

Moderato　　俄罗斯民歌

12.

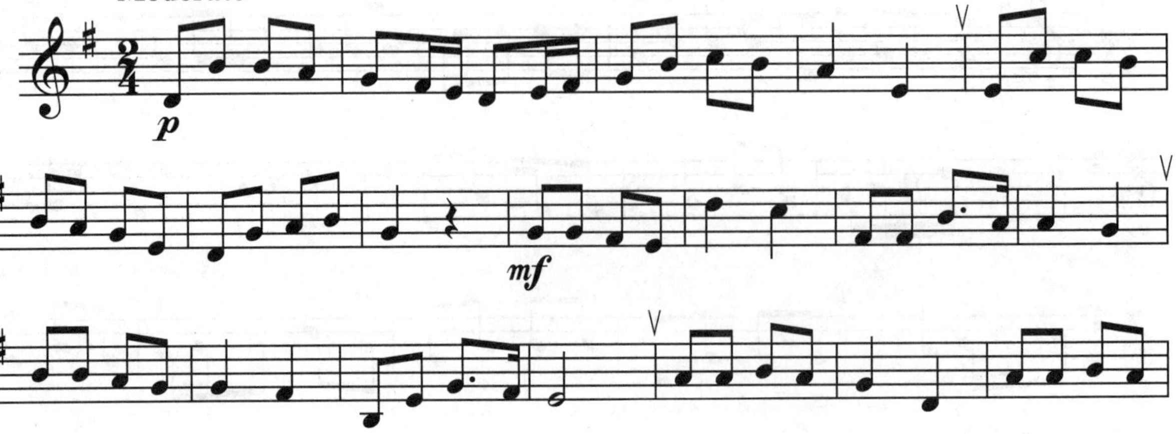

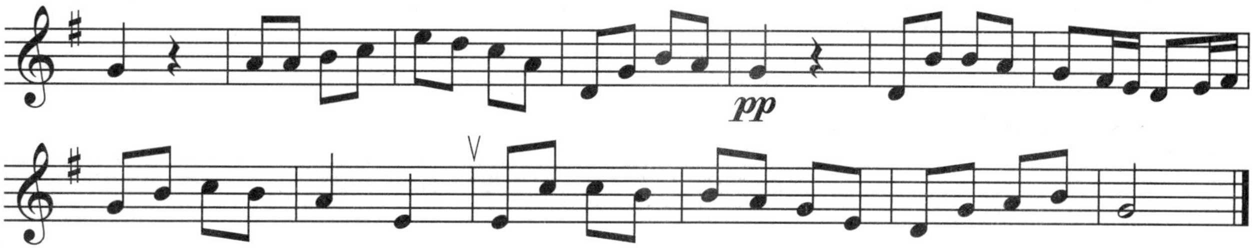

《世界和平之歌》李文华曲

Andantino

13.

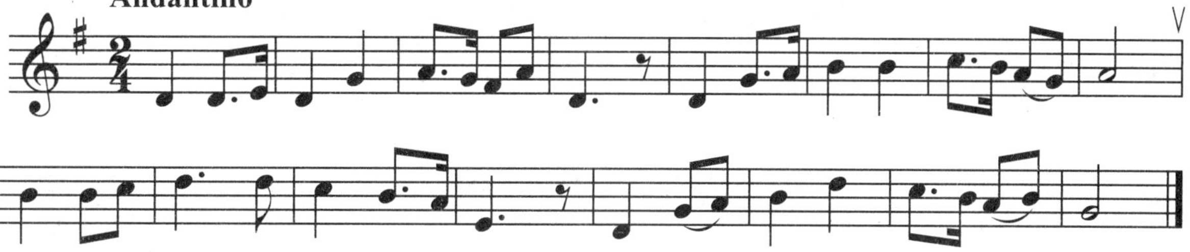

法国歌曲

Moderato

14.

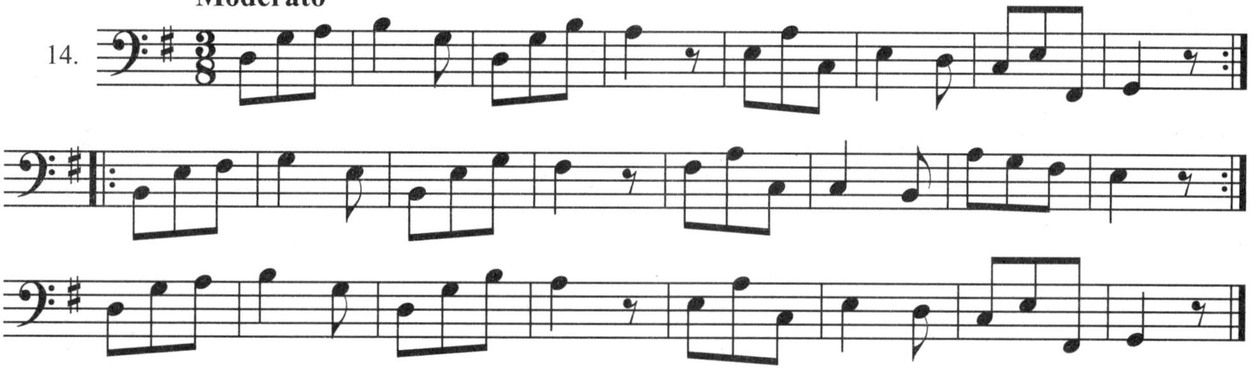

任务二　e 小 调

一、乐理知识

(一)e 小调

以 e 为主音的自然小调叫作 e 自然小调，简称 e 小调。G 大调和 e 小调都属于 G 调，因为都是一个升号，所以 G 大调和 e 小调又叫关系大小调。

(二)e 小调音阶

以 e 为主音，按“全—半—全—全—半—全—全”的关系排列起来的 7 个音级就是 e 小调音阶。

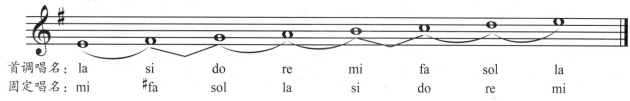

例 2-1-2

e 自然小调

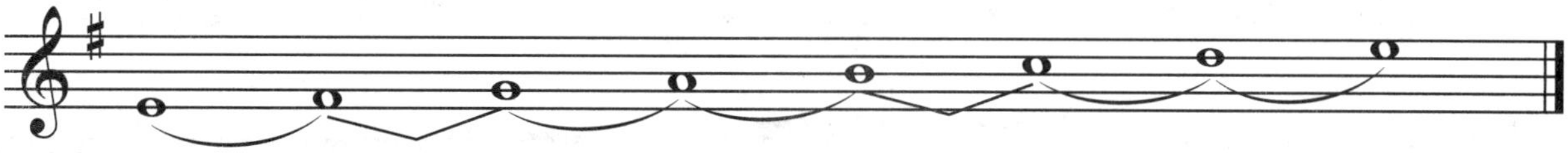

首调唱名：	la	si	do	re	mi	fa	sol	la
固定唱名：	mi	#fa	sol	la	si	do	re	mi

二、e 小调音阶与音程练习

（一）三种 e 小调音阶练习

自然小调音阶

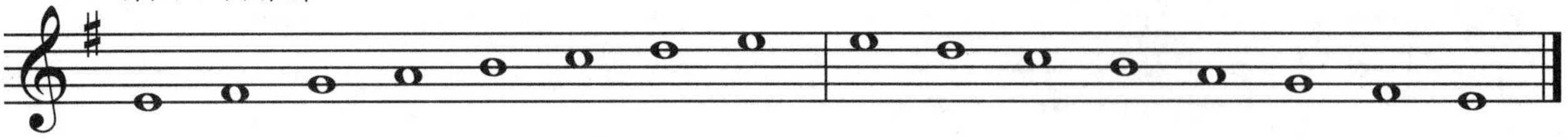

和声小调音阶

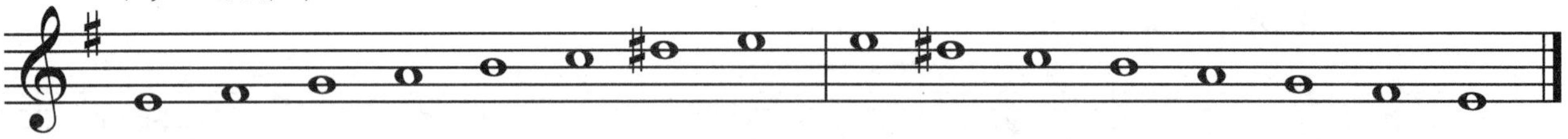

旋律小调音阶

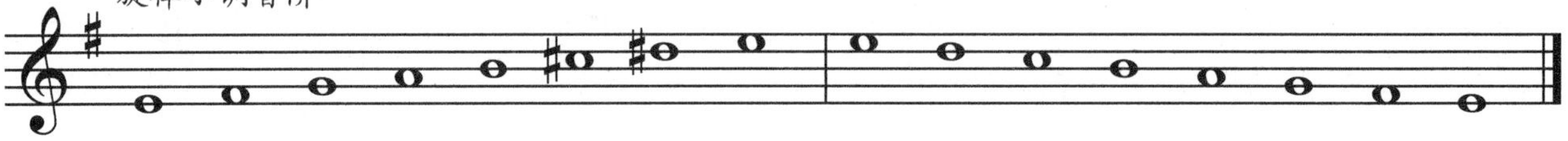

（二）e 小调音程练习

朱慧敏编曲

三度音程

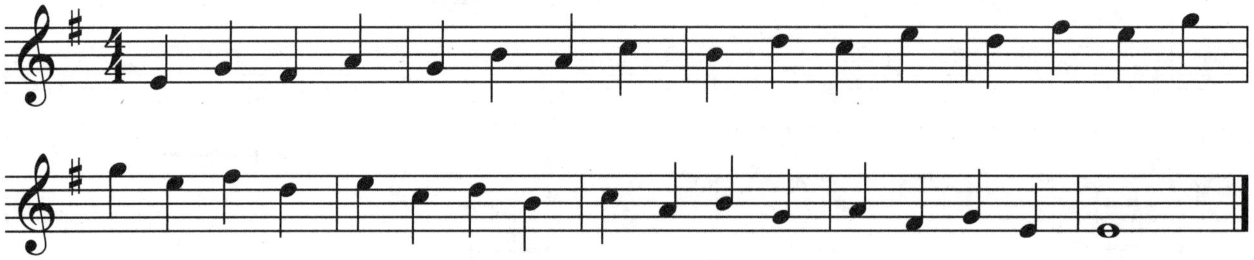

三、视唱练习

音频

19条

《在太行山上》冼星海曲

1.

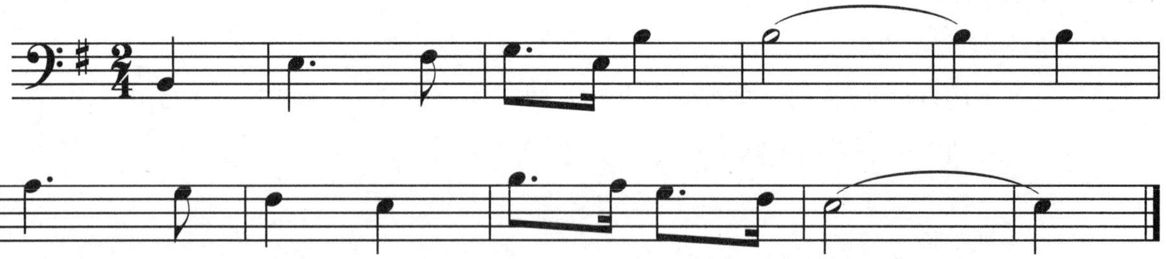

2.

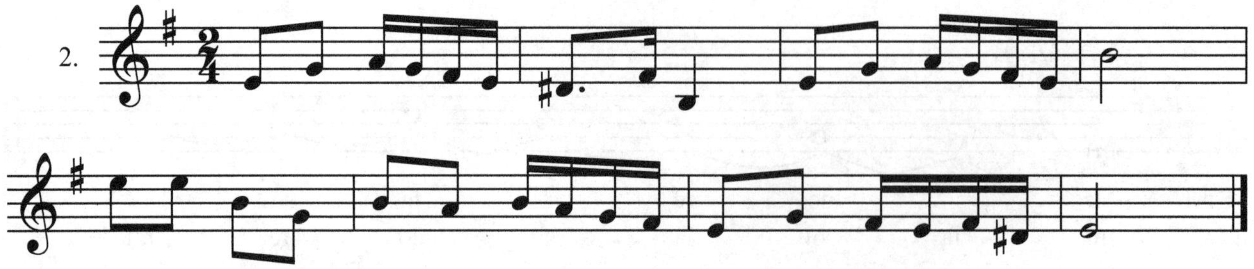

波兰民歌

3.

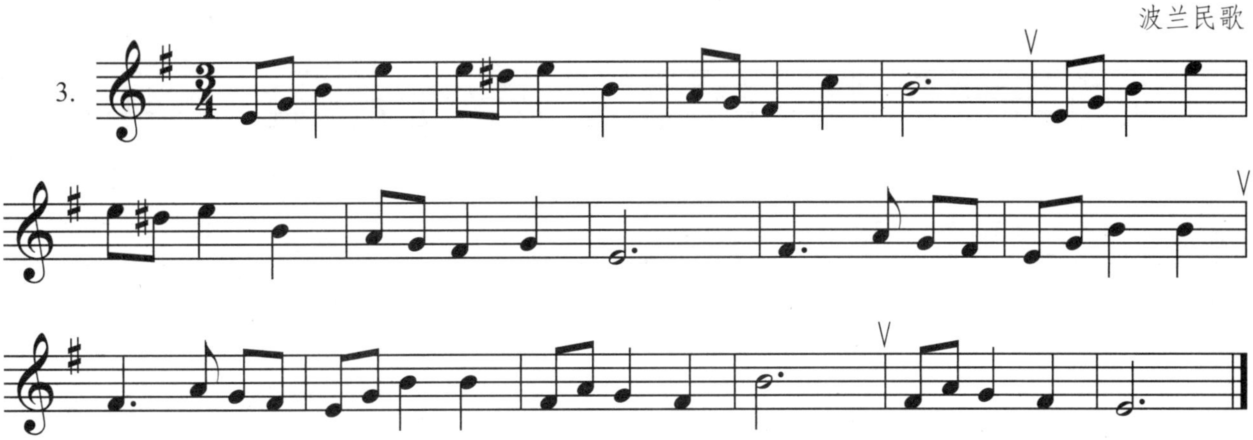

柴科夫斯基曲

Moderato

4.

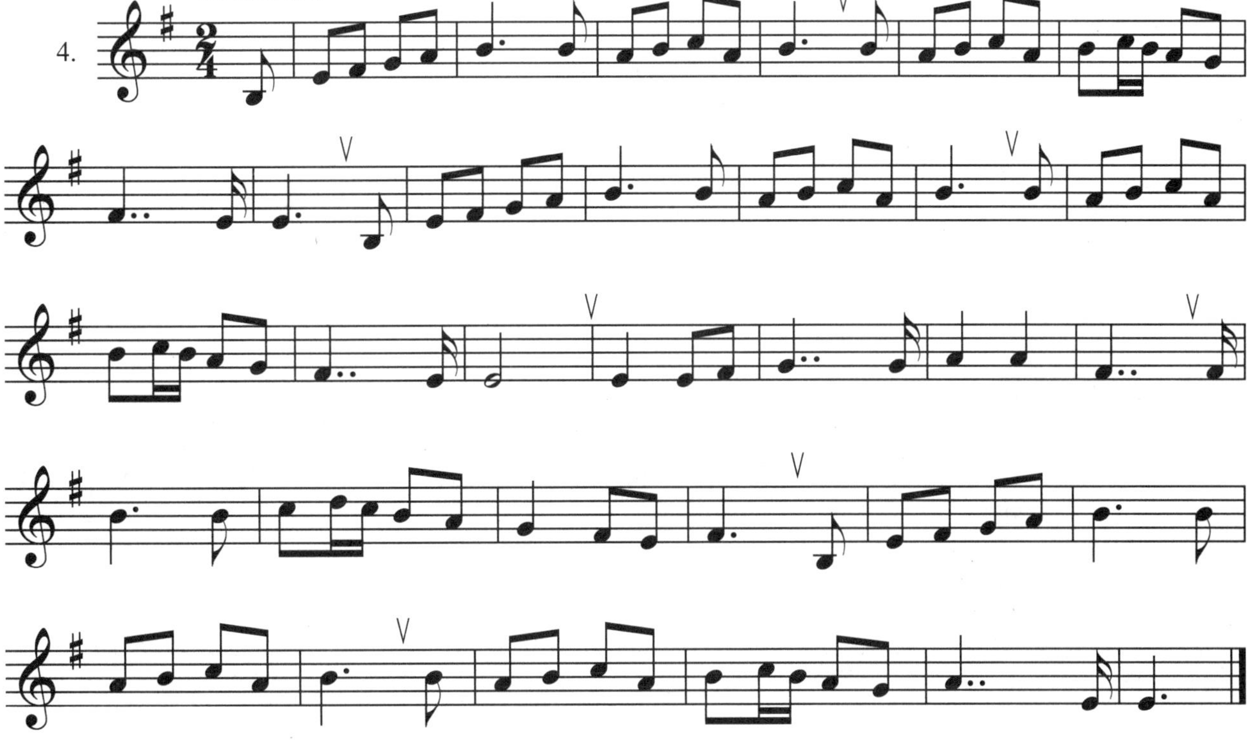

捷尔仁斯基曲

Moderato

5.

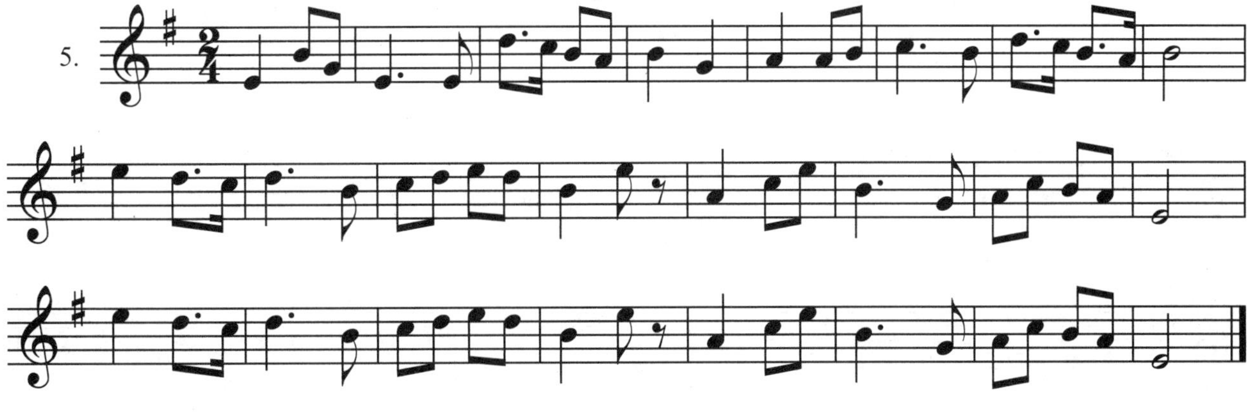

罗马尼亚民歌《乔治参军去》

Moderato

6.

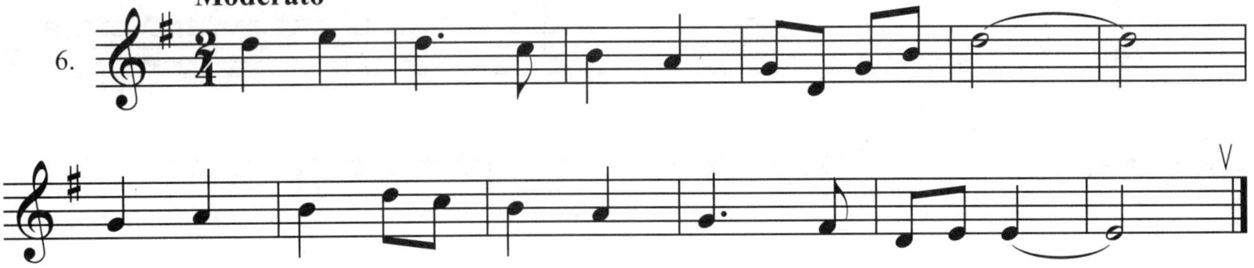

7.

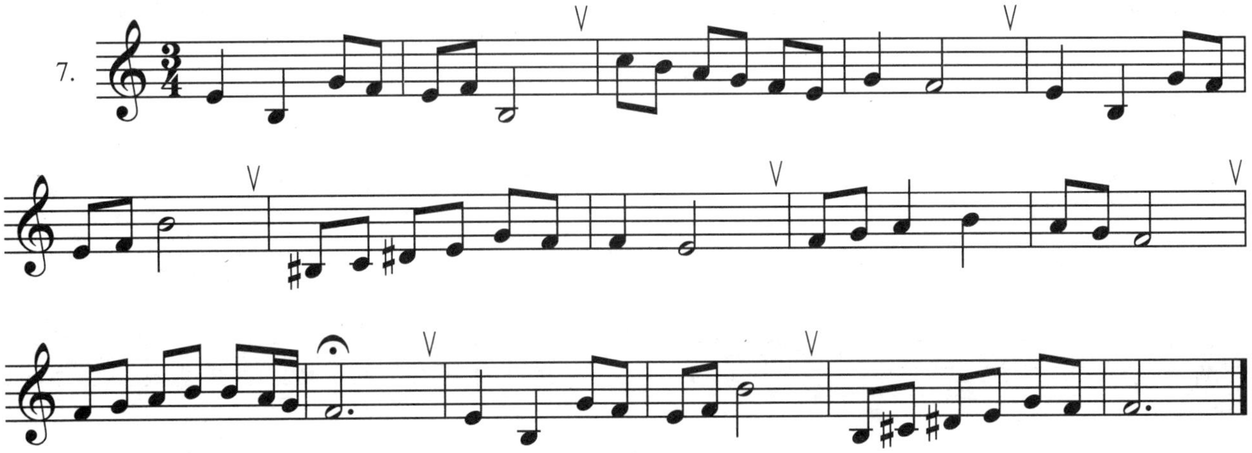

Andantino

8.

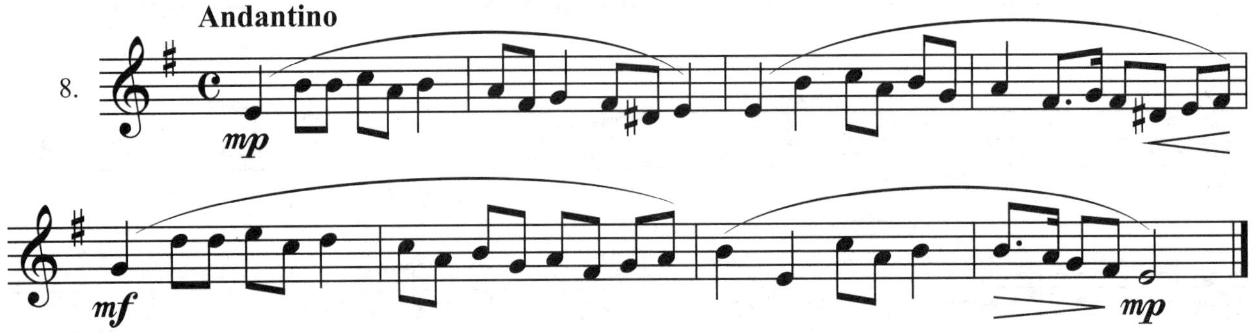

《红莓花儿开》杜那耶夫斯基曲

Andantino

9.

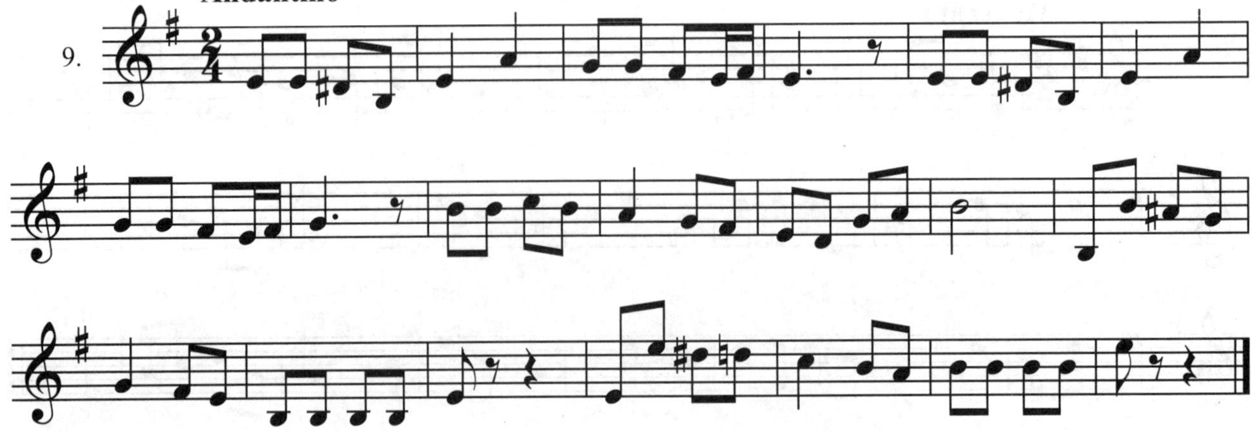

乌克兰民歌

Allegretto

10.

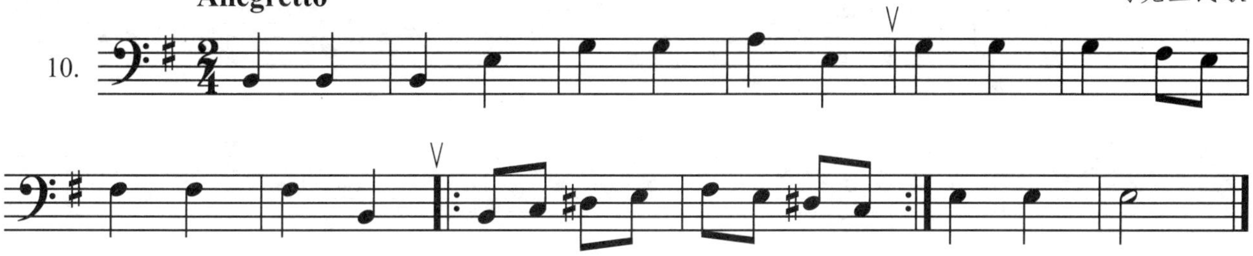

意大利民歌《啊，朋友》

Moderato

11.

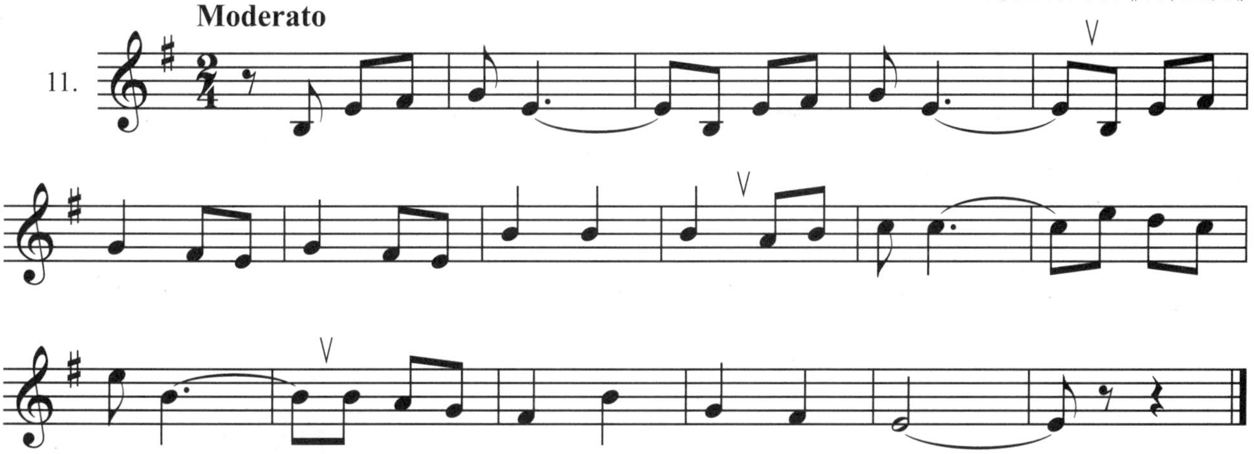

俄罗斯民歌

Moderato

12.

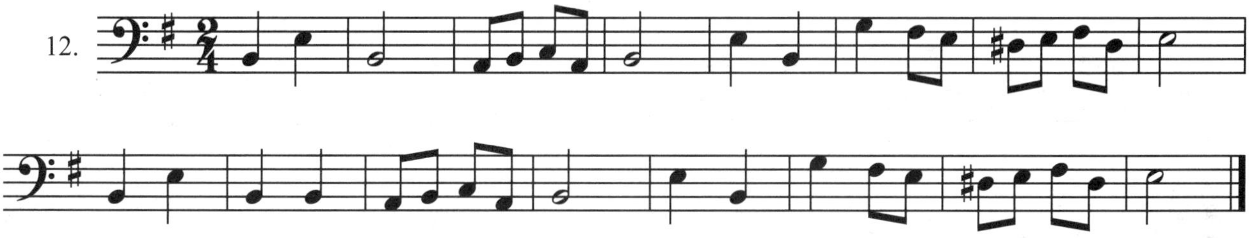

《喀秋莎》勃兰切尔曲

Andantino

13.

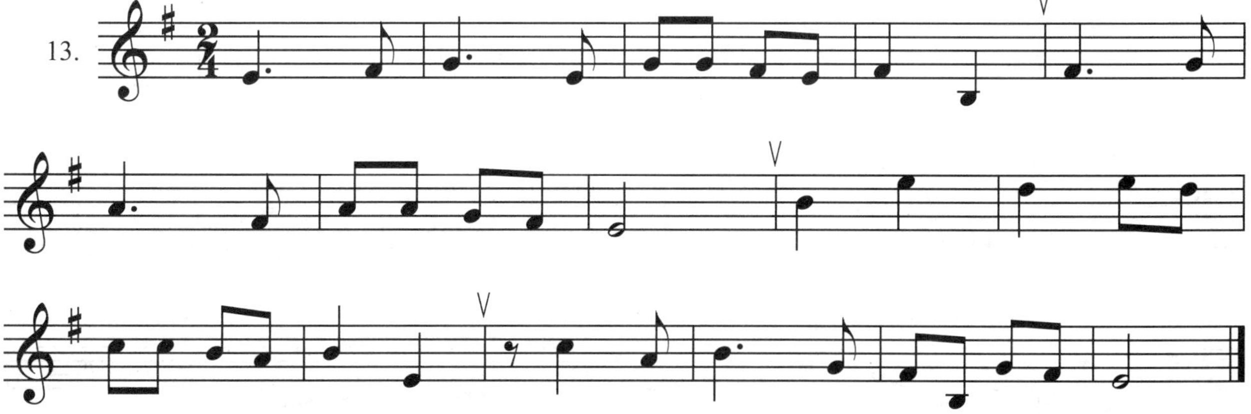

14.

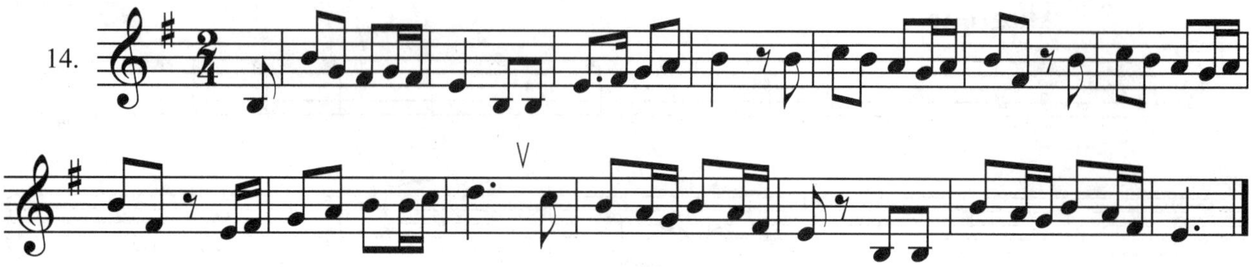

15.

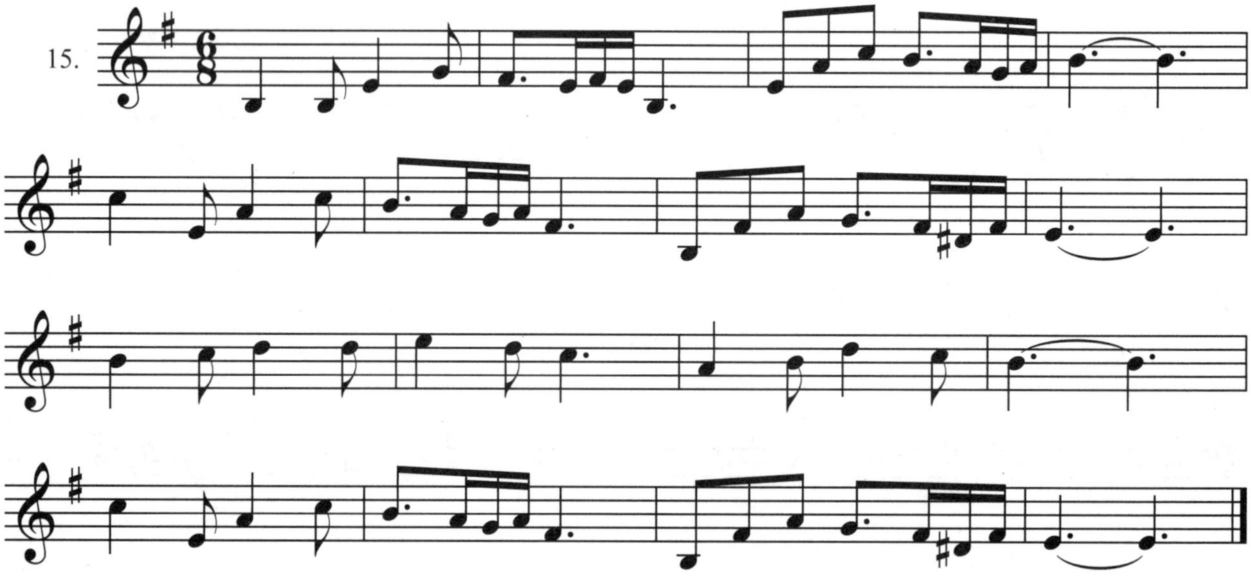

Marcia

16.

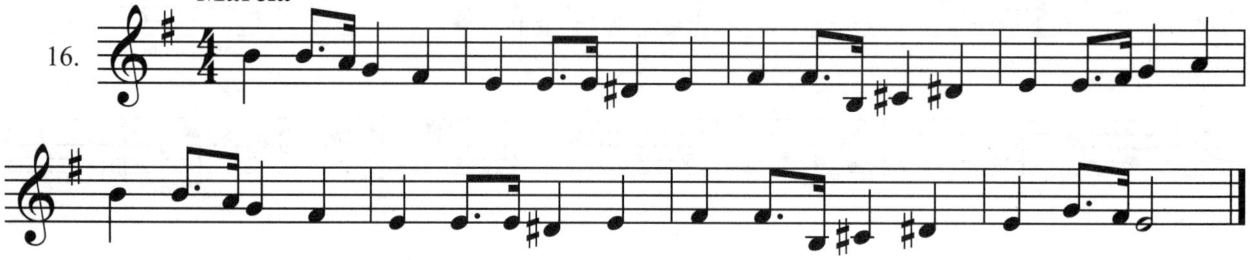

Allegro

17.

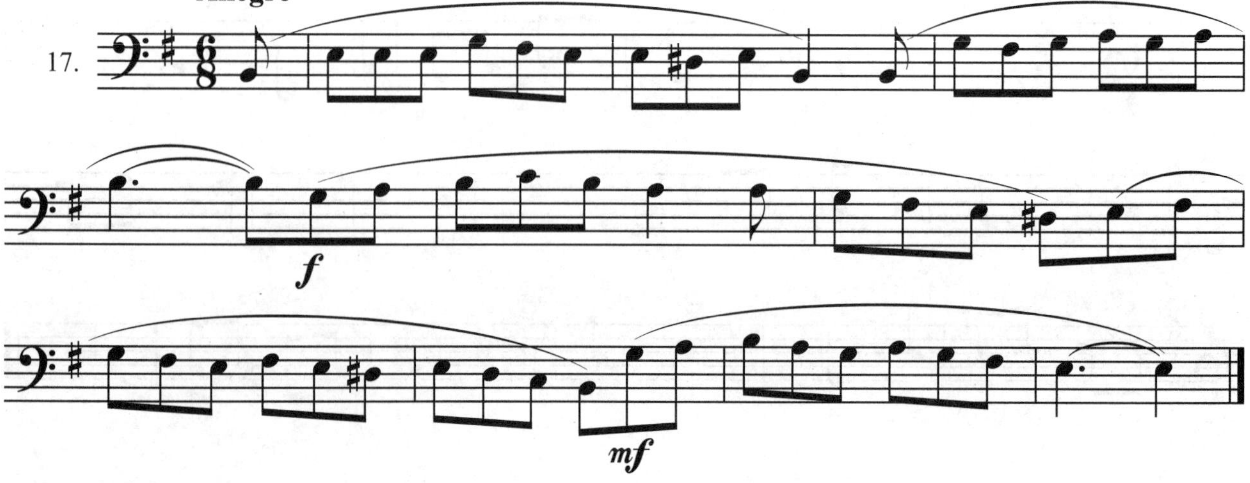

18. Tranquillo

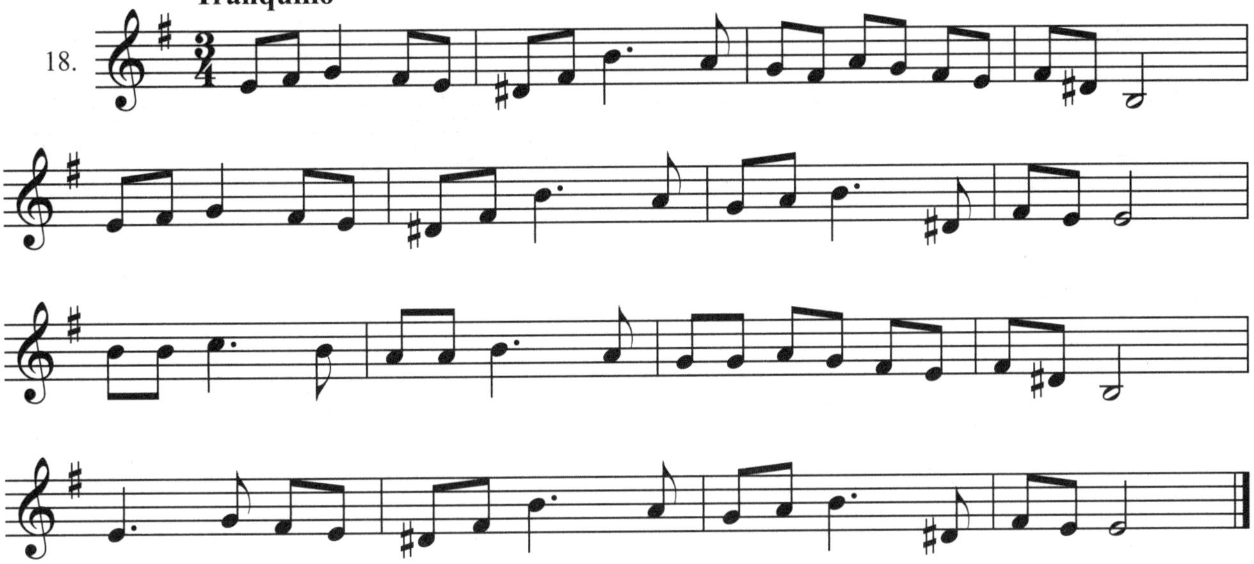

19. Allegretto

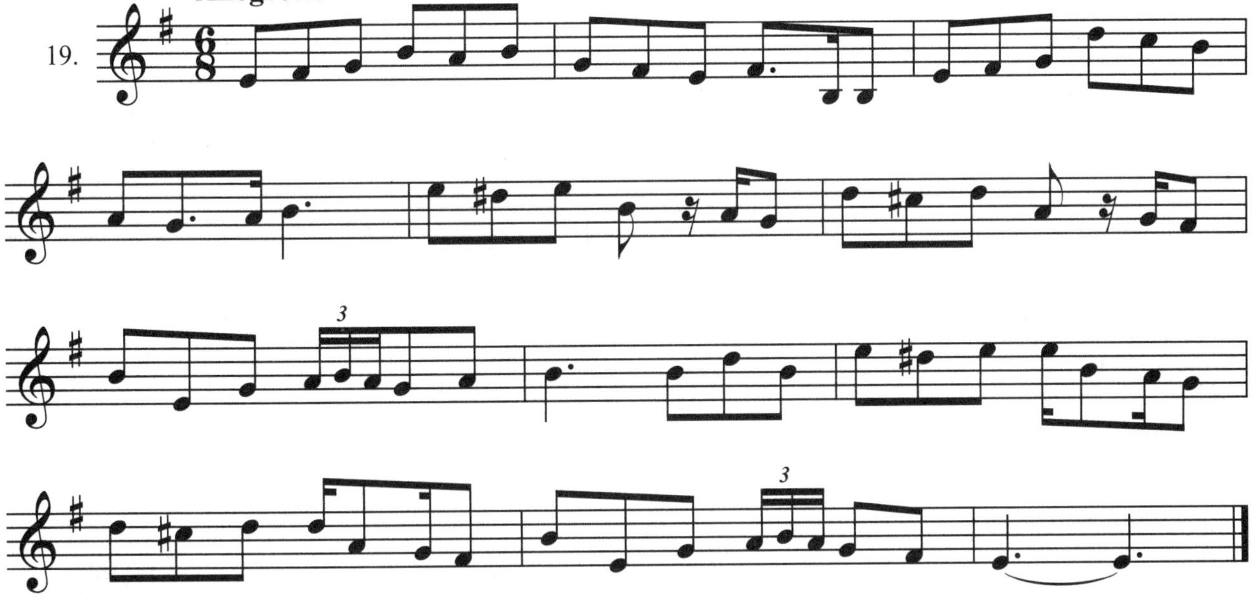

任务三　G 同宫系统民族调式

一、乐理知识

(一)G 宫调式

以 G 为宫音和主音的民族调式就是 G 宫调式。

(二)G 同宫系统各调

以 G 为宫的 5 种五声调式,即 G 宫调式、A 商调式、B 角调式、D 徵调式、E 羽调式,这些调式宫音都是 G,所以叫 G 同宫系统各调。

二、G 同宫系统各调式音阶

1. G 宫五声调式

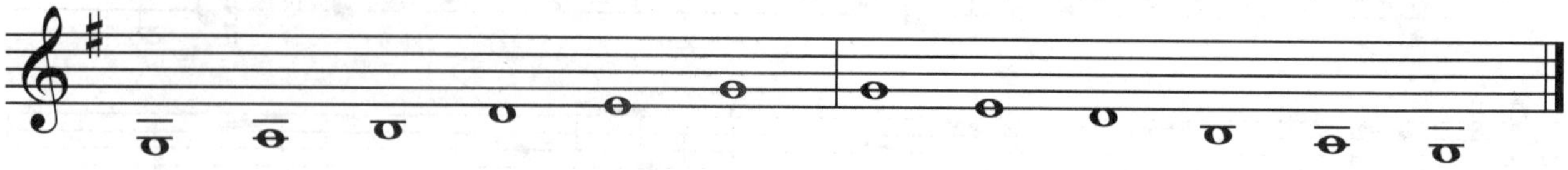

2. A 商五声调式

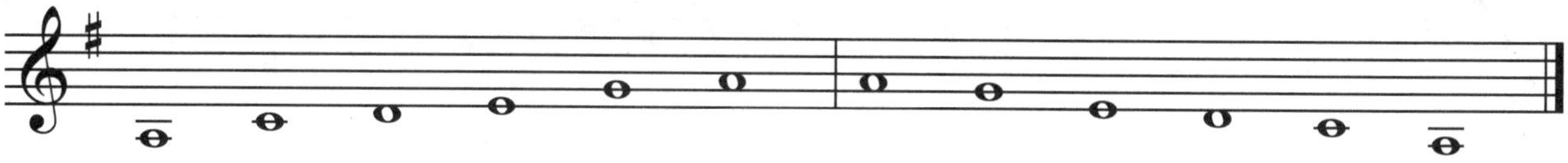

3. B 角五声调式

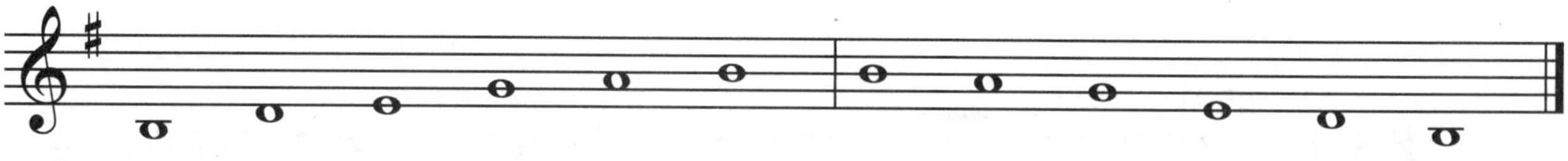

4. D 徵五声调式

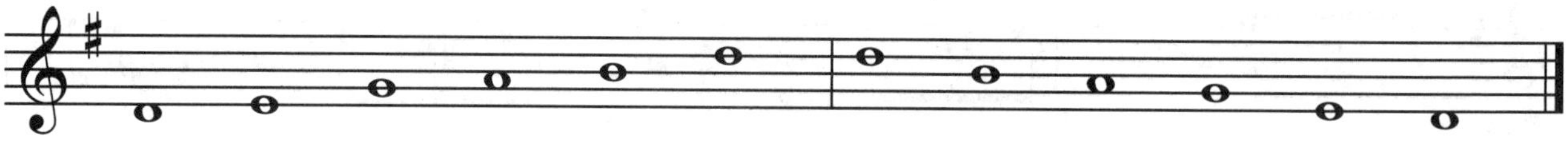

5. E 羽五声调式

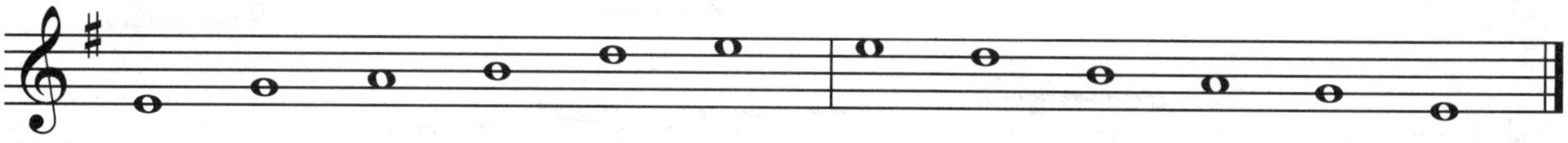

音频 7条

三、视唱练习

欢快地　　　　湖南民歌

1.

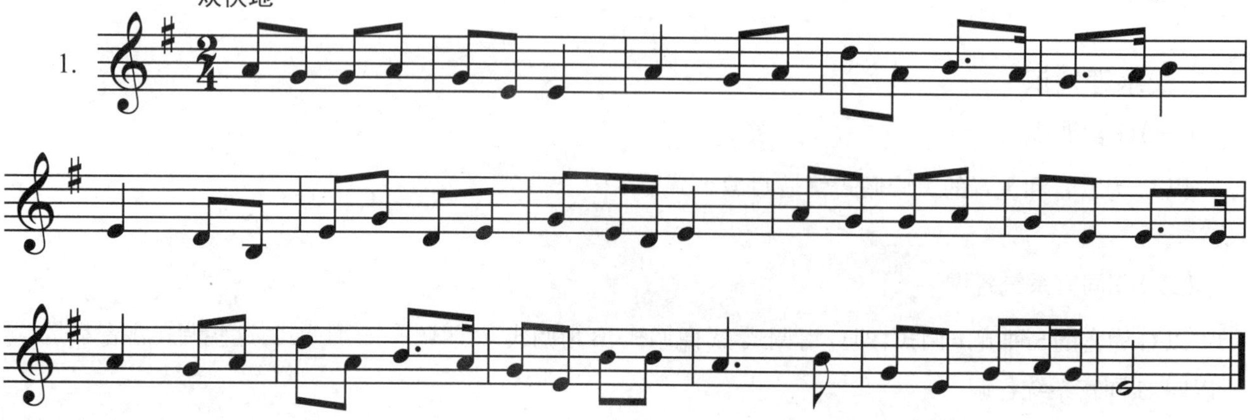

山东民歌《沂蒙山小调》

2.

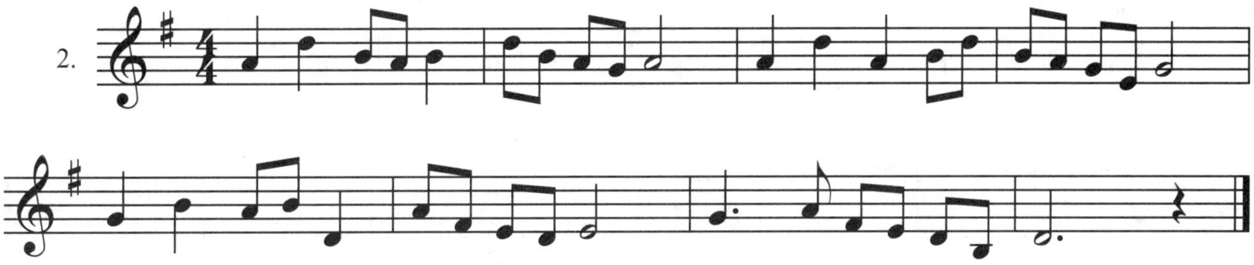

《只怕不抵抗》冼星海曲

3.

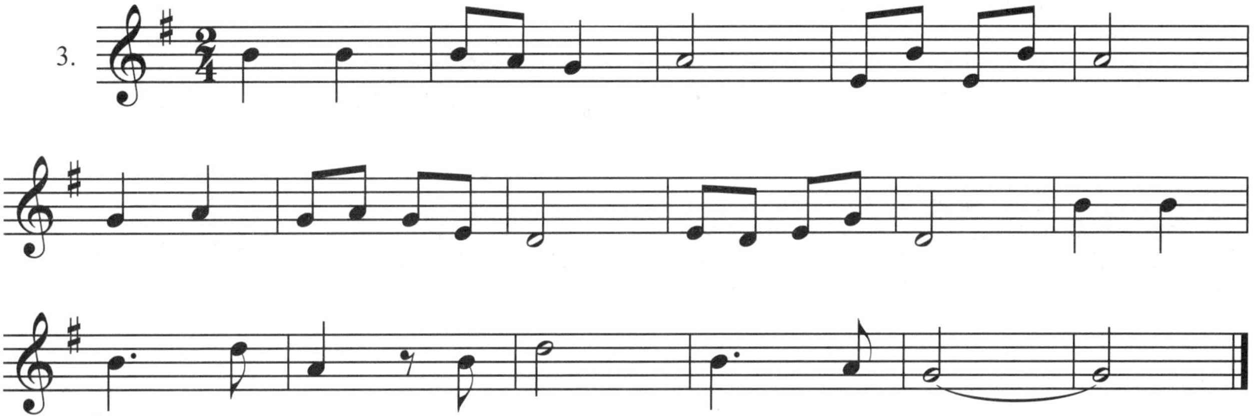

江苏民歌《一粒下土万担收》

4.

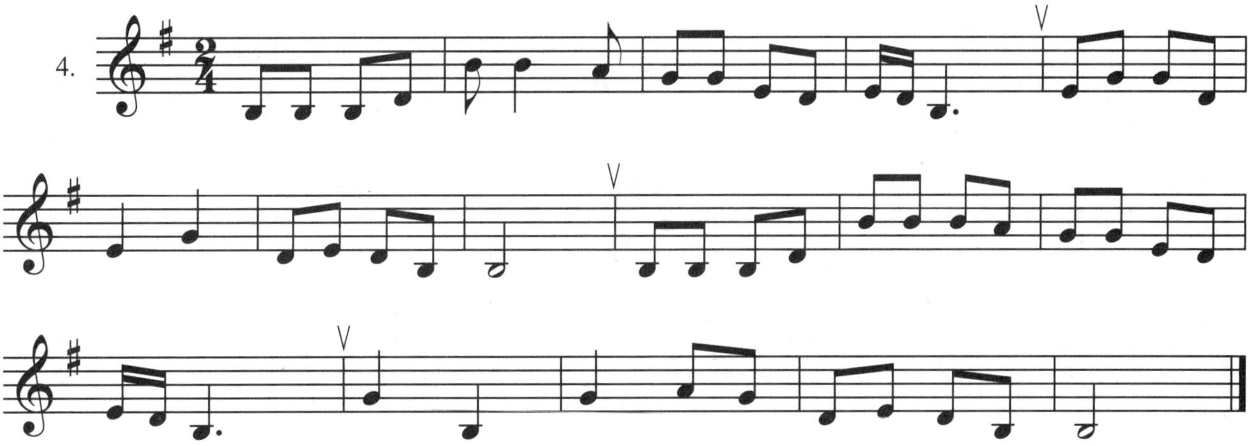

《梦见毛主席》吴克辛曲

5.

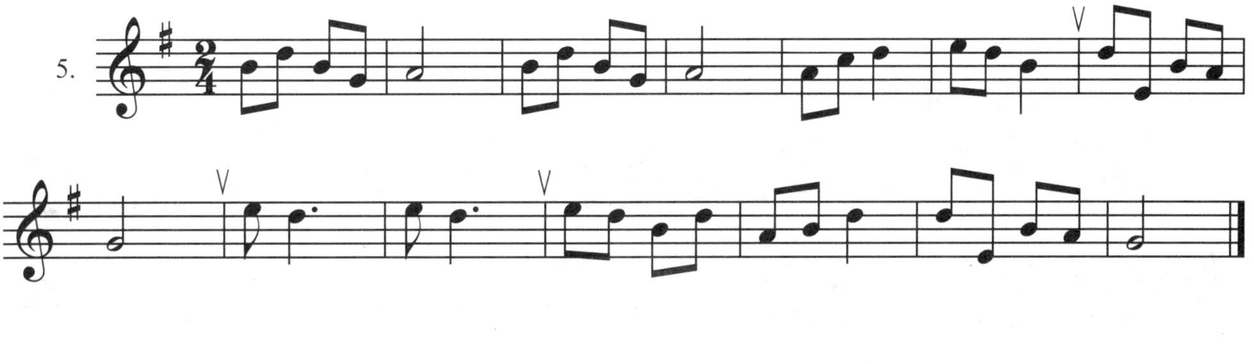

《种瓜》刘天浪曲

6.

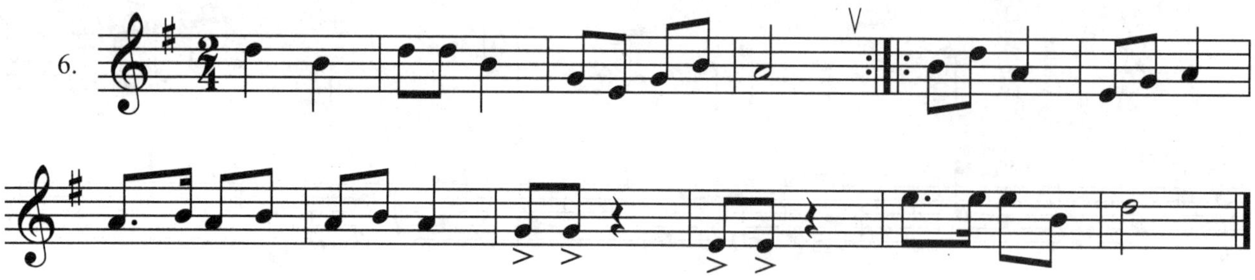

《瑶族舞曲》茅沅曲

Andantino 优美地

7.

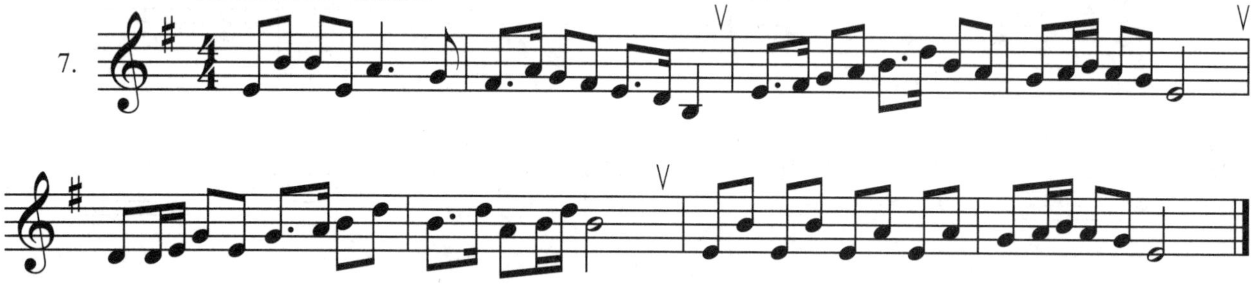

任务四 综合练习

音频

14条

Allegretto

1.

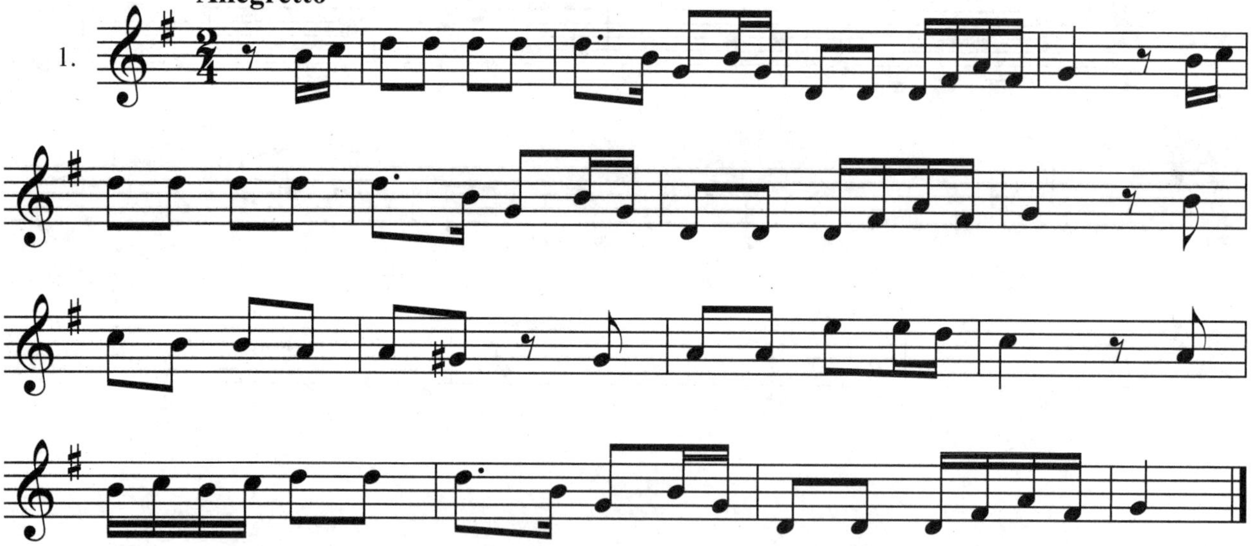

Moderato

2.

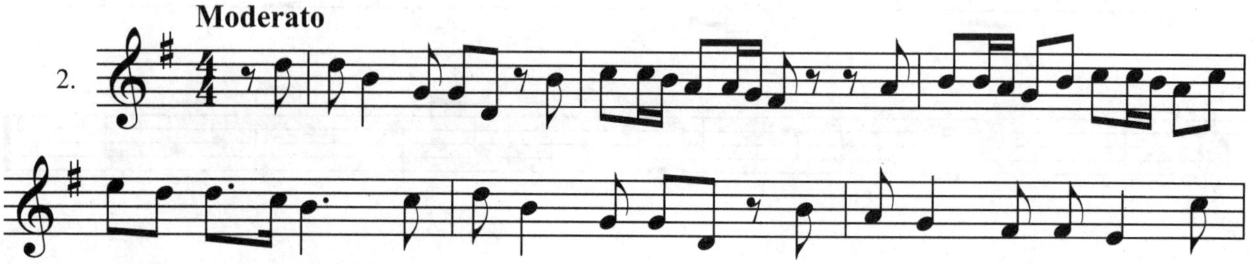

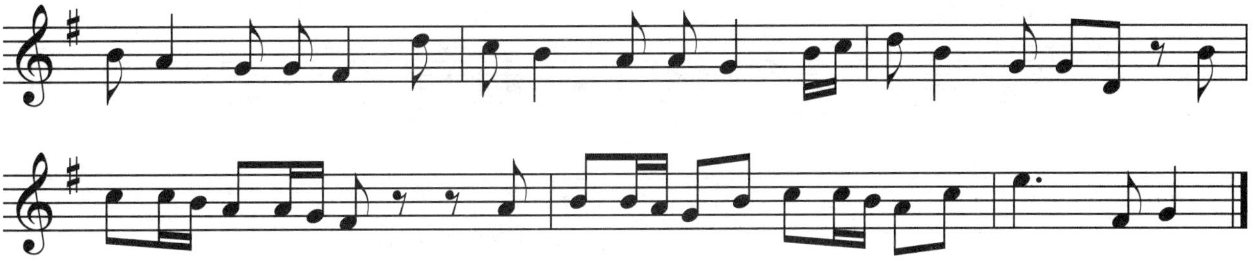

Andantino

3.

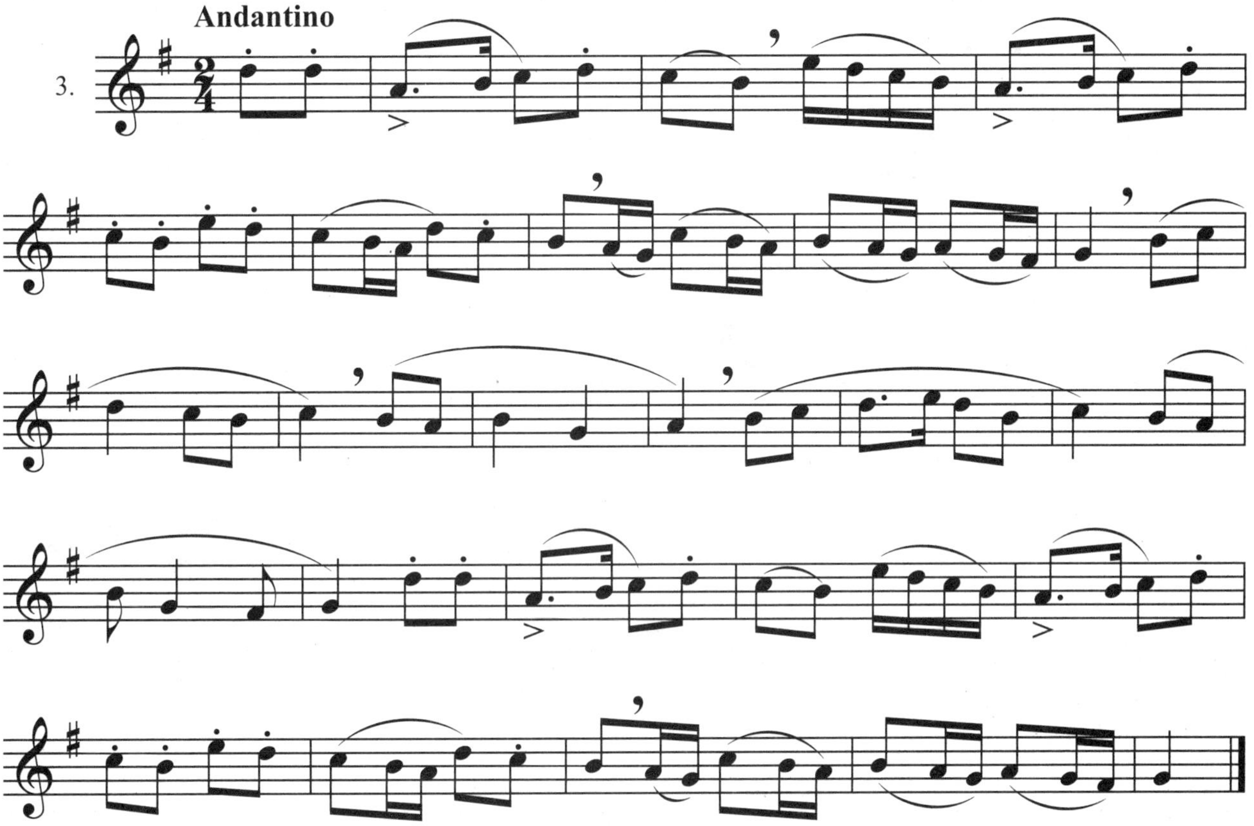

Andante

4.

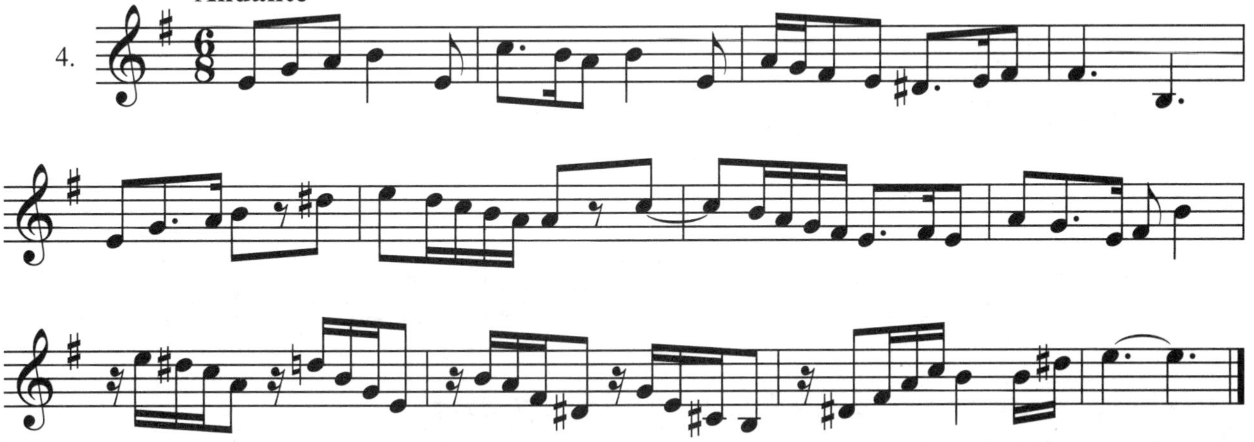

Allegretto

5.

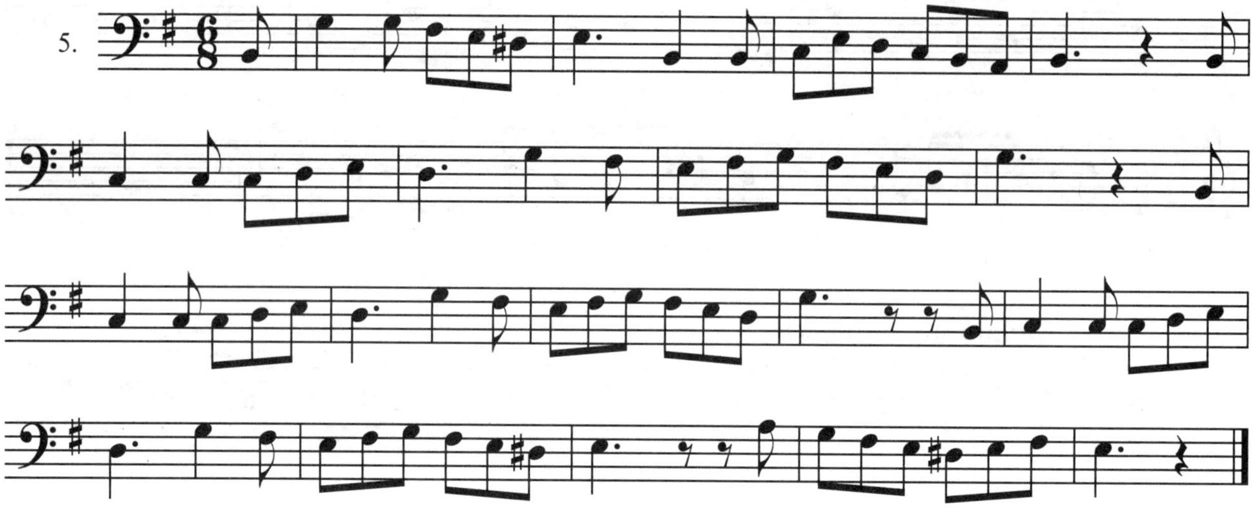

Tempo ordinario

6.

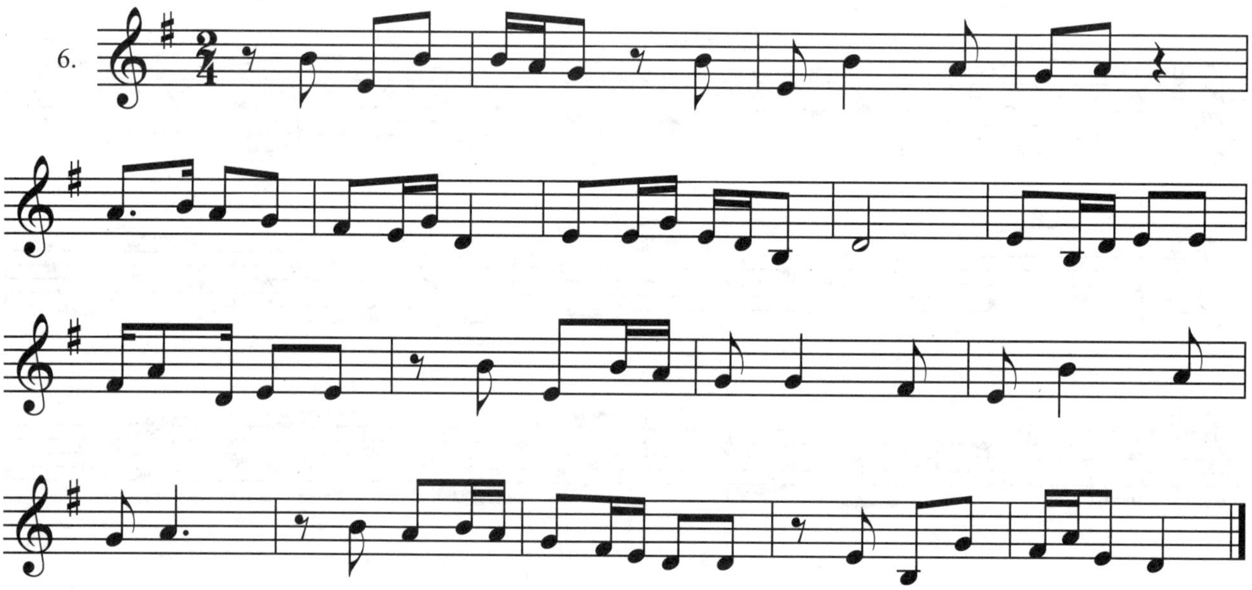

Moderato

7.

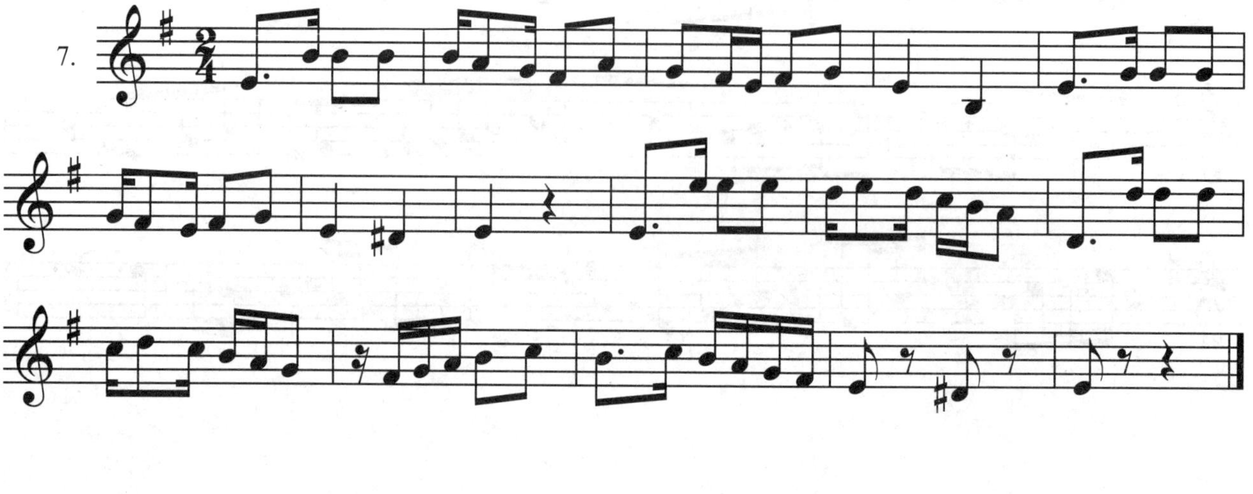

Allegro

8.

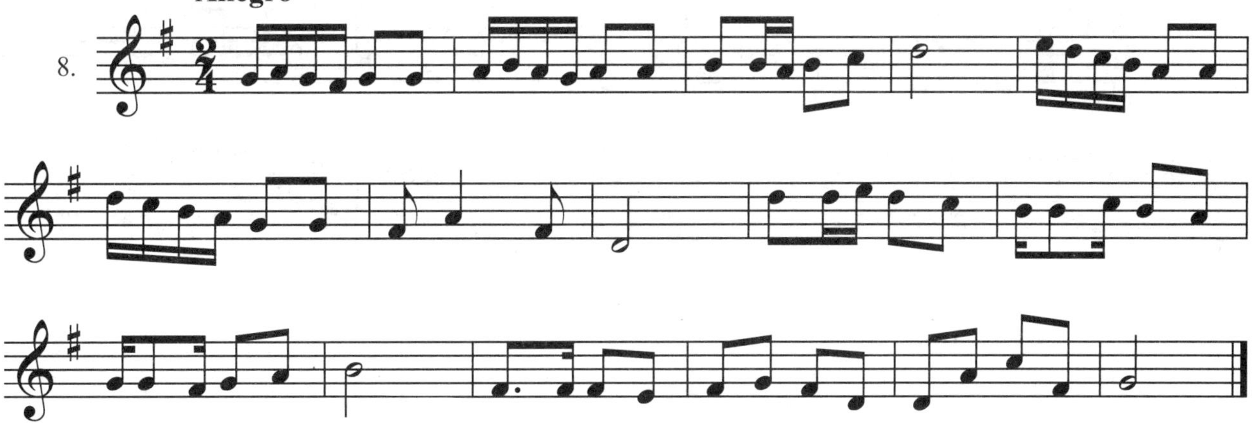

Moderato

9.

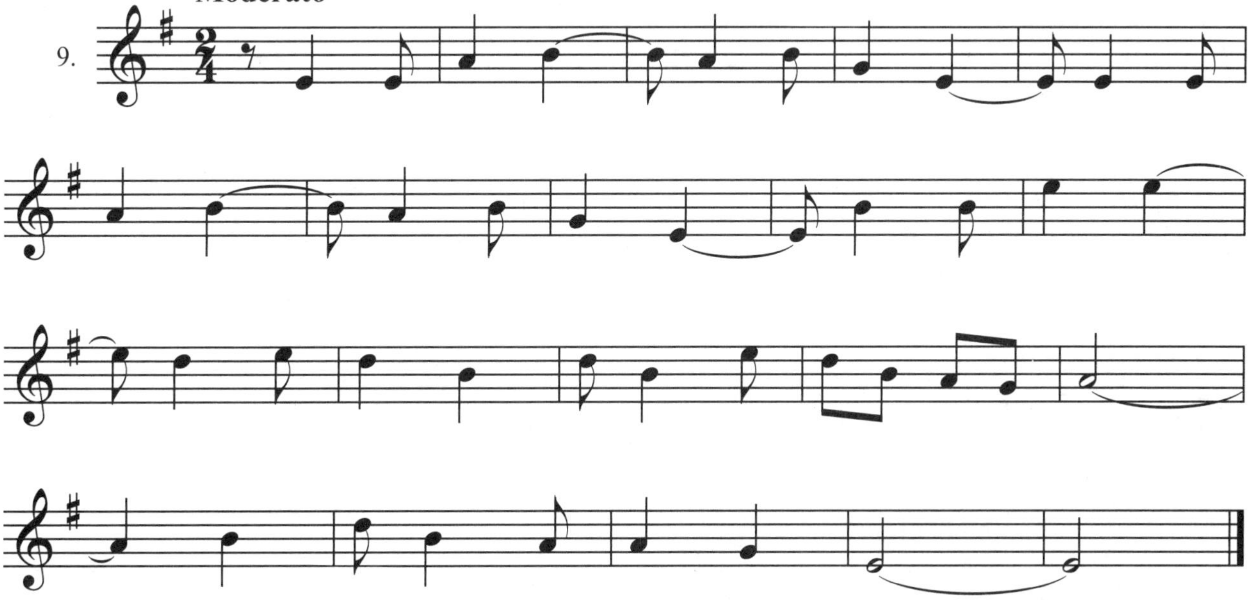

Tempo di marcia

10.

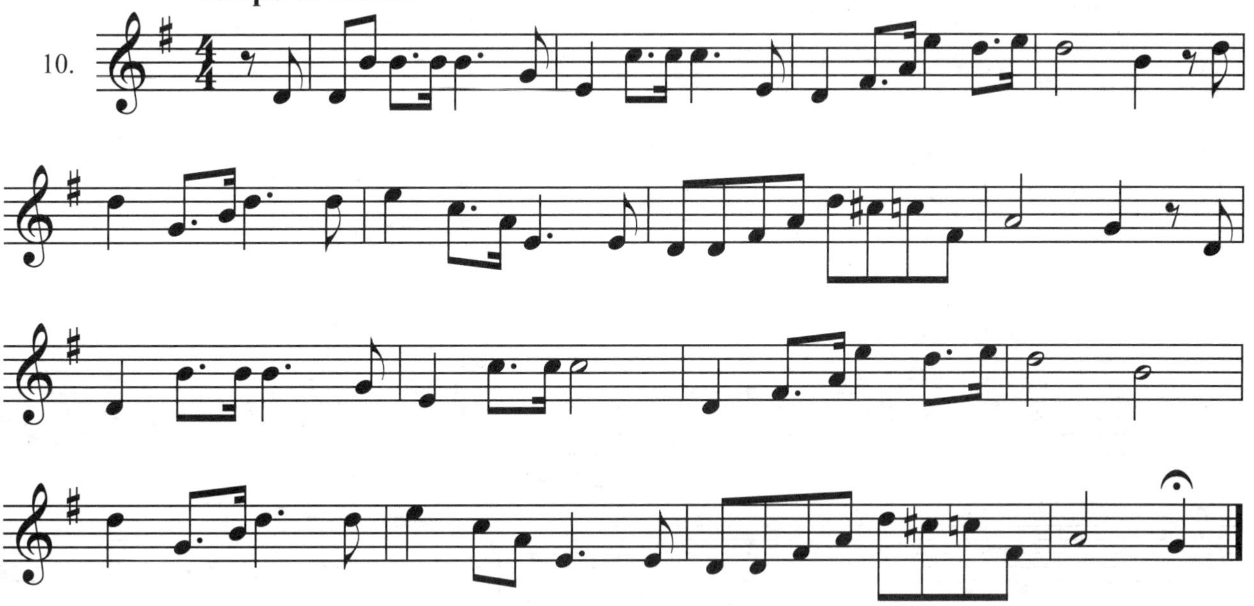

11.

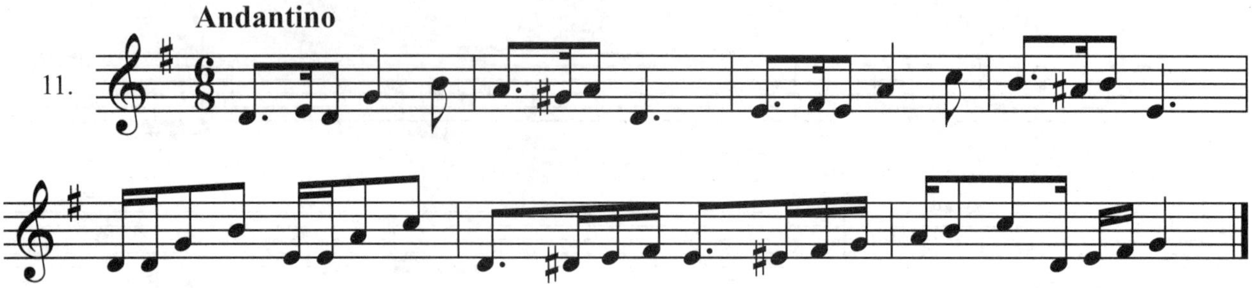

12.

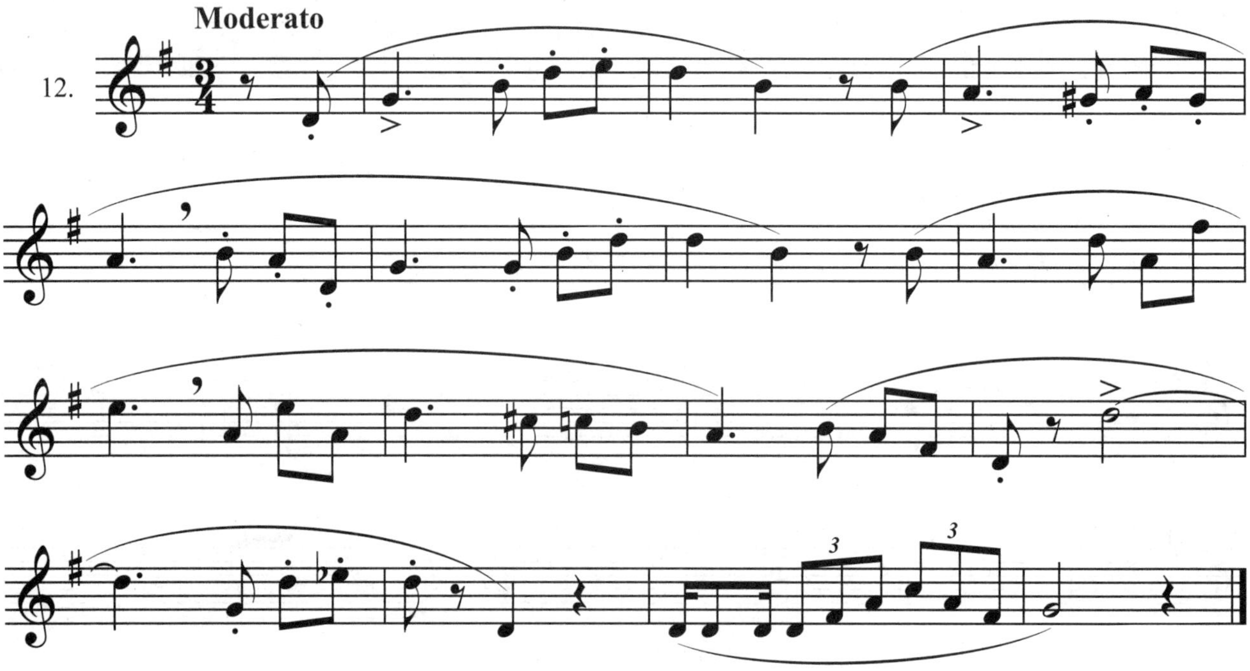

13.

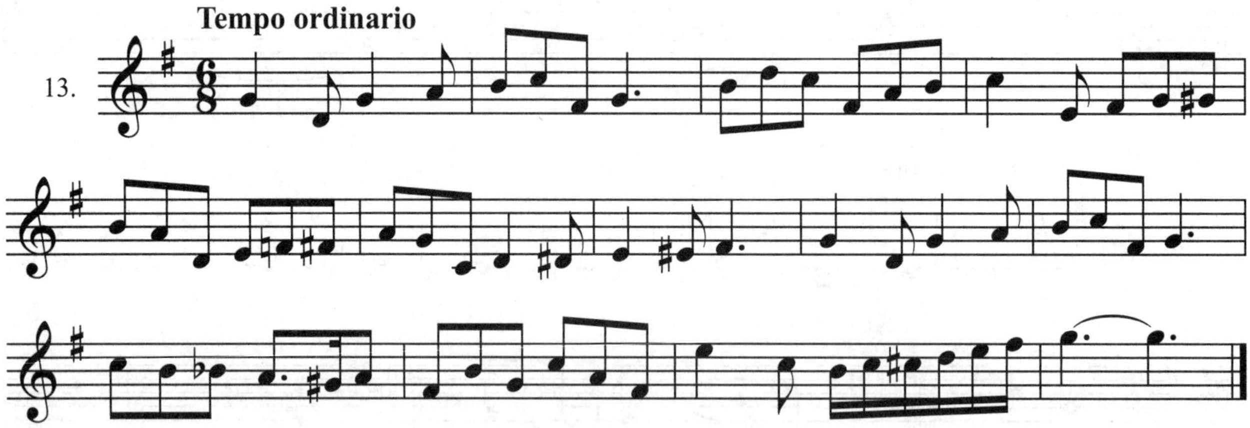

14.

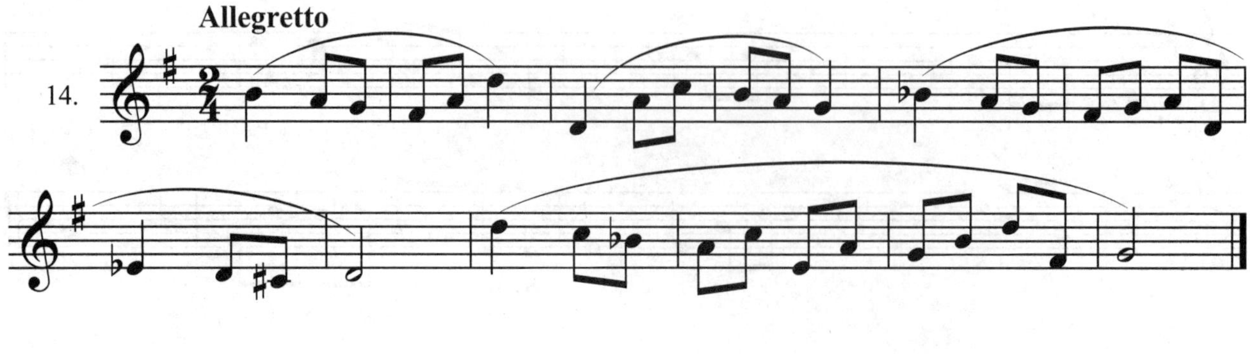

项目二　一个降号调视唱

任务一　F　大　调

一、乐理知识

（一）F 大调

以 F 为主音的自然大调叫作 F 自然大调，简称 F 大调。

（二）F 大调音阶

以 F 为主音，按“全—全—半—全—全—全—半”的关系排列起来的 7 个音级就是 F 大调音阶（如图 2-2-1）。

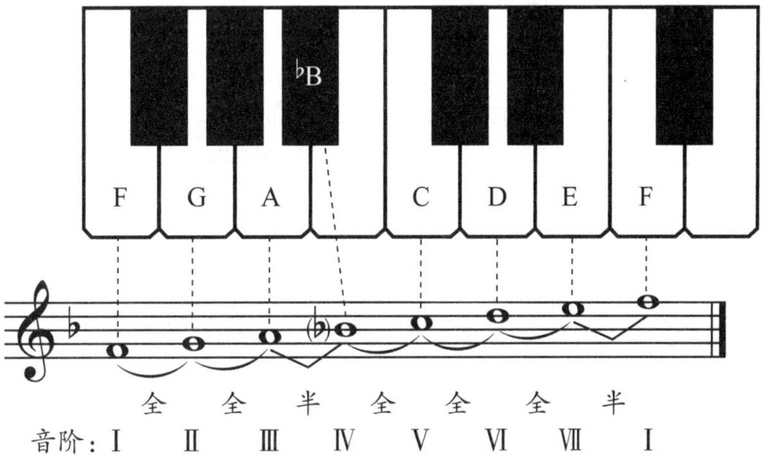

图 2-2-1　F 大调音阶

二、F 大调音阶和音程练习

（一）F 大调音阶练习

F 大调

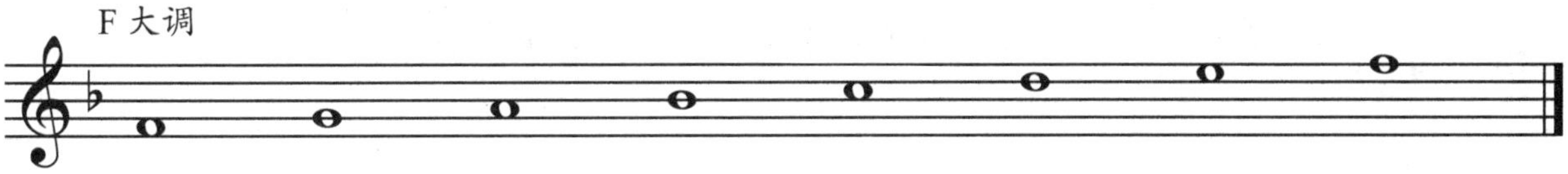

首调：	do	re	mi	fa	sol	la	si	do
固定调：	fa	sol	la	♭si	do	re	mi	fa
简谱：1=F	1	2	3	4	5	6	7	$\dot{1}$

（二）F 大调音程练习

音频

1. 三度音程

朱慧敏编曲　　5 条

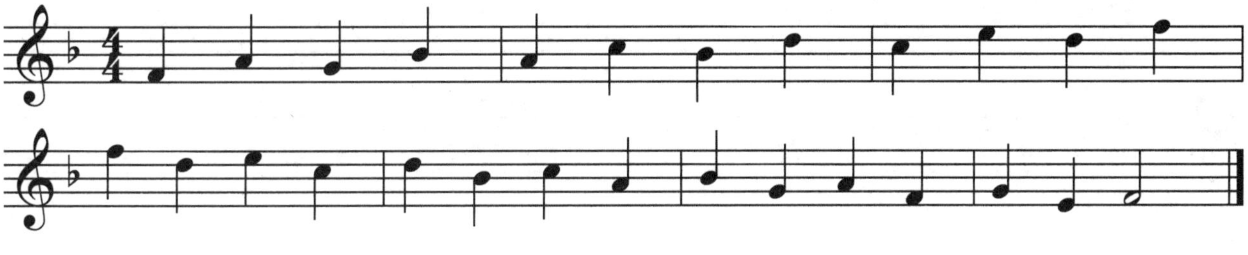

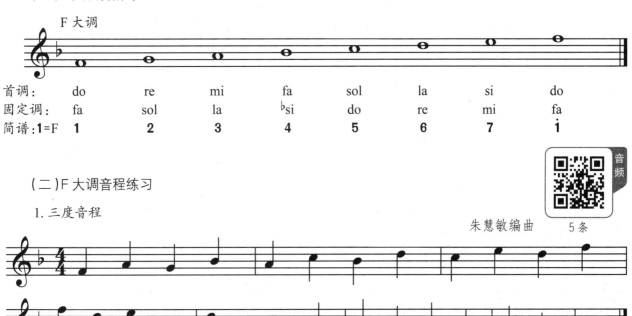

2. 四度音程

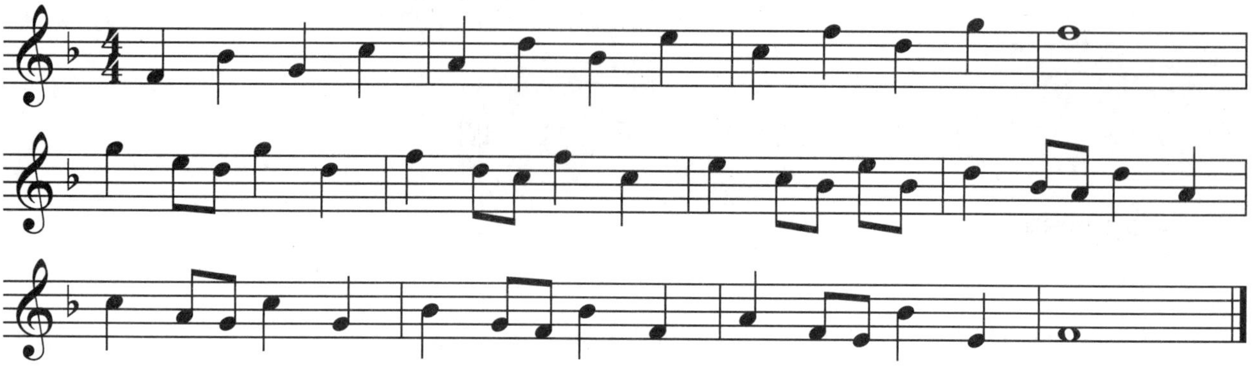

3. 五度音程

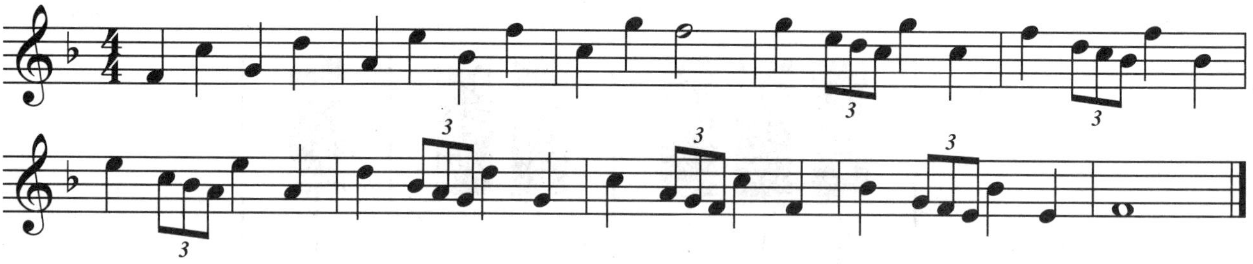

4. 六度音程

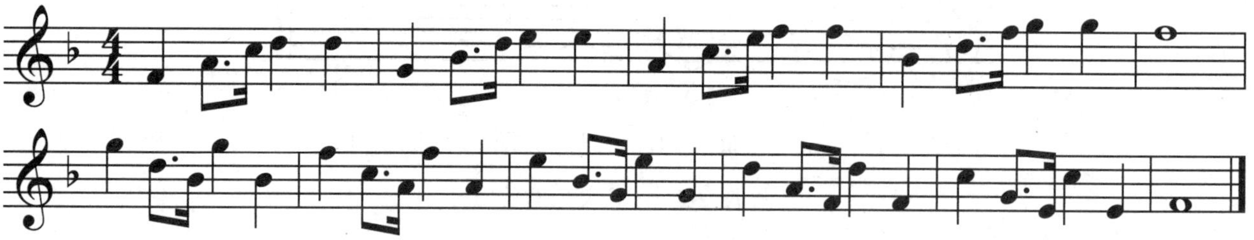

5. 七度音程

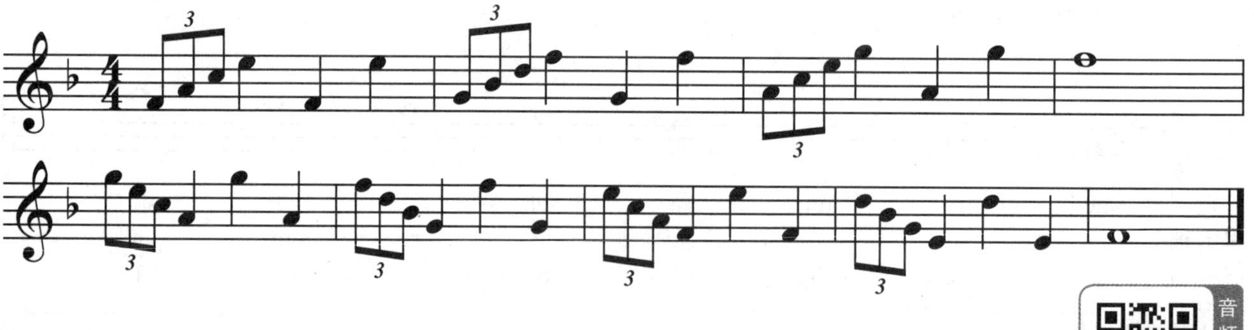

音频

16条

三、视唱练习

格鲁克曲

1.

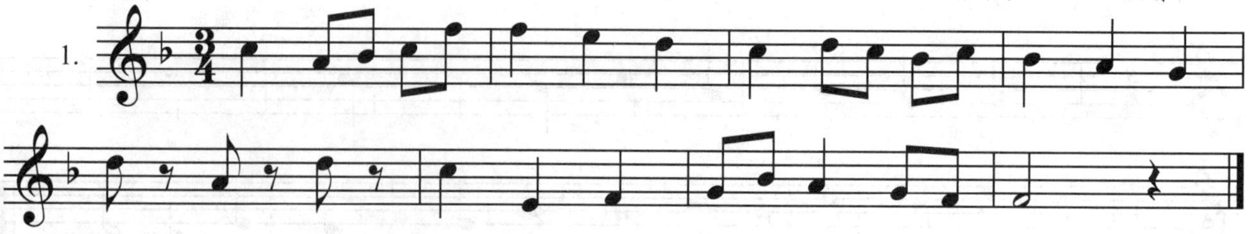

捷克民歌

2.

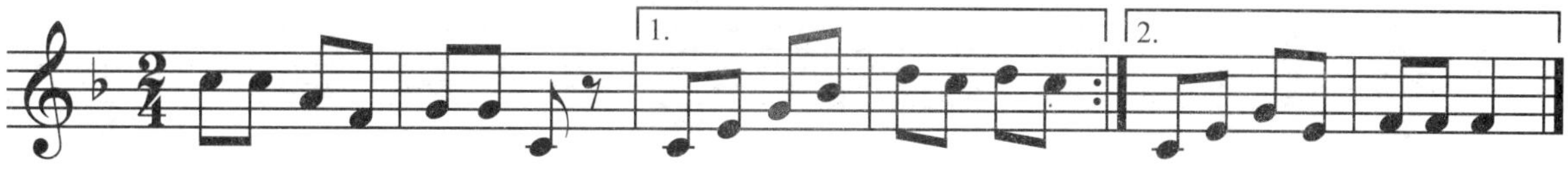

3.

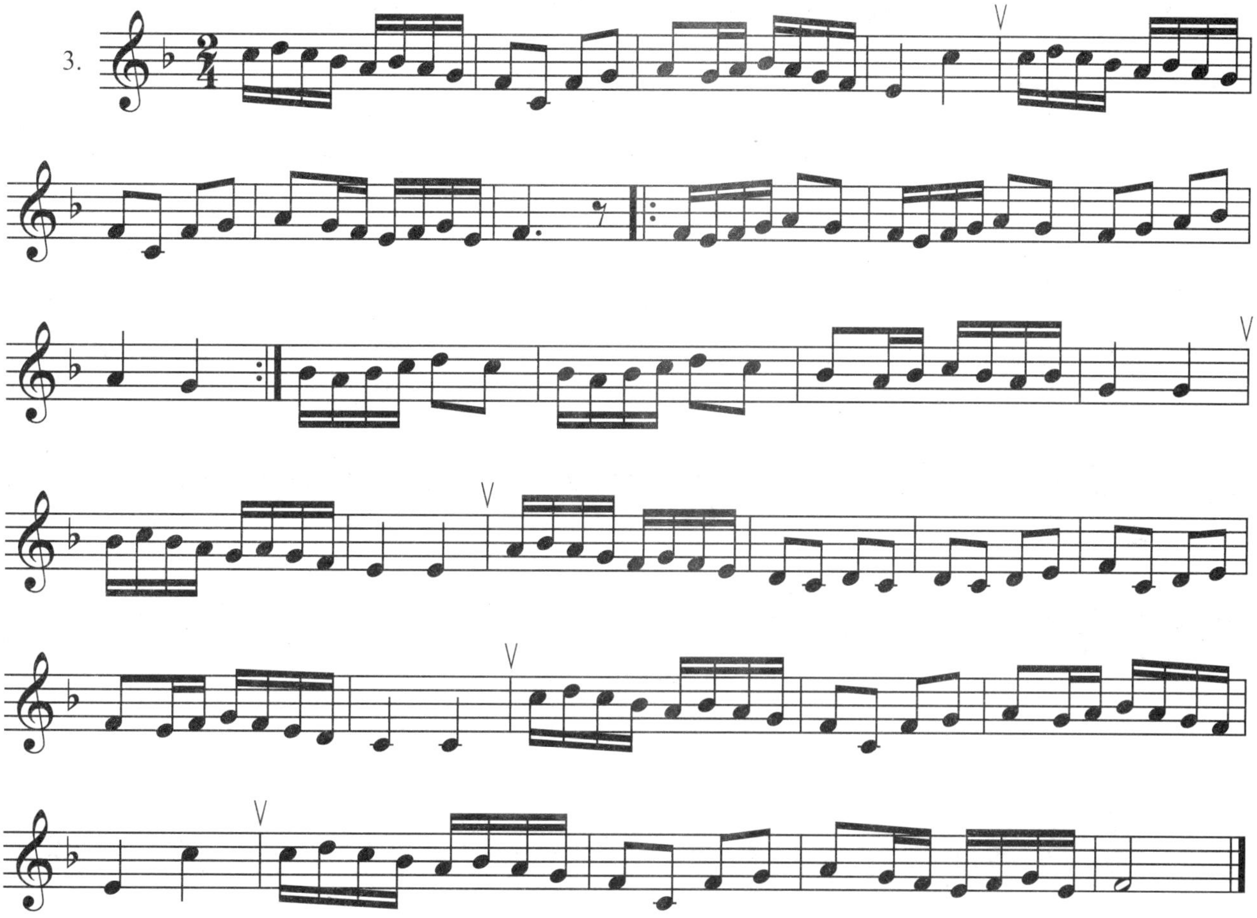

4.

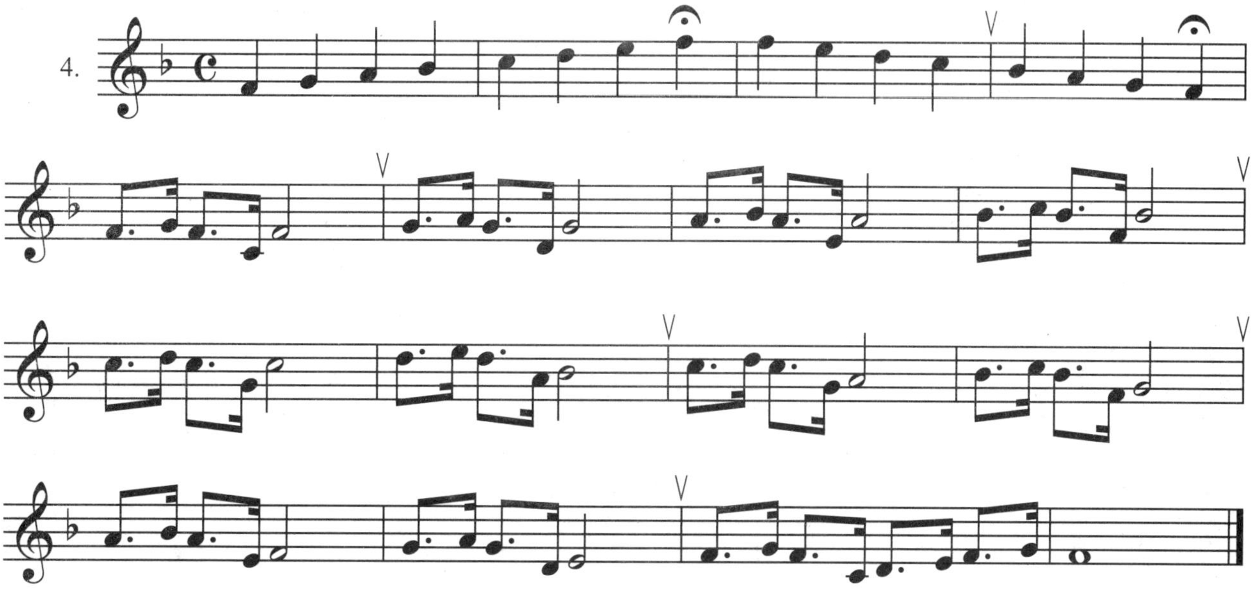

Allegretto　　　　英国民歌

5.

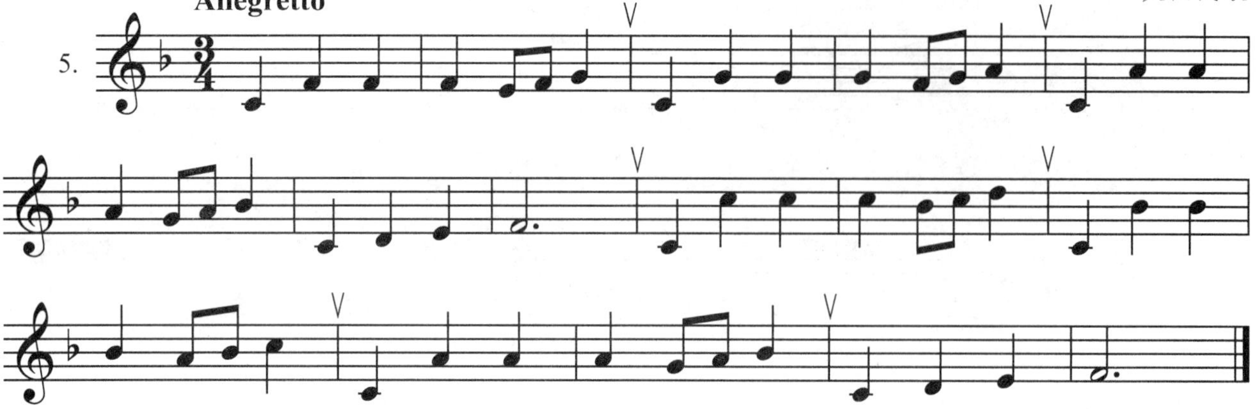

Moderato　　　　卡里尼科夫曲

6.

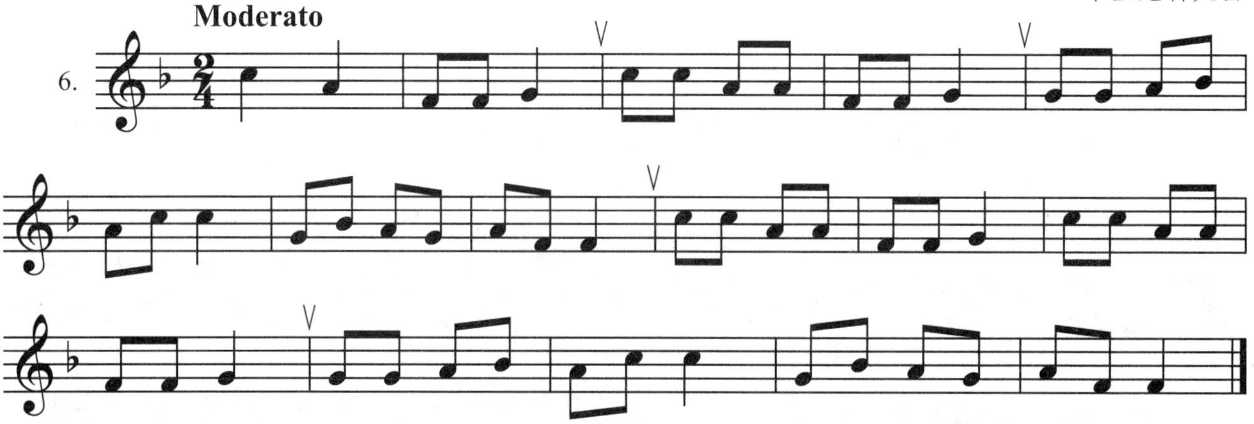

Allegretto　　　　约坦斯基曲

7.

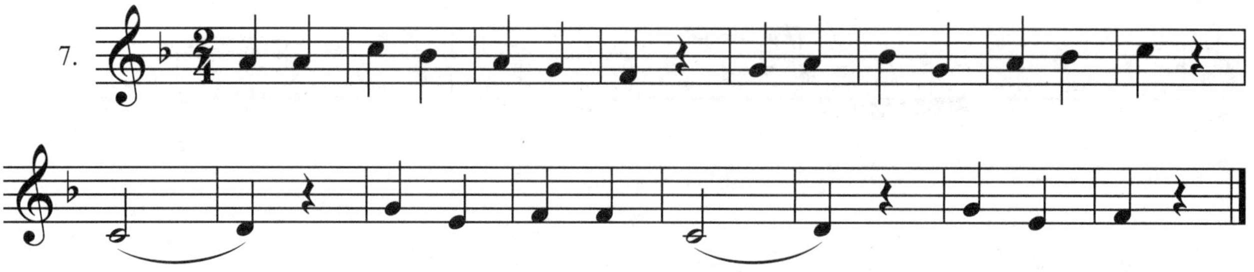

Allegreto 跳跃地　　　　瑞典民间舞曲

8.

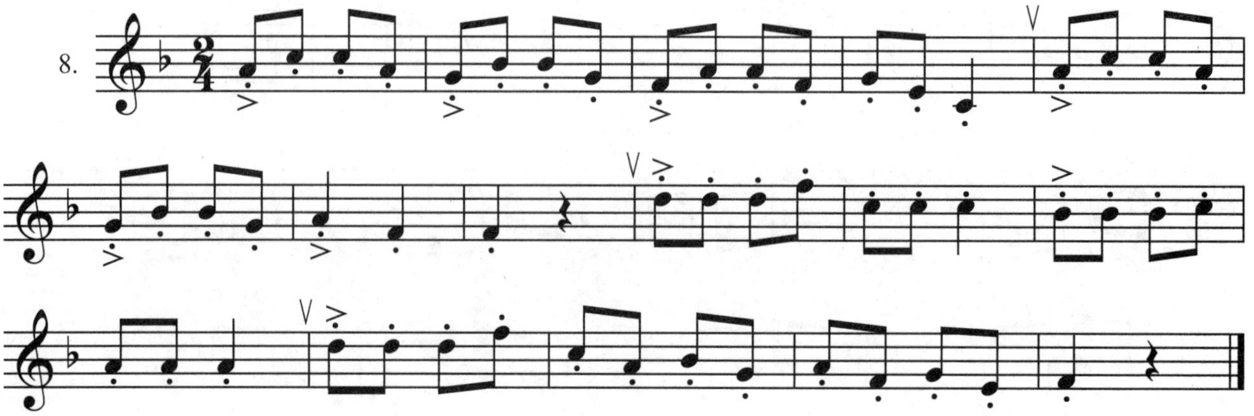

Maestoso

9.

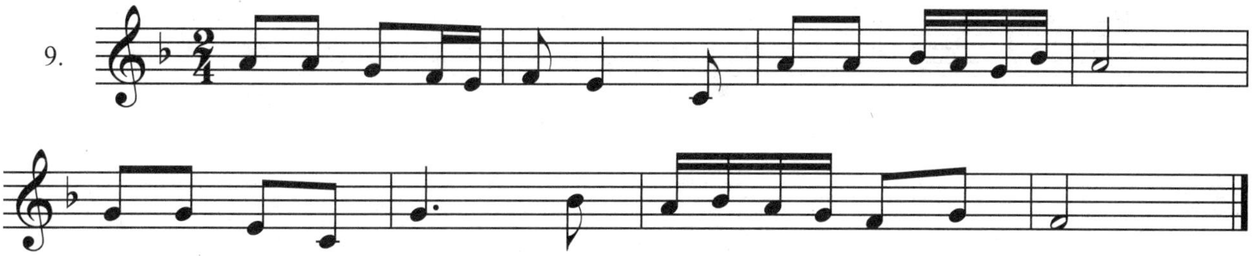

Andante

10.

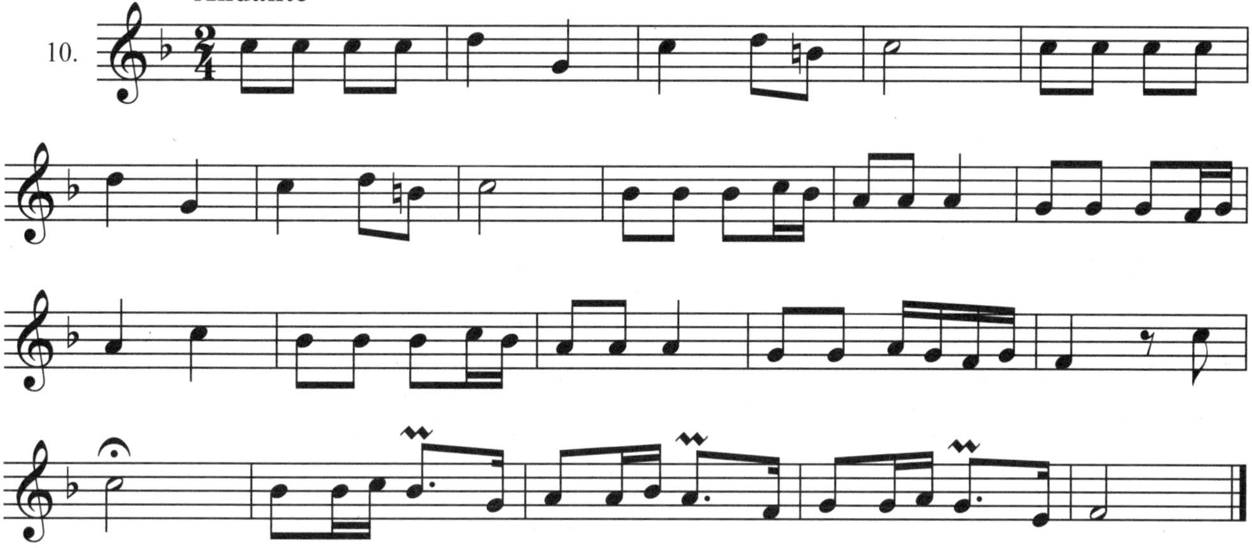

Allegretto

11.

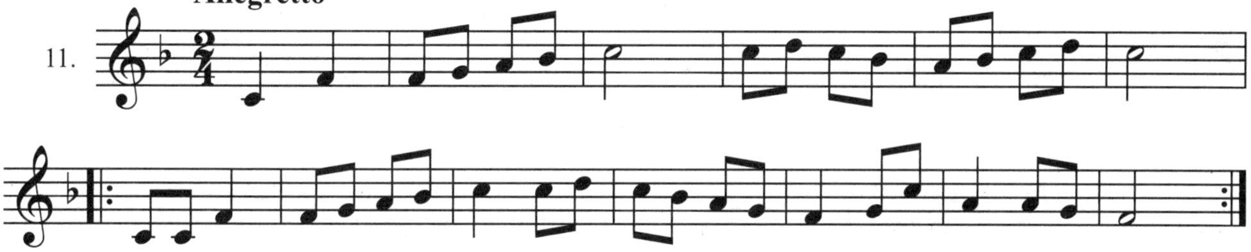

Allegro

12.

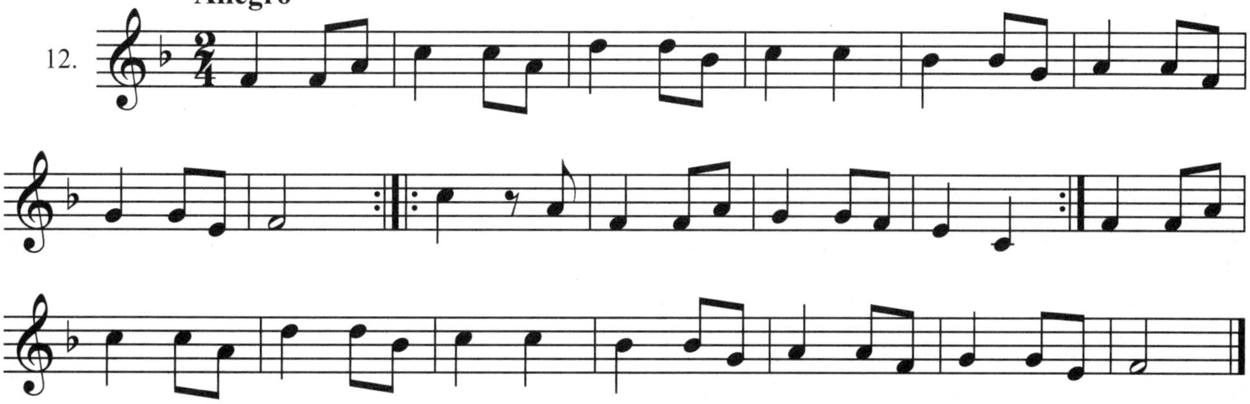

Cantabile

13.

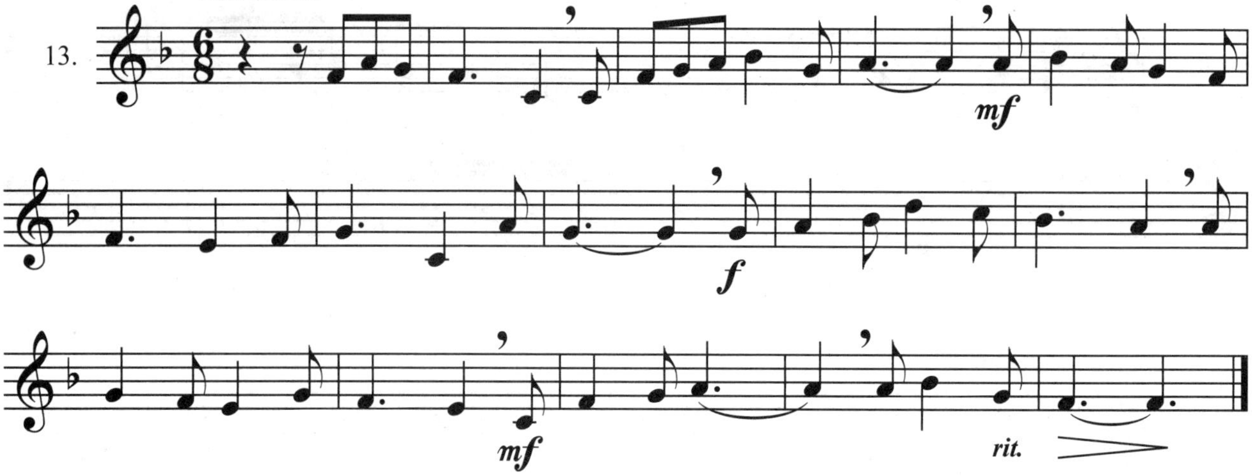

《猎人进行曲》韦伯曲

Moderato 轻快、活泼地

14.

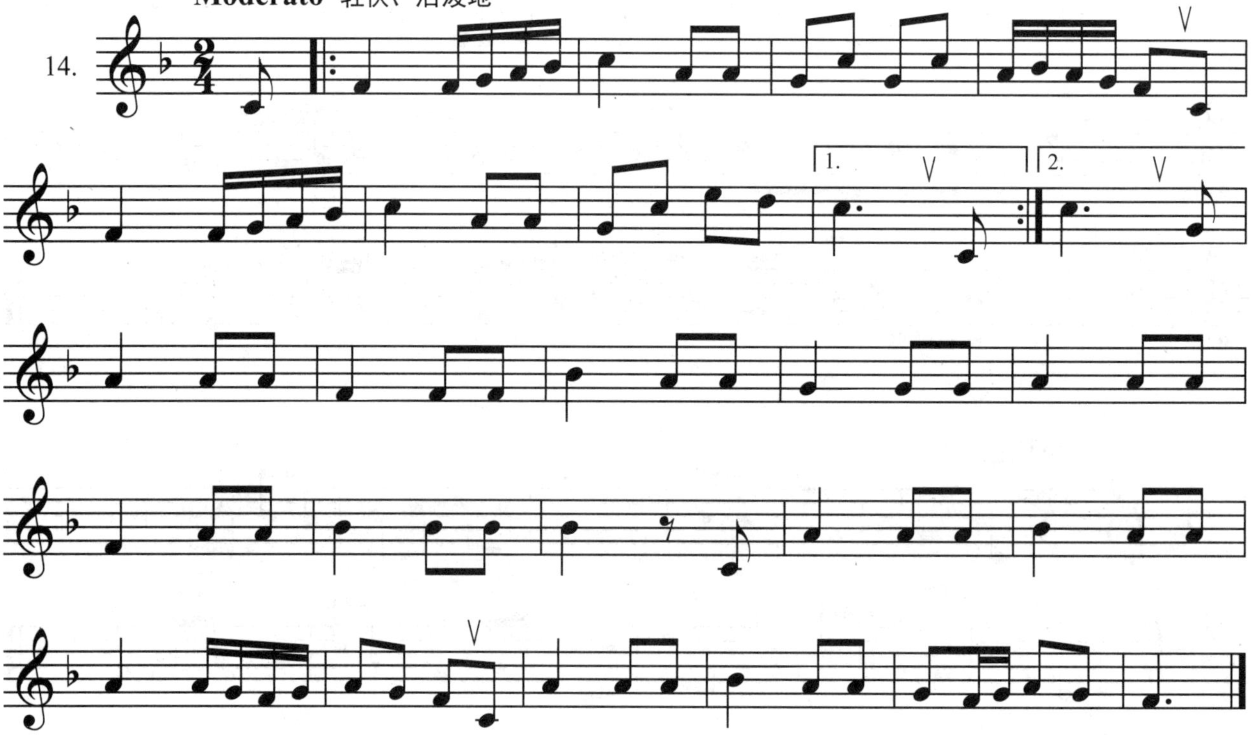

卡里尼科夫曲

Moderato

15.

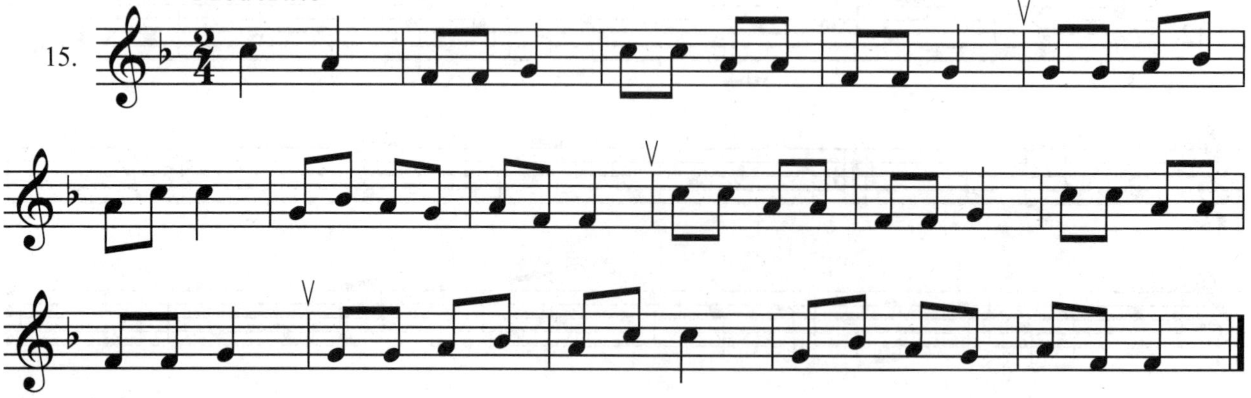

《节日的花篮》奈吉里曲

Moderato

16.

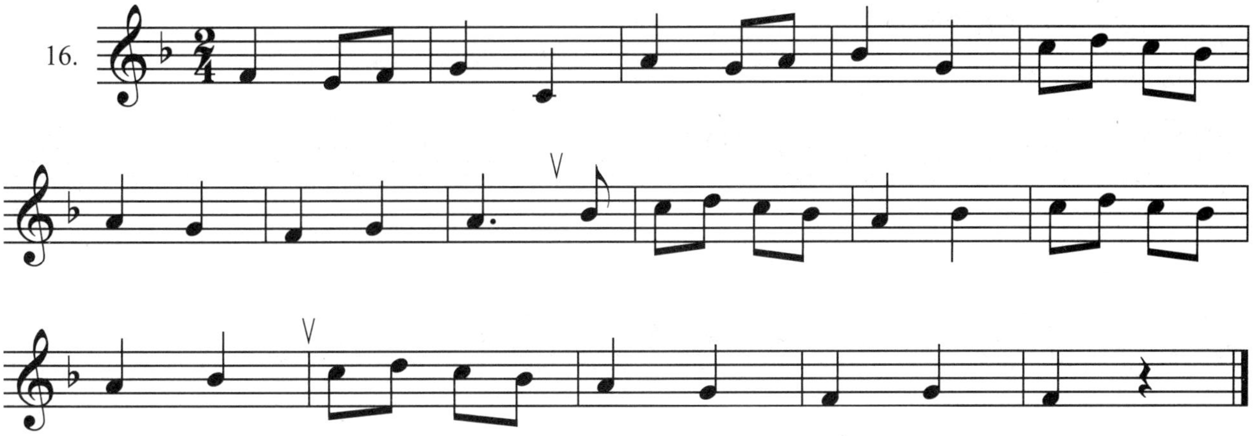

任务二　d 小 调

一、乐理知识

(一)d 小调

以 d 为主音的自然小调叫作 d 自然小调，简称 d 小调。F 大调和 d 小调都属于 F 调，因为调号都是一个降号，所以 F 大调和 d 小调又叫关系大小调。

(二)d 小调音阶

以 d 为主音，按“全—半—全—全—半—全—全”的关系排列起来的 7 个音级就是 d 小调音阶。

例 2-2-1

d 自然小调

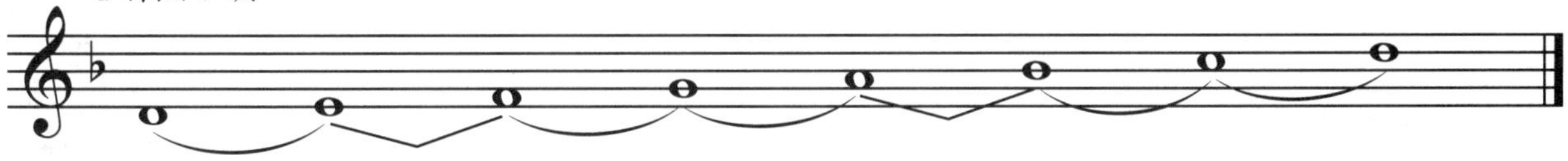

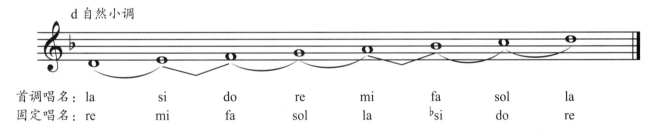

首调唱名：	la	si	do	re	mi	fa	sol	la
固定唱名：	re	mi	fa	sol	la	♭si	do	re

d 和声小调音阶的第Ⅵ级为 B 音，第Ⅶ级为 ♯C 音，两音形成了增二度的扩张音程，其音响特点和 a 和声小调相同，只是唱名不同。如用首调感去听、唱，则与 a 和声小调完全一样(音调的高度不同)。

d 旋律小调音阶的第Ⅵ级为还原号“♮”，在降号调中还原降号可视为升高第Ⅵ级音，第Ⅶ级音为 C，上行时Ⅴ、Ⅵ、Ⅶ级音向主音方向的倾向强烈。下行时还原Ⅶ级音、降Ⅵ级音，从而形成向属音的倾向性。

二、d小调音阶和音程练习

（一）三种d小调音阶练习

自然小调音阶

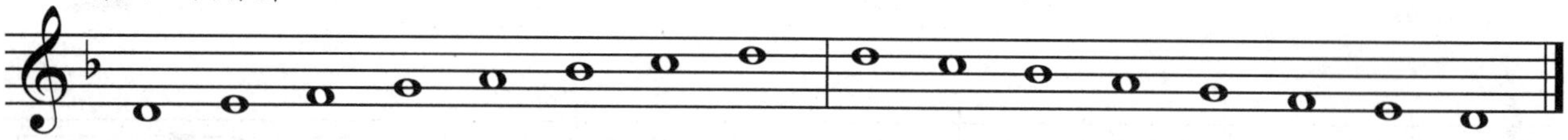

和声小调音阶

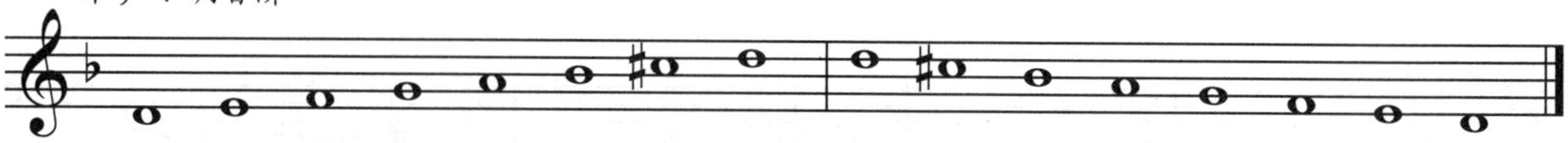

旋律小调音阶

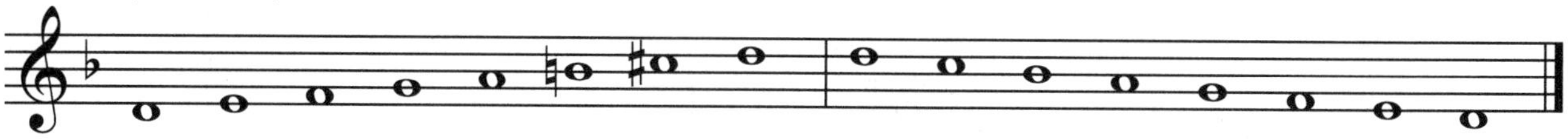

（二）d小调音程练习

三度音程

朱慧敏编曲

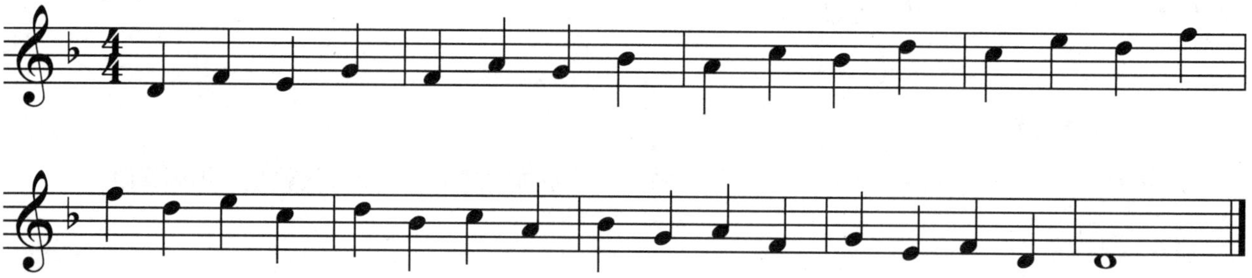

三、视唱练习

音频

14条

Moderato 悠扬地

《牧童之歌》石夫曲

1.

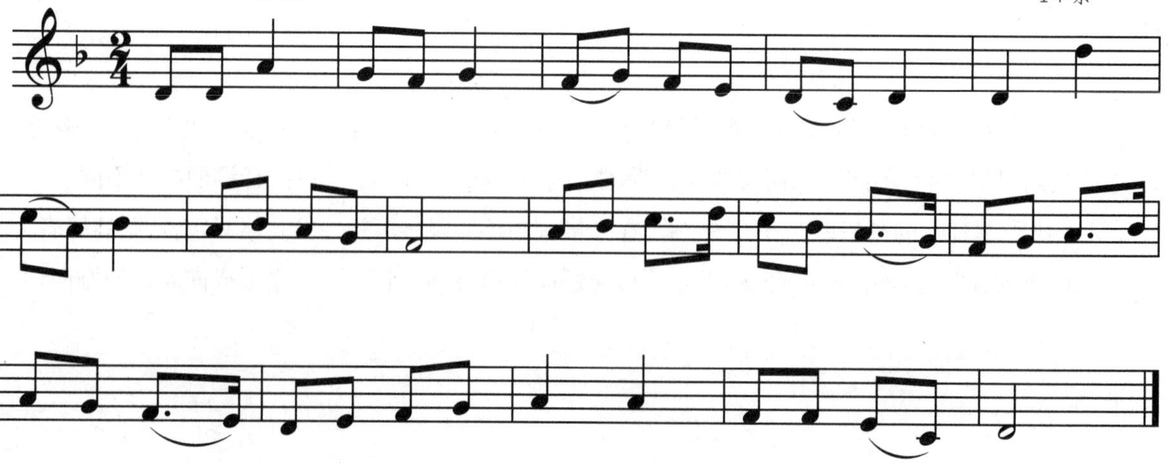

哈萨克族民歌

Andante

2.

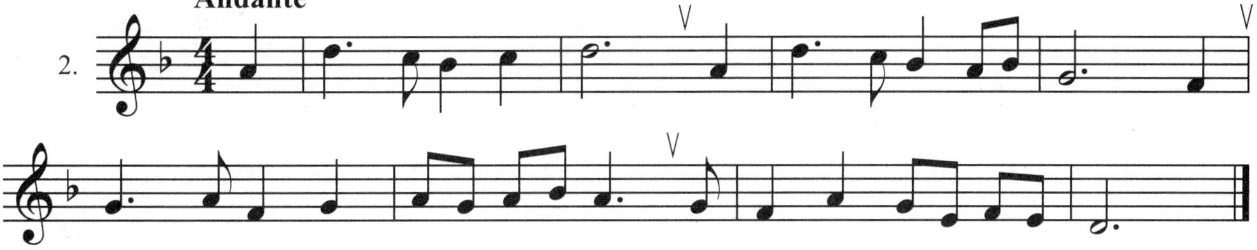

捷克民歌

Moderato

3.

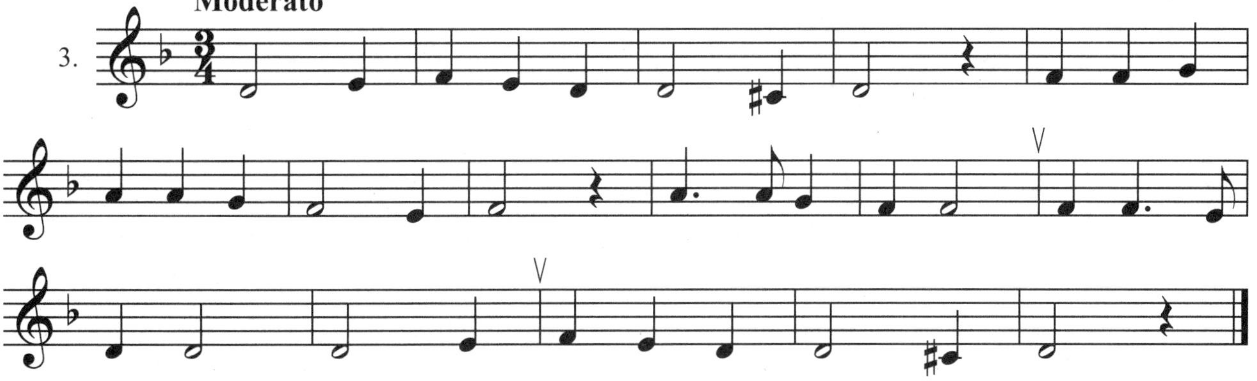

乌克兰民歌

4.

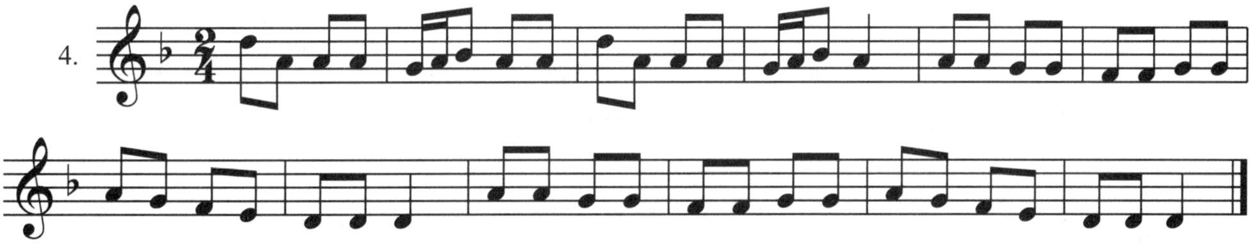

5.

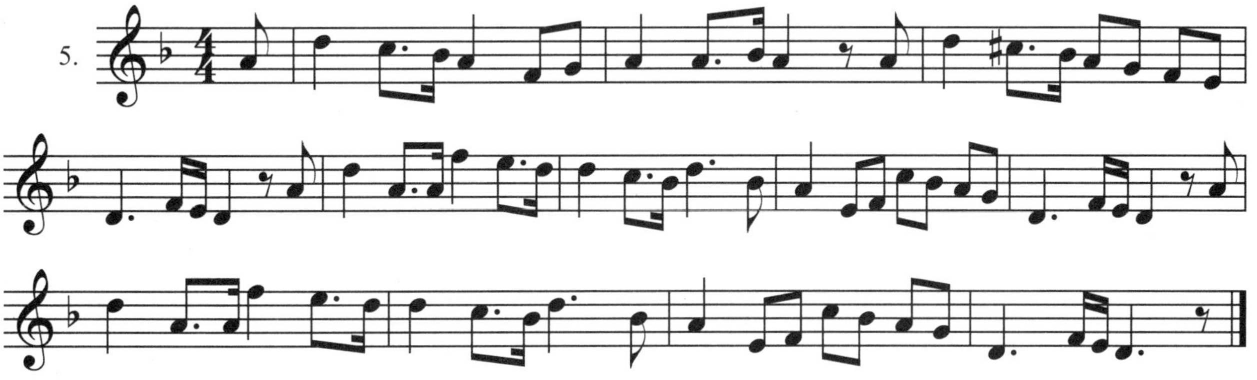

巴西民歌

Andantino

6.

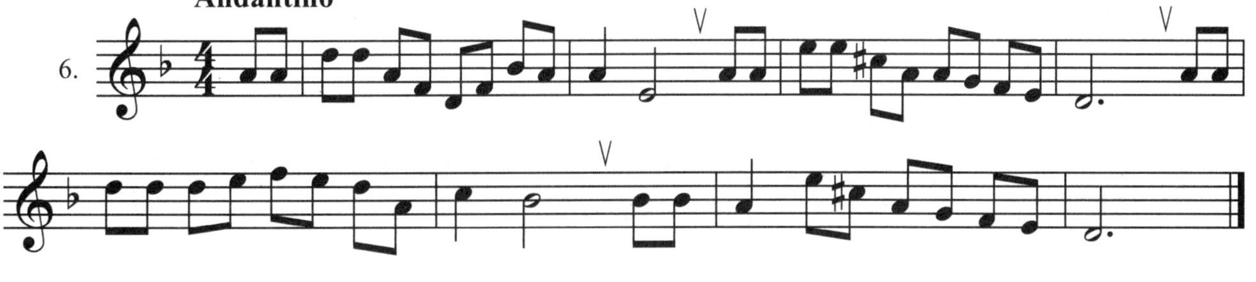

Allegro 叙利亚民歌

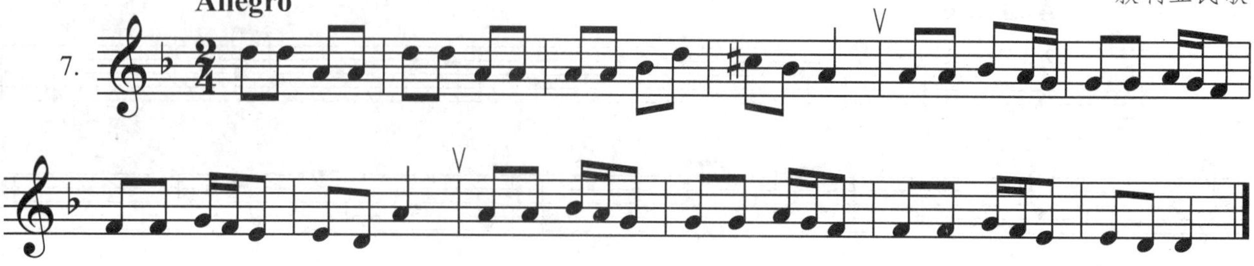

Andantino 匈牙利民歌

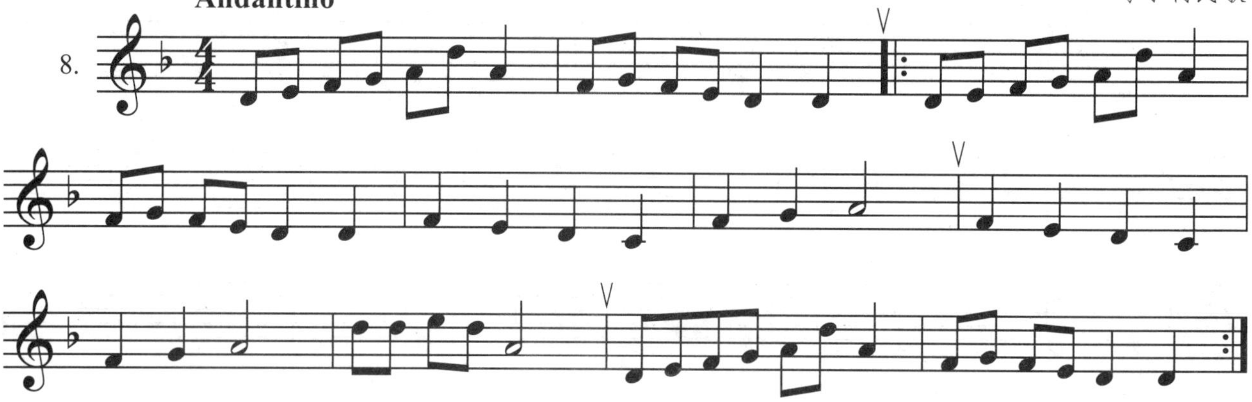

Allegro

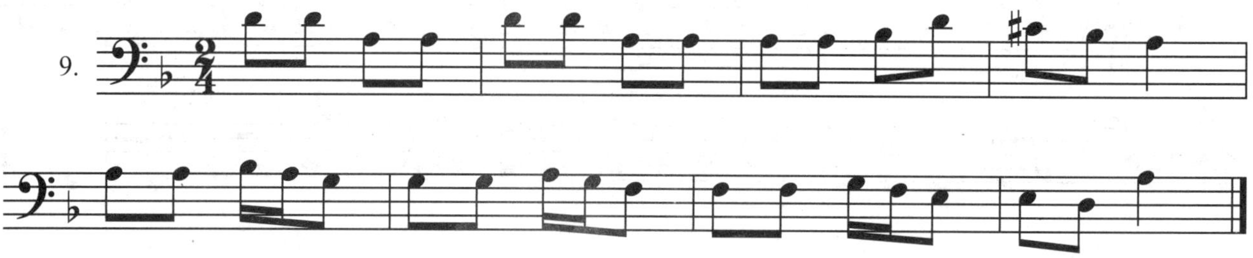

内蒙古民歌《小普茹莱的摇篮曲》

Lento 伤感地

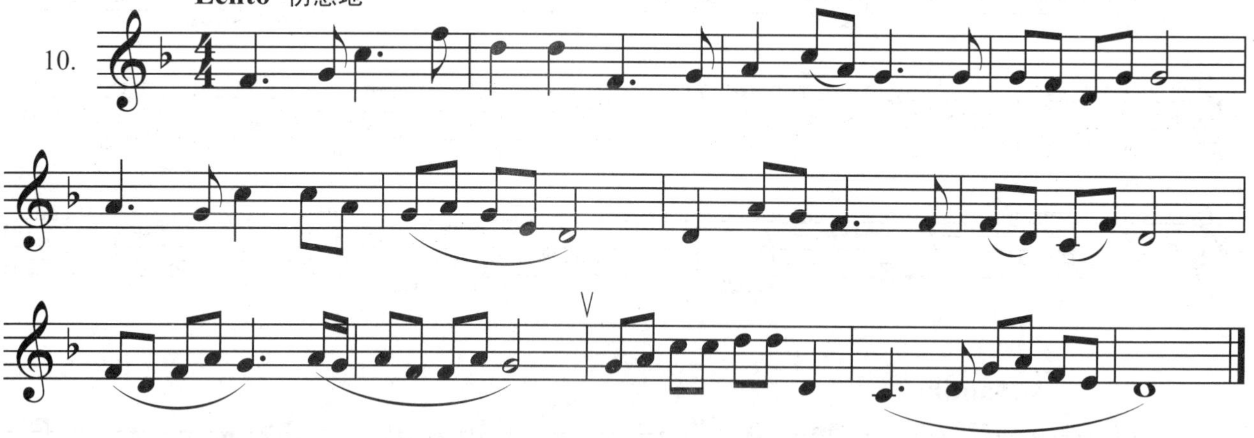

Aandante 忧伤地 俄罗斯民歌《三套车》

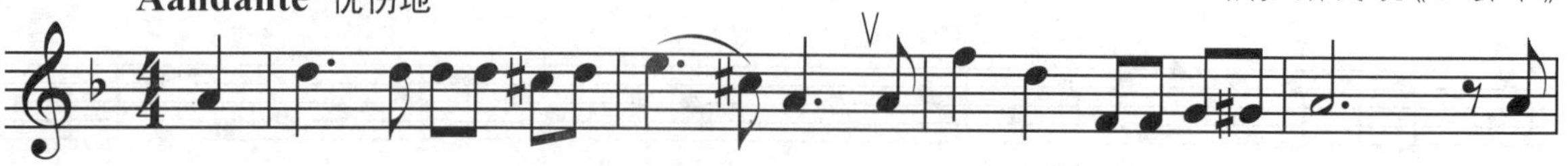

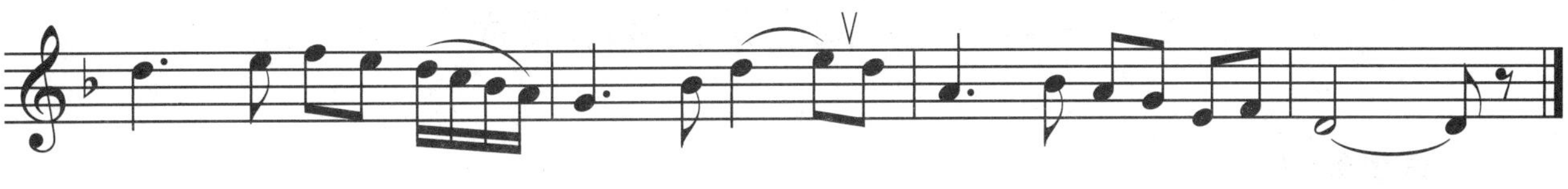

Allegretto

12.

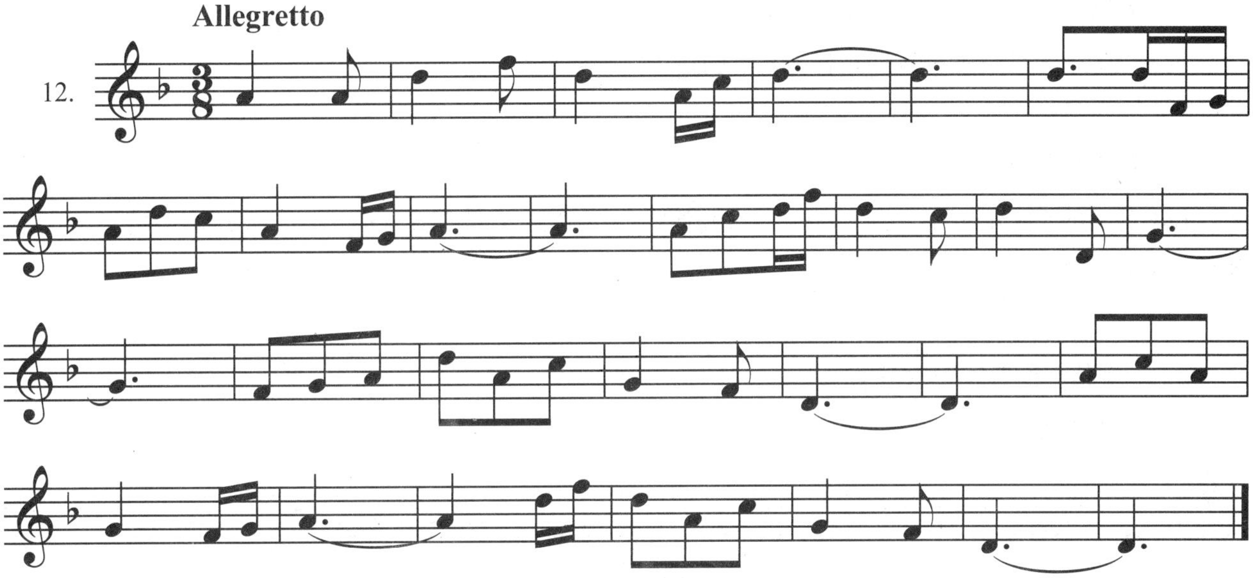

Allegretto

13.

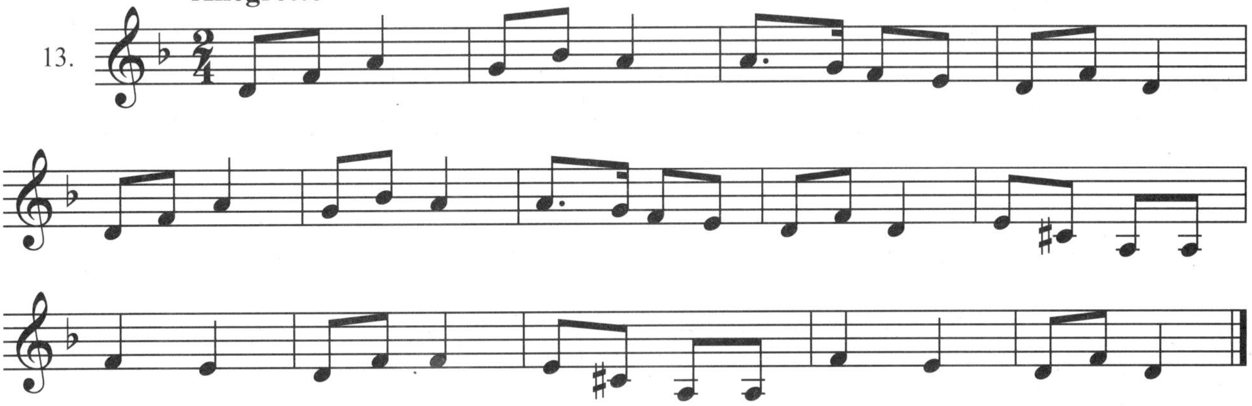

Vivace

14.

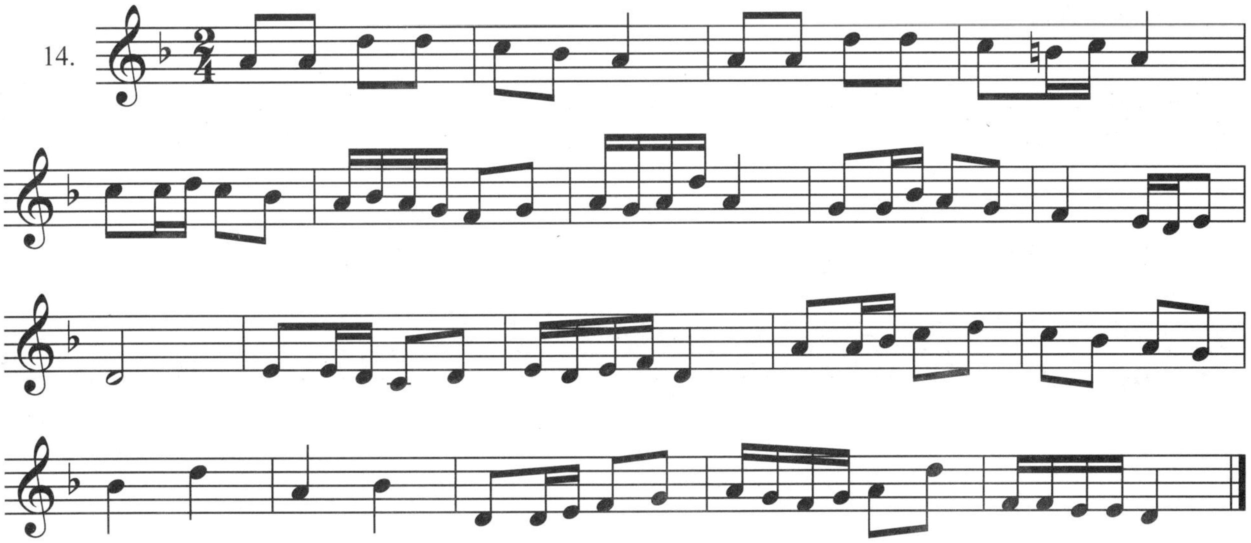

任务三　F同宫系统民族调式

一、乐理知识

(一)F 宫调式

以 F 为宫音和主音的民族调式就是 F 宫调式。

(二)F 同宫系统各调

以F为宫的5种五声调式，即F宫调式、G商调式、A角调式、C徵调式、D羽调式，这5种调式宫音都是F，所以叫 F 同宫系统各调。

二、F 同宫系统各调式音阶

1. F 宫五声调式

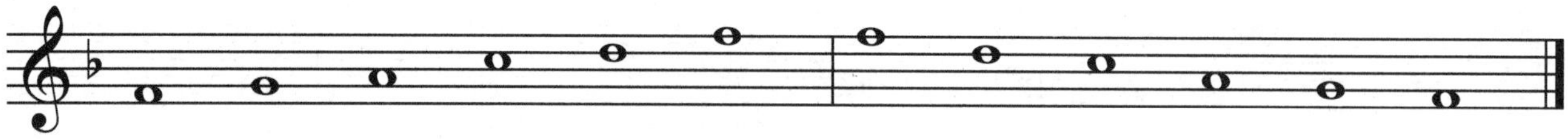

2. G 商五声调式

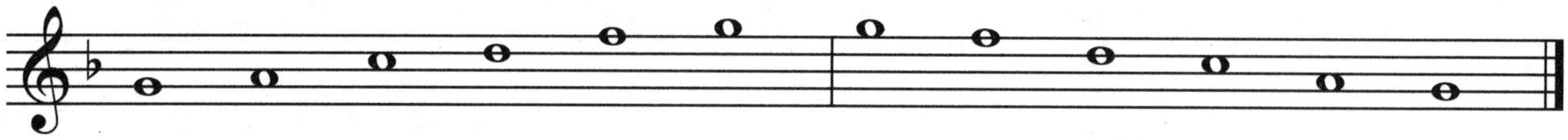

3. A 角五声调式

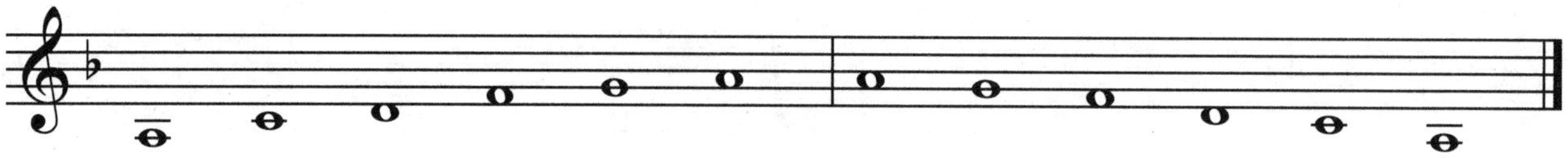

4. C 徵五声调式

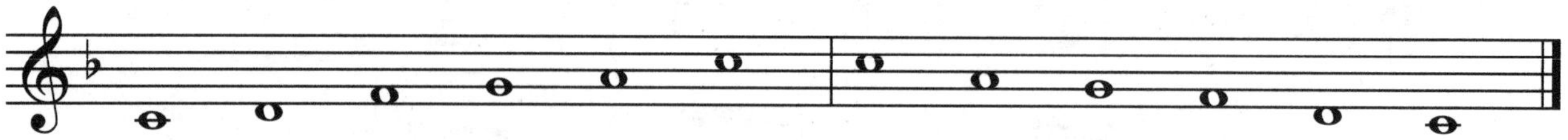

5. D 羽五声调式

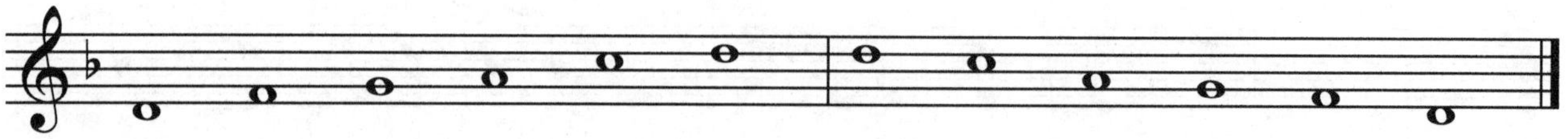

音频

9条

三、视唱练习

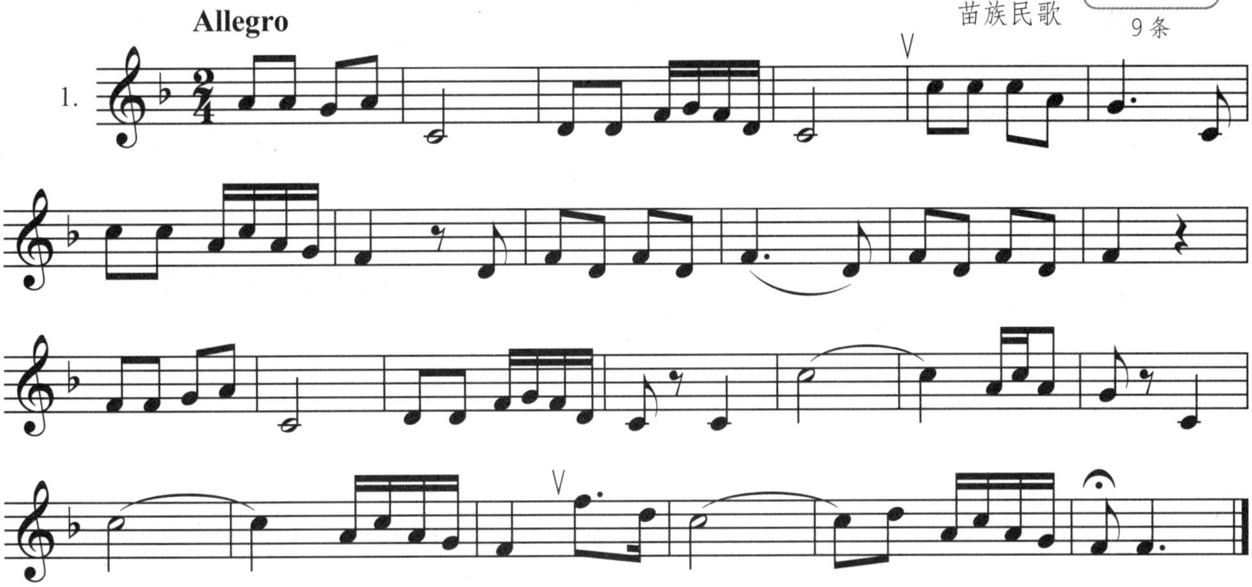

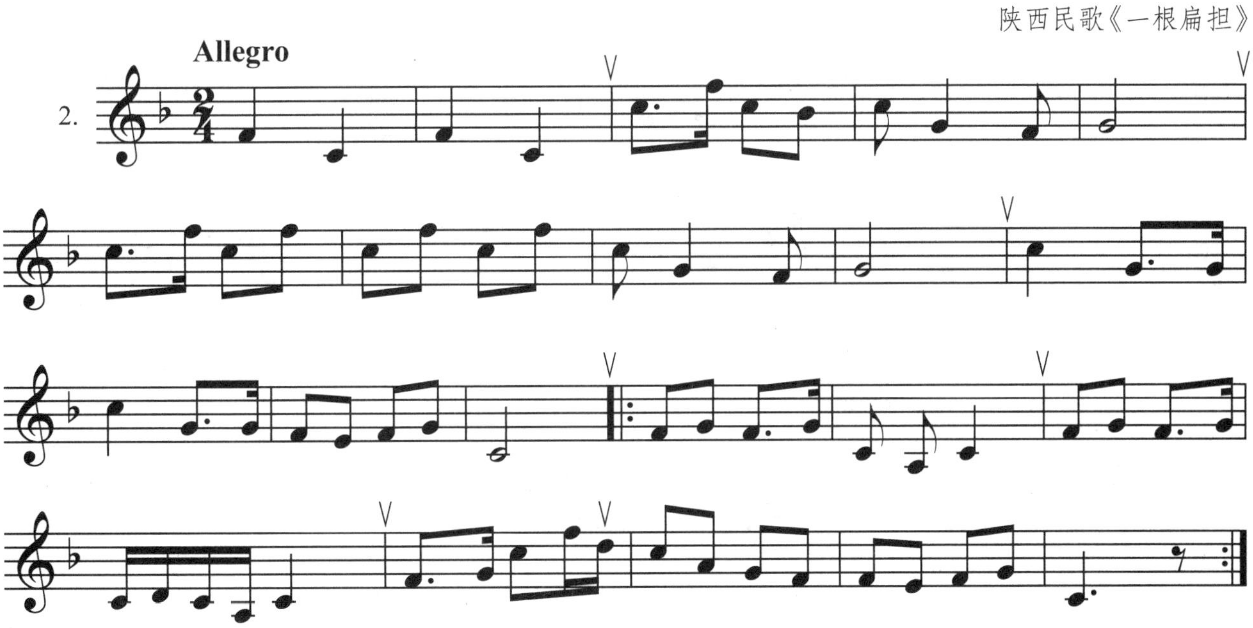

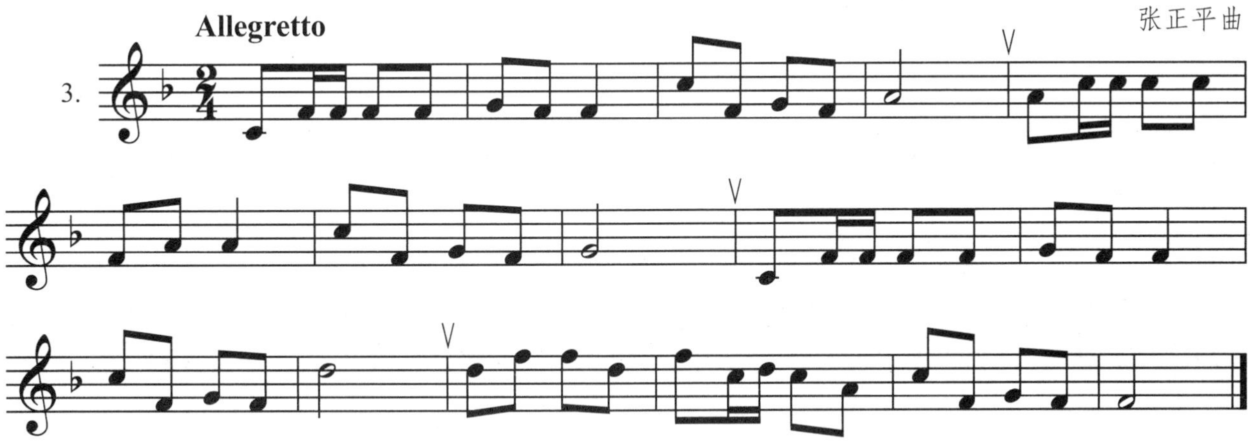

《我的祖国》刘炽曲

Andante 优美地

4.

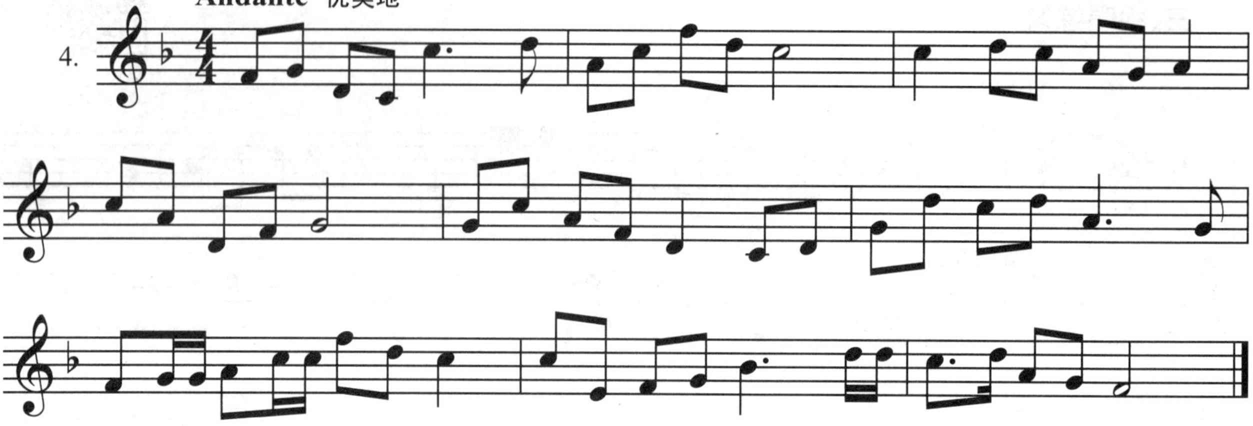

江西民歌《毛委员和我们在一起》

Moderato

5.

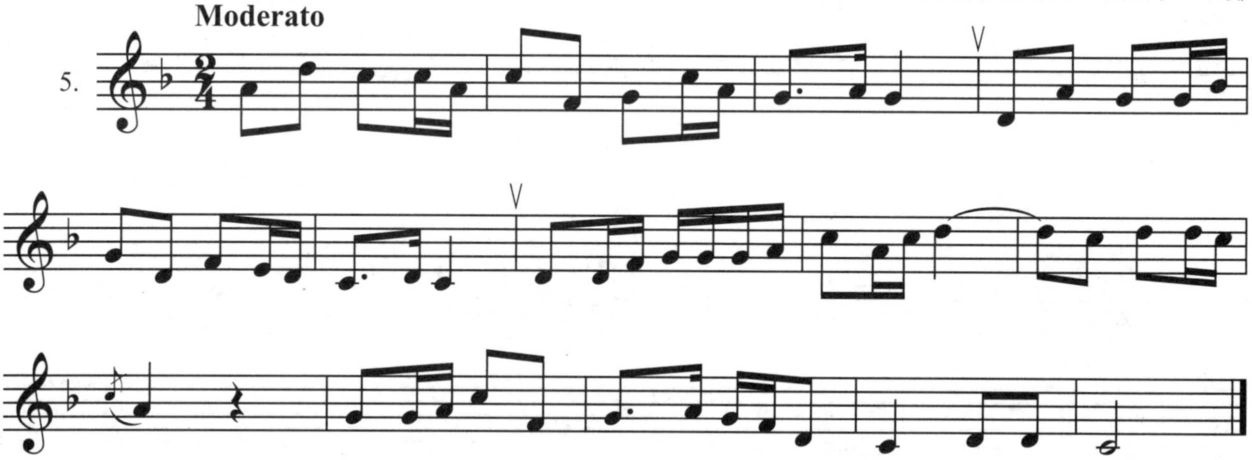

Tempo di marcia

6.

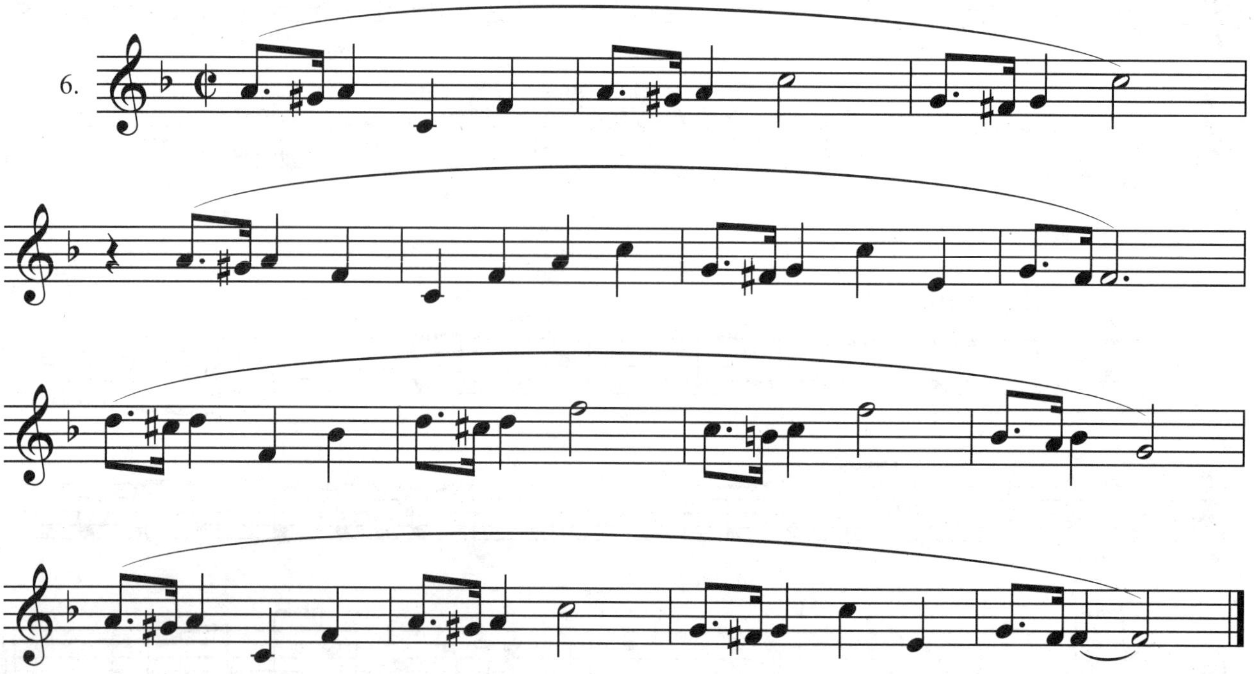

云南民歌

7.

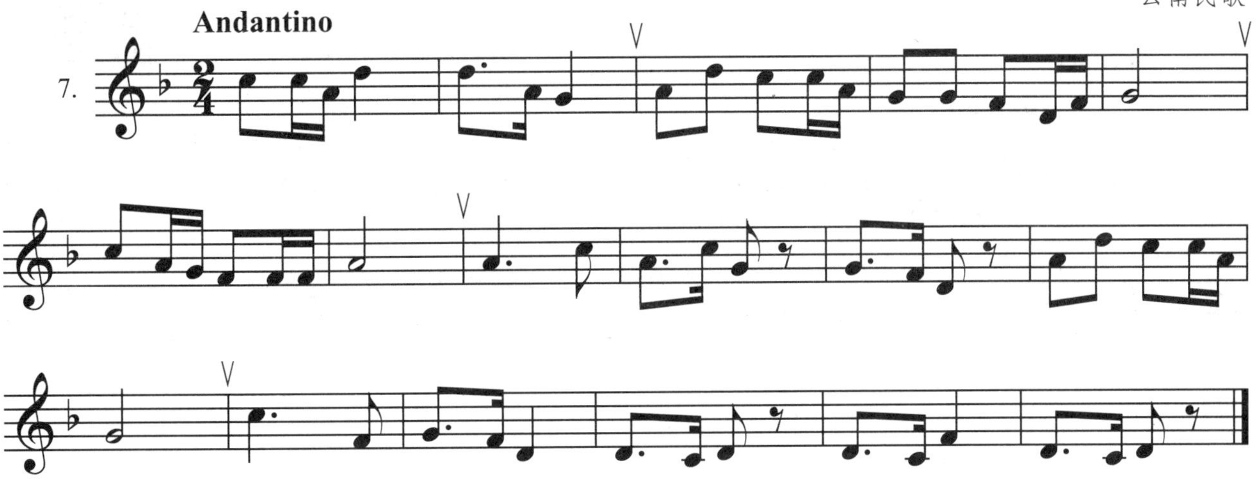

湖南民歌《浏阳河》

8.

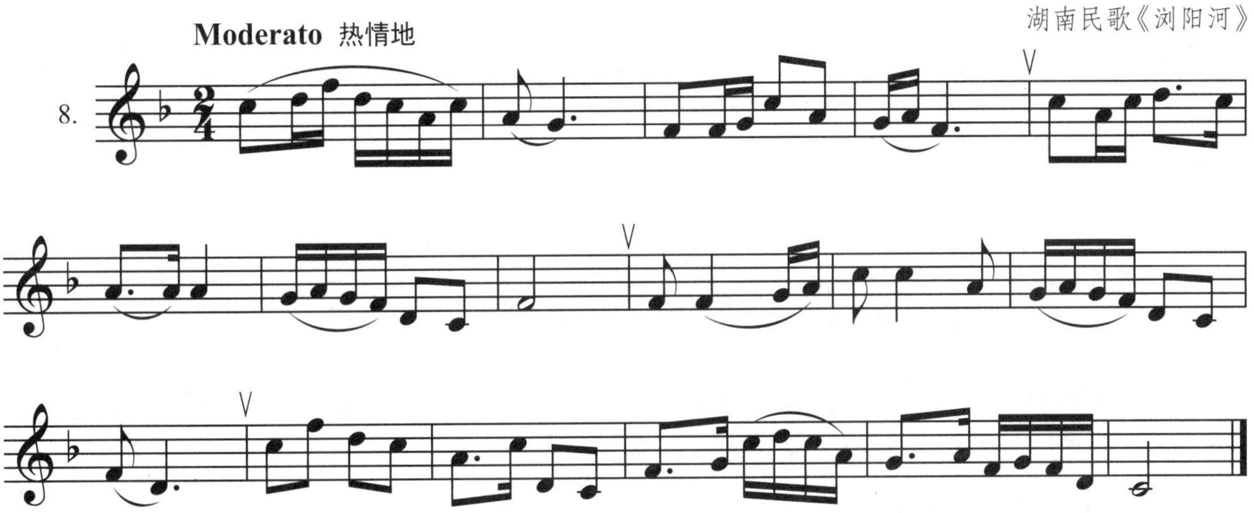

9.

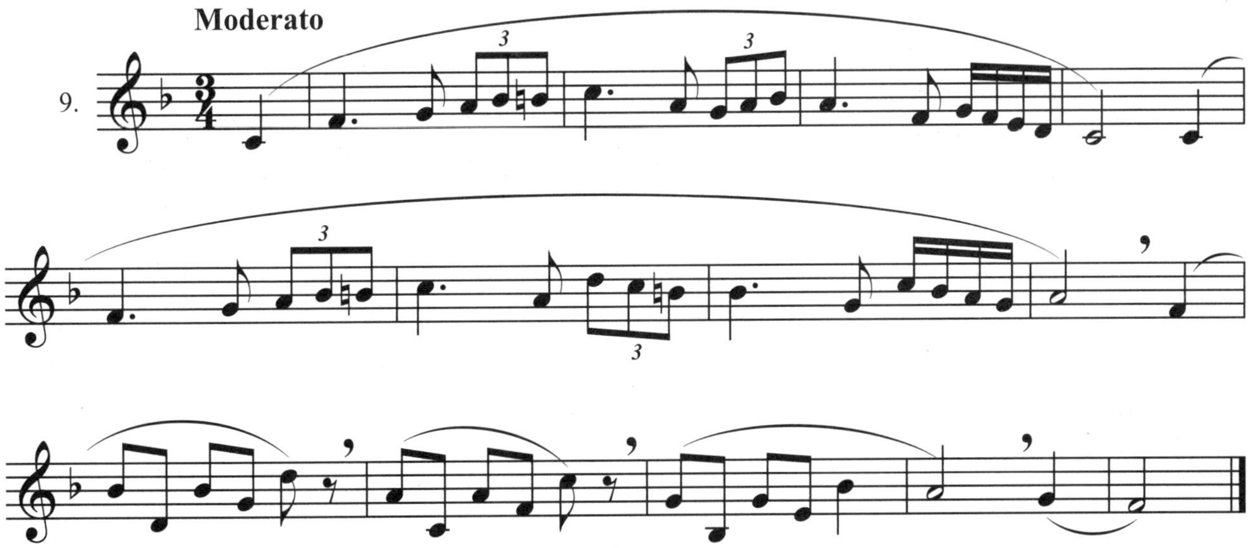

音频

11 条

任务四 综合练习

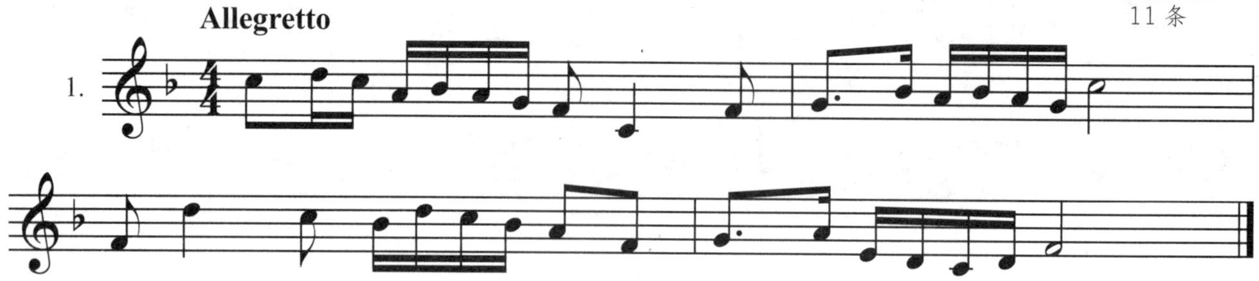

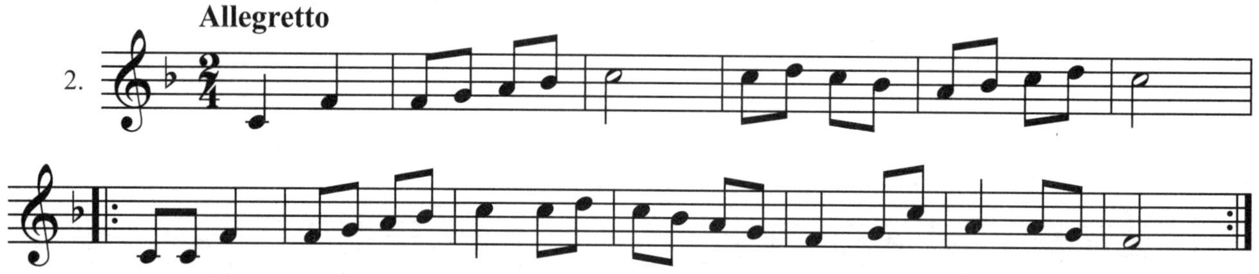

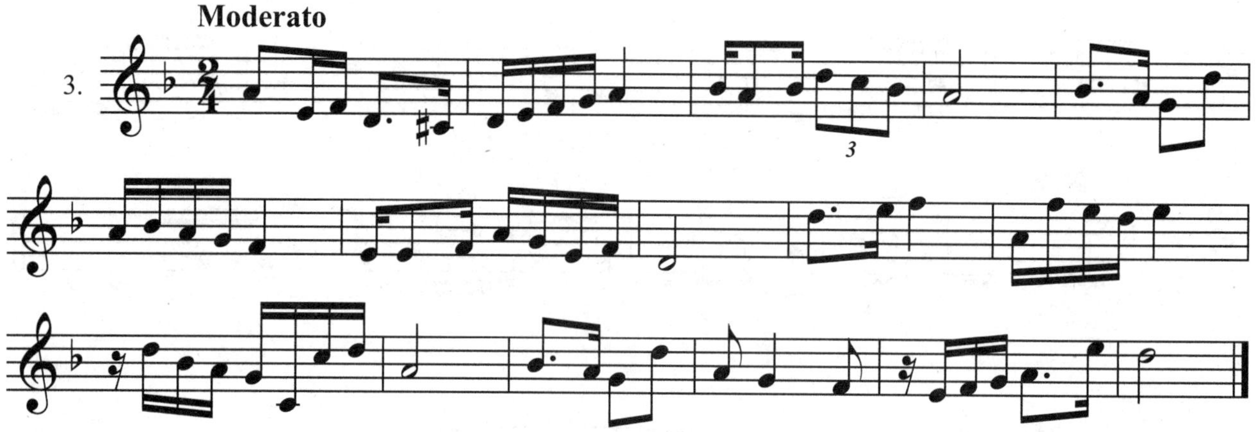

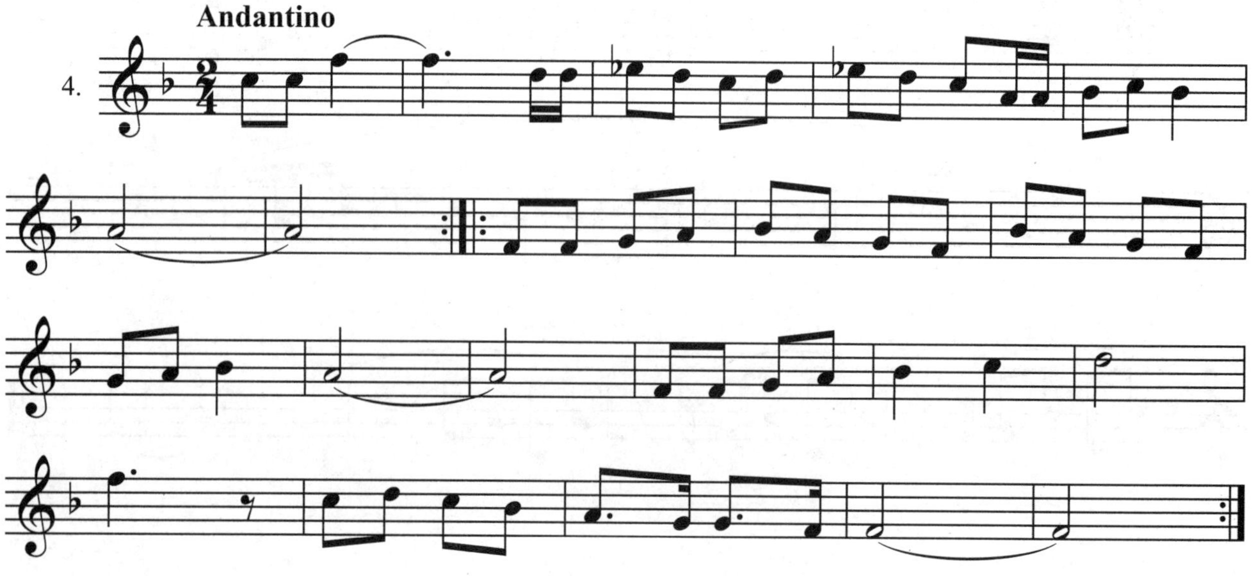

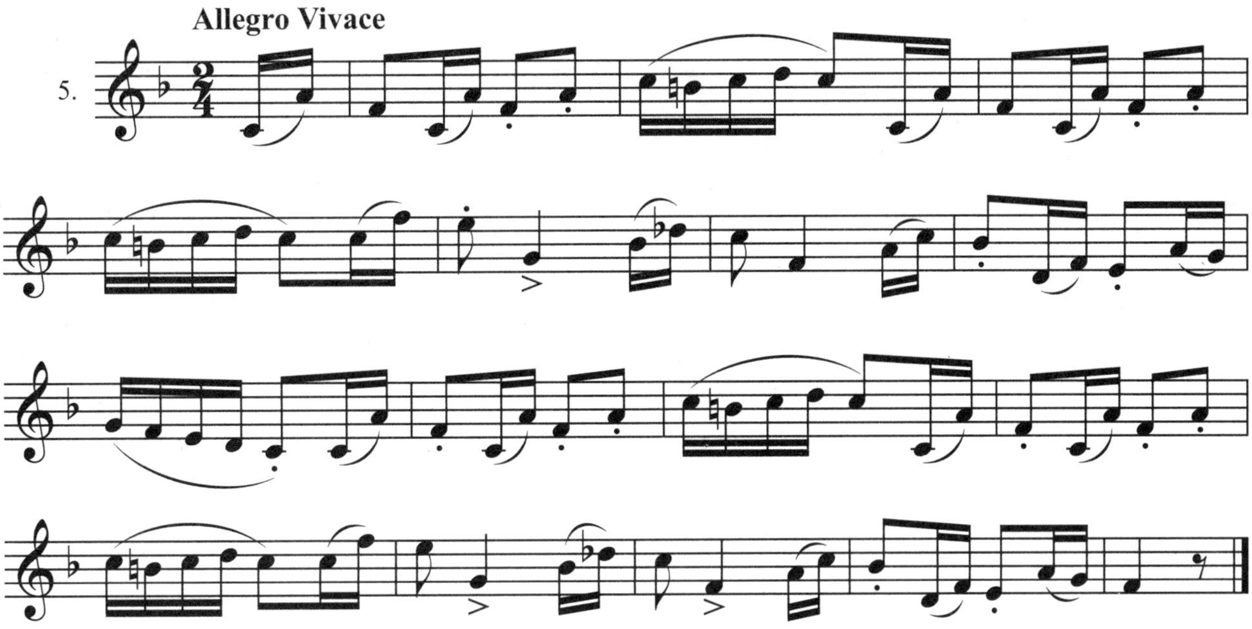
Allegro Vivace
5.

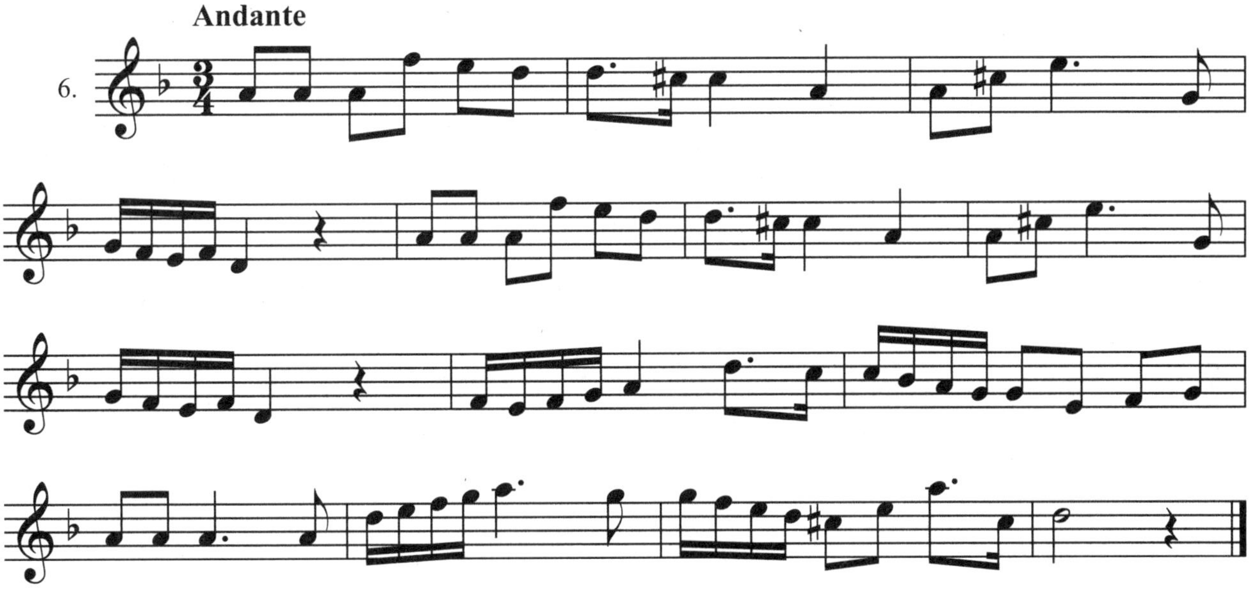
Andante
6.

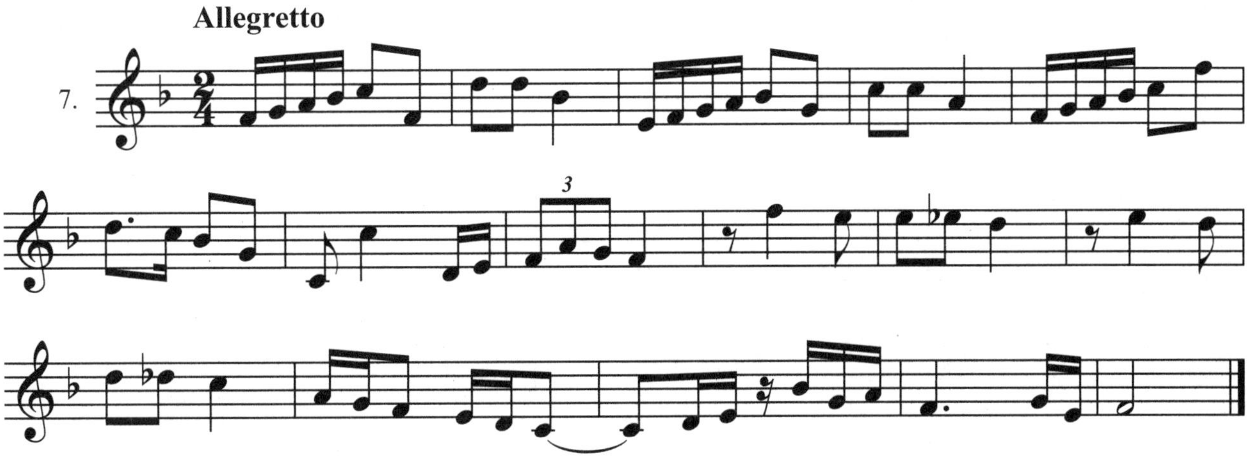
Allegretto
7.
3

8.

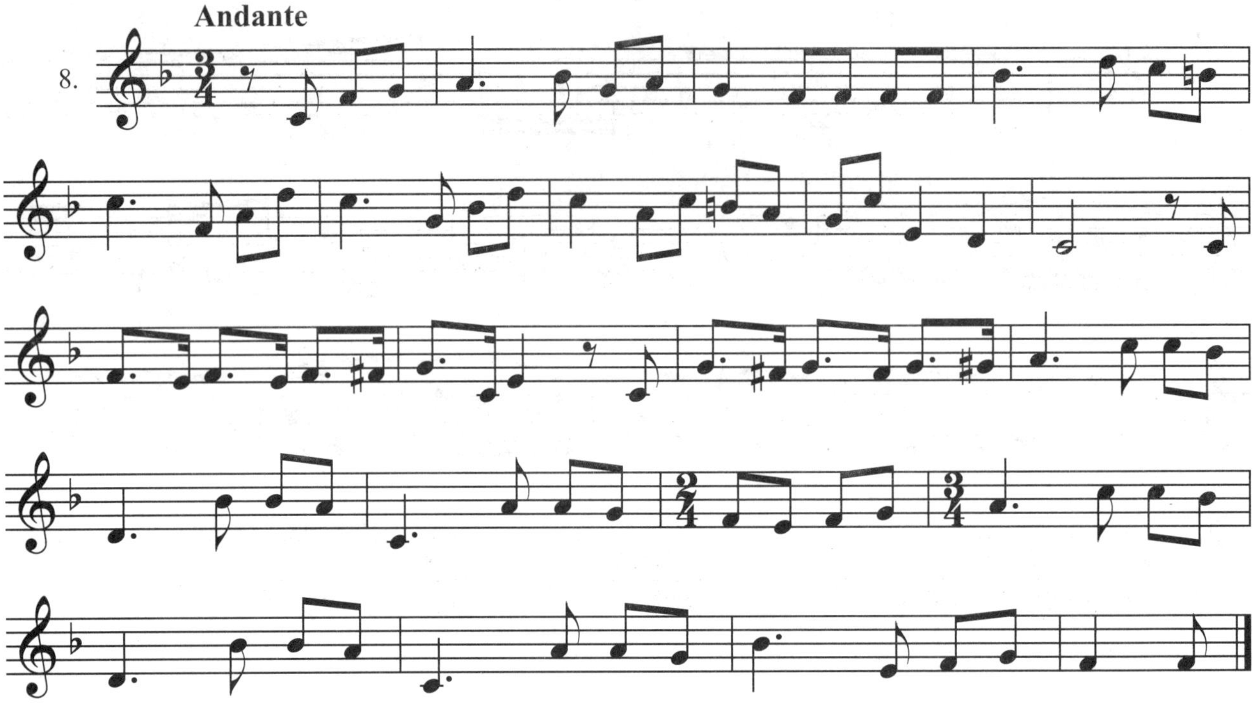

9.

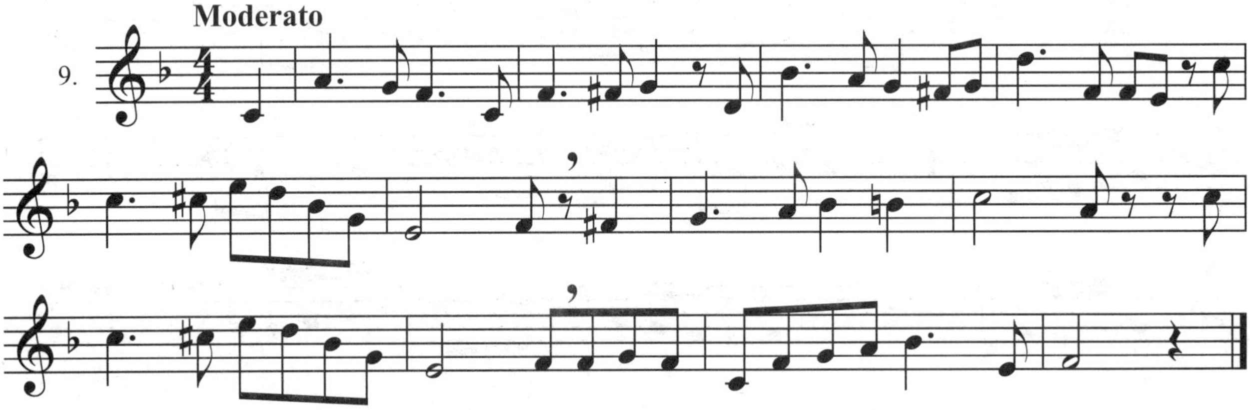

10.

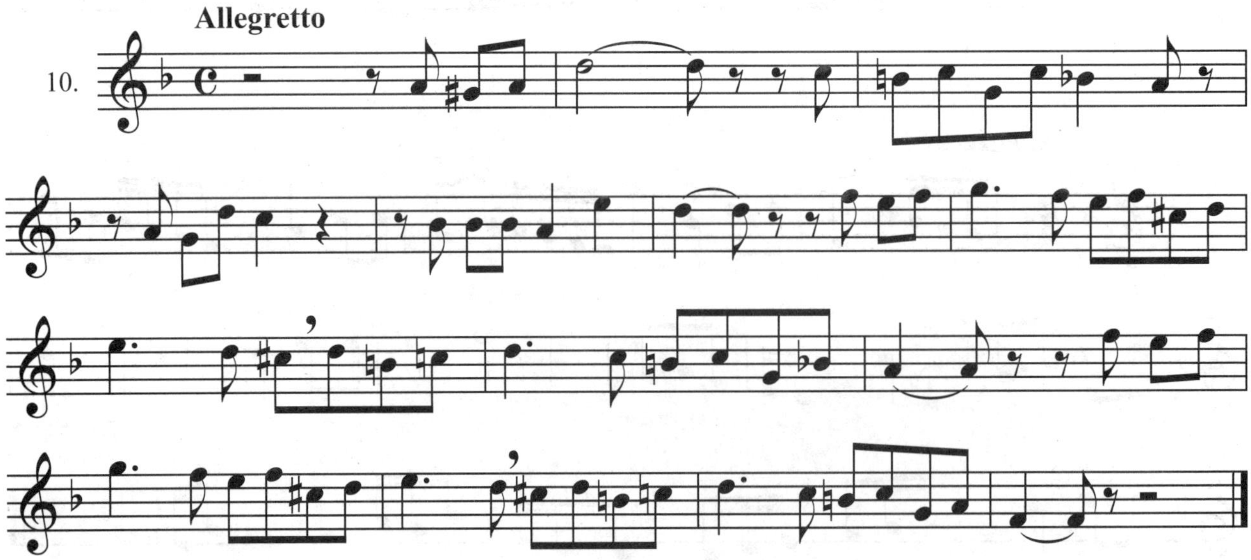

11.

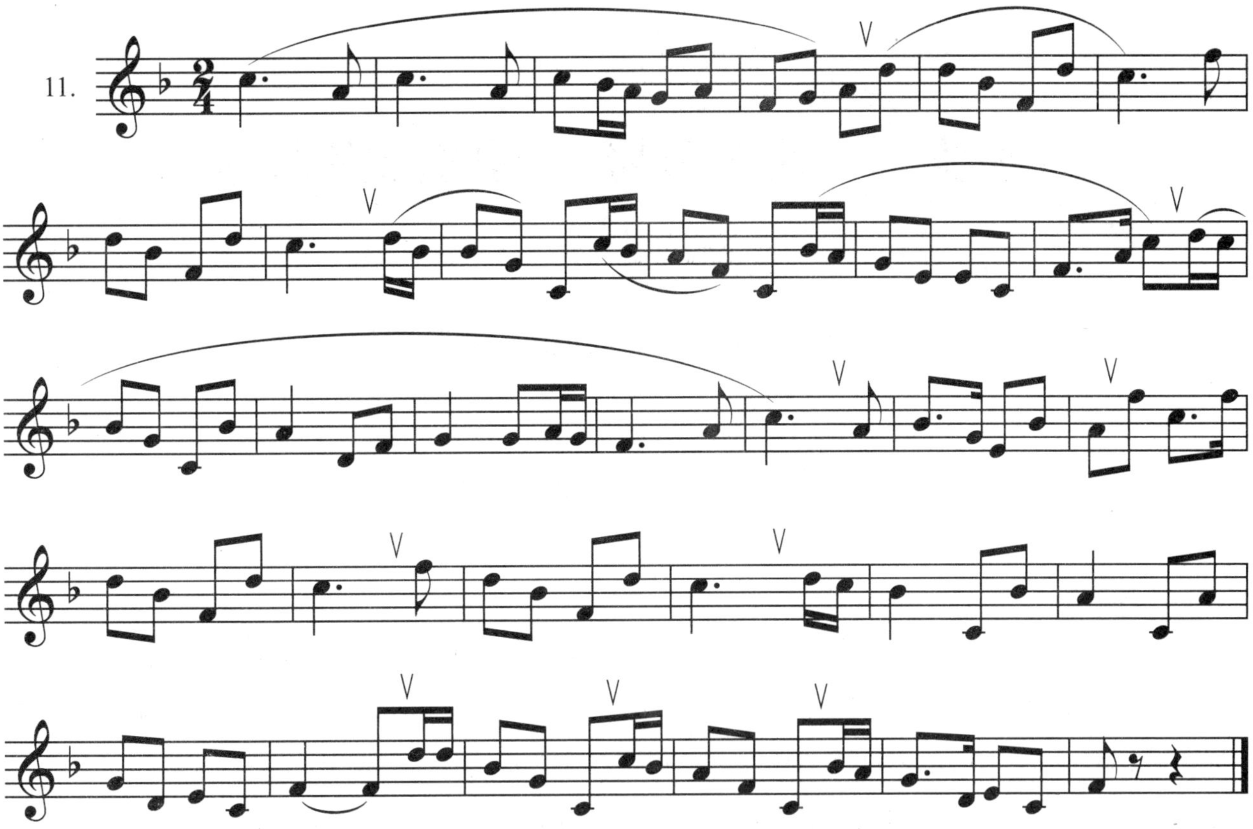

模块三　两个升降号调的视唱训练

项目一　两个升号调的视唱训练

任务一　D 大　调

一、D 大调

以 D 为主音的自然大调叫作 D 自然大调，简称 D 大调。D 大调是有 2 个升号的调，分别是 ♯F 和 ♯C。以 D 为主音，按“全—全—半—全—全—全—半”的关系排列起来的 7 个音级就是 D 自然大调音阶。它的首调唱名法是以下加一间为 do，它在五线谱和键盘上的位置如图 3-1-1 所示。

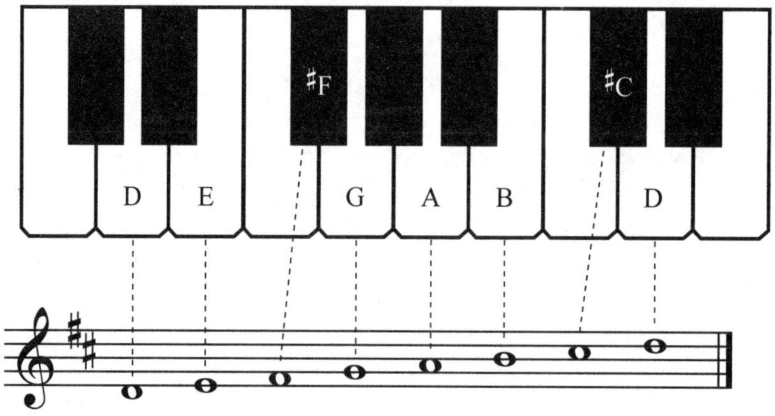

音阶：	Ⅰ	Ⅱ	Ⅲ	Ⅳ	Ⅴ	Ⅵ	Ⅶ	Ⅰ
首调唱名：	do	re	mi	fa	sol	la	si	do
固定唱名：	re	mi	♯fa	sol	la	si	♯do	re

图 3-1-1　D 自然大调音阶

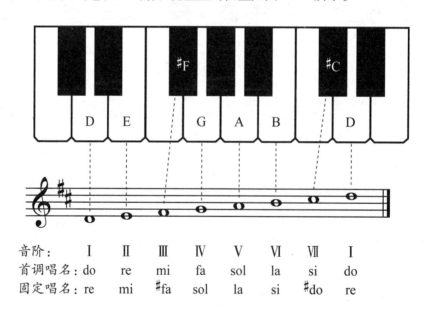

二、D 自然大调音阶与音程练习

（一）D 自然大调音阶练习

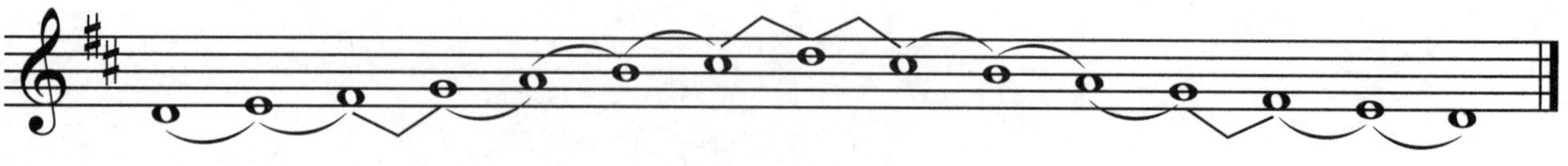

5 条

（二）D 自然大调音程练习

1. 三度音程

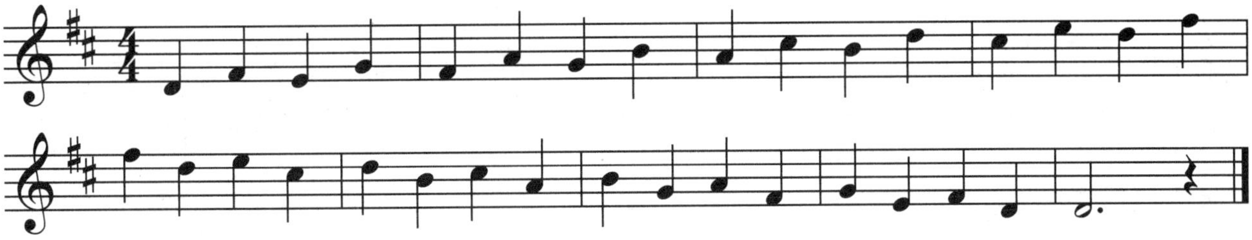

2. 四度音程

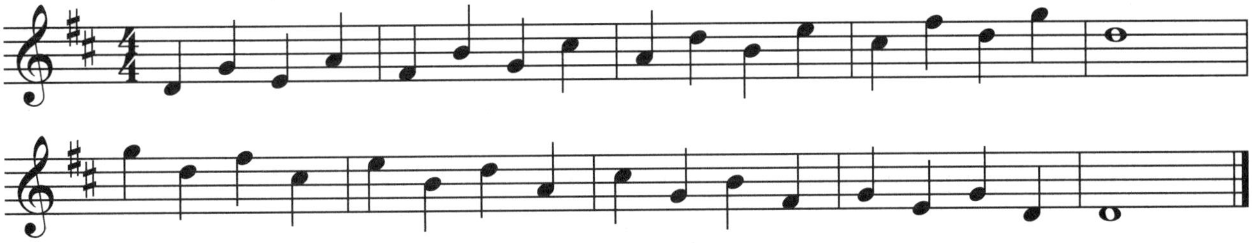

3. 五度音程

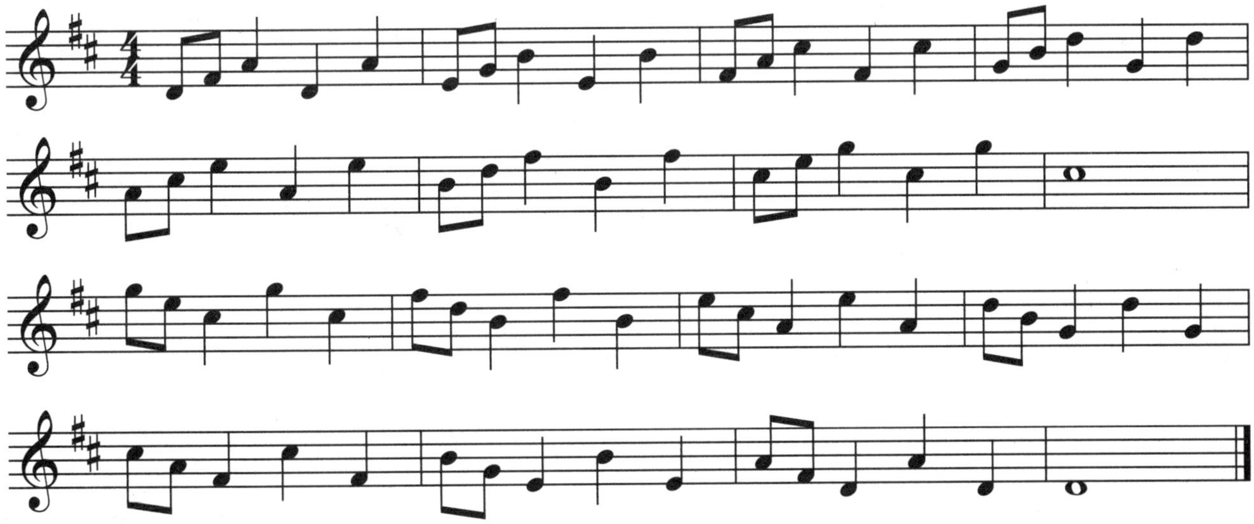

4. 六度音程

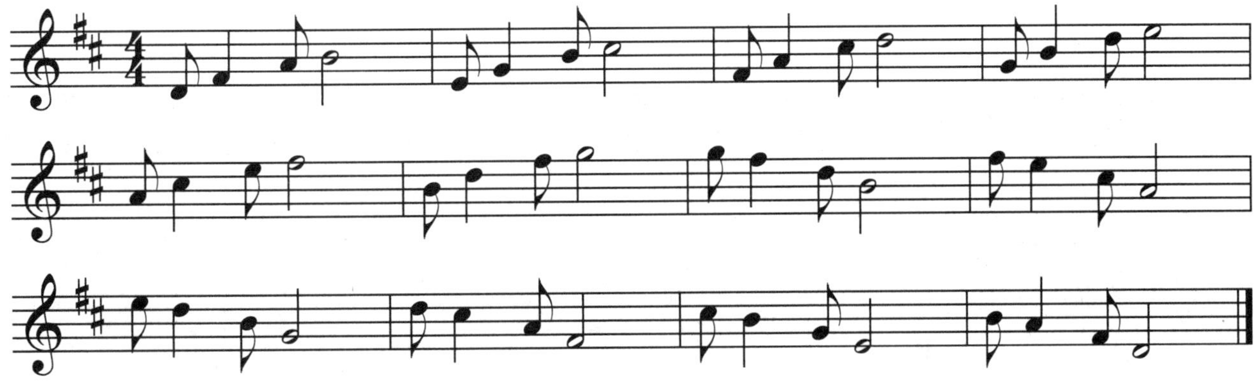

5. 七度音程

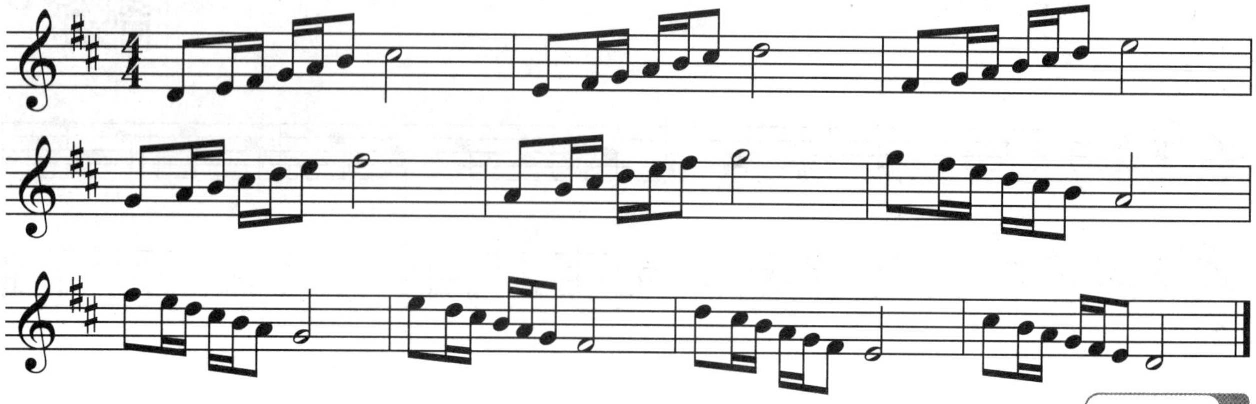

三、视唱练习

音频 15条

英国儿歌《伦敦桥塌了》

1.

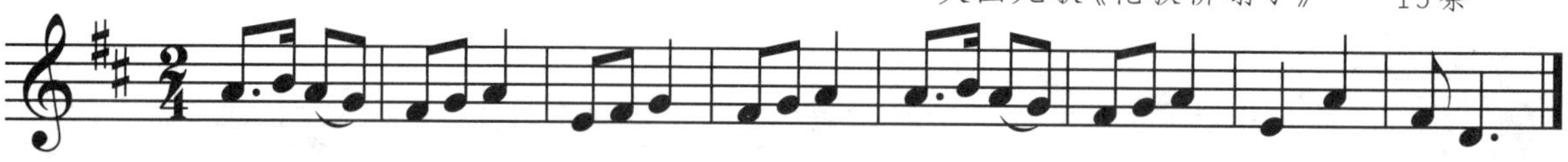

《小青蛙》

2.

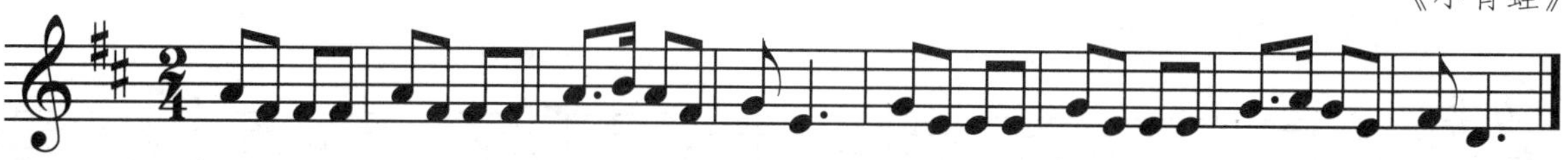

柴科夫斯基曲

3.

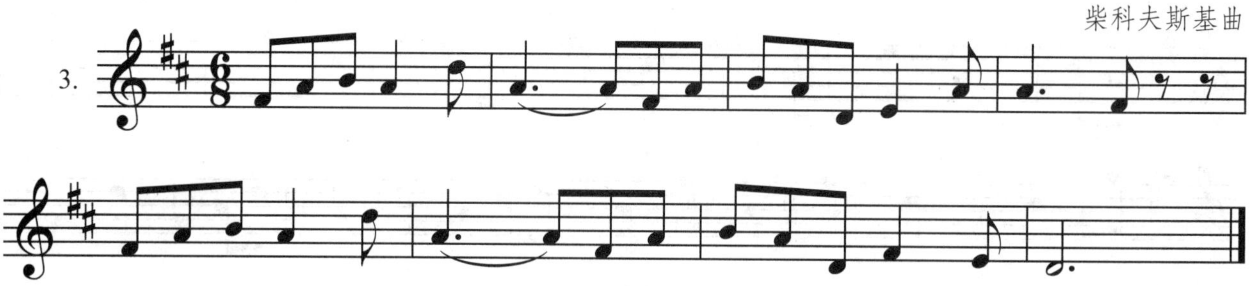

《我有一双小小手》张翼曲

4.

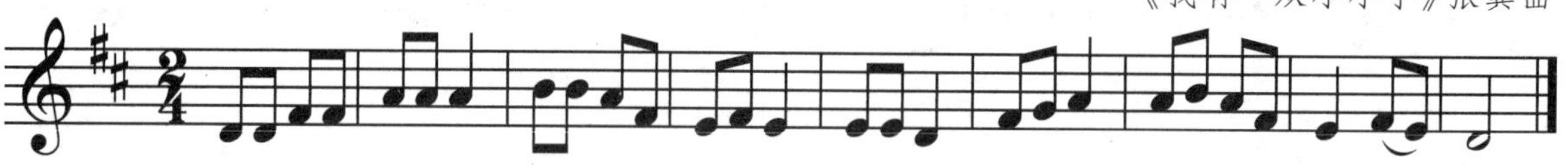

巴赫曲

5.

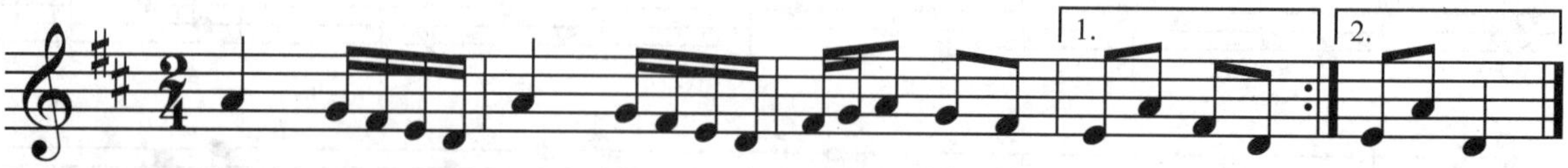

雷蒙恩曲

Moderato ♩=96

6.

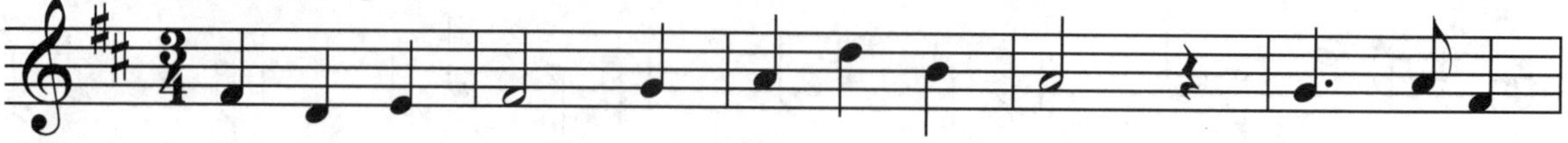

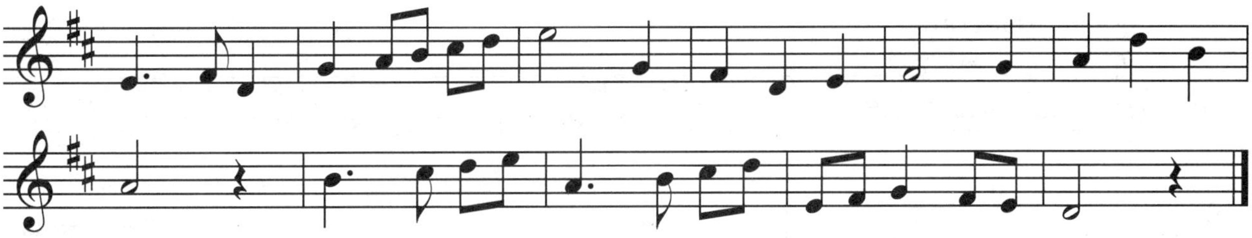

《小步舞曲》巴赫曲

Andante

7.

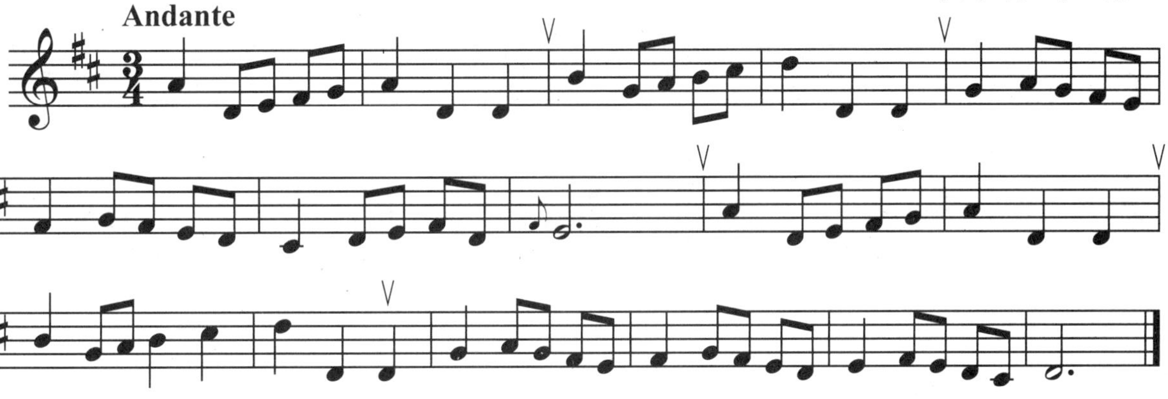

《老黑奴》福斯特曲

Poco adagio

8.

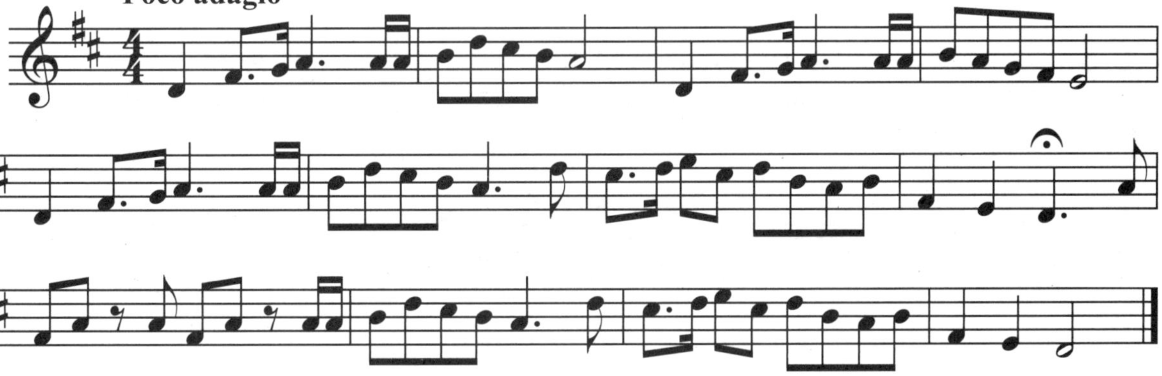

《夕阳红》张丕基曲

温馨而平和地

9.

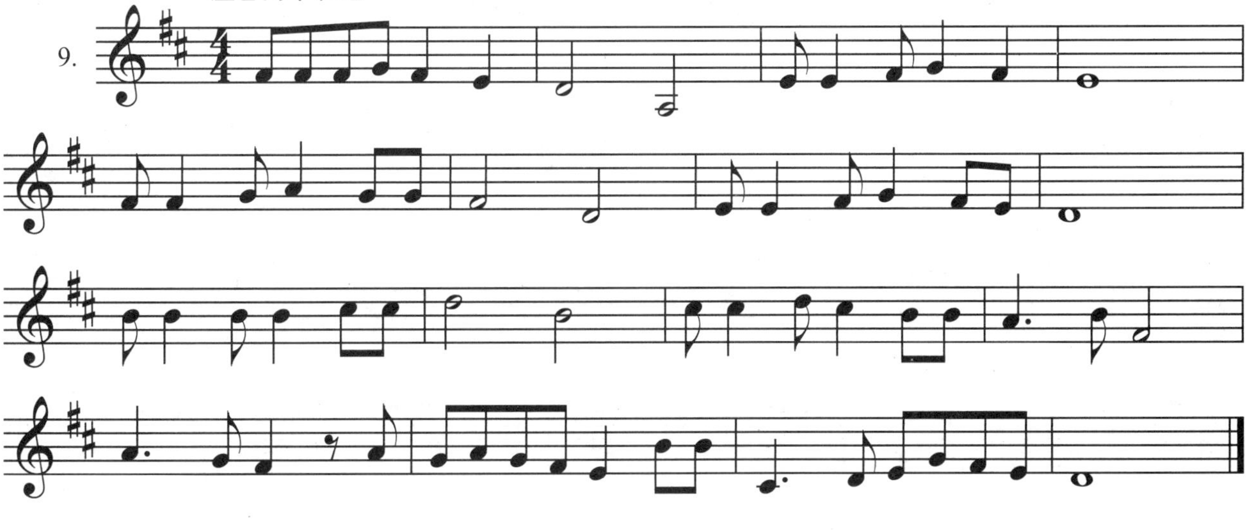

Moderato

《小小少年》莱蒙·罗森堡曲

10.

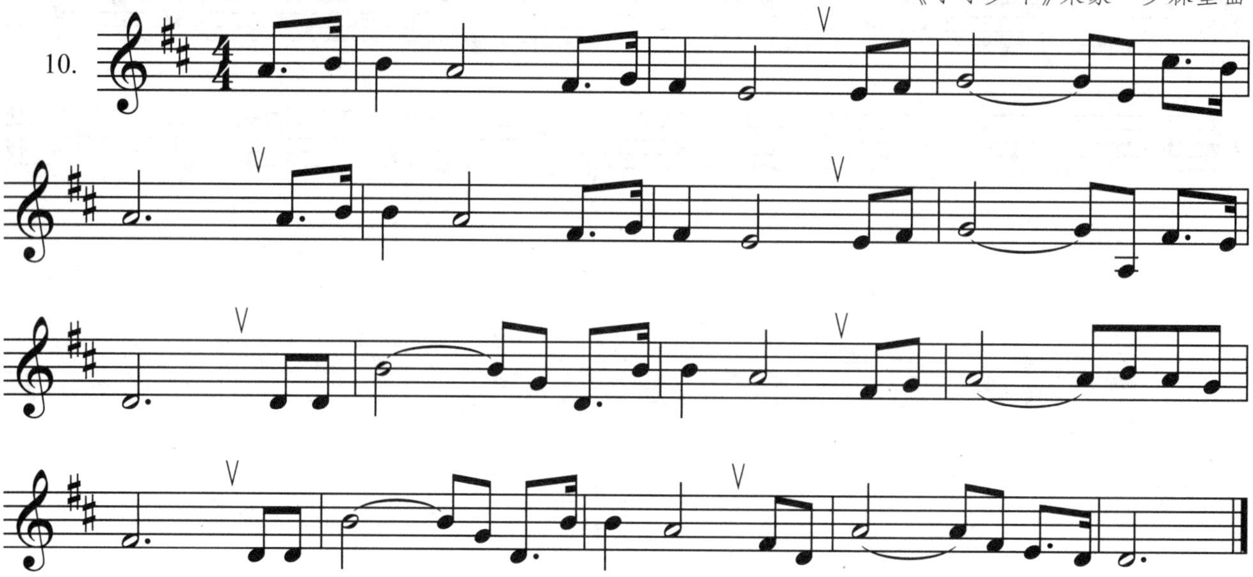

《拾布球》丁永安曲

Moderato

11.

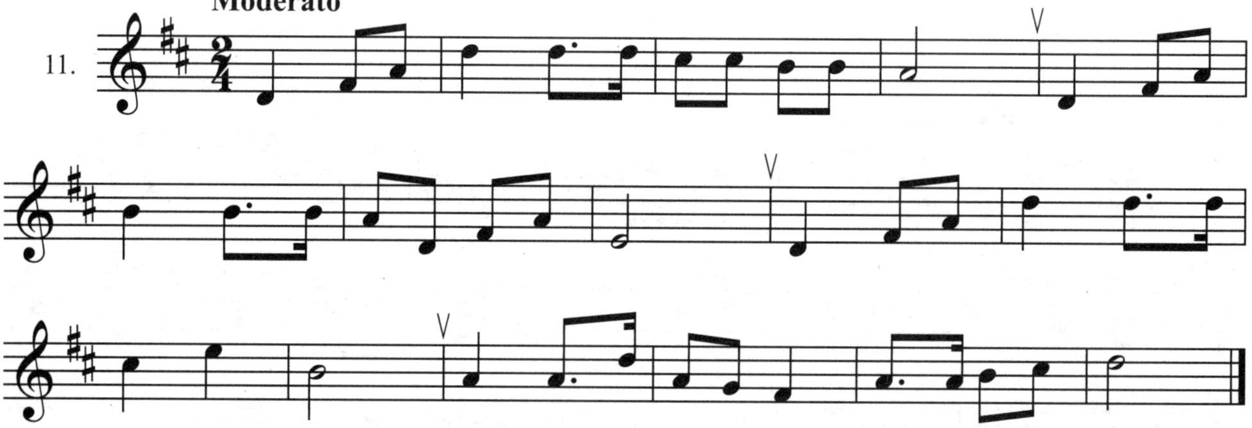

《菩提树》舒伯特曲

Moderato 思念地

12.

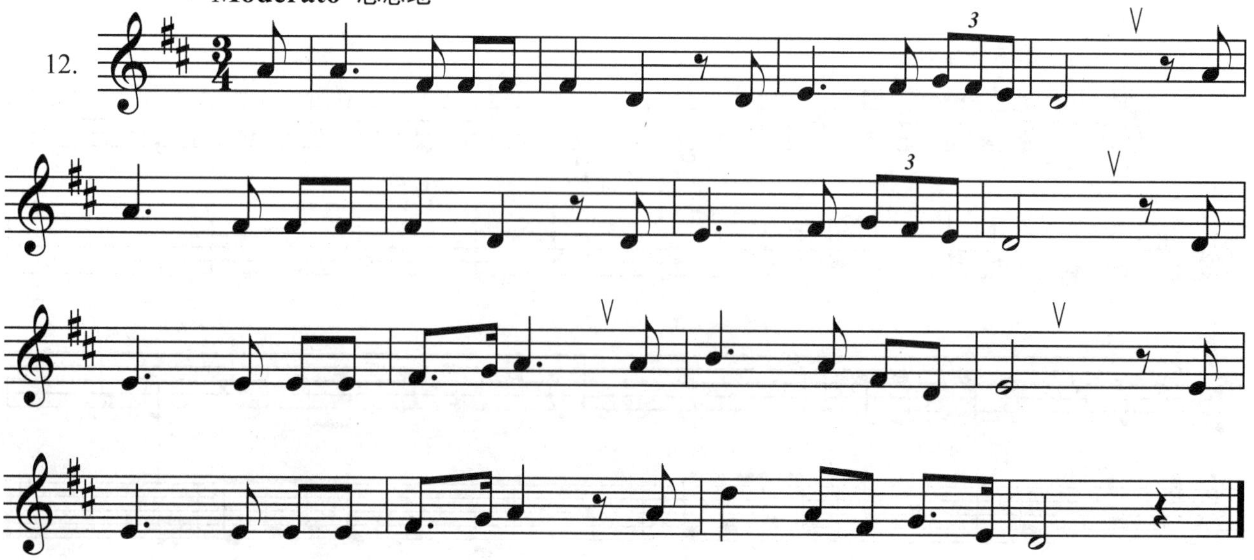

《野玫瑰》舒伯特曲

13.

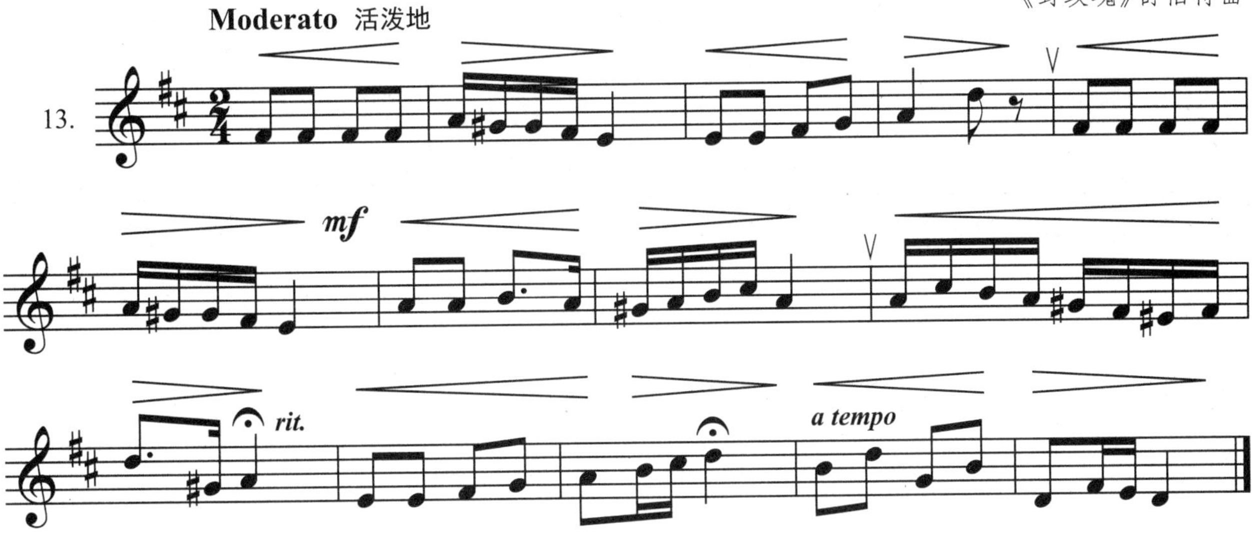

14.

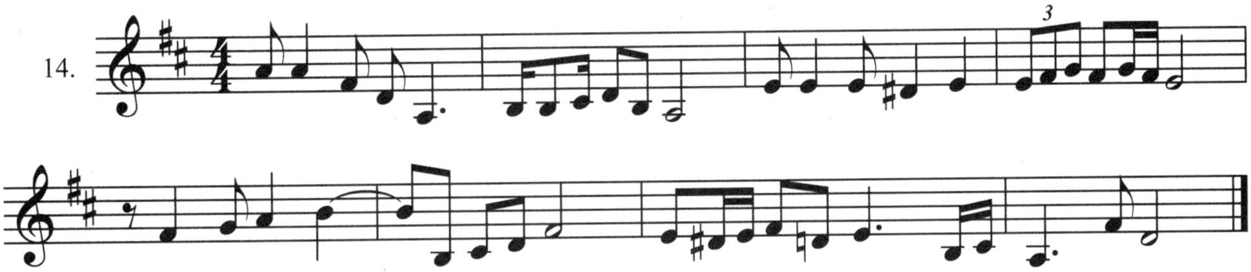

15.

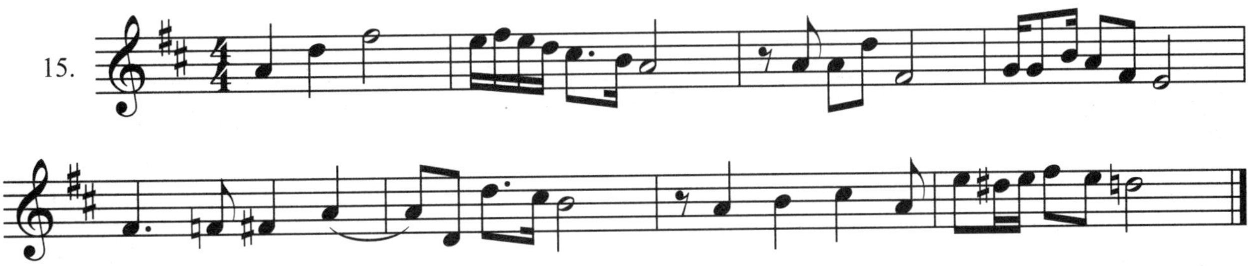

任务二　b 小 调

一、b 小调

b 小调是以 b 音为主音的小调，可分为 3 种形式：b 自然小调、b 和声小调和 b 旋律小调。b 小调是有 2 个升号的调，分别为 $^\sharp$F 和 $^\sharp$C，它的关系大调是 D 大调。以 b 为主音，按“全—半—全—全—半—全—全”的关系排列起来的 7 个音级就是 b 自然小调音阶。

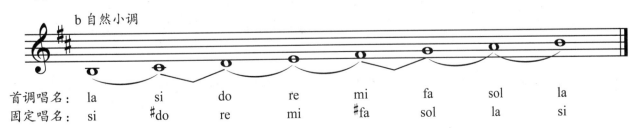

例 3-1-1

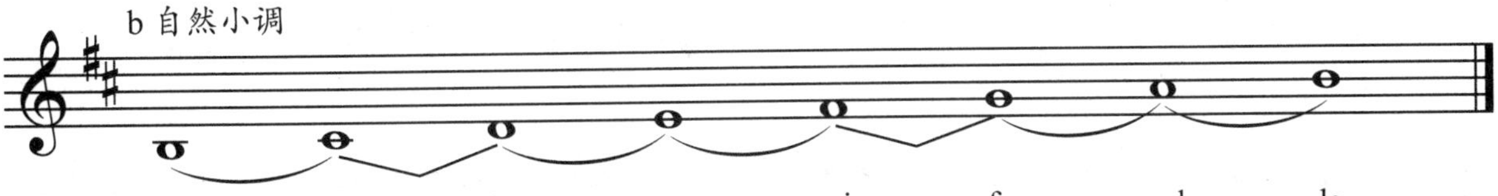

首调唱名：	la	si	do	re	mi	fa	sol	la
固定唱名：	si	$^\sharp$do	re	mi	$^\sharp$fa	sol	la	si

二、b小调音阶和音程练习

（一）b小调音阶练习

1. b自然小调音阶

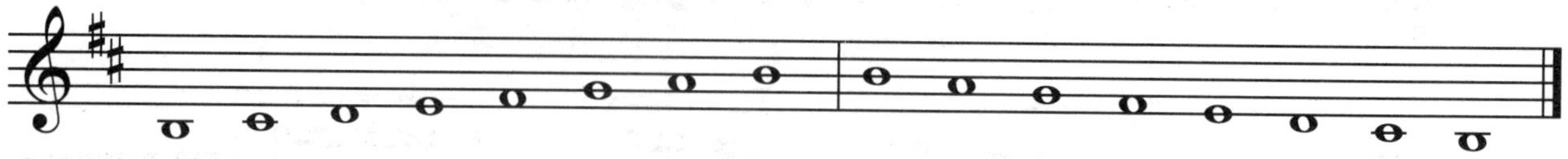

2. b和声小调音阶

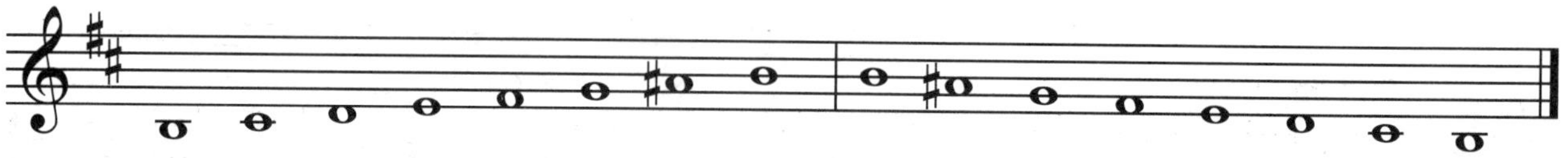

3. b旋律小调音阶

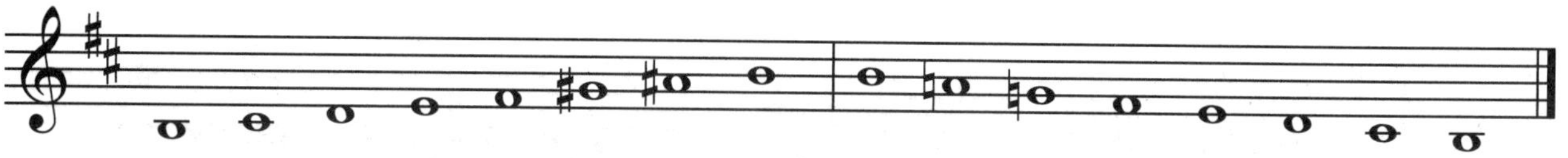

（二）b小调音程练习

三度音程

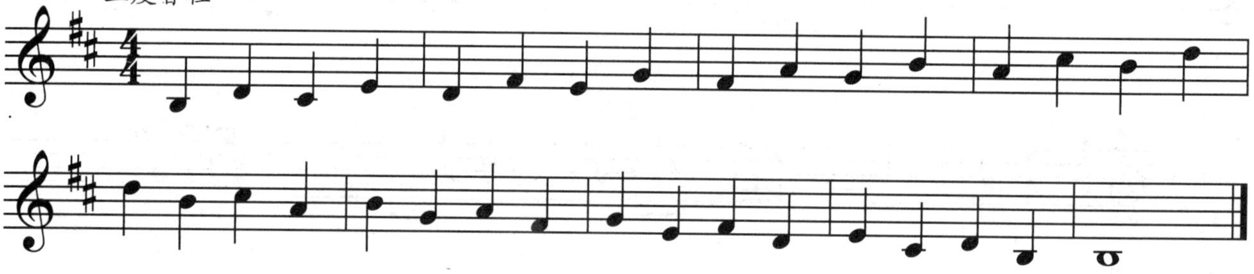

三、视唱练习

音频

14条

荒木丰尚曲

1.

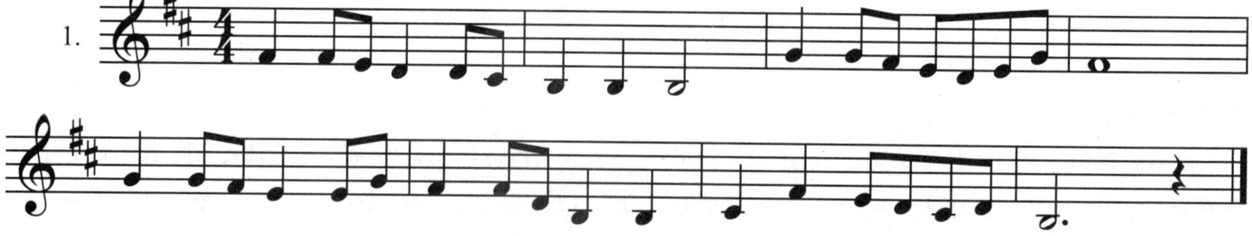

芬兰民歌

2.

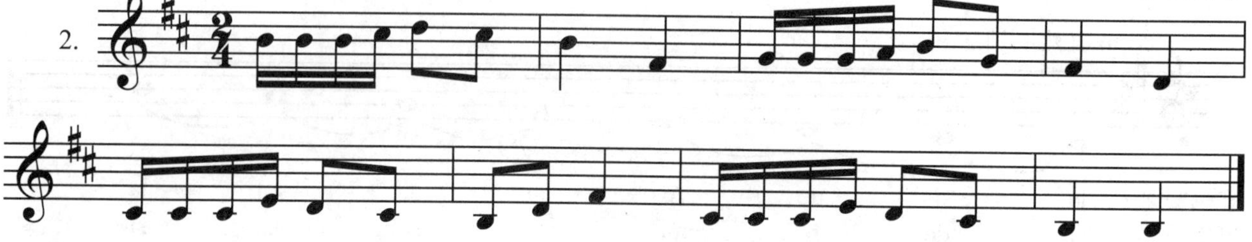

乌克兰民歌

3.

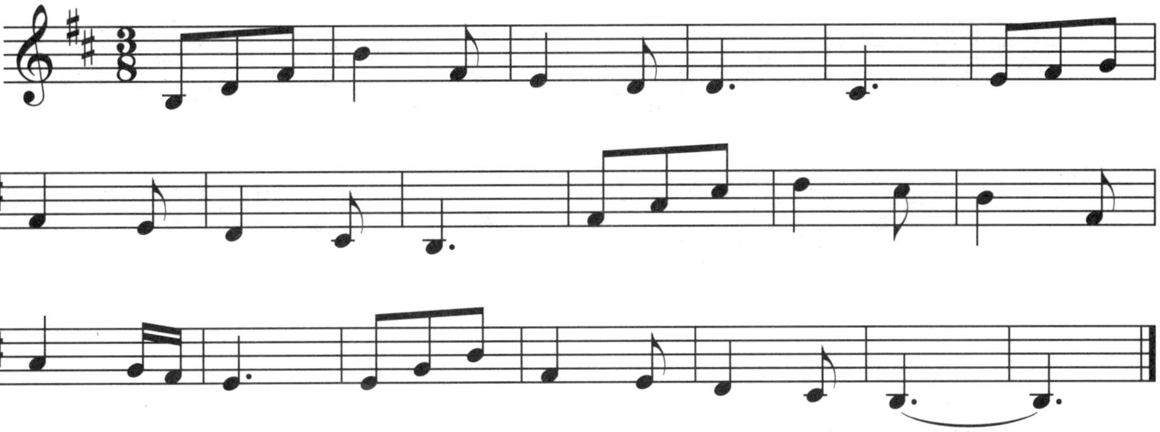

Moderato

4.

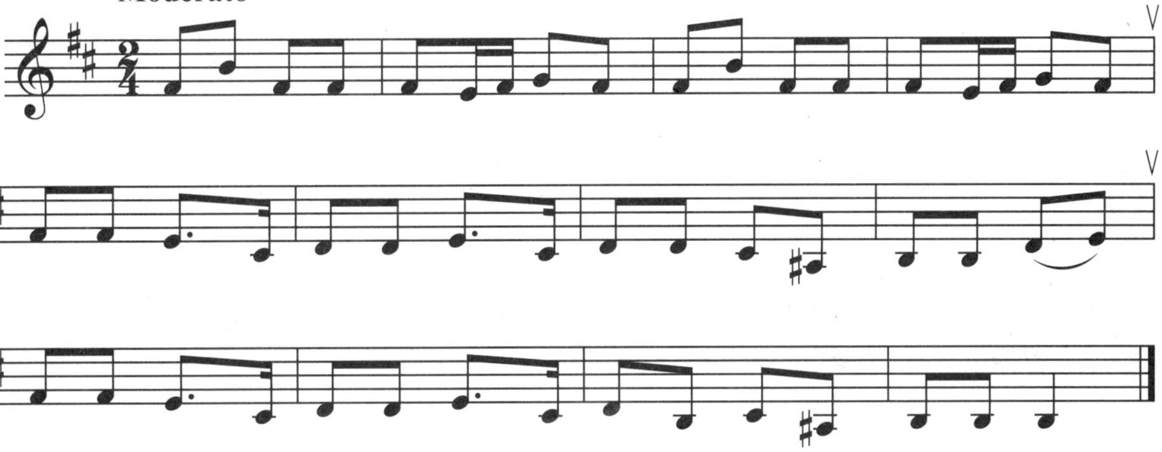

《明天去学校》哈恰图良曲

Moderato

5.

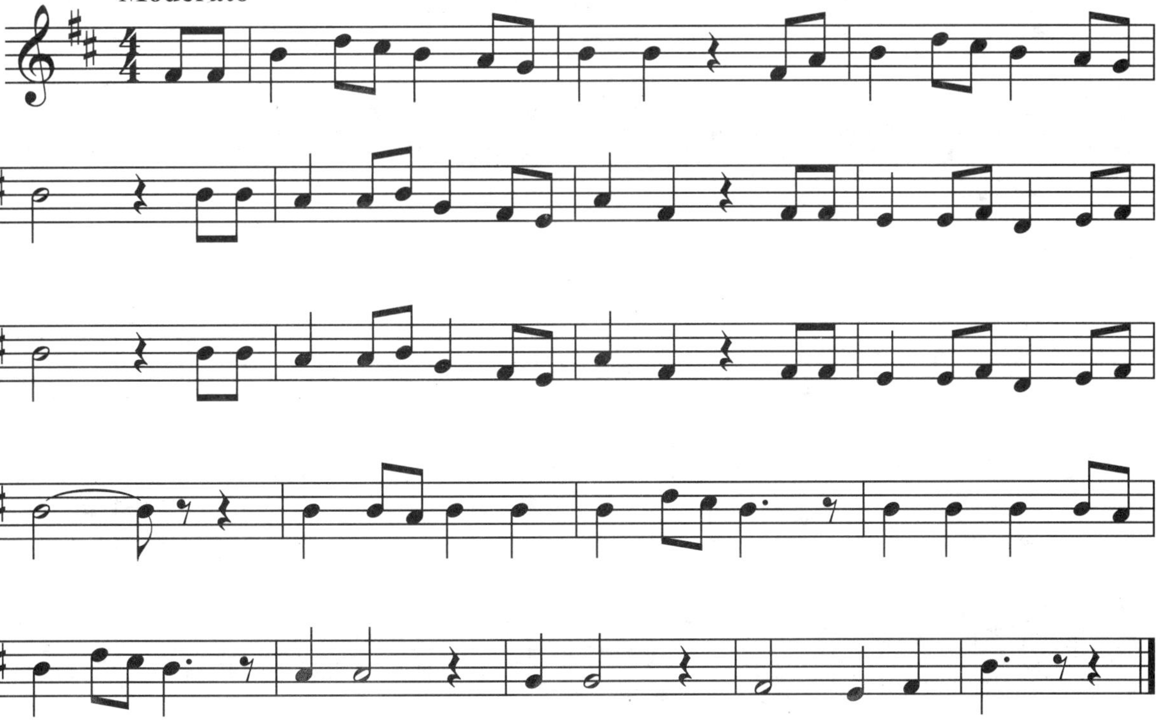

巴西民歌

6.

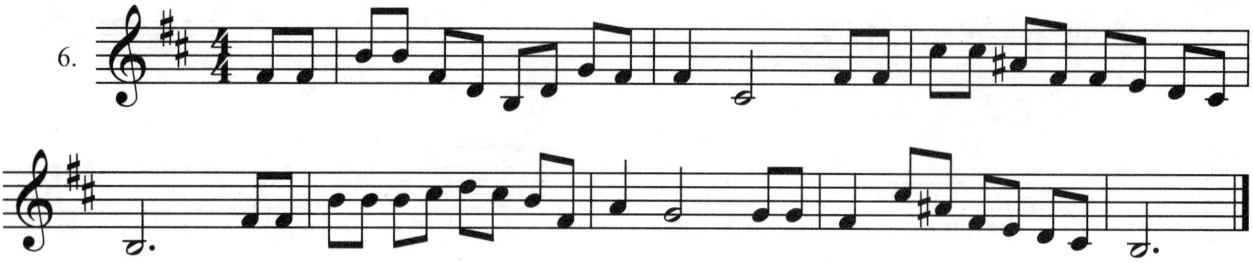

苏格兰民歌

Allegro non troppo

7.

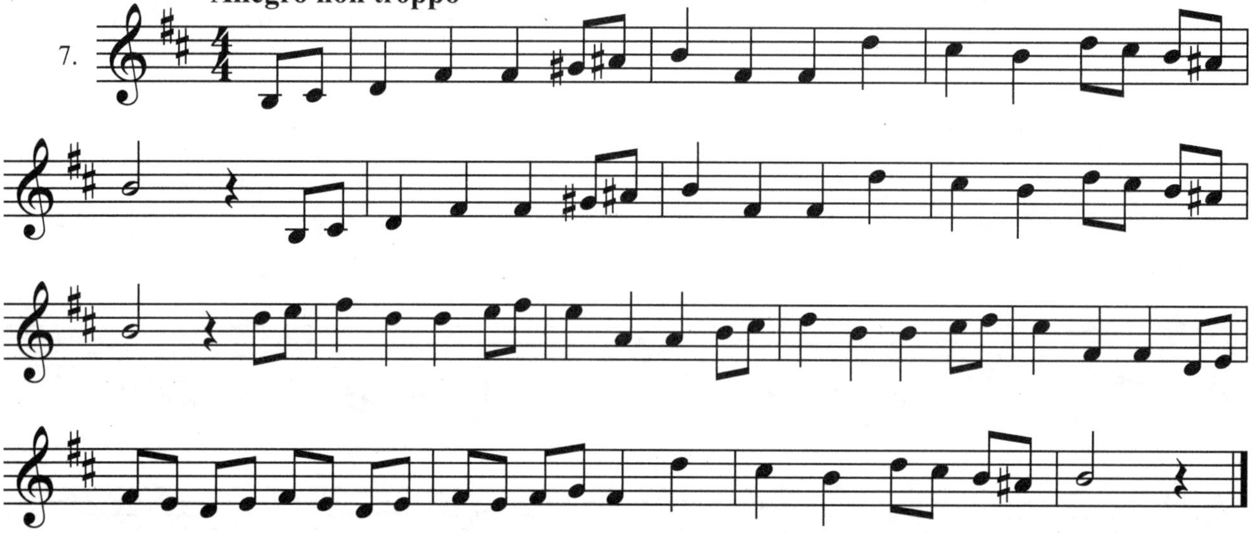

8.

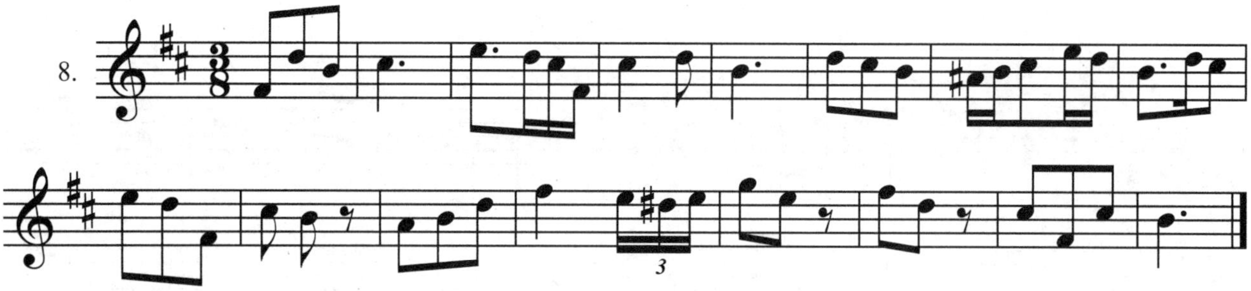

9.

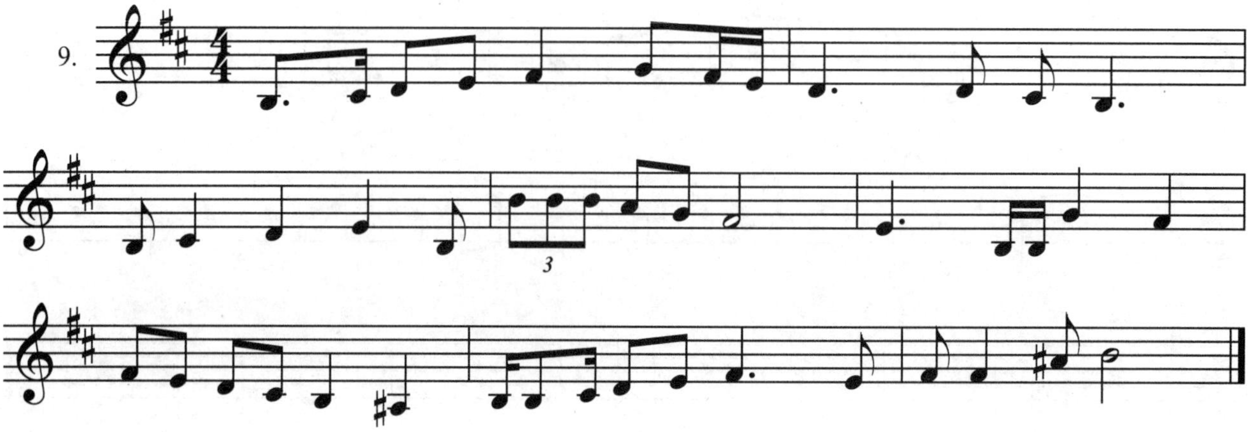

10.

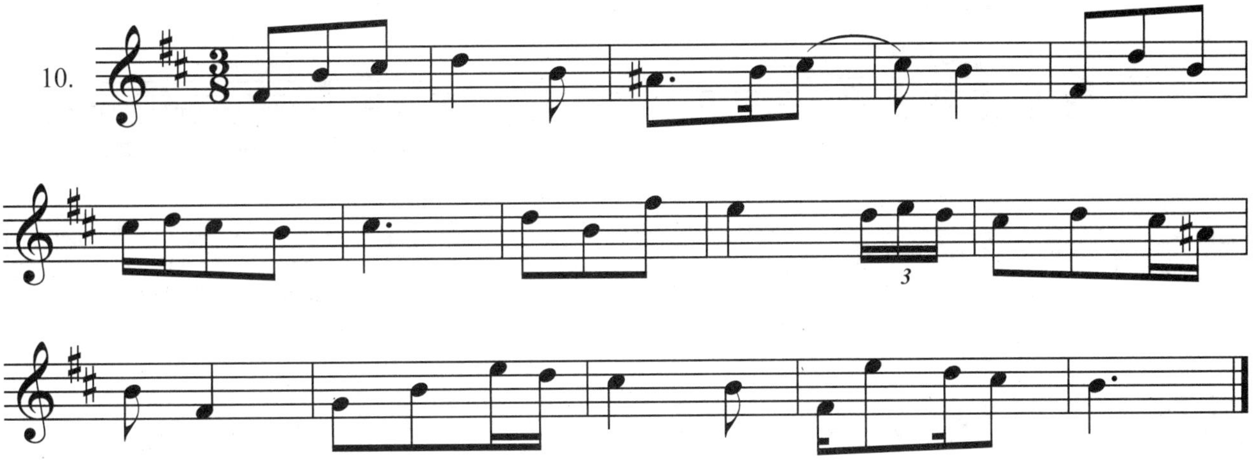

舒伯特曲

11.

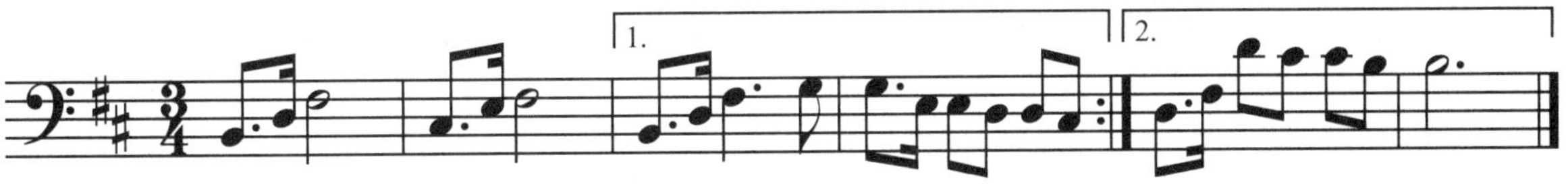

罗马尼亚歌曲《森林啊,森林》

Allegretto

12.

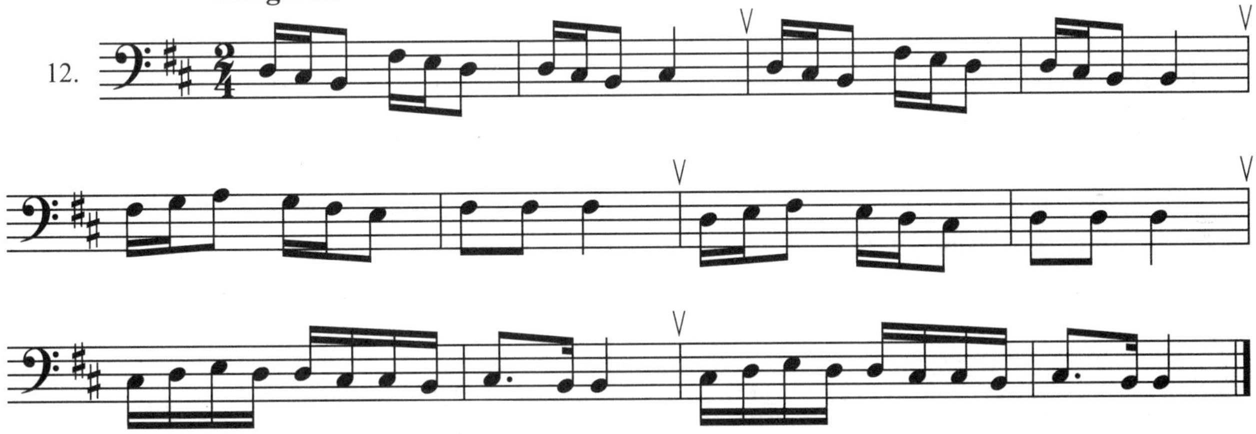

里姆斯基－科萨科夫

Moderato

13.

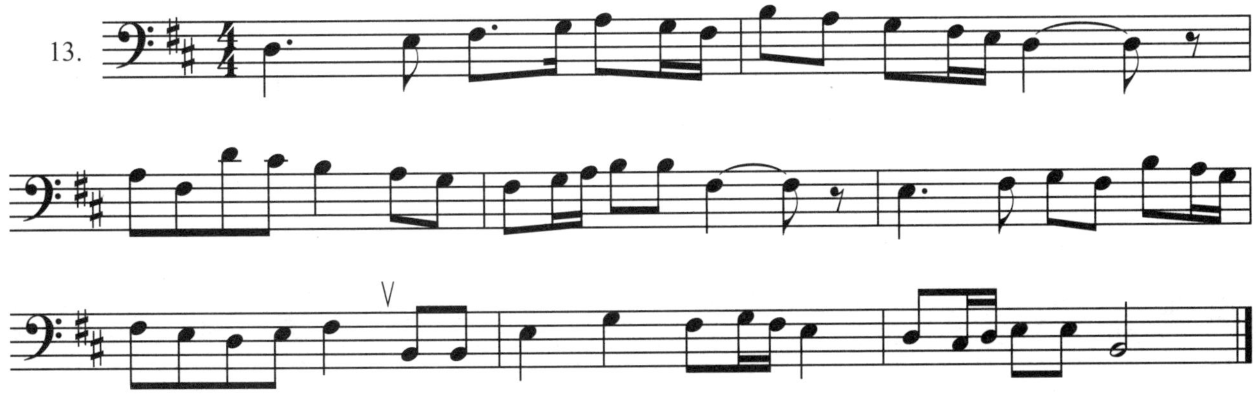

14.

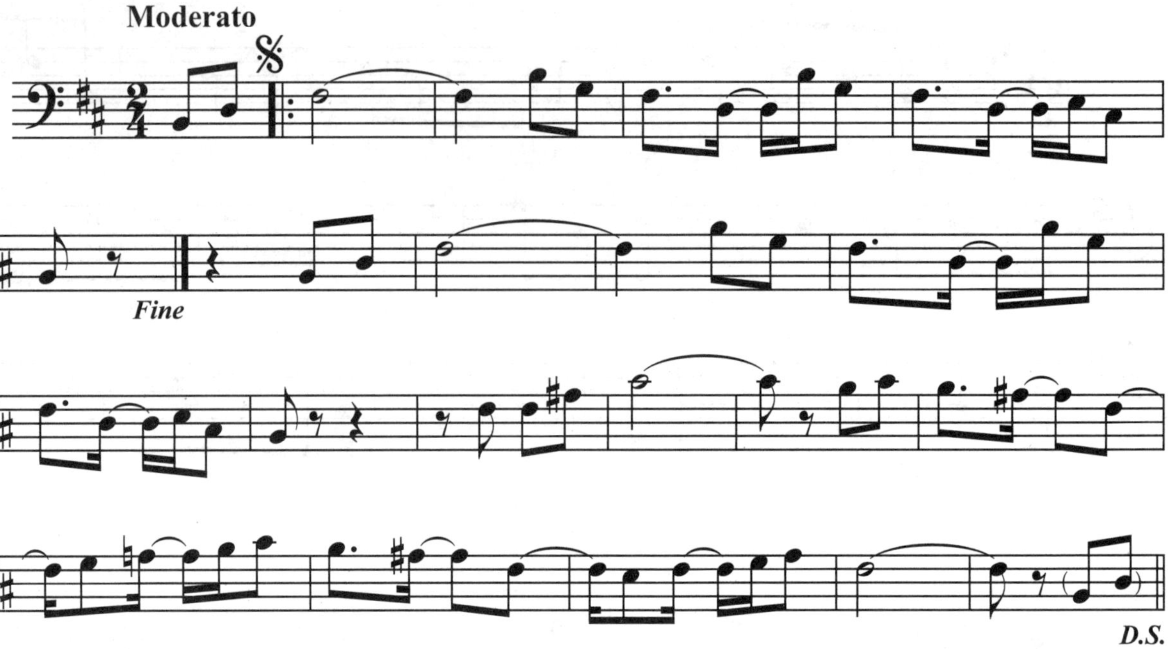

任务三　D 同宫系统民族调式

一、D 同宫系统各调

以 D 为宫音和主音的民族调式就是 D 宫调式。以 D 为宫的 5 种五声调式，即 D 宫调式、E 商调式、♯F 角调式、A 徽调式、B 羽调式，这 5 种调式宫音都是 D，所以叫 D 同宫系统各调。

二、D 同宫系统各调式音阶

1. D 宫五声调式

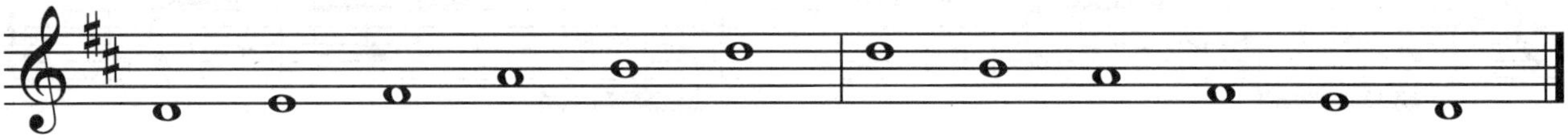

2. E 商五声调式

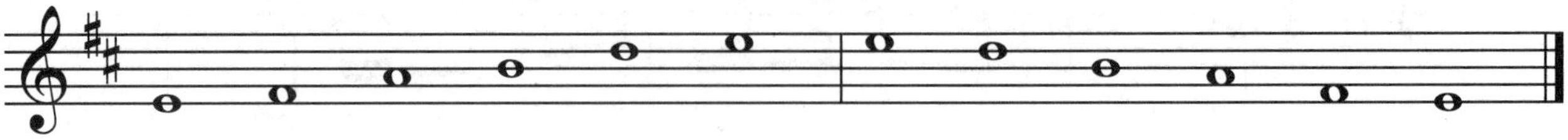

3. ♯F 角五声调式

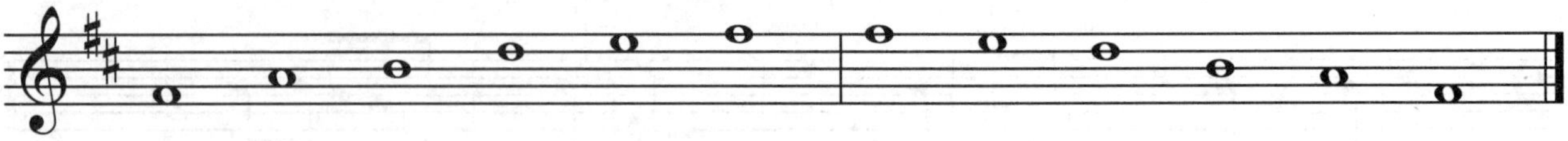

4. A 徵五声调式

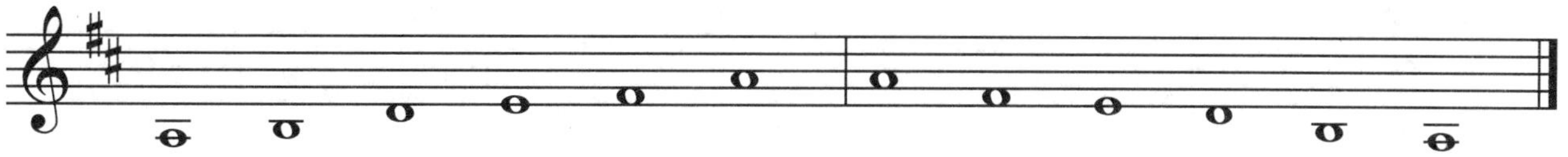

5. B 羽五声调式

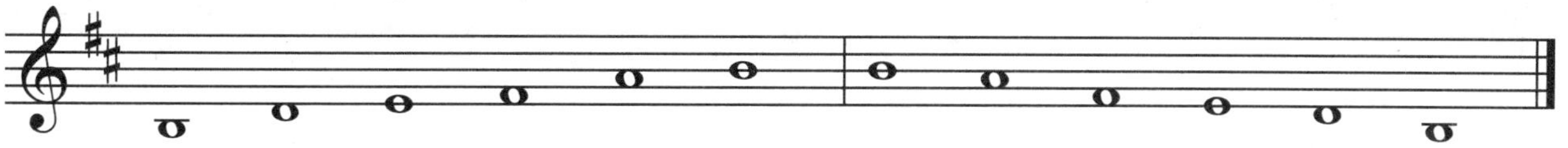

音频
8条

三、视唱练习

安徽民歌

1. 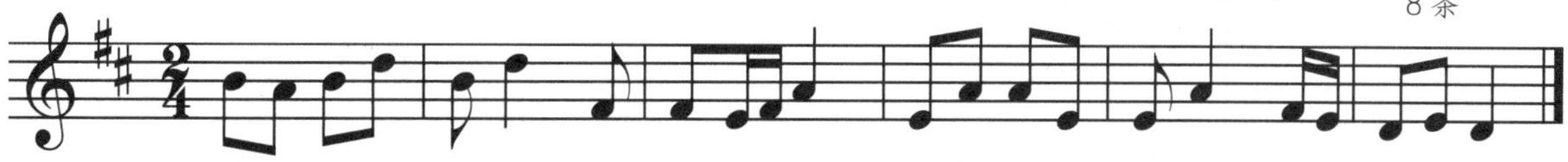

西北民歌

2. 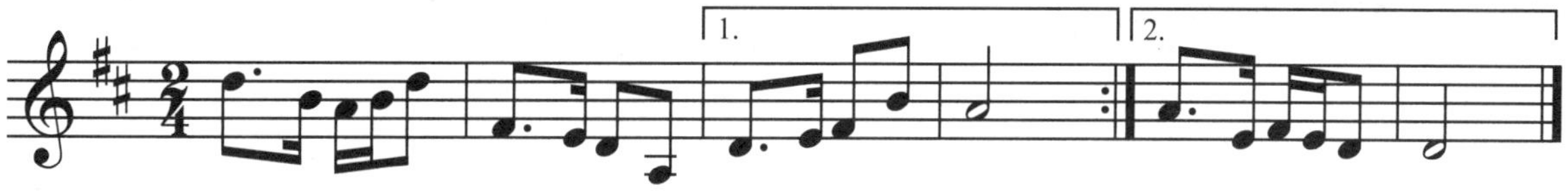

山西民歌

3. 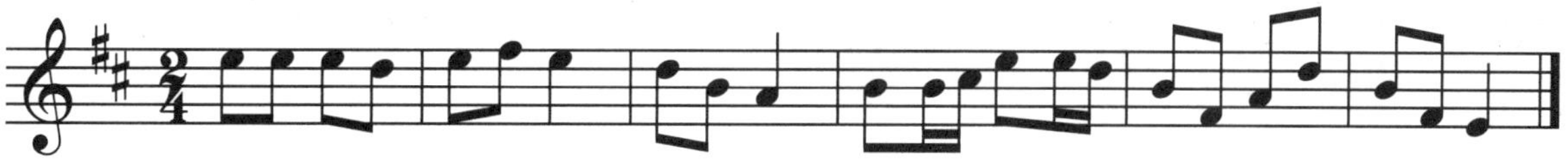

内蒙古民歌

4. 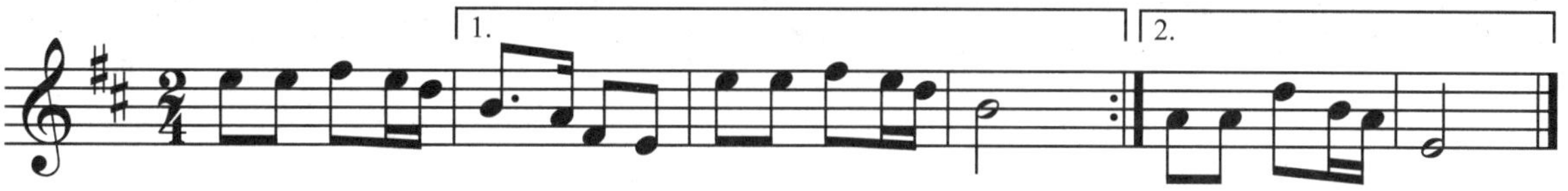

江苏民歌

5. 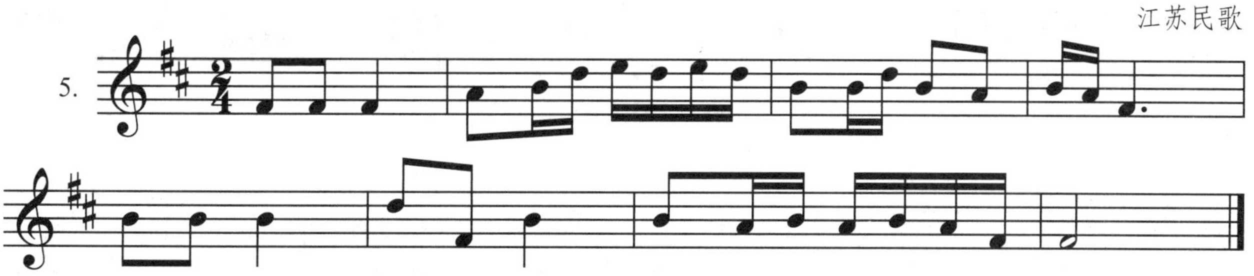

浙江民歌

6. 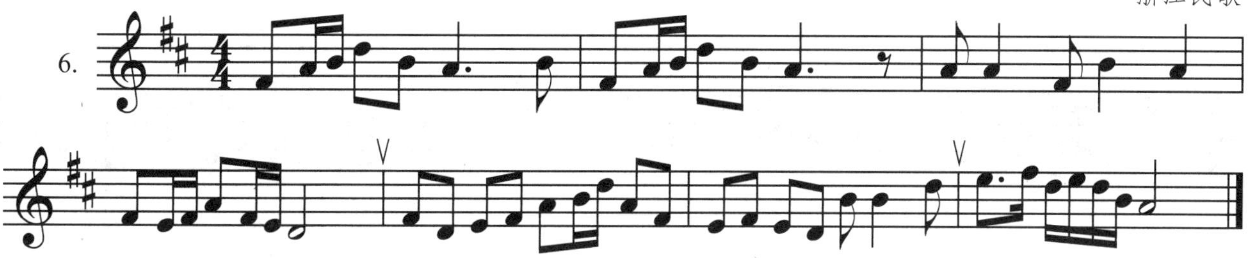

蒙古族民歌

7.

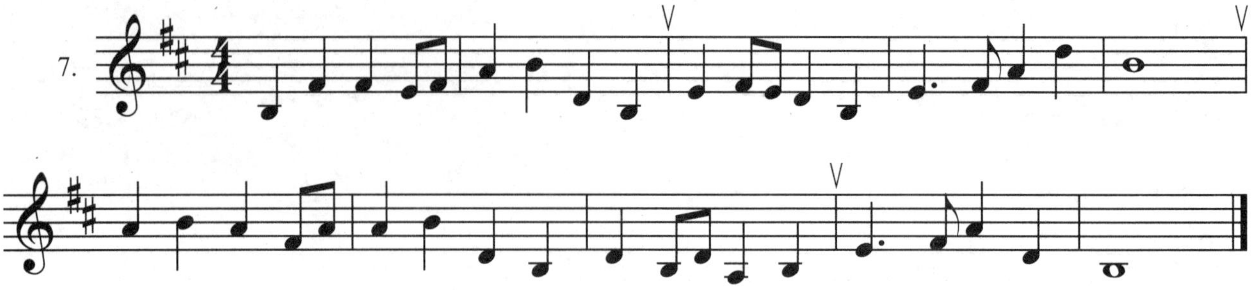

让-保罗-艾吉特·马蒂尼曲

8.

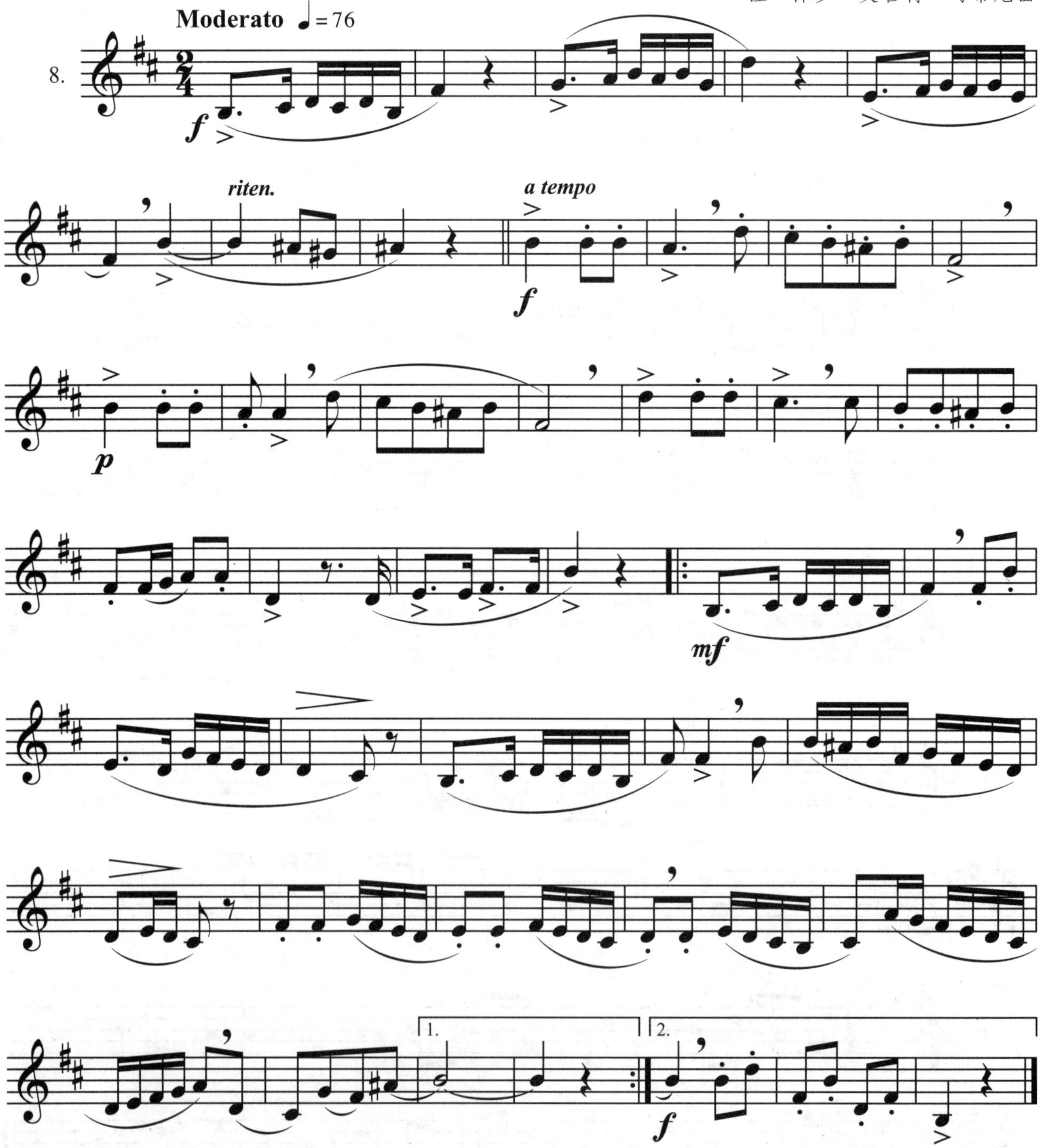

项目二　两个降号调视唱训练

任务一　♭B 大调

一、♭B 大调

以 ♭B 为主音的自然大调叫作 ♭B 自然大调，简称 ♭B 大调。♭B 大调是有 2 个降号的调，分别是 ♭B 和 ♭E。以 ♭B 为主音，按“全—全—半—全—全—全—半”的关系排列起来的 7 个音级就是 ♭B 自然大调音阶。它的首调唱名法是以第 3 线为 do，它在五线谱和键盘的位置如图 3-2-1 所示。

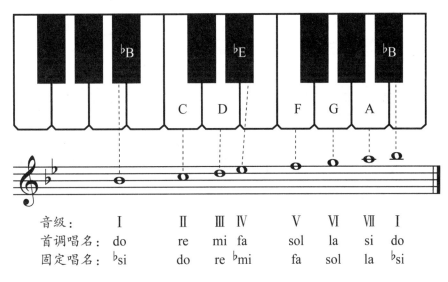

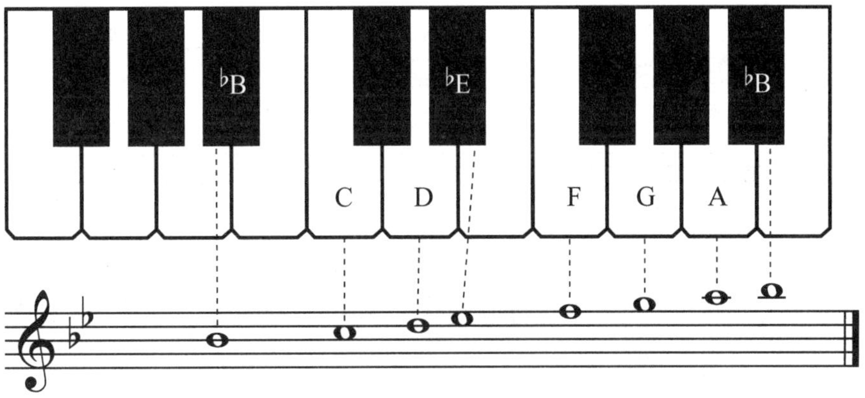

音级：	Ⅰ	Ⅱ	Ⅲ	Ⅳ	Ⅴ	Ⅵ	Ⅶ	Ⅰ
首调唱名：	do	re	mi	fa	sol	la	si	do
固定唱名：	♭si	do	re	♭mi	fa	sol	la	♭si

图 3-2-1　♭B 自然大调音阶

二、♭B 大调音阶和音程练习

（一）♭B 大调音阶练习

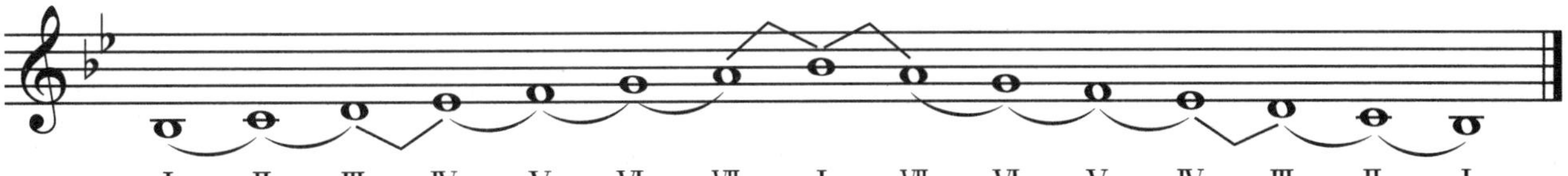

音频

5 条

（二）♭B 大调音程练习

1. 三度音程

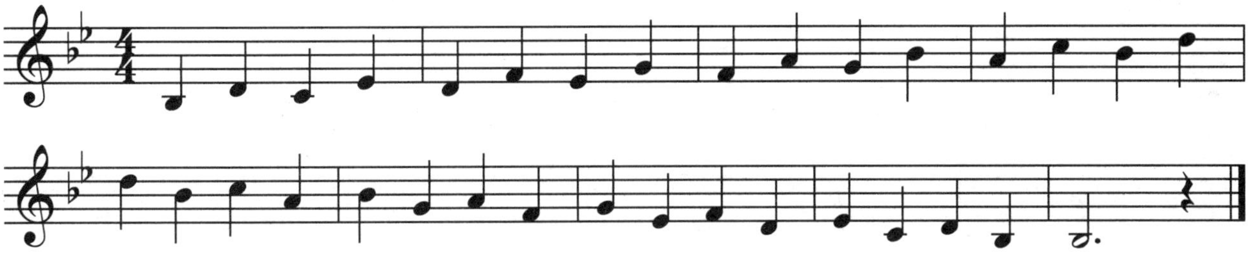

2. 四度音程

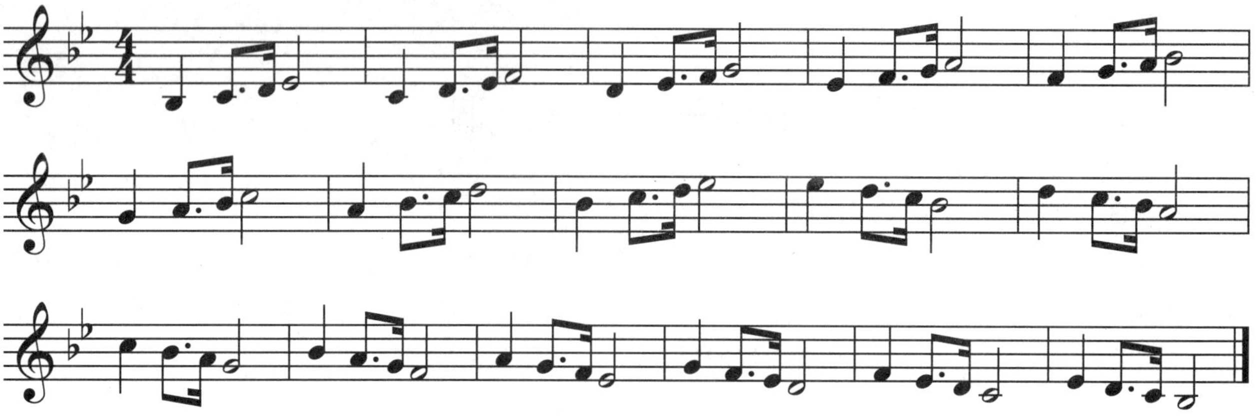

3. 五度音程

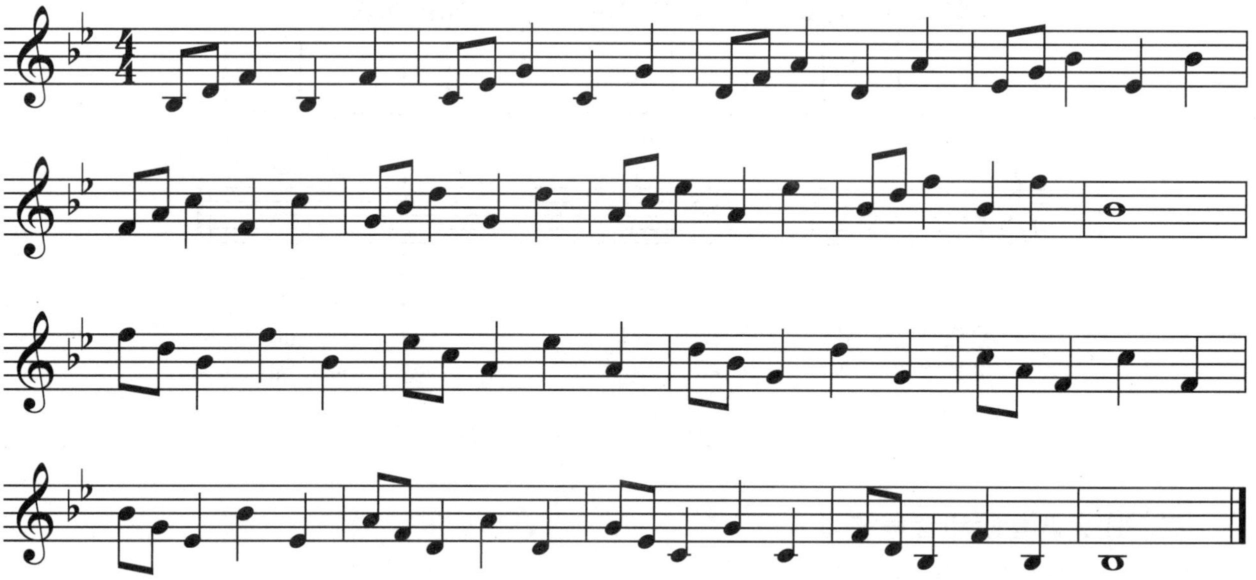

4. 六度音程

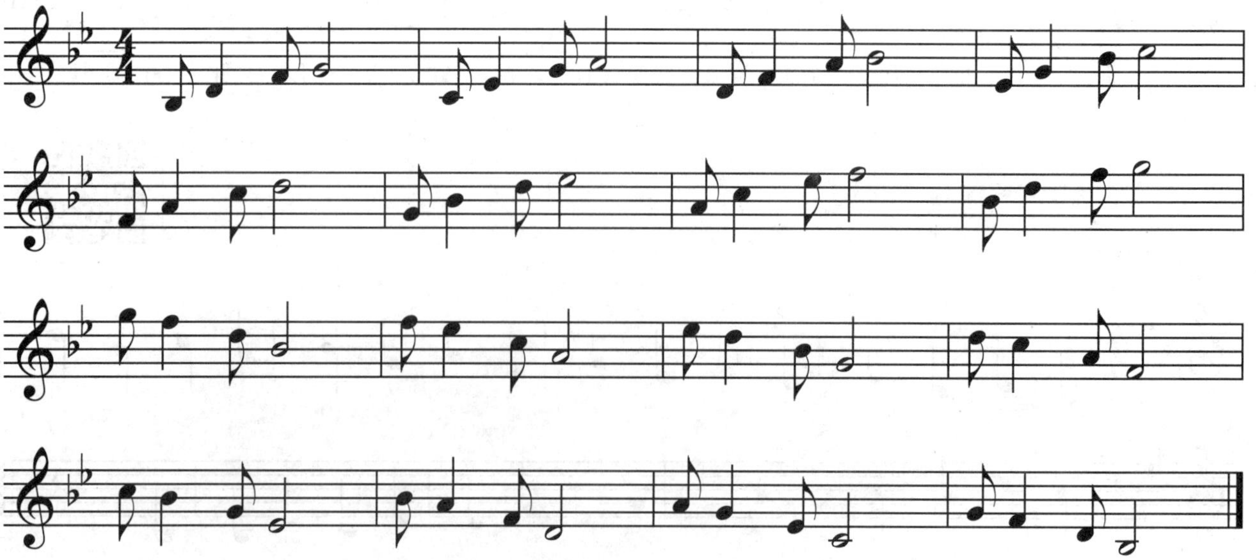

5. 七度音程

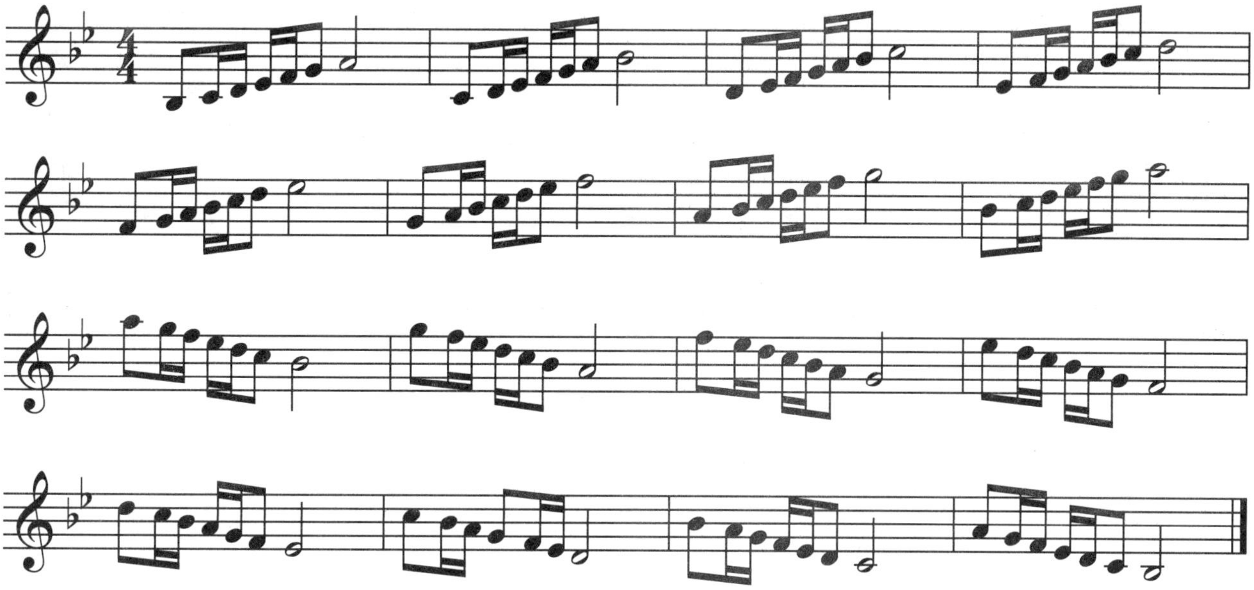

音频

10条

二、视唱练习

1.

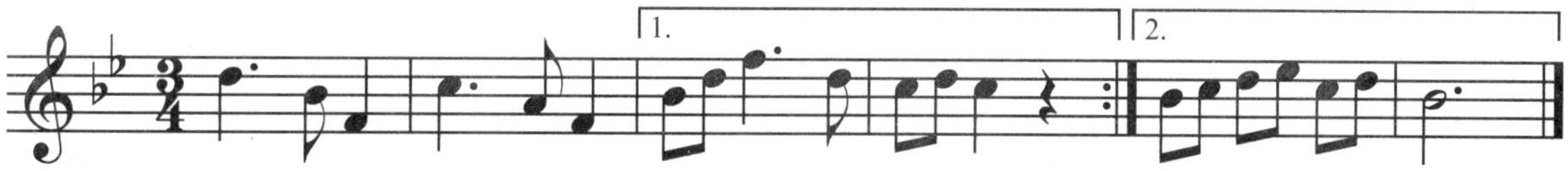

2.

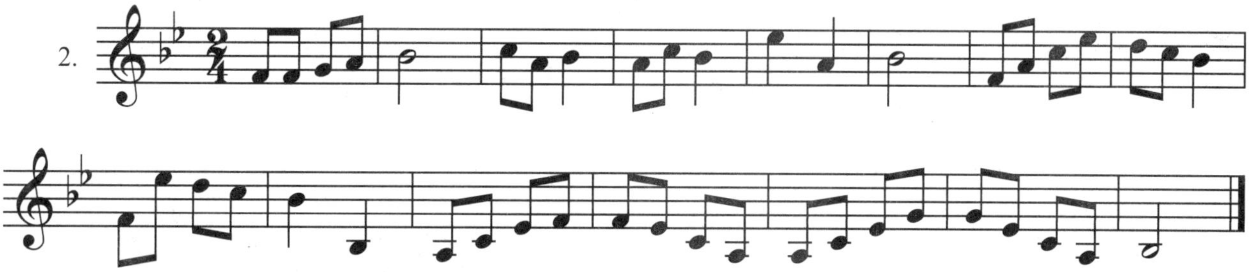

莫扎特曲

3.

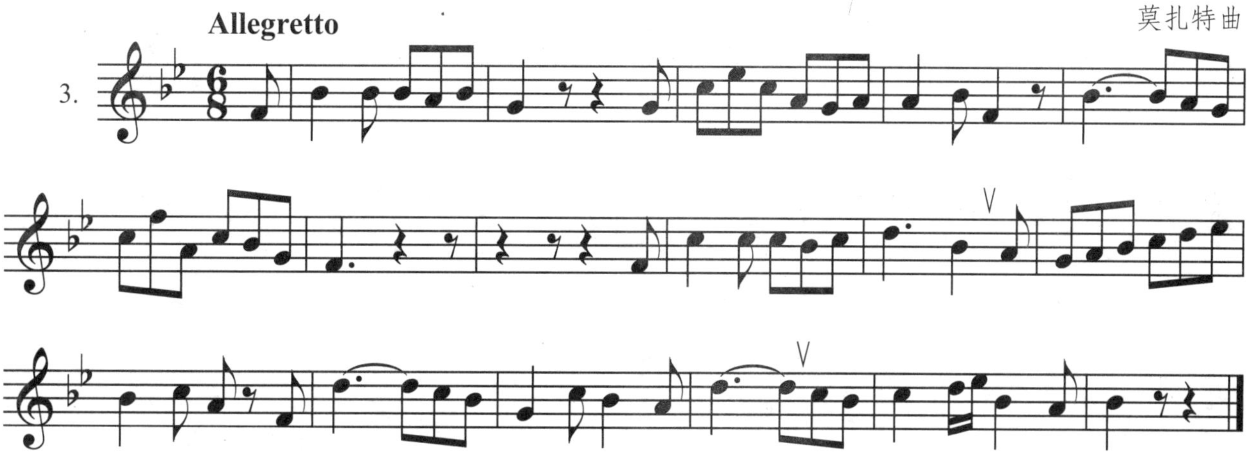

《小鸟飞》张佩玉曲

4.

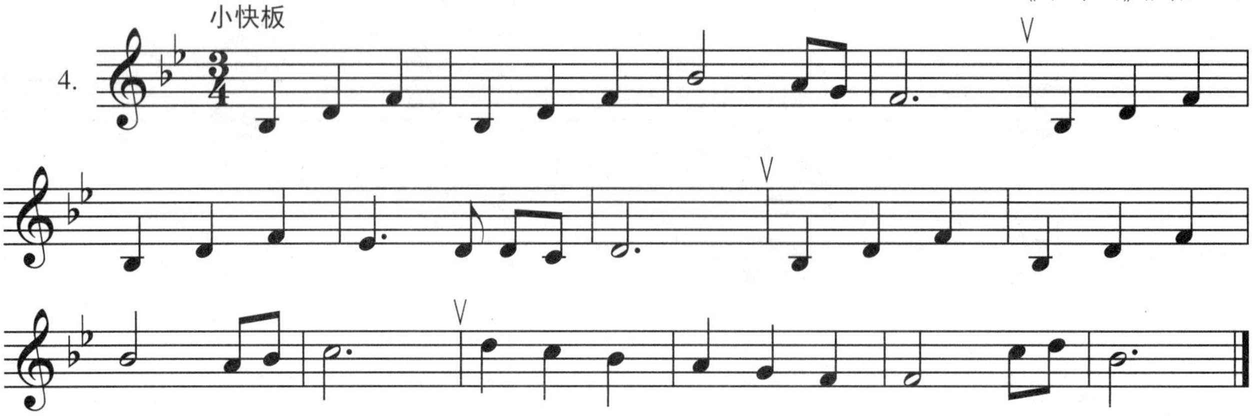

澳大利亚民歌《剪羊毛》

5.

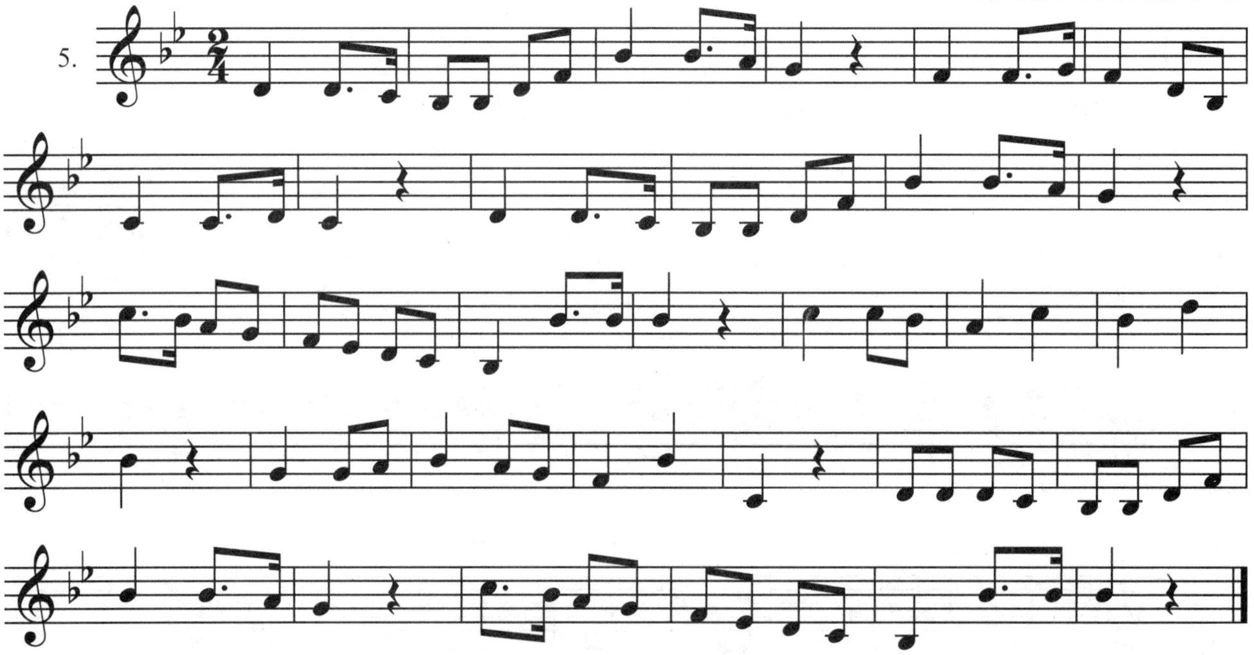

罗道尔夫曲

6.

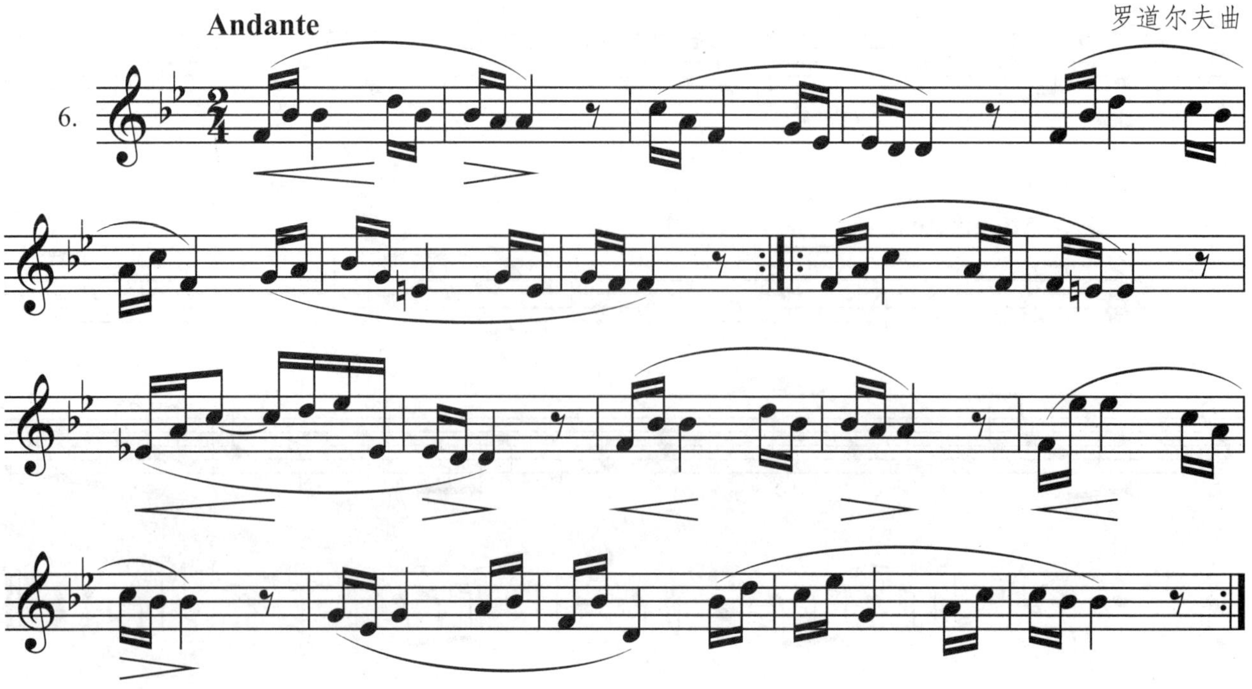

《少女的愿望》肖邦曲

7.

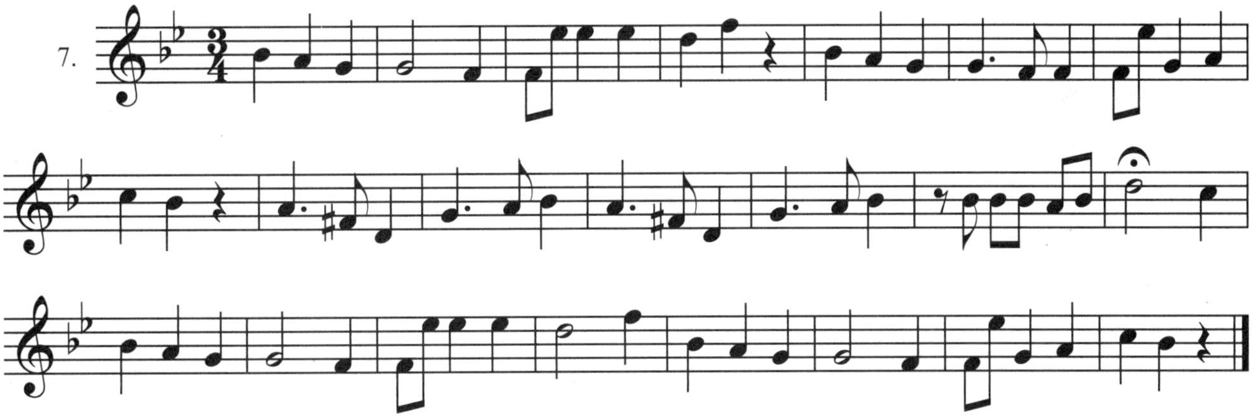

乌克兰民歌

8.

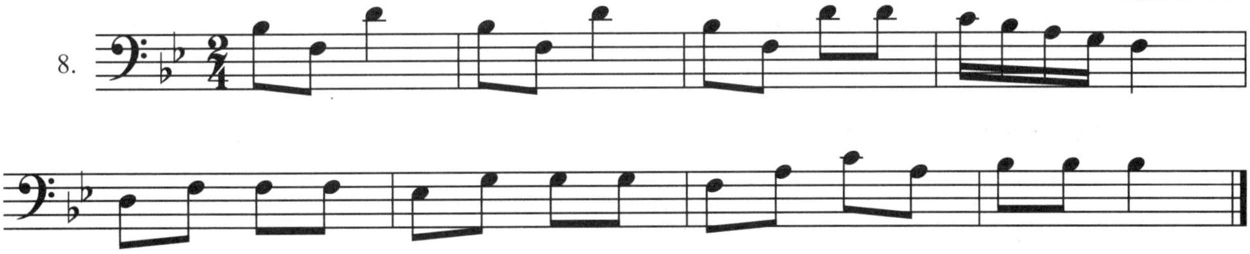

印尼民歌《我的小花园》

Allegretto

9.

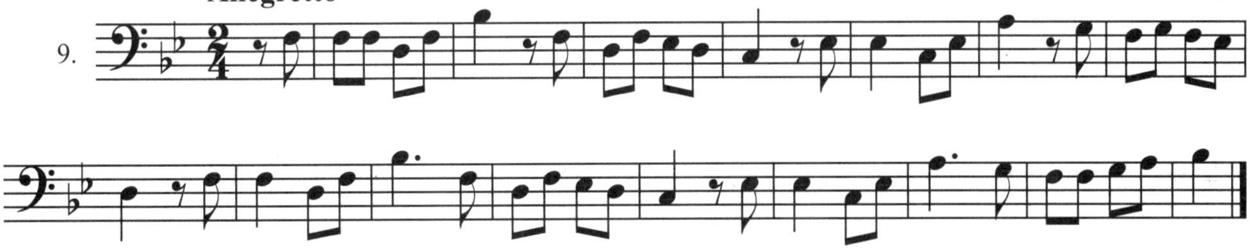

《鳟鱼》舒伯特曲

Moderato 弹性地

10.

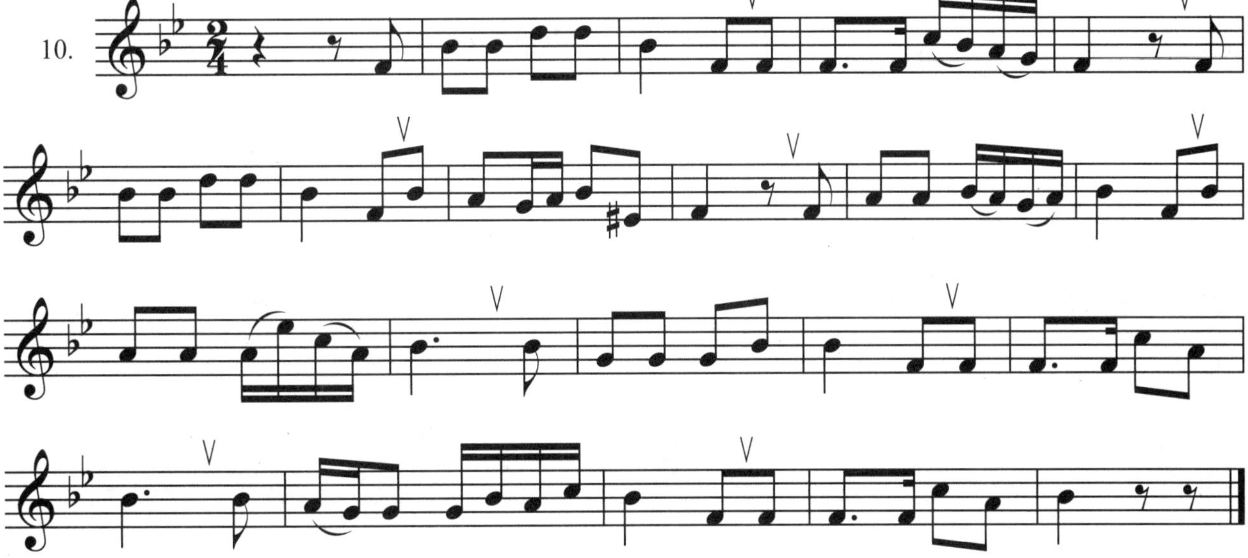

任务二 g 小 调

一、g 小调

g 小调是以 g 为主音的小调，可分为 3 种形式：g 自然小调、g 和声小调、g 旋律小调。g 小调是有 2 个降号的调，分别为 $^{\flat}$B 和 $^{\flat}$E，它的关系大调是 $^{\flat}$B 大调。以 g 为主音，按“全—半—全—全—半—全—全”的关系排列起来的 7 个音级就是 g 自然小调音阶。

例 3-2-1

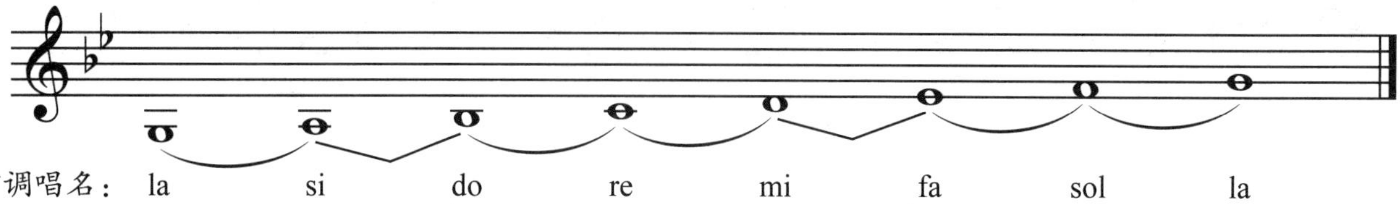

首调唱名：	la	si	do	re	mi	fa	sol	la
固定唱名：	sol	fa	$^{\flat}$si	do	re	$^{\flat}$mi	fa	sol

二、g 小调音阶和音程练习

（一）g 小调音阶练习

1. g 自然小调音阶

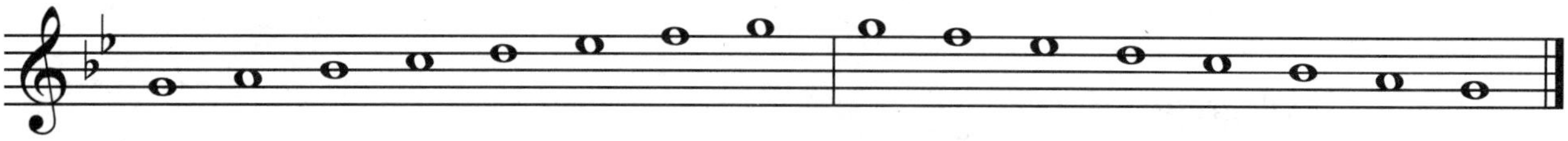

2. g 和声小调音阶

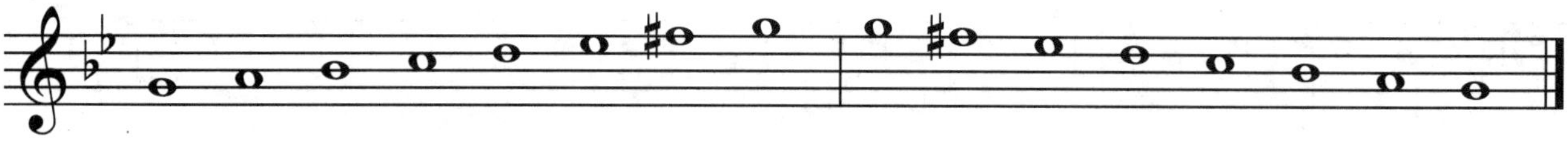

3. g 旋律小调音阶

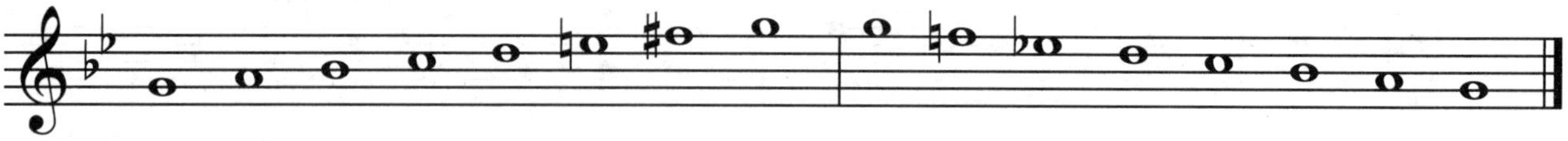

（二）g 小调音程练习

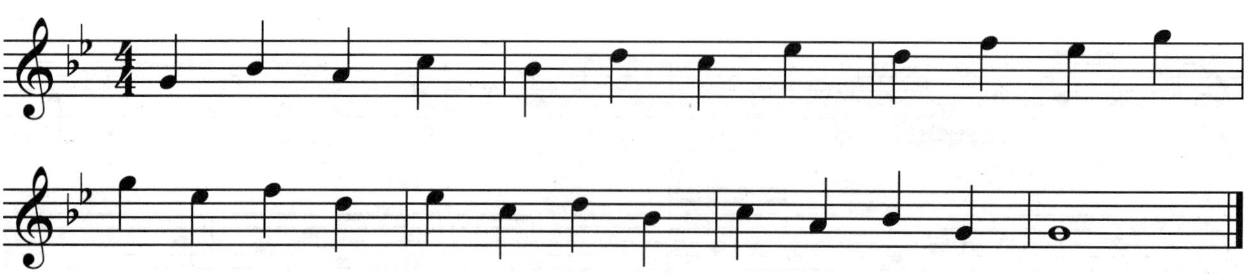

三、视唱练习

音频 13条

舒伯特曲

1.
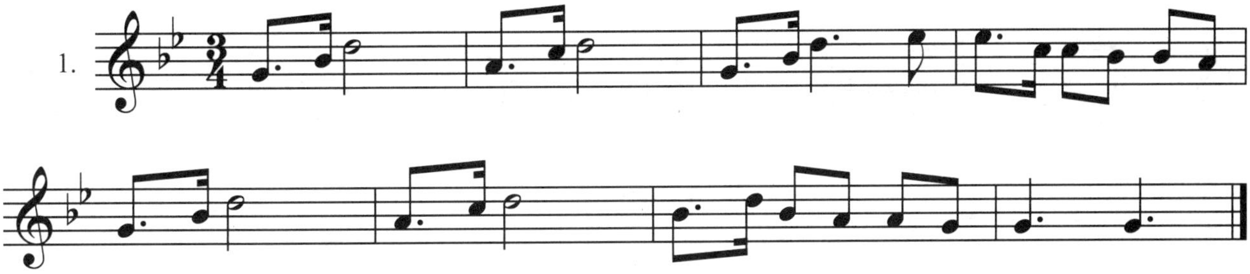

巴赫曲

2.
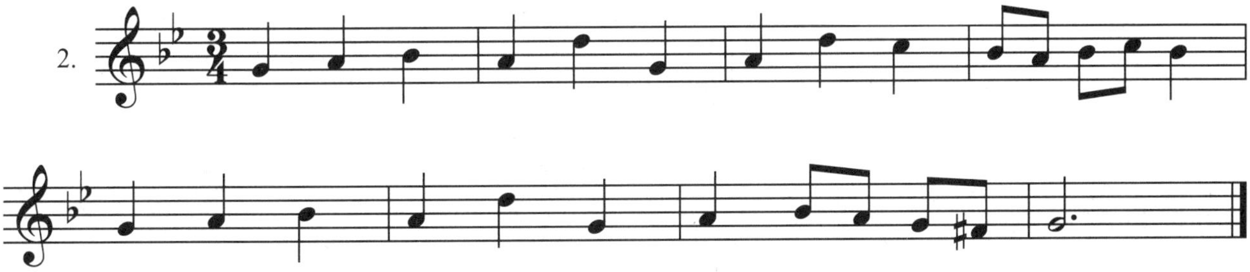

《六月》柴科夫斯基曲

3.
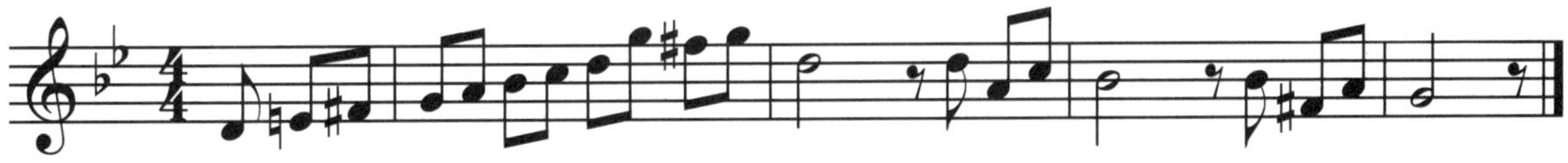

冈田和夫曲

4.
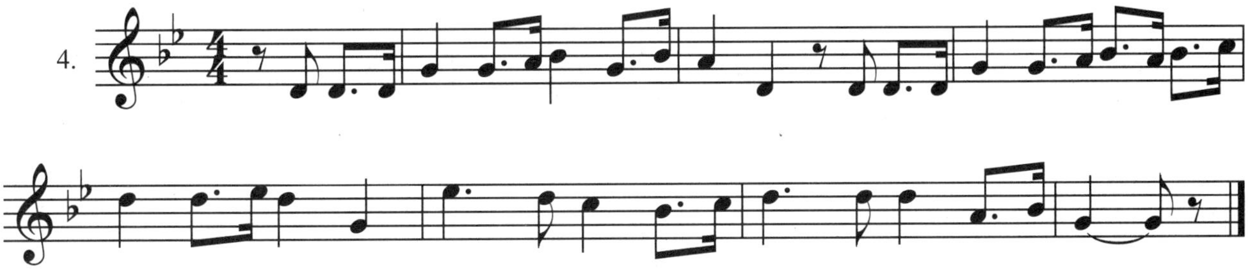

波希米亚歌曲

跳跃地

5.
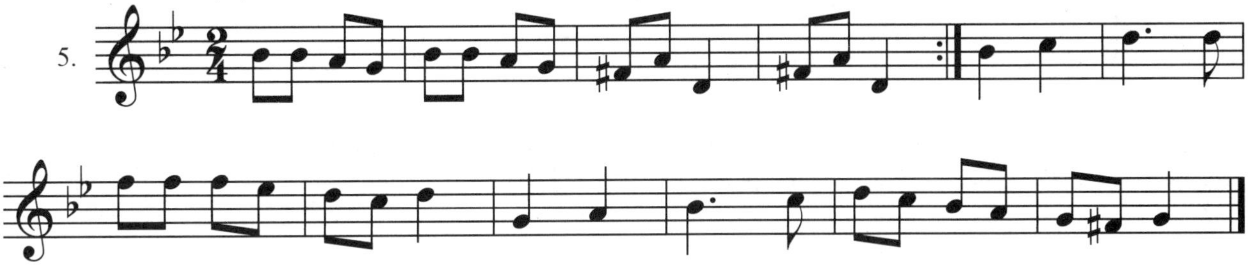

挪威民歌

Moderato

6.

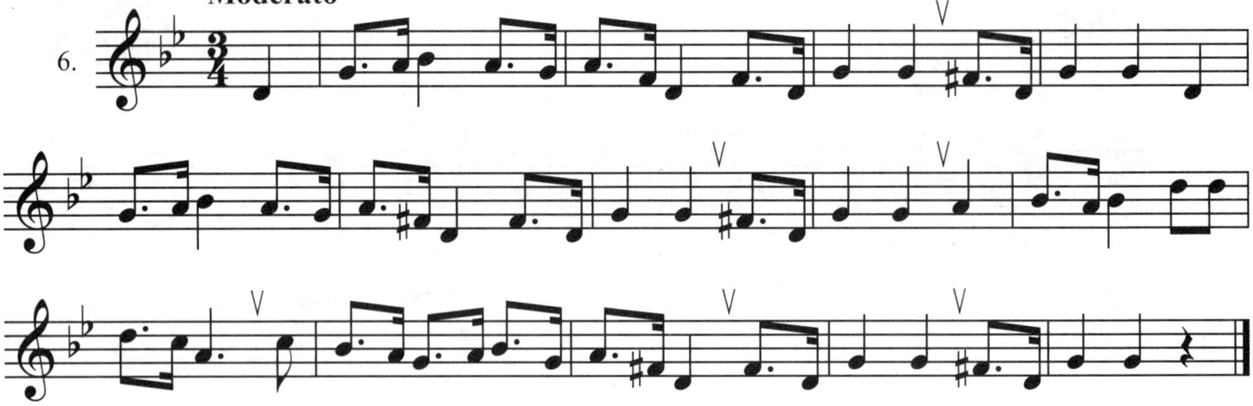

雷蒙恩、卡卢利曲

Moderato ♩=72

7.

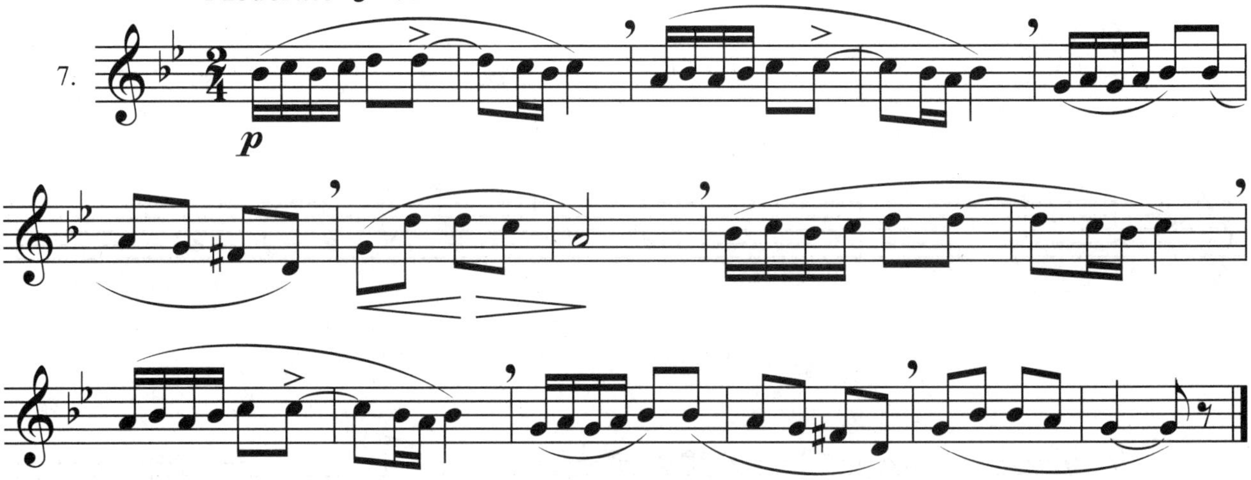

乌克兰民歌

8.

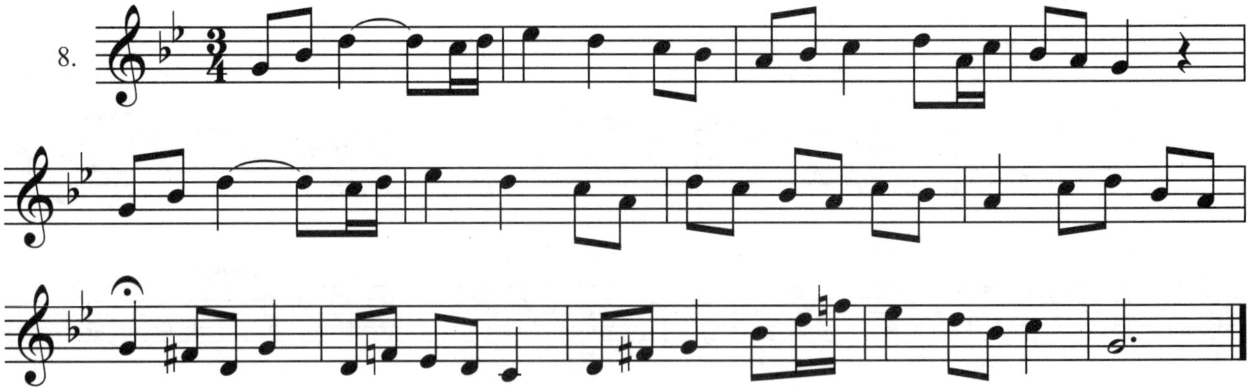

9.

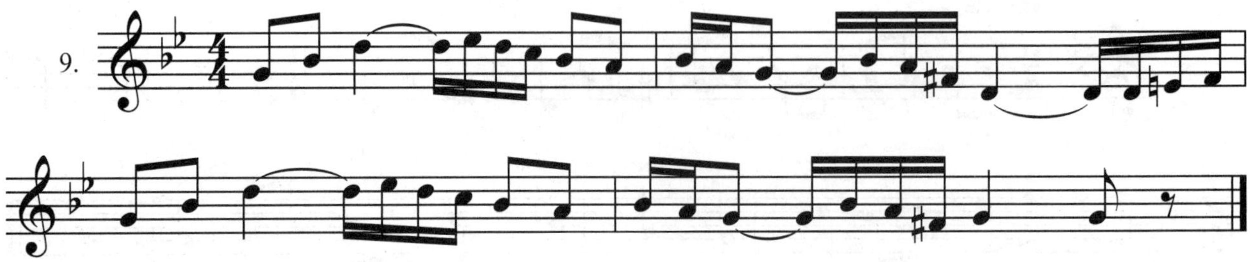

《土拨鼠》贝多芬曲

10.

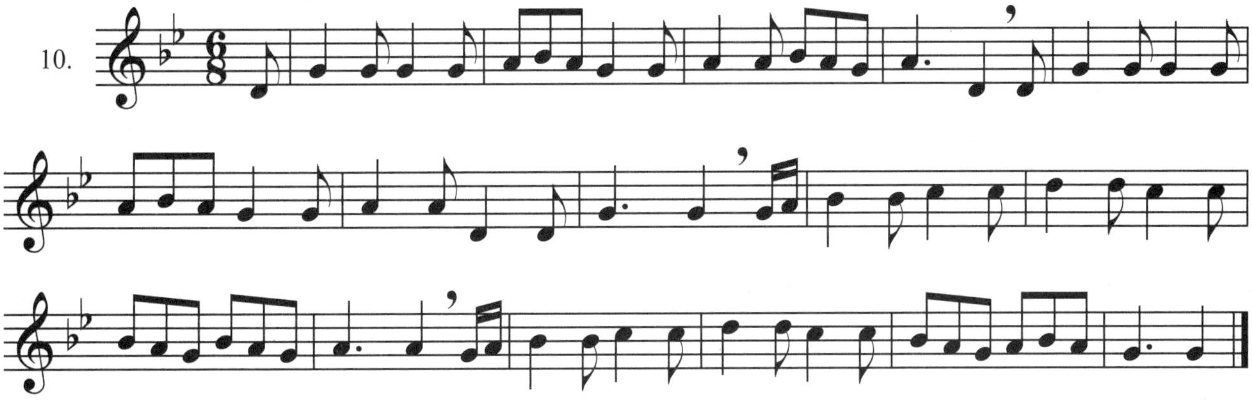

哈萨克族民歌

哀怨地

11.

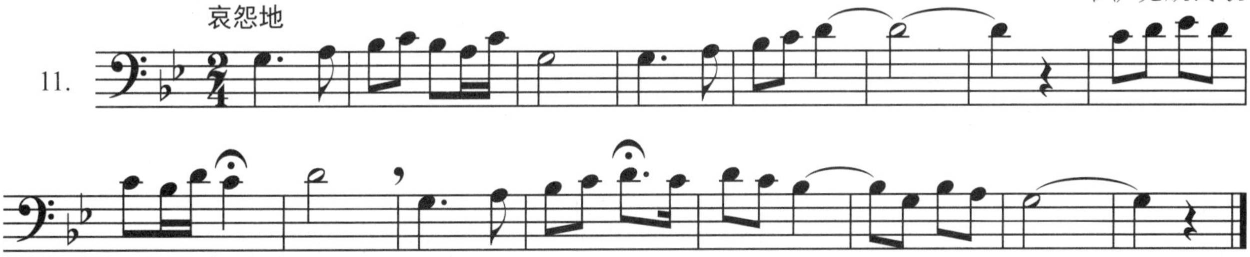

12.

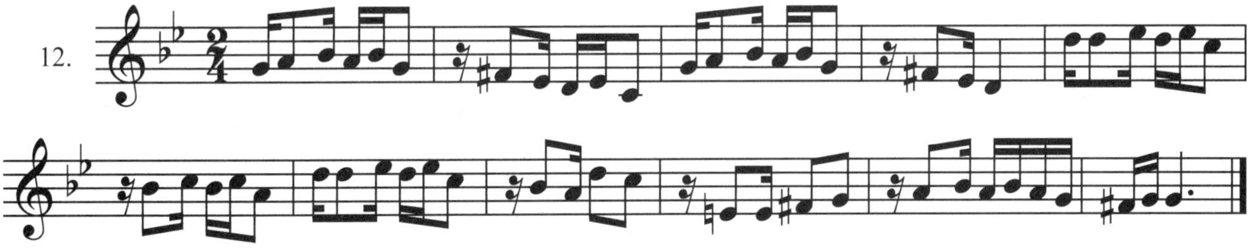

Allegretto

雷蒙恩曲

13.

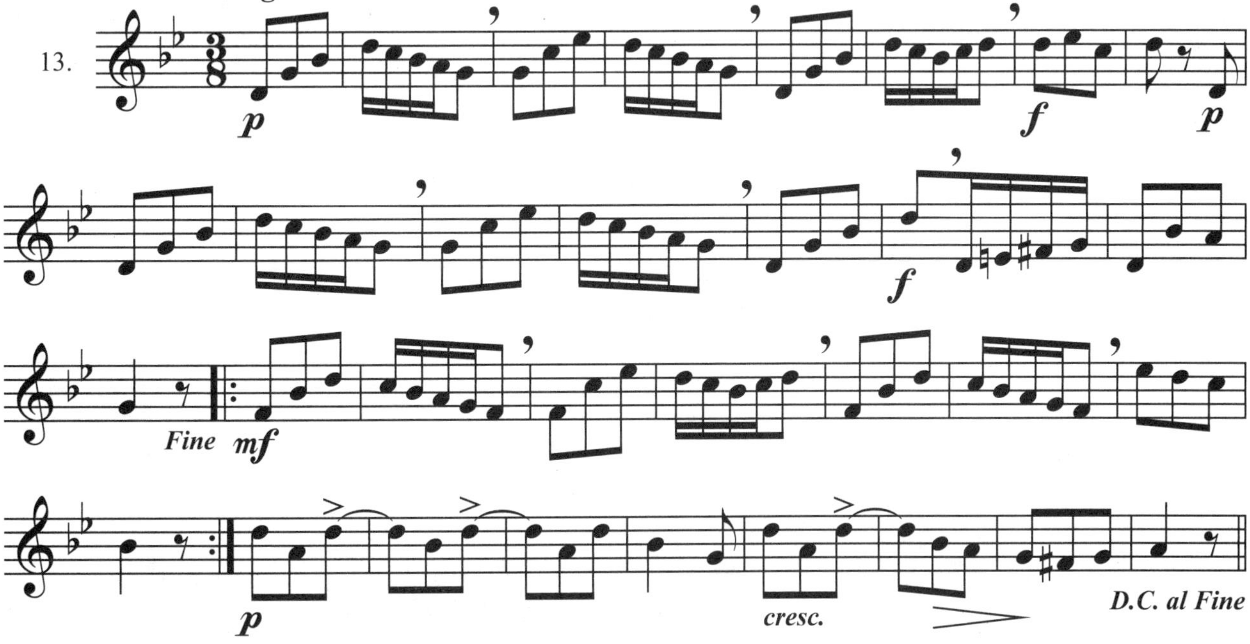

任务三　♭B 同宫系统民族调式

一、♭B 同宫系统各调

以 ♭B 为宫音和主音的民族调式就是 ♭B 宫调式。以 ♭B 为宫的 5 种五声调式，即 ♭B 宫调式、C 商调式、D 角调式、F 徵调式、G 羽调式，5 种调式宫音都是 ♭B，所以叫 ♭B 宫系统各调。

二、♭B 同宫系统各调式音阶

1. ♭B 宫五声调式

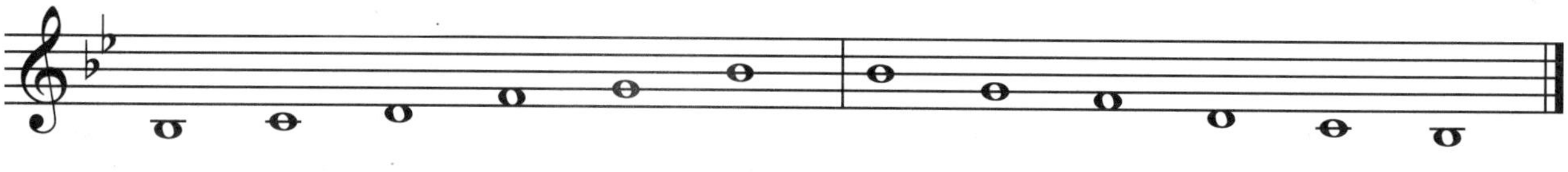

2. C 商五声调式

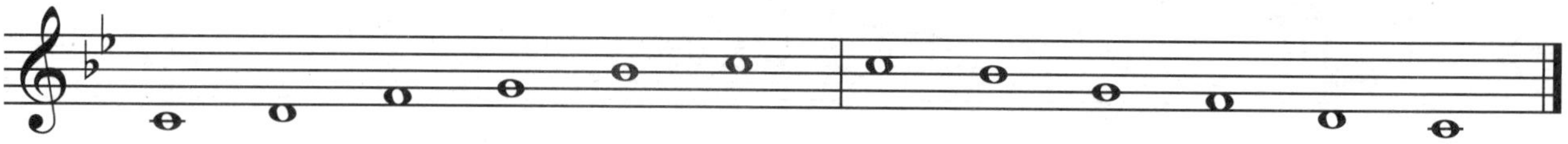

3. D 角五声调式

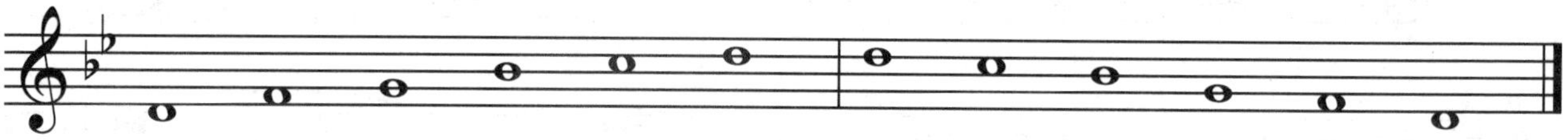

4. F 徵五声调式

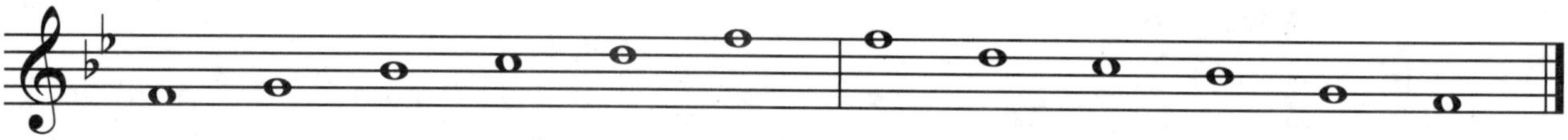

5. G 羽五声调式

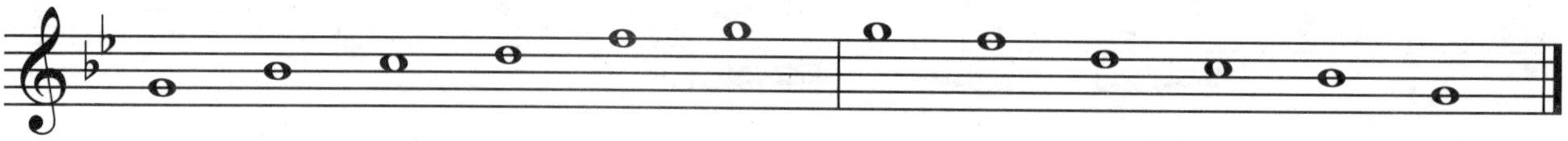

三、视唱练习

音频

14 条

福建民歌

1.

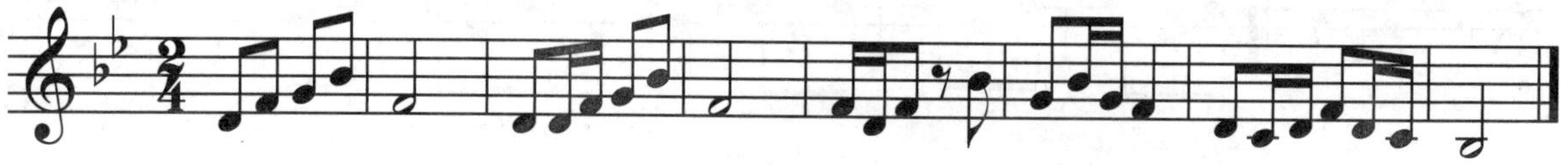

壮族民歌

2.

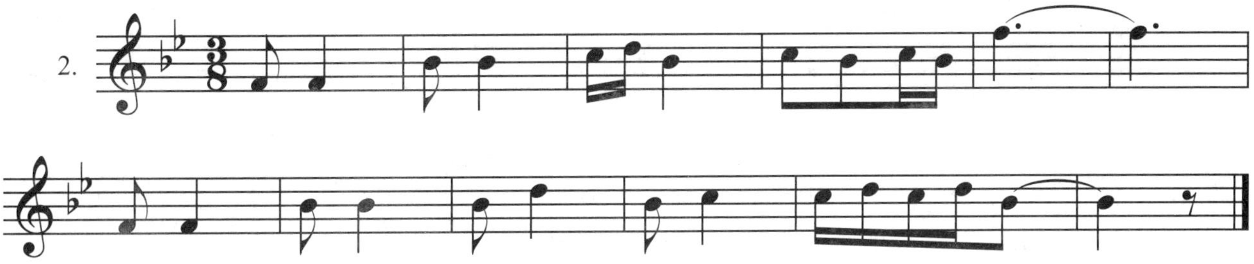

深泽民歌

3.

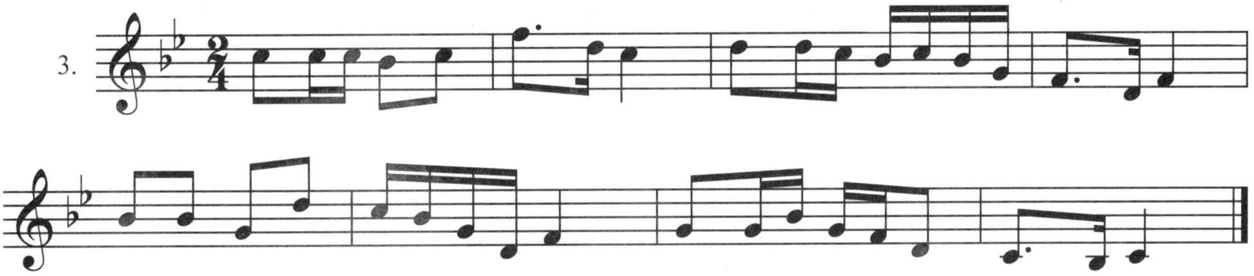

陕西民歌

4.

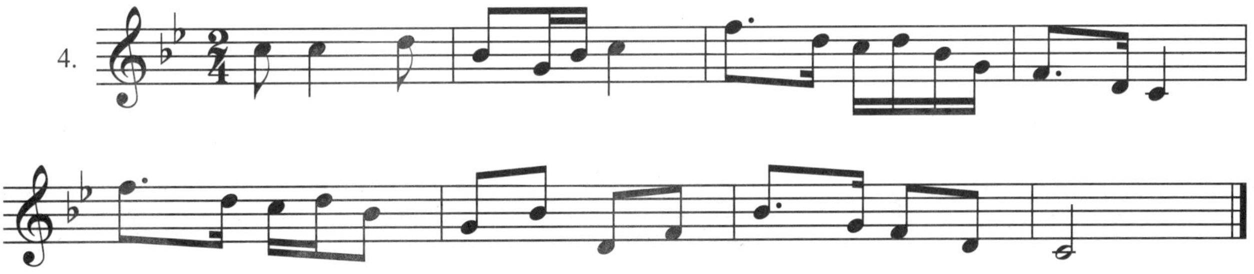

深泽民歌

5.

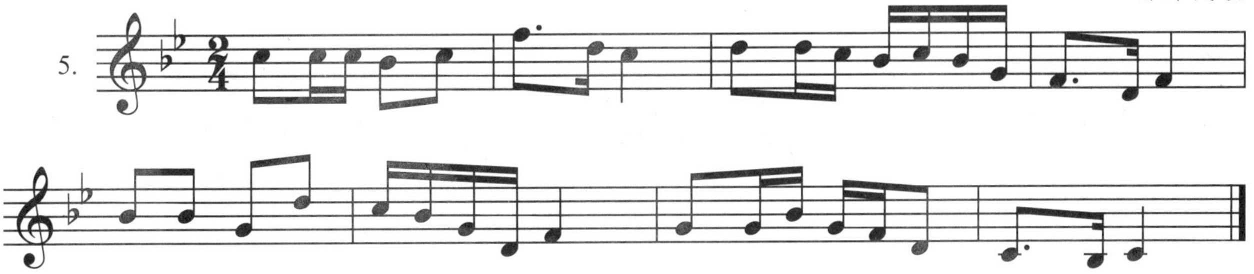

陕西民歌

6.

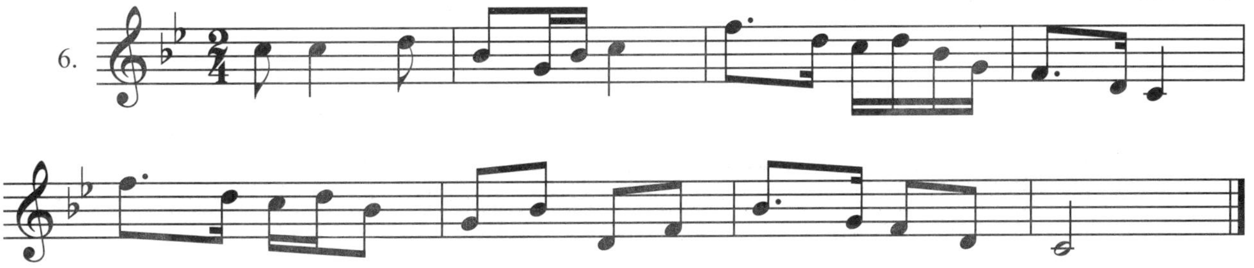

金砂曲

小快板

7.

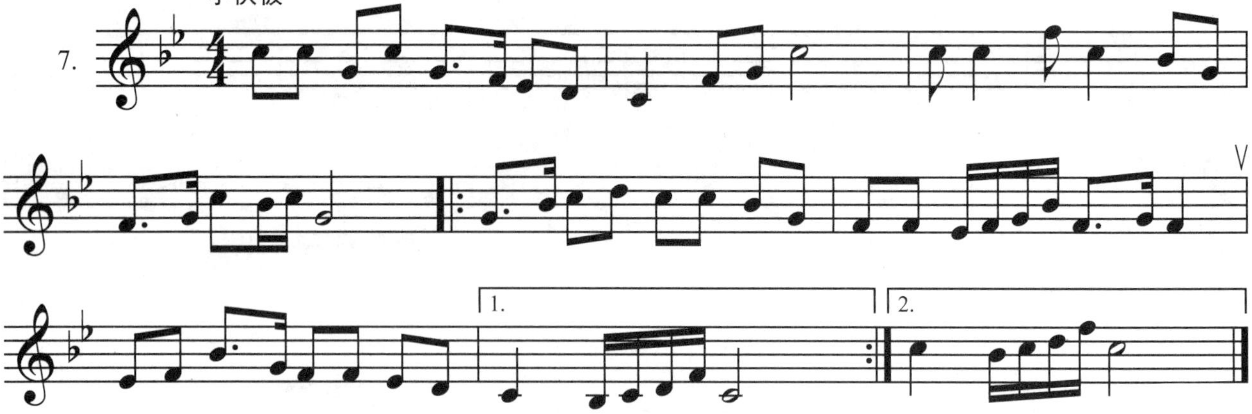

藏族民歌

稍慢

8.

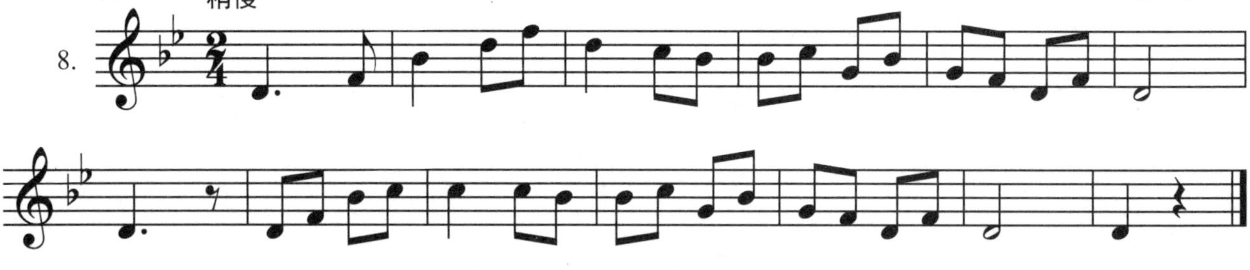

Moderato

9.

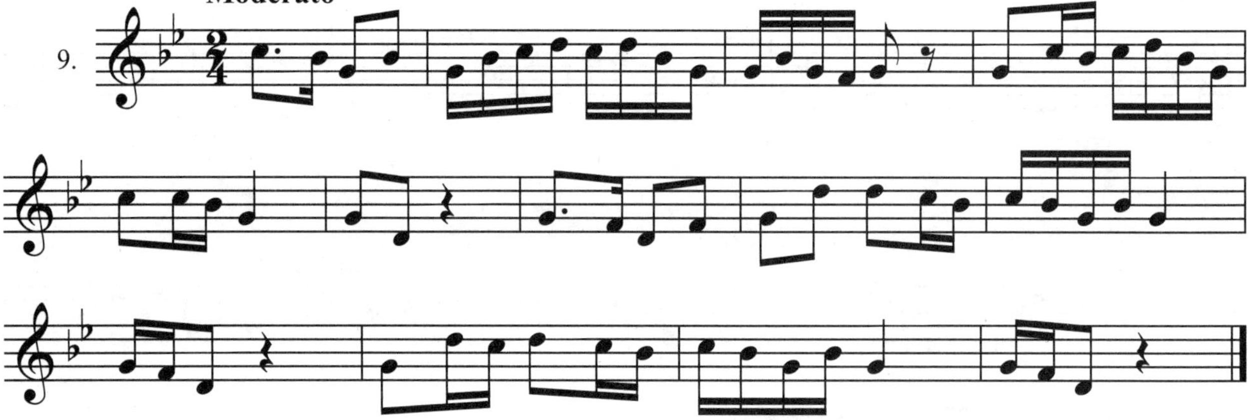

河曲民歌

10.

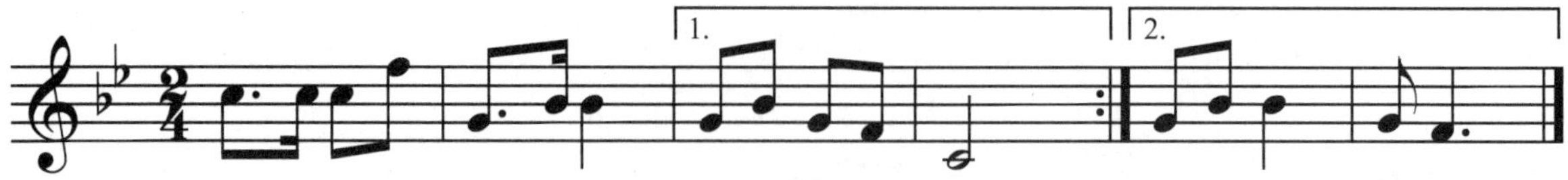

西北民歌

11.

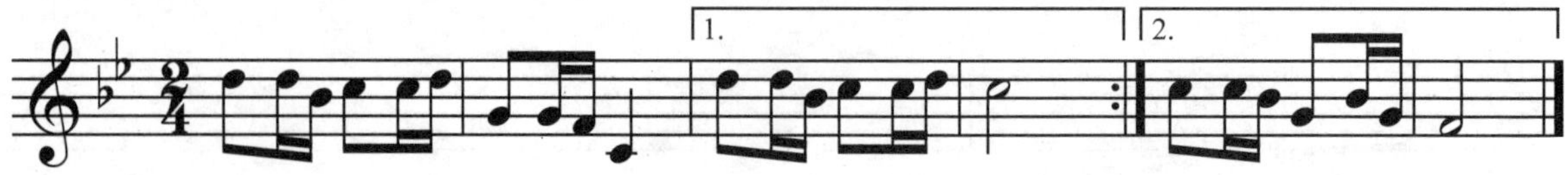

山西民歌

12.

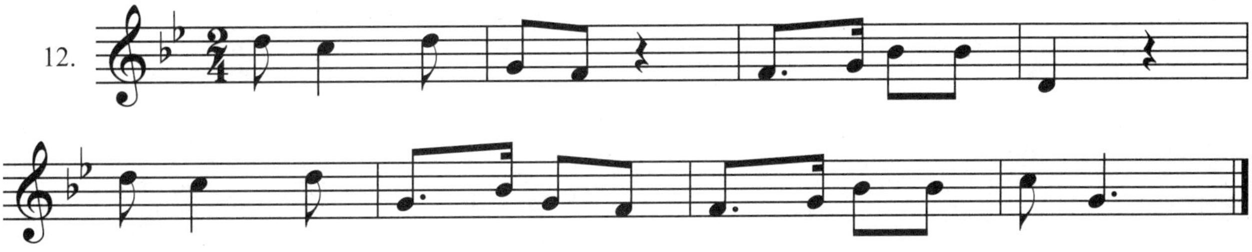

四川民歌

13.

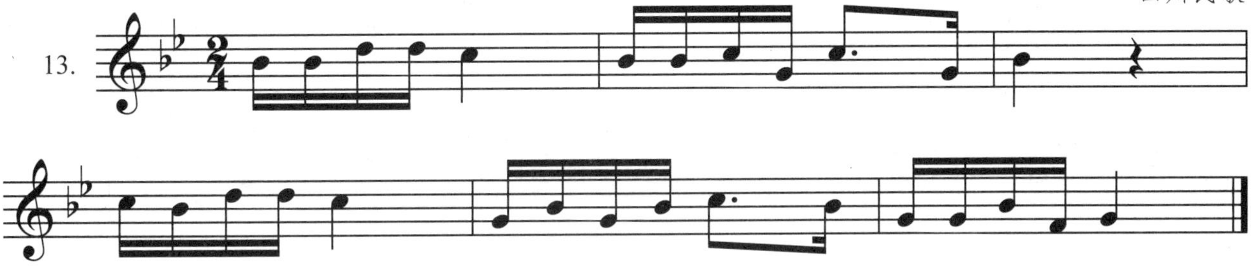

西藏民歌

14.

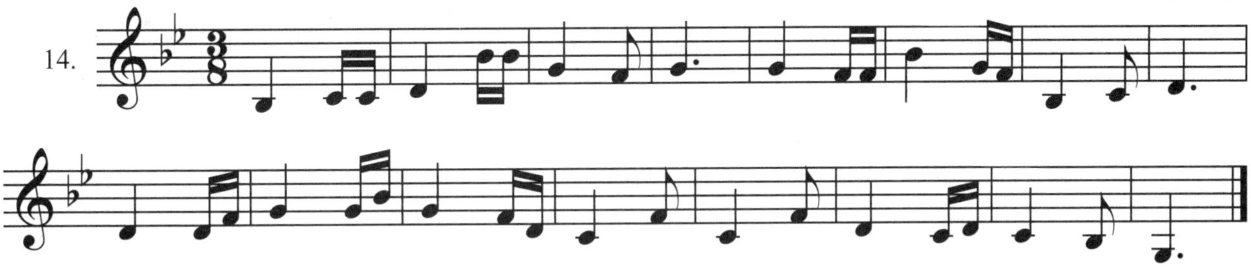

任务四 综合练习

音频

19条

《保卫黄河》冼星海曲

明快有力

1.

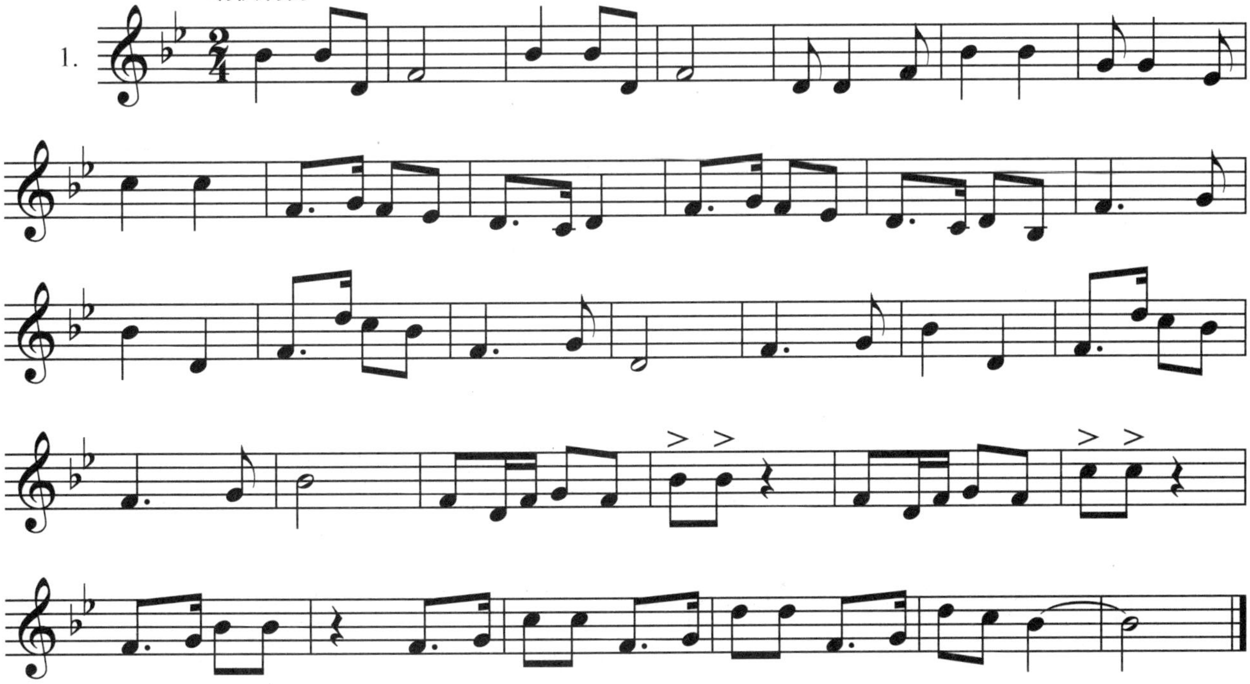

Moderato 湖北民歌

2.

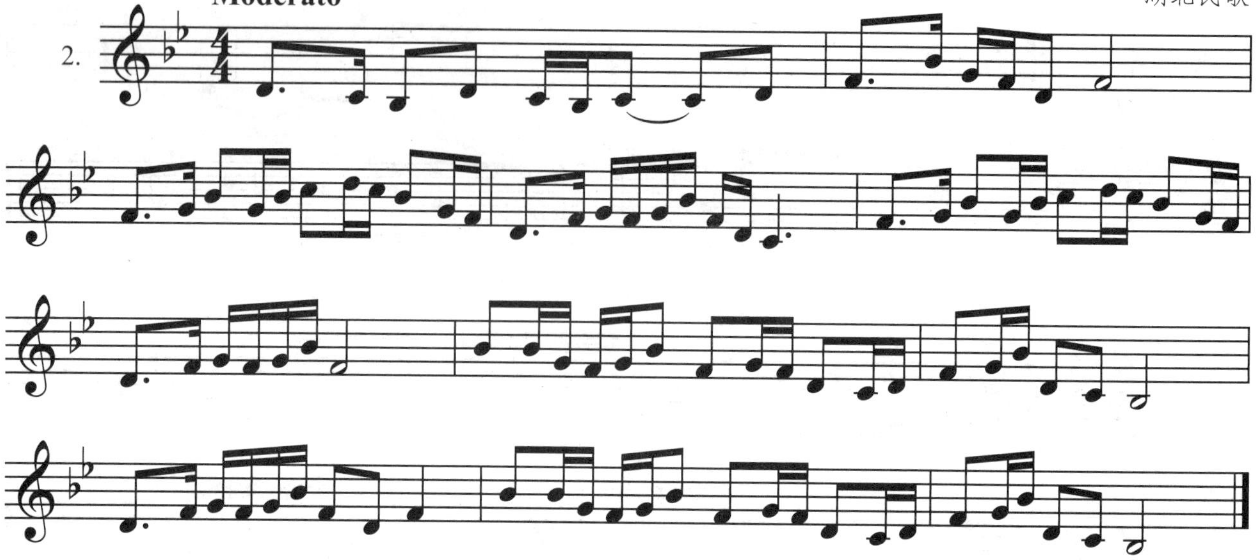

稍快、活泼、愉快地 《咱们工人有力量》马可曲

3.

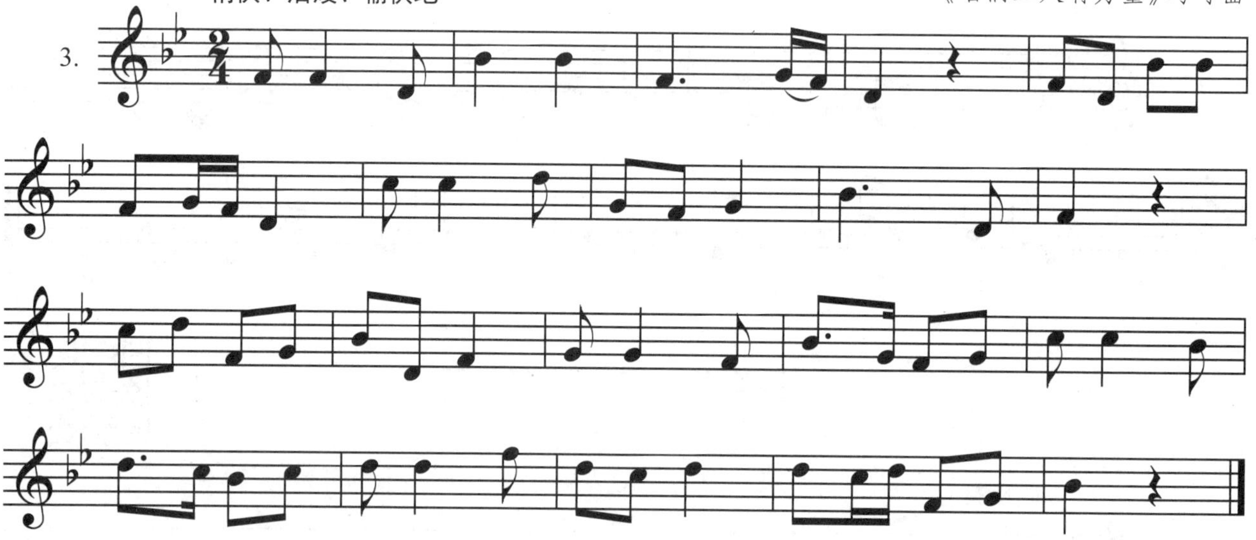

行板 淮剧曲调

4.

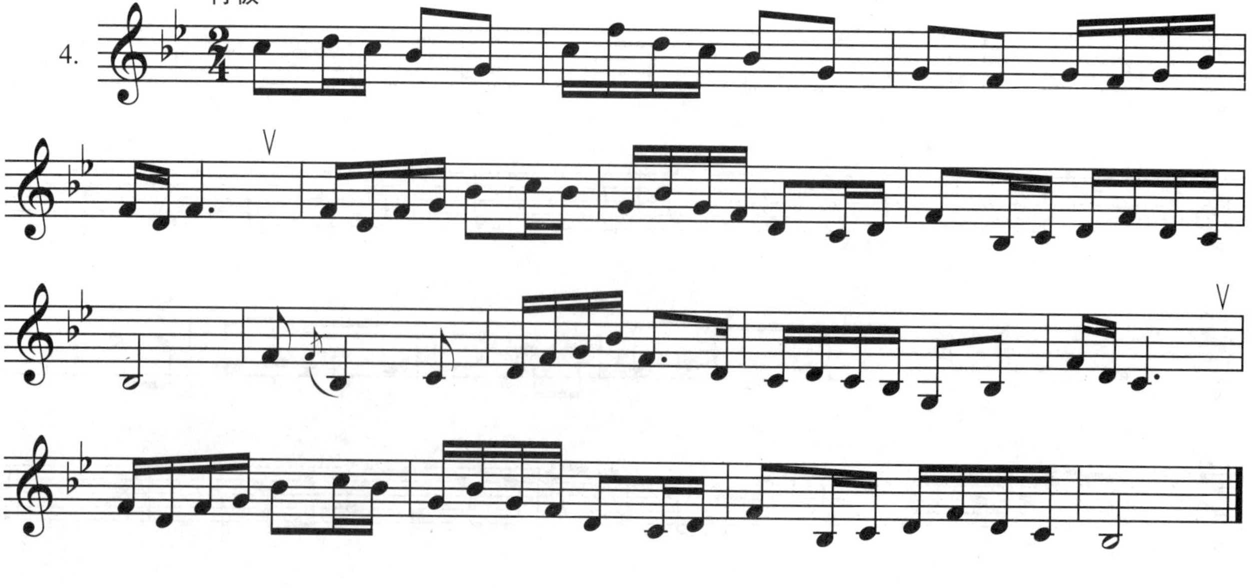

四川民歌《胡豆花开》

山歌风

5.

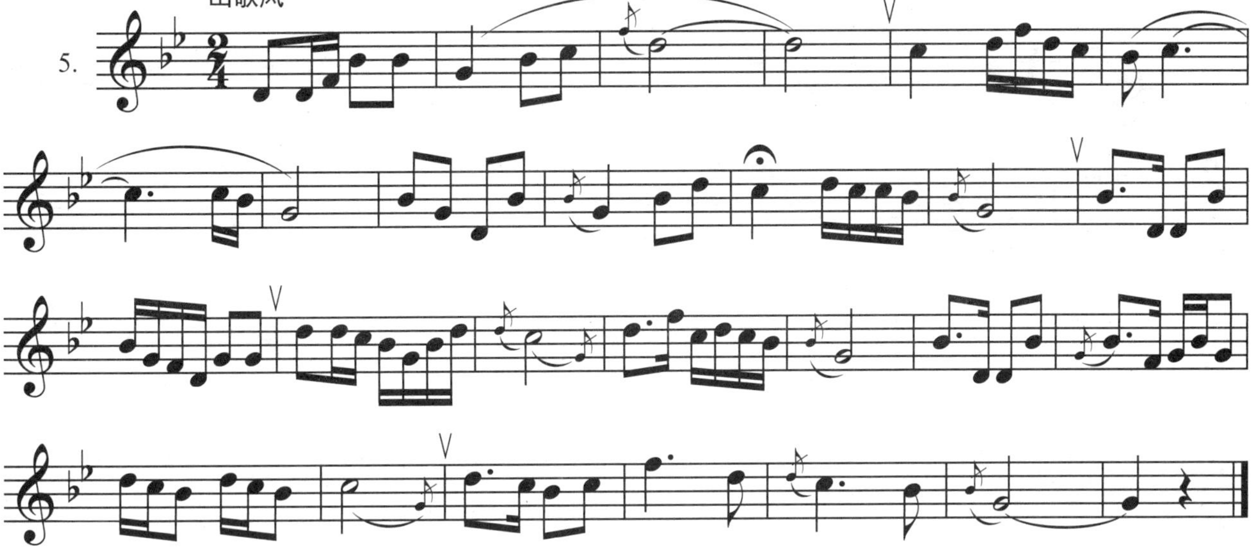

《绣红旗》羊鸣、姜春阳、金砂曲

6.

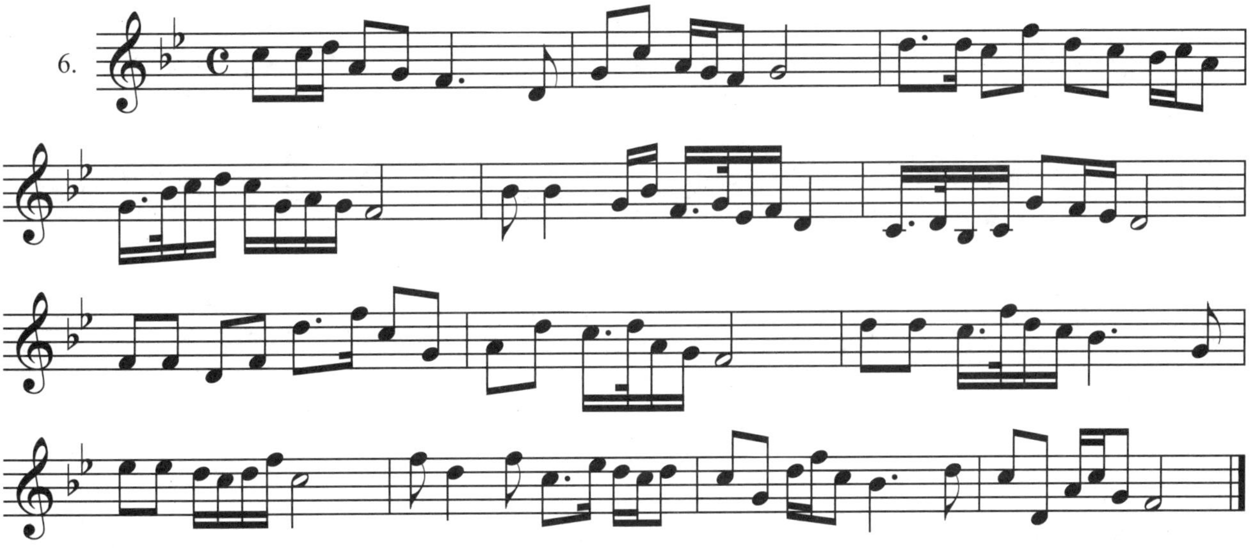

江西吉安民歌

亲切地

7.

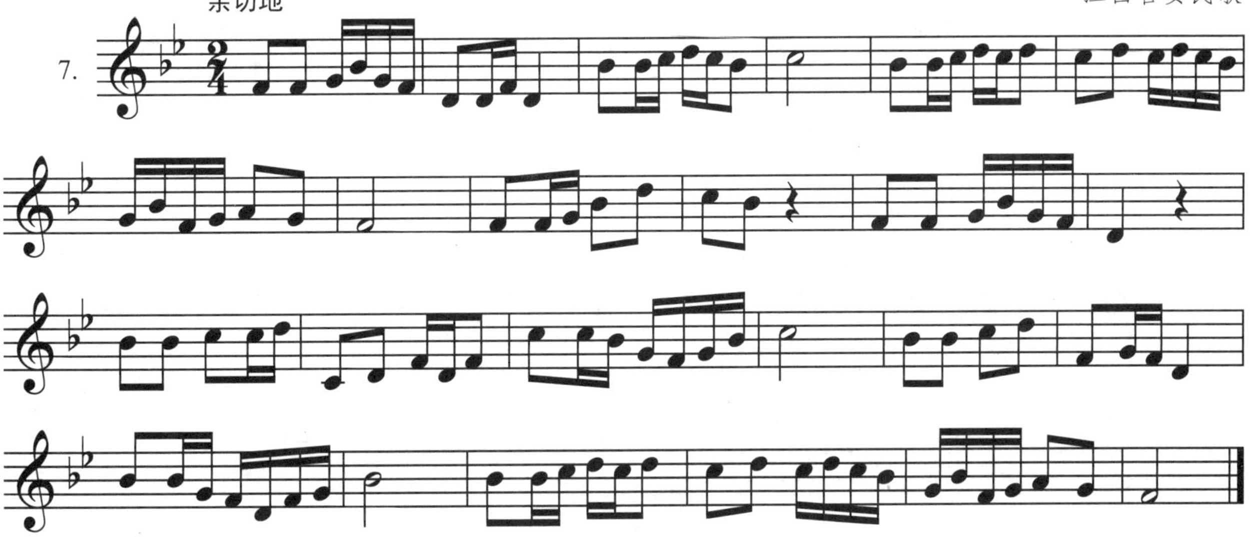

Allegretto 《毛主席来到咱家庄》金砂曲

8.

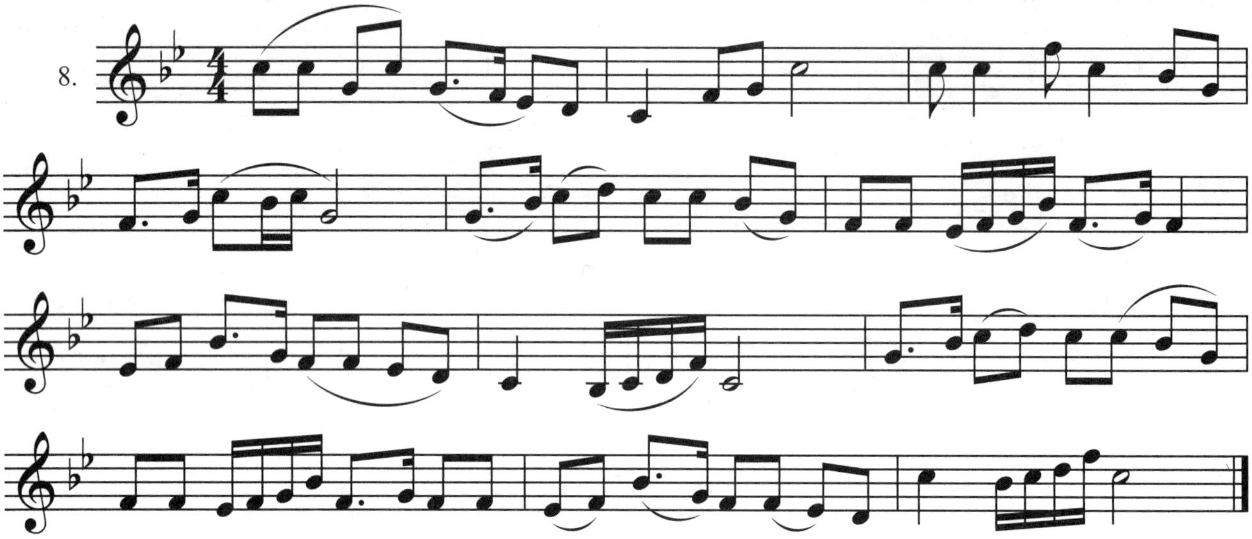

Allegretto moderato 瑞典民歌

9.

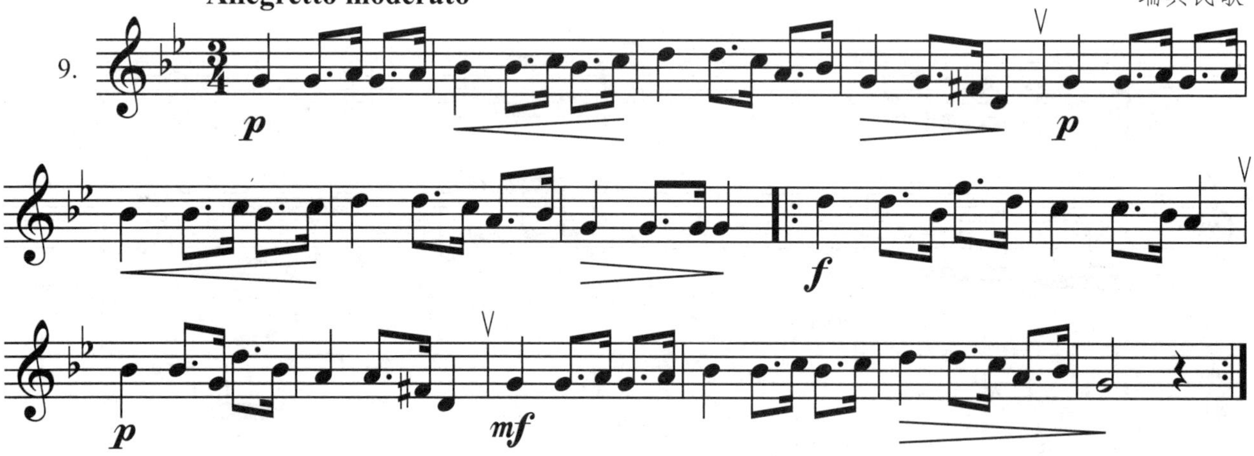

云南民歌

10.

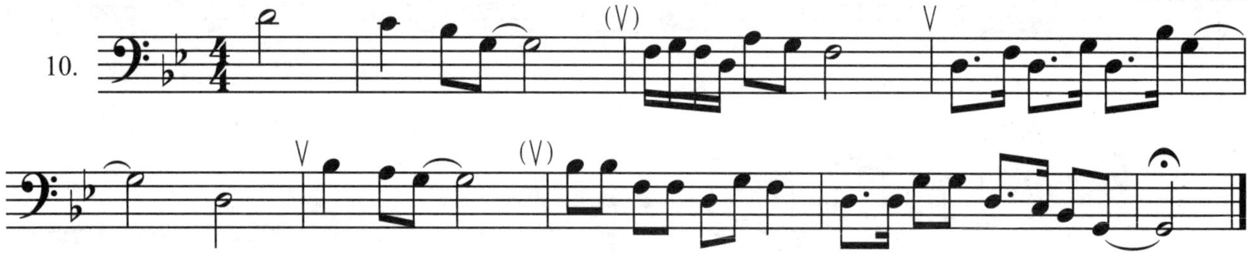

Andantino ♩. = 56 雷蒙恩曲

11.

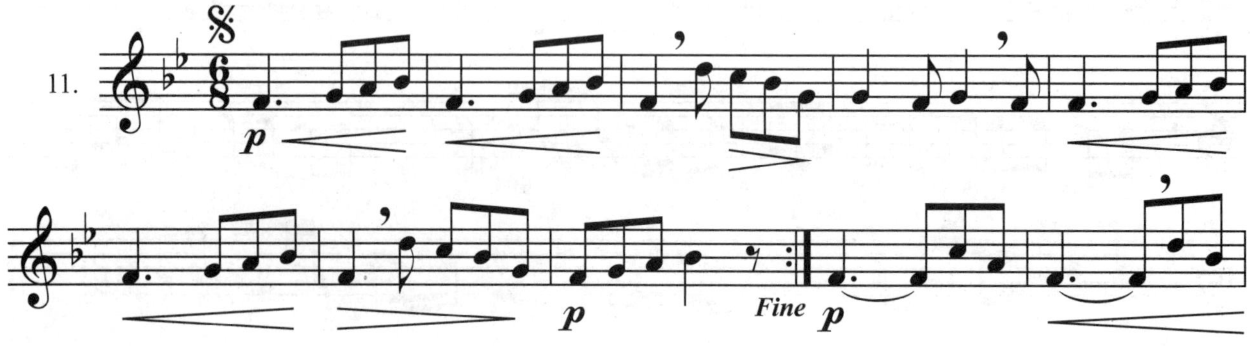

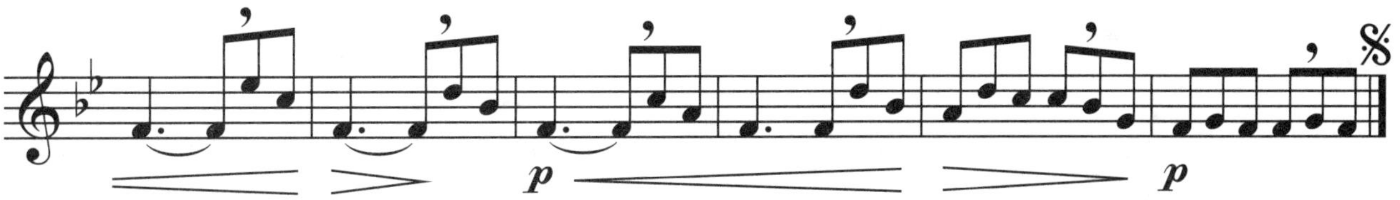

Allegro moderato ♩ = 100　　　　雷蒙恩曲

12.

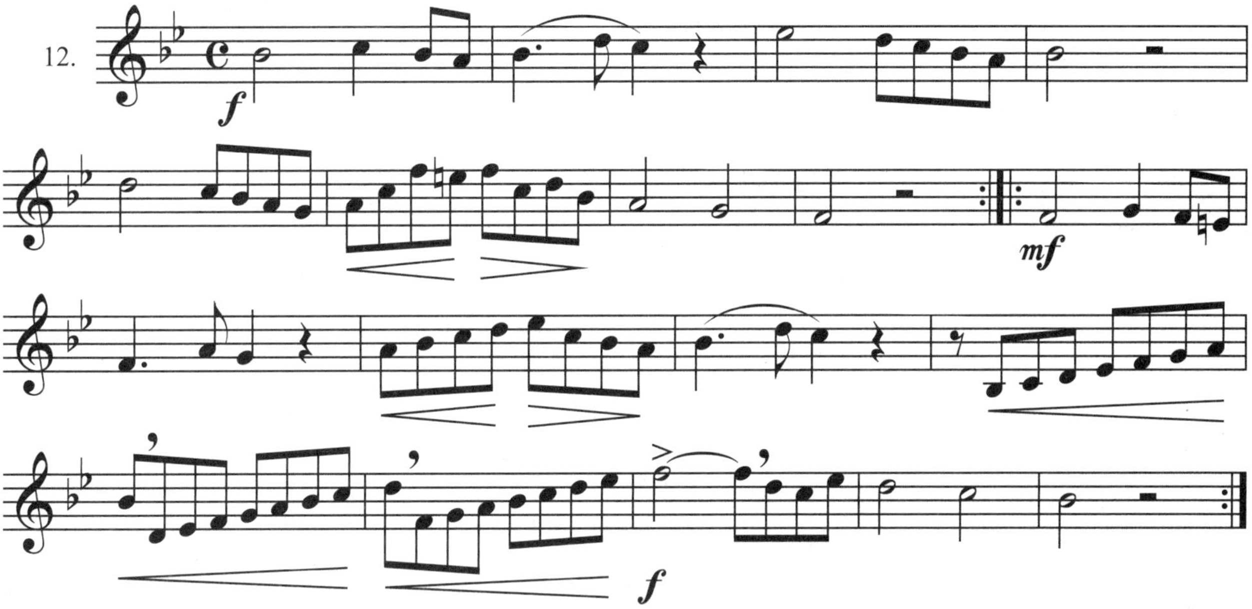

Lentement ♩ = 60　　　　雷蒙恩曲

13.

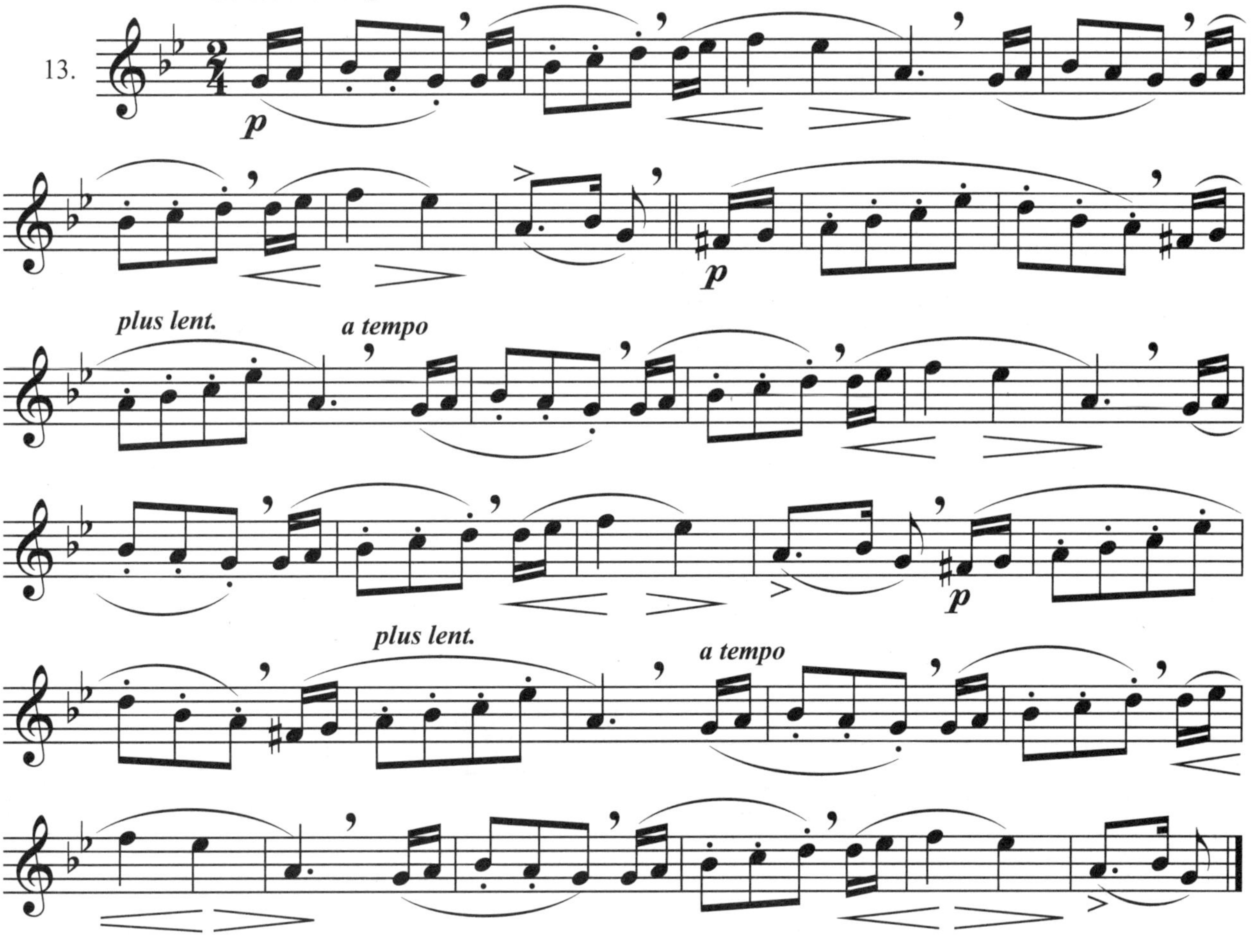

Moderato ♩=76

雷蒙恩曲

14.

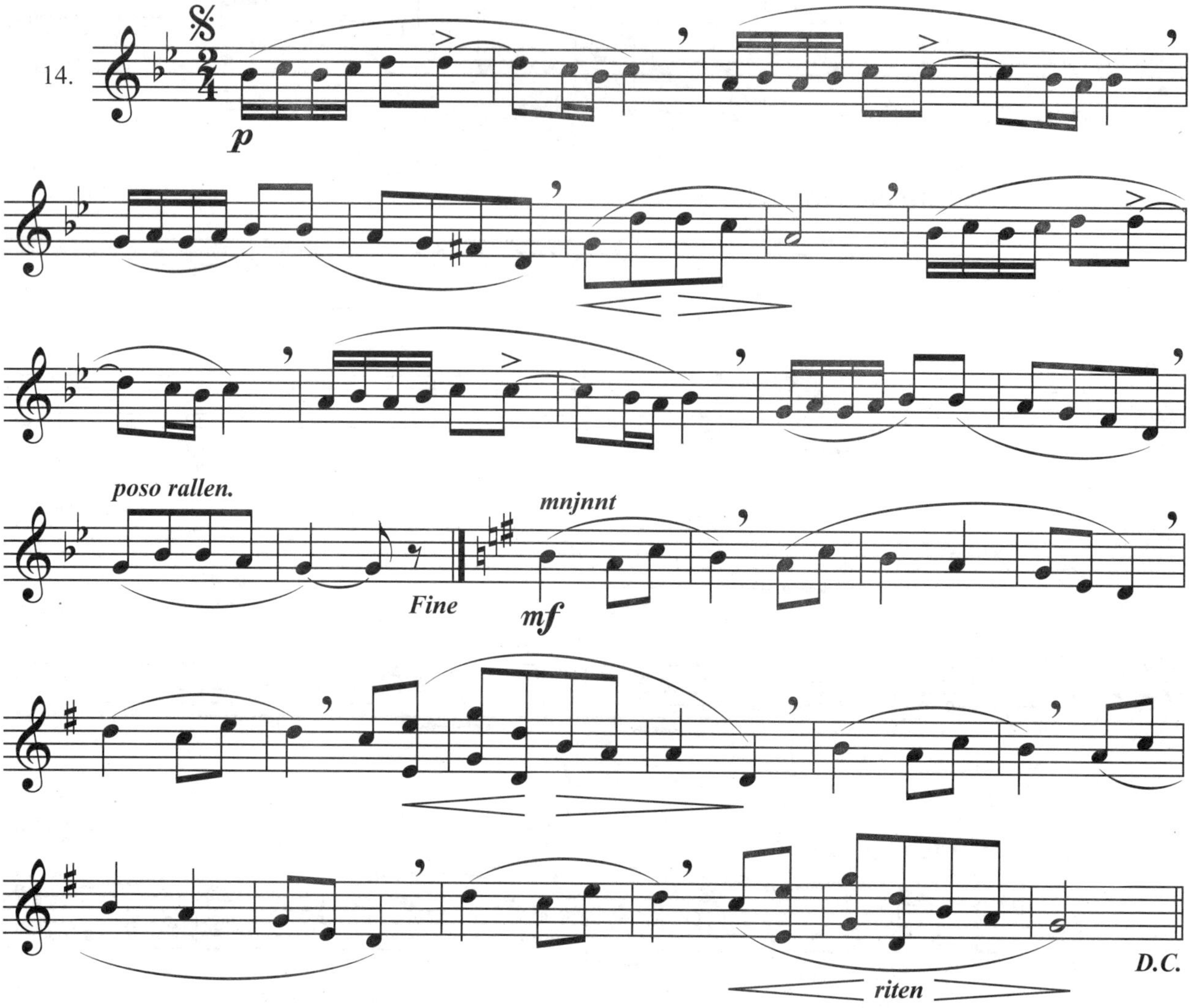

山西民歌《拜大年》

稍慢

15.

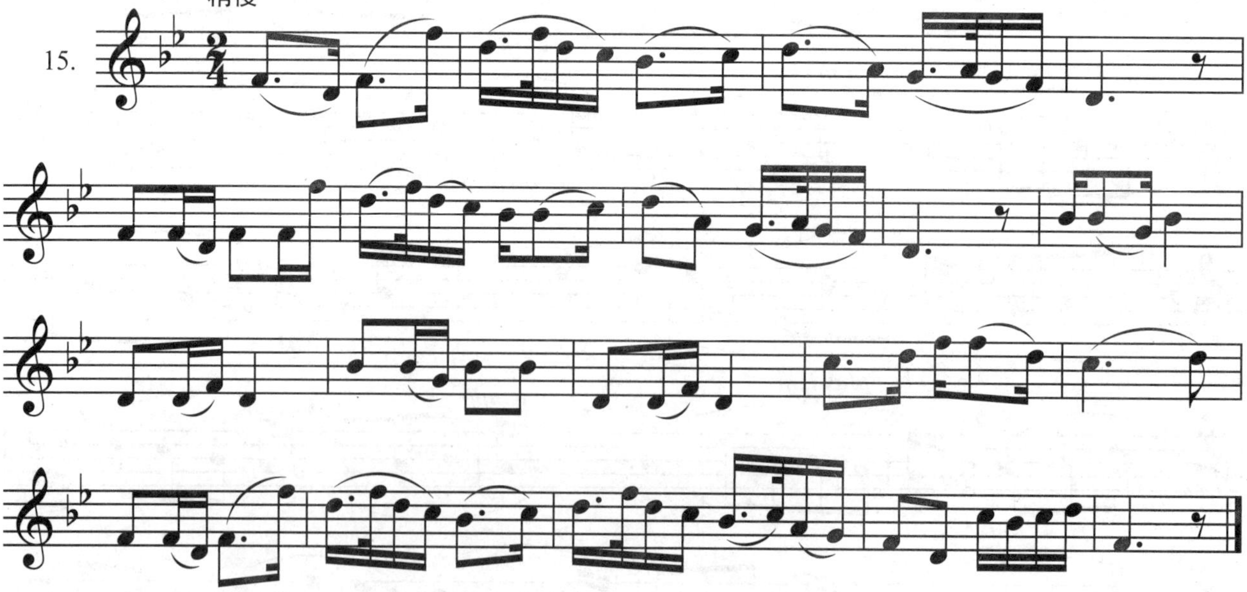

索诺维约夫－谢多伊

Andante espressivo

16.

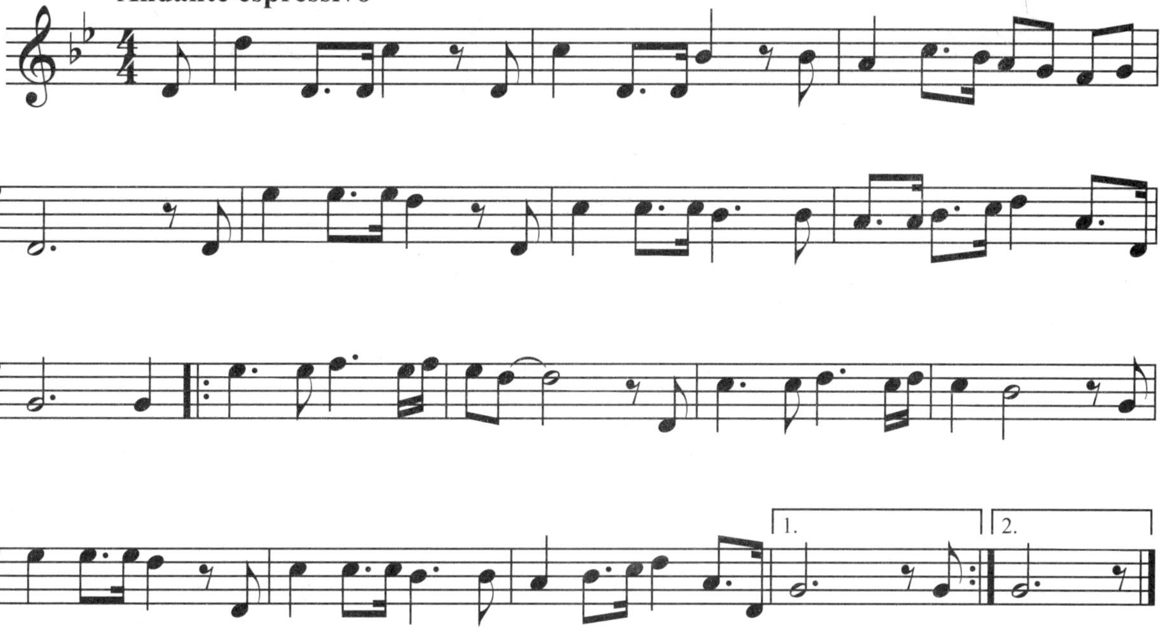

进行速度　雄壮有力地

朝鲜歌曲《游击队进行曲》

17.

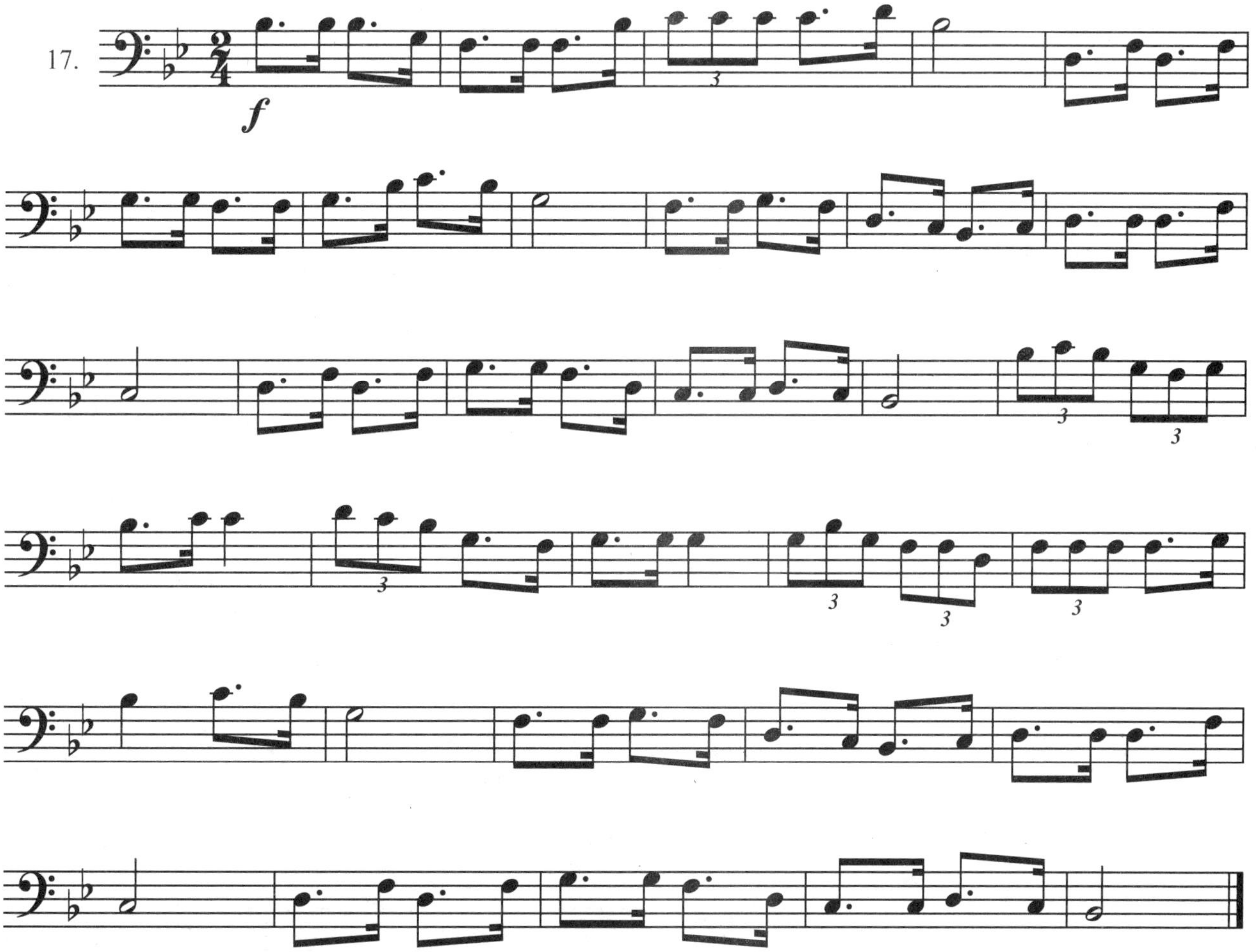

Andantino　　　　　　　　　　　　　　　　　　　　雷蒙恩曲

18.

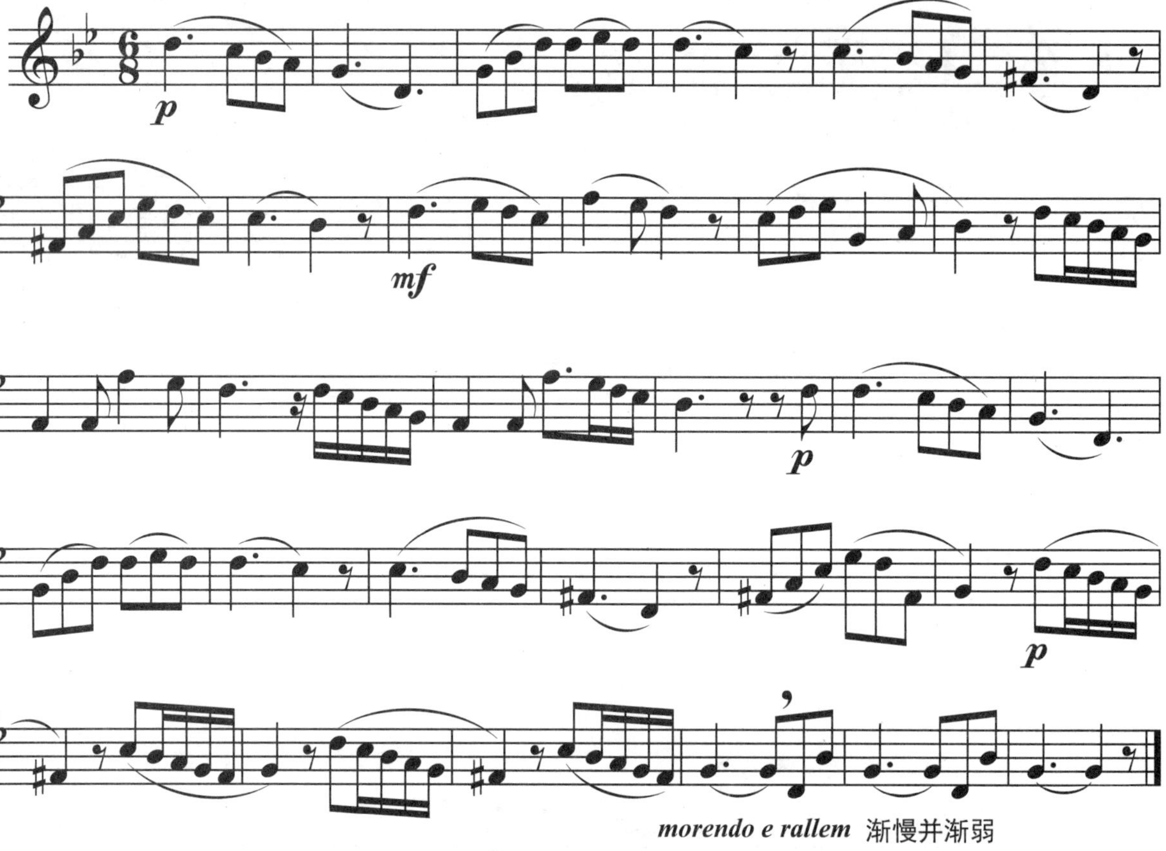

Andantino ♩=80　　　　　　　　　　　　　　　　雷蒙恩、卡卢利曲

19.

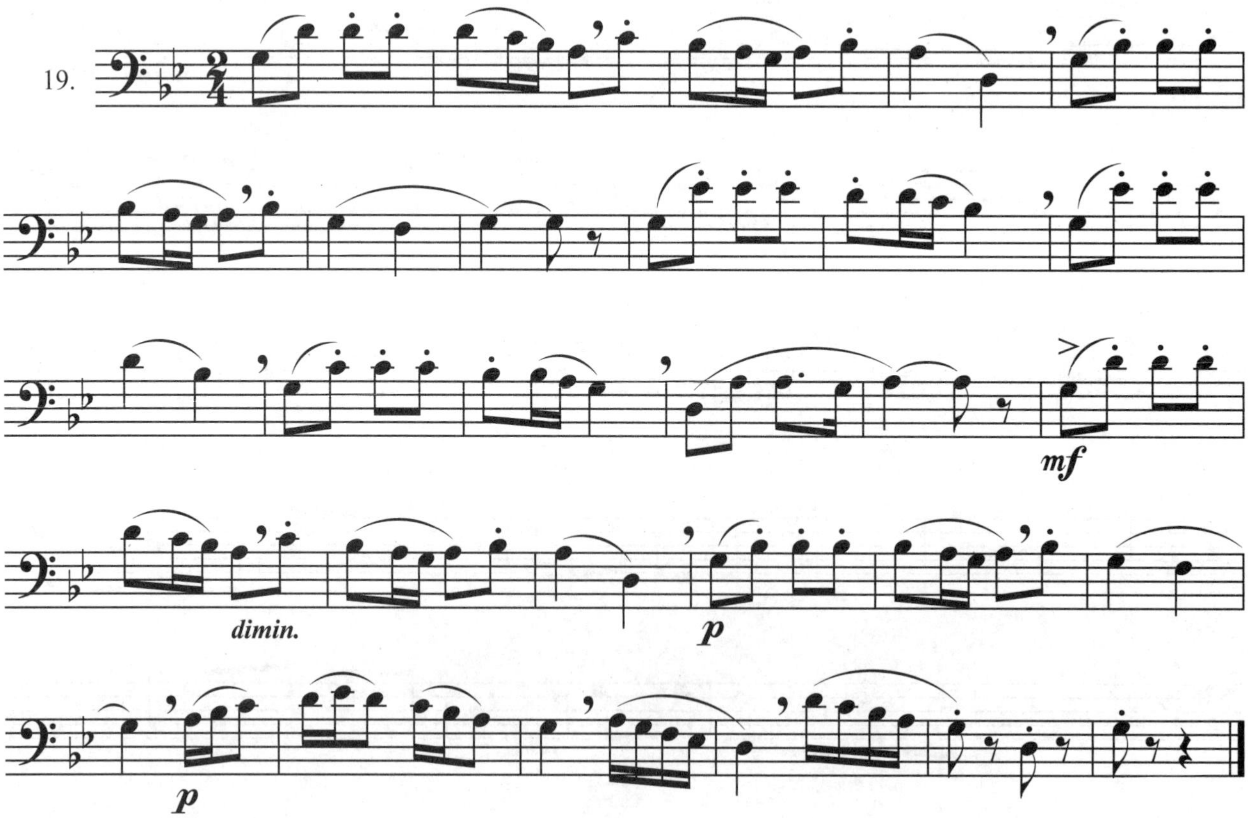

模块四　三个升降号调的视唱训练

音频

23条

任务一　三个升号系统各调

《愿望》肖邦曲

Allegro

1.

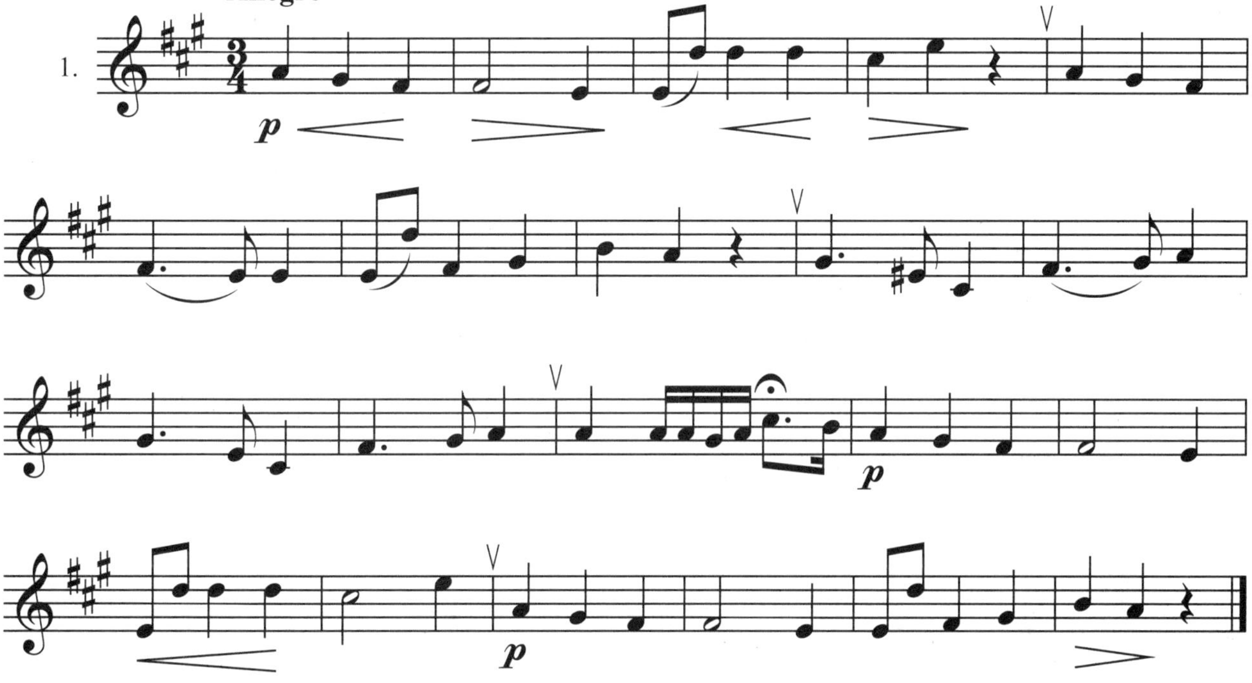

《我的太阳》卡普阿曲

Andantino 明朗地

2.

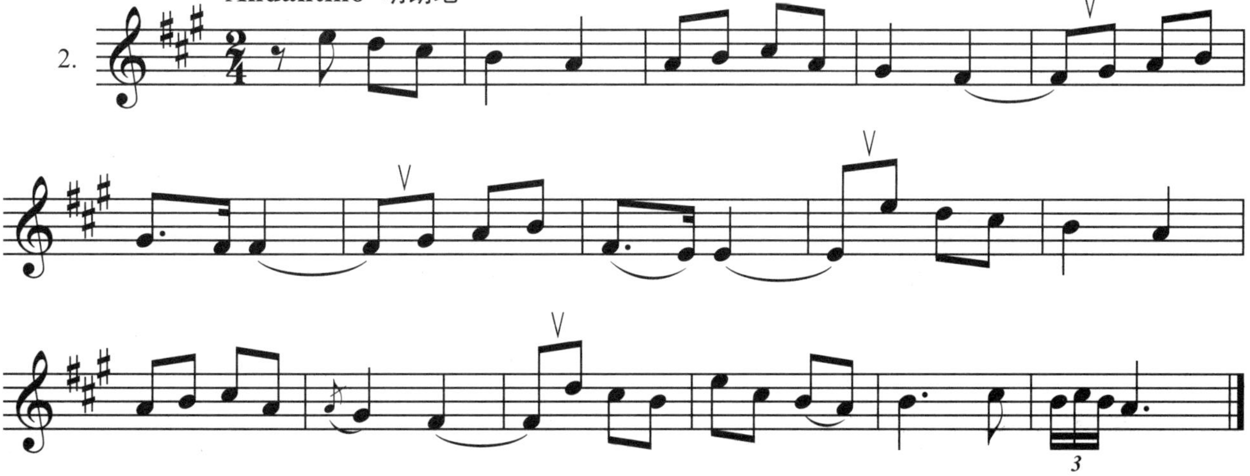

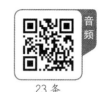

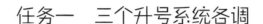

舒伯特曲

Lento

3.

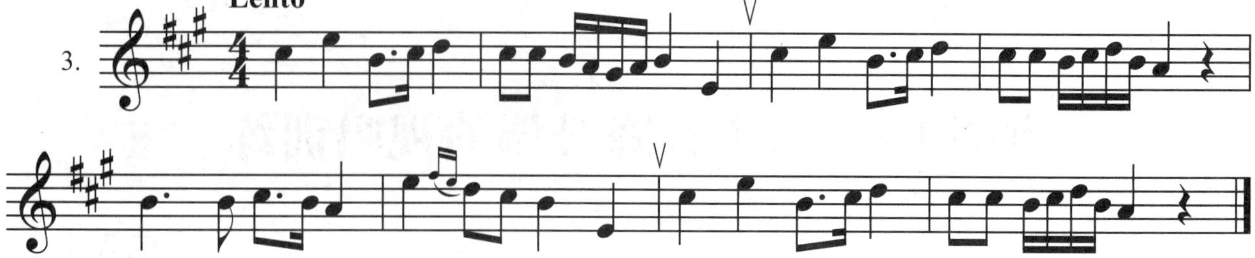

《铃儿响叮当》彼尔彭特曲

Moderato

4.

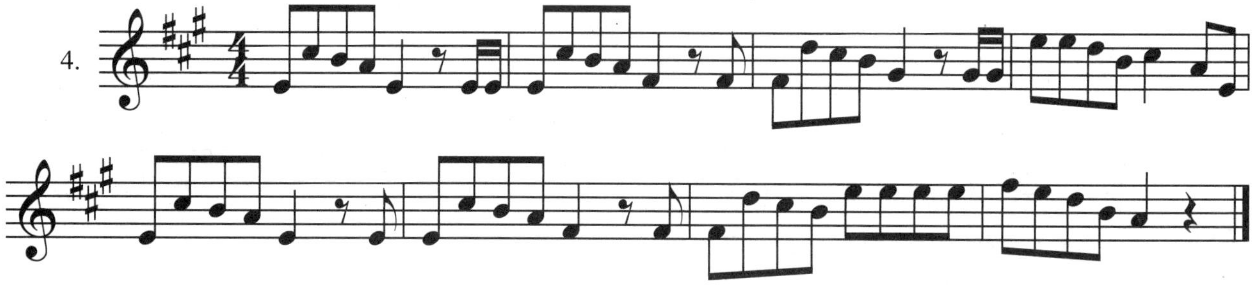

贝尔科维茨曲

Moderato

5.

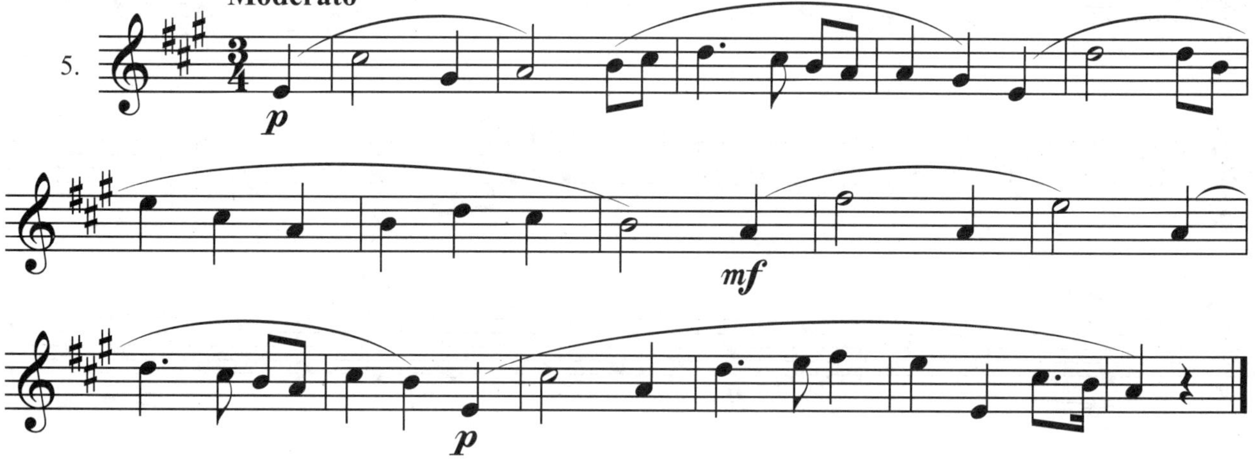

波兰民歌

6.

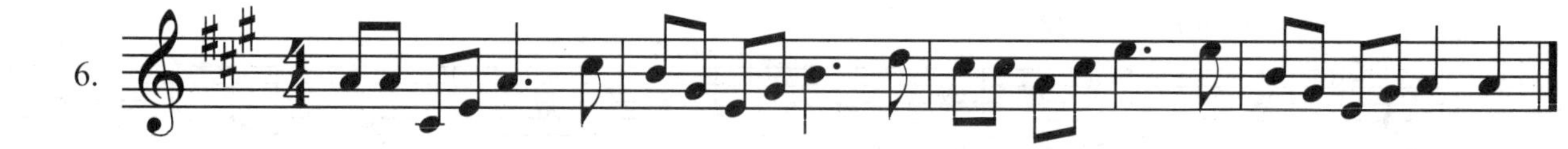

德国民歌

7.

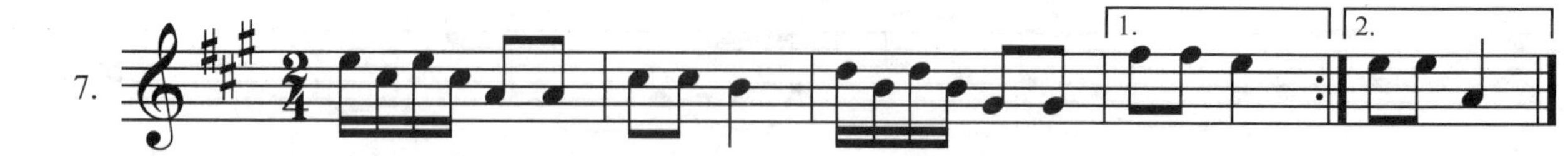

莫扎特曲

8.

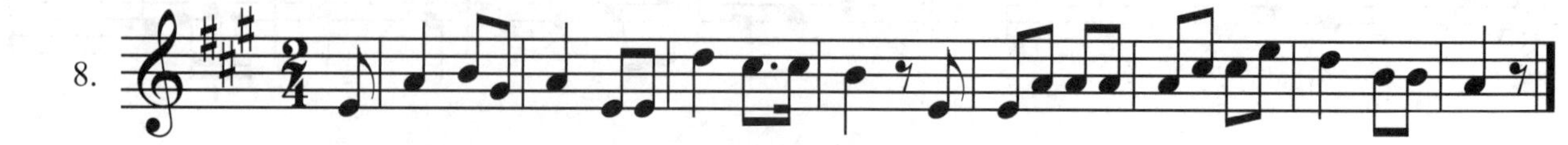

9.

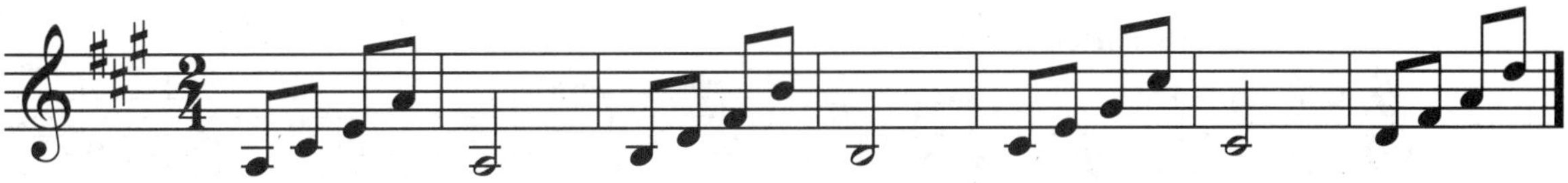

稍快　　淮南民歌

10.

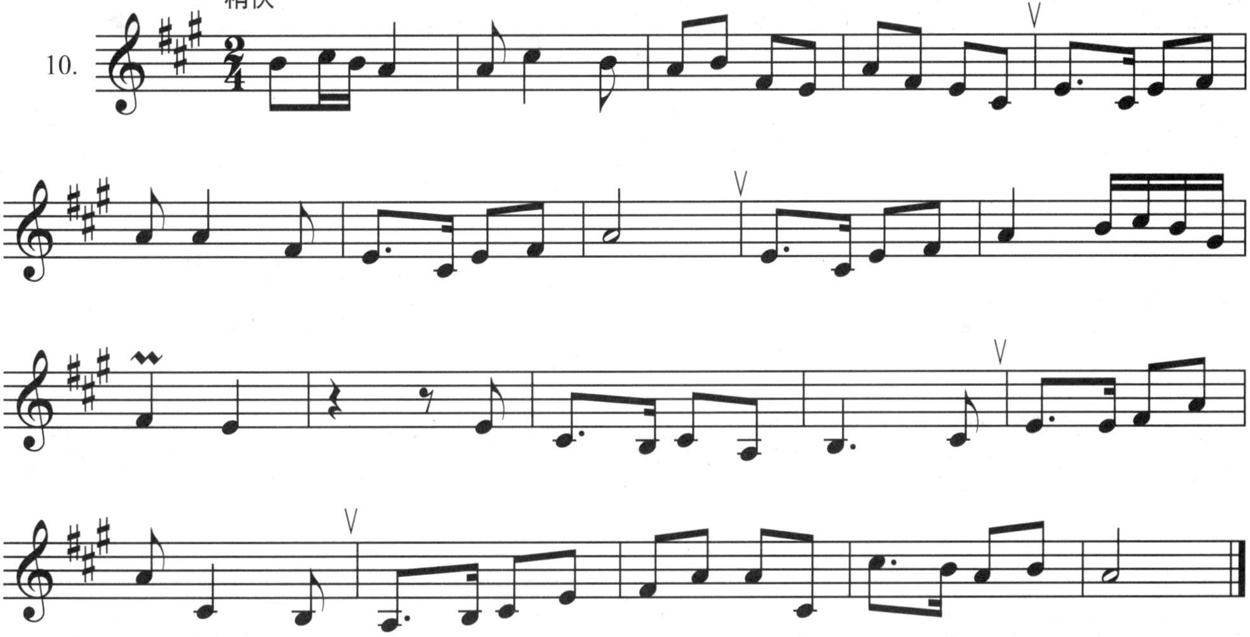

慢速　　李书元曲

11.

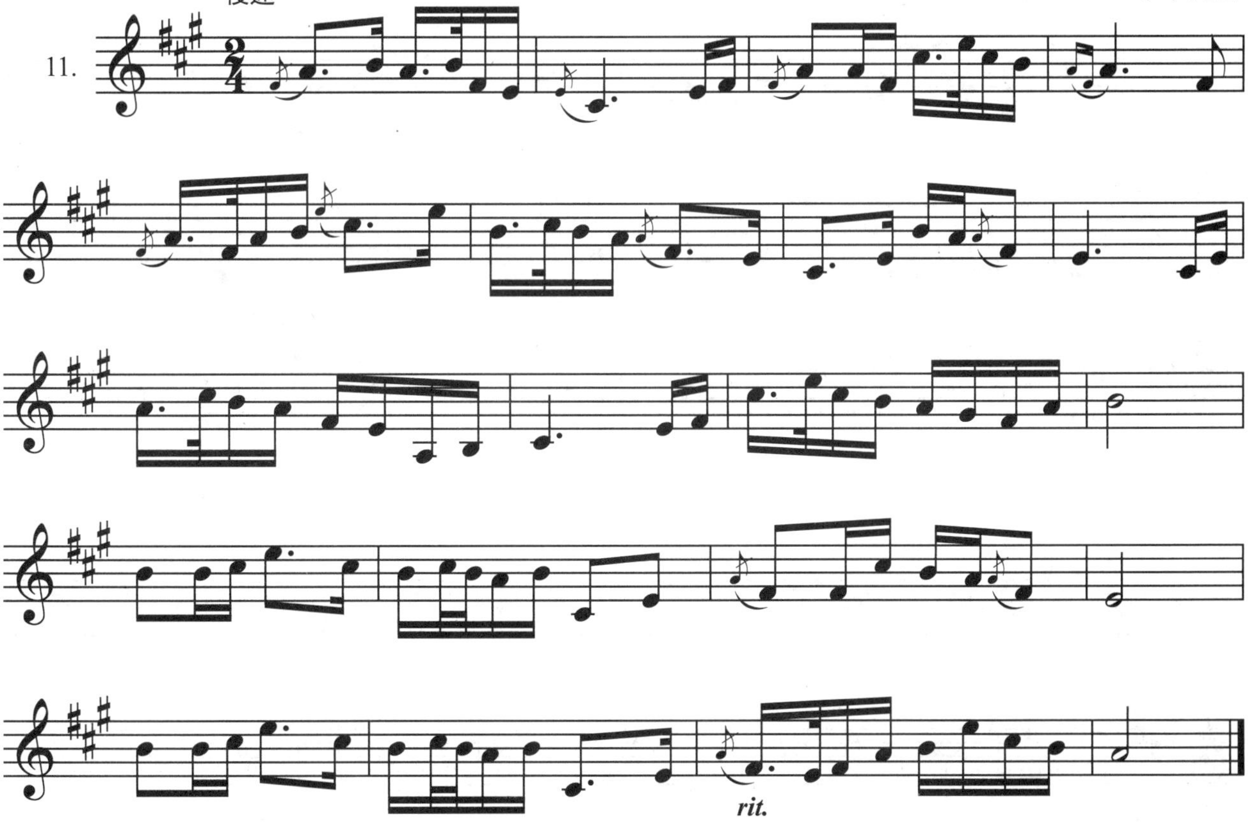

Allegro moderato

《没有共产党就没有新中国》曹火星曲

12.

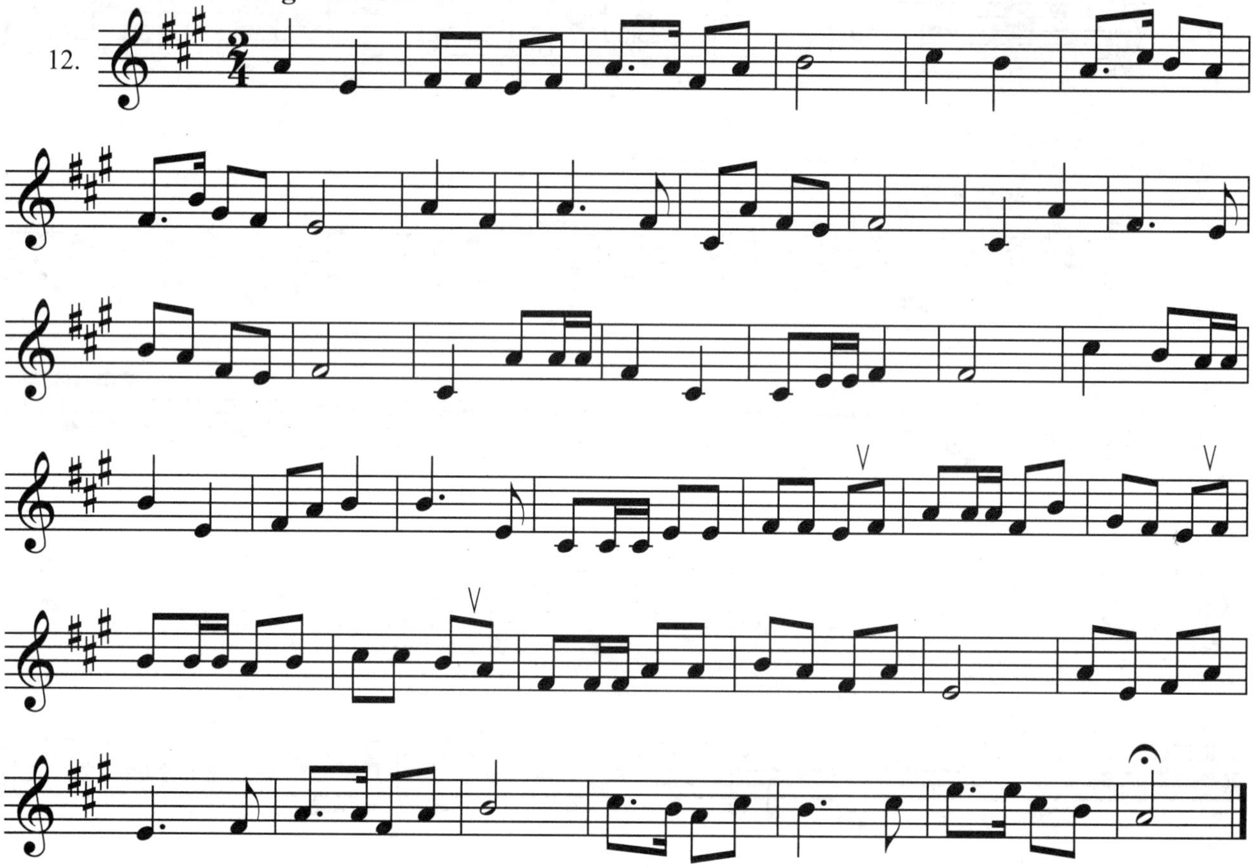

Andante cantabile 如歌的行板

《二月里来》冼星海曲

13.

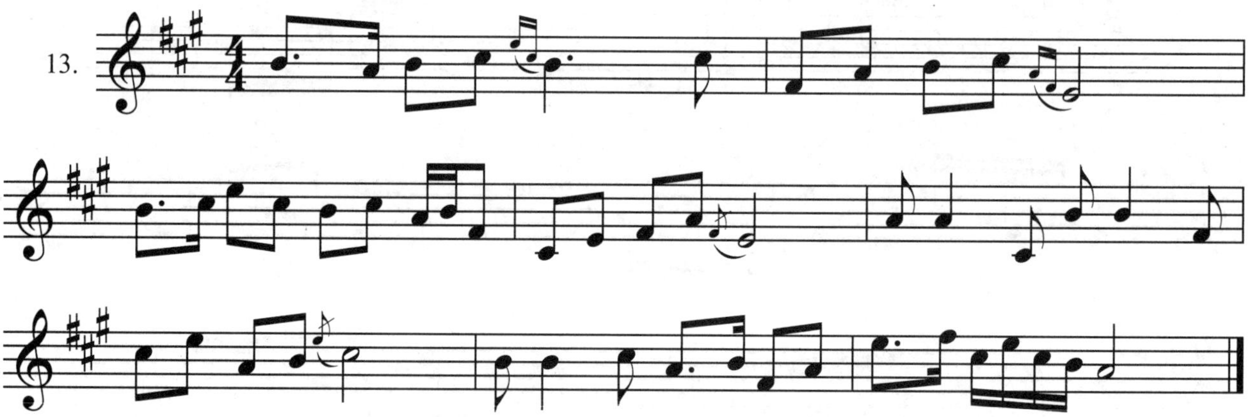

稍慢

朴东生曲

14.

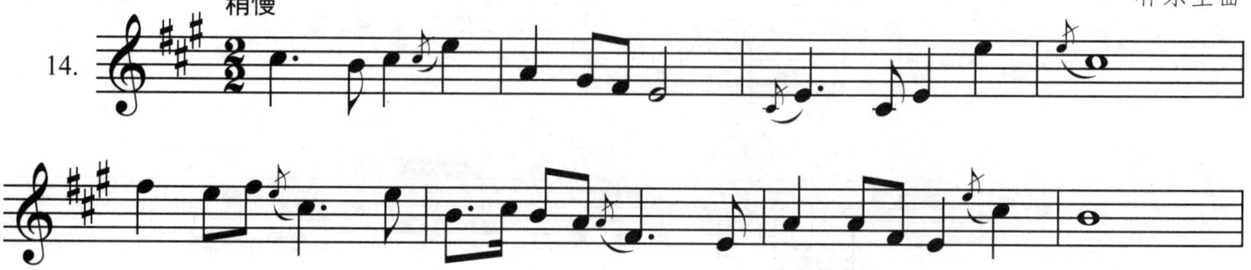

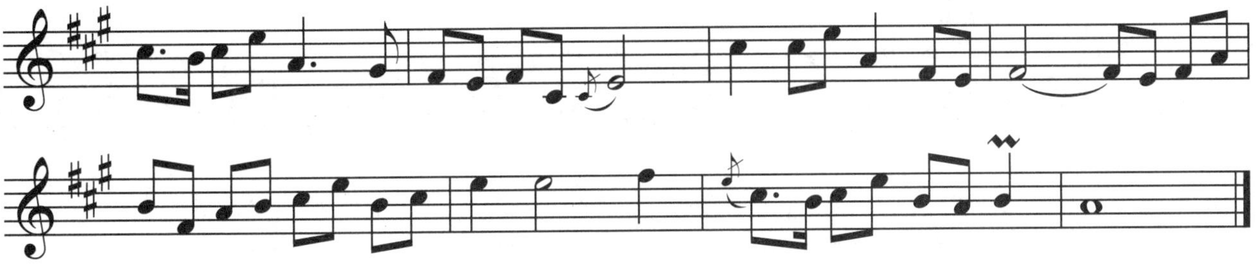

陕北民歌

爽朗地

15.

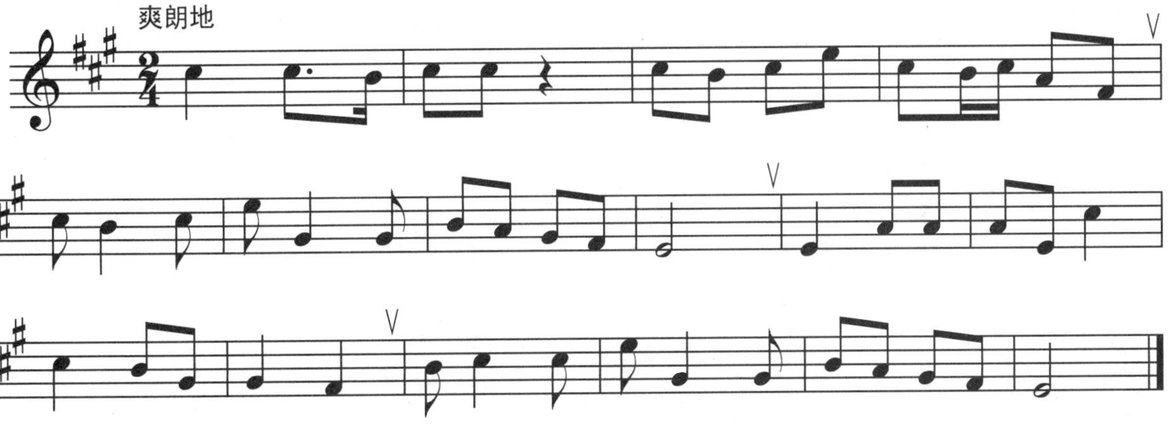

舞剧《白毛女》选曲　贺敬之、丁毅等曲

振奋地

16.

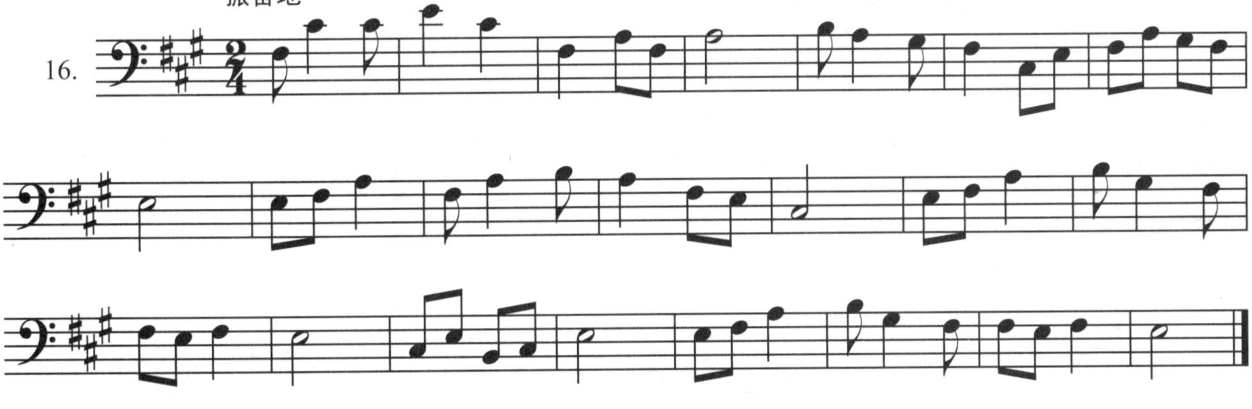

《新月和白云》瞿维曲

Adagio

17.

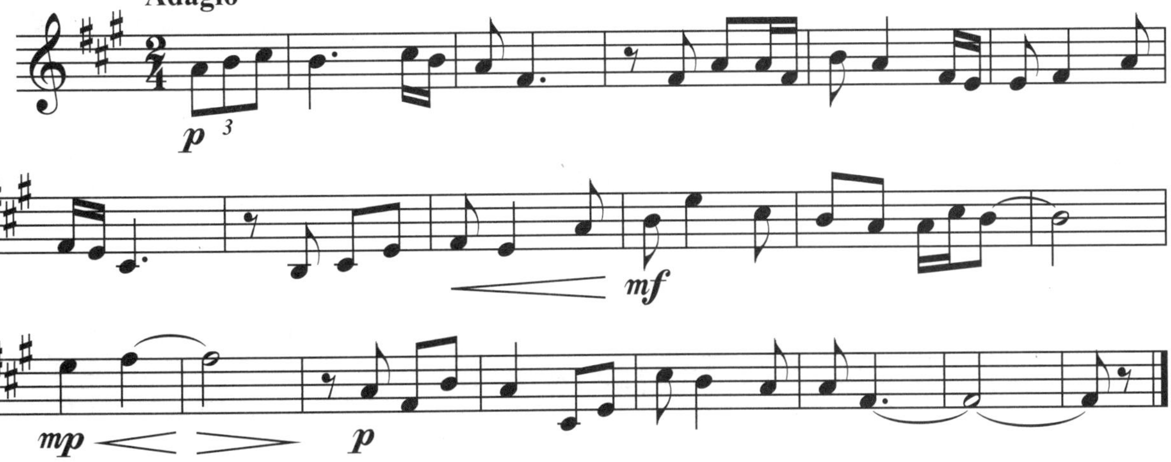

《摇篮曲》徐锡宜曲

Andante

18.

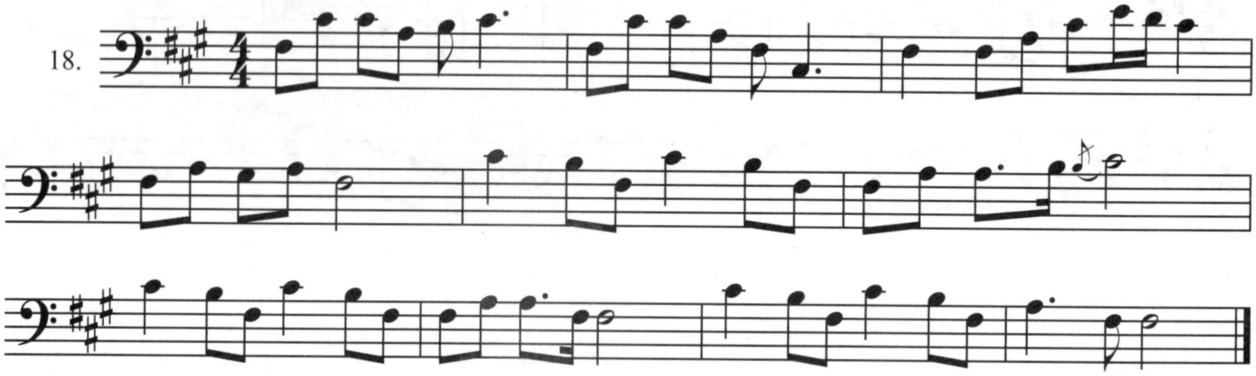

朝鲜歌曲《一片丹心》

Andante

19.

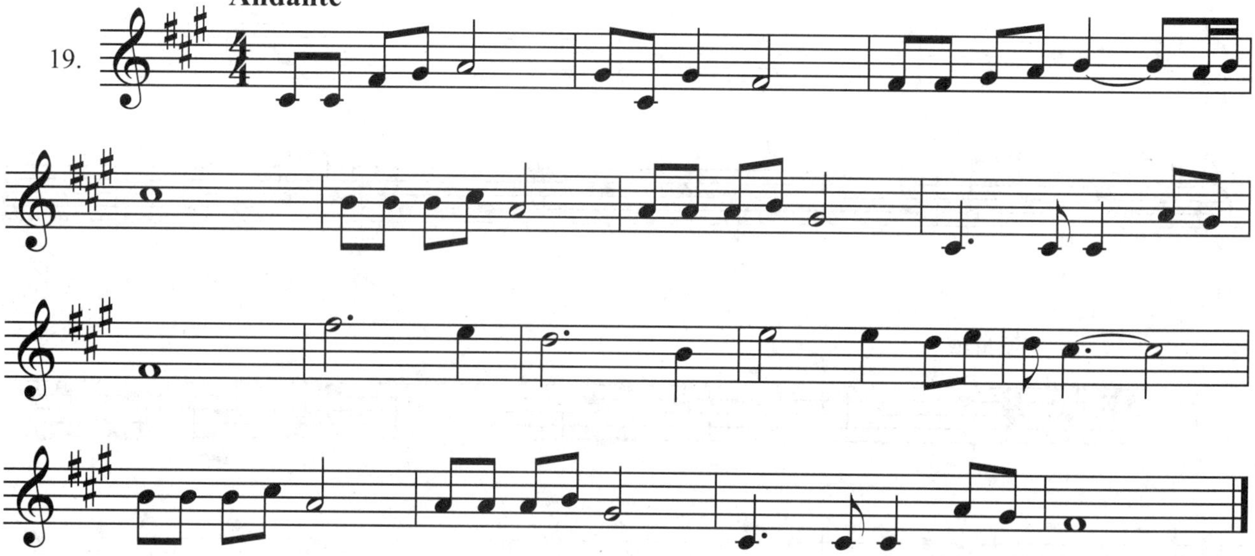

《神圣的战争》亚历山大罗夫曲

Solenne

20.

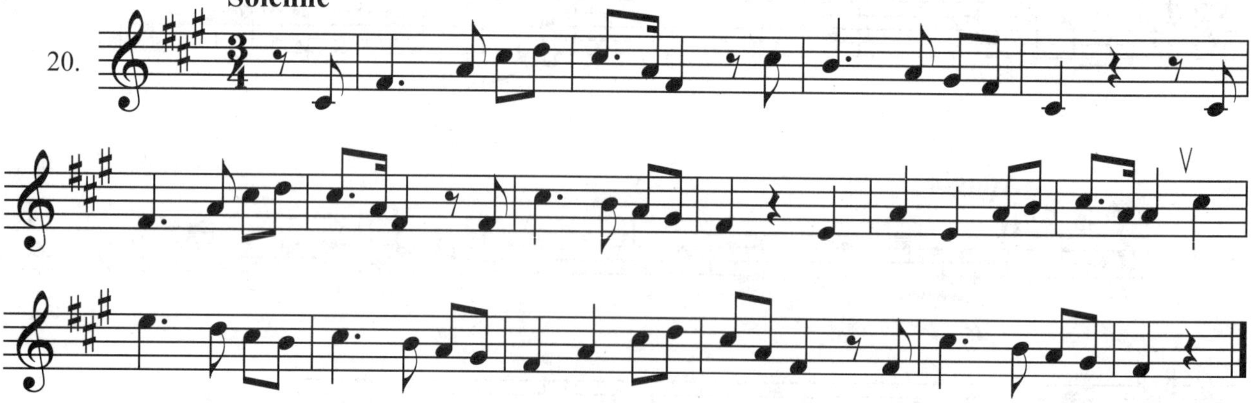

巴卡洛夫曲

21.

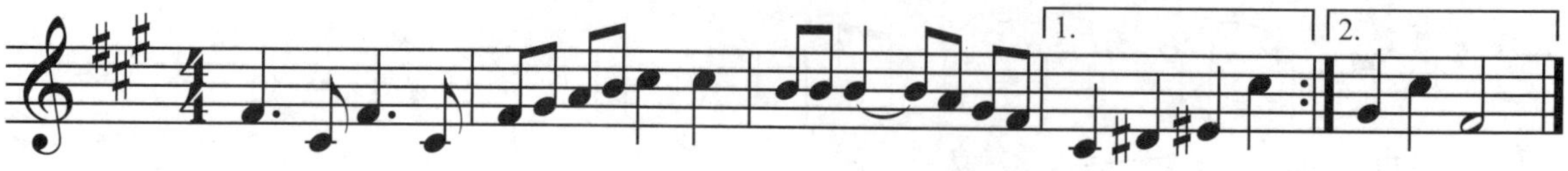

佚　名曲

22.

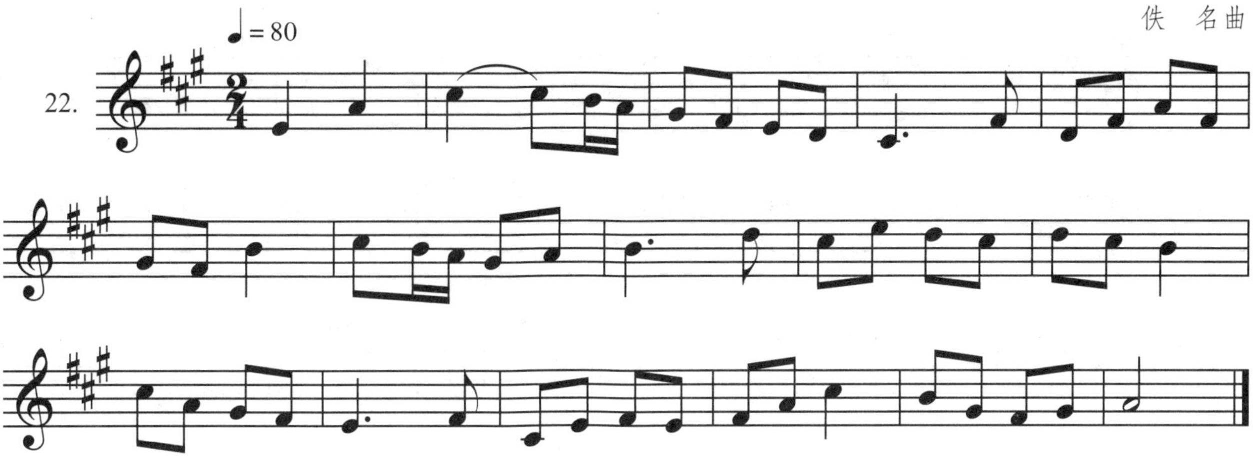

里姆斯基－科萨科夫曲

23.

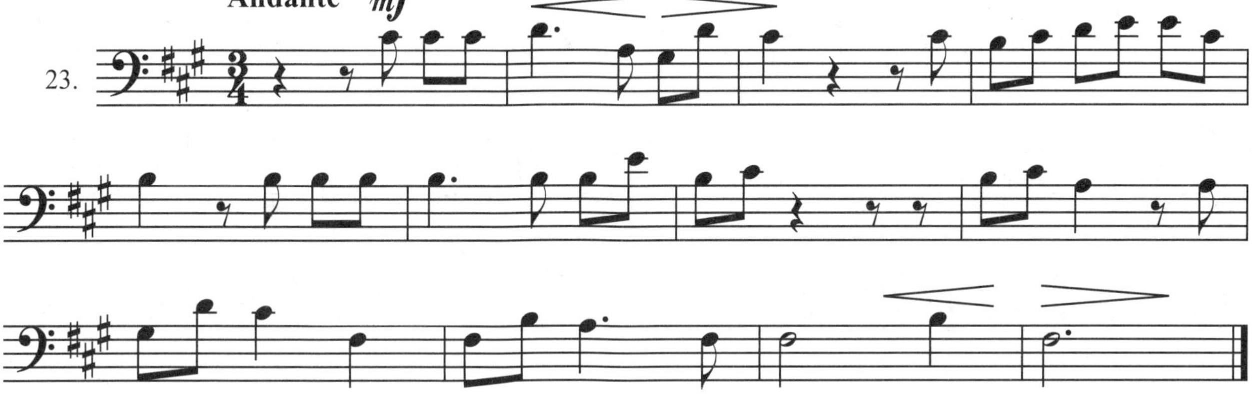

音频

28条

任务二　三个降号系统各调

波兰民歌

1.

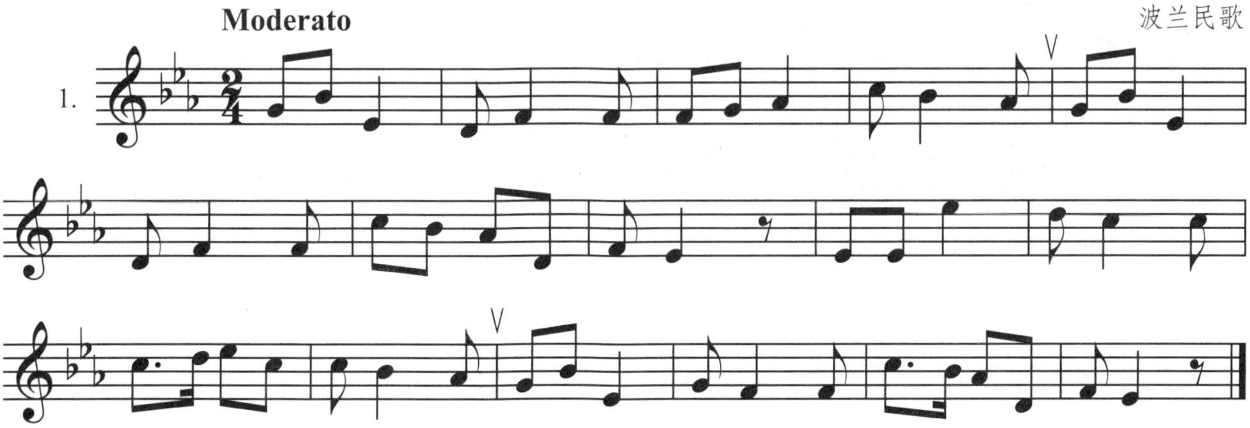

台湾民歌

2.

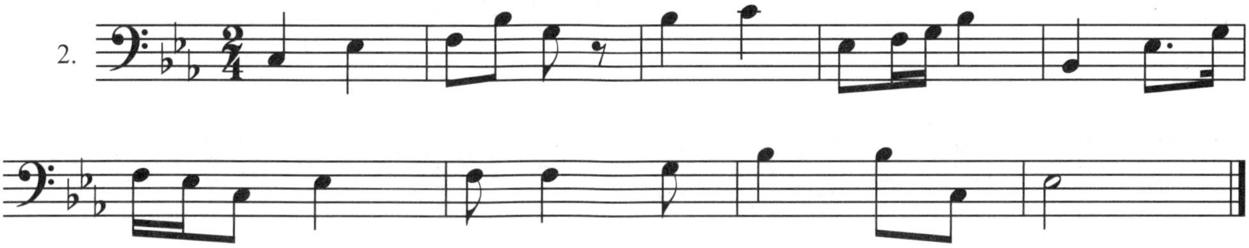

适中　　　　晋察冀民歌

3.

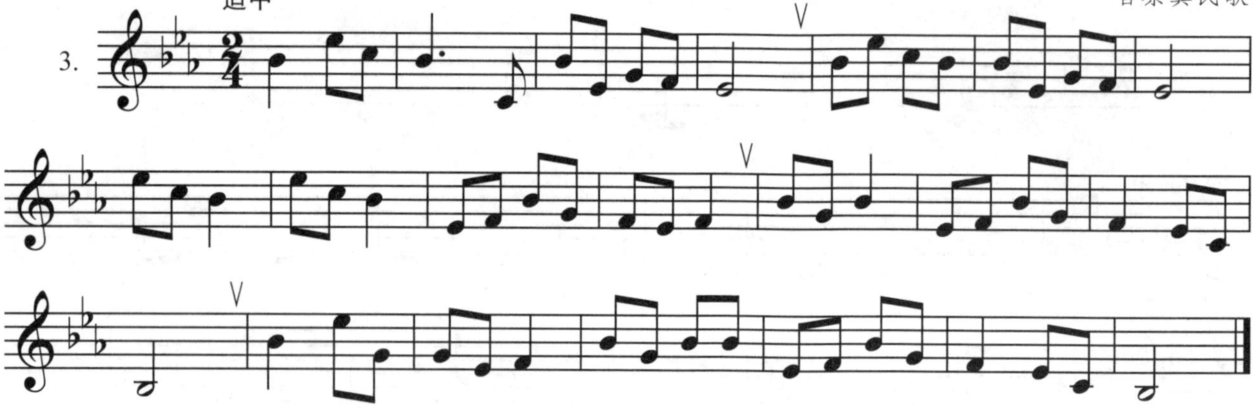

Andante　　　　日本民歌

4.

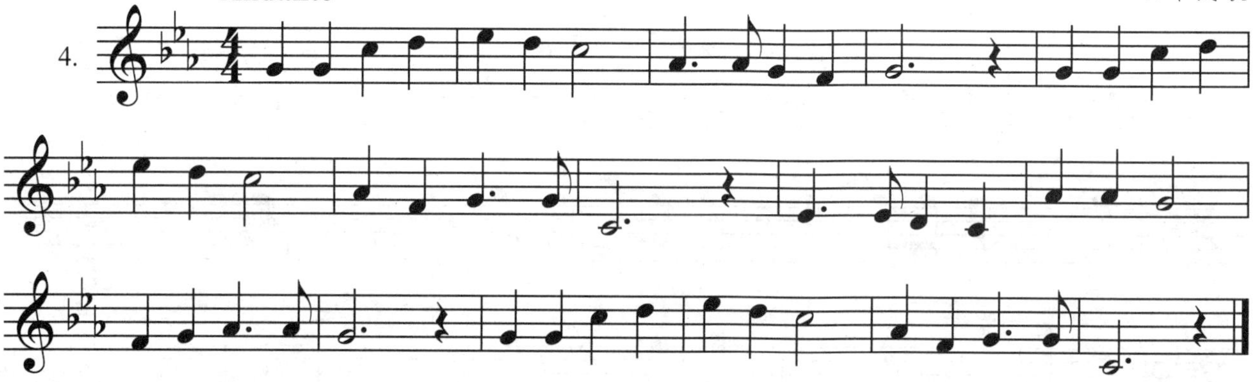

Andantino　　　　德国民歌

5.

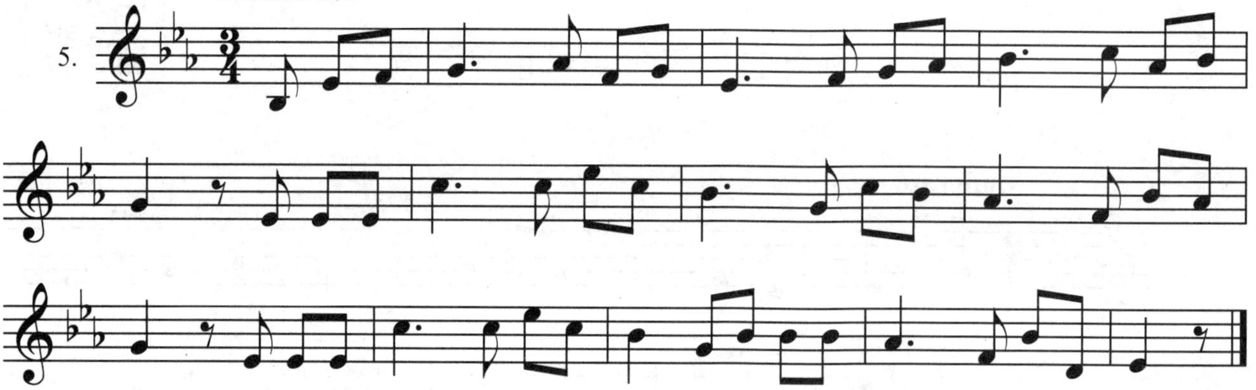

卡巴列夫斯基曲

Moderato

6.

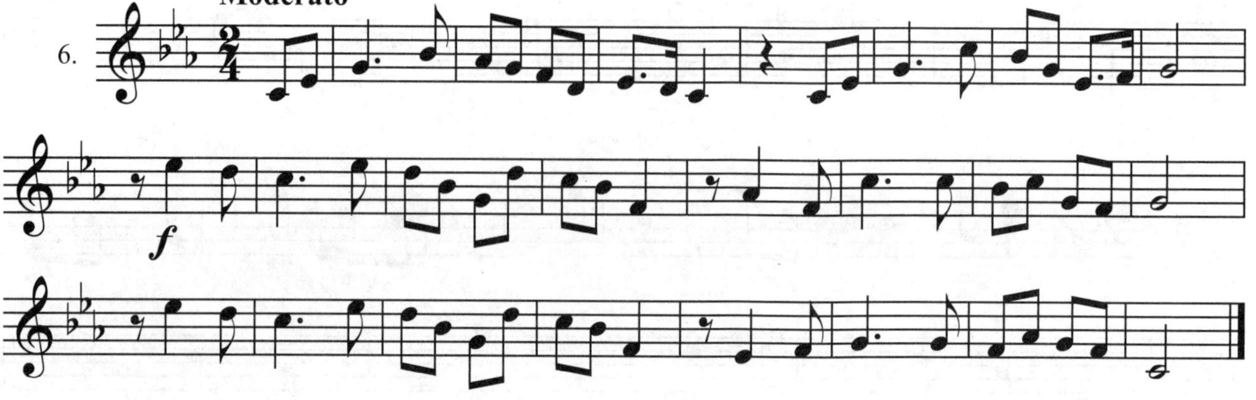

7.

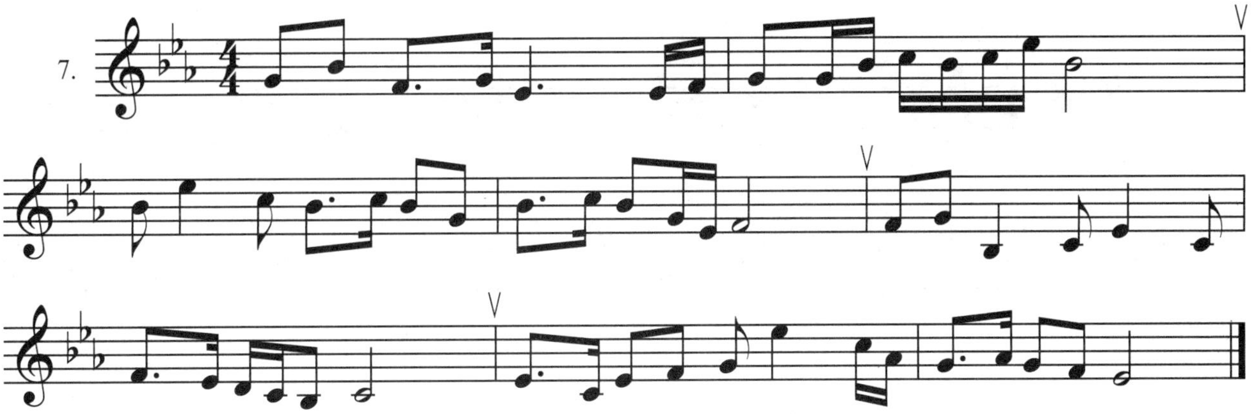

8.

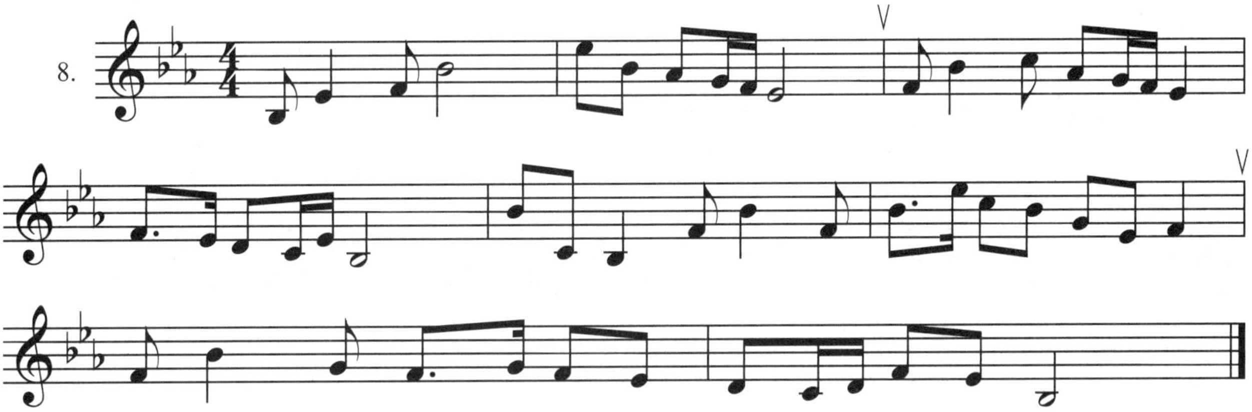

瑞士民歌

9.

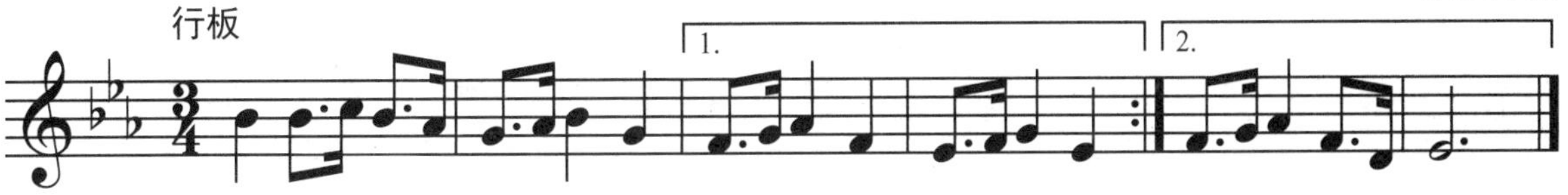

威尔第曲

10.

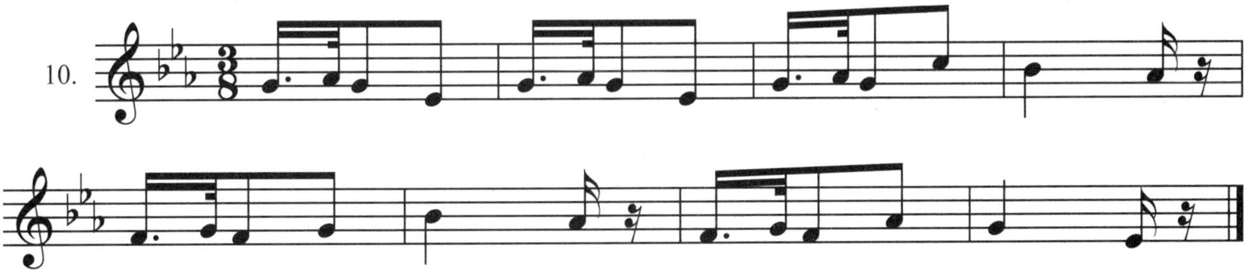

波兰民歌

11.

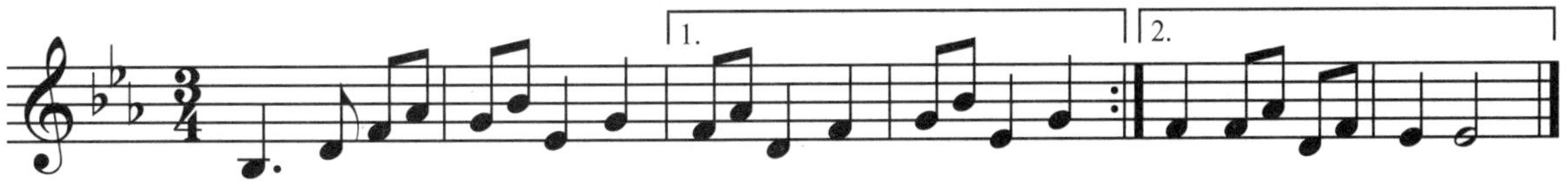

贝多芬曲

行板

12.

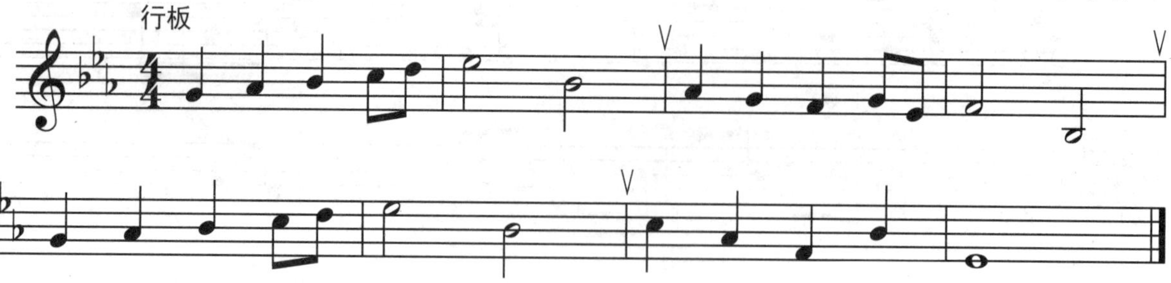

中速

河北民歌

13.

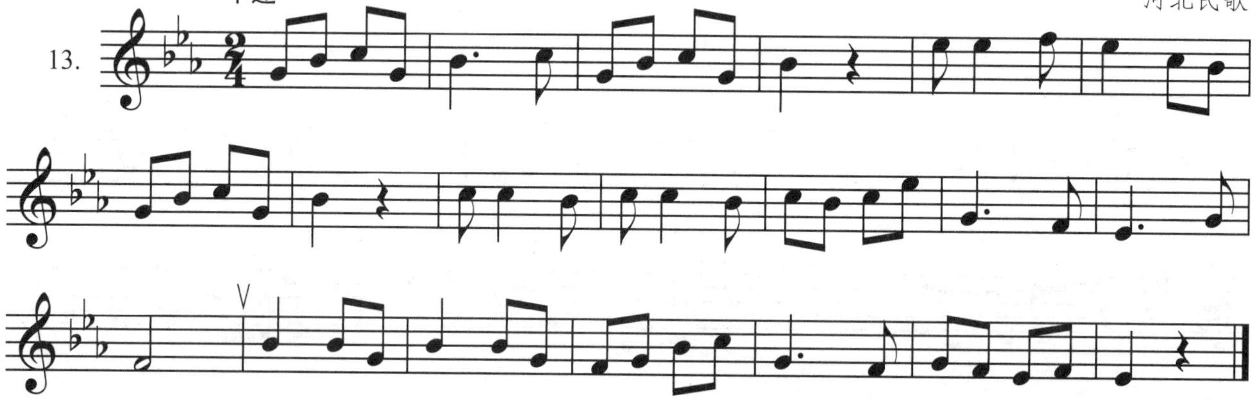

《喀秋莎》勃兰切尔曲

14.

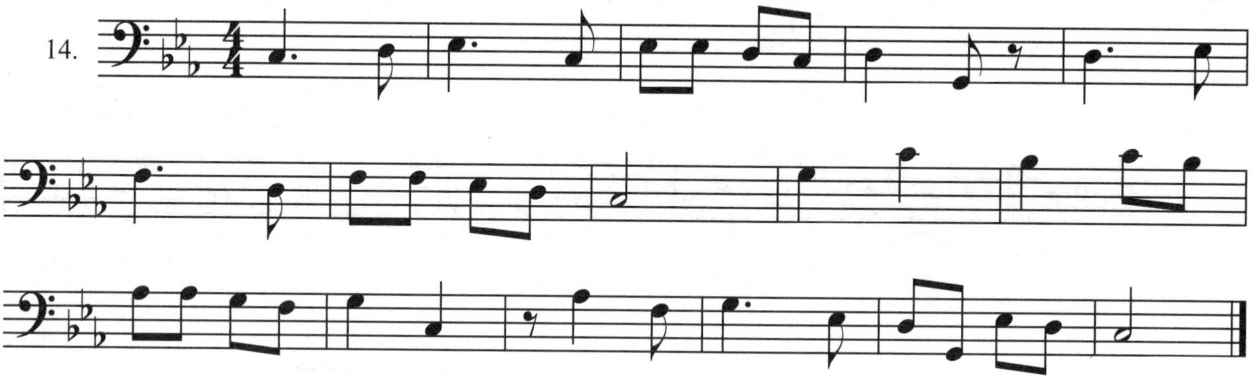

佚名曲

15.

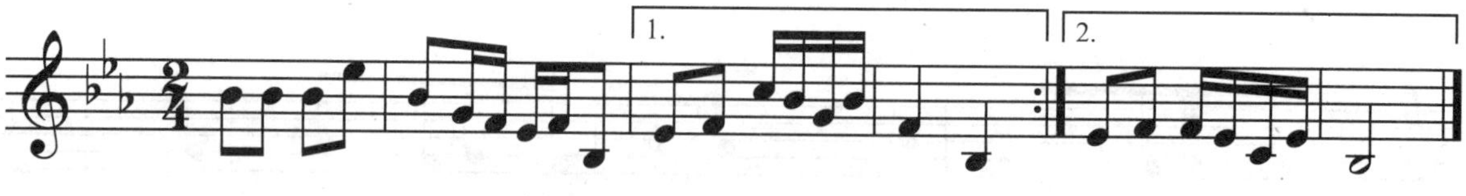

陕北民歌

16.

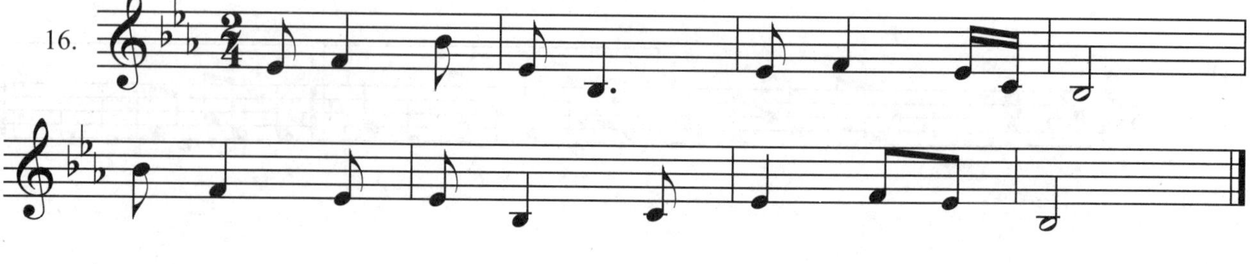

绥远民歌

17.

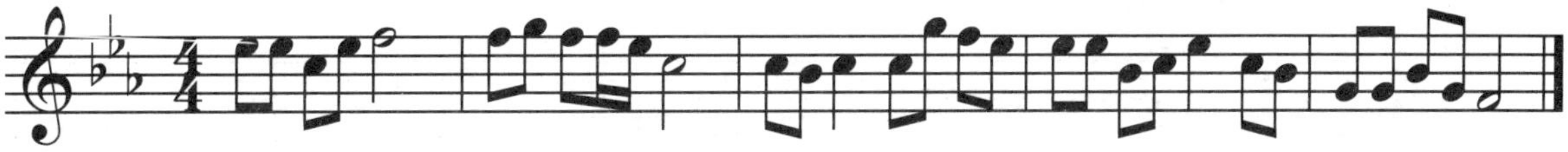

东阳民歌

18.

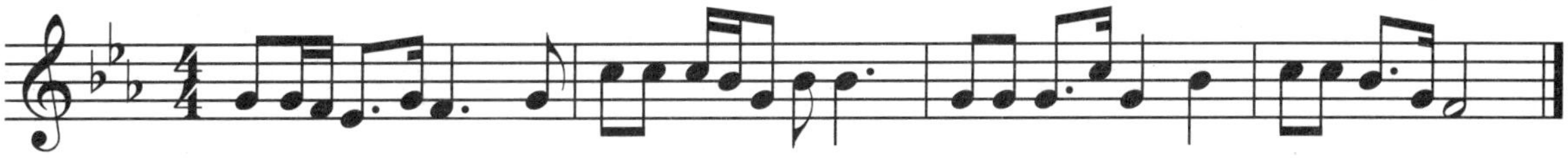

江苏民歌

19.

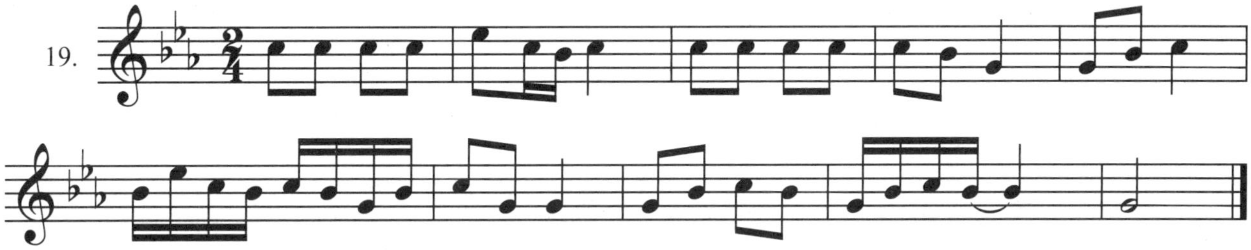

哈萨克族民歌

稍快

20.

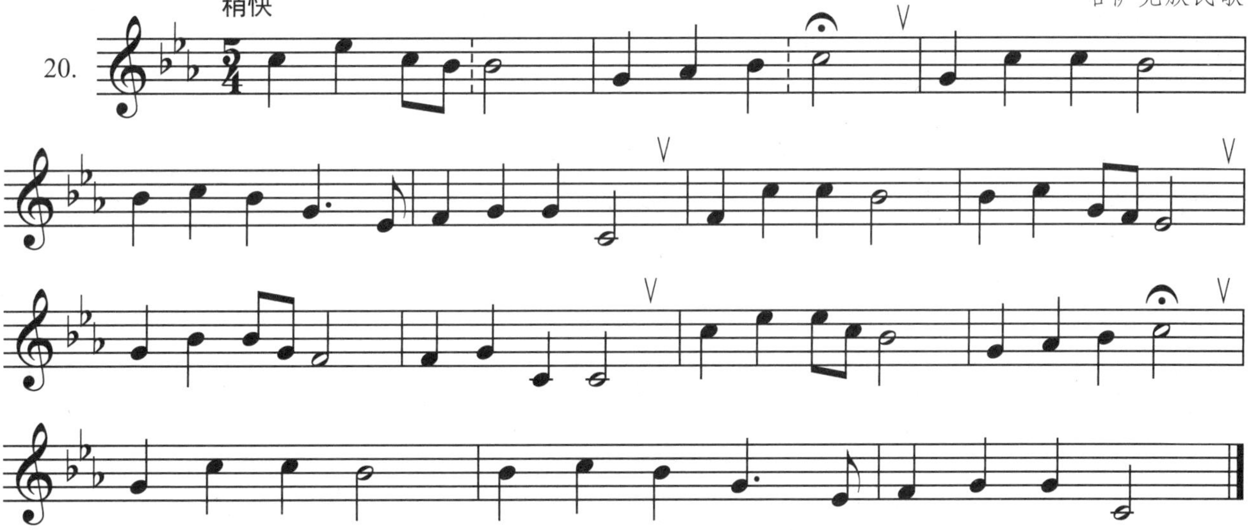

《山乡美》李文华曲

Andantino

21.

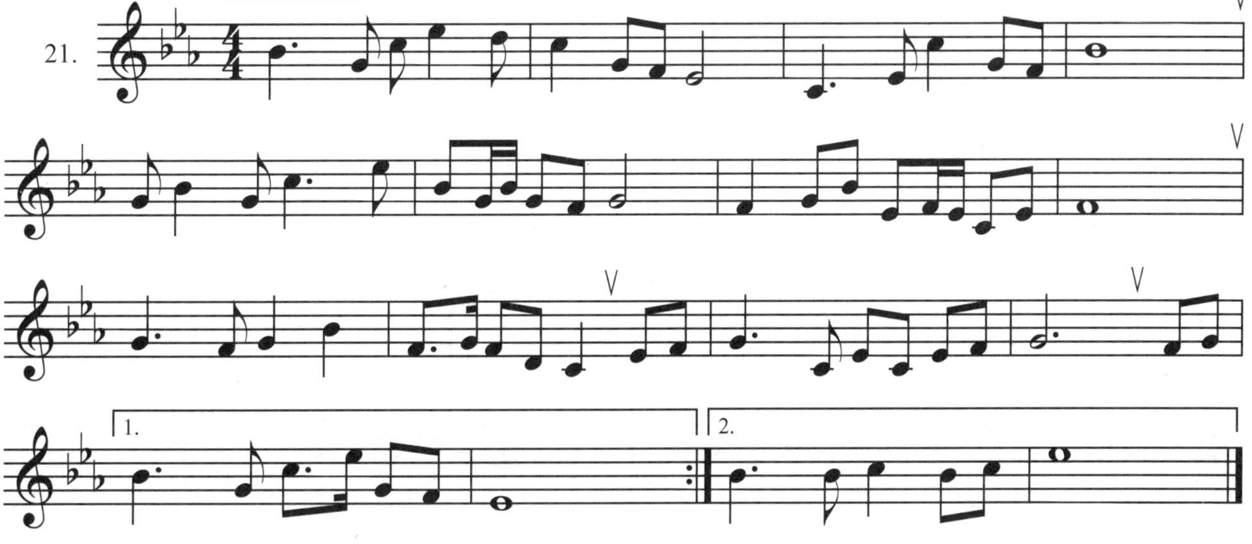

哈萨克族牧歌《金耳环》

Moderato

22.

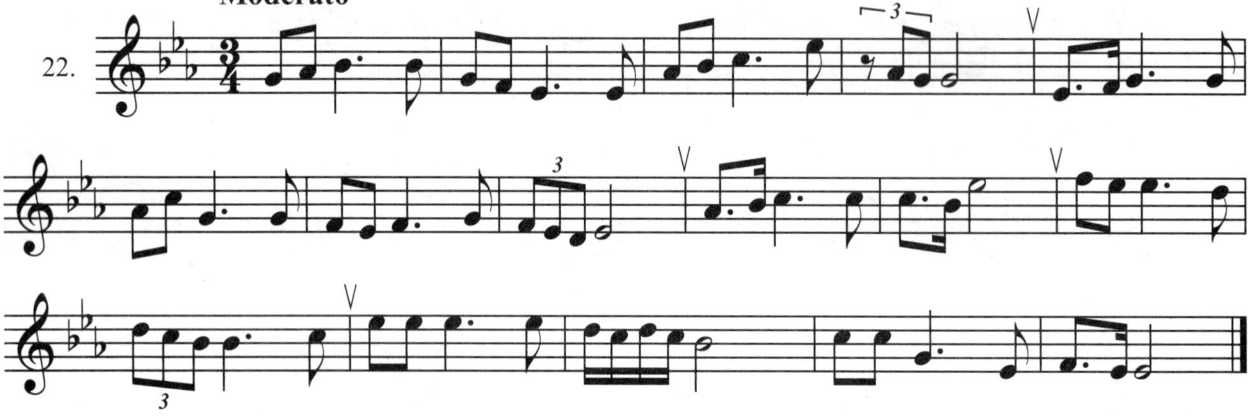

俄罗斯民歌

中速

23.

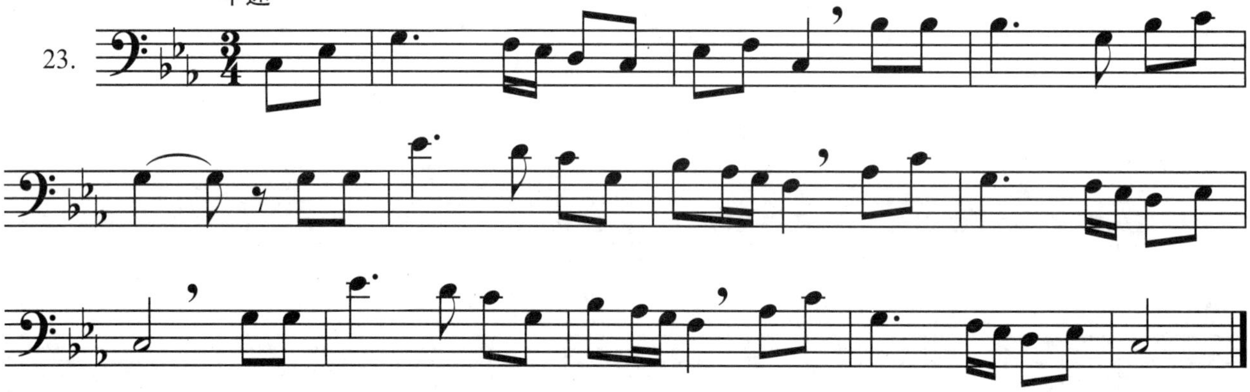

勃拉姆斯曲

24.

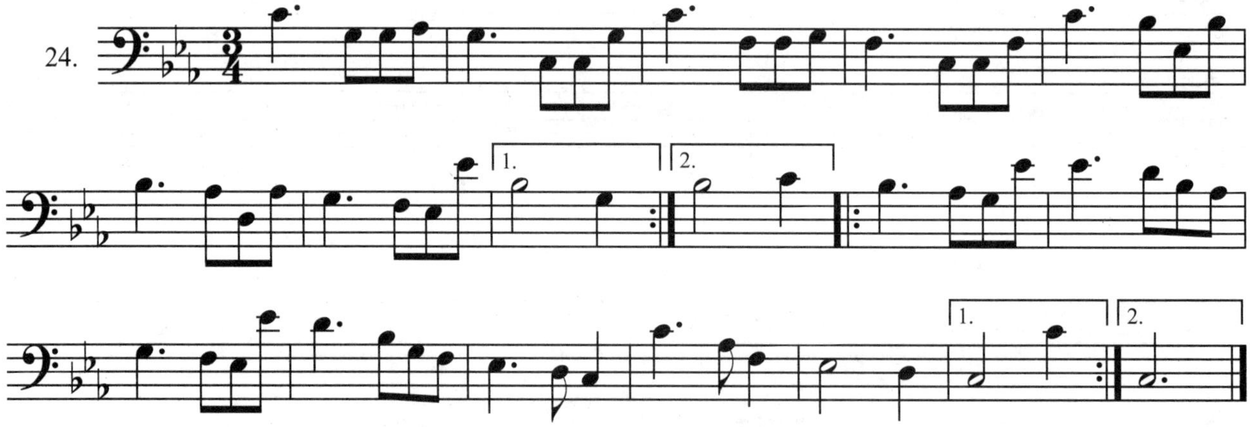

台湾民歌

宁静

25.

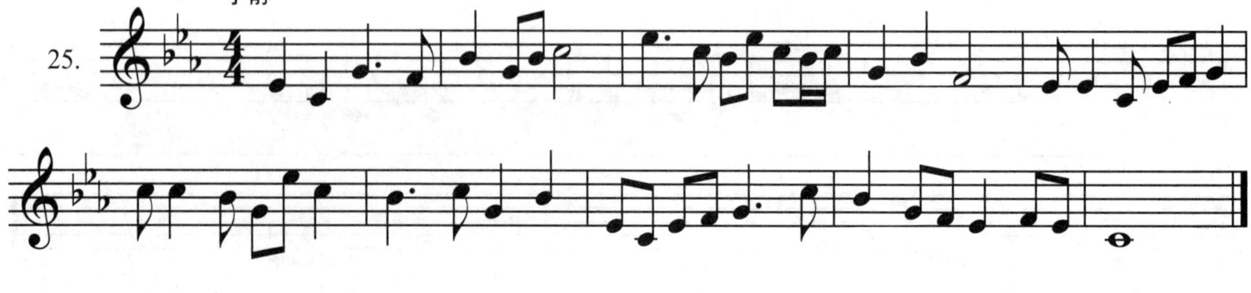

中速 亲切　　高明曲

26.

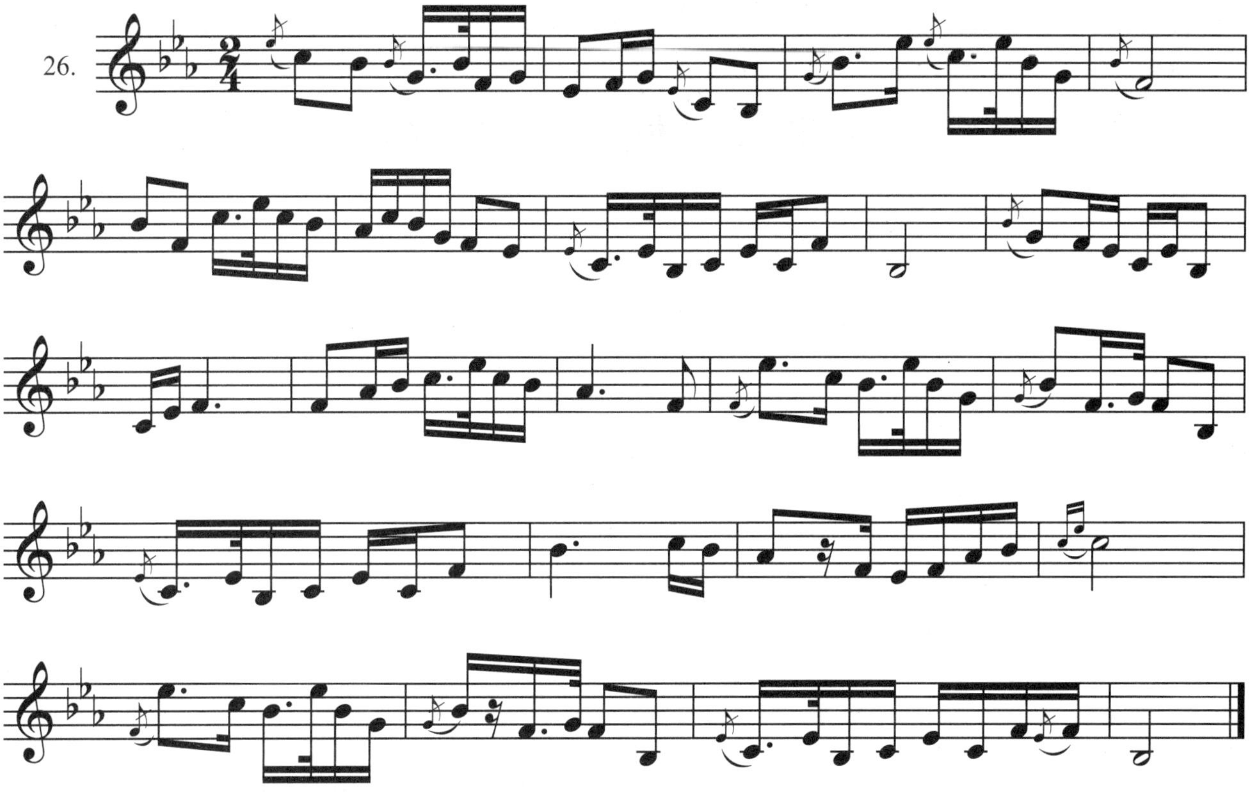

行板　　云南民歌

27.

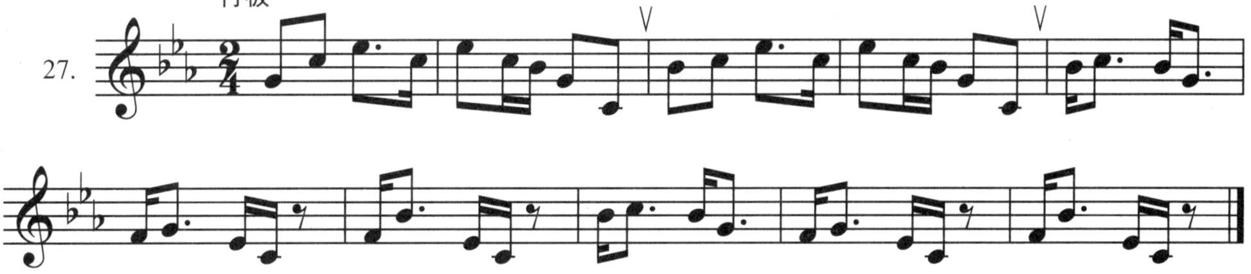

小快板　　甘肃民歌《刮地风》

28.

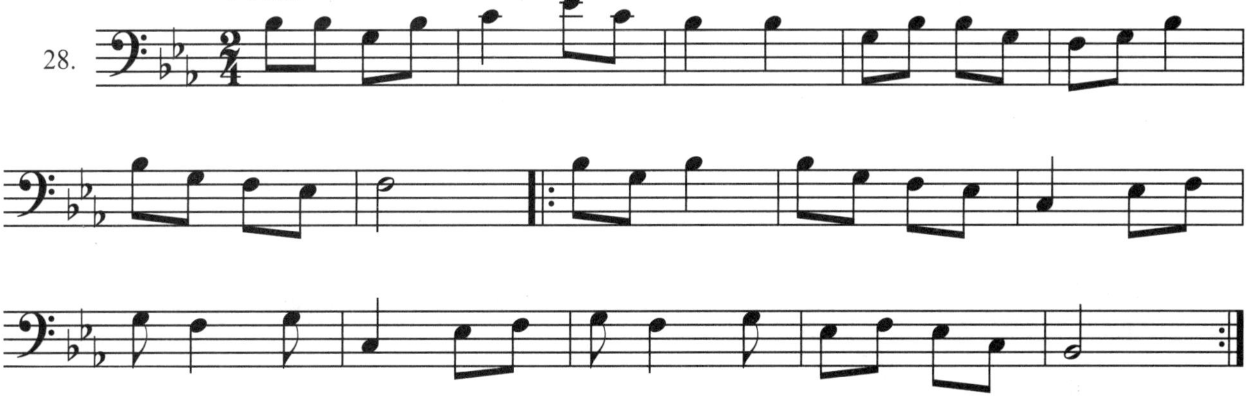

模块五 听觉训练

项目一 节奏模唱、听记

1. 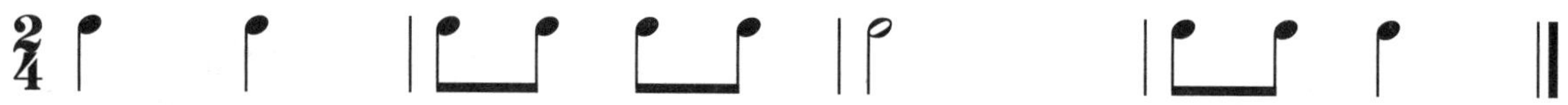

2. 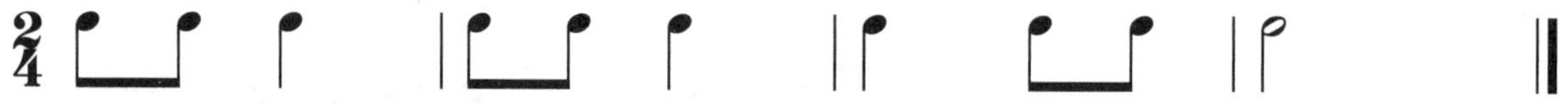

3. 

4. 

5.  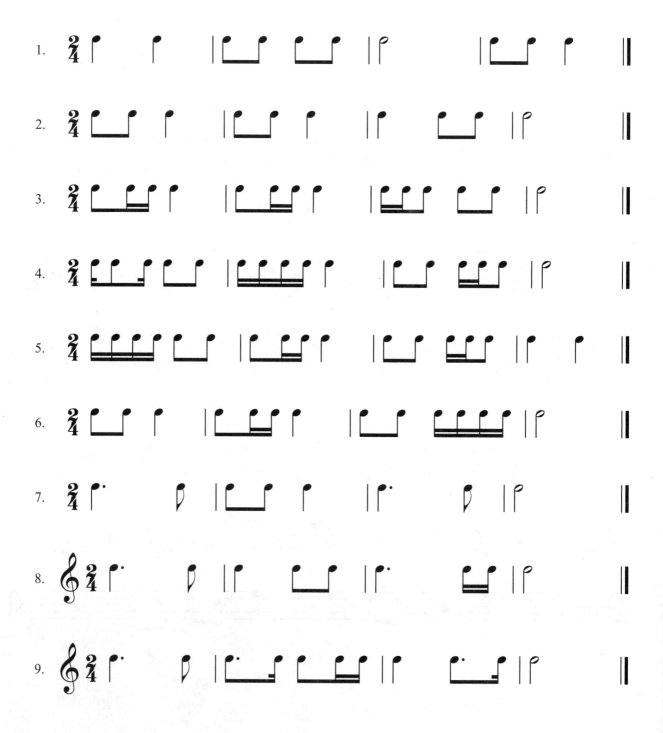

6. 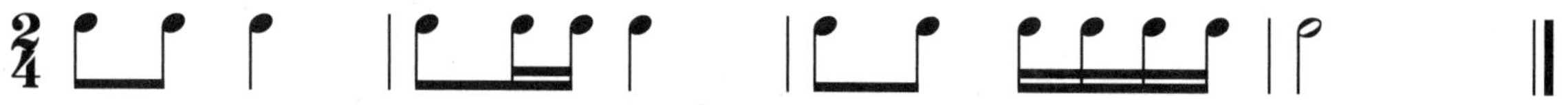

7. 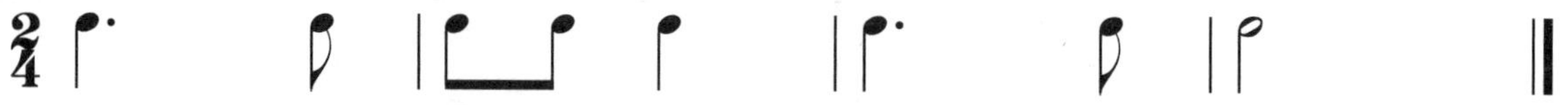

8. 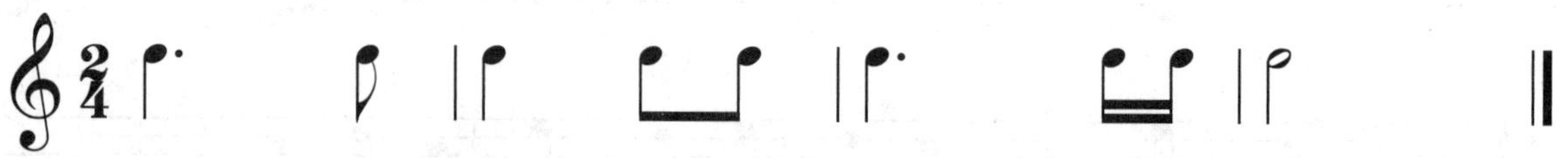

9. 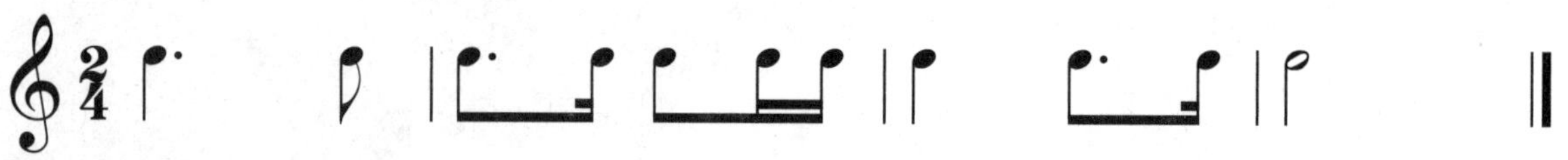

10. 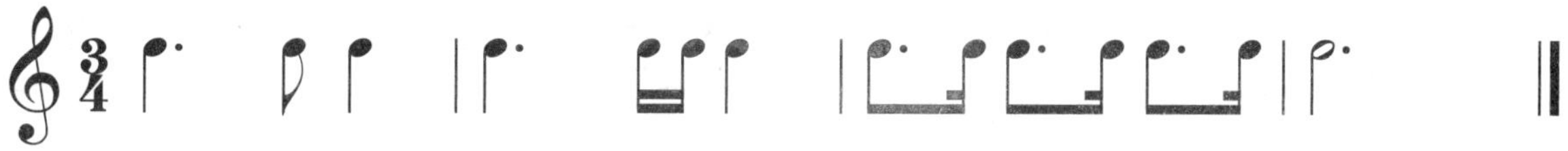

11. 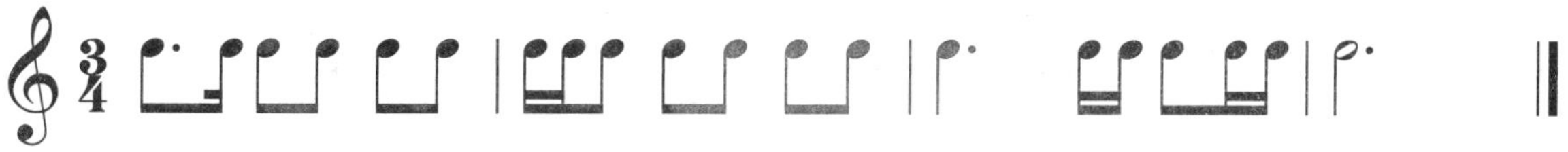

12. 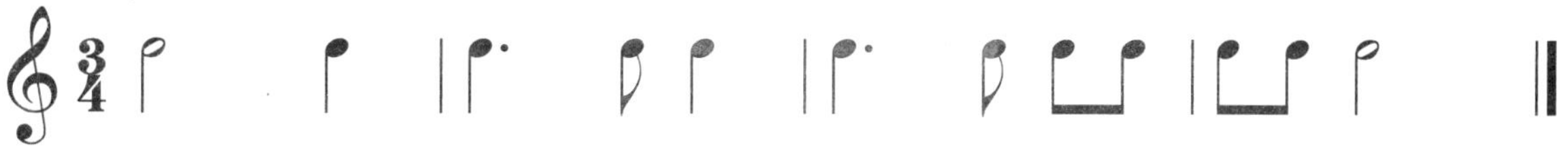

13. 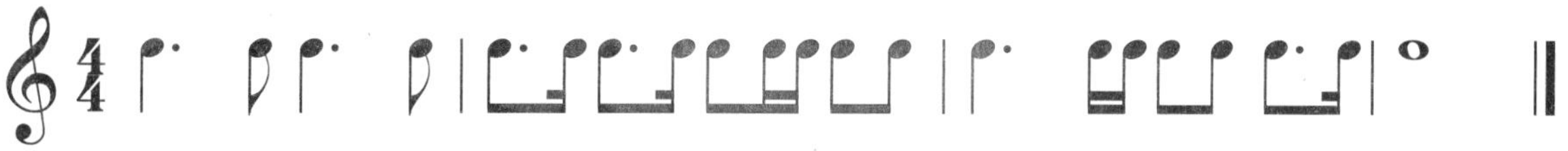

14. 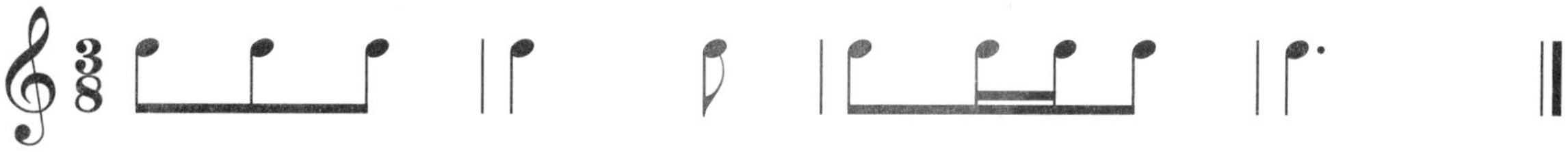

15. 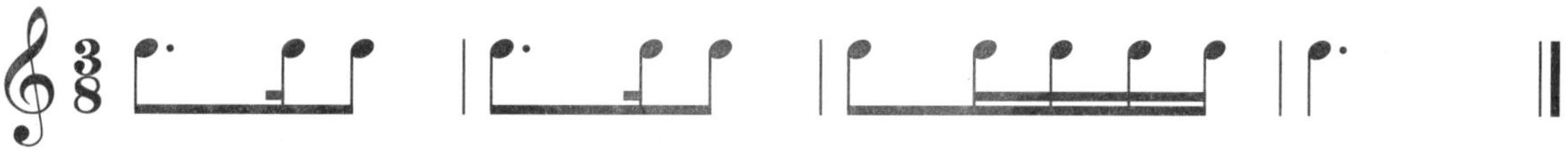

16. 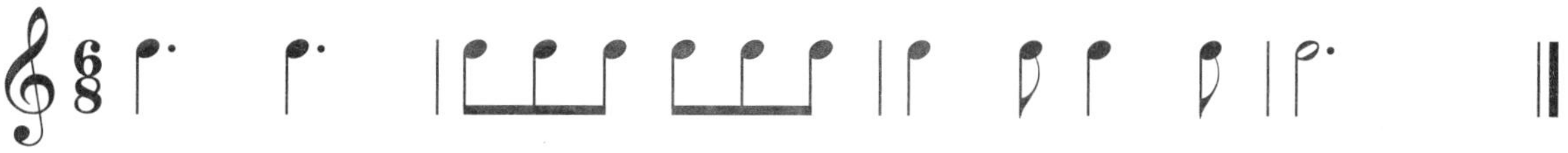

17. 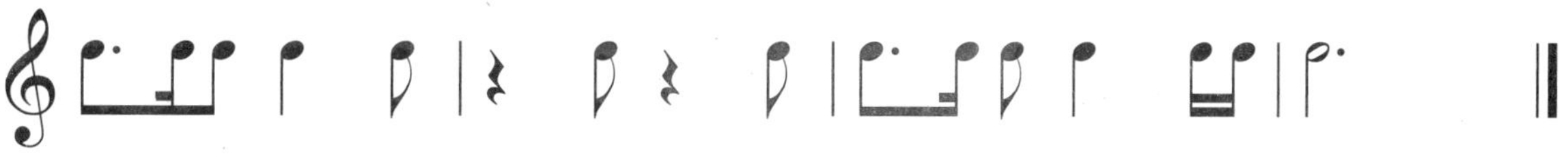

18. 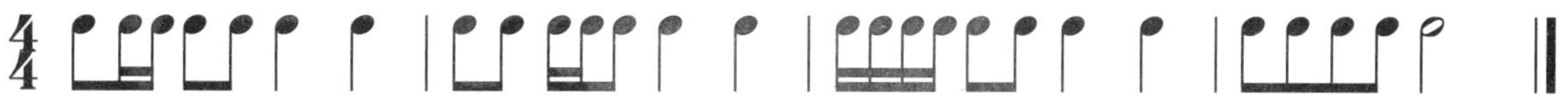

19. 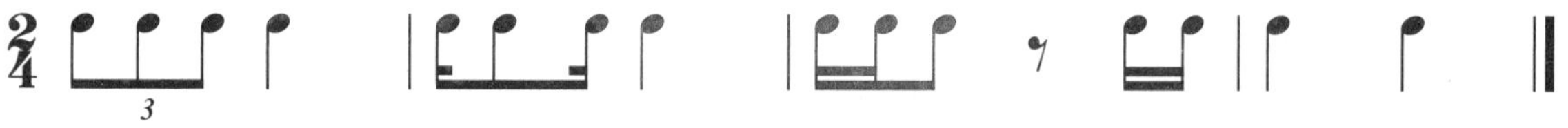

20. 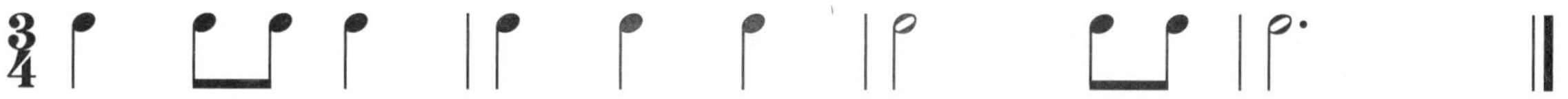

21. 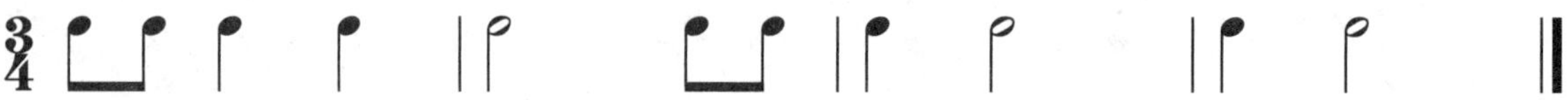

22. 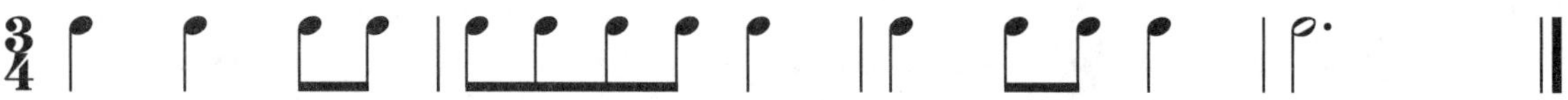

23. 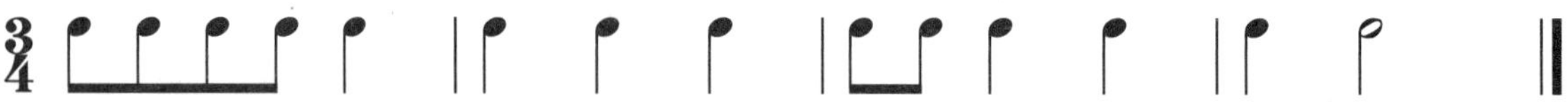

24. 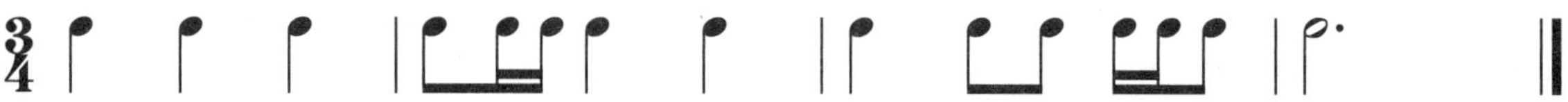

25. 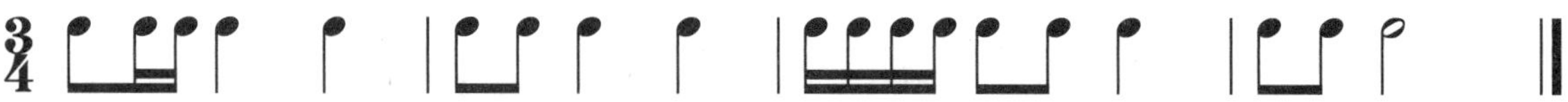

26. 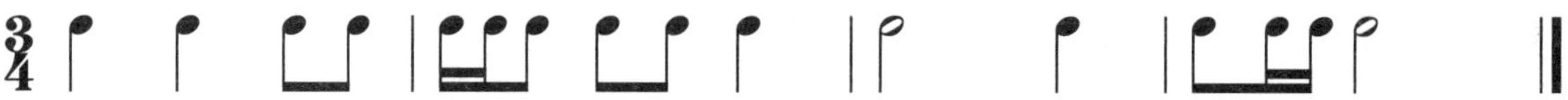

27. 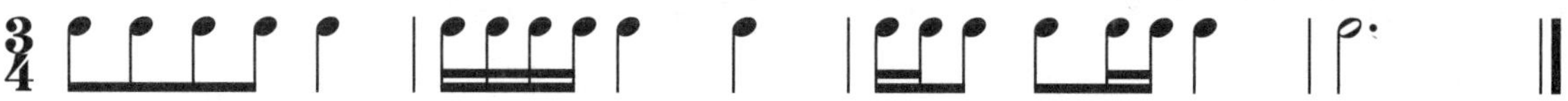

28. 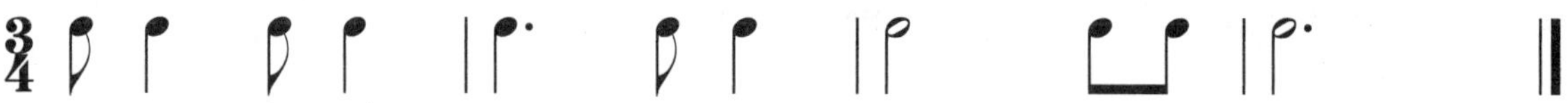

29. 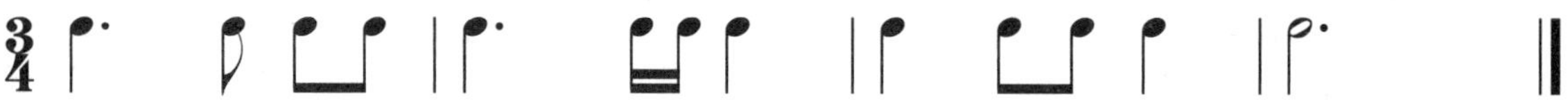

30. 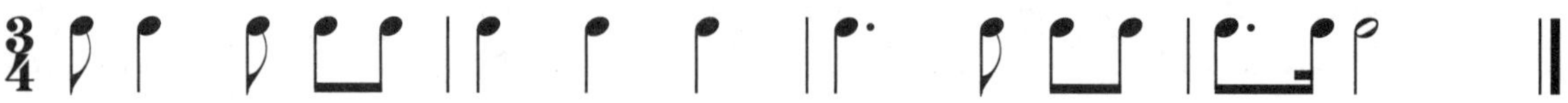

31. 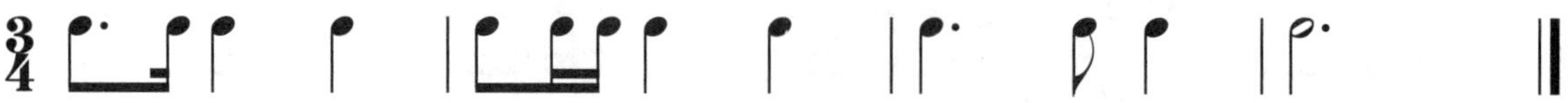

32. 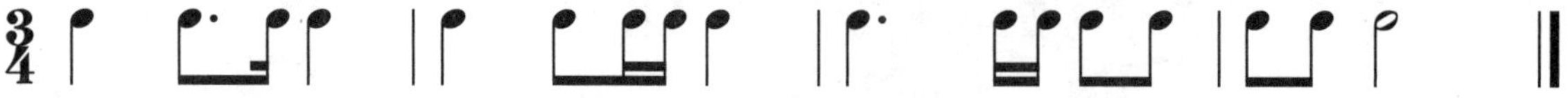

33. 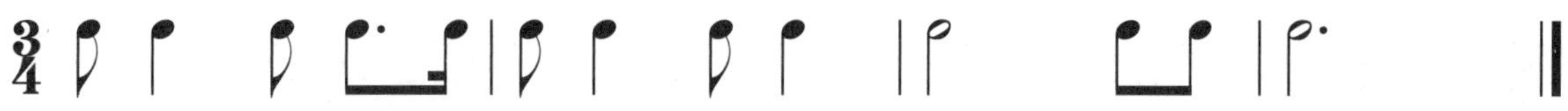

34. 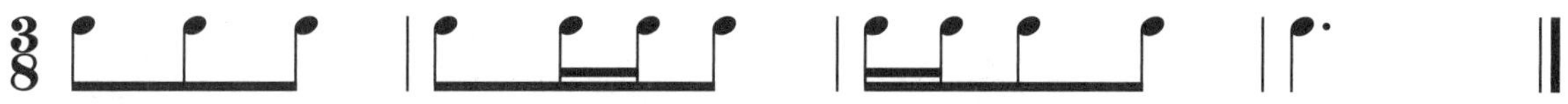

35. 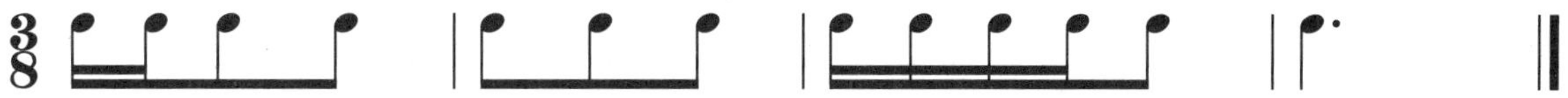

36. 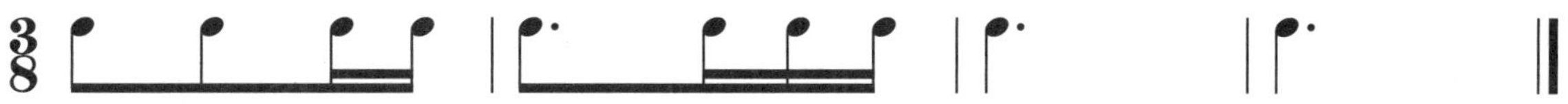

37. 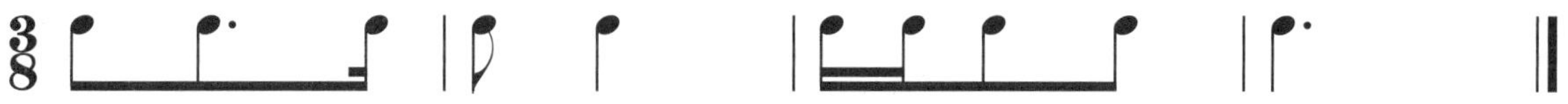

38. 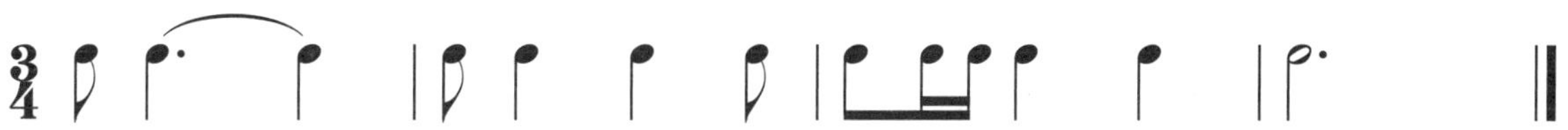

39. 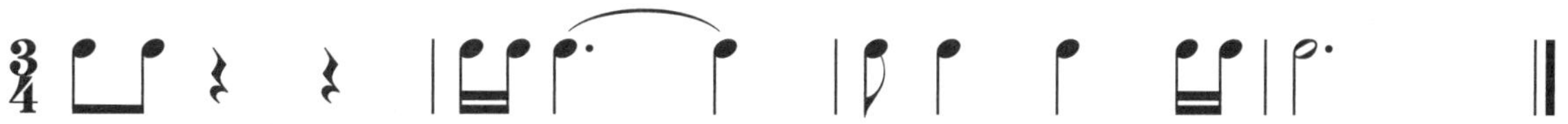

40. 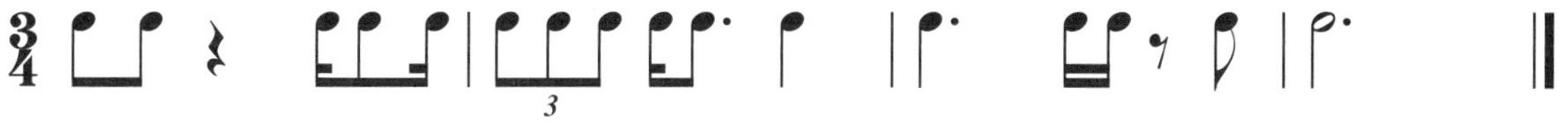

项目二　单音模唱、听记

一、自然音级模唱及听记

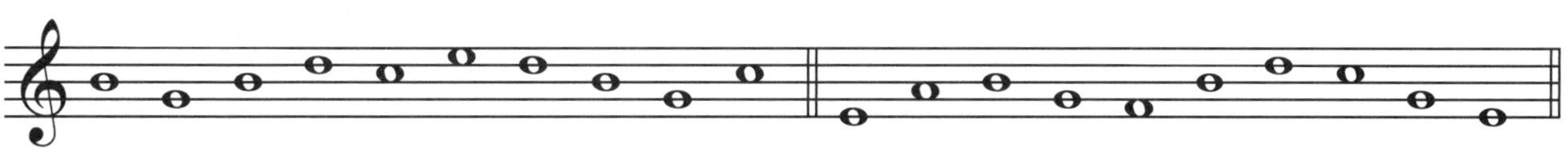

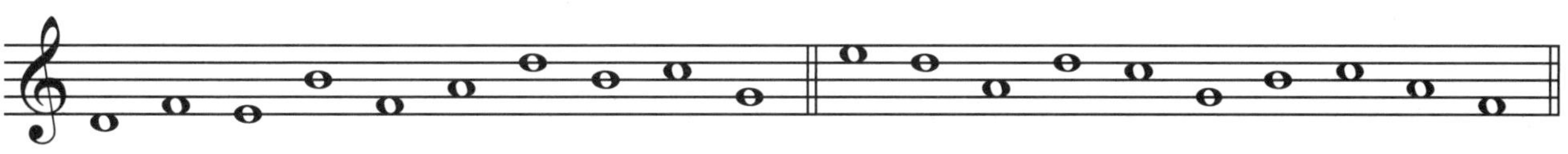

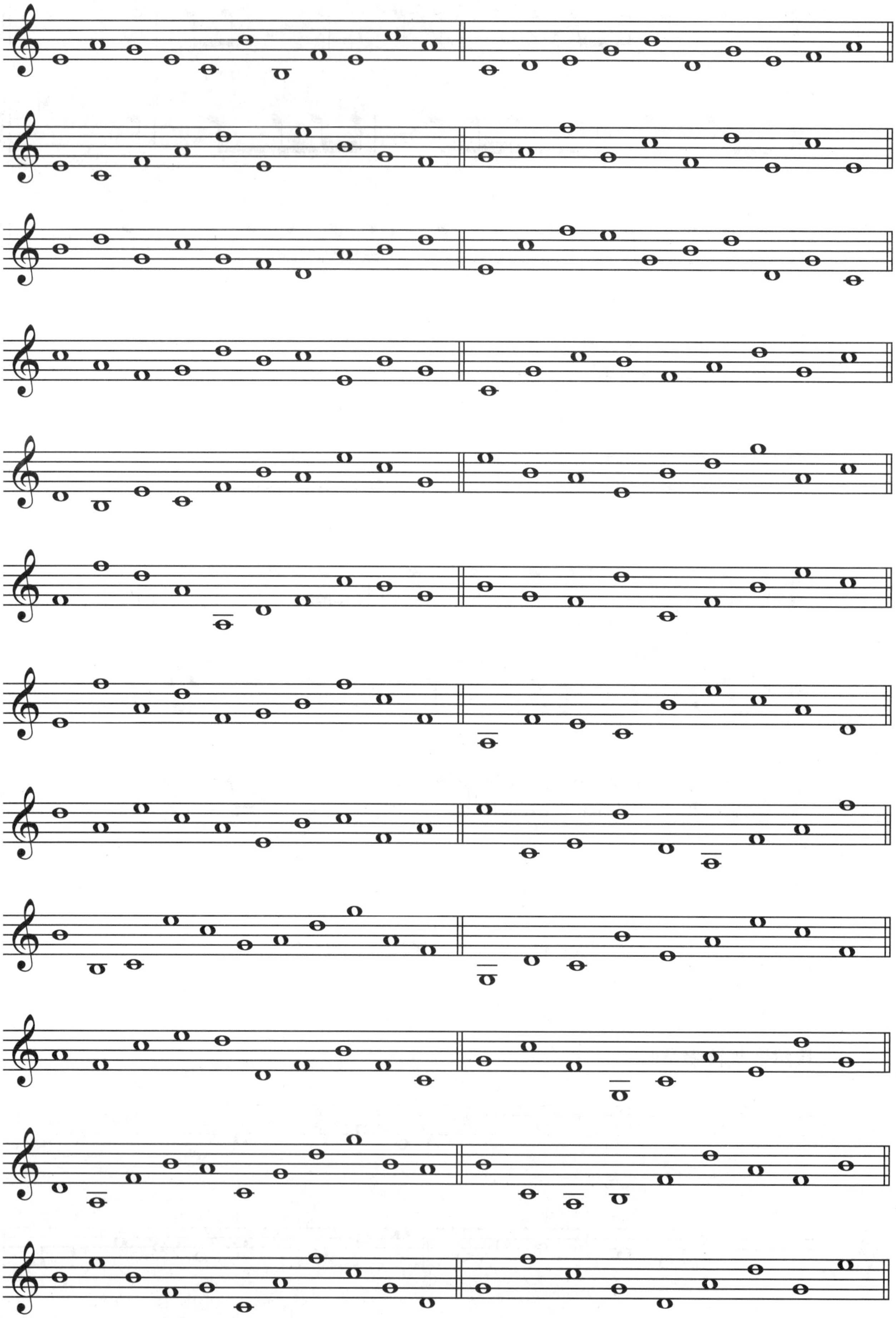

二、变化音模唱及听记

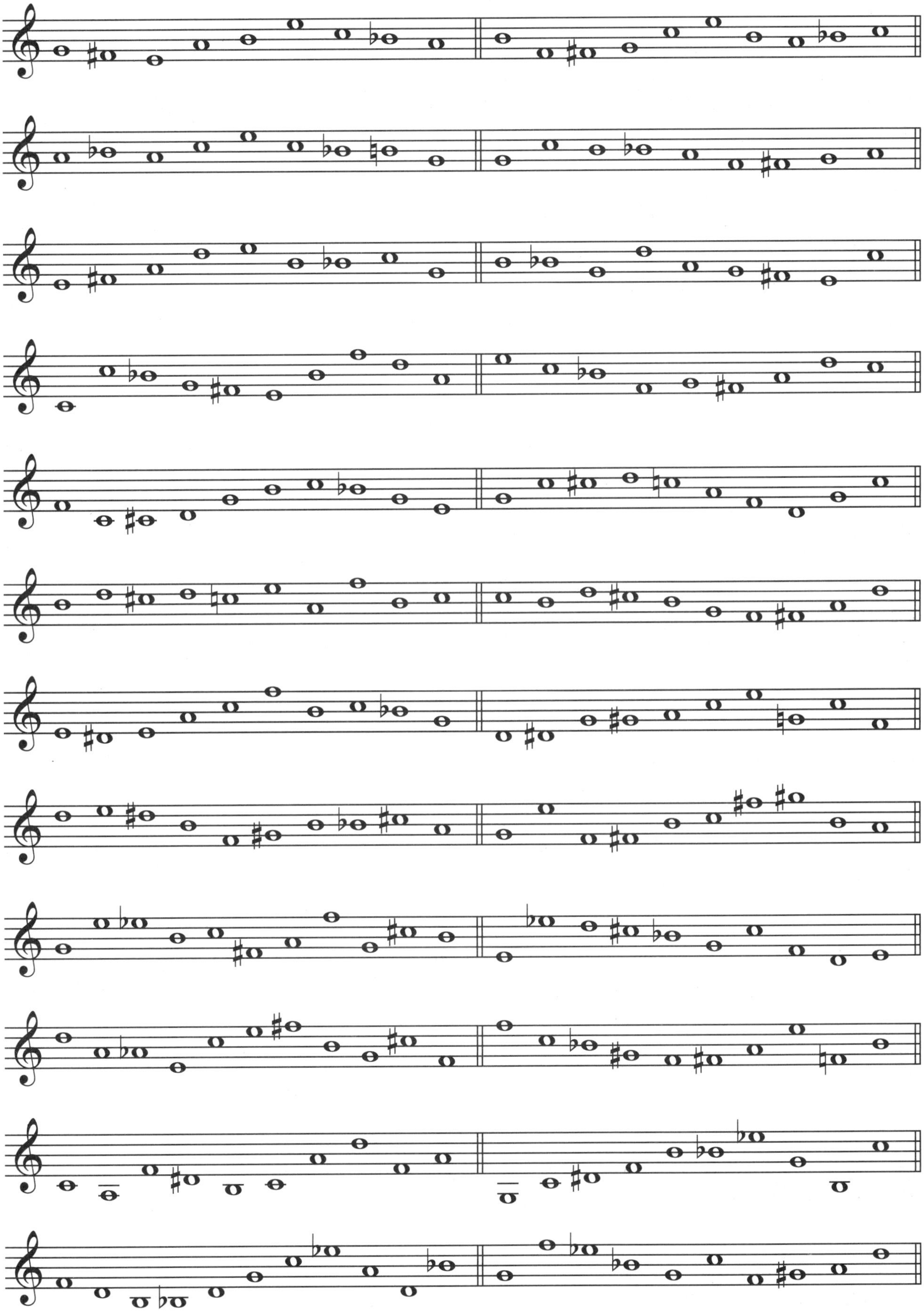

项目三　和声音程模唱、听唱、听记

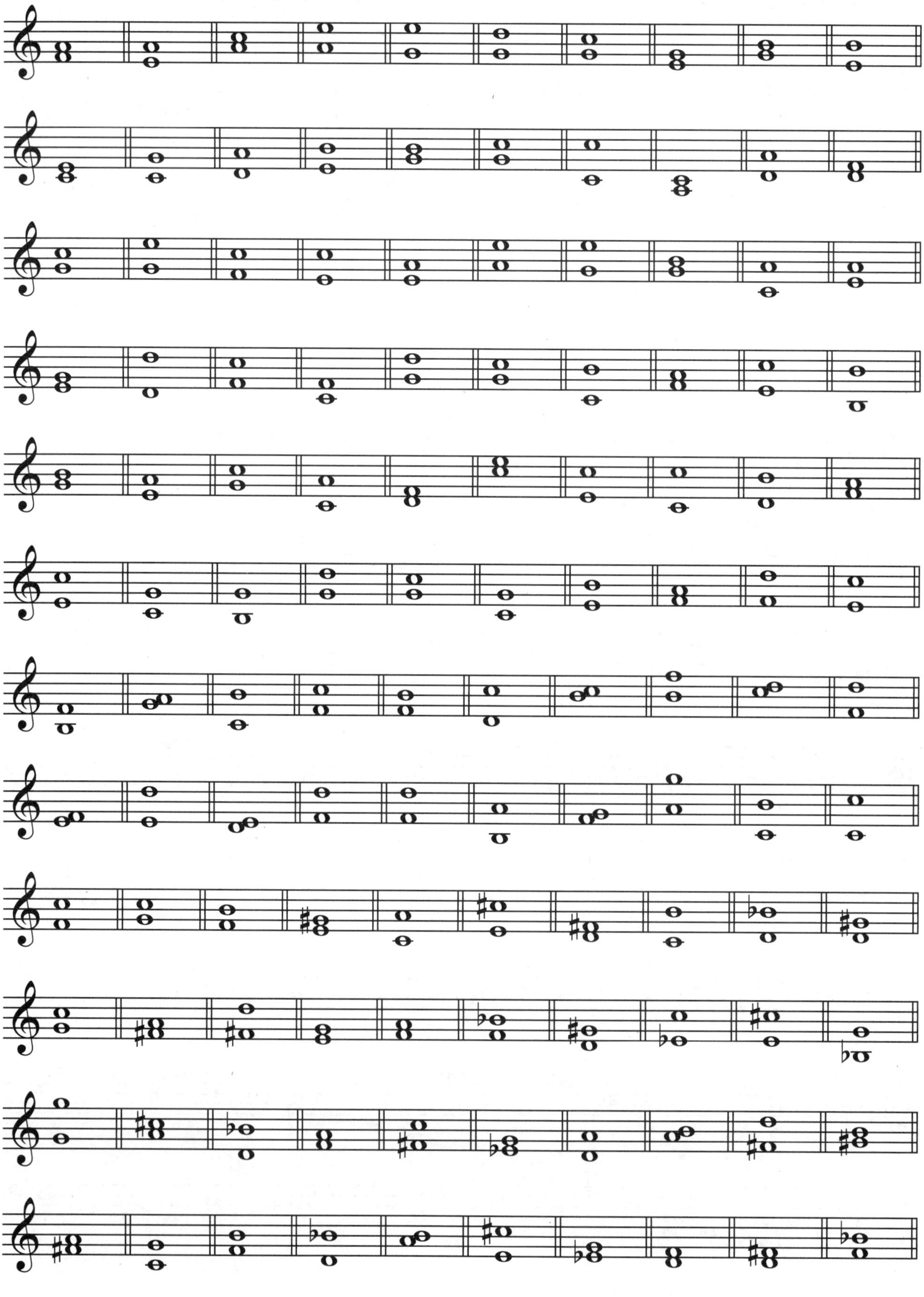

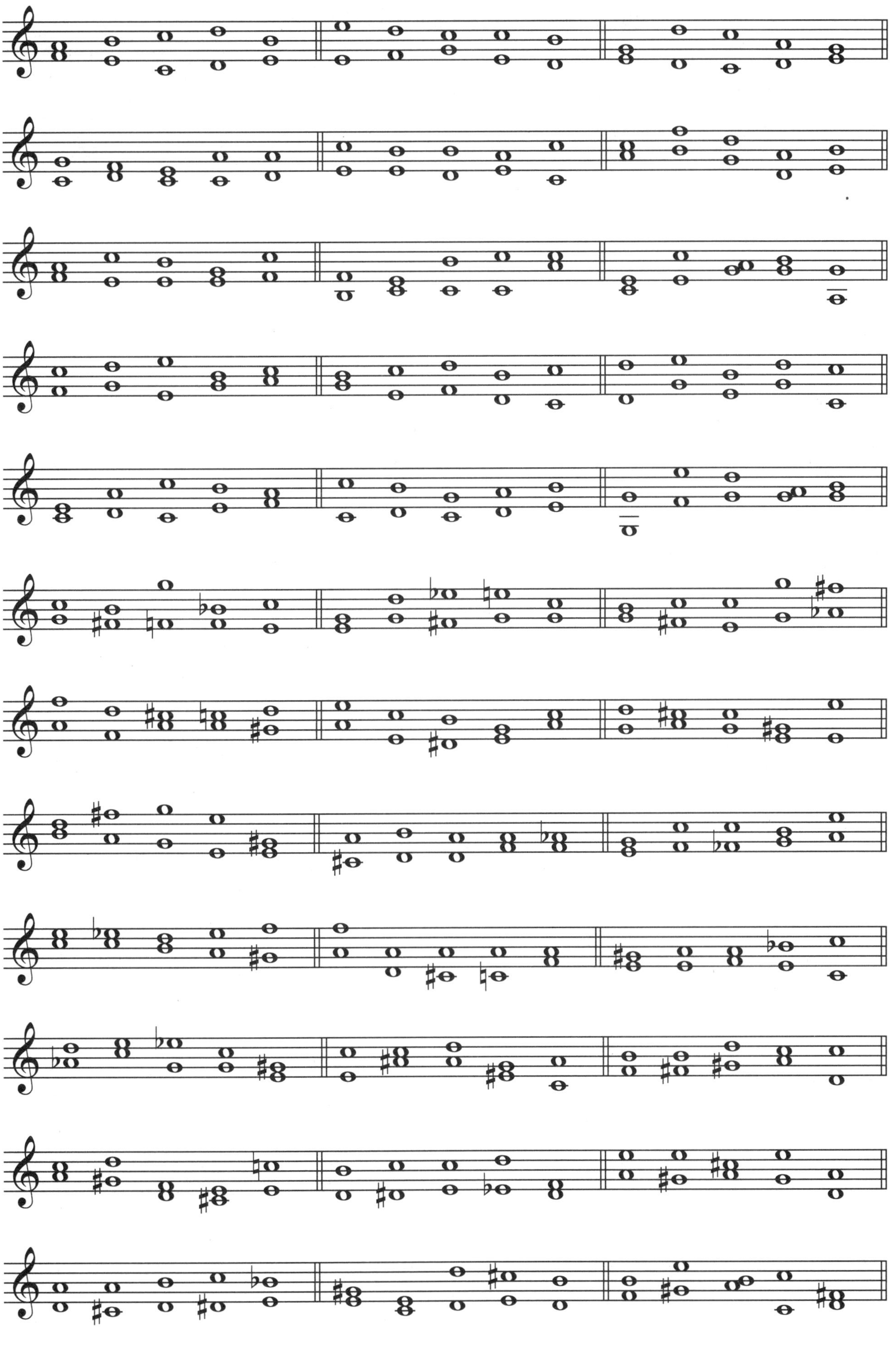

项目四 和弦模唱、听唱、听记

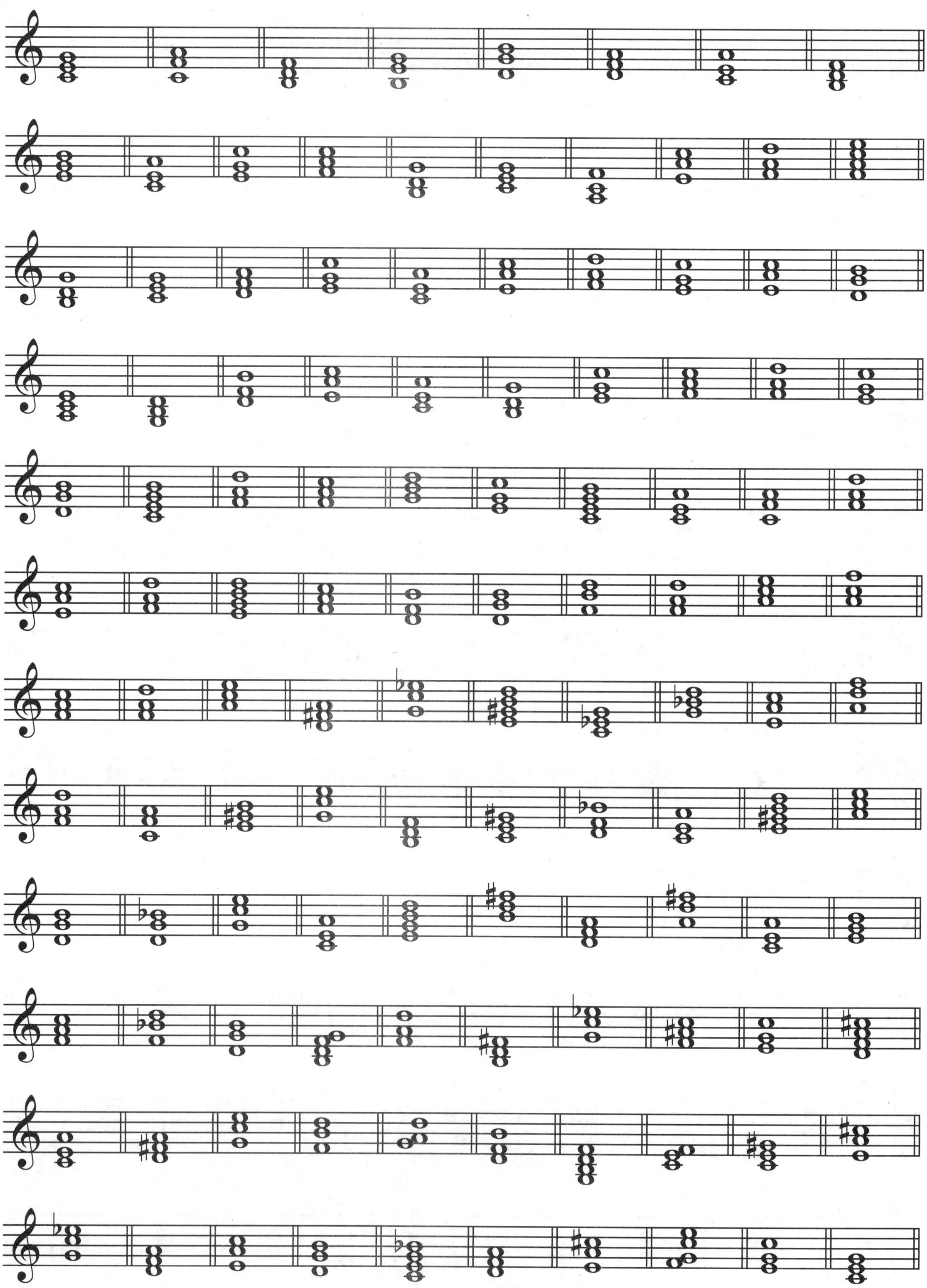

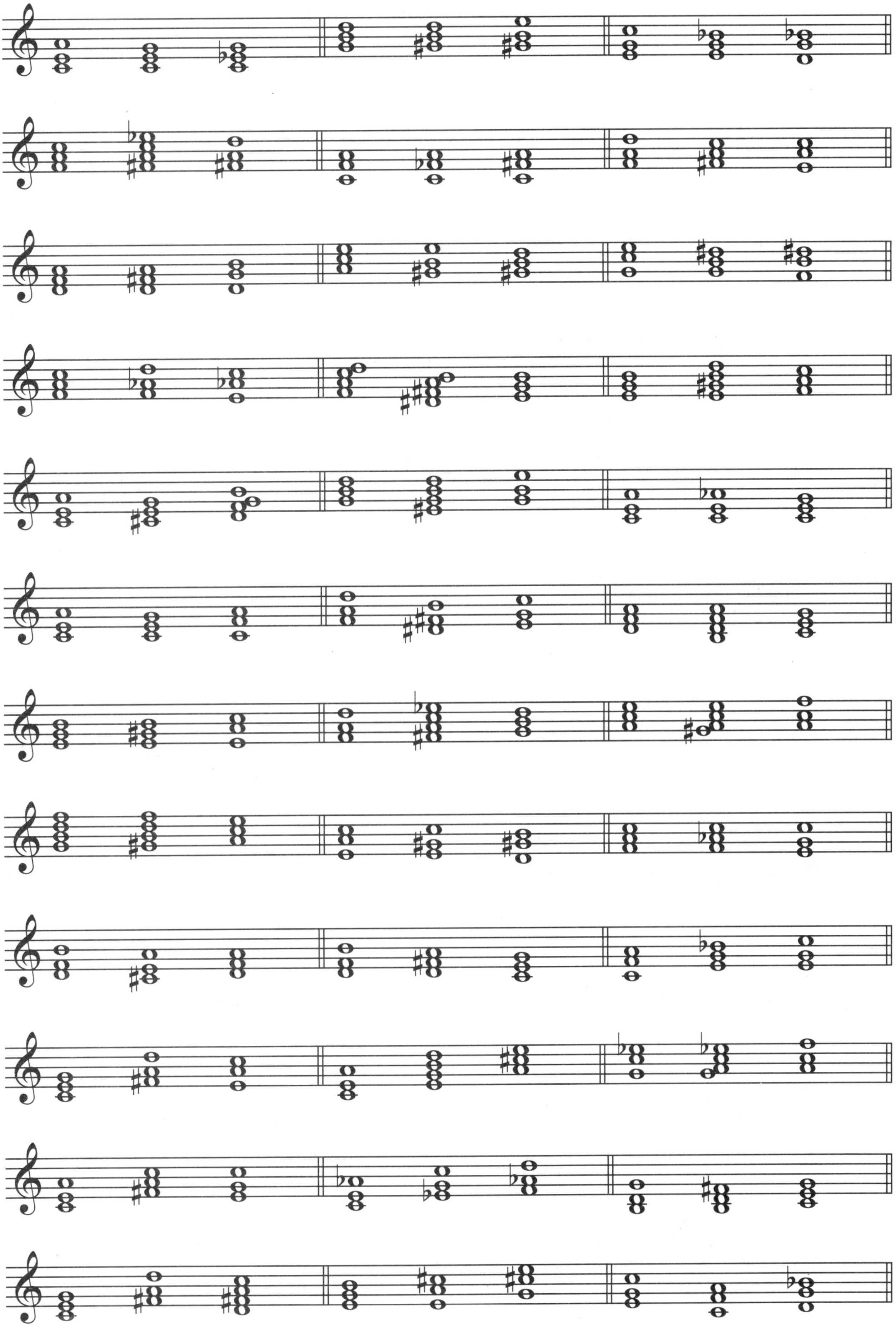

项目五　旋律模唱、听记

1.
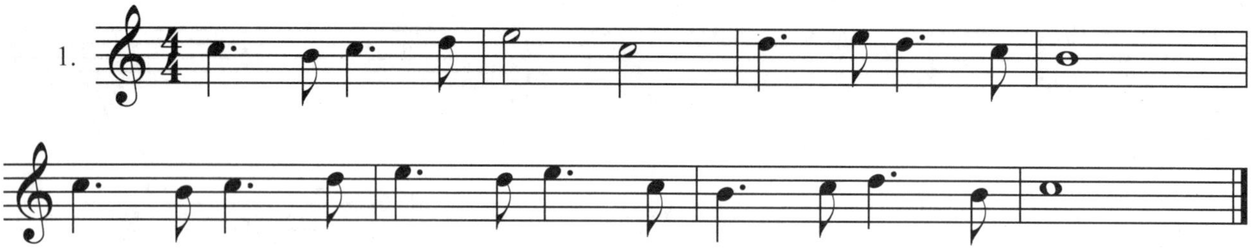

2.
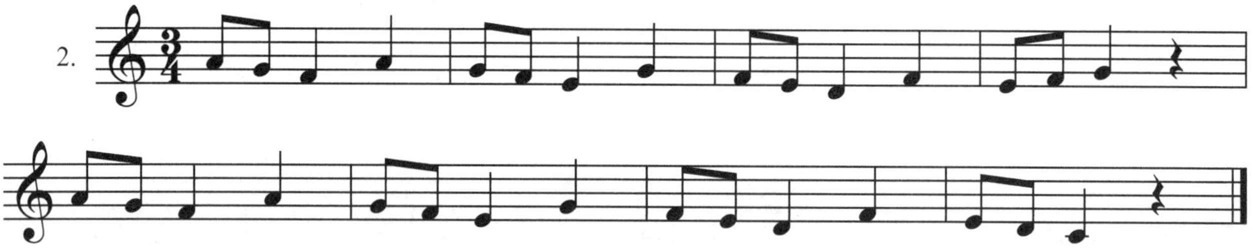

3.
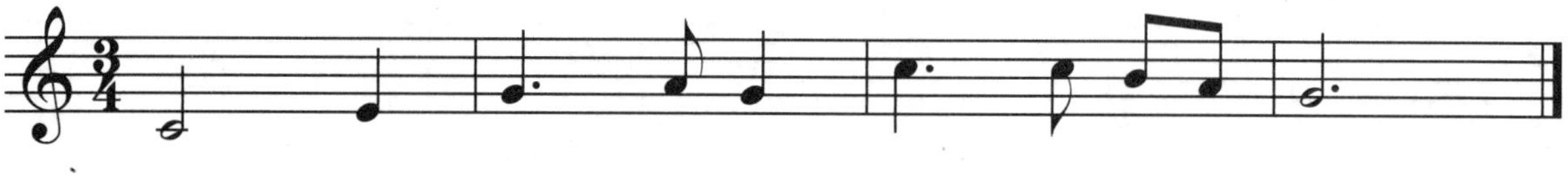

4.
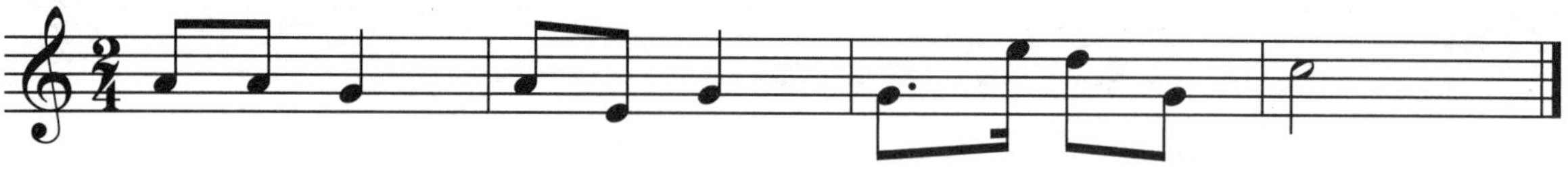

5.
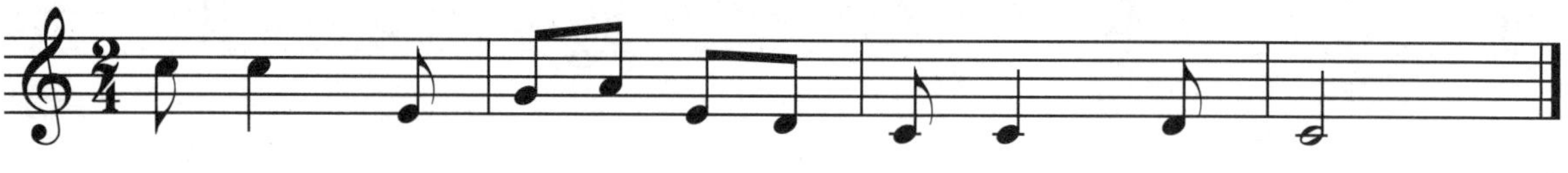

6.
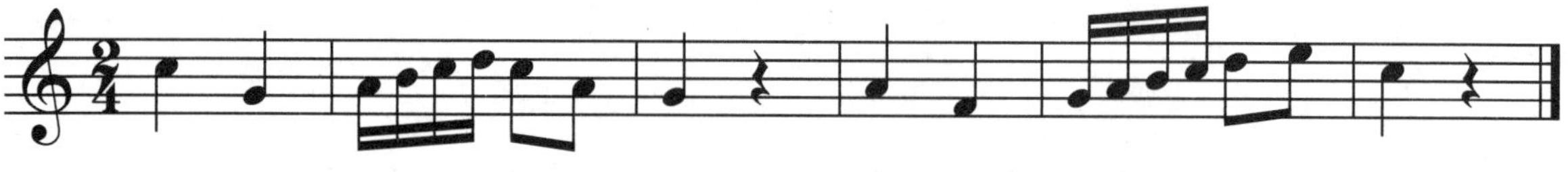

7.
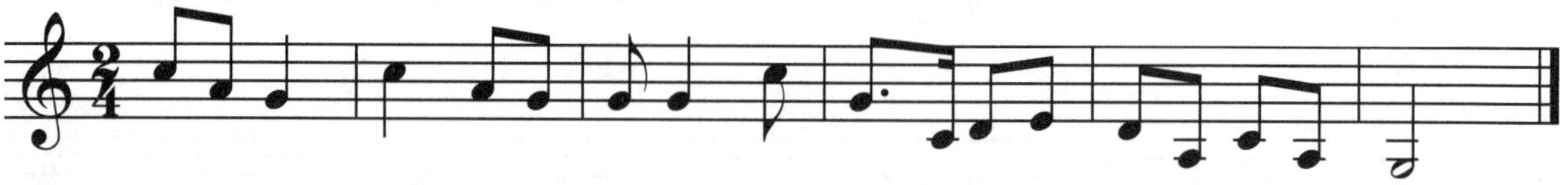

8.
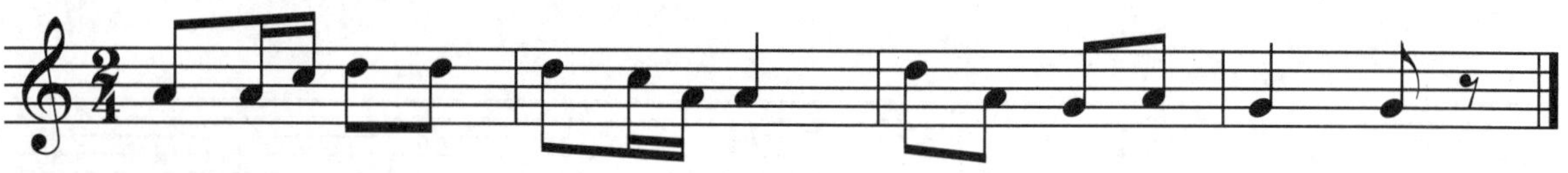

9.
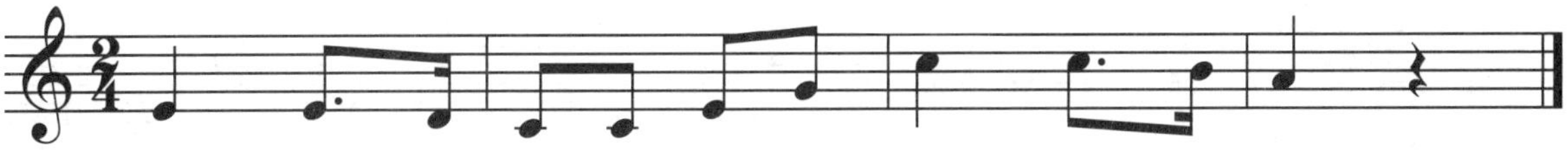

10.
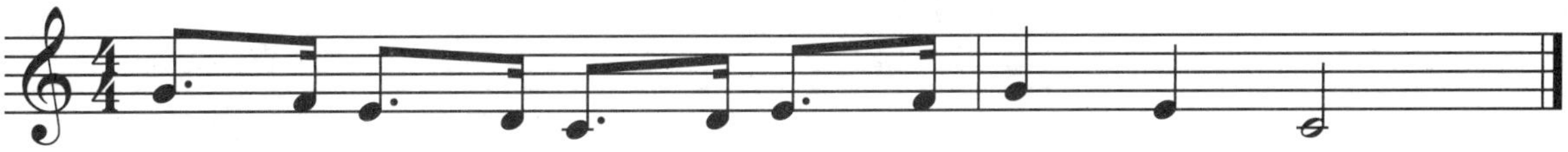

11.
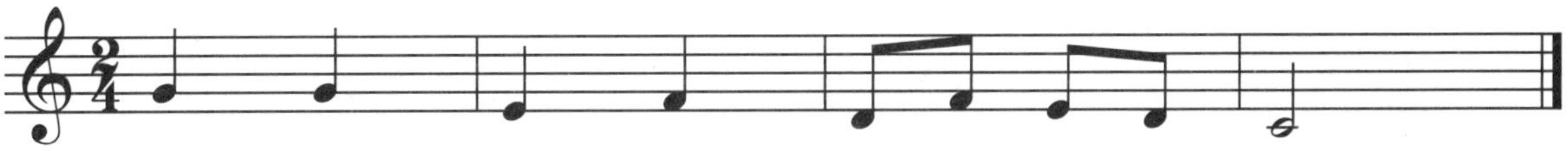

12.
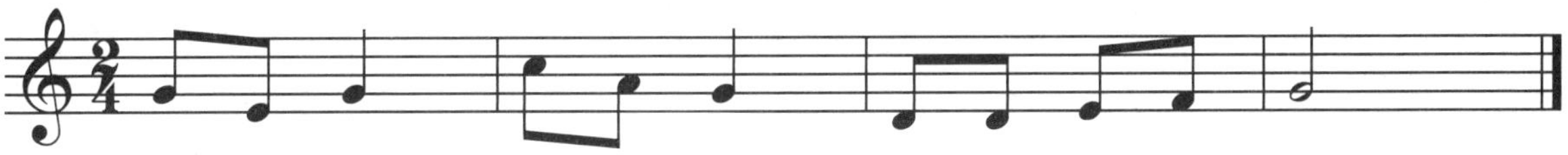

13.
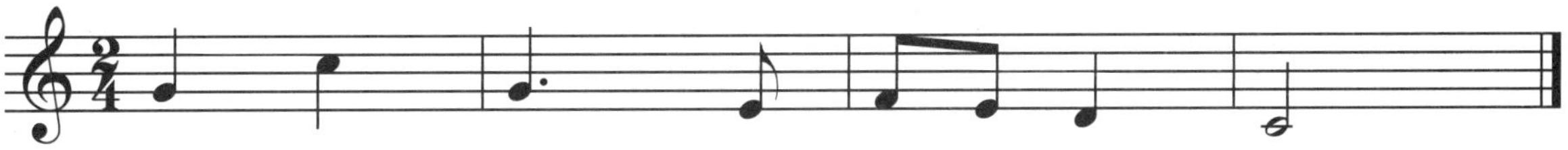

14.
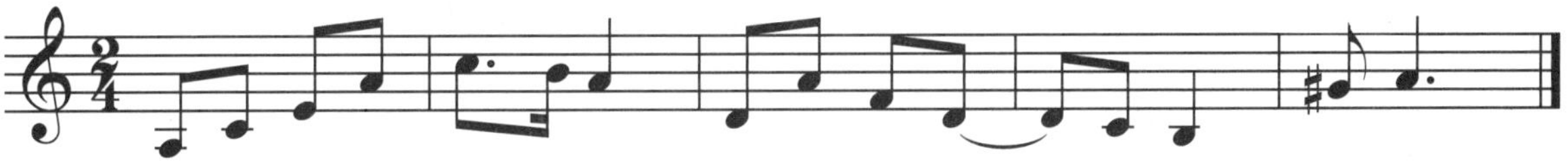

15.
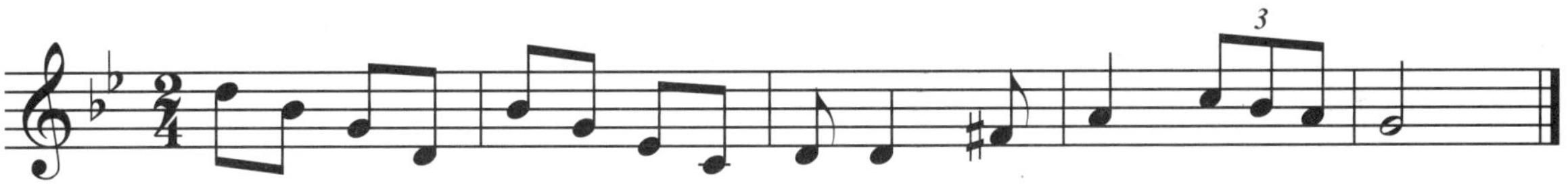

16.
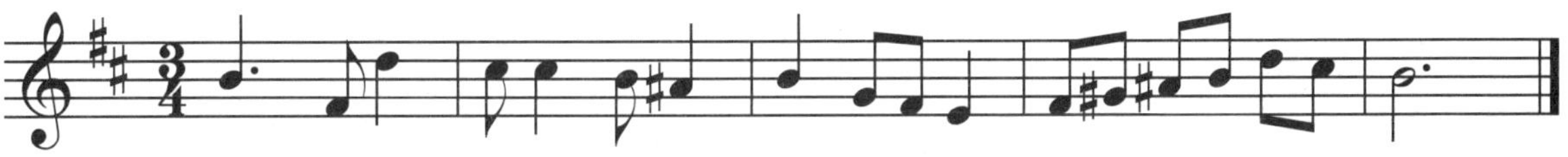

17.
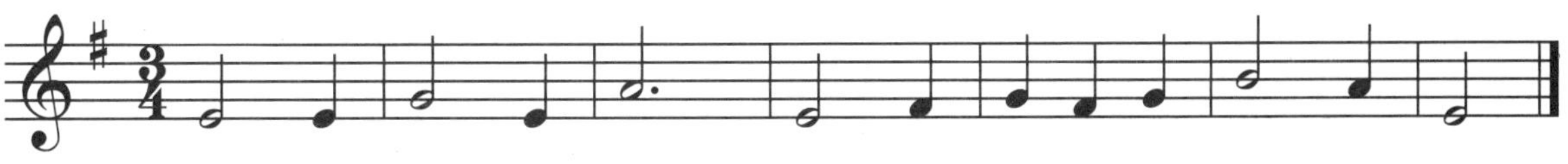

18.
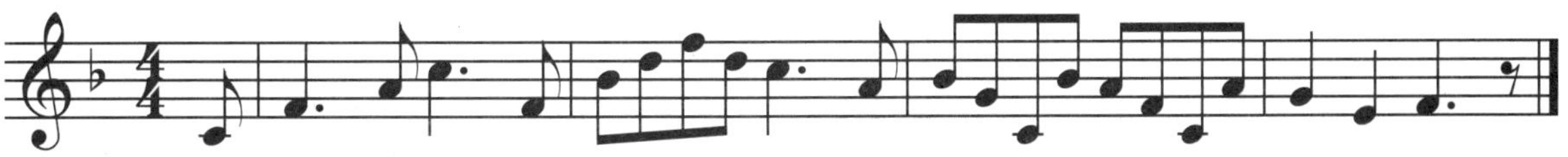

19.
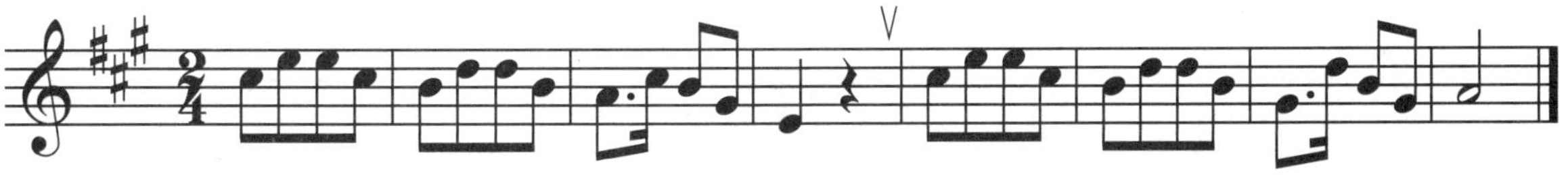

20.

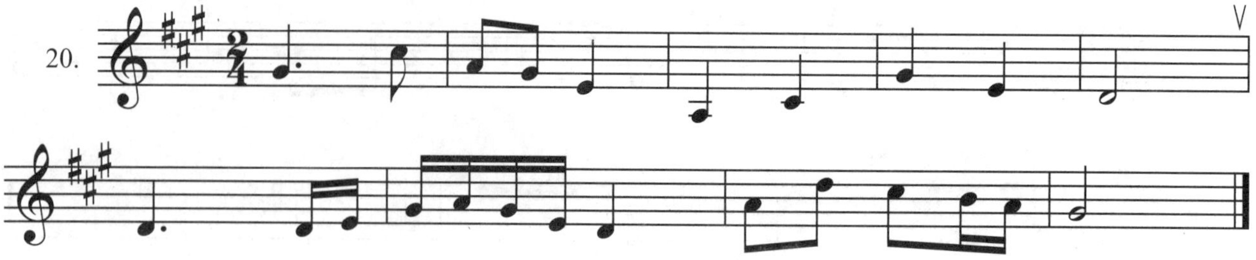

21.

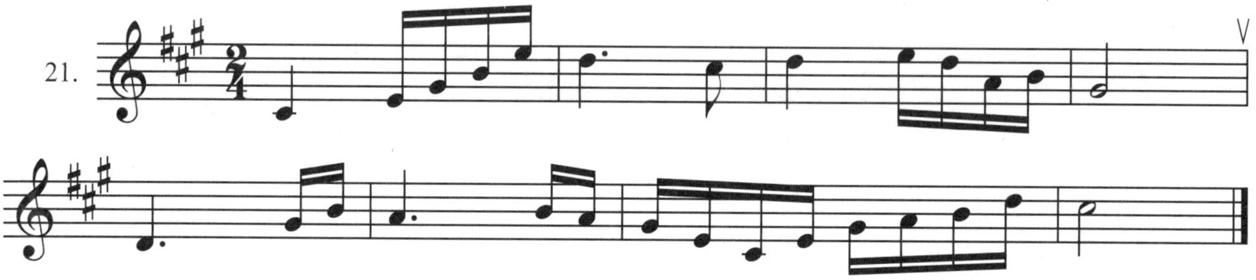

22.

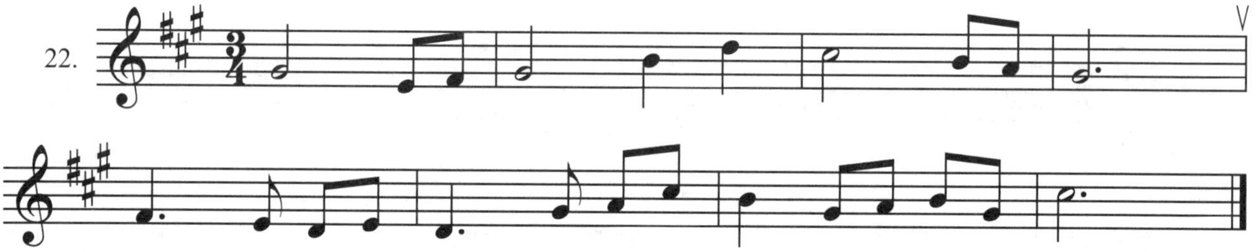

23.

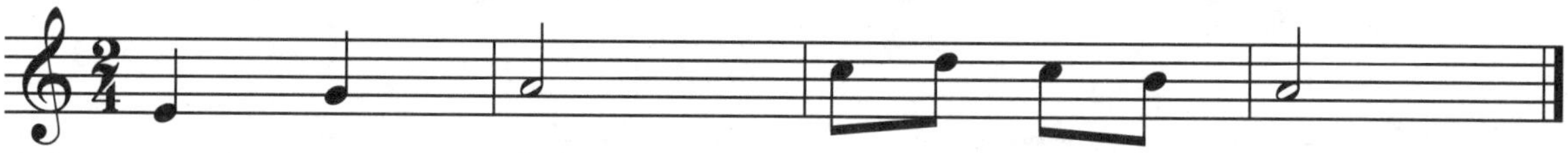

24.

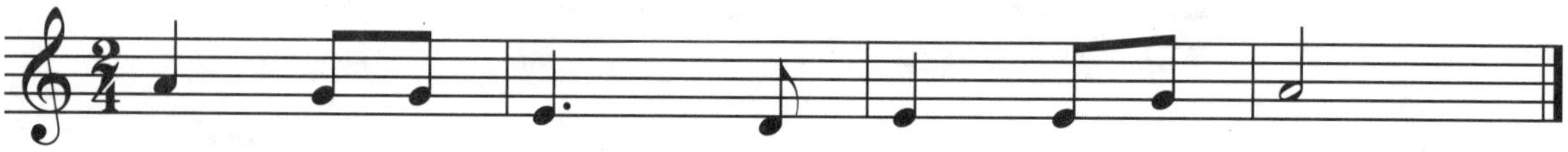

25.

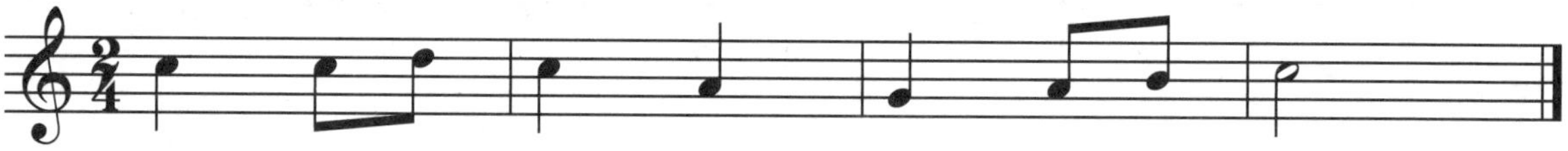

26.

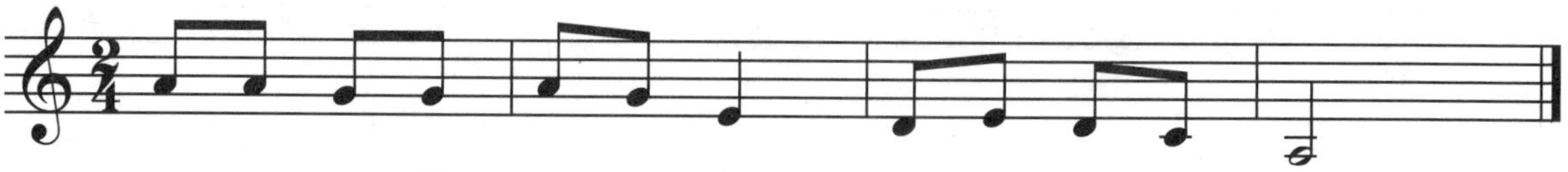

27.

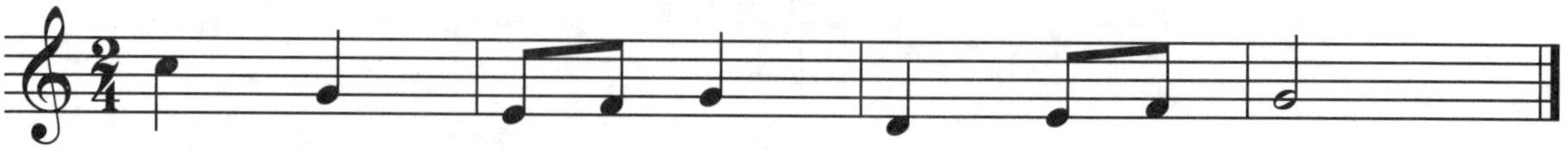

28.

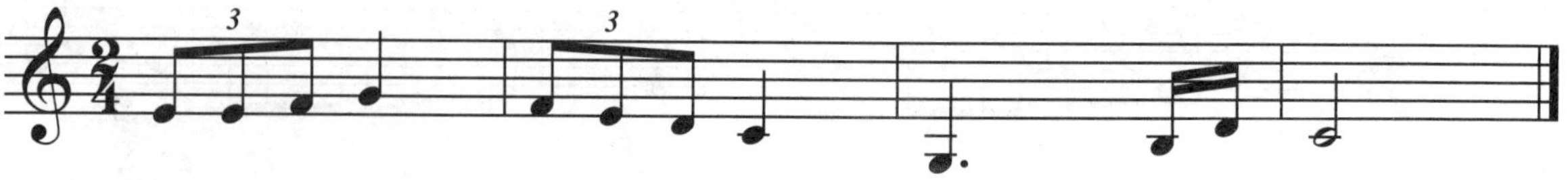

29.

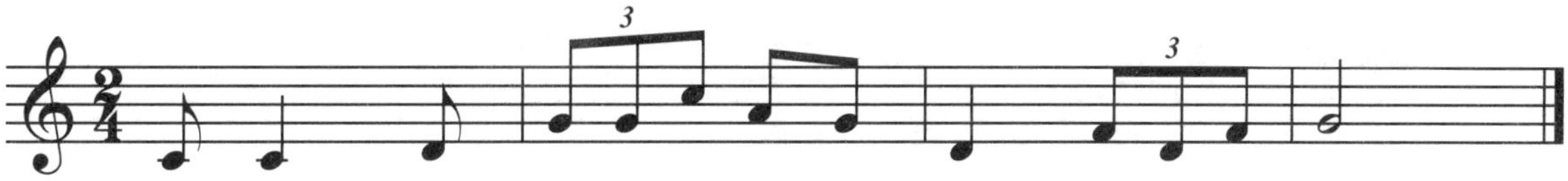

30.

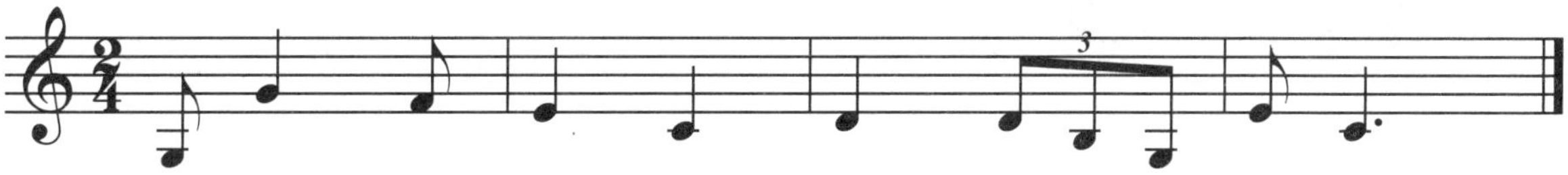

31.

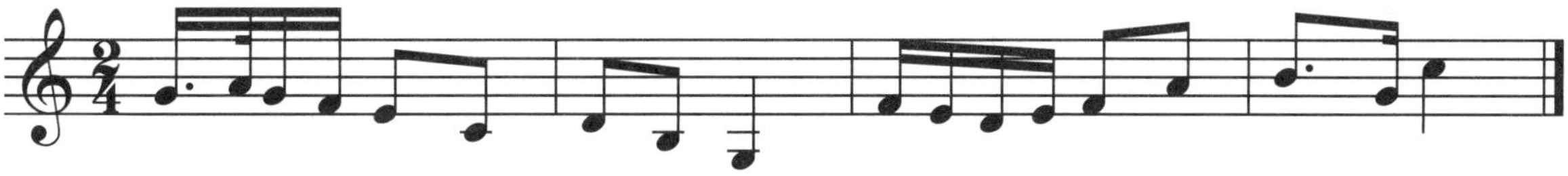

32.

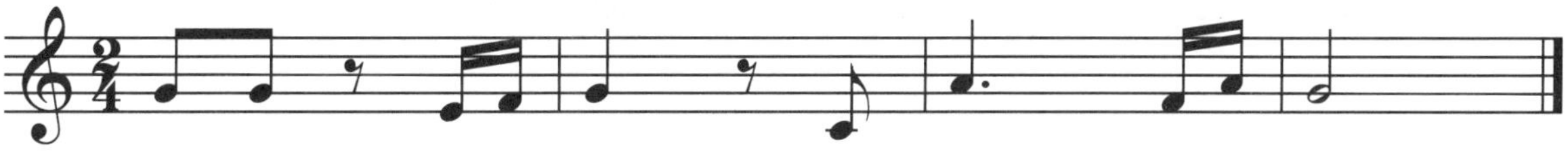

33.

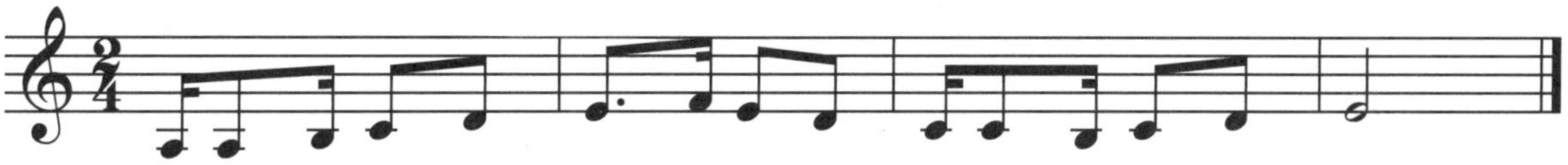

34.

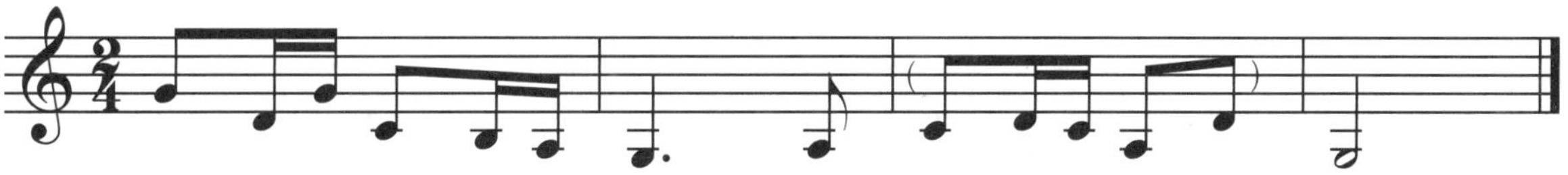

35.

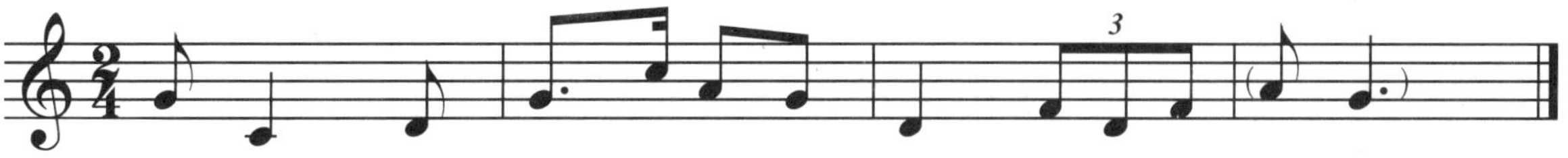

36.

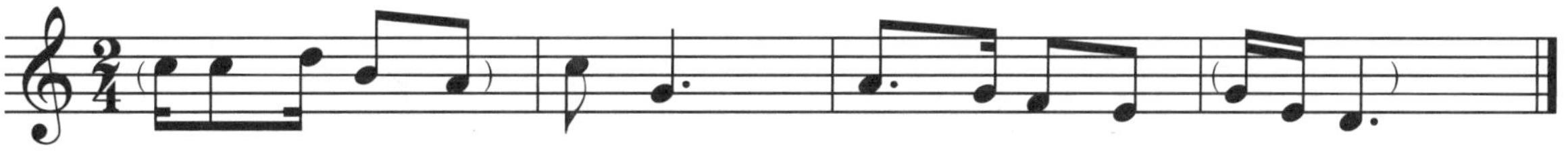

37.

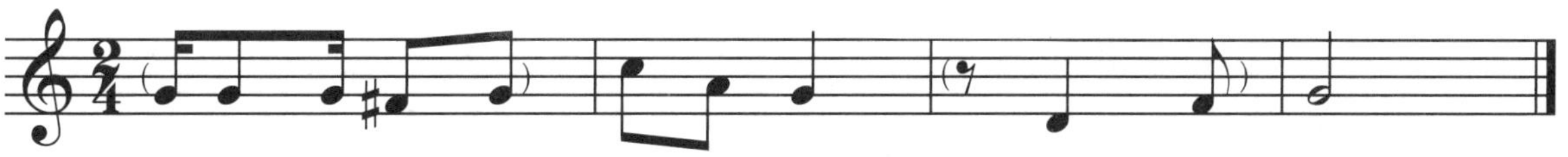

38.

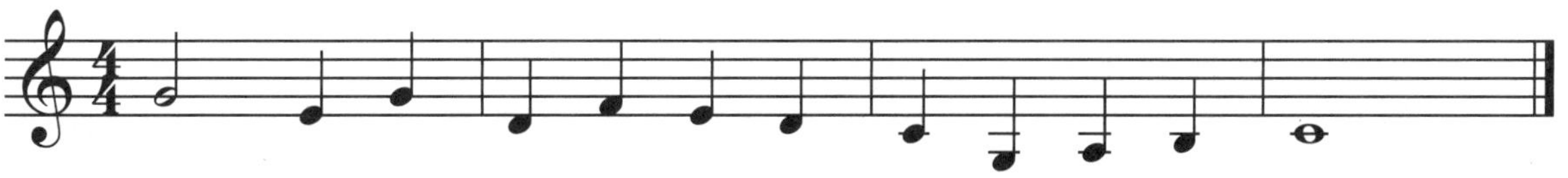

39.

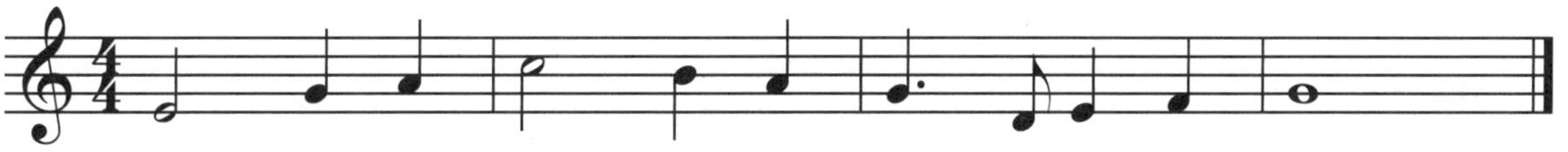

40.
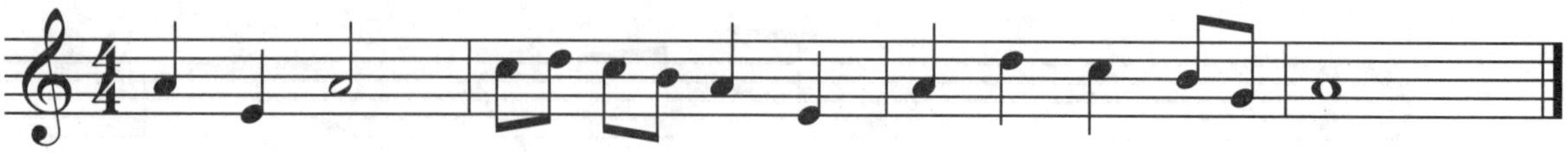

41.
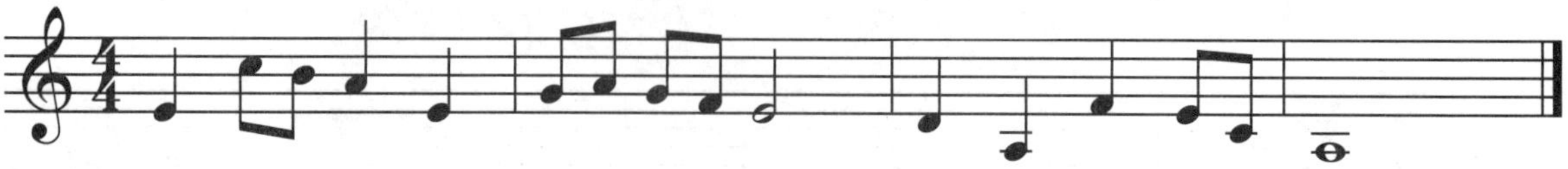

42.
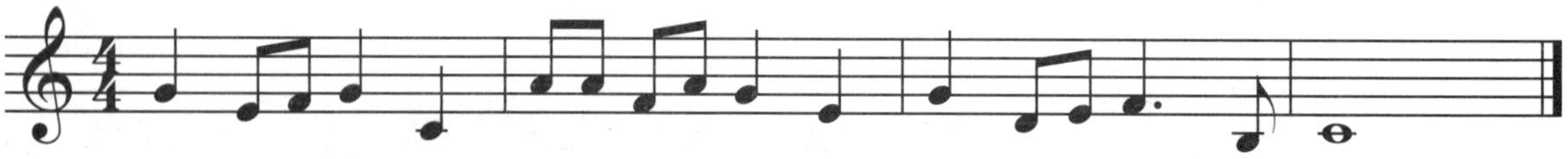

43.
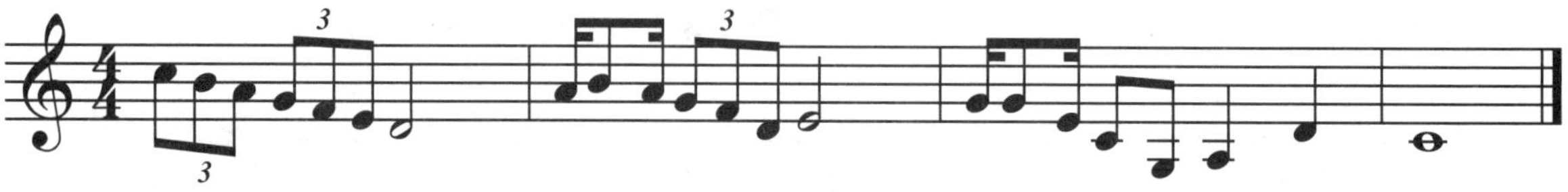

44.
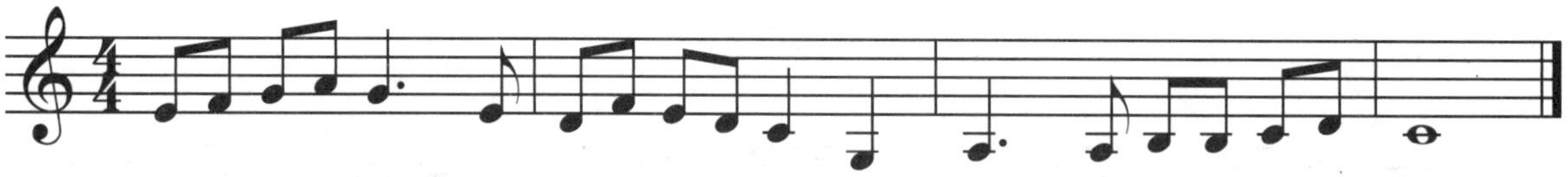

45.
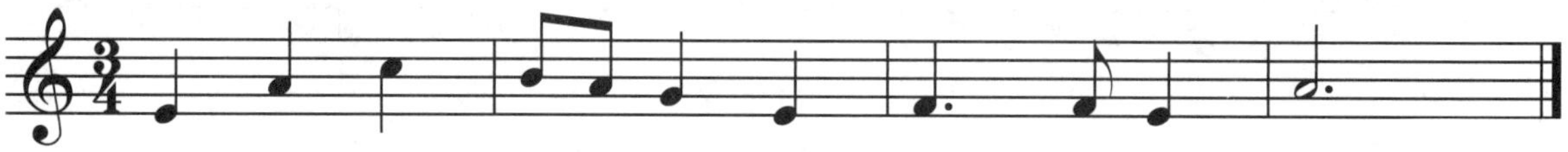

46.
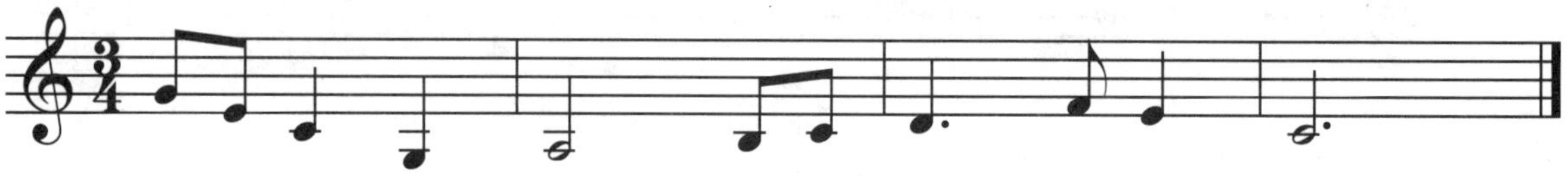

47.
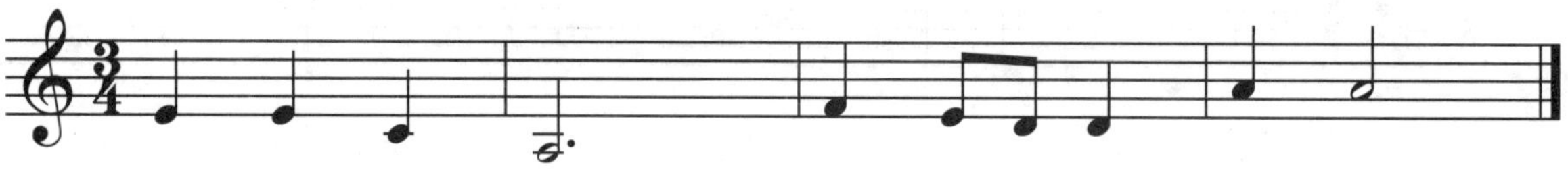

48.
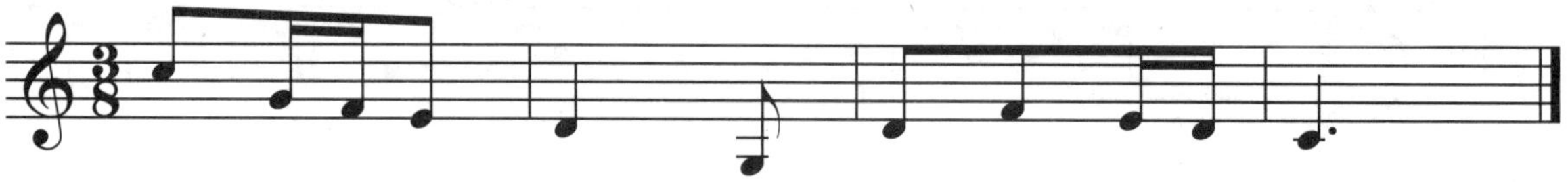

49.
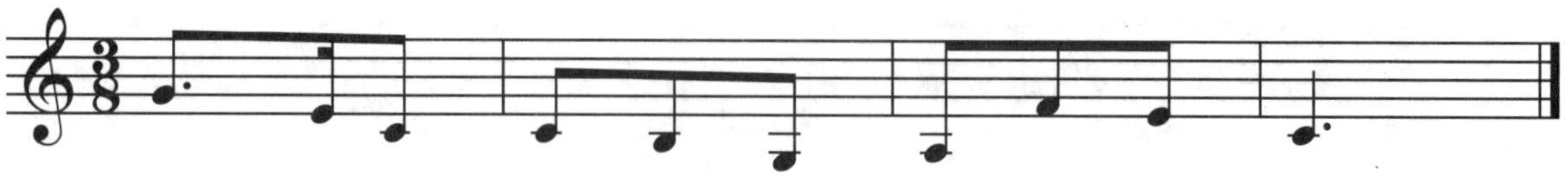

50.
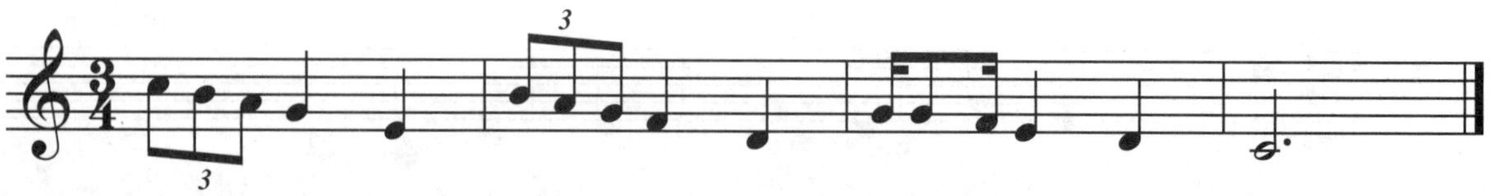

51.
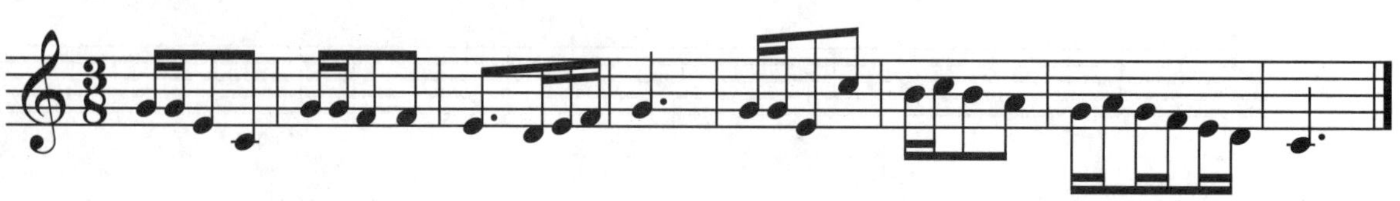

模块六　简谱视唱训练

项目一　单声部旋律视唱

1.

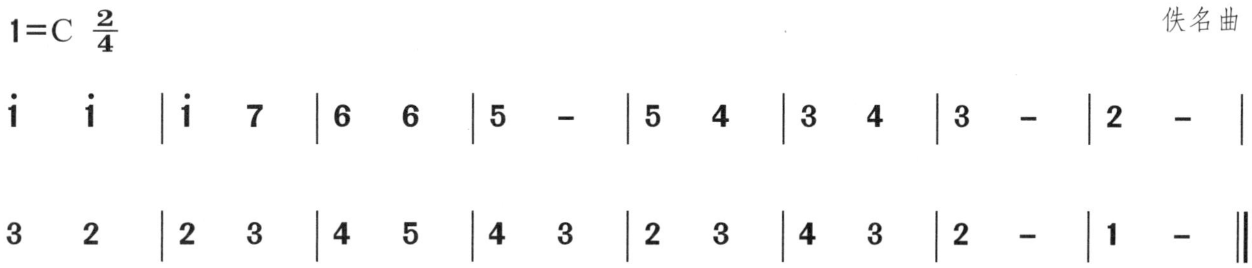
1=C 2/4
佚名曲

2.

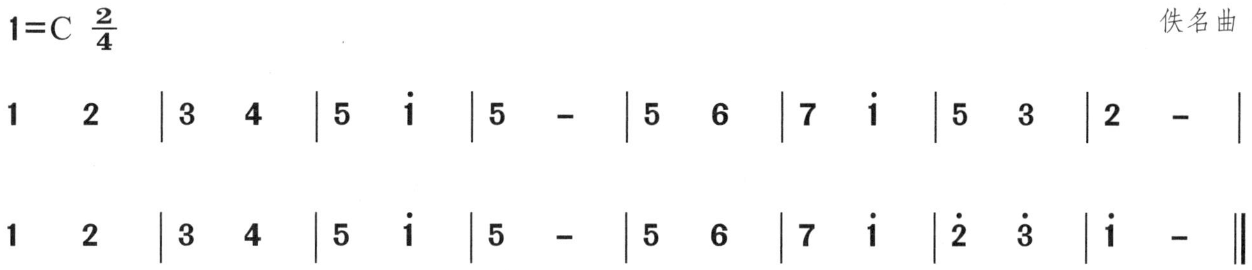
1=C 2/4
佚名曲

3.

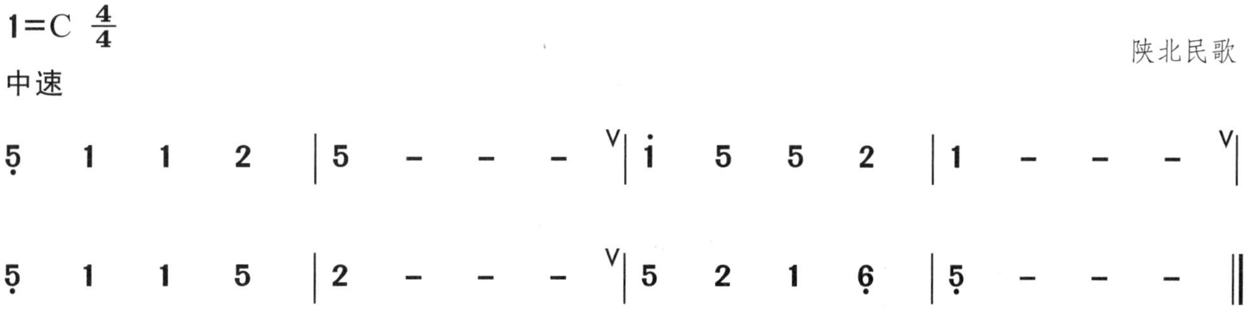
1=C 4/4
中速
陕北民歌

4.

1=G 4/4 《欢乐颂》贝多芬曲

3 3 4 5 | 5 4 3 2 | 1 1 2 3 | 3. 2 2 - |

3 3 4 5 | 5 4 3 2 | 1 1 2 3 | 2. 1 1 - |

2 2 3 1 | 2 3 4 3 1 | 2 3 4 3 2 | 1 2 5̣ 3 |

3 3 4 5 | 5 4 3 2 | 1 1 2 3 | 2. 1 1 - ‖

5.

1=D 4/4 内蒙古民歌

小行板

3 5 6 - | 2 1 6̣ - ∨| 5 1̇ 6 5 | 3 - - - ∨|

3 5 6 - | 2 1 6̣ - ∨| 1 2 5 1 | 6̣ - - - ‖

6.

1=C 4/4 《练习曲》赵方幸曲

小快板

3 4 5 - ∨| 3 4 5 - ∨| 3 4 5 1̇ | 3 4 5 - ∨|

2 3 4 - | 2 3 4 - ∨| 2 3 4 6 | 5 4 3 - ∨|

3 4 5 - | 3 4 5 - ∨| 3 4 5 3 | 2̇ 1̇ 6 - ∨| 2 3 4 - ∨|

2 3 4 - ∨| 2 3 4 6 | 5 - 4 - ∨| 3 - 2 - | 1̇ ⌢ - - - ‖

7.

1=F 3/4 英国民歌

5̣ 1 1 | 1 7̣ 2 | 5̣ 2 2 | 2 1 2 3 | 5̣ 3 3 |

5̣ 2 3 4 | 5̣ 6̣ 7̣ | 1 - - | 5̣ 5 5 | 5 4 5 6 |

5̣ 4 4 | 4 3 4 5 | 5̣ 3 3 | 3 2 3 4 | 5̣ 6̣ 7̣ | 1 - - ‖

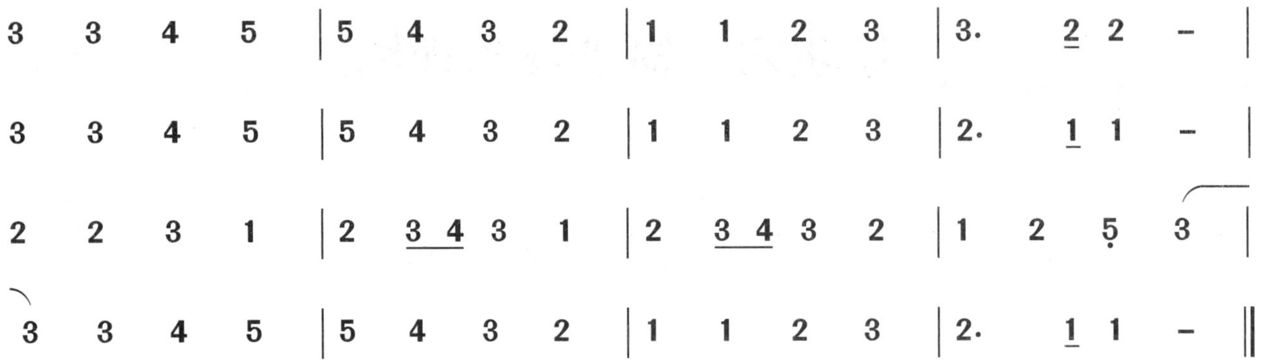

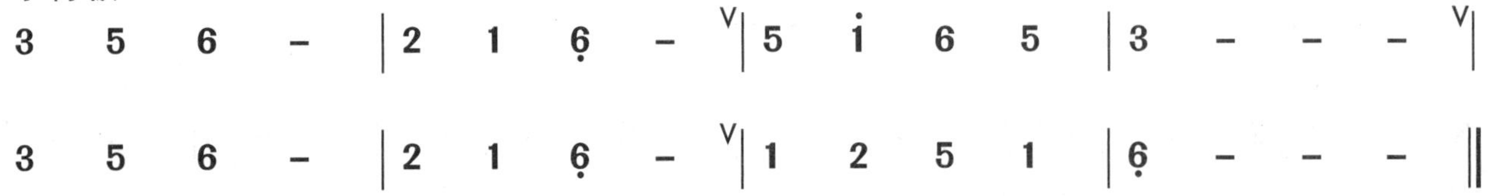

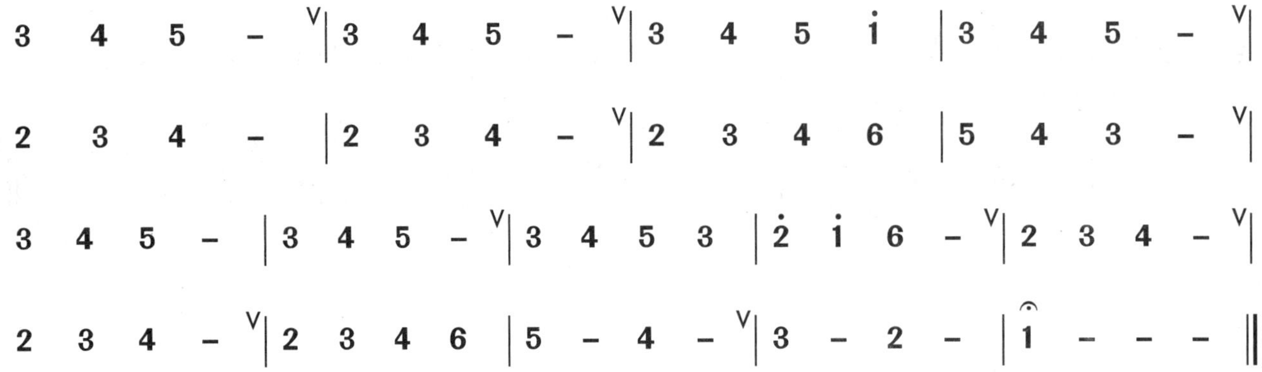

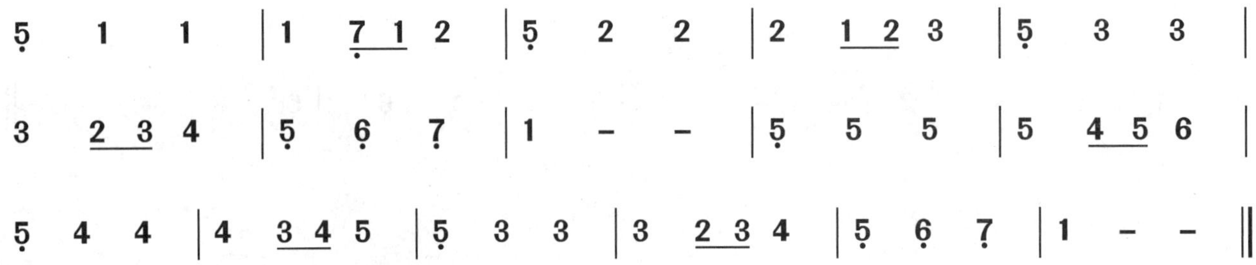

8.

1=C 3/4　　　　　　　　　　　　　　　　　　　　　　　　　捷克民歌

6 5 4 6 | 5 4 3 5 | 4 3 2 4 | 3 4 5 0 |

6 5 4 6 | 5 4 3 5 | 4 3 2 4 | 3 2 1 - ‖

9.

1=C 2/4　　　　　　　　　　　　　　　　　　　　　　　　　乌克兰民歌

1 2 3 4 | 5 í | 6 6 í 6 | 5 3 | 4 4 6 4 | 3 3 5 3 |

2 3 4 2 | 5 5 | 4 4 6 4 | 3 3 5 3 | 2 3 4 2 | 1 1 ‖

10.

1=F 2/4　　　　　　　　　　　　　　　　　　　　　　　　　《卖报歌》聂耳曲

5 5 5 | 5 5 5 | 3 5 6 5 3 | 2 3 5 | 5 3 5 3 2 | 1 3 2 | 3 3 2 | 6 1 2 |

6 6 5 | 3 6 5 | 5 3 2 3 | 5 - | 5 3 2 3 | 5 3 2 3 | 6 1 2 3 | 1 - ‖

11.

1=C 3/4　　　　　　　　　　　　　　　　　　　　　　　　　拉美儿童歌曲

5 3 4 5 6 | 5 5 - | í í 7 6 5 | 4 4 - | 4 2 3 4 5 |

4 4 - | 7 7 6 5 4 | 3 3 - | 5 3 4 5 6 | 5 5 - |

í í 7 í 2̇ | í 6 - | 6 6 í 7 6 | 6 5 5 - | 5 2 4 3 2 | 1 1 0 ‖

12.

1=C 3/4　　　　　　　　　　　　　　　　　　　　　　　　　朝鲜童谣

í 6 í 6 | 5 3 5 6 | í 2̇ í 6 | 5 3 5 6 |

5 3 5 3 | 2 1 2 3 | 5 3 5 3 | 2 1 2 1 ‖

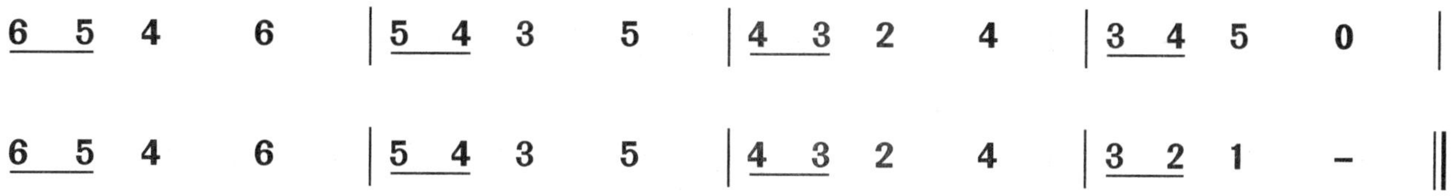

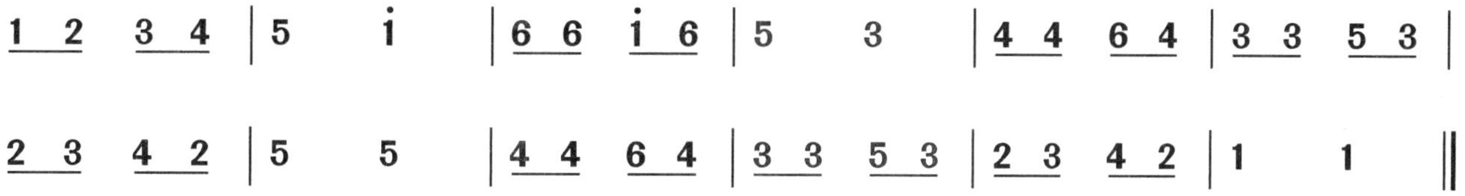

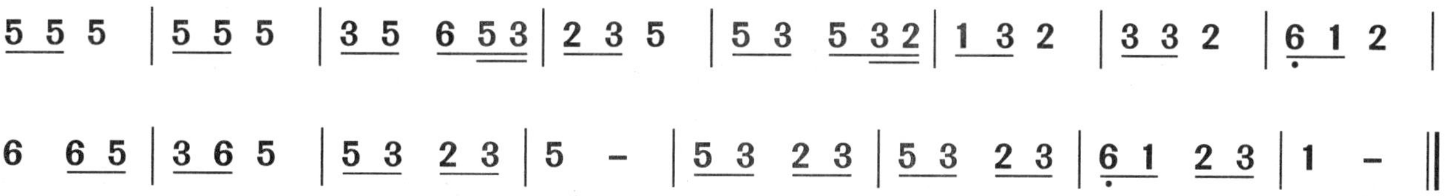

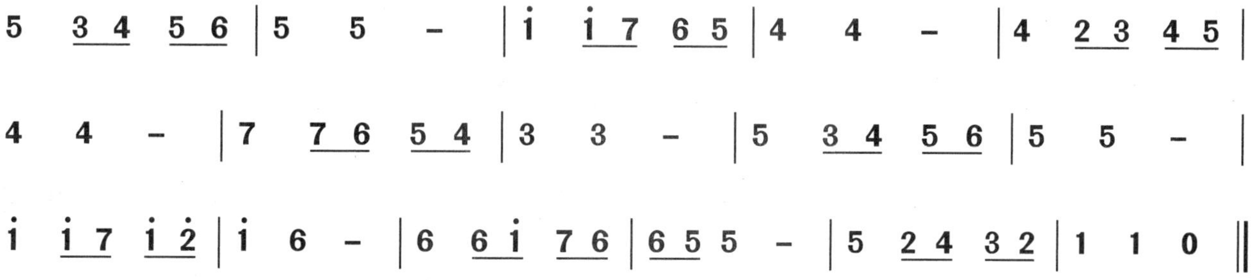

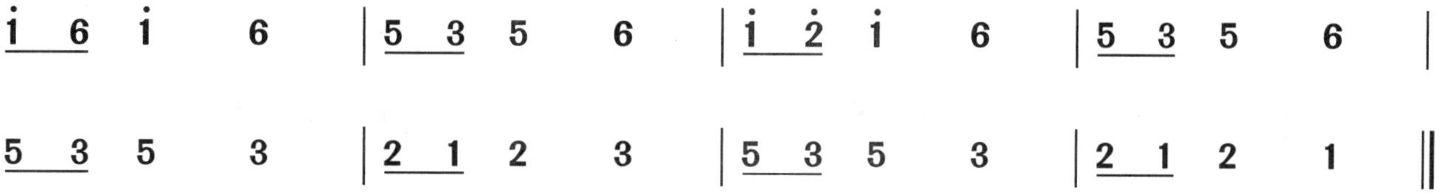

13.

1=C $\frac{4}{4}$

安徽民歌《凤阳花鼓》

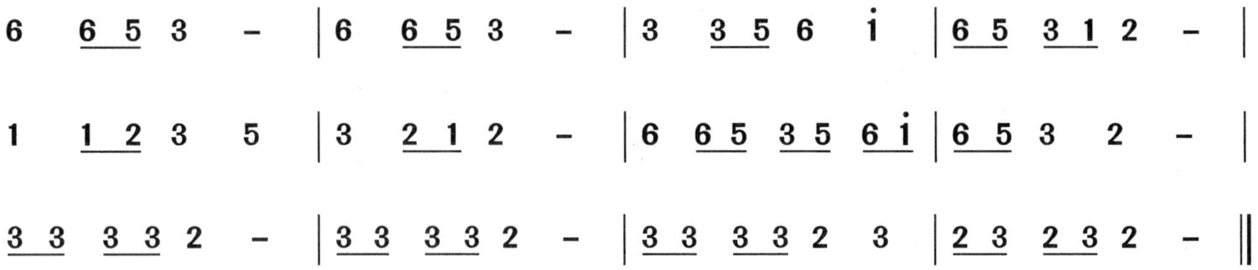

14.

1=A $\frac{2}{4}$

《练习曲》赵方幸曲

行板

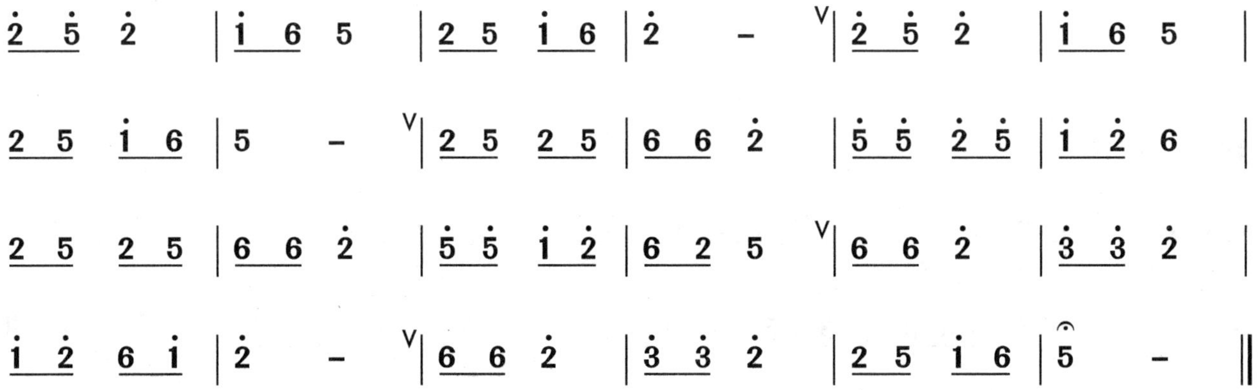

15.

1=G $\frac{3}{4}$

意大利歌曲《重归苏莲托》

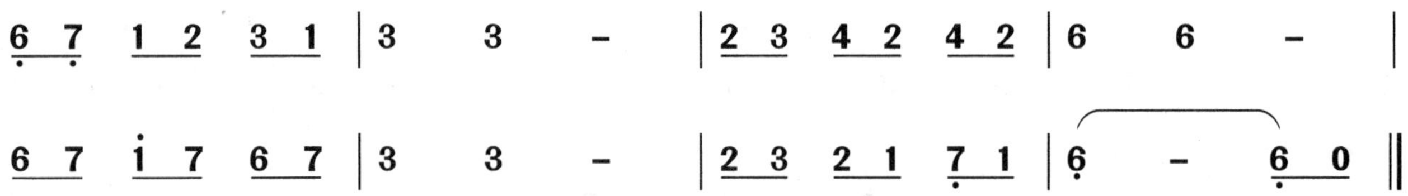

16.

1=D $\frac{2}{4}$

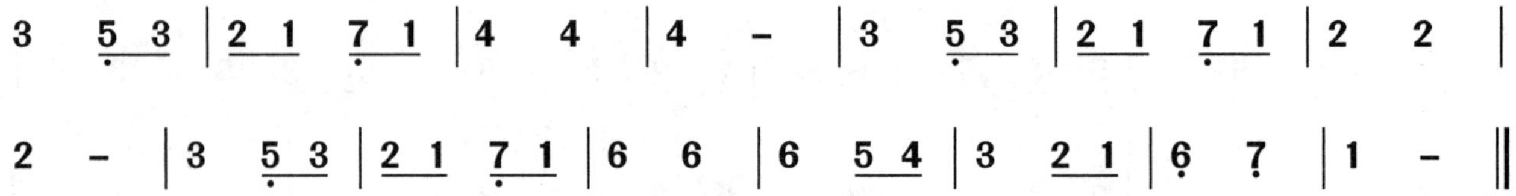

17.

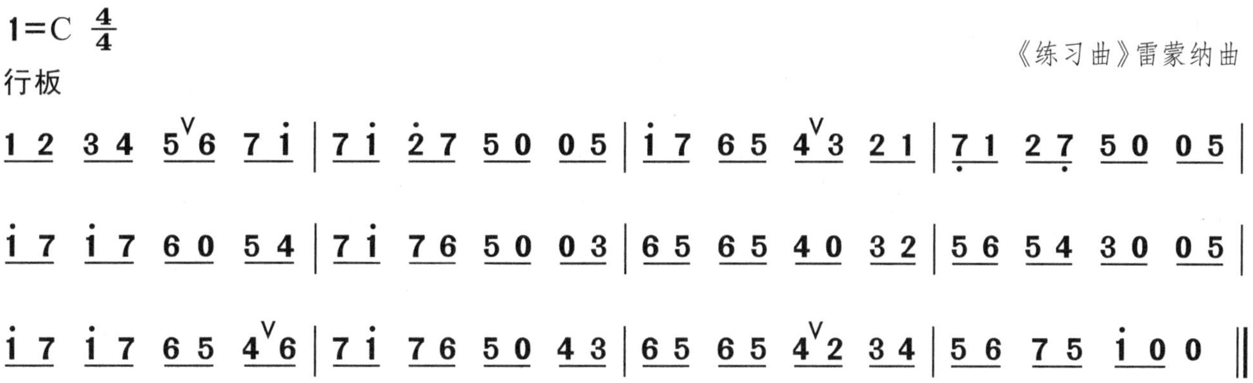
1=C 4/4
《练习曲》雷蒙纳曲
行板

18.

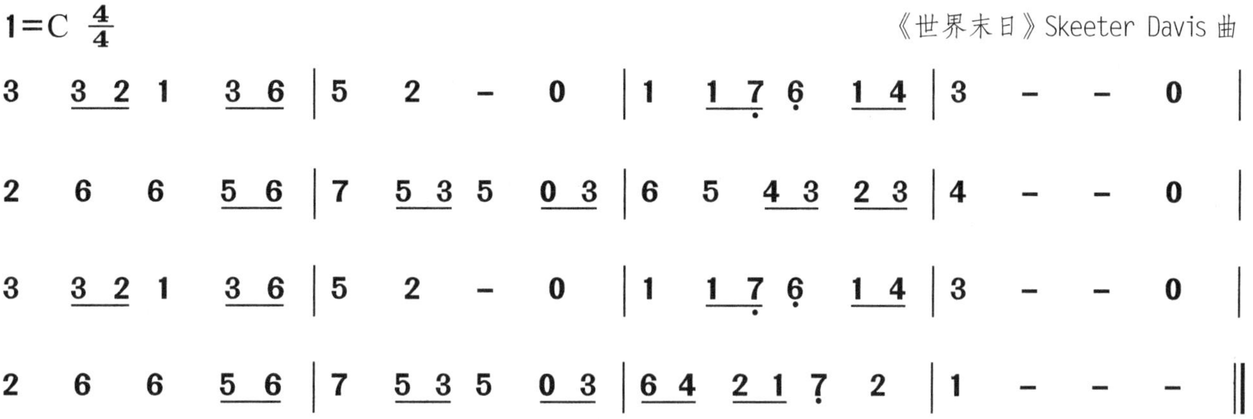
1=C 4/4
《世界末日》Skeeter Davis 曲

19.

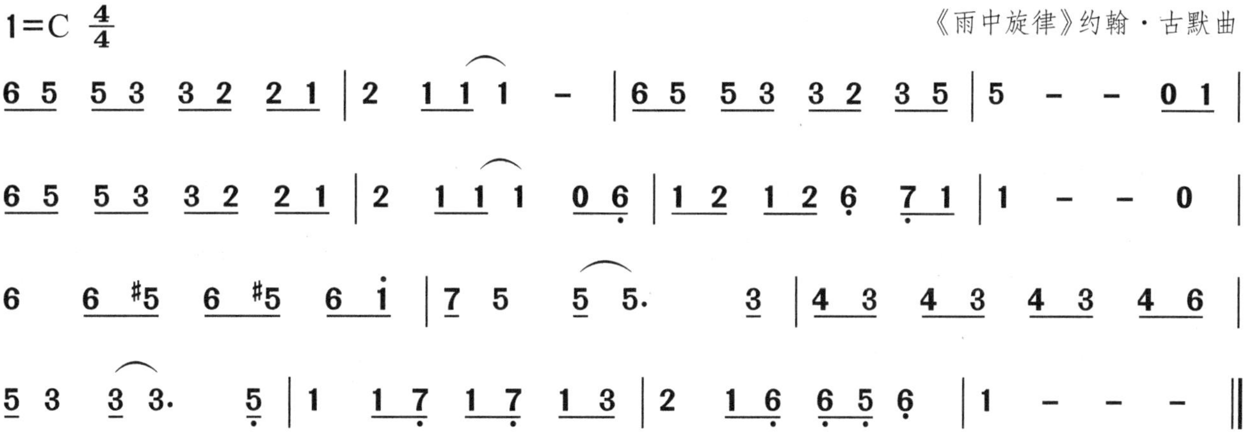
1=C 4/4
《雨中旋律》约翰·古默曲

20.

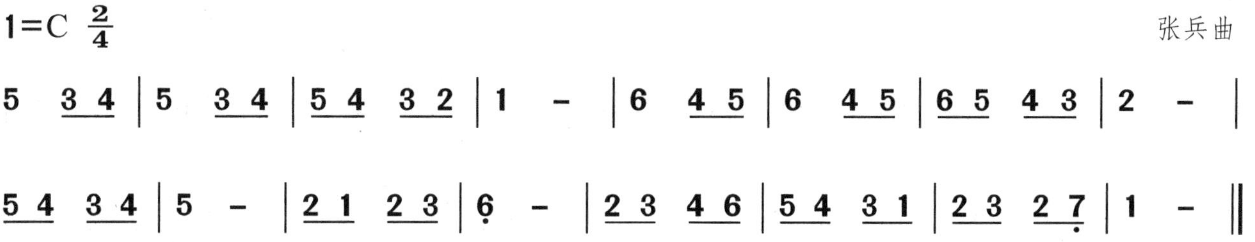
1=C 2/4
张兵曲

21.

1=C 3/8　　　　　　　　　　　　　　　　　　　　　　　波兰民歌

1 2 3 | 5　5 | 6 1̇ 6 | 5　5 | 4 4 4 | 3 3 3 |

2 2 2 | 5　5 | 4 4 4 | 3 3 3 | 2 2 2 | 1. ‖

22.

1=G 6/8　　　　　　　　　　　　　　　　　　　　　　　张磊曲

5 6 5 1　2 | 3 2 1 5. | 1 7 6 5　1 | 4 3 4 2. | 3 2 3 5　3 |

2 1 2 6. | 7 7 6 5　2 | 4 2 7 1. | 1 7 1 6　6 | 2 1 2 5. |

2 1 2 6　1 | 4 3 4 5. | 3 2 3 5　3 | 2 1 2 6. | 7 7 6 5　2 | 4 2 7 1. ‖

23.

1=G 6/8　　　　　　　　　　　　《乘着歌声的翅膀》门德尔松曲

5 | 3　3 3 4 5 | 5.　7 5 | 2　2 2 3 4 | 3.　0 0 |

3 3 3 3 4 5 | 5.　6 6 | 2 6 7 1 | 1 7 | 7.　7 ‖

24.

1=♭B 6/8　　　　　　　　　　　　奥地利歌曲《平安夜》格拉伯曲

5. 6 5 3. | 5. 6 5 3. | 2̇ 2̇ 7 | 1̇ 1̇ 5 | 6 6 1̇. 7 6 | 5. 6 5 3. |

6 6 1̇. 7 6 | 5. 6 5 3. | 2̇ 2̇ 4̇. 2̇ 7 | 1̇. 3̇. | 1̇. 5 3 5. 4 2 | 1̇. 1. ‖

25.

1=F 3/8　　　　　　　　　　　　　　　　　　　　　　　贝多芬曲
中速

5. 4 3 | 3　0 | 6. 5 4 | 4　4 3 | 2 3 4 5 | 3　5 5 | 5. 3 4 5 |

3 3 5 5 | 5. 3 4 5 | 3 3 #4 5 | 6 7 1̇ 6 | 7 1̇. 5 | 6 4. 2 | 2 1 0 ‖

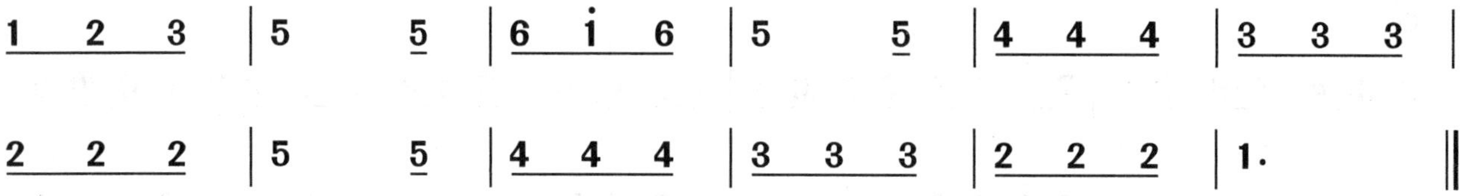

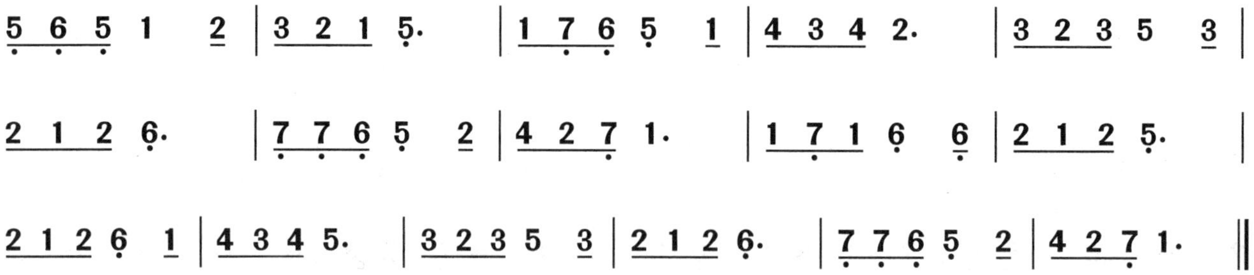

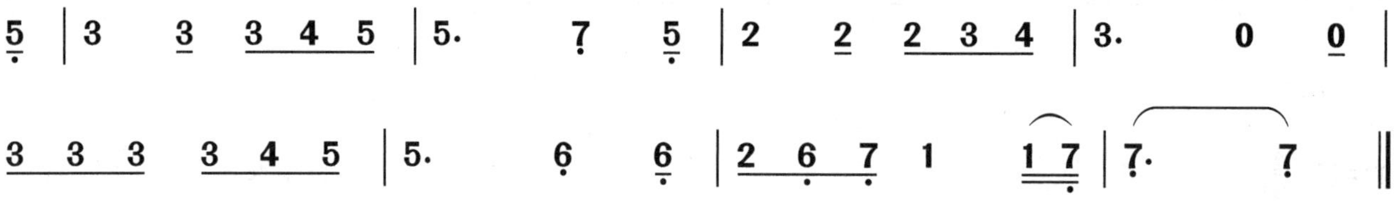

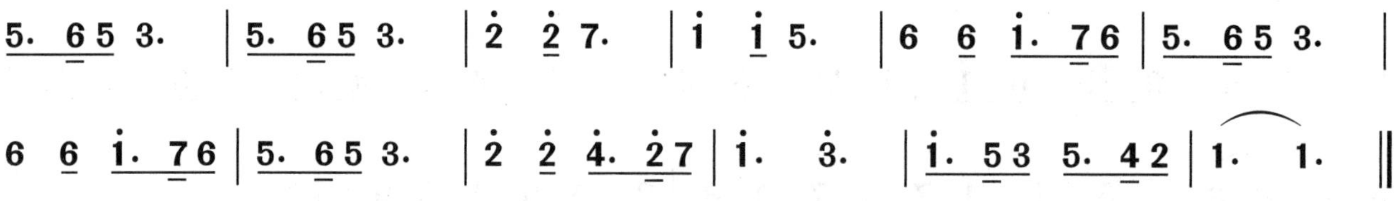

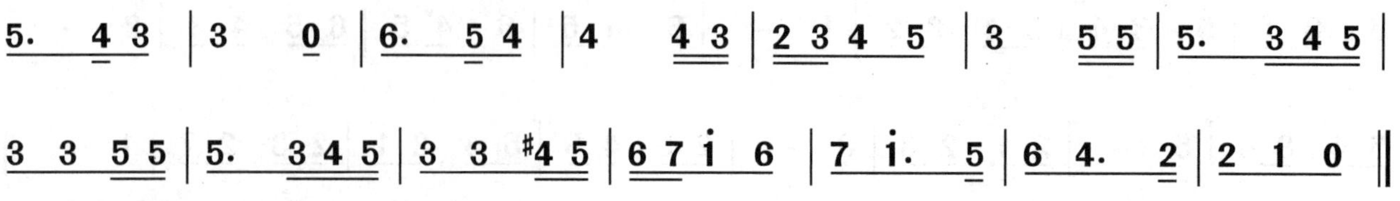

26.

1=♭A 6/8

中速

罗杰斯曲

| 3 5 2. | 1 5 4. | 3 3 3 4 5 | 6. 5. | 3 5 2. |
| 1 5 4. | 3 5 5 6 7 | 1. 1. | 2 5 5 7 6 5 | 3 5 1. |
| 6 1 2 1 | 7. 5. | 3 5 2. | 1 5 4. | 3 5 5 6 7 | 1. 1. ‖

27.

1=D 6/8

英国民歌

| 1 7 6 7 | 1 1 7 6 5 | 3 3 4 2 | 3. 3. | 1 3 2 4 |
| 3 3 2 1 | 3 5 6 6 | 5. 5. | 1. 6. | 1. 1. |
| 5 3 4 2 | 3 5 4 3 | 1 3 2 7 | 1. 1. | 3 3 2 4 ‖

28.

1=E 6/8 9/8

《我和我的祖国》秦咏诚曲

庄重、深情地

5 6 5 4 3 2	1. 5.	1 3 1 7 6. 3	5. 5.	6 7 6 5 4 3	2. 6.
7 6 5 5 1. 2	3. 3.	5 6 5 4 3 2	1. 5.	1 3 1 7 2. 1	6. 6.
1 7 6 5.	6 5 4 3.	7 6 5 2	1. 1.	1 2 3 2 1 6
7 6. 3 5.	5.	1 2 3 2 1 6	7 5. 3 6.	6.	5 4 3 2.	7 6 6 5 3.
4. 2 1 1.	1 0 :‖ 结束句 1 2 3 2 1 6	7 6. 3 5.	5.	1 2 3 2 1 6
7 5. 3 6.	6.	5 4 3 2.	7 6 5 3.	5. 2 1 1.	1. ‖

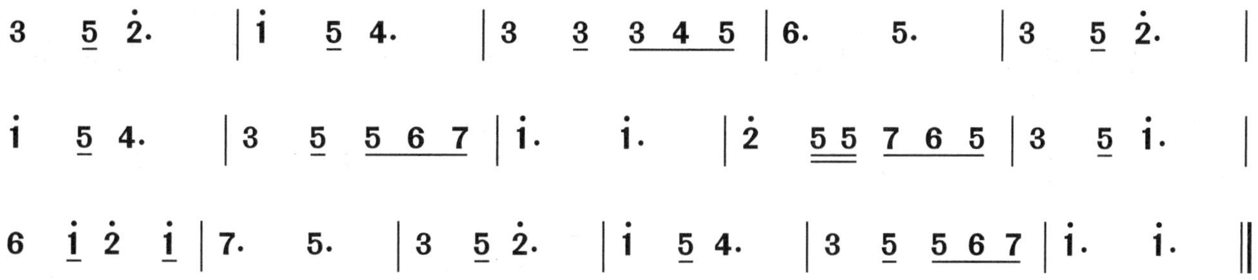

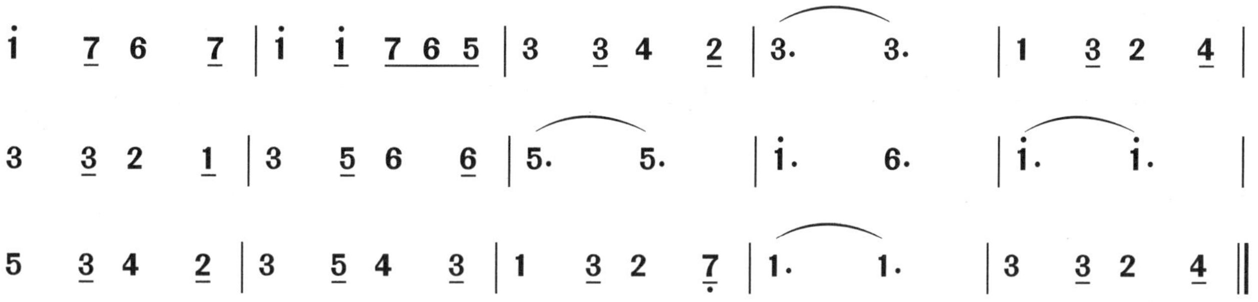

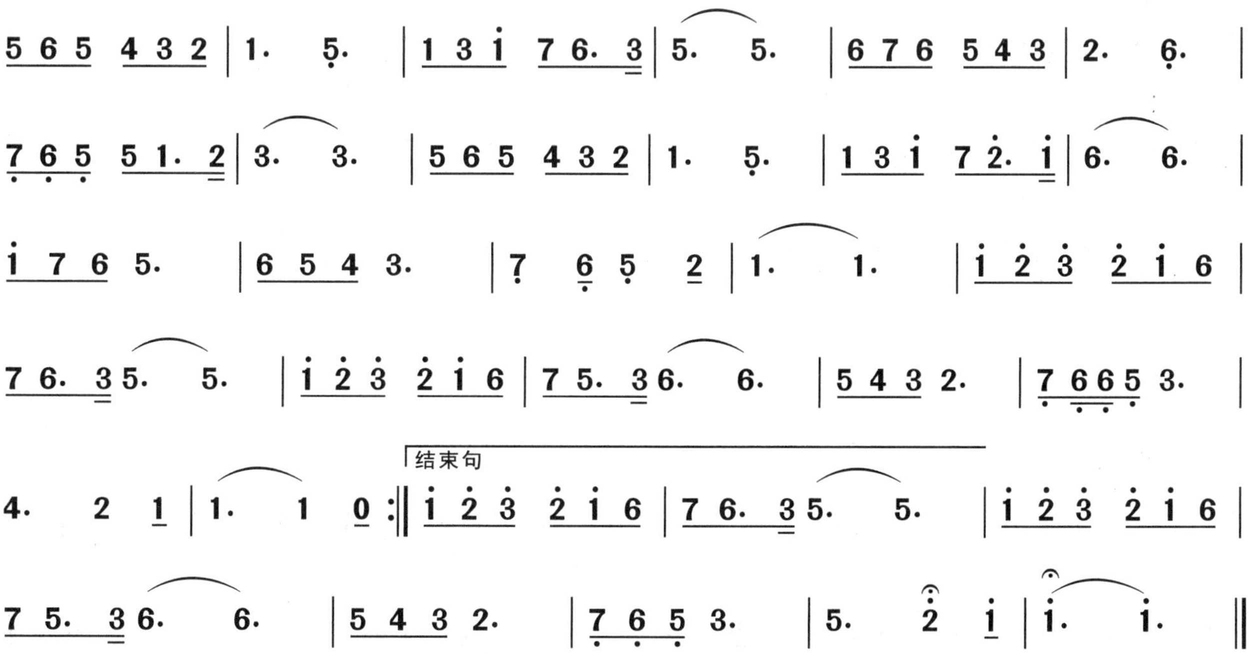

29.

1=♭E 6/8   韦伯曲

中速
mf

5. 536 | 5. 531 | 7. 767 | 1. 176 | 5. 536 |

5. 531 | 7. 767 | 1. 1 0 | 1. 176 | 5. 543 |

2. 234 | 5. 543 | 1. 176 | 5. 543 | 2. 232 | 1. 1 0 ‖

30.

1=G 6/8   朝鲜歌剧《卖花姑娘》选曲

5 6 5 3 | 4. 5432. | 5724 5. 43#2 | 3. 3. | 1 345 1 1 |

7 6 #5 6. | 5543 2. 523 | 1. 1. | 1. 3 1 | 7 6 #5 6. |

5543 2. 234 | 5. 5. | 1. 3 1 | 7 6 #5 6. | 5543 2. 523 | 1. 1. ‖

31.

1=F 3/4   朝鲜族民歌《阿里郎》

5. 6 5 6 | 1. 2 1 2 | 3 23 1 6 | 5. 6 5 6 | 1. 2 1 2 |

3 2 1 6 5 6 | 1. 2 2 1 | 1 - 0 | 5 - 5 | 5 3 2 2 | 3 2 3 1 6 |

5. 6 5 0 | 1. 2 1 2 | 3 2 1 6 5 6 | 1. 2 1 | 1 - 0 ‖

32.

1=F 3/8   藏族民歌

3 3 5 | 6. | 6 5 6 | 5 3 | 3 6 5 | 6 5 3 |

2 1 2 | 3 2 3 | 2 6 1 | 1 2 | 3. | 3 0 ‖

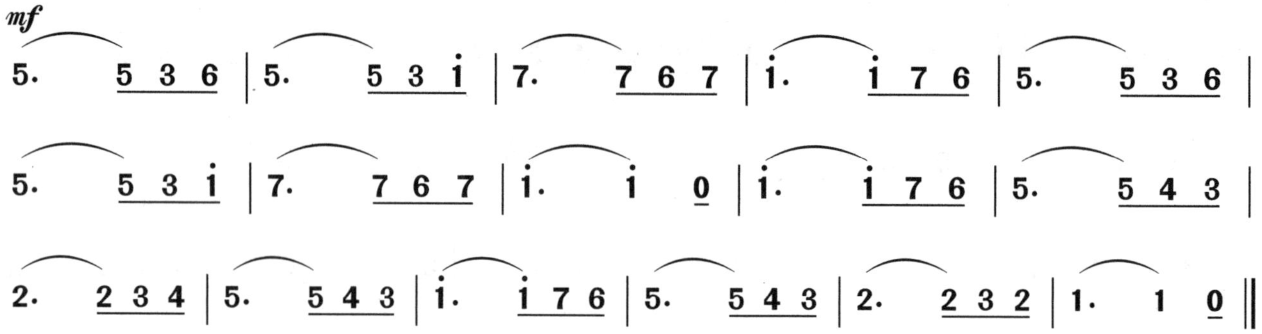

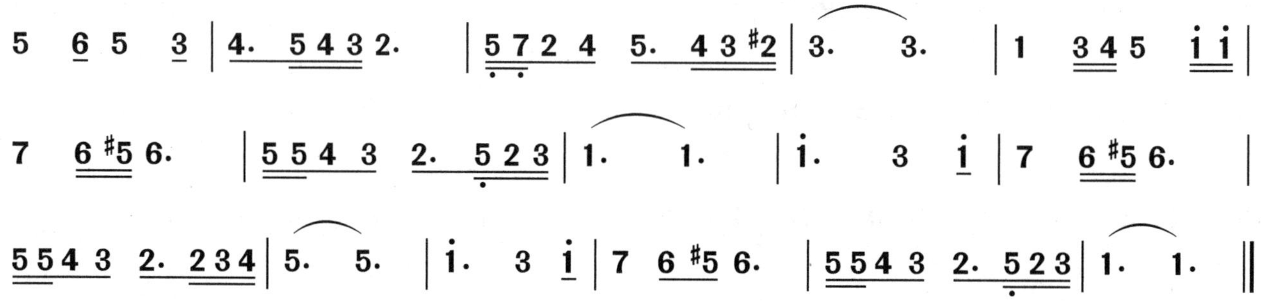

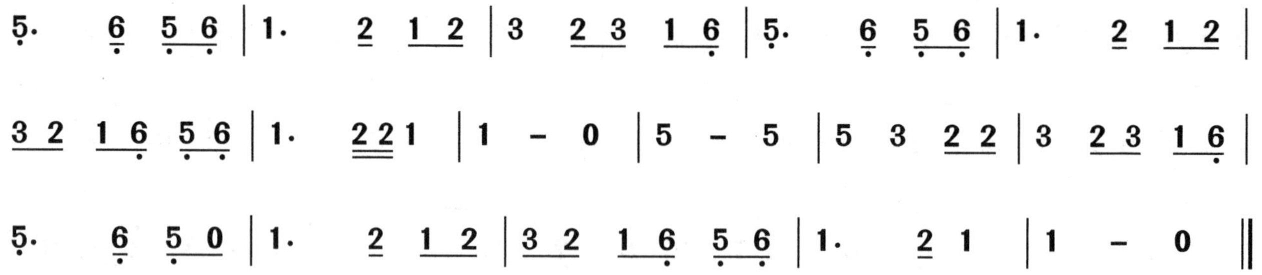

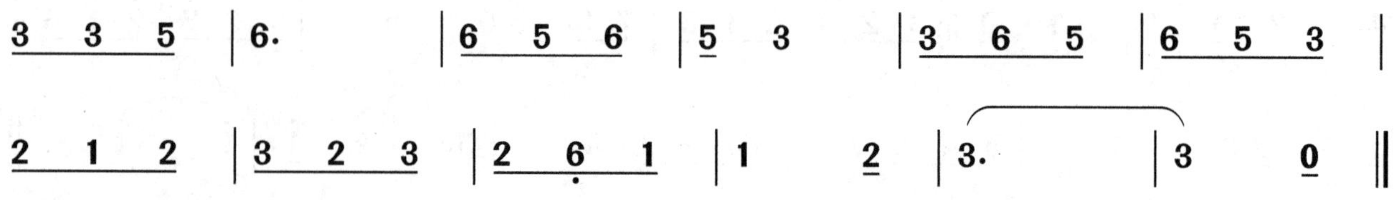

33.

1=D 6/8 　　　　　　　　　　　　　　　　　　《同桌的你》高晓松 曲

| 5 5 5　5 3 4 | 5.　1. | 6 6 6　6 4 6 | 5.　5 0 | 5 5 5　5 7 5 |

| 5̣ 4.　4　0 | 4 4 4　4 3. 2 | 1.　1 0 | 1̇ 1̇ 1̇　1̇ 5 6 | 1̇　1̇ 3̇. |

| 2̇ 2̇ 2̇　2̇. 1̇ 7 | 6.　6 0 | 7 7 7　7 1̇ | 2̇.　5 0 | 7 7 1̇　2̇ 1̇ 7 | 1̇.　1 0 ‖

34.

1=G 6/8 　　　　　　　　　　　　　　　　　　《没那么容易》萧煌奇 曲

| 3　3 | 3　2̣ 2̣ 1 | 3.　7 7 | 1 1　2 2 3 | 1.　3 3 | 4 3　2 1 1 |

| 6.　0 3 3 | 4 3　2 1 2 | 2.　3 3 | 3　2̣ 2̣ 1 | 3.　7 7 | 1 1　2 2 3 |

| 1.　3 3 | 4 3　2 1 1 | 1 2 1 6　0 5 5 | 3 1 1　0 5 5 | 3 1 1　0 7 | 1.　1. ‖

35.

1=D 6/8 　　　　　　　　　　　　　　　　　　《春天里》汪峰 曲

| 5̣ 6̣ 1 | 3 3 3　3 3 2 | 1.　5̣ 6̣ 1 | 3 3 3　3 3 2 | 1.　3 2 1 | 1 1 1 1　6̣ |

| 1.　1 1 1 1 | 2 2 2　2 2 1 | 2.　1 2 3 | 5 5 5　5 5 3 | 3.　1 2 3 | 6 6 6　6 6 5 |

| 3.　3 3 5 | 6 6 5　6 6 1̇ | 1̇.　1̇ 1̇ 6 | 2̇ 2̇ 2̇　2̇ 2̇ 1̇ | 2̇.　5 6 1̇ | 2̇　3̇ 3̇. |

| 0 0　5 6 1̇ | 2̇　3̇ 3̇. | 0 0　3̇ 2̇ 1̇ | 2̇　6̇ 6̇. | 0.　6̇ 1̇ 6̇ | 2̇　5̇ 5̇. ‖

36.

1=C 3/4 　　　　　　　　　　　　　　　　　　张兵 曲

| 1̇　5　5 | 2̇　5　5 | 6　5 3　2 3 | 5　-　- | 1̇　5　5 |

| 2̇　5　5 | 6　5 3　1 3 | 2　-　- | 3　5　5 | 6　1̇　1̇ |

| 2̇　1̇　3̇ | 2̇　-　- | 1̇　5　5 | 2̇　5　5 | 6　5 3　5 6 | 1̇　-　- ‖

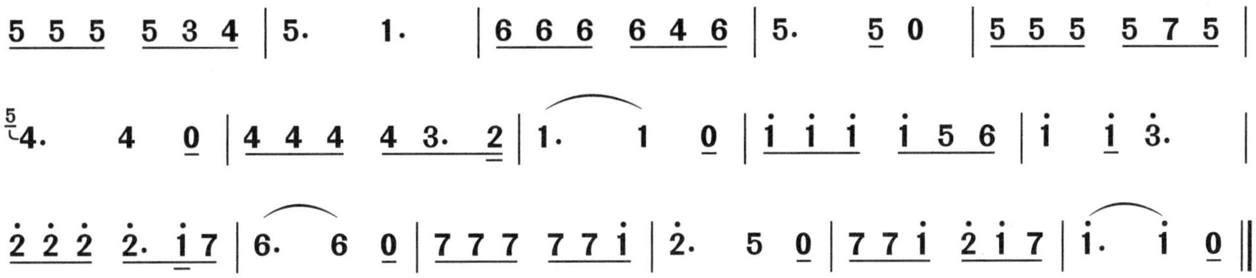

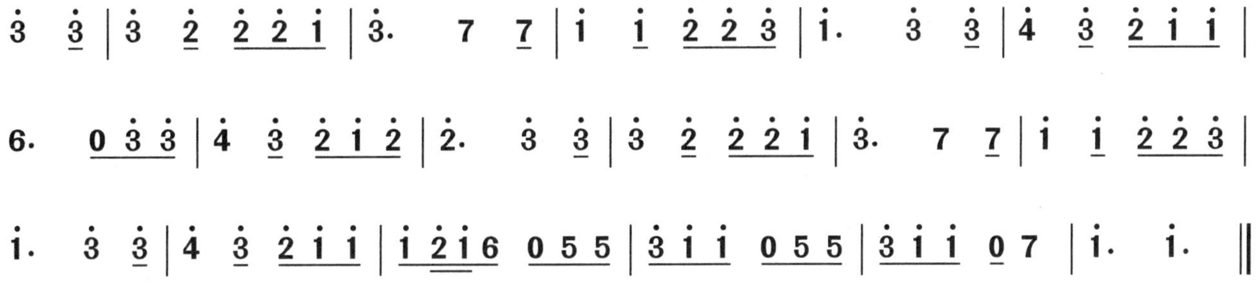

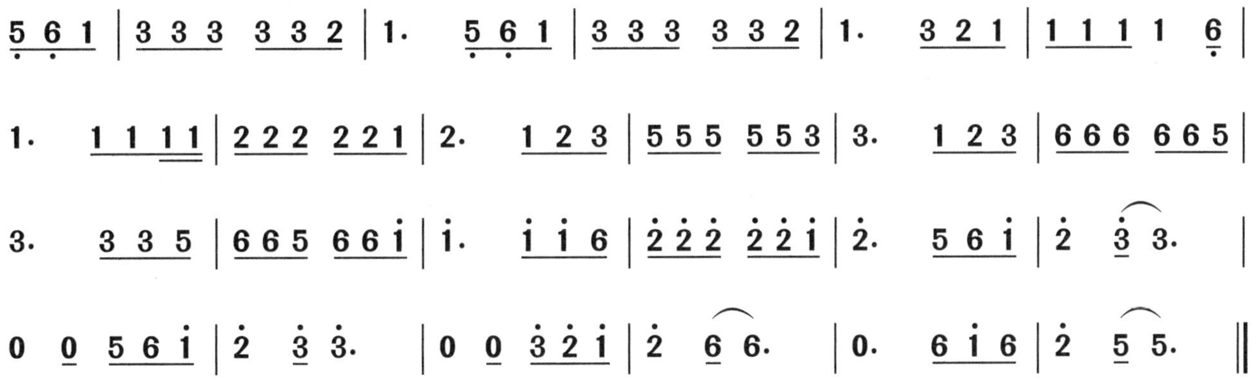

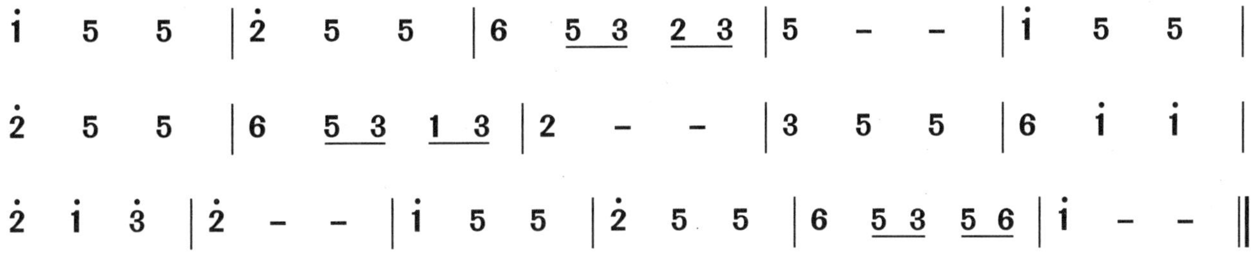

37.

1=F 2/4　　　　　　　　　　　　　　　　　　　　　冼星海曲

3 2　3. 5 | 2.　3 | 1 3　2 1 6 | 5 - | 1. 2 3 5 | 3 2 1 |

6 1　6 5 | 3 6　5 | 2. 3　1 6 1 | 2 - | 5 5　6 5 | 3 6 5 |

2 2　3 2 | 1 3 2 | 3 5　6. 5 | 3 5 2 | 5. 6　1 2 | 3 5　2 3 | 1 - ‖

38.

1=D 2/4　　　　　　　　　　　　　　　　　　　　　秧歌舞曲

5. 6　5 6 | 1 6 1 | 5. 1　6 5 | 3. 2 3 | 3. 6　5 3 | 2. 1 2 | 2. 5　3 2 | 5 6 1 |

2 1 6 1 | 2 1 6 1 | 3. 2　3. 2 | 1 2 3 2 | 3. 2　3 2 | 1 2 3 2 | 1. 2　1 6 | 5 6 5 ‖

39.

1=G 2/4　　　　　　　　　　　　　　　　　　　　　柴科夫斯基曲

3 | 6 7　1 2 | 3.　3 | 2 3　4 2 | 3.　3 | 2 3　4 2 | 3 4 3　2 1 | 7.. 6 | 6.　3 |

6 7　1 2 | 3.　3 | 2 3　4 2 | 3.　3 | 2 3　4 2 | 3 4 3　2 1 | 7.. 6 | 6. - |

6　6 7 | 1.　1 | 2　2 | 7.　7 | 3.　3 | 4 5 4　3 2 | 1　7 6 | 7.　3 |

6 7　1 2 | 3.　3 | 2 3　4 2 | 3.　3 | 2 3　4 2 | 3 4 3　2 1 | 7.. 6 | 6. ‖

40.

1=D 2/4　　　　　　　　　　　　　　　　　　　　　焕之编曲

1. 6 5 | 6 1 5 6 1 | 6 5　6 1 | 5 - | 5. 6　1 2 | 6 5 3 | 5 2　3 5 | 1 - |

5 6 1　5 3 | 2 1 2 | 5 6 1　5 3 | 2 1 2 | 5. 6　1 2 | 6 5 3 | 5 2　3 5 | 1 - ‖

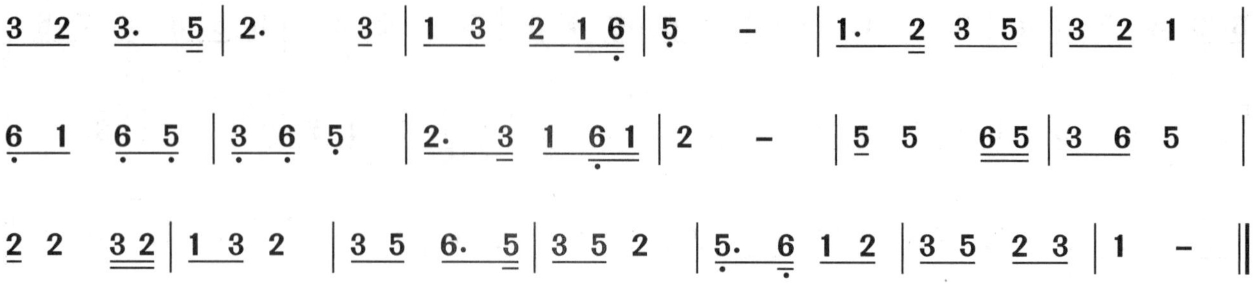

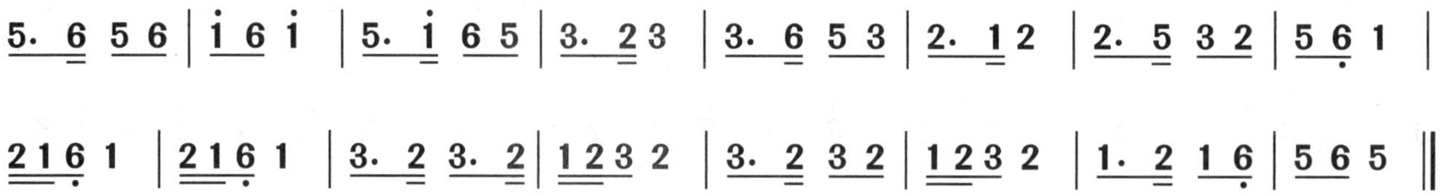

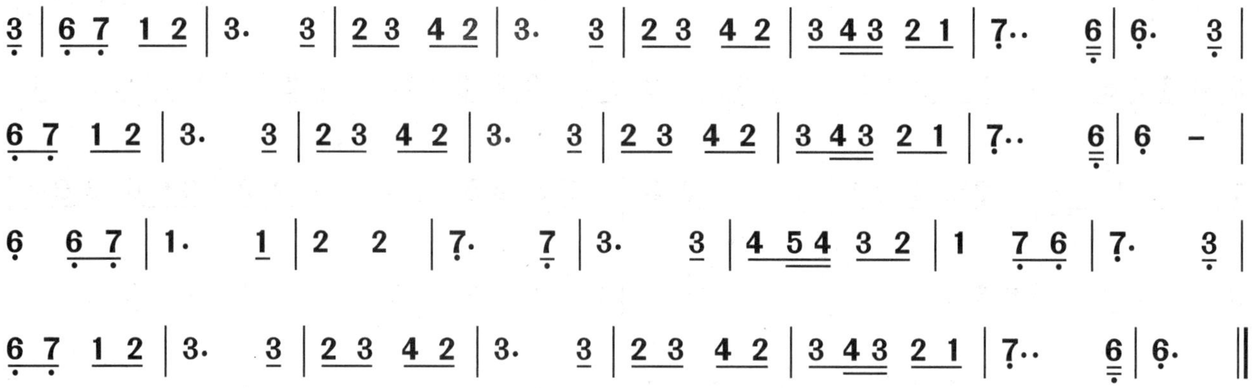

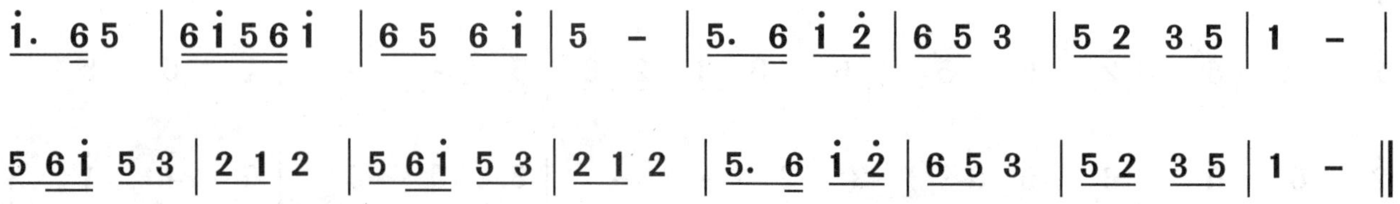

41.

1=E 2/4
中速

内蒙古民歌

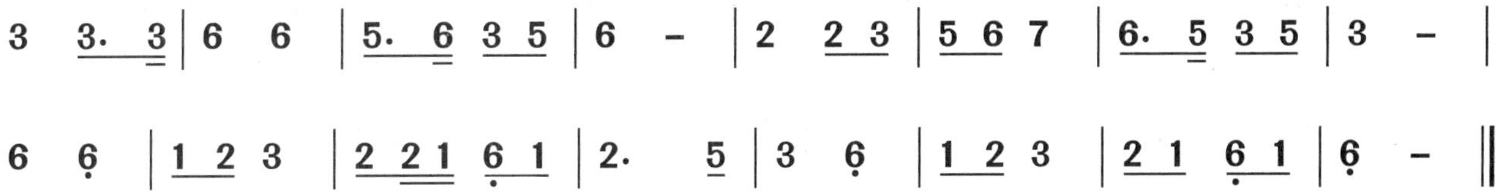

42.

1=A 2/4
中速 优美地

《牧羊姑娘》金砂曲

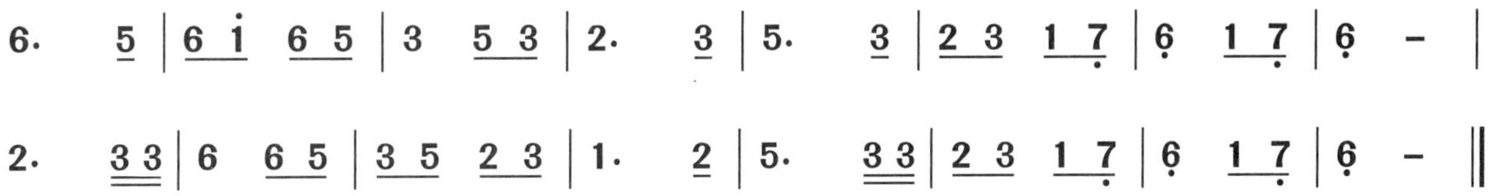

43.

1=♭B 4/4

佚名曲

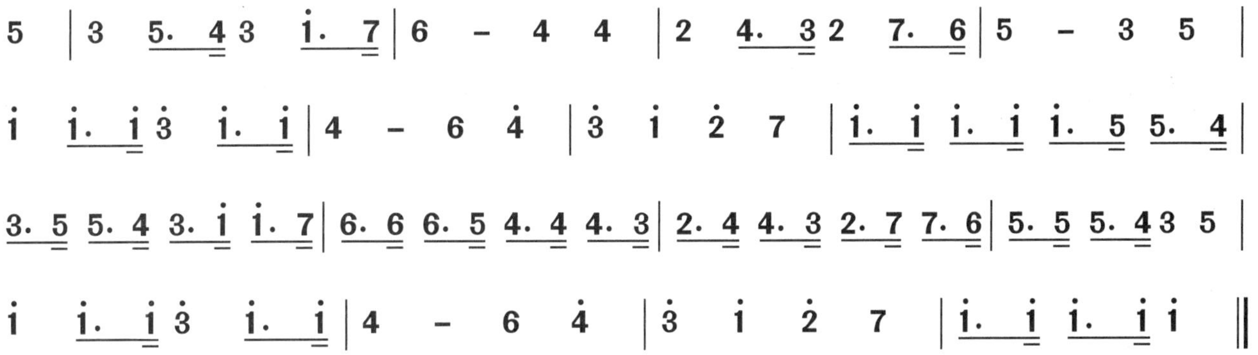

44.

1=D 2/4
小快板

《练习曲》赵方幸曲

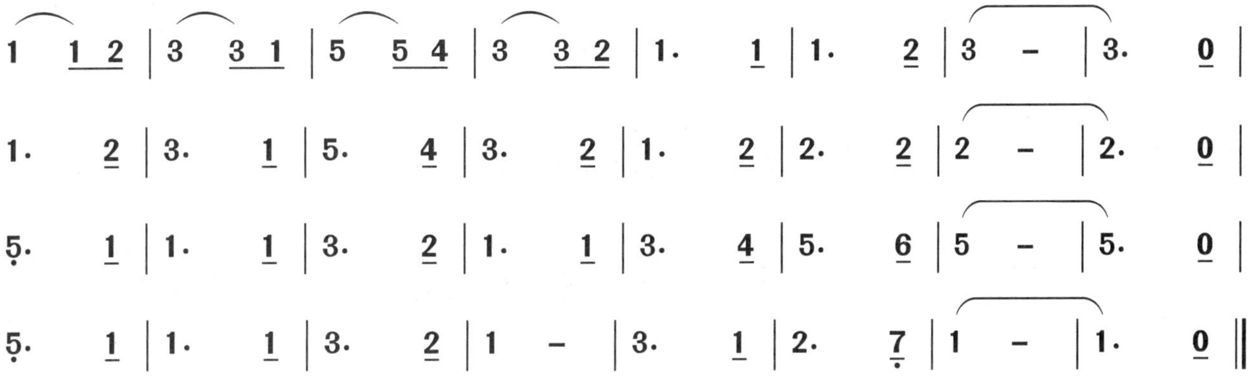

45.

1=D 4/4   《老黑奴》福斯特曲

1 3. 4 5.   5 5 | 6 1̇ 7 6 5 - | 1 3. 4 5.   5 5 | 6 5 4 3 2 - |

1 3. 4 5.   5 5 | 6 1̇ 7 6 5. 1̇ | 7. 1̇ 2̇ 7 1̇ 6 5 6 | 3 2 1 - ||

46.

1=E 4/4   德沃夏克曲

广板

p
3. 5 5   3. 2 1 | 2. 3 5. 3 2 - ∨| 3. 5 5   3. 2 1 |

2. 3 2. 1 1 - ∨| *p* 6. 1̇ 1̇ 7 5 6 | 6 1̇ 7 5 6 - ∨| 6. 1̇ 1̇ 7 5 6 |

6 1̇ 7 5 6 - ∨| *pp* 3. 5 5   3. 2 1 | 2. 3 5. 3 2 - ∨| 3. 5 5 1̇. 2̇ 3̇ |

pp 2̇. 1̇ 2̇ 6 1̇ - ∨| 2̇. 1̇ 2̇ 6 1̇ - ∨| 2̇. 1̇ 2̇. 6 | 1̇ - - - ||

47.

1=E 2/4   赵方幸曲

中速 稍慢

5 3 5 5 6 1̇ | 3 2 1 6̣ 5̣ | 1. 6̣ 5 3 | 2 3 2. ∨| 3 2 3 5 6 |

6̣ 1 5 6 1. 6̣ | 2 5 3 2 7̣ 6̣ 1 | 5̣ - ∨| 结束句 6. 2̇ | 7 6 5 3 5 |

6 5 6 5 | 5 - ‖ 1 1 2 6̣ 1 5̣ 6̣ | 1 6̣ 1 2 3 | 5 6 1̇ 5 6 5 2 |

3 2 3. | 5 3 5 6 6 7 6 7 | 2̇ 2̇ 6 7 6 5 | 3. 5 | 6 5 6 5 ‖

D.C.

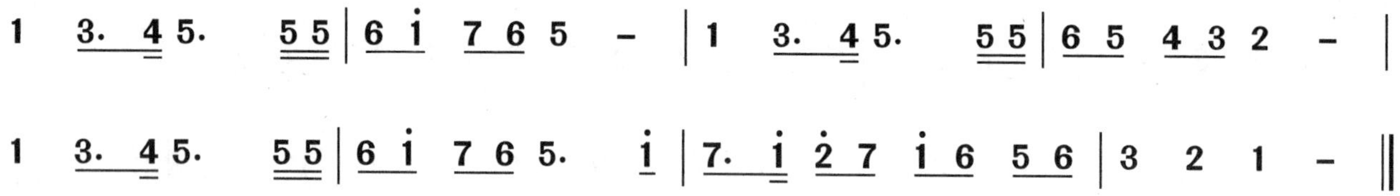

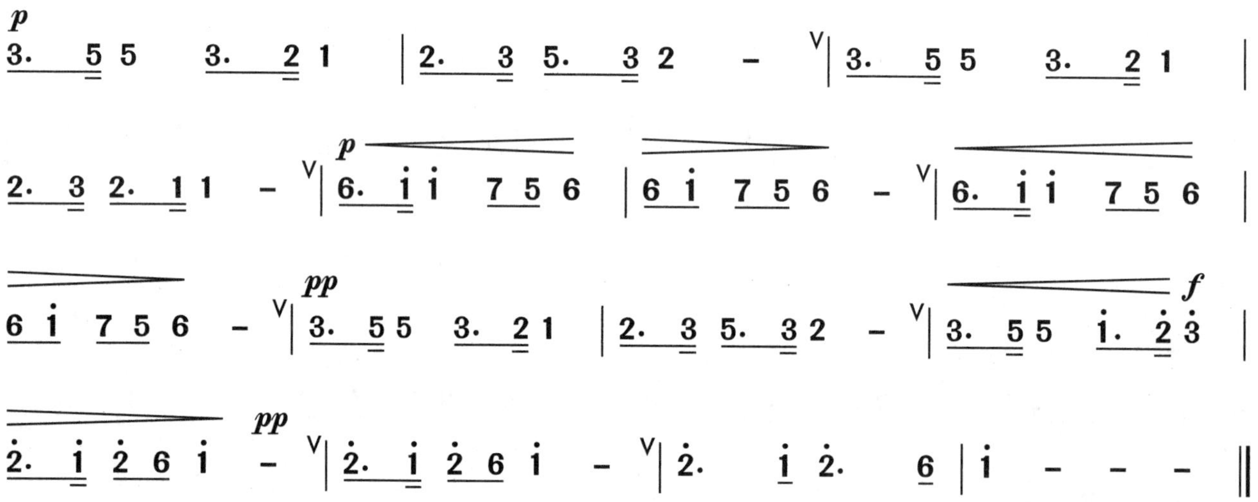

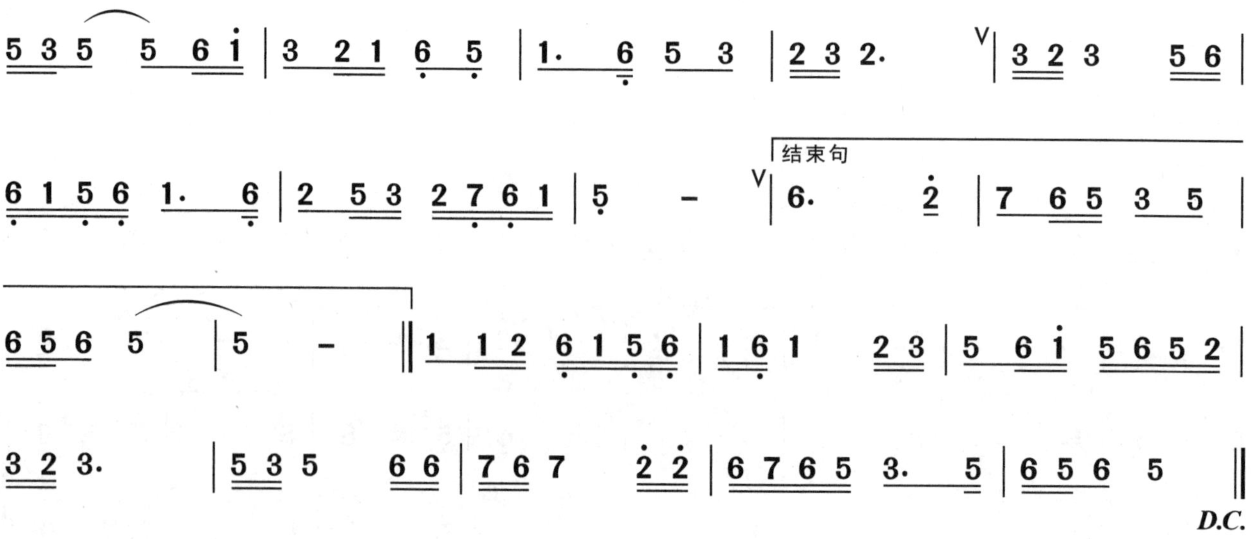

48.

1=D 2/4　　　　　　　　　　　　　　　　　　　　　　　赵方幸曲

中速

| 1 3 | 5. 6 | 5 0 4 3 | 2. 3 | 6 0 5 1 | 3 1 | 7 6 5 6 | 5 - |

| 5 0 6 6 | 6. 5 | 4 0 2 2 | 5. 4 | 3 0 5 6 | 1 5 | 4 3 2 3 |

| 2 - | 2 0 1 1 | 1. 7 | 6 0 5 5 | 6. 1 | 3 0 2 2 | 3. 1 |

| 5 2 1 2 | 3 - | 3 0 6 6 | 7. 1 | 2 0 1 6 | 5. 1 | 3 0 2 2 |

| 3. 1 | 5 2 1 2 | 1 - | 1 0 6 6 | 5 1 | 3 2 1 2 | 1 - ‖

49.

1=♭B 2/4　　　　　　　　　　　　　　　　　　　《我是一个兵》岳仑曲

干脆有力

| 5. 1 1 6 | 5 0 | 5. 3 3 1 | 2 0 | 5 5 5 5 3 | 3 2 1 6 | 5 5 5 6 3 |

| 5 0 | 5. 1 1 6 | 5 0 | 5. 3 3 1 | 2 0 | 5 5 1 1 | 3 3 3 5 3 |

| 2 2 3 2 | 1 0 5 | 3 3 | 2 3 | 3. 2 1 | 6 1 |

| 1. 6 5 | 5 5 1 1 | 3 3 0 | 5. 3 2 2 | 3 0 2 0 | 1 0 ‖

50.

1=C 4/4　　　　　　　　　　　　　　　　　　　　　　　罗西尼曲

| 3 5. 4 6. 5. 3 5 | 6 4. 1 6. 5. 4 3 0 | 1 3 2 1 2 3 5 4 3 4 |

| 5 1. 6 4. 3. 5 2 | 3 5. 4 6. 5. 3 5 0 | 6 4. 1 6. 5. 3 5 |

| 4 2. 6 4. 3 1. 6 4. | 3 5. 4 2. 1 0 ‖

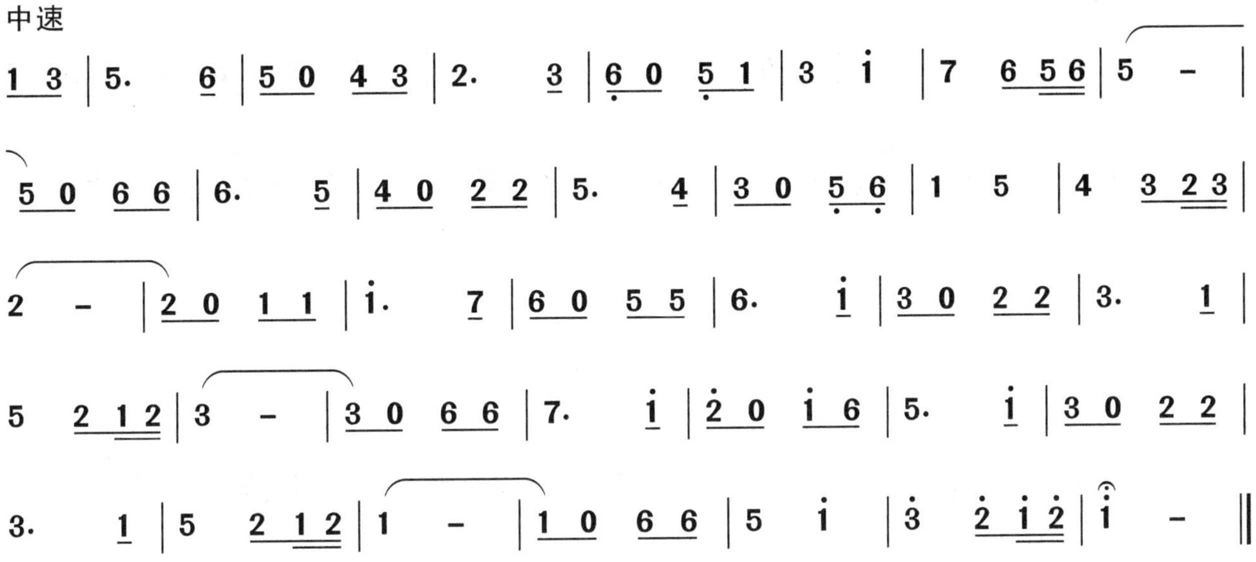

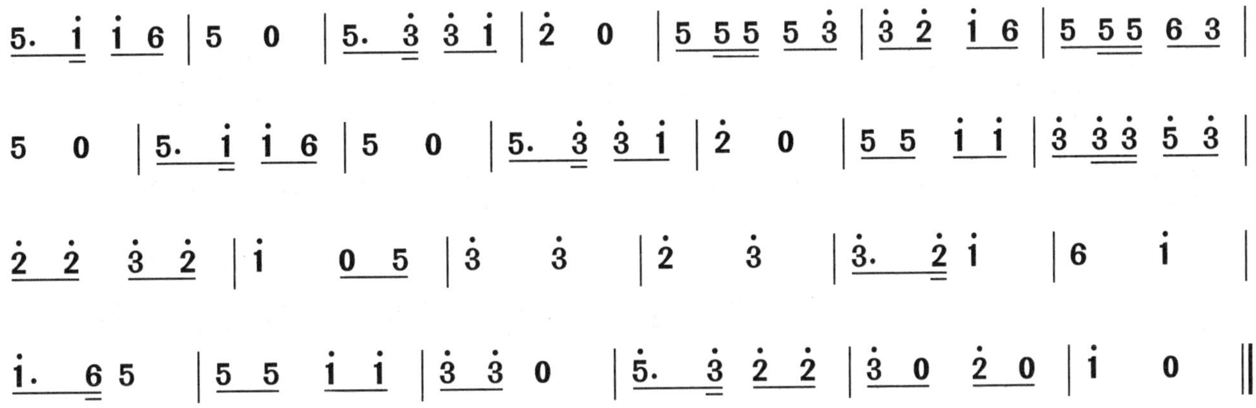

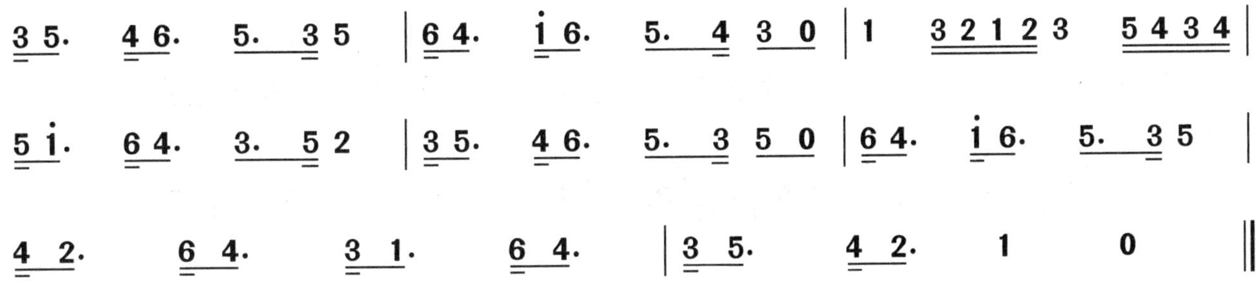

51.

1=F 2/4

四川民歌《康定情歌》

稍慢

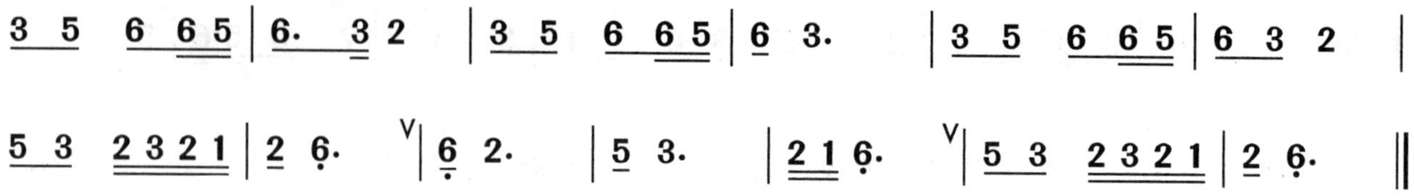

52.

1=C 3/4

广东客家民歌《落水天》

慢板

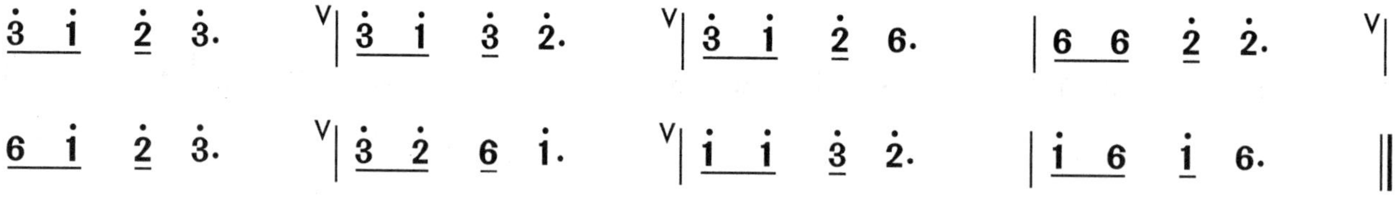

53.

1=♭E 2/4

江苏民歌《茉莉花》

中速

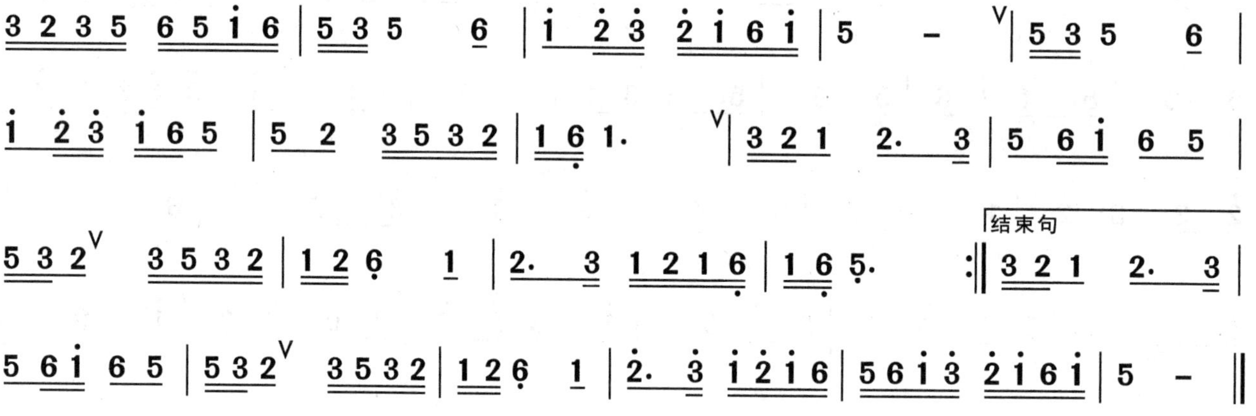

54.

1=C 2/4

江苏民歌

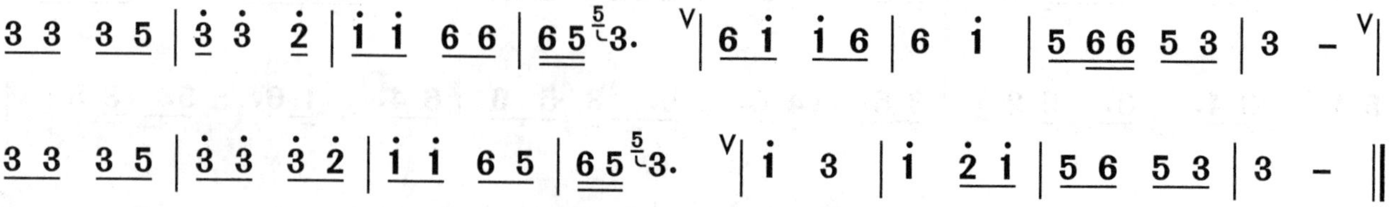

55.

1=♭E 3/4

小板行

《摇篮曲》勃拉姆斯曲

3 3 | 5. 3 3 | 5 - ˅3 5 | 1̇ 7. 6 | 6 5 ˅2 3 | 4 2 2 3 |

4 - ˅2 4 | 7 6 5 7 | 1̇ - ˅1 1 | 1̇ - 6 4 | 5 - ˅3 1 |

4 5 6 | ³⌒5 - ˅1 1 | 1̇ - 6 4 | 5 - ˅3 1 | 4 3 2 | 1 - ‖

56.

1=D 2/4

抒情地

新疆民歌《可爱的一朵玫瑰花》

1. 2 3 | 4 5 4 3 | 2 0 | 3 2 3 4 | 5 - ˅ | 1. 2 3 | 4 5 4 3 |

2 - ˅ | 3 4 3 2 | 1 - ˅ | 5 1̇ | 1̇ 2̇ 3̇ 2̇ | 2̇ 1̇ 7 6̣ | 5 1 ˅ |

1̇ 2̇ 3̇ 2̇ | 1̇ 3̇ 2̇ 1̇ | 7 2̇ 1̇ 7 | 6 0 | 6 1̇ 1̇ 7 | 1̇ 6 5 ˅ |

5 6 6 5 | 6 5 3. 2 | 1 2 3͜ ˅ | 5. 4 4 3 | 3 5 2 2 | 1 - ‖

57.

1=♭B 4/4

《我和你》陈其钢曲

3 5 1 - | 2 3 5̣ - | 1 2 3 5 | 2 - - 0 | 3 5 1. 1 |

2 3 6̣ - | 2 5̣ 2 3 | 1 - - 0 | 6 - 5 - | 6 - 1 - |

3 6̣ 3 5 | 2 - - 0 | 3 5 1 - | 2 3 6̣ - | 2 6̣ 2 3 | 1 - - - ‖

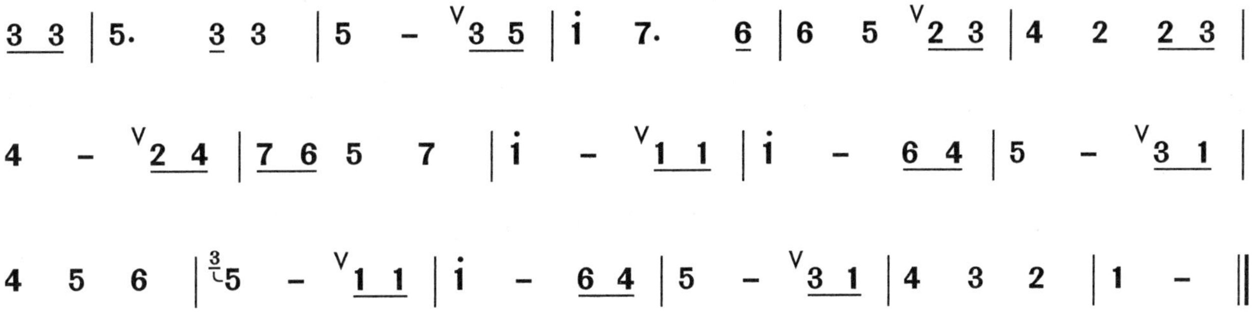

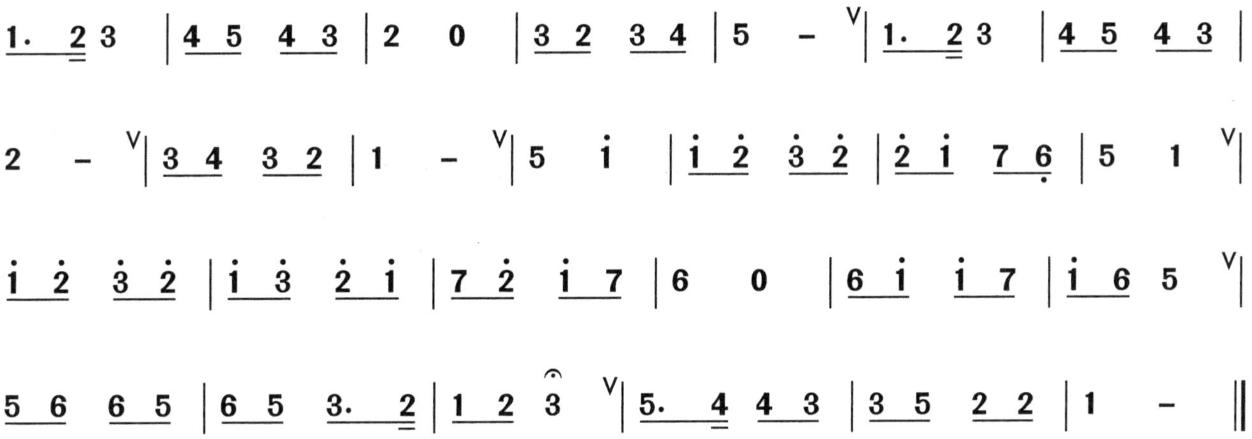

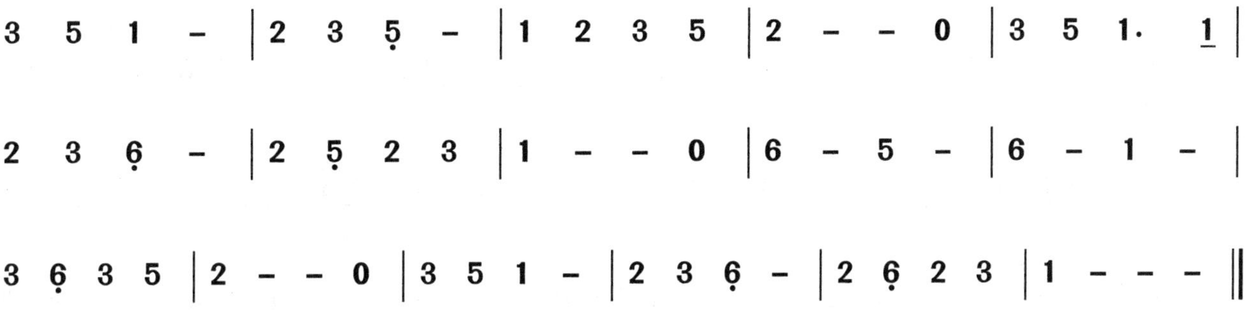

58.

1=D $\frac{4}{4}$

《牵手》李子恒词曲

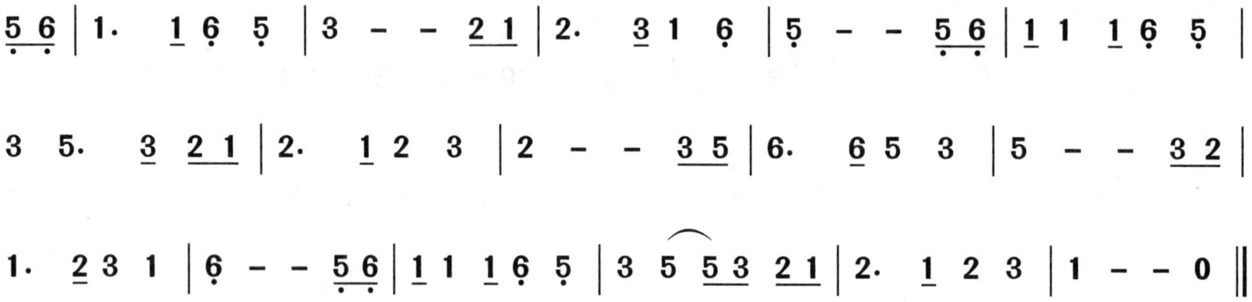

59.

1=F $\frac{4}{4}$

《长城谣》刘雪庵曲

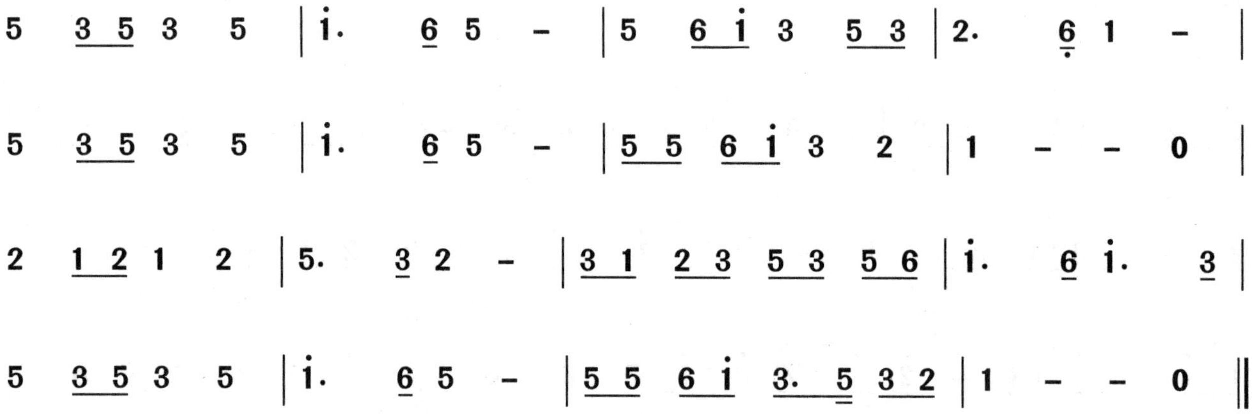

60.

1=E $\frac{4}{4}$

雷蒙纳曲

行板

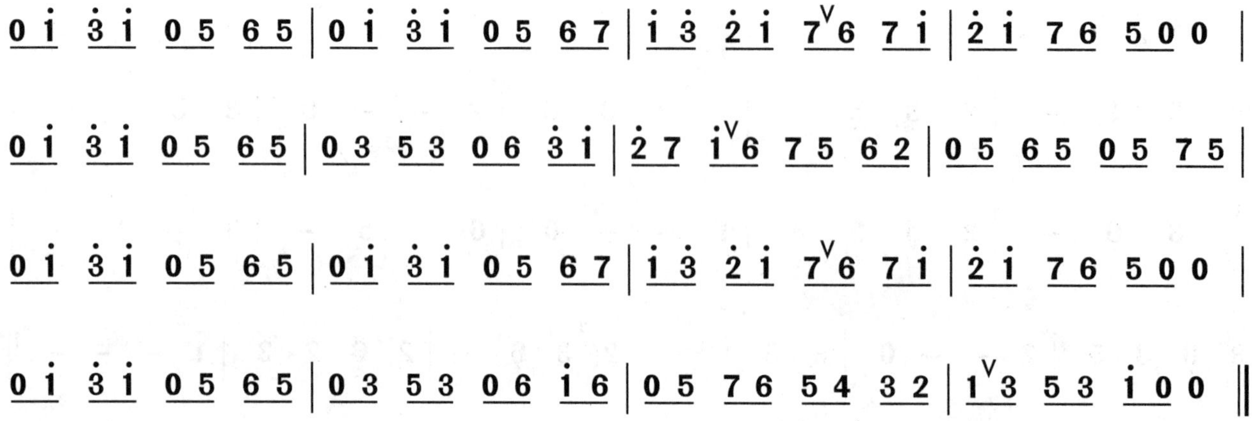

61.

1=F $\frac{4}{4}$ $\frac{2}{4}$

《生活常常是这样》郑秋枫曲

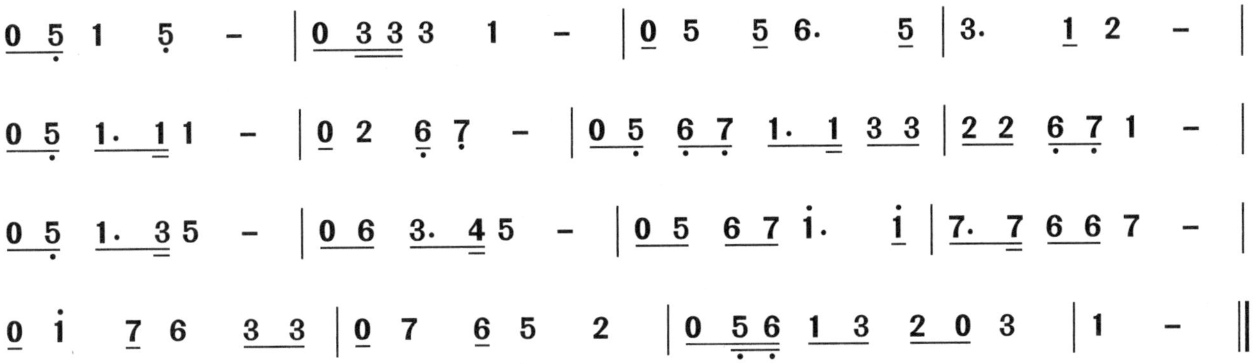

62.

1=G $\frac{2}{4}$

祝恒谦曲

激情地 稍快

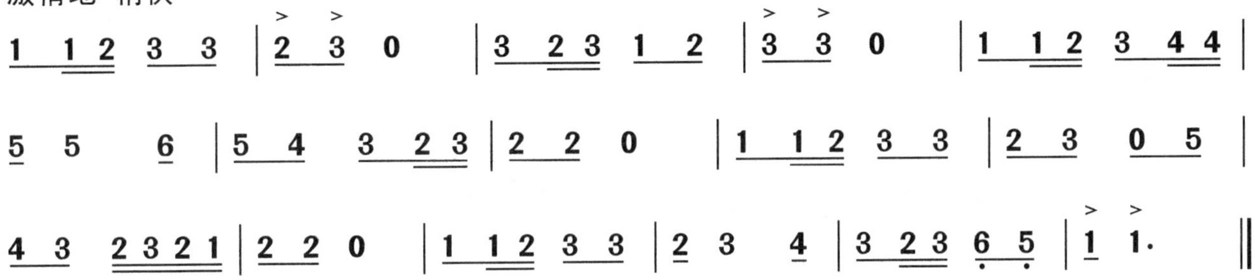

63.

1=D $\frac{4}{4}$

维吾尔族民歌

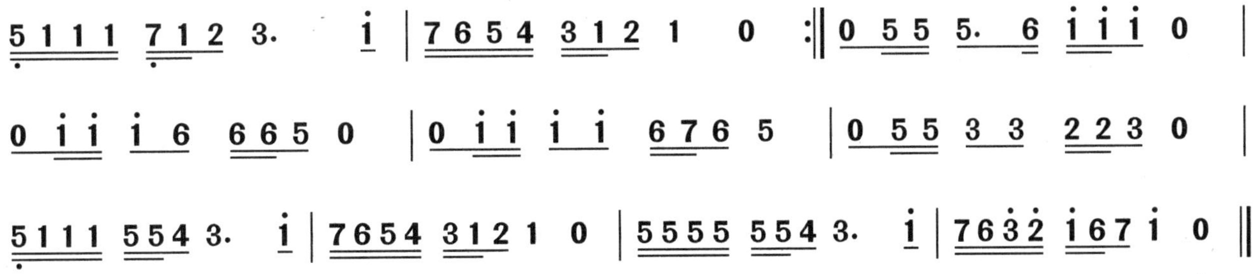

64.

1=D $\frac{2}{4}$

萨戈曲

中速

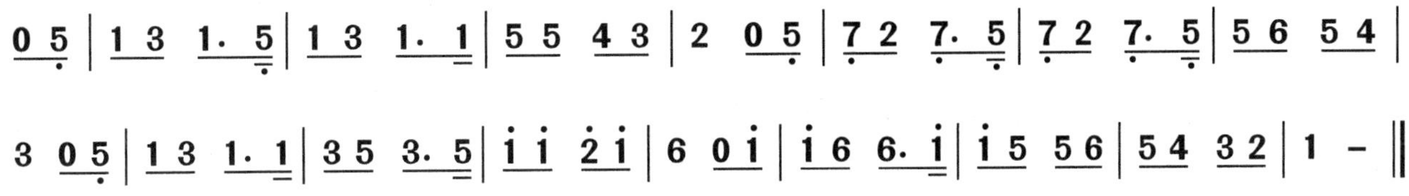

65.

1=F 4/4

激情地

金永道曲

0 3 3 4 3 2 3 | 1. 7 6 - | 0 6 7 1 2 5 5 4 | 3 - - - |

0 4 4 3 2 6 | 3. 2 1 - | 0 7 7 1 3 2 7 1 | 6 - - 1 7 |

6. #5 6 7 6 4 | 2 - - 7 1 | 2. 5 5 6 | 3 - - - |

0 4 4 3 2 6 | 3. 2 1 - | 0 7 7 1 3 2 7 1 | 6 - - 0 ‖

66.

1=F 4/4

中速

《朋友》臧天朔曲

3 5 5 0 5 6 5 0 | 6 5 6 1 6 5 5 0 | 6 5 6 0 5 6 5 5. 6 5 | 2 2 2 1 2 2 0 |

3 5 5 0 1 6 5 0 | 1 1 1 1 6 5 ⁵/₃ 0 | 6 5 6 0 5 6 5 5. 6 5 | 2/4 4 3 2 2 1 |

4/4 5 - - - | 1 1 6 5 1 1 0 3 | 2 7 7 7 5 6 0 | 1 1 6 5 1 6 0 3 3 |

2 7 7 6 5 6 0 | 3 3 2 2 1 1 0 2 2 | 1 - - - ‖

67.

1=C 2/4

《伟大的北京》努尔买买提曲

1 1 1 7 5 | 6 7 1 7 6 | ⁷/₅ - | 5 - | 0 6 6 6 6 | 5 6 5 4 3 4 5 |

5 5 5 1 1 | 7 7 5 6 7 6 | 0 5 5 5 1 2 | 3 - | 3 - | 0 2 3 2 1 |

0 7 2 1 7 6 | 0 5 5 6 7 7 1 1 | 2. 3 2 1 7 | 1 - | 1 - | 1 0 0 ‖

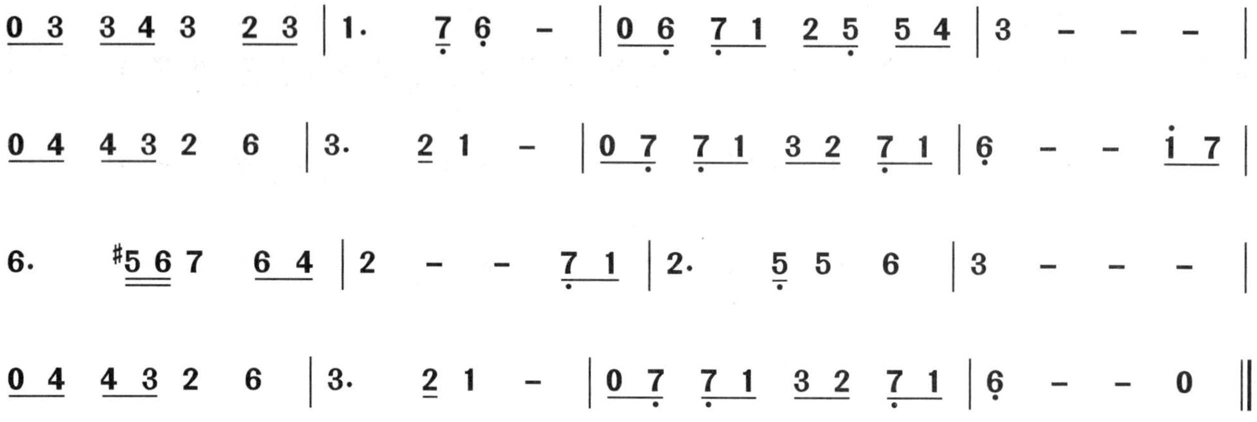

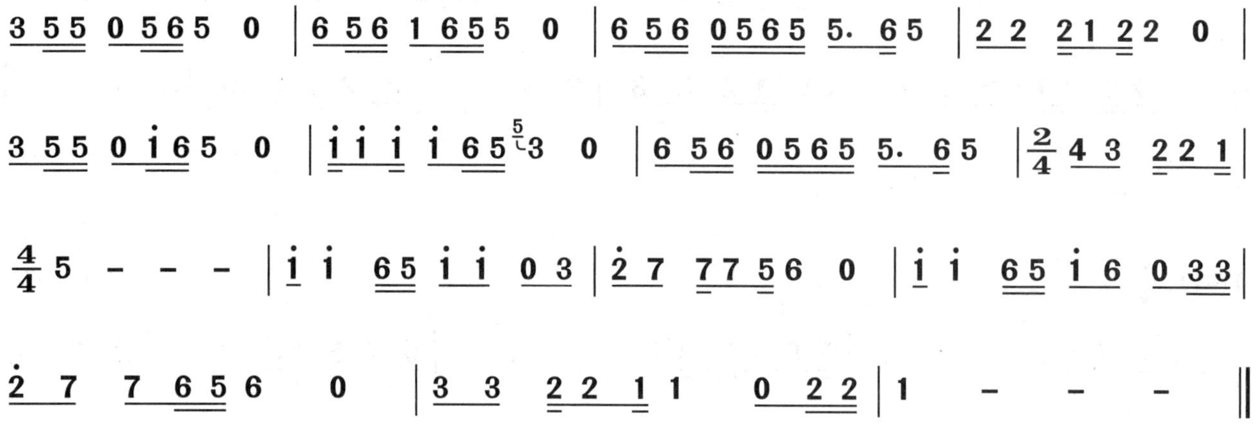

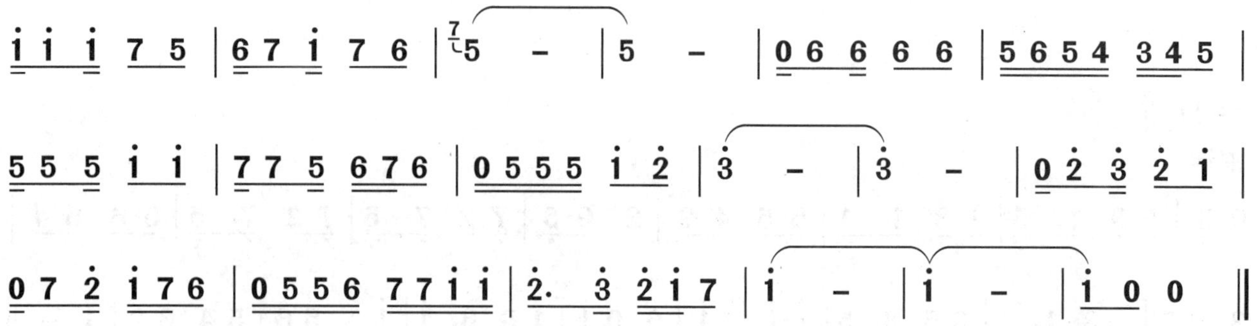

68.

1=C 2/4   杜维也纳曲

0 5i | 07 2̇ 7 5 0 | 0 3̇ 2̇ i 7 6 7 i | 7 i 2̇ 7 5 0 | 0 5 6 5 i 0 | 0 5 6 5 2̇ 0 |

0 5 6 5 i 7 6 7 | i 0 5 3 i 0 ‖ 0 2̇ 3̇ 2̇ i 7 6 7 | 2̇ i 0 | 0 i 2̇ i 7 6 5 6 |

Fine

i 7 0 | 0 2̇ 3̇ 2̇ 5 0 | 0 6 7 6 3̇ 0 | 0 2̇ 3̇ 2̇ i 7 6 5 | 5 — ‖

D.C.

69.

1=E 2/4   陕甘宁民歌

5 5 6 5 6 i | 5 3 5 | i 6 5 3 5 | 1̣ 6̣ 1 ∨ 2 3 5 |

5 1 2 | 2 3 3 2 1 6̣ | 1 ∨ 1 3 | 2 3 3 2 1 6̣ | 5̣ — ‖

70.

1=♭B 4/4   芬兰民歌

6 6 6 7 i 7 6 3 | 4 4 4 5 6 4 3 1 | 7̣ 7̣ 7̣ 2 1 7̣ 6̣ 1 3 | 7̣ 7̣ 7̣ 2 1 7̣ 6̣ 6̣ ‖

Fine

6 6 7 i 7 6 6 3 | 4 5 6 4 3 3 1 | 7̣ 7̣ 2 1 7̣ 6̣ 1 3 | 7̣ 7̣ 2 1 7̣ 6̣ 6̣ ‖

D.C.

71.

1=C 2/4   张保生曲

风趣地

5 i 7 2̇ | i 7 i | i 7 i | 6 6 5 4 5 6 | 5 — | 5 5 i 7 2̇ | i 7 i | i 7 i |

6 6 5 4 5 6 | 5 — | 4 4 4 4 5 6 6 0 | 5 5 6 5 4 3 0 | 5 5 i 7 7 i |

5 5 4 3 2 | 1 1 2 3 4 6 | 5 — | 1 3 2 1 7̣ 2 | 1 — | 5 i 7 2̇ | i 7 i i ‖

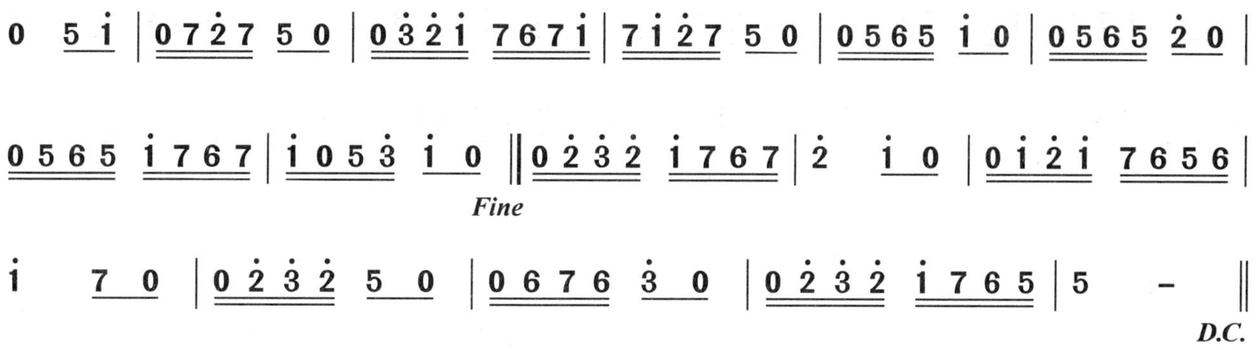

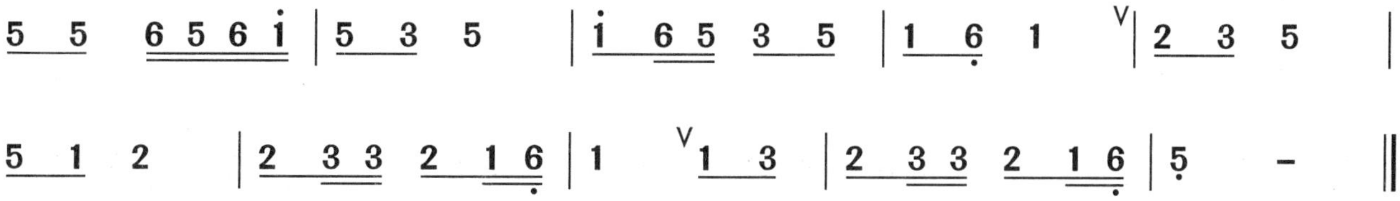

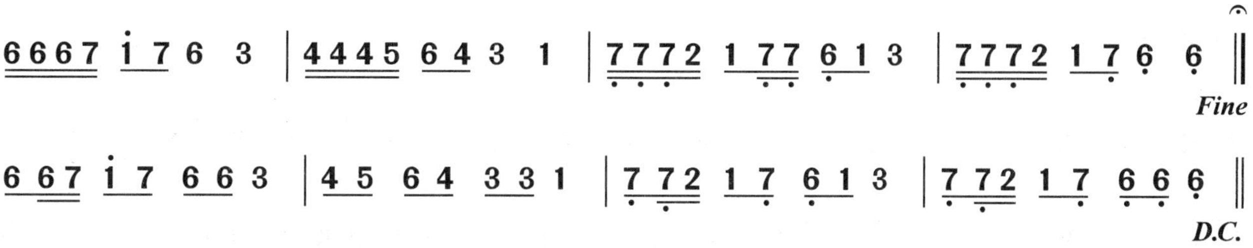

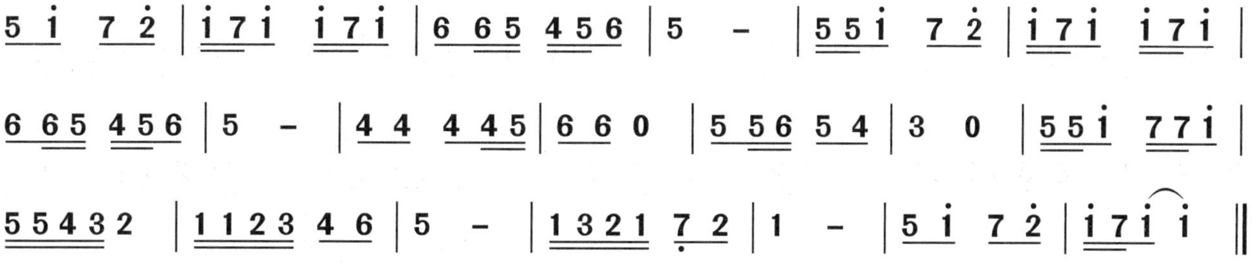

72.

1=C 2/4　　　　　　　　　　　　　　　　　　　　　　新疆民歌

i 7 i | i 7 i | i 7 i 7 6 | 7 i 2 3 2 2 7 | i i 7 i 7 6 | 5 - | 4 4 4 4 4 3 |

4 5 4 3 4 3 2 | 1 - | 3 4 5 6 5 5 | 5 1 2 3 2 3 5 | 4 4 3 2 2 1 | 1 - ‖

73.

1=C 2/4　　　　　　　　　　　　　　　　　　　　　　德国民歌

1 2 3 4 5 5 | 6 5 6 7 i | 6 6 6 5 6 7 | i 2 i 6 5 |

i 7 6 7 i 5 5 | 6 5 4 3 2 | 4 4 6 3 3 5 | 2 1 2 3 1 ‖

74.

1=C 4/4　　　　　　　　　　　　　　　　　　　　　　芬兰民歌

6 6 7 i 7 6 3 | 4 4 4 5 6 4 3 1 | 7 7 7 2 1 7 7 6 1 3 | 7 7 7 2 1 7 6 6 |

6 6 7 i 7 6 6 3 | 4 5 6 4 3 3 1 | 7 7 2 1 7 6 1 3 | 7 7 2 1 7 6 6 ‖

75.

1=E 2/4　　　　　　　　　　　　　　　　　　　　　　苗族民歌

中速

6 6 6 5 3 | 5 5 5 ᵛ | 6 6 6 5 3 | 2 2 ᵛ | 2 2 2 5 | i 6 6 ᵛ |

6 6 6 5 3 | 5 5 ᵛ | 6 i 5 6 i 5 | 6 2 2 ᵛ | 2 3 5 2 i 6 | 6 - ‖

76.

1=C 2/4　　　　　　　　　　　　　　　　　　　　　　赵方幸曲

中速稍快

6 6 5 3 3 5 | 6 - ᵛ | 6 2 3 7 6 5 7 | 6 - ᵛ | 6 6 i 3 3 6 | 5 6 3 | 2 3 5 3 2 1 |

2 - ᵛ | 6 6 5 3 3 5 | 6 - ᵛ | 6 2 3 7 6 5 6 | i i 2 | 3 3 2 i 3 | 2 2 3 2 i ᵛ | 3 2 |

　　　　　　　　　　　　　　　　　　　　　　　　稍慢　原速

7 7 6 7 5 | 6 ᵛ i 2 | 3 3 2 i 3 | 2 2 3 2 3 1 | 2̂ 3̂ ᵛ | 7 7 2 7 6 5 | 6 - ‖

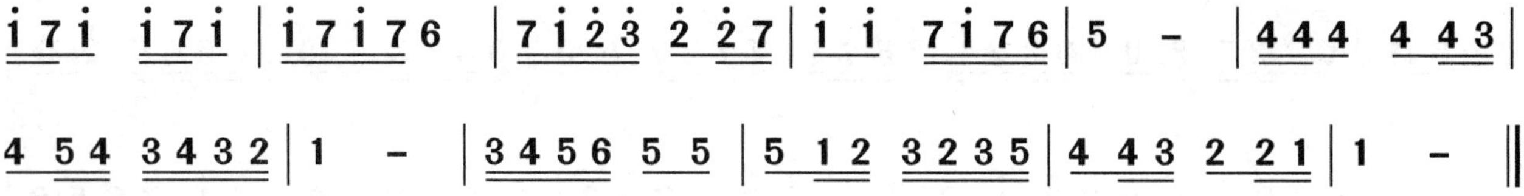

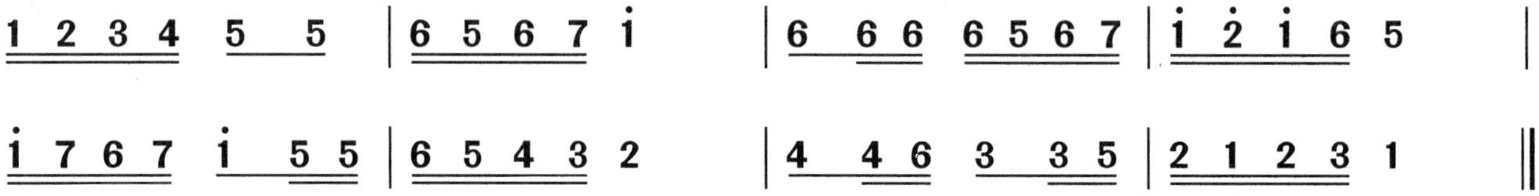

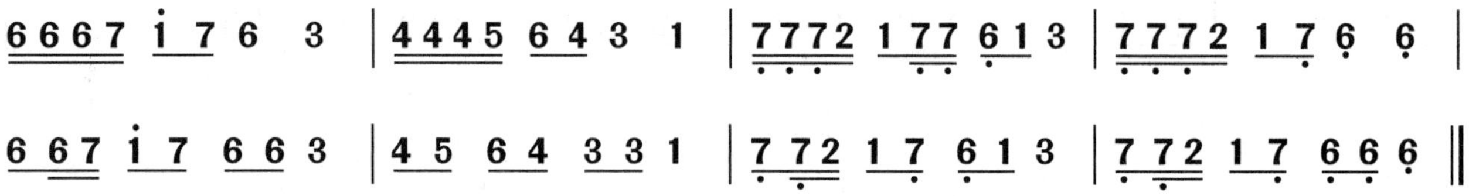

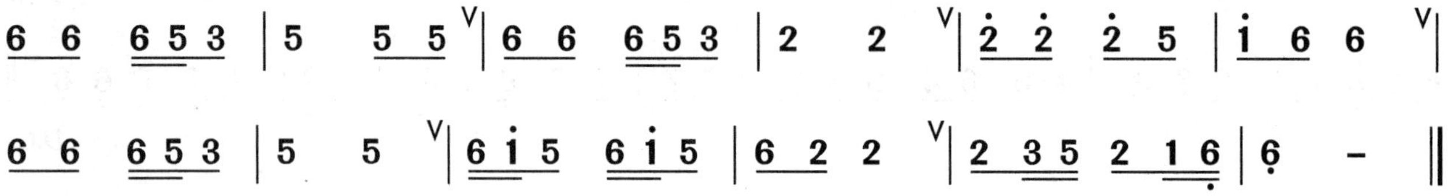

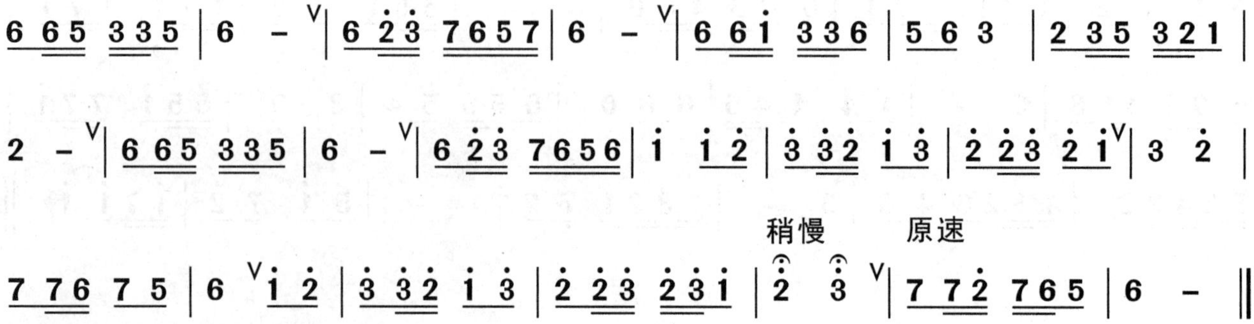

77.

1=G 2/4　　　　　　　　　　　　　　　　　　　　　　　　　　江西民歌

6̣ 1 6̣ 1 | 1 3 2 ∨| 3 5 3 5 | 3 2 1 2 ∨| 6̣ 1 6̣ 1 | 2 3 1 2 ∨| 3 5 3 5 |

3 2 1 2 ∨| 6̣ 1 6̣ 1 | 2 3 6̣ 1 2 ∨| 2 3 2 3 5 | 6̣ 3 5 ∨| 6̣ 6̣ 7̣ 6̣ 5̣ | 6̣ 6̣ 7̣ 6̣ 5̣ ∨|

6̣ 6̣ 5̣ 5̣ | 6̣ 6̣ 5̣ 5̣ ∨| 3 5 3 5 | 1 2 3 5 | 2 3 2 1 | 6̣ 5̣ 6̣ 1 5̣ ‖

78.

1=G 2/4　　　　　　　　　　　　　　　　　　　　　　　　　俄罗斯民歌

5̣ 3 3 2 | 1 7̣ 6̣ 5̣ 6̣ 7̣ | 1 3 4 3 | 2 6̣ | 6̣ 4 4 3 | 3 2 1 6̣ |

5̣ 1 2 3 | 1 0 | 1 1 7̣ 6̣ | 5̣ 4 | 7̣ 7̣ 3. 2 | 2 1 | 3 2 2 1 |

1 7̣ | 3̣ 6̣ 1. 7̣ | 6̣ - | 2 2 3 2 | 1 5̣ | 2 2 3 2 |

1 0 | 2 2 3 4 | 6 5 4 2 | 5̣ 1 3 2 | 1 0 | 5̣ 3 3 2 | 1 7̣ 6̣ 5̣ 6̣ 7̣ |

1 3 4 3 | 2 6̣ | 6̣ 4 4 3 | 3 2 1 6̣ | 5̣ 1 2 3 | 1 - ‖

79.

1=D 2/4　　　　　　　　　　　　　　　　　　　　　　　　　藏族民歌

5 6 1̇ 6 6 5 | 6 6 5 3 | 6 6 5 3 5 | $\overset{5}{\underset{\smile}{3}}$ - | 5 6 1̇ 6 6 5 |

6 6 5 3 1 | 2 3 2 1 2 | 1 - | 1̇ - | 1̇ - | 1̇ 1̇ 2̇ 2 1̇ |

2̇ 2̇ 1̇ 6 5 | 5 6 1̇ 6 6 5 | 6 6 5 3 | 3 3 2 1 2 | 1 - ‖

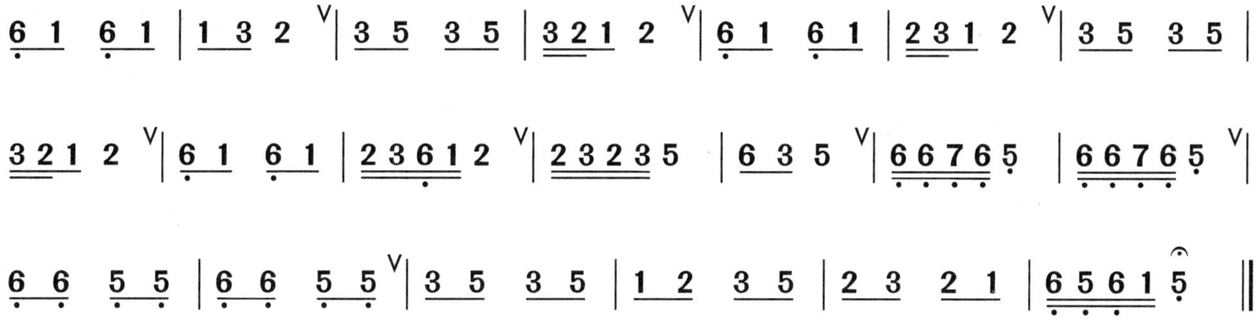

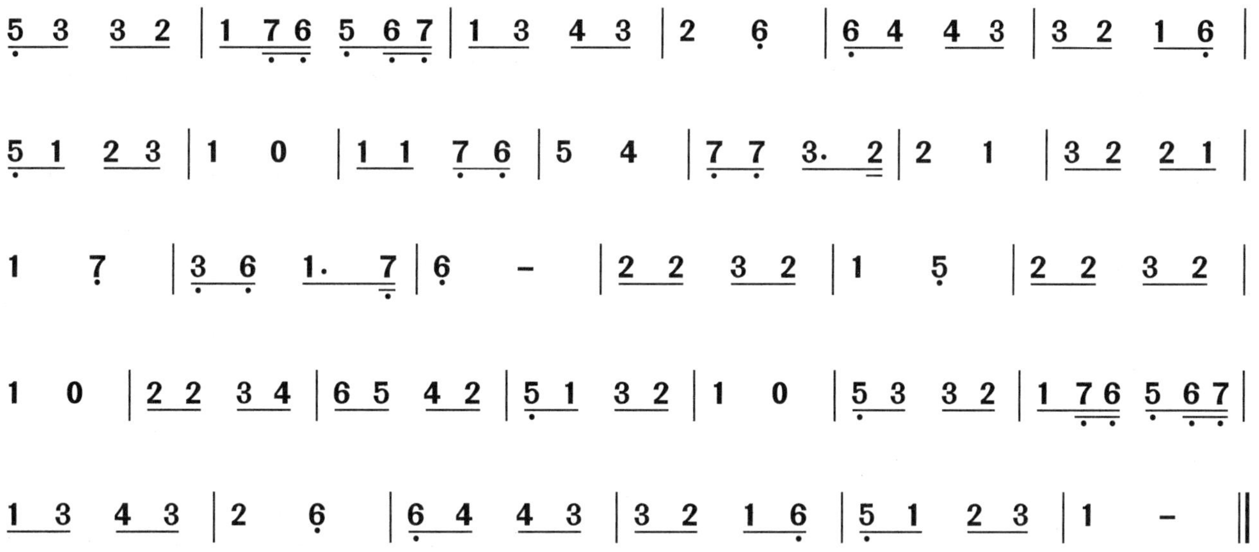

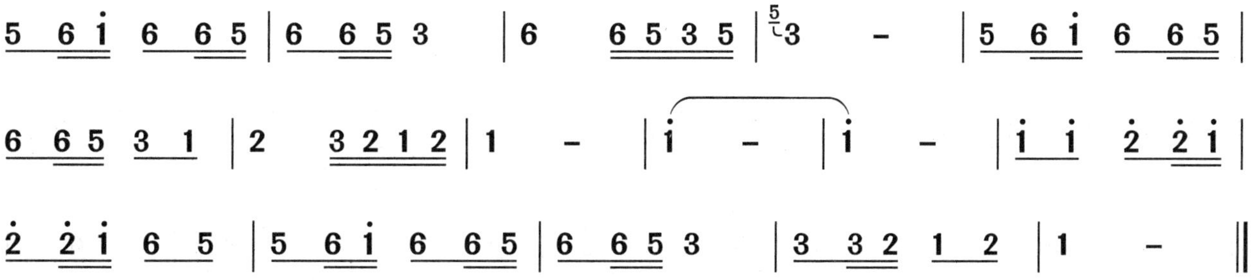

80.

1=F $\frac{2}{4}$

捷克民歌

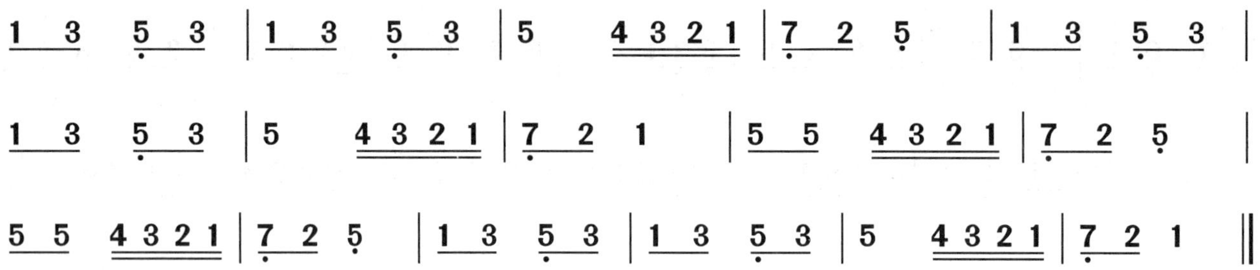

81.

1=C $\frac{2}{4}$

朝鲜歌曲《在泉边》

中速 明朗地

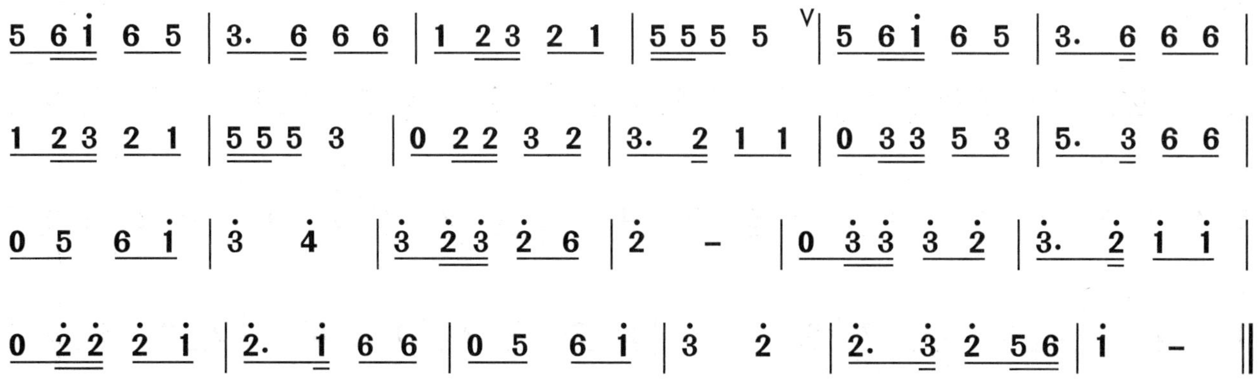

82.

1=D $\frac{2}{4}$

青海回族民歌

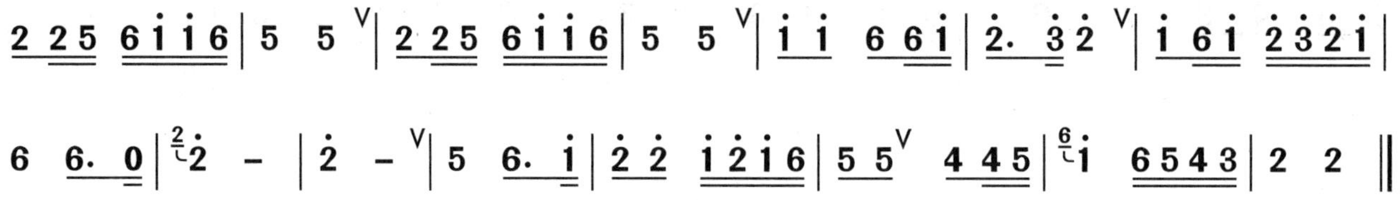

83.

1=$^{\flat}$B $\frac{2}{4}$

江西民歌《十送红军》

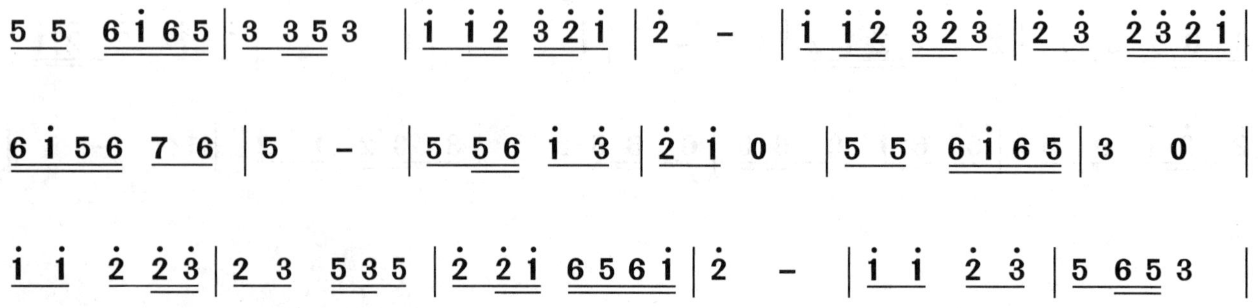

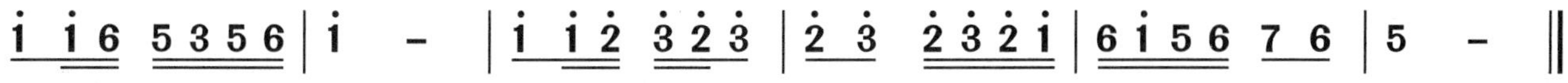

84.

1=A $\frac{2}{4}$

《姑娘生来爱唱歌》朱里千曲

稍快

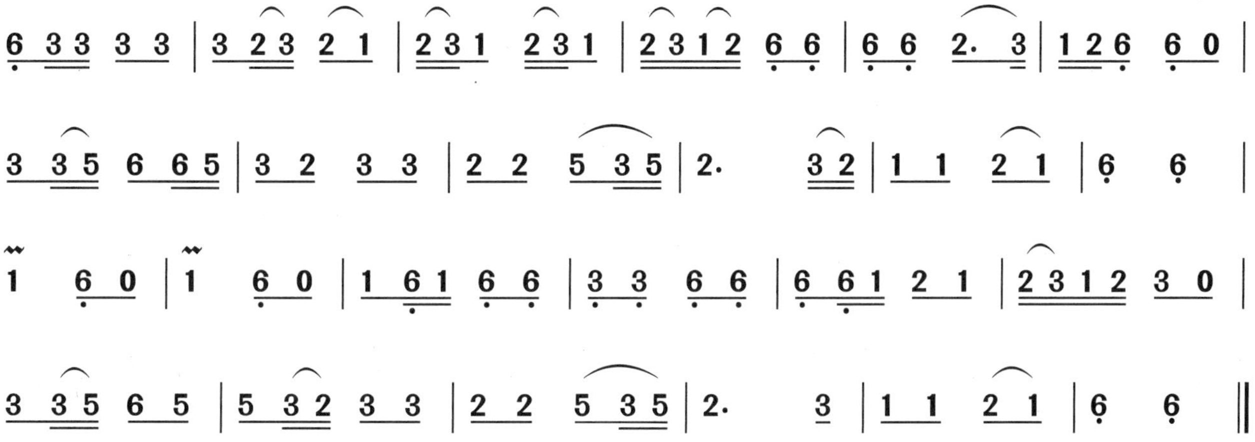

85.

1=D $\frac{2}{4}$

《月圆花好》严华曲

小慢板

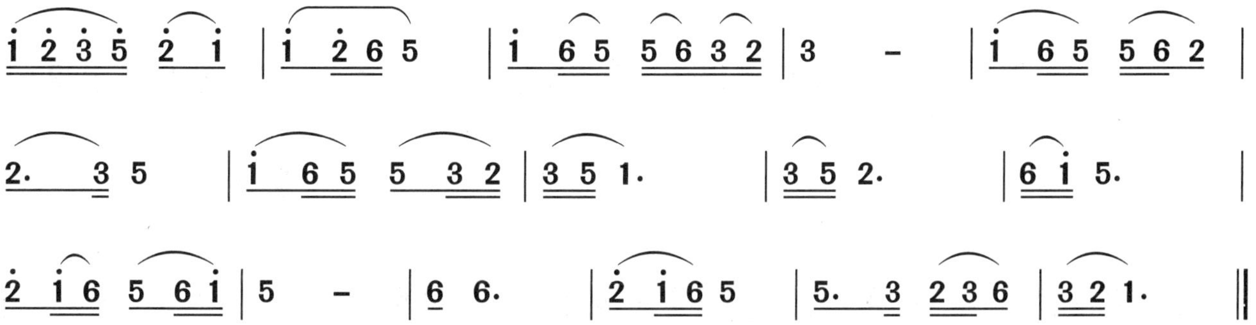

86.

1=C $\frac{4}{4}$

《老男孩》大桥卓弥曲

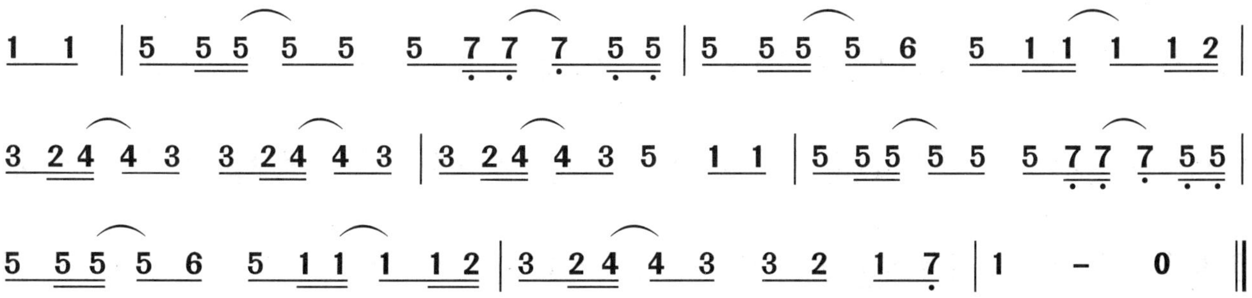

87.

1=E 4/4

《母亲》戚建波曲

5 56 1̇·7 6 3 2 1 | 3 2̇ 2̇ 7 6 3 5 — | 5 56 1̇·7 6 5 6 3 | 6̇ 6 6 5 5 3 2 — |

3 3 2 5 5 3 2 3 2 1·2 | 3·5 7 6 5 6 — | 1̇ 1̇ 6 1̇·1̇ 6 5 3 2 | 6̇ 6 5 3 3 2 1 — ‖

88.

1=C 2/4

《天边有颗闪亮的星》王祖皆、张单娅曲

2̇ 2̇ 6 | 2̇ 3 2̇ 0 | 3·3 1̇ 6 1̇ | 2̇ 3 2̇· | 2̇ 2̇ 6 | 2̇ 3 1̇ 0 |

7 7 7 6 5 3 5 | 6 — | 6 6 1̇ | 2̇ 6 5 2 | 4·4 4 3 2 |

5 5 0 | 6 6 1̇ | 2 6 5 4 | 5 3 5 3 2 1 2 6 1 | 2 — ‖

89.

1=C 2/4

四川民歌

3 5 3 5 3 5 | 3·5 5 3 5 | 6 6 5 3 5 | 3 — | 6 6 7 7 6 5 |

6·7 7 6 5 | 3 3 2 1 6̣ | 2 3 5 3 2 1 | 2 1 6 1 6̣ |

3 3 2 1 6̣ | 2 3 5 3 2 1 | 2 1 6 1 6̣ :‖ 6 — | 6 — ‖

90.

1=A 4/4

《踏浪》古月曲

6̣ 6̣ 1 2 3 4 3 2 | 6̣ 6̣ 1 2 3 4 3 — | 6̣ 6̣ 1 2 3 4 3 2 | 3 1 2 1 7̣ 6̣ — |

6̣ 3 3 6̣ 3 3 6 3 5 6 | 5 3 2 1 5 3 — | 6̣ 6̣ 1 2 3 4 3 2 | 3 1 2 1 7̣ 6̣ — :‖

6 6 7 1̇ 7 6 3 | 6 6 7 1̇ 7 6 — | 6 6 7 1̇ 7 6 3 | 6 6 7 1̇ 7 6 — ‖

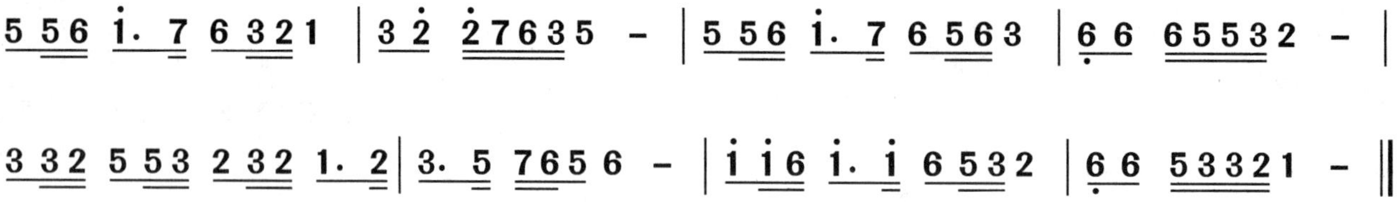

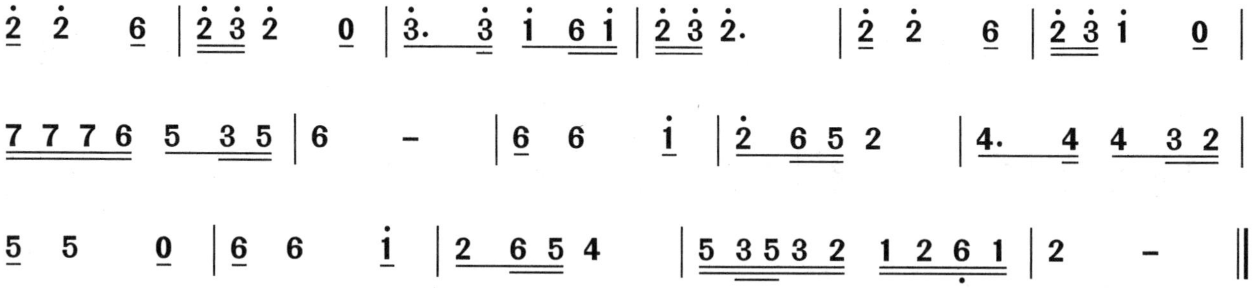

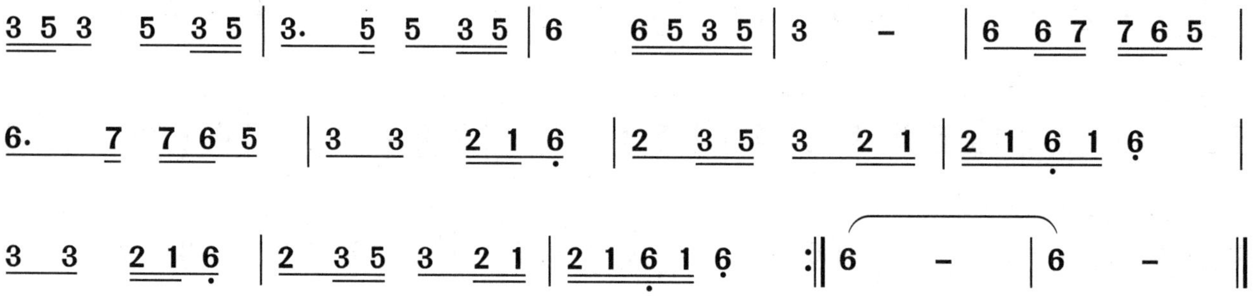

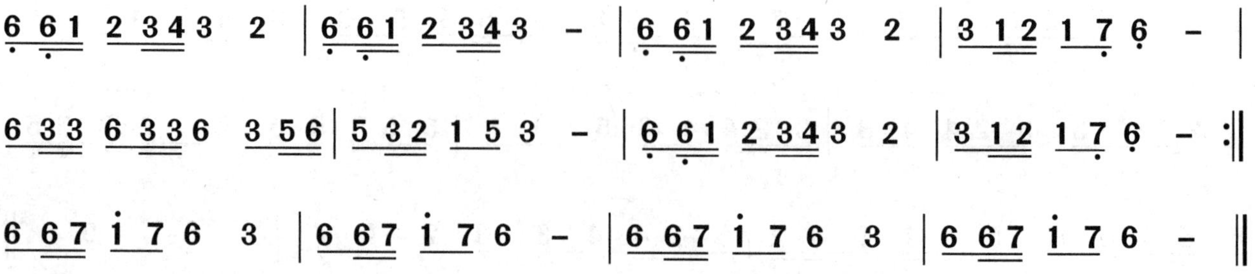

91.

1=C 2/4   张兵曲

5 5 5 5 3 | 6 6 5 | 5 5 5 5 3 | 1 3 2 | 5 5 5 5 3 | 1 1 6 | 5 5 3 2 3 | 1 - ‖

92.

1=F 2/4   舞剧《白毛女》选曲

1 1 5 | 3 3 1 | 5. 1 6 4 | 5 5 5 6 1 | 5 - | 5 1 1 6 4 |

5 6 1 5 | 2. 5 3 1 | 2 2 3 | 1 - | 1 1 5 | 6 6 3 | 5 5 1 6 4 |

5 6 1 | 5 - | 5. 1 6 4 | 5 6 1 5 | 5. 5 6 1 | 2 2 3 | 1 - ‖

93.

1=F 4/4   波兰民歌

5 5 6 5 3 | 5 5 6 5 3 | 6 6 5 6 4 | 3 3 2 1 0 |

5 5 5 6 7 | 1 1 1 2 1 | 6 6 5 6 4 | 3 3 2 1 0 ‖

94.

1=G 2/4   王酩曲

中速

1 1 2 3 | 5 5. | 6 6 5 | 4 5 6 5 4 2 | 1 - | 7 1 2 3 |

2 1 1. | 7. 1 2 1 | 5 - | 1 1 2 3 | 5 5. | 6 6 5 |

4 5 6 5 4 3 | 2 - | 5 1 2 4 | 3 6. | 7. 6 7 6 5 | 1 - ‖

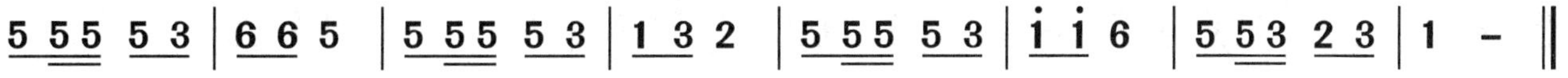

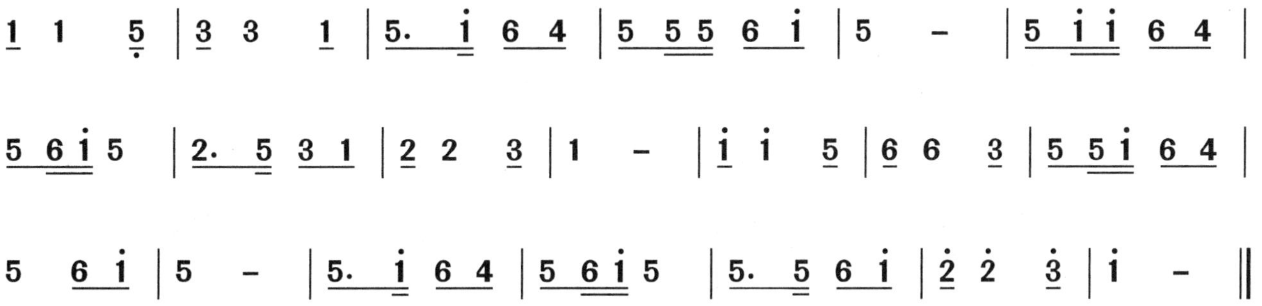

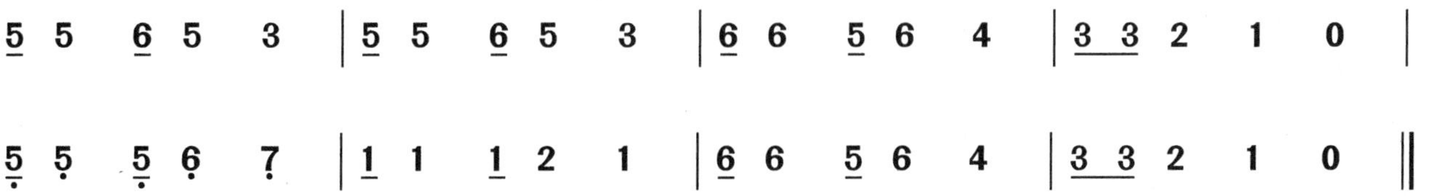

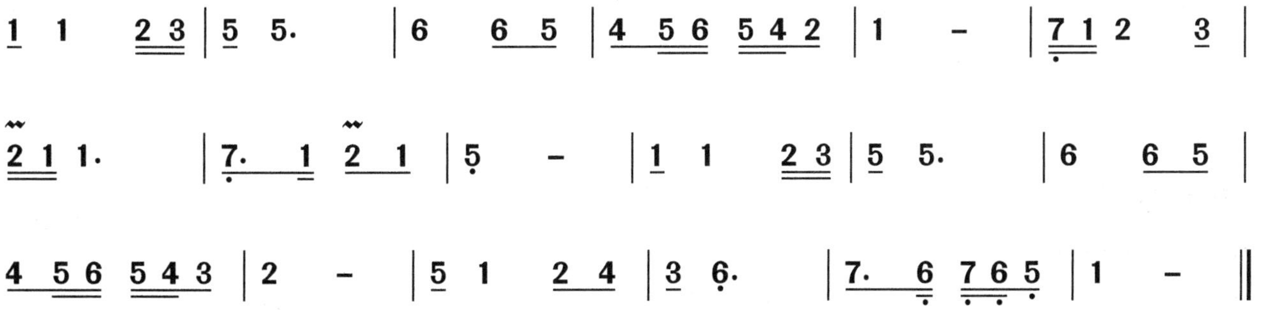

95.

1=C 2/4　　　　　　　　　　　　　　　《九九艳阳天》高如星曲

5 5　6 1 | 6 5 3 2　5. 6 | 1 1 6　1 2 3 | 2 — | 1 2 3　5 3 |

2 3 1　3 | 2 2 1　6 5 6 | 5.　3 | 2 3 2　3 | 5 5　5 6 | 2. 3　1 2 6 5 |

3 5 3 2 3 | 3 3 2　1 2 3 5 | 2 2　3 7 | 6 7 6 7　5. 6 | 1 — ‖

96.

1=G 2/4　　　　　　　　　　　　　　　简其华曲

5 5 6　5 3 | 2 2 3　2 1 | 6 6 6 1　2 5 | 3 — | 5 5 6　5 3 | 2 2 3　2 1 |

6 6 6 1　7 6 | 5 — | 2. 2　2 5 | 7. 7　7 2 | 6 6 6 5　5 3 2 | 3 — | 5 5 6　5 3 |

2 2 3　2 1 | 6 6 6 1　7 1 7 6 | 5 — | 5 5 6　5 3 | 2 2 3　2 1 | 6 6 6 1　7 6 | 5 — ‖

97.

1=♭E 2/4

热情欢畅

6 6 6　2 1 | 2. 4　3 4 3ᵛ | 3 3 1　7 5 6 | 3 — | 2 2 2　2 1 | 2. 4　3 4 3ᵛ |

2 2 1　7 5 | 6 — | 3 6 7　1 7 | 6 6 6　5 4 3 | 5 5　6 4 3 | 2 — ᵛ |

2 2 3　4 6 6 | 5. 4　3 2 3 | 2 2 1　2. 4 | 3. 2　1 0 | 2 2 2 1　7 5 | 6 — ‖

98.

1=♭E 3/4

中速 优美抒情地　　　　　　　　　　　彝族民歌

5 1 1　3 1　3 | 5　3 5 3 1　3ᵛ | 5 1 1　3 1　3 | 1. 3　1 5ᵛ | 5 1 1　3 1　3 |

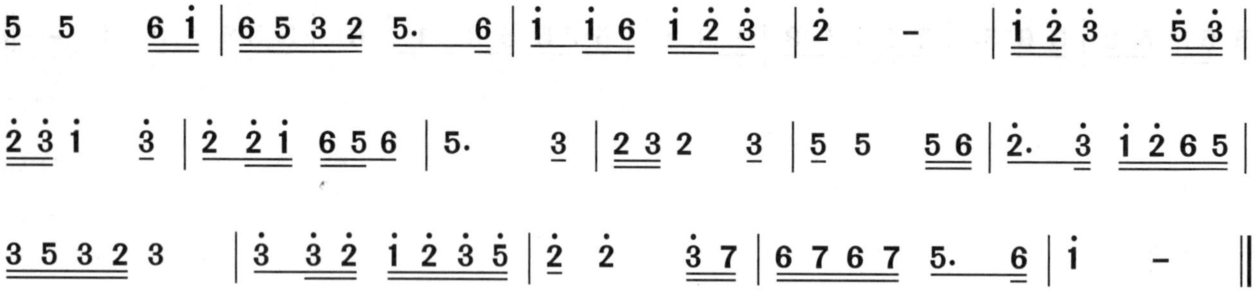

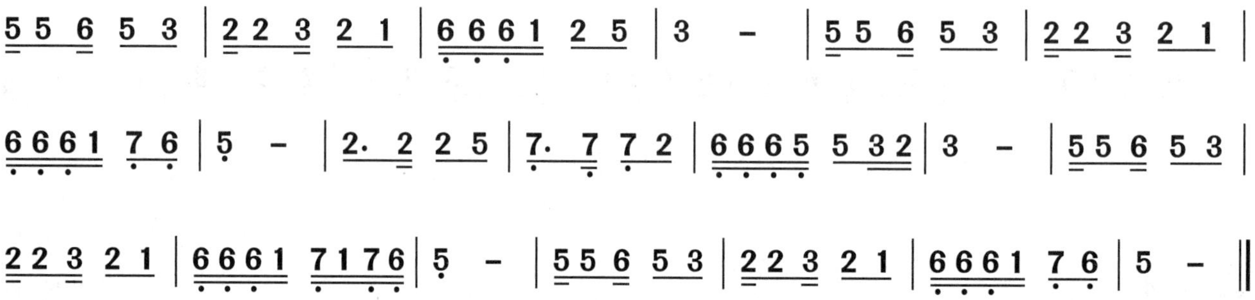

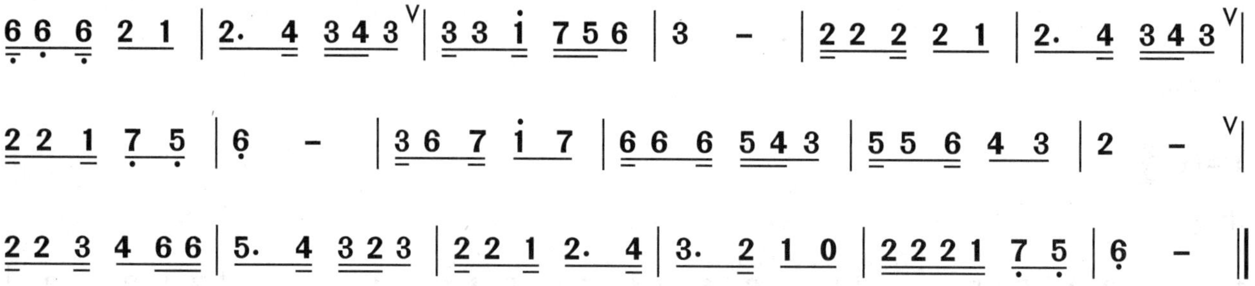

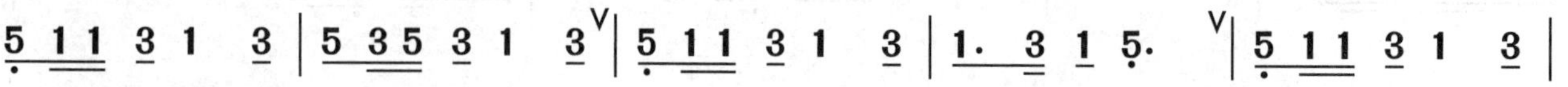

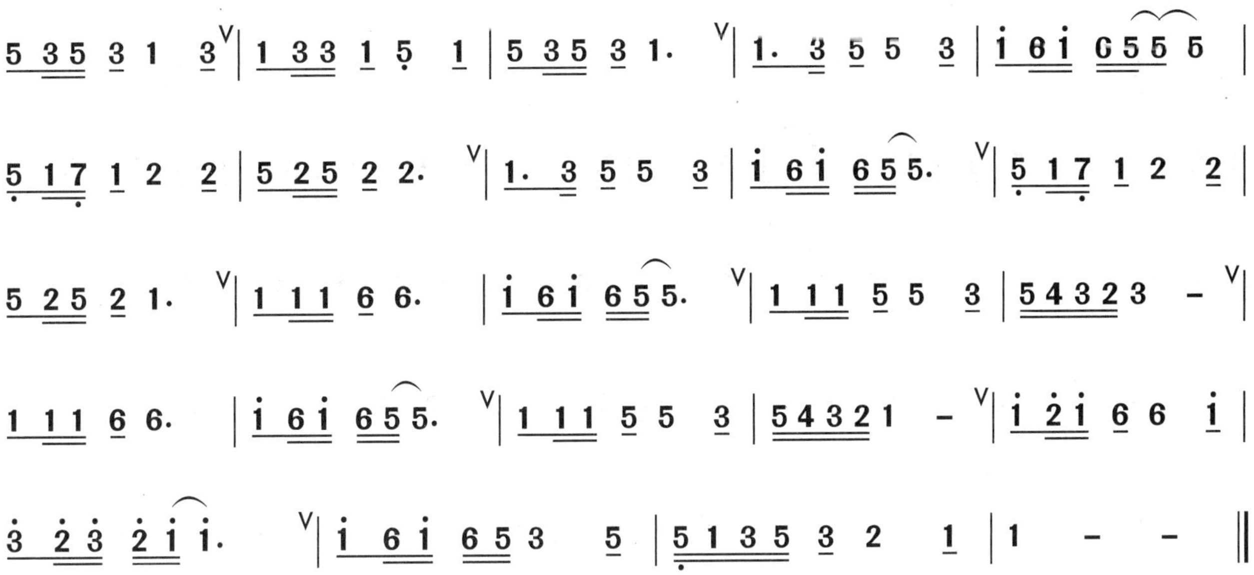

99.

1=$^{\flat}$E $\frac{2}{4}$

《练习曲》赵方幸曲

中速

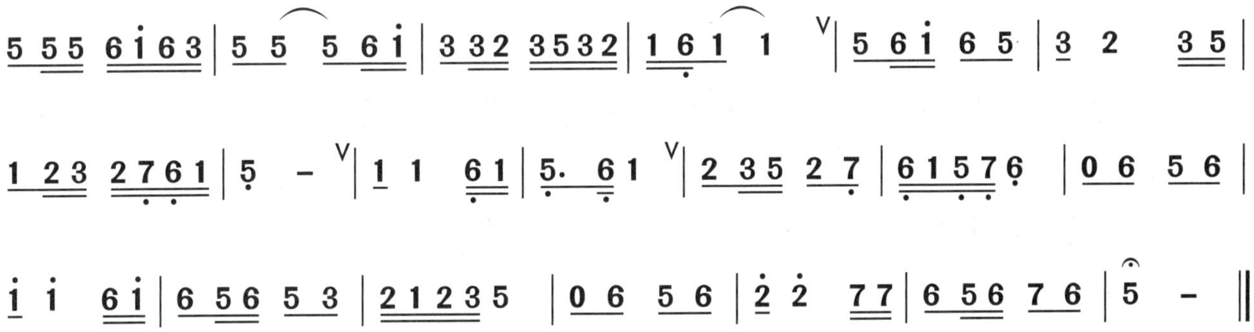

100.

1=A $\frac{2}{4}$

陕北民歌《三十里铺》

稍慢

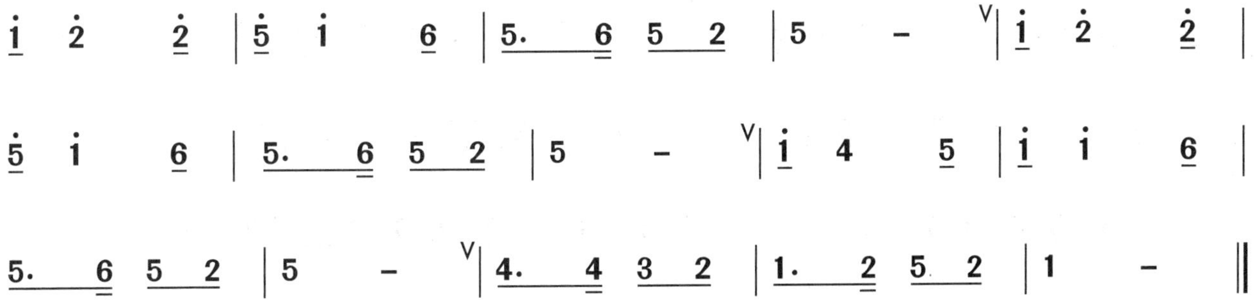

101.

$1=$♭A 4/4　　　　　　　　　　　　　　　　　　　　　　　洛德·柏吉斯曲

0 5 5 5 5 5 | 6 7 1 1 7 6 | 5 5 4 4 4 | 3 4 5 5 0 |

0 5 5 5 5 5 5 | 6 7 1 1 1 7 6 | 5 5 4 4 4 4 | 3 2 1 1 3 5 |

0 1 1 3. 3 | 2 2 4 4 - | 0 7 1 2 0 2 | 1 1 1 3 3 0 5 |

1 1 3 3 3 3 3 3 | 2 2 2 4 4 4 4 4 | 3 3 3 3 2 2 | 2 1 1 1 0 ‖

102.

$1=$♭E 4/4　　　　　　　　　　　　　　　　　　　《故乡的云》谭轩曲

5 1 | 1 1 2 2 2 5 | 3 2 1 - 1 5 | 1 1 1 2 2 2 | 3 4 3 - 3 5 |

1 1 1 2 2 2 5 | 3 2 1 - 1 3 5 | 6 6. 6 7 1 1 | 1 1 5 5 5 2 1 |

1 - 1 1 6 5 | 5 - - 5 3 | 2. 2 2 1 2 | 1̇6 - 6 5 2 1 |

1 - 1 1 6 5 | 5 - - 5 3 | 2. 2 2 1 2 | 1 - - ‖

103.

$1=$G 4/4　　　　　　　　　　　　　　　　　　　《梅花三弄》陈志远曲

3. 5 5 5 5 6 3 - | 1 2 3 6 5 - | 6 6 1 2 1 6 5 6 | 3 - - - |

6 6 1 6. 3 | 5 3 5 6 1 - | 6 1 2 3 5 3. 2 | 1 - - - |

5 5 5 3 5 6 1 7 | 6 - - 5 6 | 3. 5 1 6 1 5 | 2 - - - |

2. 1 2 3 5 3 | 2 - - 2 3 5 | 3. 6 5 2 3 2 1 | 1 - - - ‖

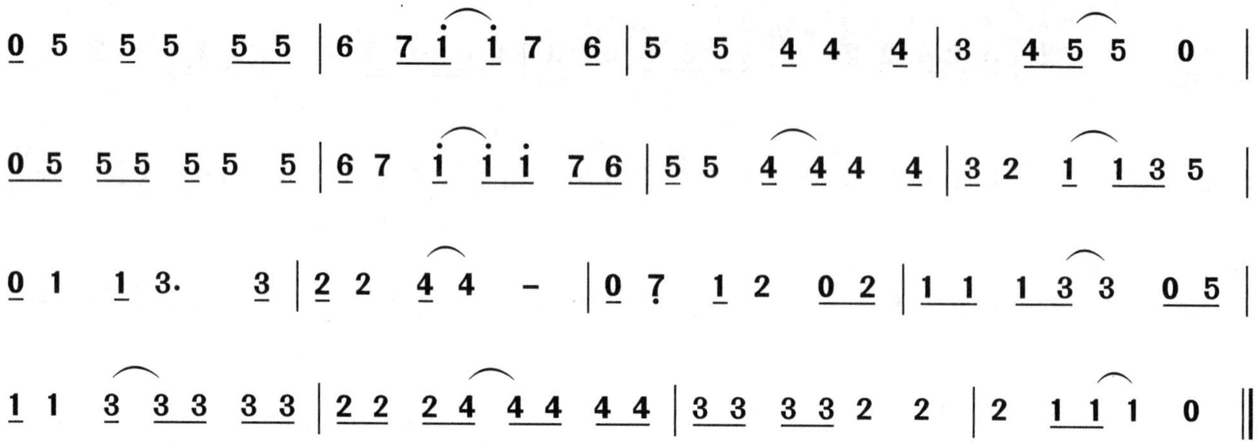

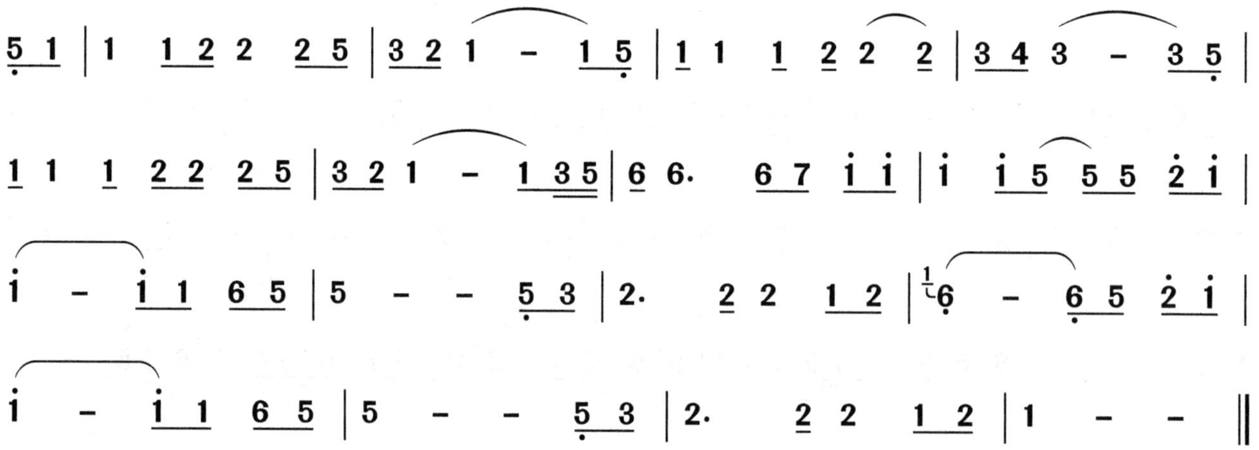

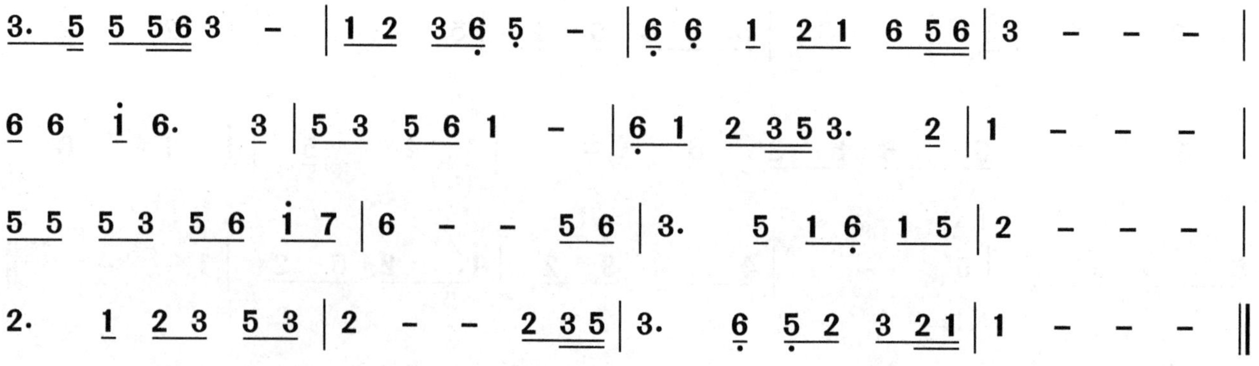

104.

1=E $\frac{4}{4}$

《明明白白我的心》李宗盛曲

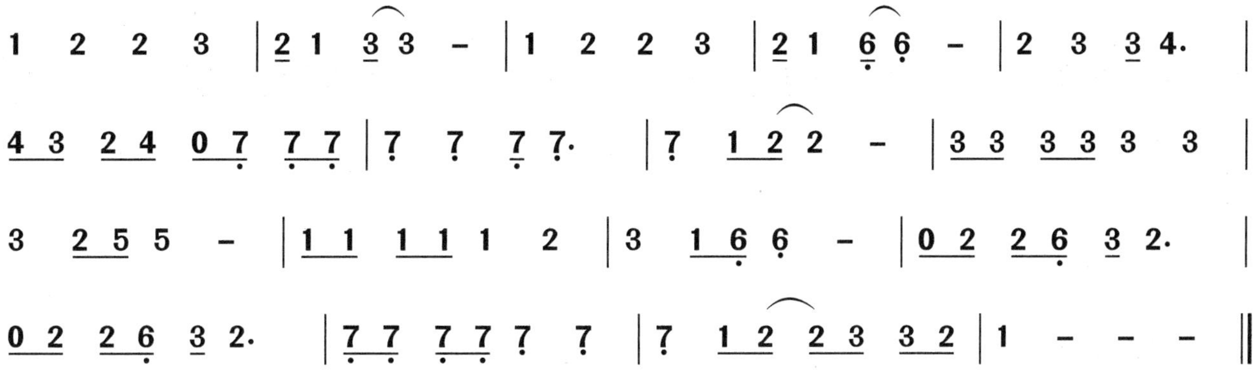

105.

1=C $\frac{4}{4}$

《寂寞先生》曹格曲

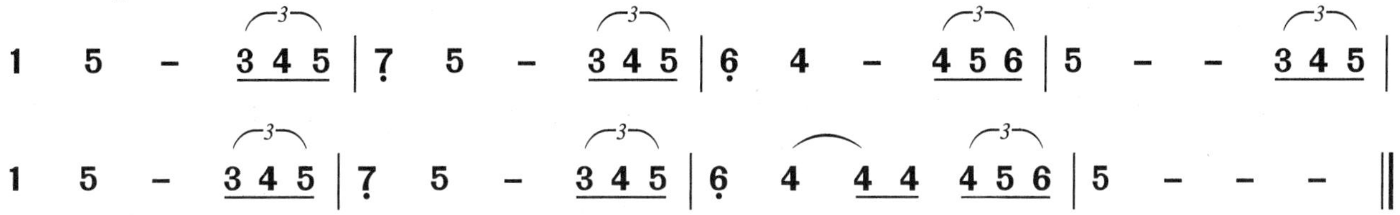

106.

1=F $\frac{4}{4}$

《南飞雁语》肖友梅曲

慢

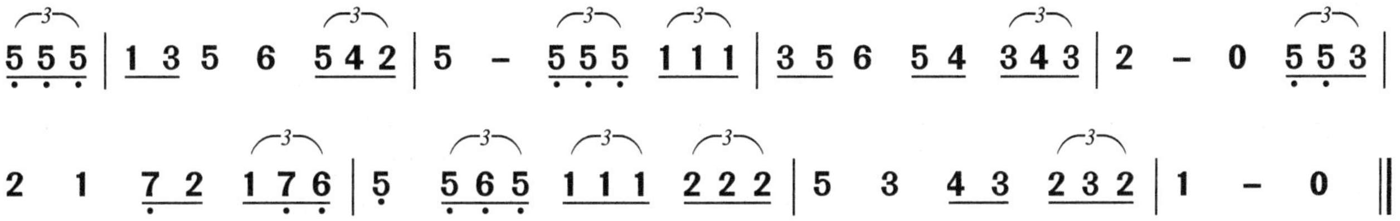

107.

1=F $\frac{3}{4}$

苏培曲

行板 富于表情地

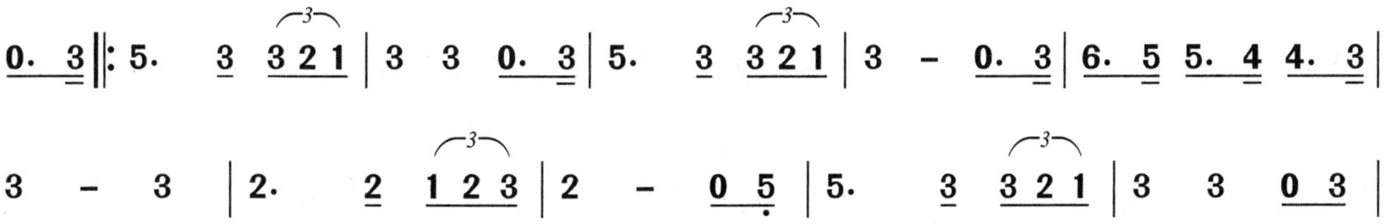

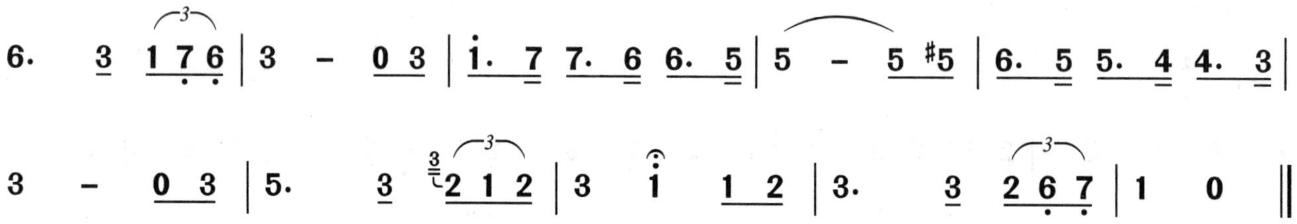

108.

1=D $\frac{3}{4}$

中板 有表情地

爱尔兰民歌

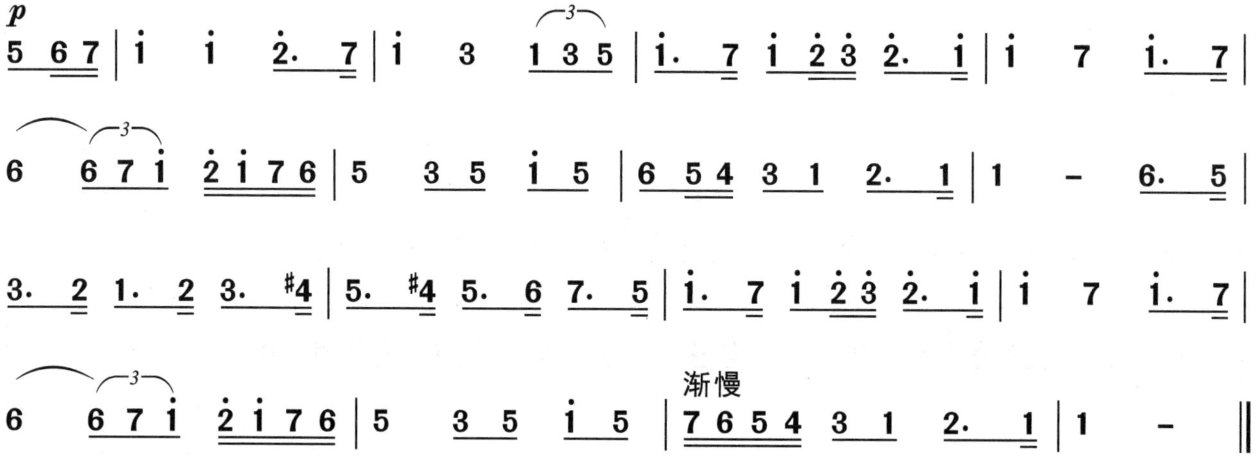

109.

1=A $\frac{3}{4}$

内蒙古民歌《四岁海溜马》

稍慢

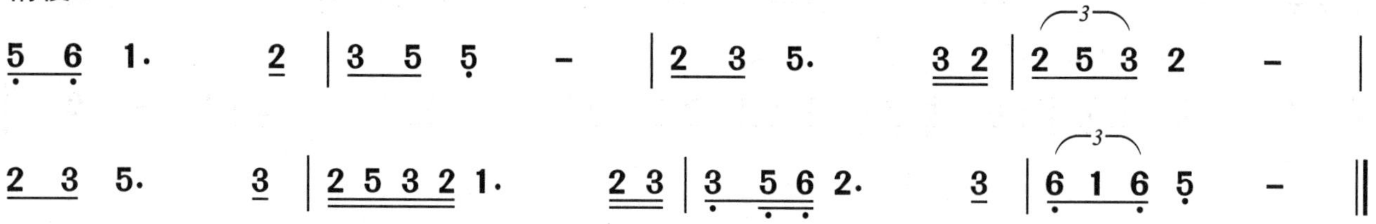

110.

1=C $\frac{4}{4}$

《新不了情》鲍比达曲

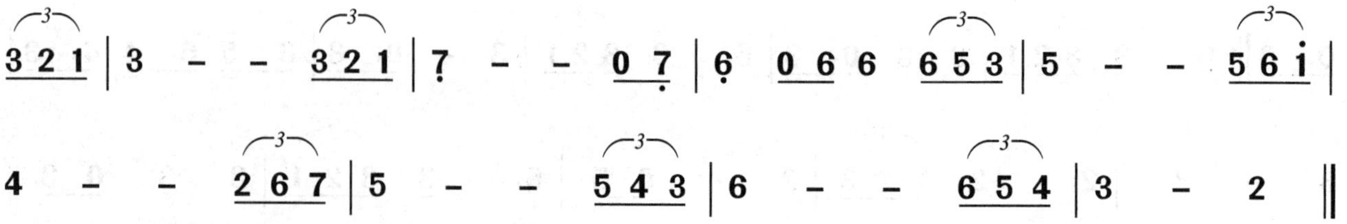

111

1=C 2/4   捷克民歌

3 3 2 | 1 1 6 | #5 6 7 5 | 3 0 | 3 3 2 | 1 1 6 | #5 6 7 5 |

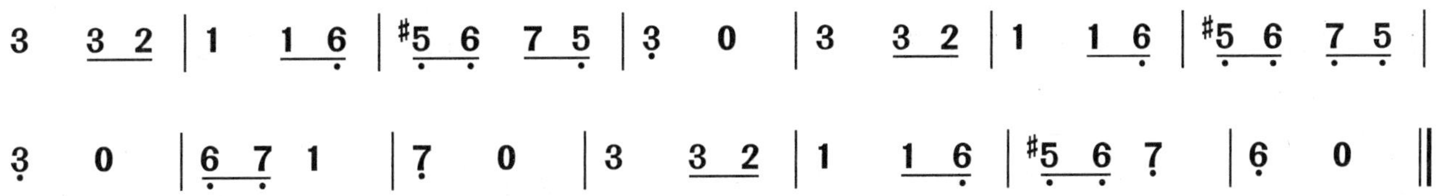

3 0 | 6 7 1 | 7 0 | 3 3 2 | 1 1 6 | #5 6 7 | 6 0 ‖

112.

1=F 2/4   叙利亚民歌

6 6 3 3 | 6 6 3 3 | 3 3 4 6 | #5 4 3 | 3 3 4 3 2 | 2 2 3 2 1 |

1 1 2 1 7 | 7 6 3 | 3 3 4 3 2 | 2 2 3 2 1 | 1 1 2 1 7 | 7 6 6 ‖

113.

1=D 4/4   巴西民歌《在路旁》

3 3 | 6 6 3 1 6 1 4 3 | 3 7 - 3 3 | 7 7 #5 3 3 2 1 7 | 6 - - 3 3 |

6 6 6 7 1 7 6 3 | 5 4 - 4 4 | 3 7 #5 3 2 1 7 | 6 - - ‖

114.

1=♭B 4/4   《爱情故事》弗朗西斯·莱曲

i 3 3 i i - | i 3 3 i i 3 4 3 | 2 2 2 7 7 - | 0 2 2 7 7 2 3 2 |

1 1 1 6 6 - | 0 1 1 6 6 1 2 1 | 7 7 7 #5 #5 - | #5 6 7 #5 | 3 - - - ‖

115.

1=E 4/4   印尼民歌《沙丽南地》

0 5 6 5 | 3. 4 2. #1 2 3 | ♮1 - 0 1 3 4 | 5. 6 4. 3 4 5 |

3 - 0 1 1 1 | 6. 7 i 7 6 | 5 - 0 3 5 i | 7 6 5 2 4 5 |

3 - 0 1 1 1 | 6. 7 i 7 6 | 5 - 0 3 5 i | 7 6 5 2 4 3 | 1 - ‖

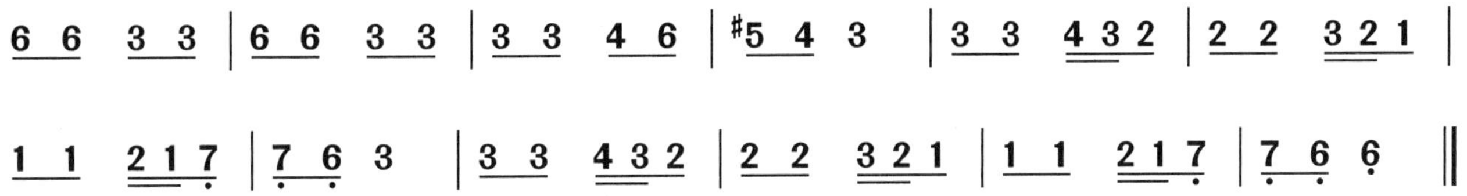

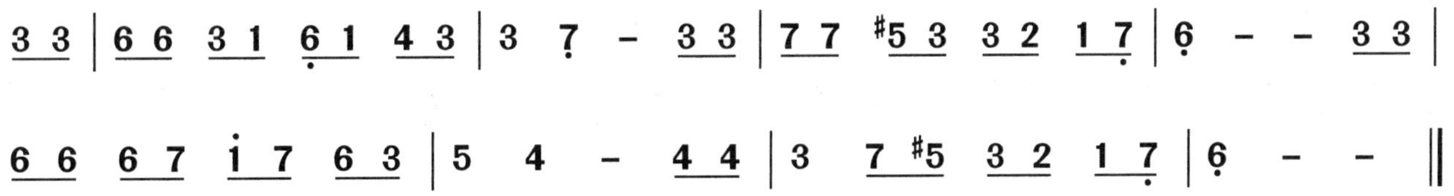

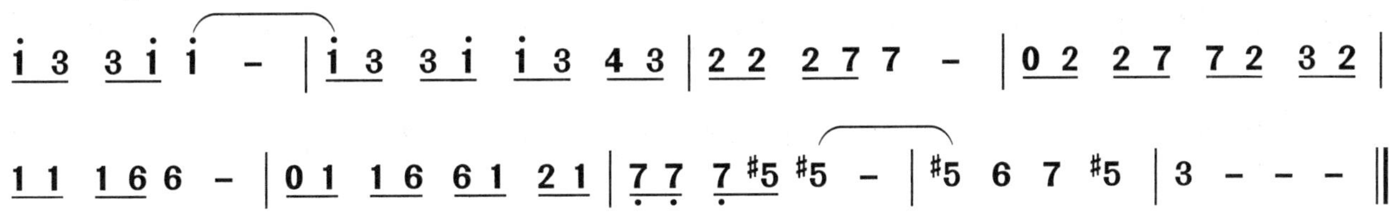

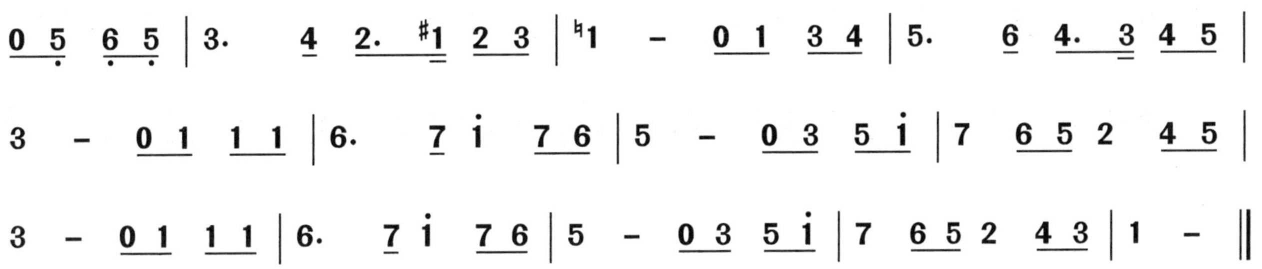

116.

1=F 2/4 《送上我心头的思念》施万春曲

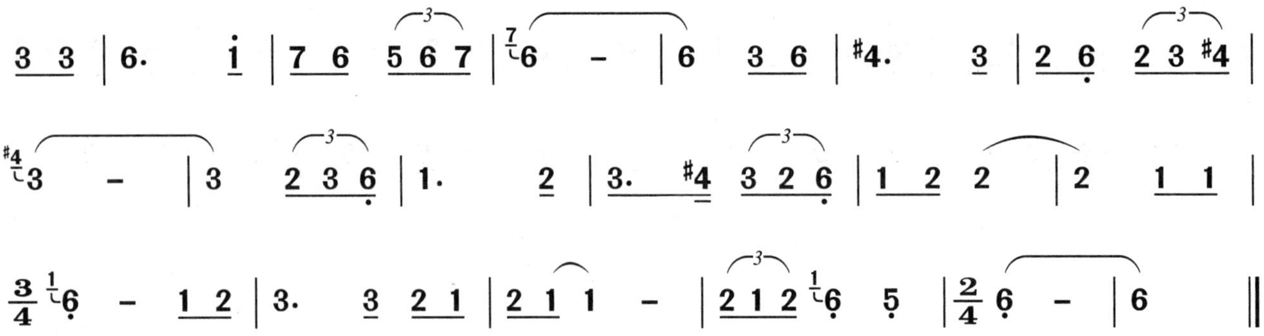

117.

1=F 2/4 《哈巴涅拉舞曲》比才曲

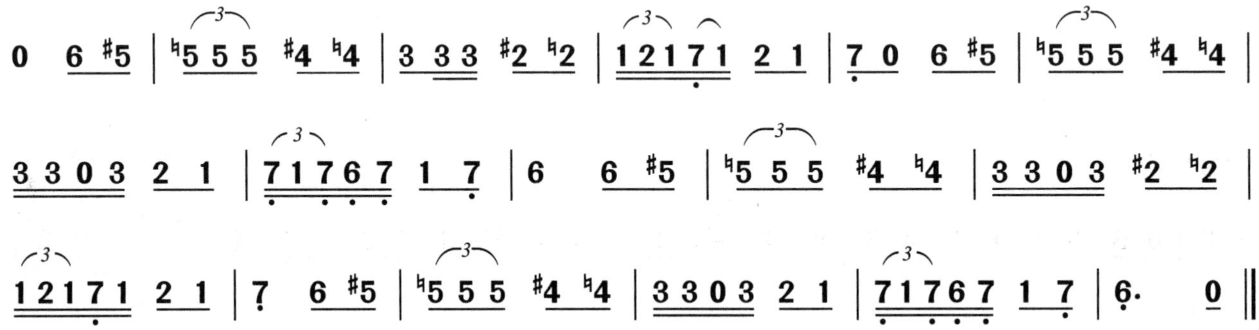

118.

1=G 3/4 《滚滚红尘》罗大佑曲

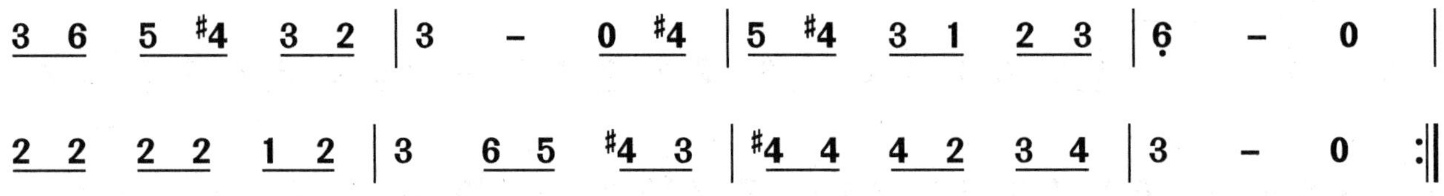

119.

1=C 4/4 《教父》N. 罗塔曲

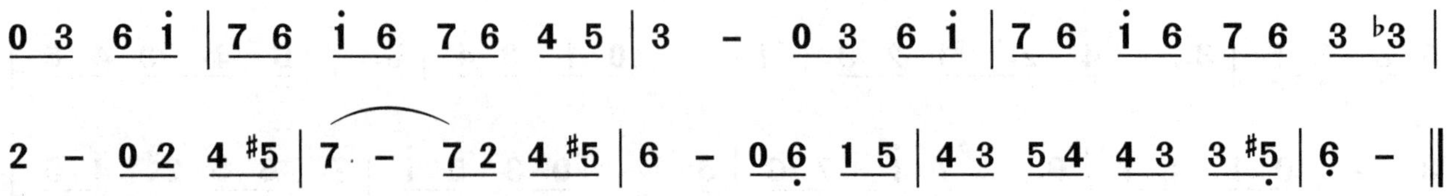

项目二 双声部旋律视唱

1.

1=G $\frac{4}{4}$

维吾尔族民歌《依拉拉》
王立民编配

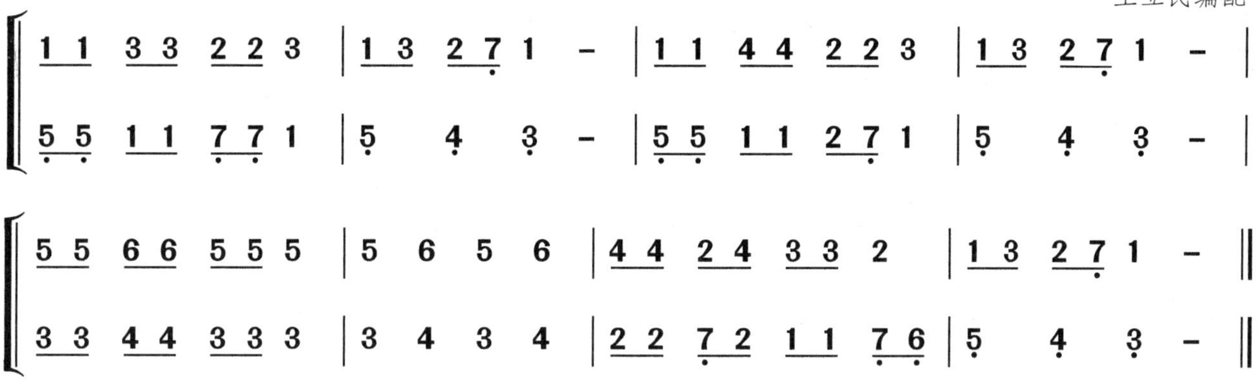

2.

1=A $\frac{3}{4}$

山东民歌《沂蒙山小调》
王立民编配

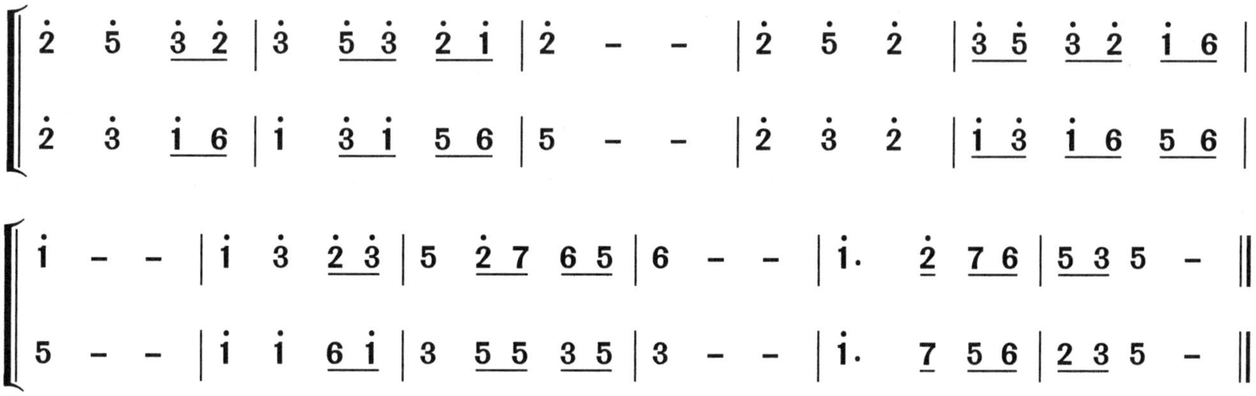

3.

1=F $\frac{2}{4}$

稍快、活泼地

刘为光编配

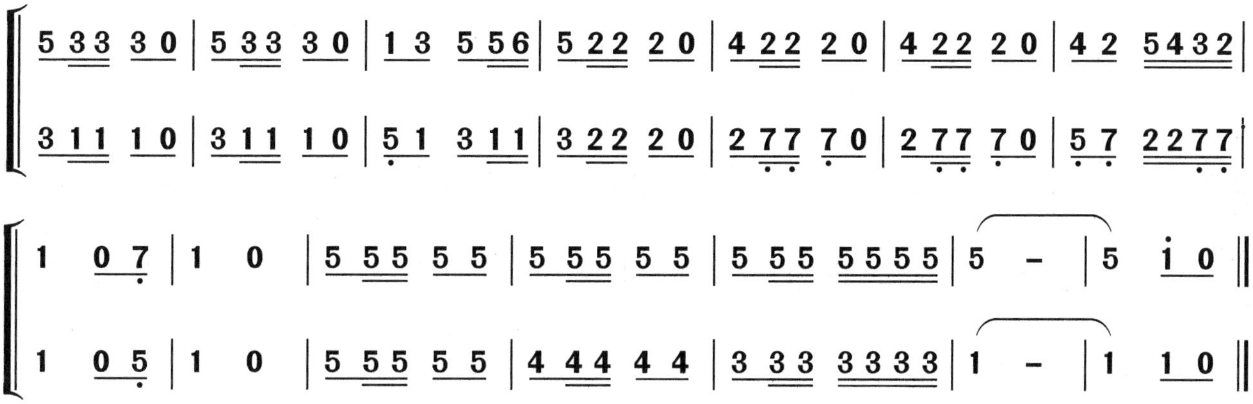

4.

1=G 3/4　　　　　　　　　　　　　　　　　　　　　格林卡曲

中快

$$\begin{Vmatrix} 3.\ 4\ 5.\quad 4 & | 3.\ 2\ 1.\quad 3 & | 4 6\ 2 4\ 7 2 & | 1 7 1 2 1\quad 5 & | \\ 1.\ 2\ 3.\quad 2 & | 1.\ 7\ 6.\quad 1 & | 2 3\ 2 1\ 7 5 & | 1 5 5 7 1\quad 5 & | \end{Vmatrix}$$

$$\begin{Vmatrix} 3.\ 4\ 5.\quad 4 & | 3.\ 2\ 1.\quad 3 & | 4 6\ 2 4\ 7 2 & | 1\quad 0\quad 0 & \| \\ 1.\ 2\ 3.\quad 2 & | 1.\ 7\ 6.\quad 1 & | 2 3\ 2 2\ 5 7 & | 1\quad 0\quad 0 & \| \end{Vmatrix}$$

5.

1=C 2/4　　　　　　　　　　　　　　　　　　　　　王立民编配

$$\begin{Vmatrix} 3\ 3\ 0 & | 5\ 5\ 0 & | 6.\ 7\ 1\ 6 & | 5\ - & | \dot{1}\ 5. & | 0\ 0\ 5\ 5 & | \dot{1}\ - & \| \\ 0\ 1\ 1\ 0 & | 3\ 3 & | 3.\ 4\ 5 4 & | 3\ - & | 0\ 0\ 3\ 1. & | 5\ 5 & | 3\ - & \| \end{Vmatrix}$$

6.

1=G 2/4　　　　　　　　　　　　　　　　　　　　　潘振声曲
　　　　　　　　　　　　　　　　　　　　　　　　　　江雷编配

欢快 活泼地

$$\begin{Vmatrix} 5.\quad 3 4 | 5.\quad 3 4 | 5 6\ 6 5 | 5 4\ 4 3 | 2 2\ 1 2 1 | 0 5\ 3\ 0 | \\ 3.\quad 1 2 | 3.\quad 1 2 | 3 4\ 4 3 | 3 2\ 2 1 | 7 7\ 6 7 1 | 0 5\ 1\ 0 | \end{Vmatrix}$$

$$\begin{Vmatrix} 5.\quad 3 4 | 5.\quad 3 4 | 5 6\ 6 5 | 5 4\ 4 3 | 2 2\ 3 2 1 | 0 5\ 1\ 0 \| \\ 3.\quad 1 2 | 3.\quad 1 2 | 3 4\ 4 3 | 3 2\ 2 1 | 7 7\ 6 7 1 | 0 5\ 1\ 0 \| \end{Vmatrix}$$

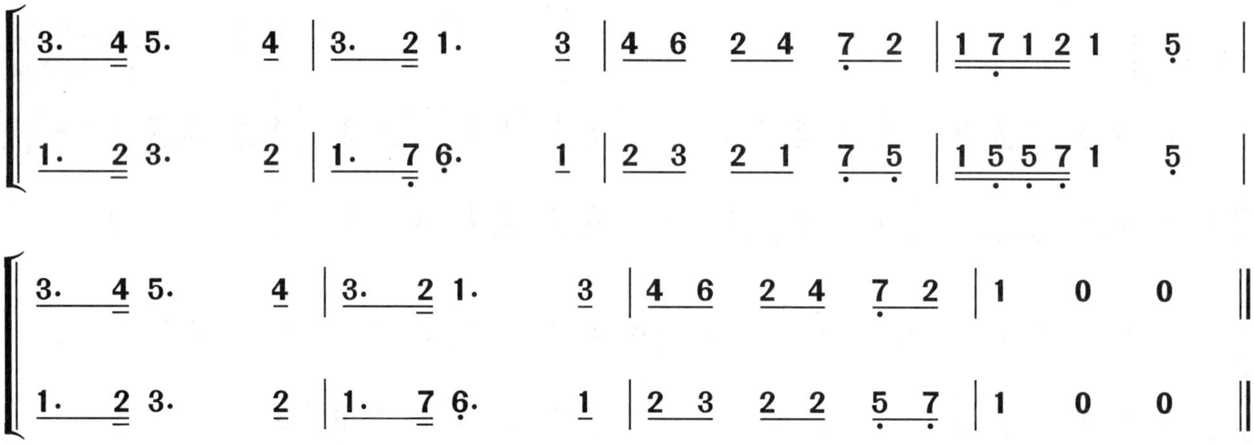

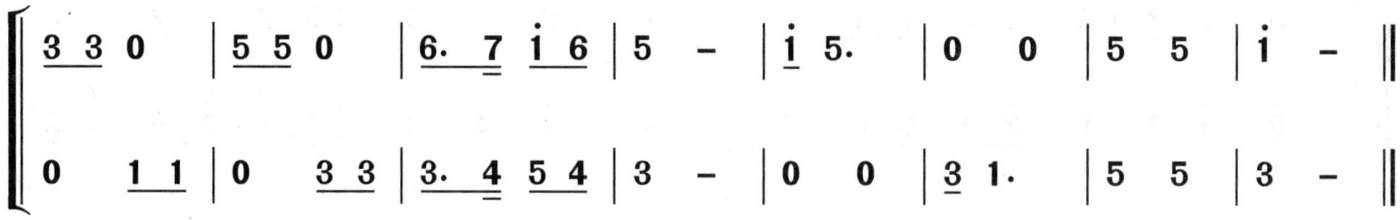

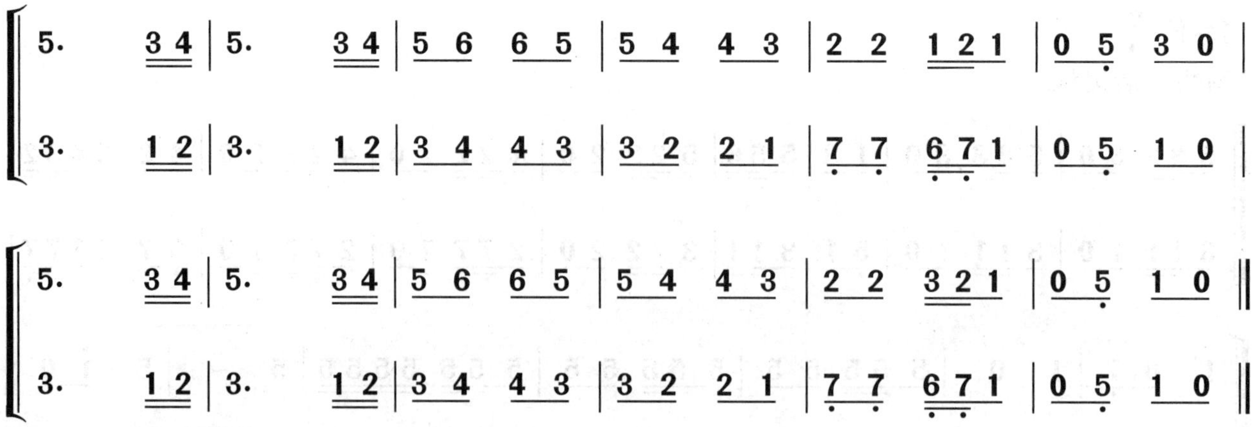

7.

1=C $\frac{4}{4}$

《秋思》江雷曲

稍慢、抒情地

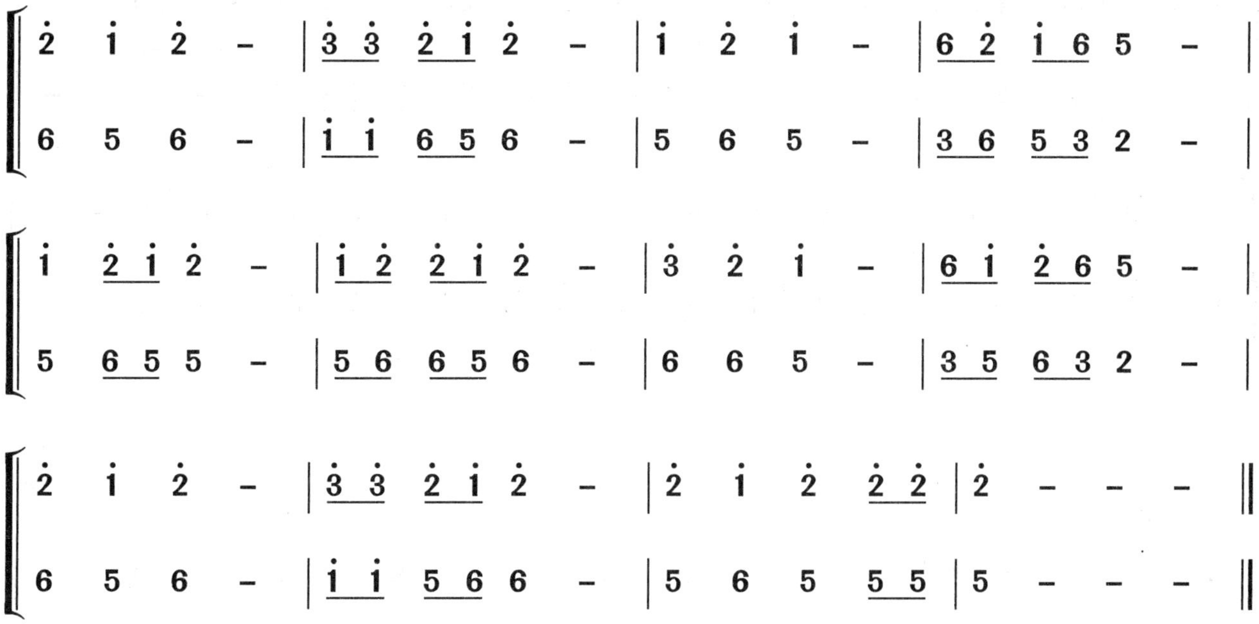

8.

1=C $\frac{2}{4}$

魏群曲

张燕云编配

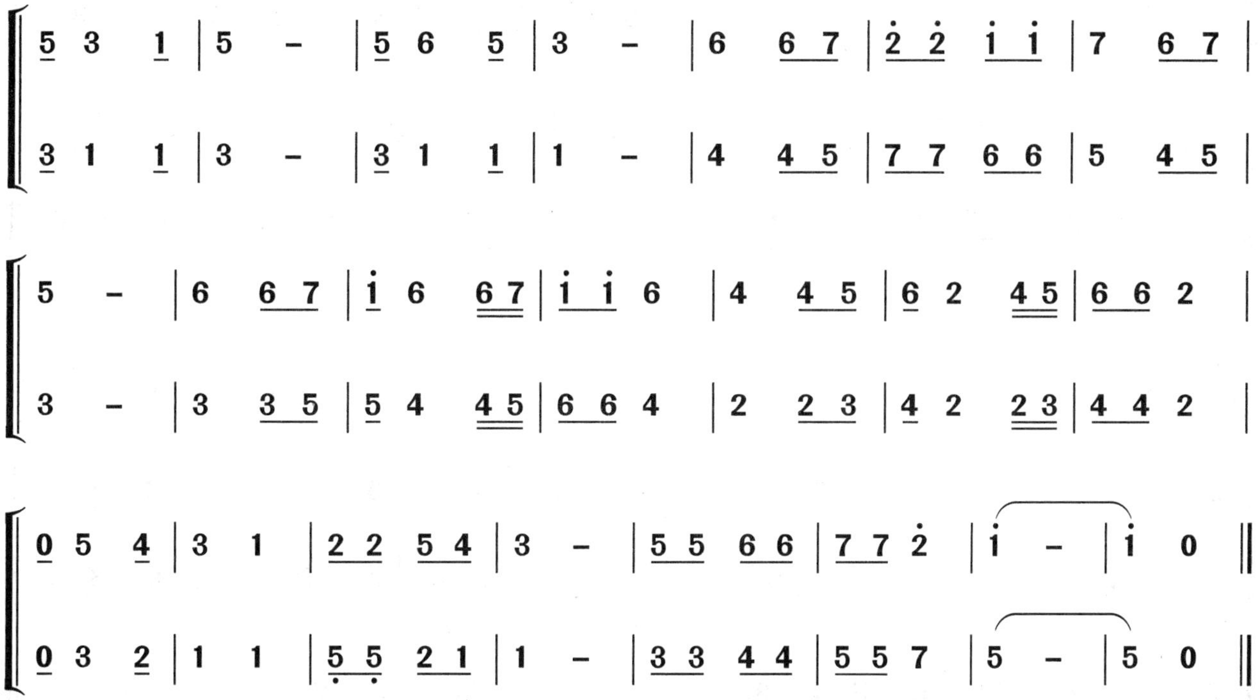

9.

俄罗斯歌曲
张燕云编配

1=C 3/4

$$
\begin{array}{l}
3\ 3\ 3\ |\ 5.\ ^\sharp\underline{4}\ 3\ |\ 5\ 5\ 5\ |\ 7.\ \underline{6}\ 5\ |\ 6\ 6\ 6\ |\ \dot{2}.\ \underline{\dot{1}\ 7\ 6}\ |\ 7\ -\ -\ |\ 7\ -\ -\ | \\
1\ 1\ 1\ |\ 3.\ \underline{2}\ 1\ |\ 3\ 3\ 3\ |\ 5.\ \underline{4}\ 3\ |\ 3\ 3\ 3\ |\ 5.\ \underline{1\ 5\ 4}\ |\ 5\ -\ -\ |\ 5\ -\ -\ |
\end{array}
$$

$$
\begin{array}{l}
\dot{3}\ \dot{3}\ \dot{3}\ |\ \dot{2}.\ \underline{\dot{1}\ 7}\ |\ \dot{1}\ 7\ 6\ |\ 5.\ \underline{4}\ 3\ |\ \dot{1}\ 7\ 6\ |\ 7\ 5\ 7\ |\ \dot{1}\ -\ -\ |\ \dot{1}\ -\ -\ \| \\
\dot{1}\ \dot{1}\ \dot{1}\ |\ 7.\ \underline{6}\ 5\ |\ 5\ 5\ 4\ |\ 3.\ \underline{2}\ 1\ |\ 5\ 5\ 4\ |\ 5\ 3\ 5\ |\ 3\ -\ -\ |\ 3\ -\ -\ \|
\end{array}
$$

10.

捷克民歌
王立民编配

1=C 3/4

$$
\begin{array}{l}
5\ -\ 4\ |\ 3\ 5\ \dot{1}\ |\ 7\ 6\ 7\ |\ \dot{1}\ 5\ 0\ |\ 5\ -\ 4\ |\ 3\ 5\ \dot{1}\ | \\
3\ -\ 2\ |\ 1\ 3\ 5\ |\ 5\ 4\ 5\ |\ 5\ 3\ 0\ |\ 3\ -\ 2\ |\ 1\ 3\ 5\ |
\end{array}
$$

$$
\begin{array}{l}
7\ 6\ 7\ |\ \dot{1}\ -\ 0\ |\ \dot{2}\ 5\ \underline{5\ 0}\ |\ \underline{5\ 5}\ \underline{5\ 5}\ \underline{5\ 0}\ |\ \dot{2}\ 5\ 5\ | \\
5\ 4\ 5\ |\ 5\ -\ 0\ |\ 5\ 3\ \underline{3\ 0}\ |\ \underline{3\ 3}\ \underline{3\ 3}\ \underline{3\ 0}\ |\ 5\ 3\ 3\ |
\end{array}
$$

$$
\begin{array}{l}
\underline{5\ 5}\ \underline{5\ 5}\ \underline{5\ 0}\ |\ 5\ -\ 4\ |\ 3\ 5\ \dot{1}\ |\ 7\ 6\ 7\ |\ \dot{1}\ -\ \underline{\dot{1}\ 0}\ \| \\
\underline{3\ 3}\ \underline{3\ 3}\ \underline{3\ 0}\ |\ 3\ -\ 2\ |\ 1\ 3\ 5\ |\ 5\ 4\ 5\ |\ 5\ -\ \underline{5\ 0}\ \|
\end{array}
$$

11.

台湾歌曲《世上只有妈妈好》
张燕云编配

1=F 2/4

$$
\begin{array}{l}
6.\ \underline{5}\ |\ 3\ 5\ |\ \dot{1}\ \underline{6\ 5}\ |\ 6\ -\ |\ 3\ \underline{5\ 6}\ |\ 5\ \underline{3\ 2}\ |\ \underline{1\ 6}\ 5\ 3\ | \\
3.\ \underline{2}\ |\ 1\ 2\ |\ 5\ \underline{3\ 5}\ |\ 3\ -\ |\ 1\ \underline{2\ 3}\ |\ 3\ \underline{3\ 2}\ |\ \underline{1\ 6}\ 3\ 1\ |
\end{array}
$$

$$
\begin{array}{l}
2\ -\ |\ 2\ \underline{2\ 3}\ |\ 5\ \underline{5\ 6}\ |\ 3.\ \underline{2}\ |\ 1\ -\ |\ 5.\ \underline{3}\ |\ \underline{2\ 1}\ \underline{6\ 1}\ |\ \underline{\dot{5}}\ -\ \| \\
2\ -\ |\ 2\ \underline{2\ 1}\ |\ 3\ \underline{3\ 3}\ |\ 1.\ \underline{5}\ |\ 6\ -\ |\ 3.\ \underline{1}\ |\ 2\ 6\ |\ 5\ -\ \|
\end{array}
$$

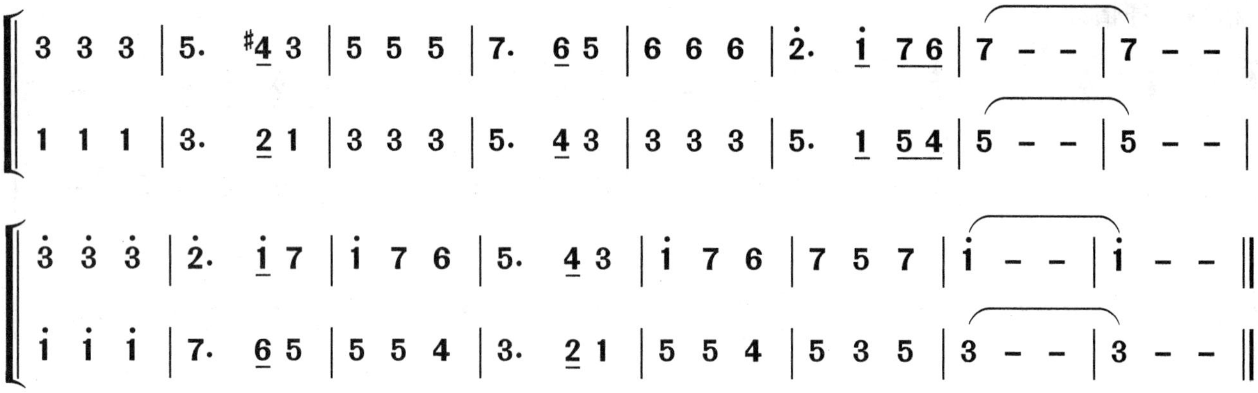

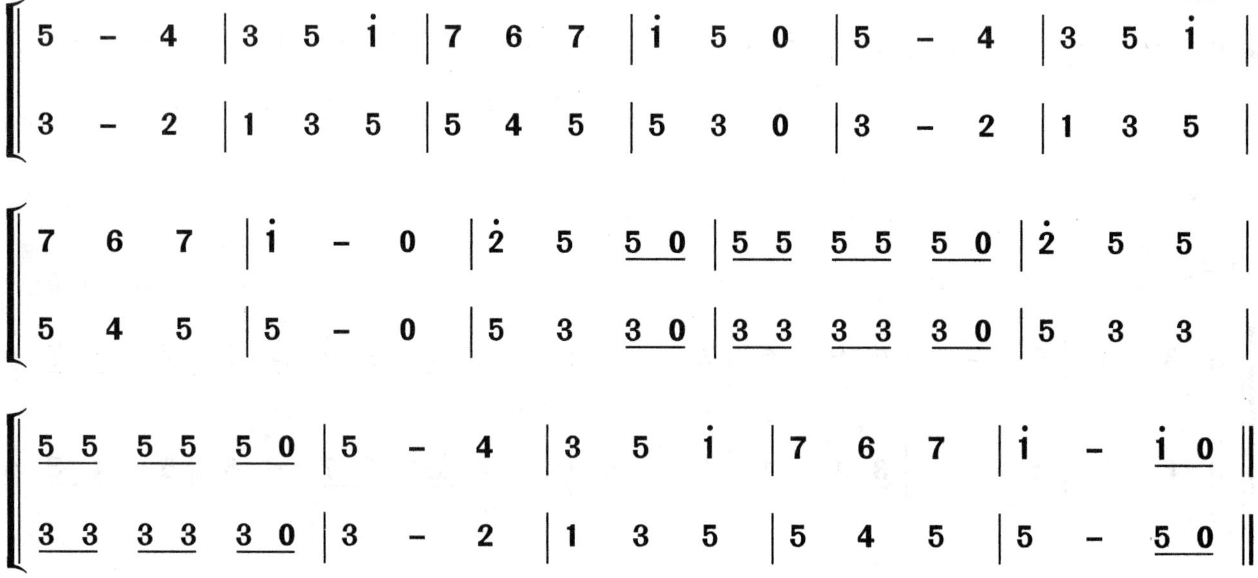

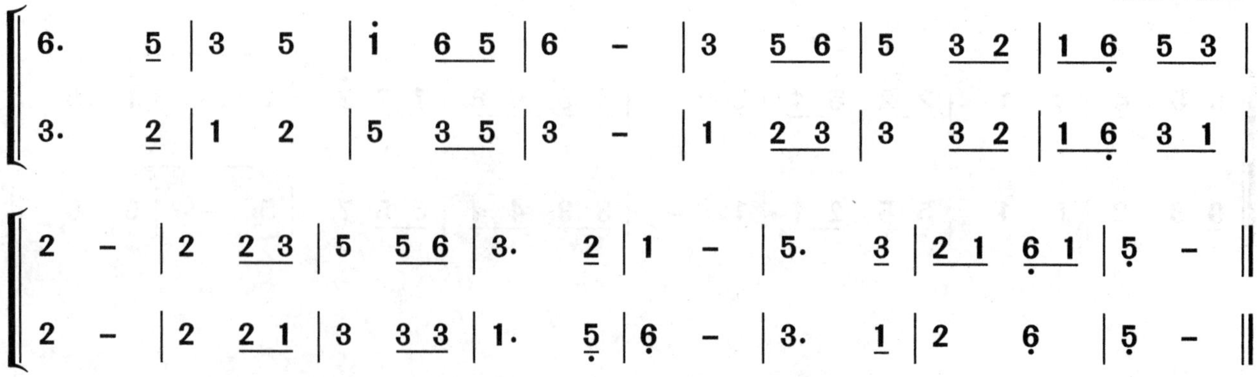

12.

1=F $\frac{2}{4}$

苏格兰民歌《友谊地久天长》

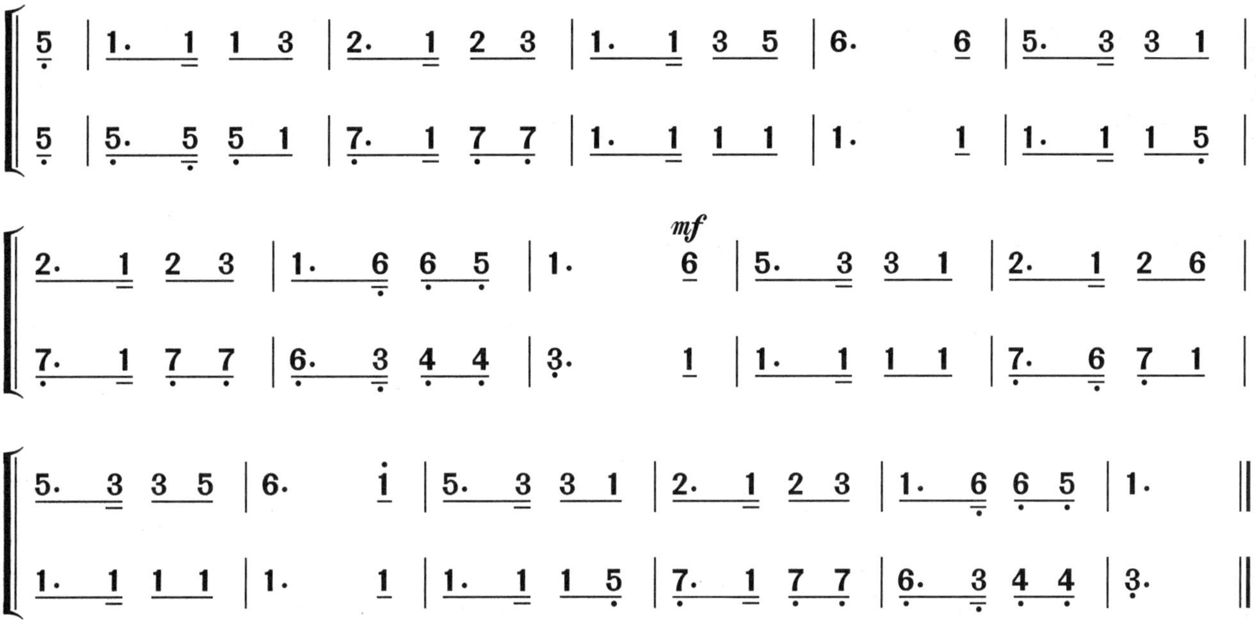

13.

1=E $\frac{4}{4}$

《同一首歌》孟卫东曲
郑克宁编配

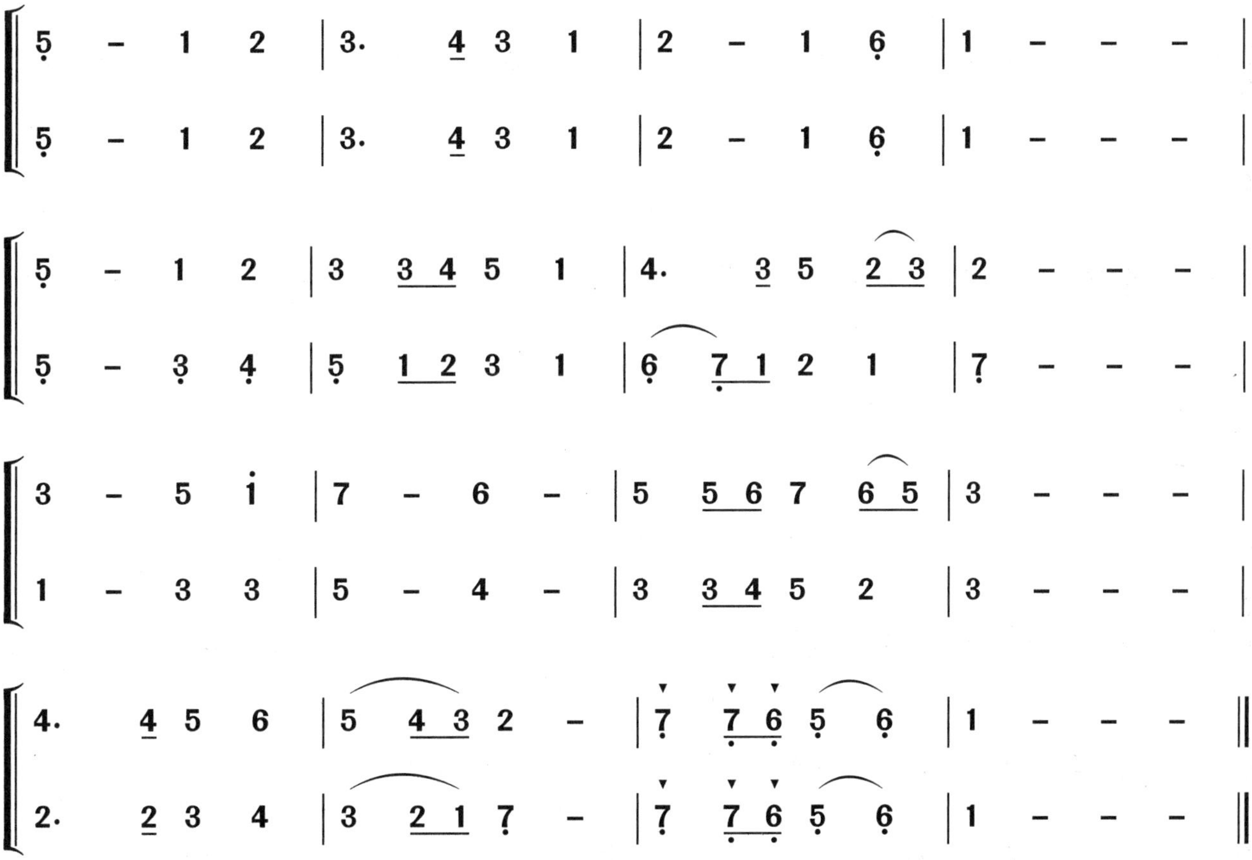

14.

《雪绒花》理查德·罗杰斯曲
张燕云编配

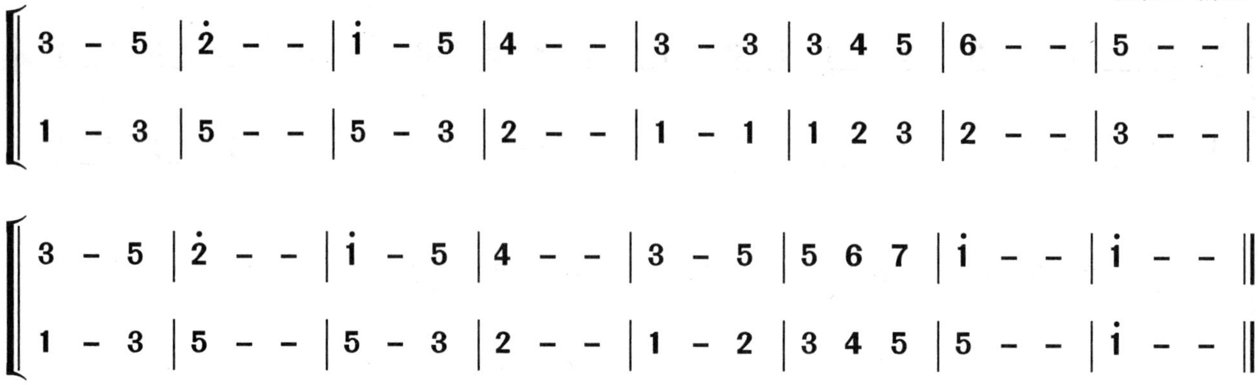

1=♭E 3/4

```
| 3 - 5 | 2̇ - - | 1̇ - 5 | 4 - - | 3 - 3 | 3 4 5 | 6 - - | 5 - - |
| 1 - 3 | 5 - - | 5 - 3 | 2 - - | 1 - 1 | 1 2 3 | 2 - - | 3 - - |

| 3 - 5 | 2̇ - - | 1̇ - 5 | 4 - - | 3 - 5 | 5 6 7 | 1̇ - - | 1̇ - - ||
| 1 - 3 | 5 - - | 5 - 3 | 2 - - | 1 - 2 | 3 4 5 | 5 - - | 1 - - ||
```

15.

《歌声与微笑》谷建芬曲

1=♭E 2/2

```
| 1̇ 1̇ 1̇ 1̇ | 6. 7 1̇ - | 1̇ 1̇ 1̇ 1̇ | 6. 7 1̇ - | 2̇. 2̇ 2̇ 2̇ |
| 6 6 6 6 | 4. 5 6 - | 6 6 6 6 | 4. 5 6 - | 4. 4 4 4 |

| 1̇ - 2̇ - | 7 - - - | 7 - - - | 1̇ 1̇ 1̇ 1̇ | 6. 7 1̇ - | 1̇ 1̇ 1̇ 1̇ |
| 4 - 6 - | 3 - - - | #5 - - - | 6 6 6 6 | 4. 5 6 - | 6 6 6 6 |

| 6. 7 1̇ - | 2̇. 2̇ 2̇ 1̇ | 7 - #5 7 | 6 - - - | 6 - - - ||
| 4. 5 6 - | 4. 4 4 6 | #5 - 3 2 | 6 - - - | 6 - - - ||
```

16.

《让我们荡起双桨》刘炽曲

1=♭E 2/4

```
| 3 - | 6.  6 | 5 4 3 | 2 - | 3.  5 | 6 1̇ 2̇ |
| 1 - | 4.  4 | 3 2 1 | 7̣ - | 1.  7̣ | 6̣ 5̣ |

| 0 1 2 | 3 5. 5 | 6 1̇ | 7 6 5 3 | 6 - | 6 - ||
| 0 6̣ 7̣ | 1 3. 3 | 4 - | 2. 3 | 6̣ - | 6̣ - ||
```

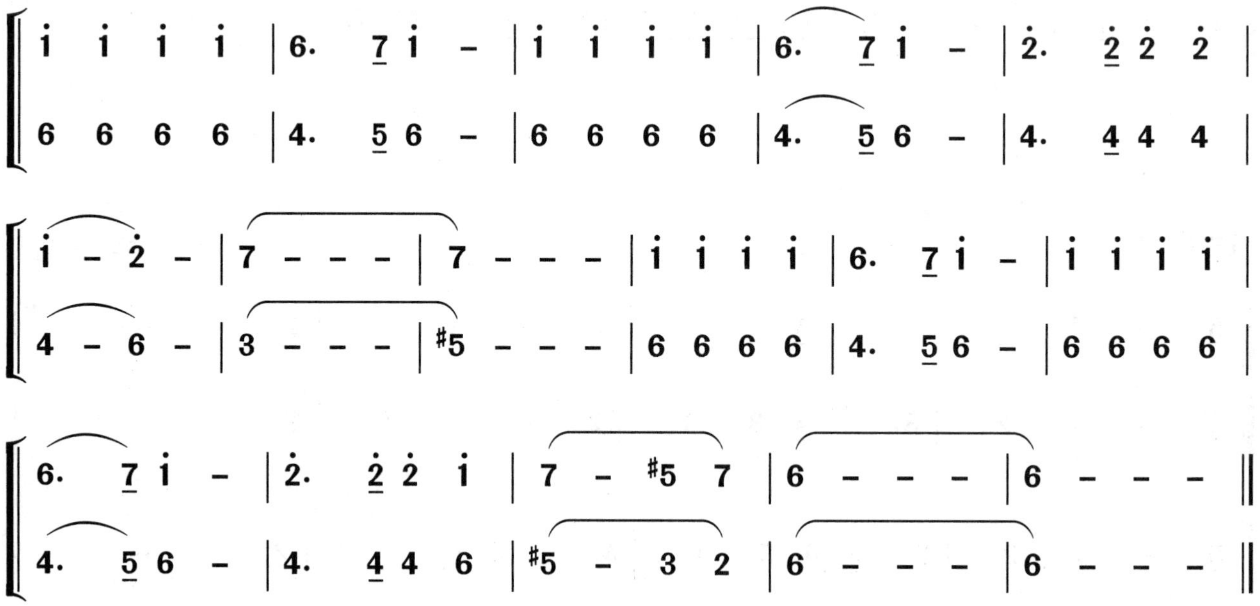

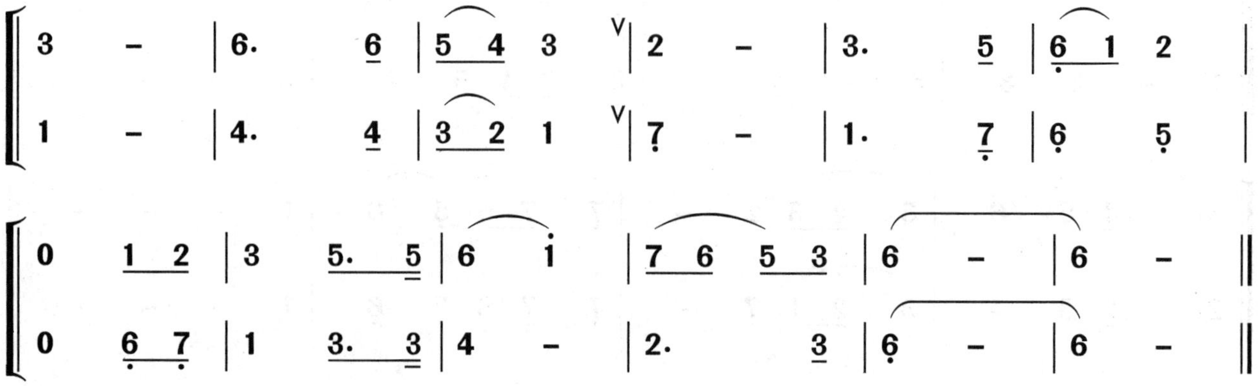

17.

1=F $\frac{2}{4}$ 《小乌鸦爱妈妈》何英曲

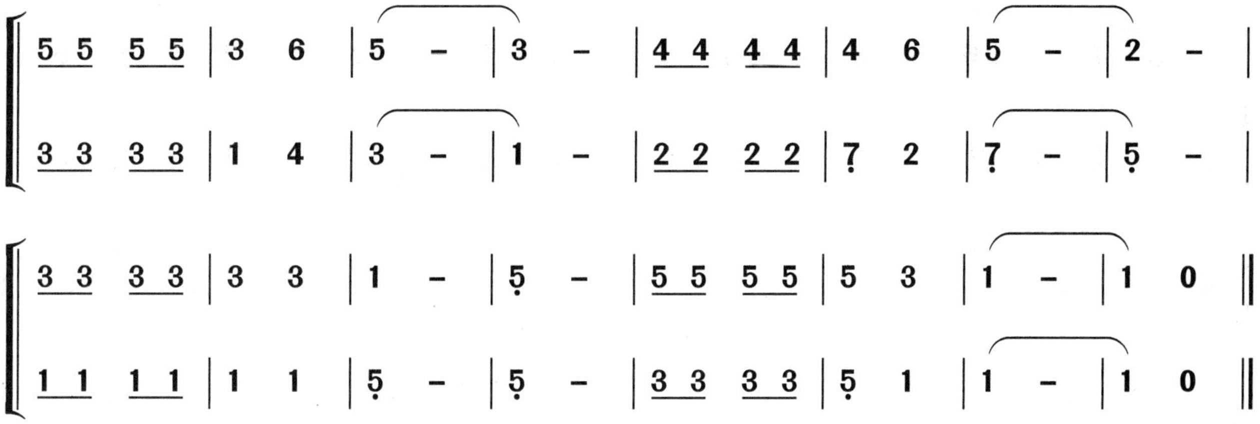

18.

1=D $\frac{6}{8}$ 俄罗斯民歌《纺织姑娘》

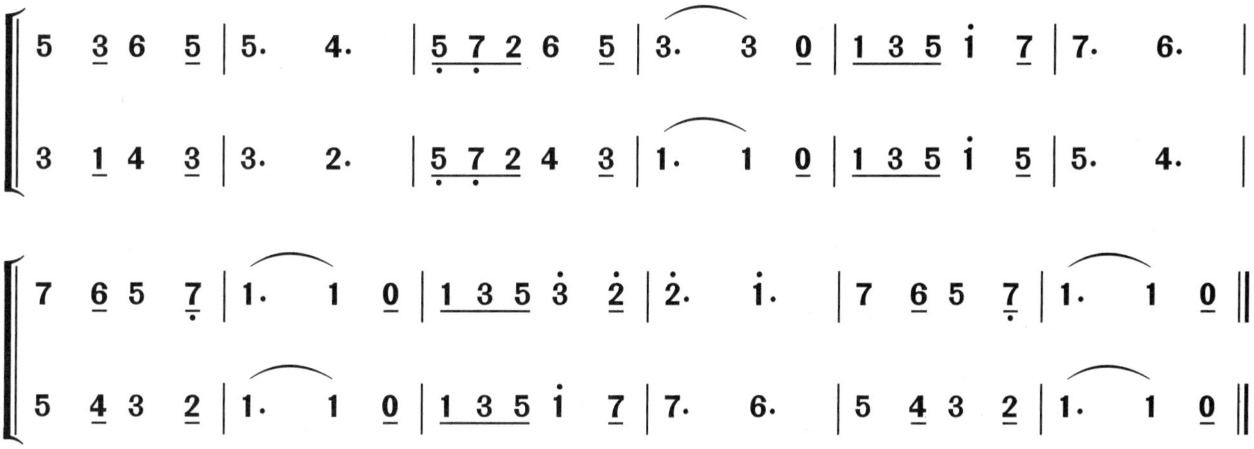

19.

1=G $\frac{4}{4}$ 美国民歌《雅拉玛》

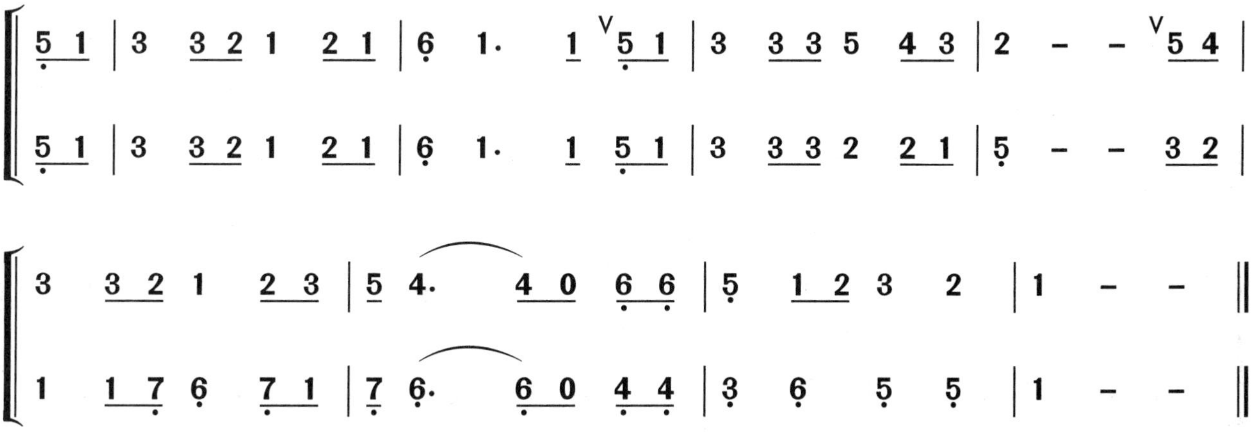

20.

1=G 4/4   《欢乐颂》贝多芬曲

```
| 3 3 4 5 | 5 4 3 2 | 1 1 2 3 | 3. 2 2 - | 3 3 4 5 |
| 1 1 2 3 | 3 2 1 5̣ | 1 1 5̣ 1 | 1. 7̣ 7̣ - | 1 1 2 3 |

| 5 4 3 2 | 5 4 3 2 | 1 1 2 3 | 2. 1 1 - ||
| 3 2 1 5̣ | 3 2 1 5̣ | 1 1 5̣ 1 | 5̣. 1 1 - ||
```

21.

1=C 2/4   美国民歌《铃儿响叮当》

```
| 3 3 3 | 3 3 3 | 3 5 1. 2 | 3 - | 4 4 4. 4 |
| 1 1 1 | 1 1 1 | 1 3 1. 2 | 1 - | 1 1 1. 1 |

        |1.                        |2.
| 4 3 3 3 3 | 3 2 2 1 | 2 5 :|| 5 5 4 2 | 1 - ||
| 1 3 3 3 3 | 3 2 2 1 | 7̣ 2 :|| 2 2 2 7̣ | 1 - ||
```

22.

1=F 3/4   日本民歌《红蜻蜓》

```
| 5̣ 1 1. 2 | 3 5 i 6 5 | 6 1 1 2 | 3 - 0 |
| 5̣ 1 1. 7̣ | 1 3 4 3 | 3 1 6̣ 7̣ | 1 - 0 |

| 3 6 5. 6 | i 6 5 6 5 3 | 5 3 1 3 2 1 | 1 - 0 ||
| 1 3 3. 1 | 5 4 3 3 1 | 3 5 5̣ | 7̣ 5̣ 5̣ - 0 ||
```

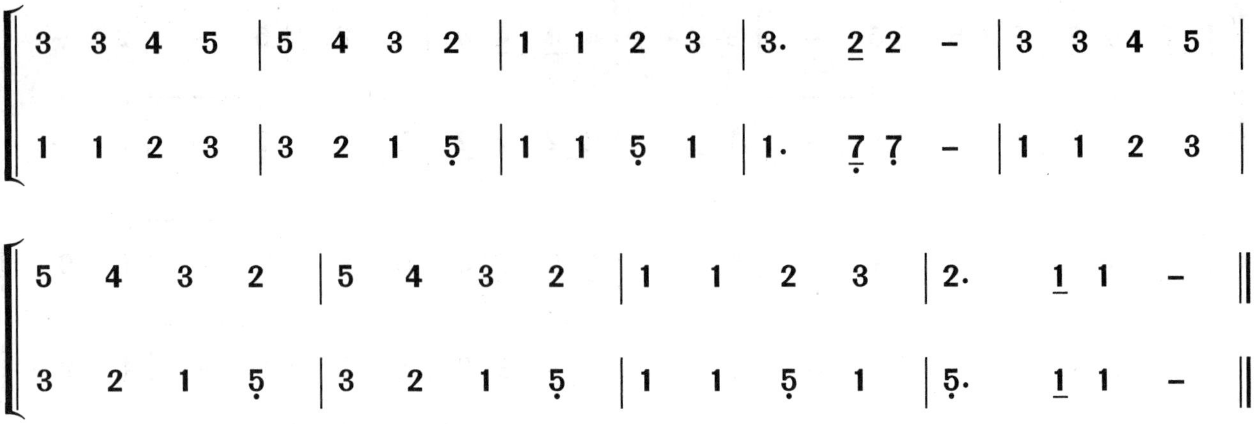

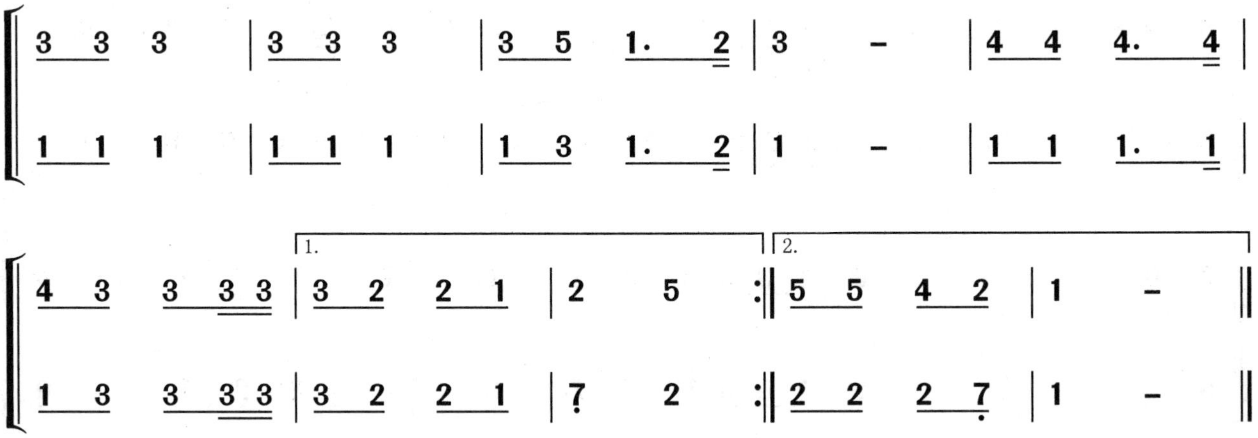

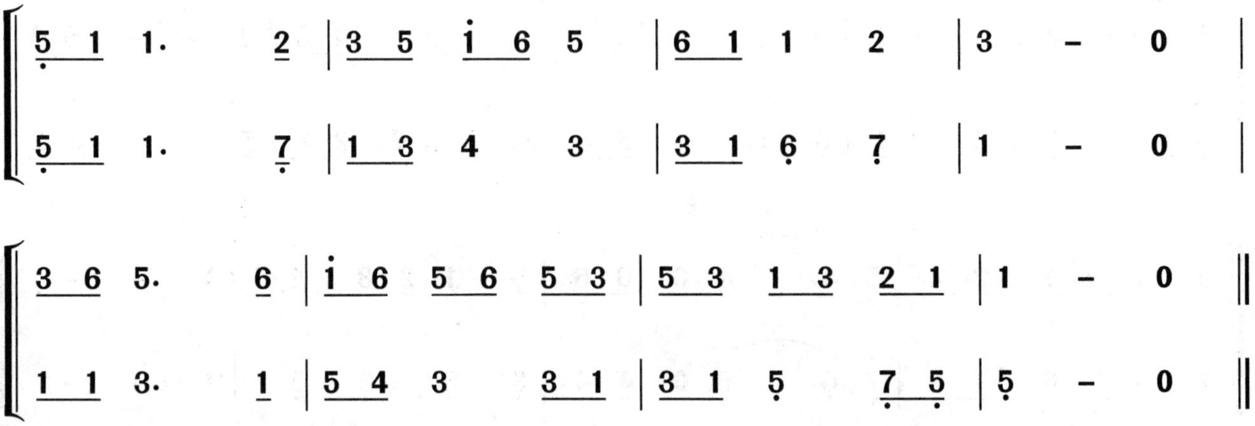

项目三 带词视唱

1. 箫

汉族民歌

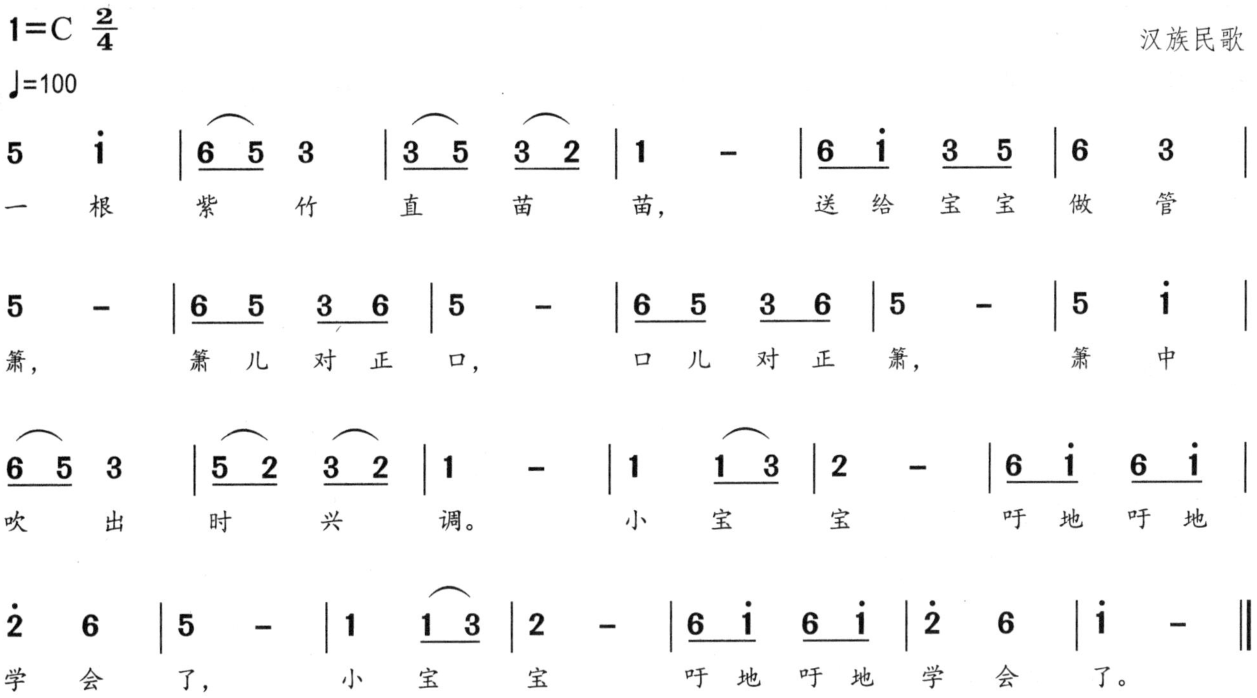
1=C 2/4
♩=100
一根紫竹直苗苗，送给宝宝做管
箫，箫儿对正口，口儿对正箫，箫中
吹出时兴调。小宝宝吁地吁地
学会了，小宝宝吁地吁地学会了。

2. 我是一粒米

陈植词
黄振奋曲

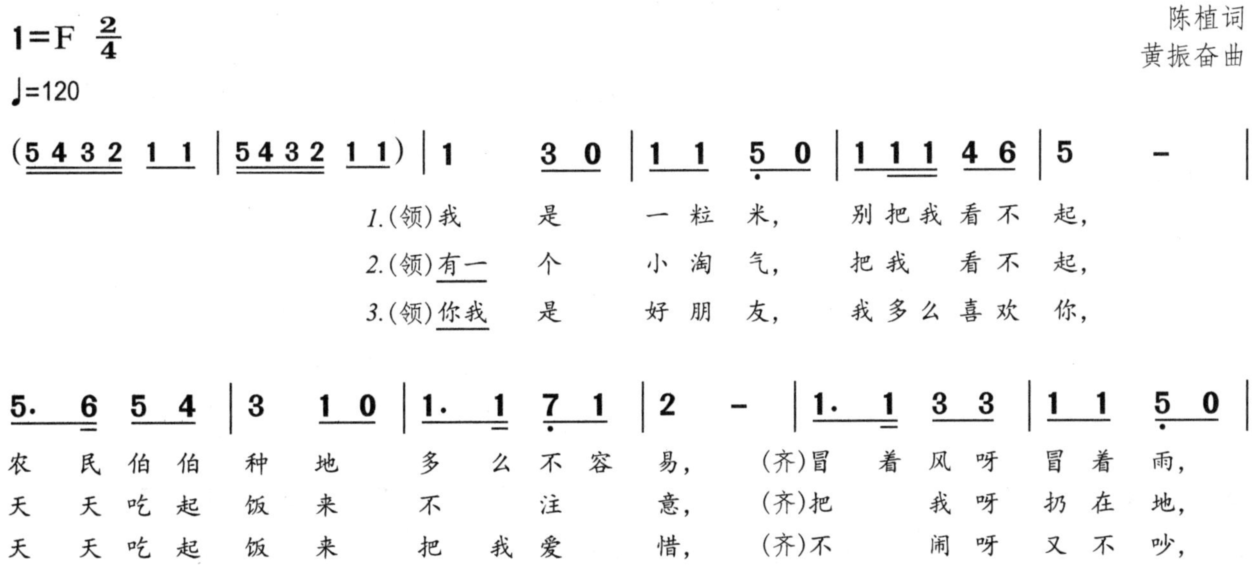
1=F 2/4
♩=120
1.(领)我是一粒米，别把我看不起，
2.(领)有一个小淘气，把我看不起，
3.(领)你我是好朋友，我多么喜欢你，
农民伯伯种地多么不容易，(齐)冒着风呀冒着雨，
天天吃起饭来不注意，(齐)把我呀扔在地，
天天吃起饭来把我爱惜，(齐)不闹呀又不吵，

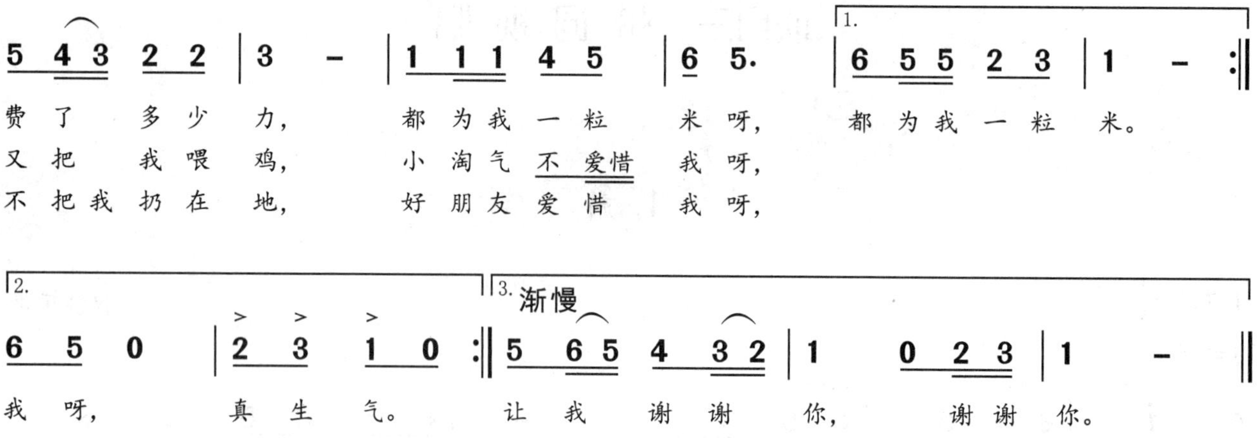

| 5 4̂ 3 2 2 | 3 - | 1 1 1 4 5 | 6 5. | 1. 6 5 5 2 3 | 1 - :||

费了 多少 力，　都为我一粒 米呀，　都为我一粒 米。
又把 我喂 鸡，　小淘气不爱惜 我呀，
不把 我扔在 地，　好朋友爱惜 我呀，

| 2. 6 5 0 | 2 3 1 0 :|| 3.渐慢 5 6̂ 5 4 3 2 | 1 0 2 3 | 1 - ||

我呀，　真生 气。　让我 谢谢 你，　谢谢 你。

3. 红 公 鸡

1=F 2/4　　　　　　　　　　　　　　　　　　　　　佚名词
♩=120　　　　　　　　　　　　　　　　　　　　　陈天戈曲

| 5 1̂ 3 2 3 | 1 1 1 | 5 5 3 2̂ 1 | 2 2 2 | 3. 2 1 2 | 3 - | 3. 2 1 3 |

红公鸡　咯咯咯，抓抓脸蛋笑话我。笑 我 不学 习，　笑 我 不干

| 5 - | 6 6 6 6 3 | 6 3 5 | 5. 3 2 3 | 1 - :|| 5 1̂ 3 2 3 | 1 1 1 |

活，　只知道伸手要馍馍，羞 也 羞死 啰！　红公鸡　咯咯咯，

| 5 5 3 1 | 2 2 2 | 3 2 3 1 3 | 5 6 5 | 6. 5 2 3 | 1 - ||

请你别再笑话我，从今我一定要改过，学 习 又 干活。

4. 花园里的洋娃娃

1=F 4/4　　　　　　　　　　　　　　　　　　　　　周伯阳词
♩=148　　　　　　　　　　　　　　　　　　　　　苏春涛曲

| 5. 5̲ 3 2 | 3 2 1 - | 3. 2 1 6̣ | 5̣ 6̣ 5̣ - |

1.妹　妹背着洋娃 娃，　　走 到花园来看 花，
2.姐　姐抱着洋娃 娃，　　走 到花园来玩 耍，

| 6̣. 6̣ 1 6̣ | 1 2 3 - | 2. 2 5 5 | 2 3 1 - ||

娃　娃哭了叫妈妈，　花 上蝴蝶笑哈哈。
娃　娃饿了叫妈妈，　树 上小鸟笑哈哈。

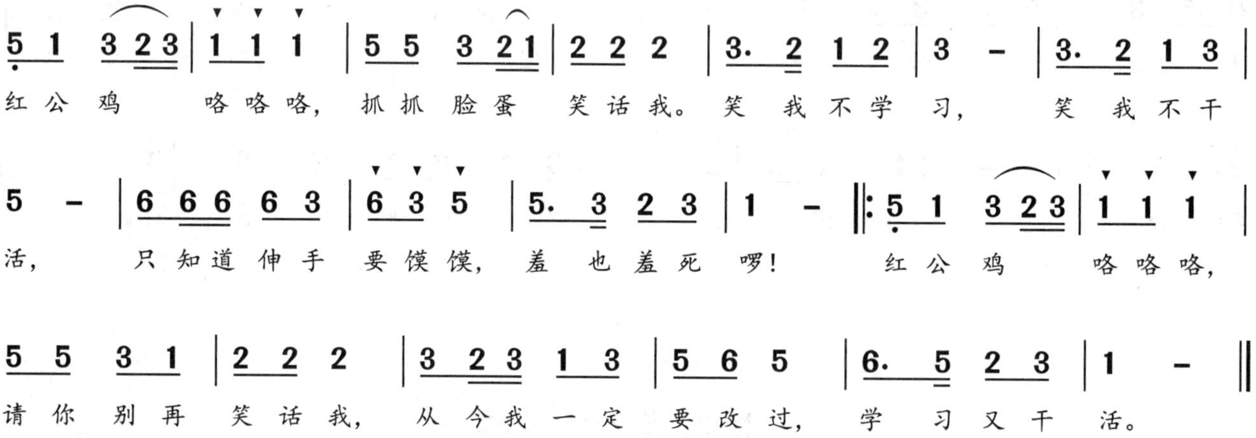

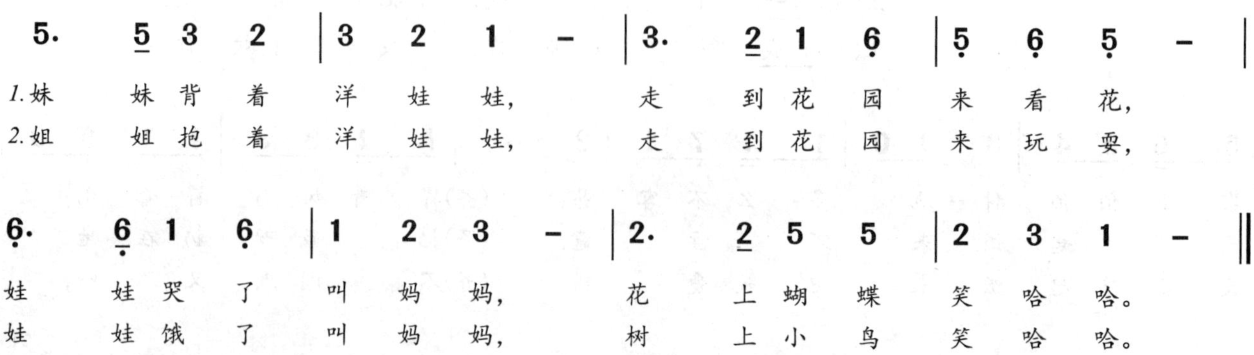

5. 长大当个解放军

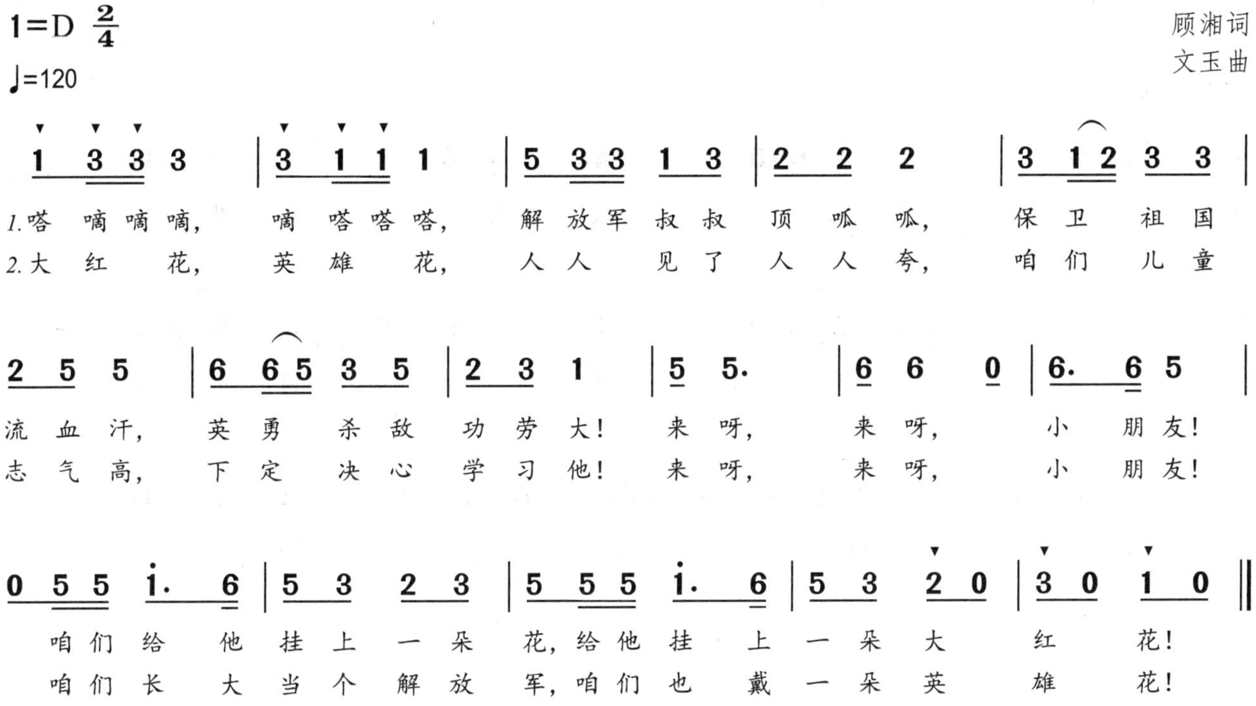
1=D 2/4
♩=120
顾湘词
文玉曲
1.嗒 嘀 嘀 嘀， 嘀 嗒 嗒 嗒， 解 放 军 叔 叔 顶 呱 呱， 保 卫 祖 国
2.大 红 花， 英 雄 花， 人 人 见 了 人 人 夸， 咱 们 儿 童
流 血 汗， 英 勇 杀 敌 功 劳 大！ 来 呀， 来 呀， 小 朋 友！
志 气 高， 下 定 决 心 学 习 他！ 来 呀， 来 呀， 小 朋 友！
咱 们 给 他 挂 上 一 朵 花，给 他 挂 上 一 朵 大 红 花！
咱 们 长 大 当 个 解 放 军，咱 们 也 戴 一 朵 英 雄 花！

6. 不再麻烦好妈妈

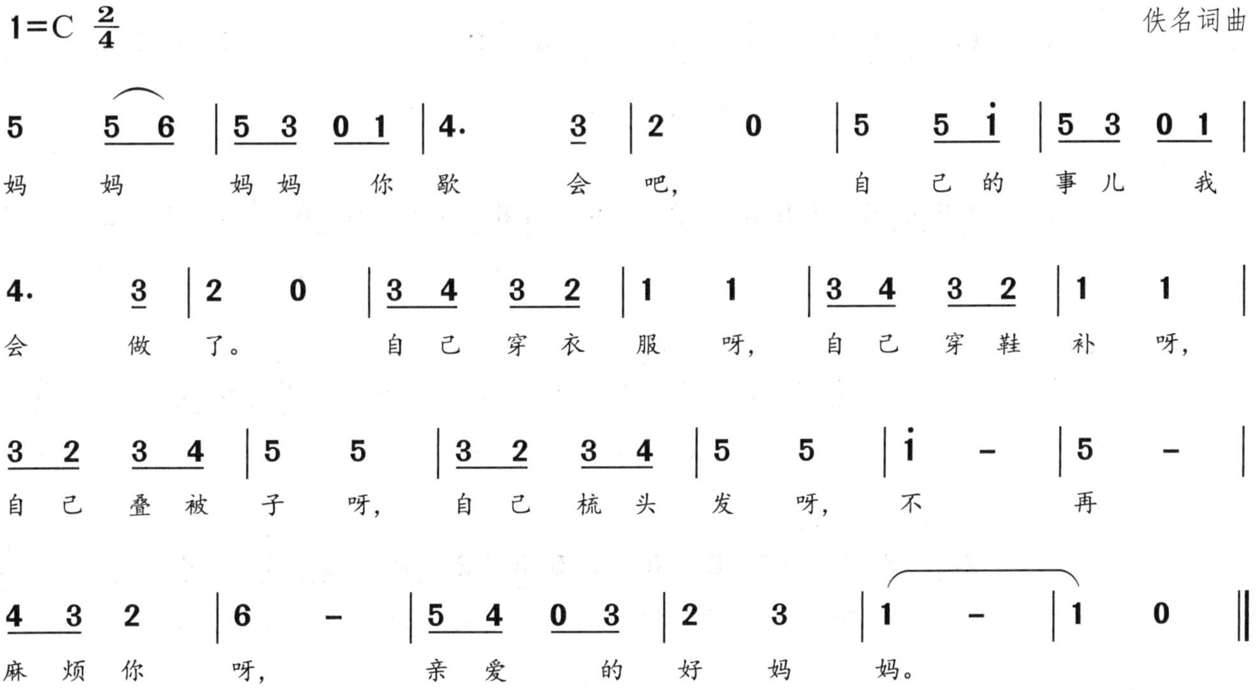
1=C 2/4
佚名词曲
妈 妈 妈 妈 你 歇 会 吧， 自 己 的 事 儿 我
会 做 了。 自 己 穿 衣 服 呀， 自 己 穿 鞋 袜 呀，
自 己 叠 被 子 呀， 自 己 梳 头 发 呀， 不 再
麻 烦 你 呀， 亲 爱 的 好 妈 妈。

7.春天来了

德国民歌
陈汉丽译词
沈鹤霄配歌

1=C $\frac{4}{4}$

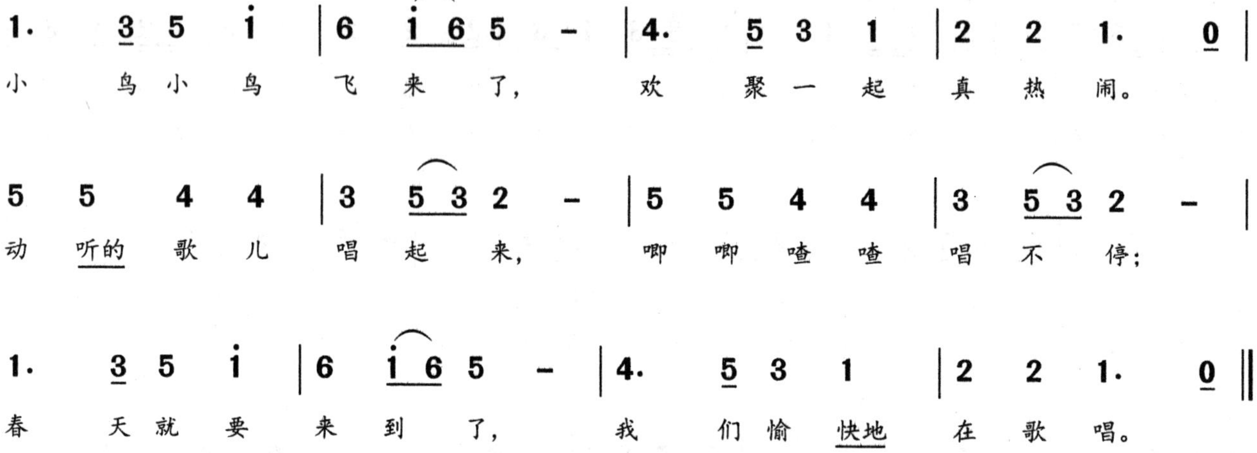
小鸟小鸟飞来了，欢聚一起真热闹。
动听的歌儿唱起来，唧唧喳喳唱不停；
春天就要来到了，我们愉快地在歌唱。

8.读书郎

宋扬词曲

1=$^{\flat}$E $\frac{2}{4}$

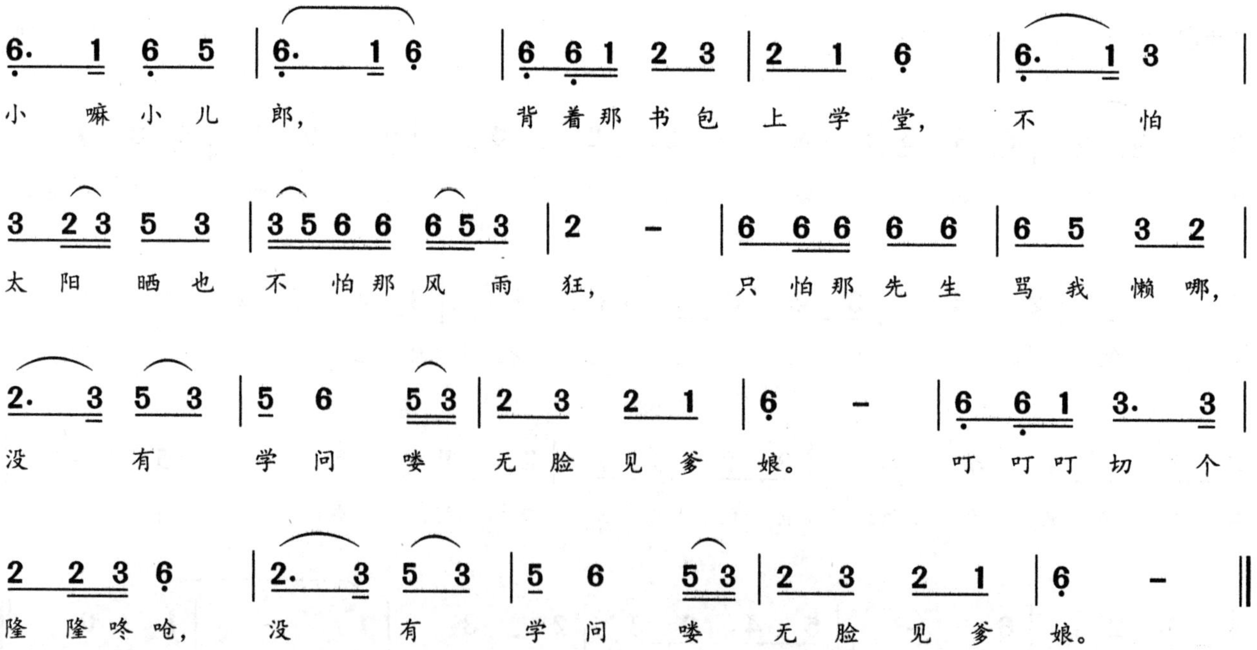
小嘛小儿郎，背着那书包上学堂，不怕
太阳晒也不怕那风雨狂，只怕那先生骂我懒哪，
没有学问喽无脸见爹娘。叮叮叮切个
隆隆咚呛，没有学问喽无脸见爹娘。

9. 好孩子要诚实

园丁词
嘉评曲

1=♭E 2/4

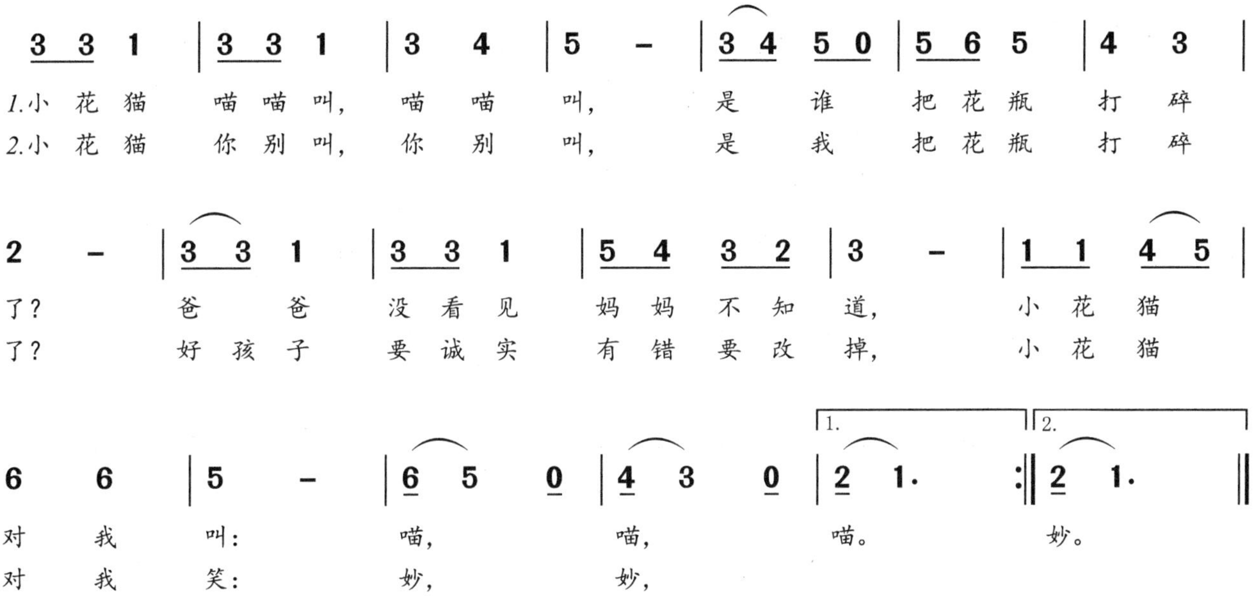
1.小花猫 喵喵叫，喵 喵 叫， 是 谁 把花瓶 打 碎
2.小花猫 你别叫，你 别 叫， 是 我 把花瓶 打 碎
了？ 爸 爸 没看见 妈妈不知道， 小花猫
了？ 好孩子 要诚实 有错要改掉， 小花猫
对 我 叫： 喵， 喵， 喵。 妙。
对 我 笑： 妙， 妙，

10. 我是一只……

王昊词
王昊、张岩曲

1=F 4/4
♩=106

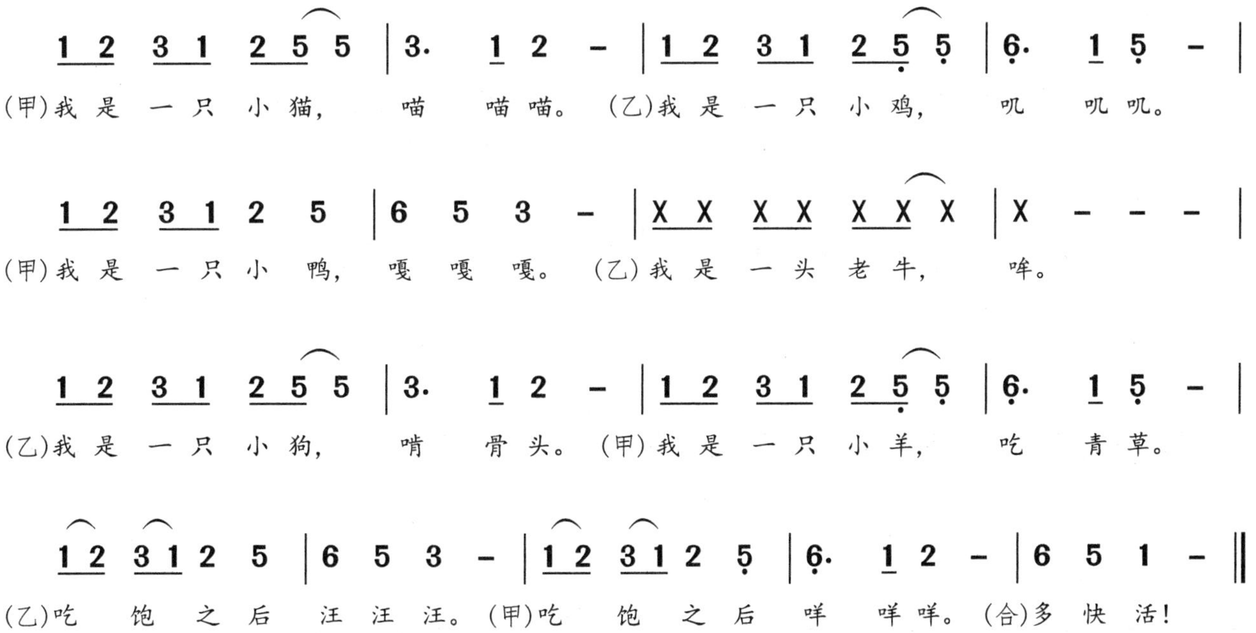
(甲)我是一只小猫，喵 喵喵。(乙)我是一只小鸡，叽 叽叽。
(甲)我是一只小鸭，嘎 嘎 嘎。(乙)我是一头老牛，哞。
(乙)我是一只小狗，啃 骨头。(甲)我是一只小羊，吃 青草。
(乙)吃 饱 之 后 汪 汪 汪。(甲)吃 饱 之 后 咩 咩咩。(合)多 快 活！

11. 小糊涂神之歌

1=♭E 2/4

♩=100

陈晓莱词
郭小笛曲

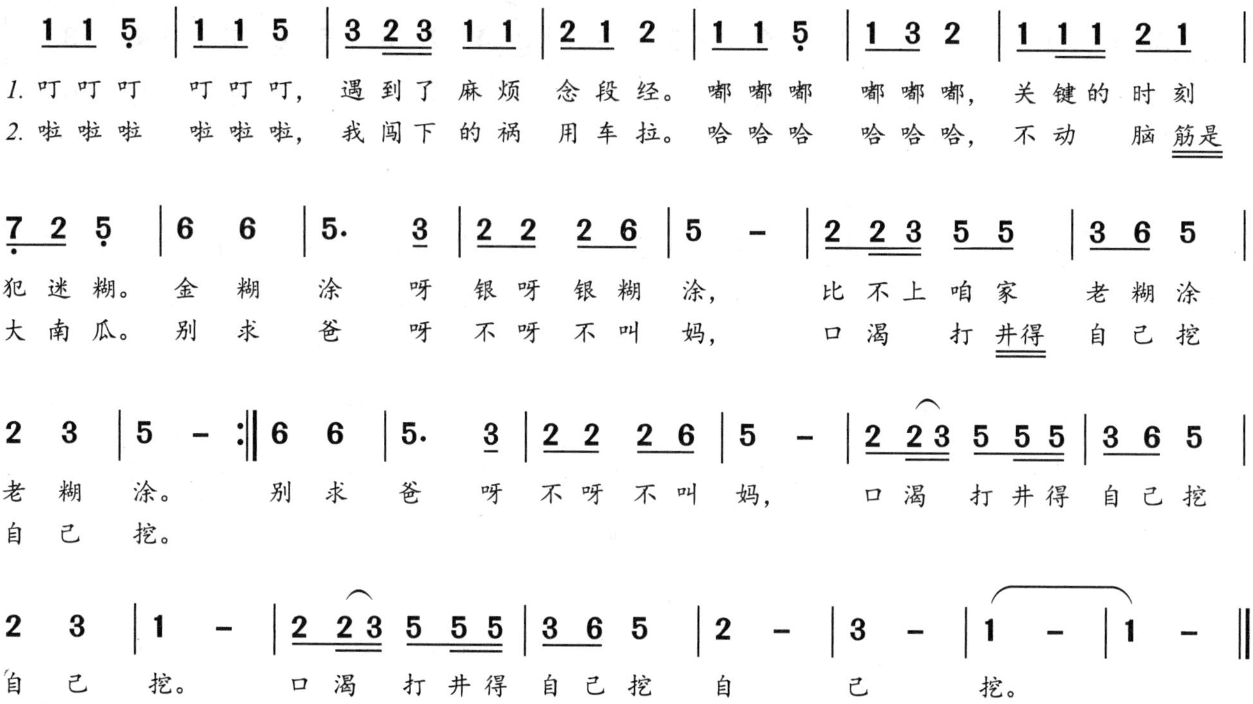
1. 叮 叮 叮 叮 叮 叮，遇 到 了 麻 烦 念 段 经。嘟 嘟 嘟 嘟 嘟 嘟，关 键 的 时 刻
2. 啦 啦 啦 啦 啦 啦，我 闯 下 的 祸 用 车 拉。哈 哈 哈 哈 哈 哈，不 动 脑 筋是
犯 迷 糊。金 糊 涂 呀 银 呀 银 糊 涂，比 不 上 咱 家 老 糊 涂
大 南 瓜。别 求 爸 呀 不 呀 不 叫 妈，口 渴 打 井得 自 己 挖
老 糊 涂。别 求 爸 呀 不 呀 不 叫 妈，口 渴 打 井 得 自 己 挖
自 己 挖。
自 己 挖。口 渴 打 井 得 自 己 挖 自 己 挖。

12. 海　　鸥

1=C 2/4

♩=140

金波词
宋军曲

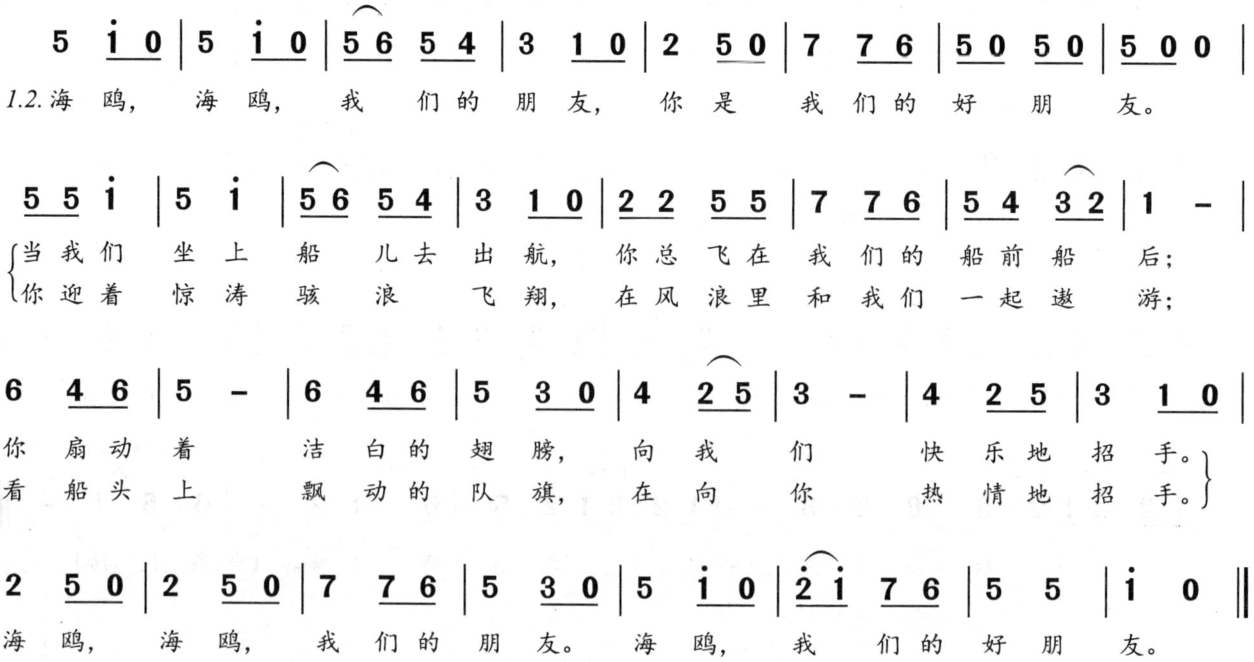
1.2. 海 鸥，海 鸥，我 们 的 朋 友，你 是 我 们 的 好 朋 友。
当 我 们 坐 上 船 儿去 出 航，你 总 飞 在 我 们 的 船 前 船 后；
你 迎 着 惊 涛 骇 浪 飞 翔，在 风 浪 里 和 我 们 一 起 遨 游；
你 扇 动 着 洁 白 的 翅 膀，向 我 们 快 乐 地 招 手。
看 船 头 上 飘 动 的 队 旗，在 向 你 热 情 地 招 手。
海 鸥，海 鸥，我 们 的 朋 友。海 鸥，我 们 的 好 朋 友。

13. 妈妈宝贝

邢增华 词
陈炯顺 曲

$1=^{\flat}E$ 4/4 ♩=112

| 5 4. 3 2 5 | 3 1 5 5 0 5 | 6 1 2 3 3 | 3 — — — |

青春的草地蓝蓝天，多美丽的世界，

| 5 4. 3 2 5 | 3 1 6 6 6 5 | 6 5 7 1 1 | 1 — — 1. 7 |

大手拉小手带我走，我是妈妈的宝贝。　　我一

| 6 6. 7 1 1 2 | 3 1 5 1. 7 | 6 6. 7 1 5 | 3 — — 3. 4 |

天天长大你一天天老，世界也变得更辽阔，　　从今

| 5 5 5. 4 3 5 | 4 3 6 1. 7 | 6 5 7 1 1 | 1 — — — ‖

往后让我牵你带你走，换你当我的宝贝。

14. 读 唐 诗

魏德泮 词
谷建芬 曲

$1=^{\flat}E$ 4/4 ♩=54

| (1 2 1 2 1 6 5 5 6 | 1 2 1 2 3 5 1. 6 | 2 3 2 1 6 1 2 3 5 1 6 1 | 2. 3 2 1 6. 1 2 3 5 —) |

‖: 1 1 1 2 3 5 5 3 ³5 | 3 3 3 2 1 1 1 6 5 | 1 1 6 5 6 1 1 6 6 5 6 |

床前的月光，窗外的雪，高飞的白鹭，浮水的鹅，唐诗里有画，唐诗里有歌，

|1. 2 2 3 5 3 2. 1 6 1 2 | 2 — — — :‖ |2. 2 2 3 5 6 3. 2 5 6 | 1 — — — |

唐诗像清泉流进我心窝。　　　　　　唐诗像清泉流进我心窝。

‖: 5 5 5 5 6 1 1 6 5 | 1 1 1 6 5 3 2 1 2 | 5 5 3 2 3 5 5 3 3 2 1 |

相思的红豆，吴山的雪，边塞的战士，回乡的客，唐诗里有乐，唐诗里有苦，

|1. 2 2 2 3 5 3 2. 1 2 6 3 | 5 — — — :‖ |2. 2 2 3 5 6 3. 2 5 6 |

唐诗是祖先在向我诉说。　　　　　　唐诗是祖先在向我诉

| 1 — — — ‖ 2 2 3 5 6 3 0 2 | 5 6 1 — | 1 — — 0 ‖

说。　D.C.唐诗是祖先在向我诉说。

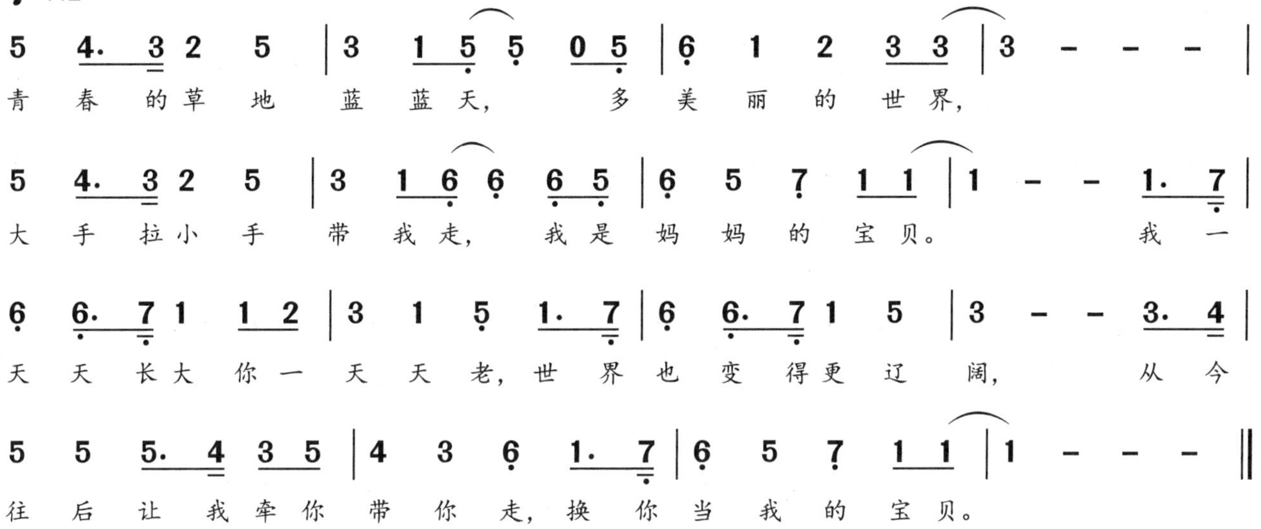

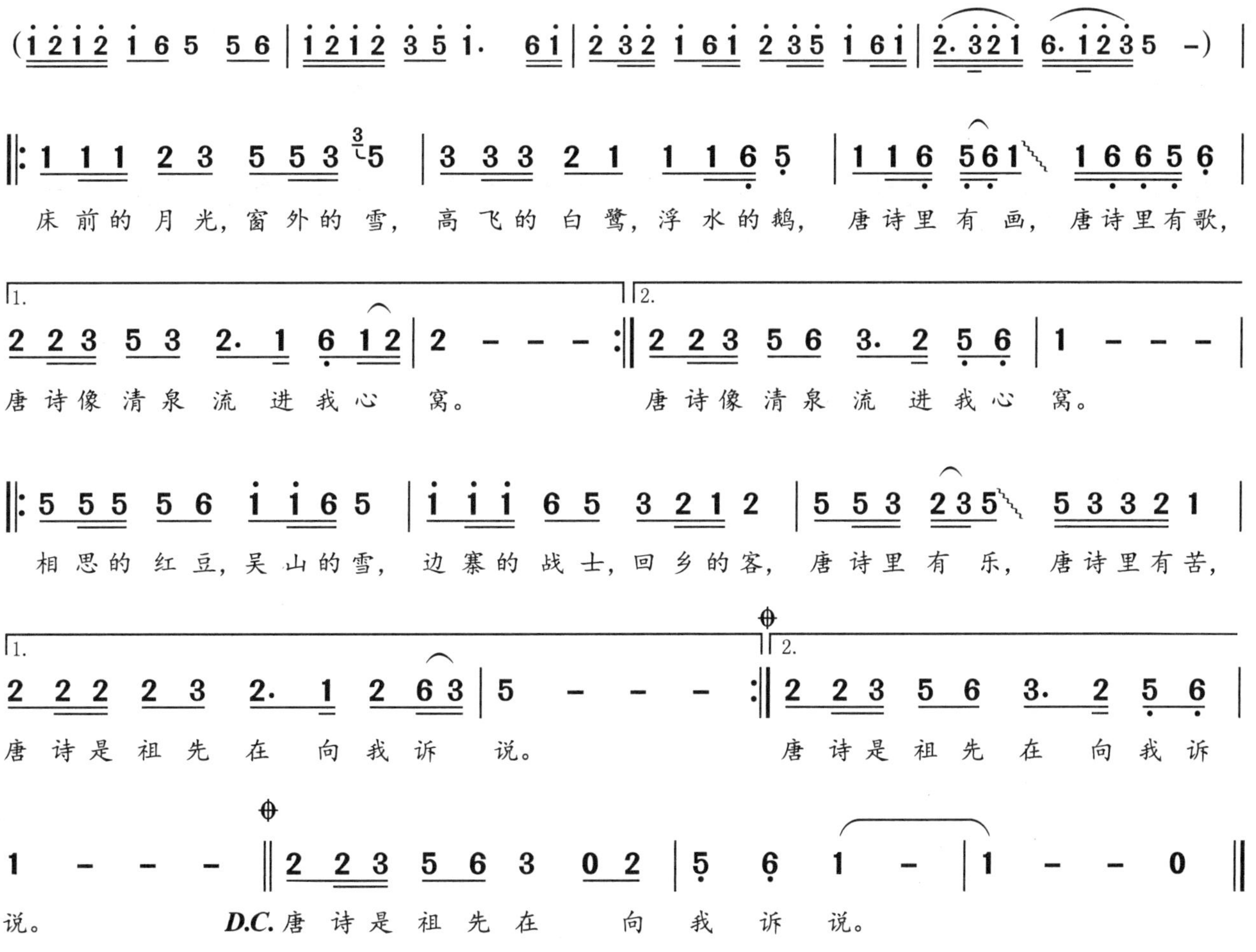

15. 爱我你就抱抱我

1=B $\frac{4}{4}$

彭野词曲

♩=110

（白）：爸爸妈妈，如果你们爱我就多多地陪陪我，如果你们爱我就多多地亲亲我，如果你们爱我就多多地夸夸我，如果你们爱我就多多地抱抱我。

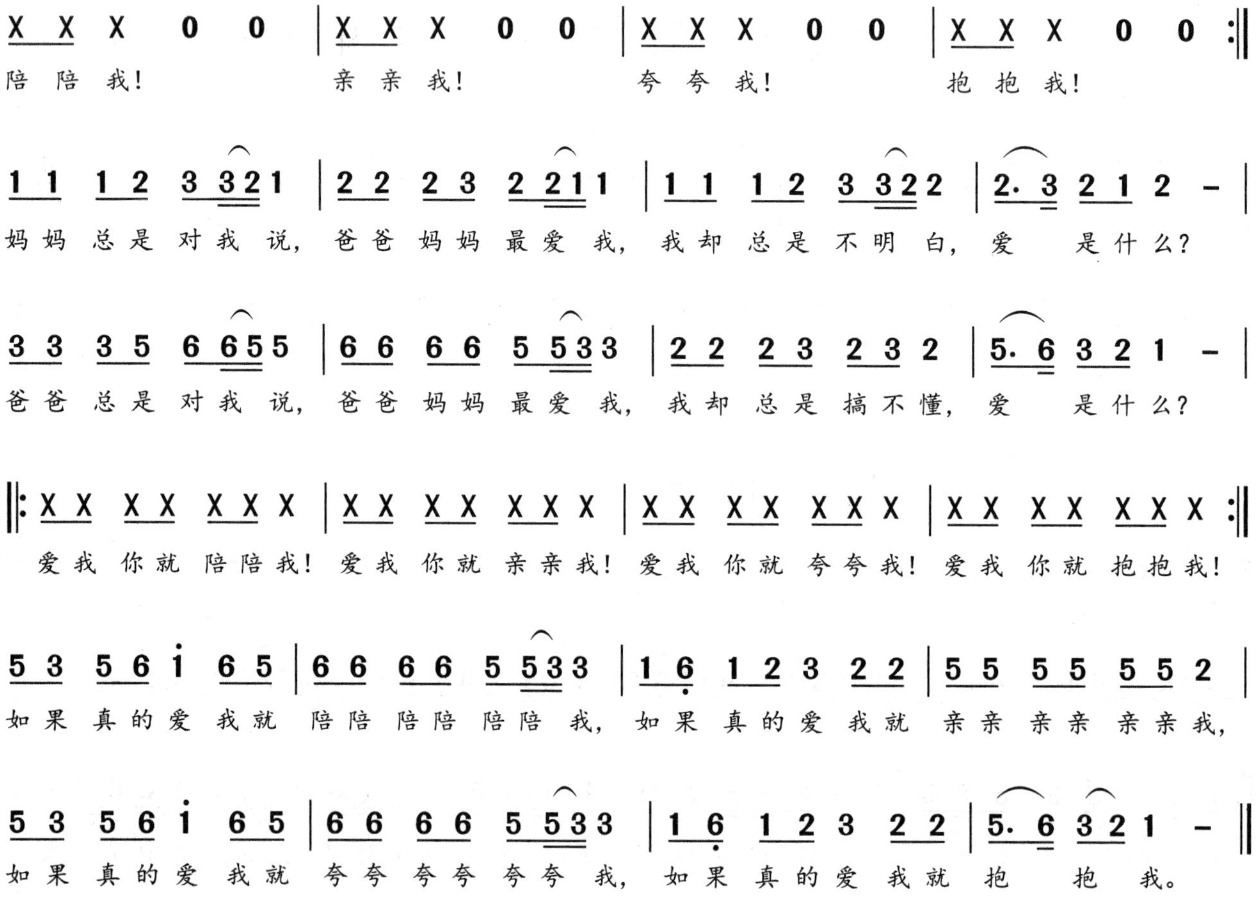
陪 陪 我！ 亲 亲 我！ 夸 夸 我！ 抱 抱 我！
妈 妈 总 是 对 我 说， 爸 爸 妈 妈 最 爱 我， 我 却 总 是 不 明 白， 爱 是 什 么？
爸 爸 总 是 对 我 说， 爸 爸 妈 妈 最 爱 我， 我 却 总 是 搞 不 懂， 爱 是 什 么？
爱 我 你 就 陪 陪 我！ 爱 我 你 就 亲 亲 我！ 爱 我 你 就 夸 夸 我！ 爱 我 你 就 抱 抱 我！
如 果 真 的 爱 我 就 陪 陪 陪 陪 陪 陪 我， 如 果 真 的 爱 我 就 亲 亲 亲 亲 亲 亲 我，
如 果 真 的 爱 我 就 夸 夸 夸 夸 夸 夸 我， 如 果 真 的 爱 我 就 抱 抱 我。

图书在版编目(CIP)数据

视唱练耳/王荣主编. —上海：复旦大学出版社,2022.7(2023.8重印)
普通高等学校学前教育专业系列教材
ISBN 978-7-309-16178-6

Ⅰ.①视… Ⅱ.①王… Ⅲ.①视唱练耳-高等学校-教材 Ⅳ.①J613.1

中国版本图书馆CIP数据核字(2022)第087380号

视唱练耳
王　荣　主编
责任编辑/高丽那

复旦大学出版社有限公司出版发行
上海市国权路579号　邮编：200433
网址：fupnet@fudanpress.com　http://www.fudanpress.com
门市零售：86-21-65102580　团体订购：86-21-65104505
出版部电话：86-21-65642845
上海新艺印刷有限公司

开本 890×1240　1/16　印张 15.75　字数 442 千
2023年8月第1版第2次印刷

ISBN 978-7-309-16178-6/J·469
定价：55.00元